KOLOMAN MOSER

UNIVERSALKÜNSTLER

ZWISCHEN GUSTAV KLIMT UND JOSEF HOFFMANN

UNIVERSAL ARTIST BETWEEN GUSTAV KLIMT AND JOSEF HOFFMANN

HERAUSGEBERiNNEN / EDITORS

CHRISTOPH THUN-HOHENSTEIN, CHRISTIAN WITT-DÖRRING, ELISABETH SCHMUTTERMEIER

TEXTE VON / TEXTS BY

DANIELA FRANKE, RAINALD FRANZ, SEBASTIAN HACKENSCHMIDT, KURT IFKOVITS, OTTO KAPFINGER, KATHRIN POKORNY-NAGEL, ELISABETH SCHMUTTERMEIER, CHRISTOPH THUN-HOHENSTEIN, STEFAN ÜNER, PATRICK WERKNER, CHRISTIAN WITT-DÖRRING

Birkhäuser
Basel

MAK

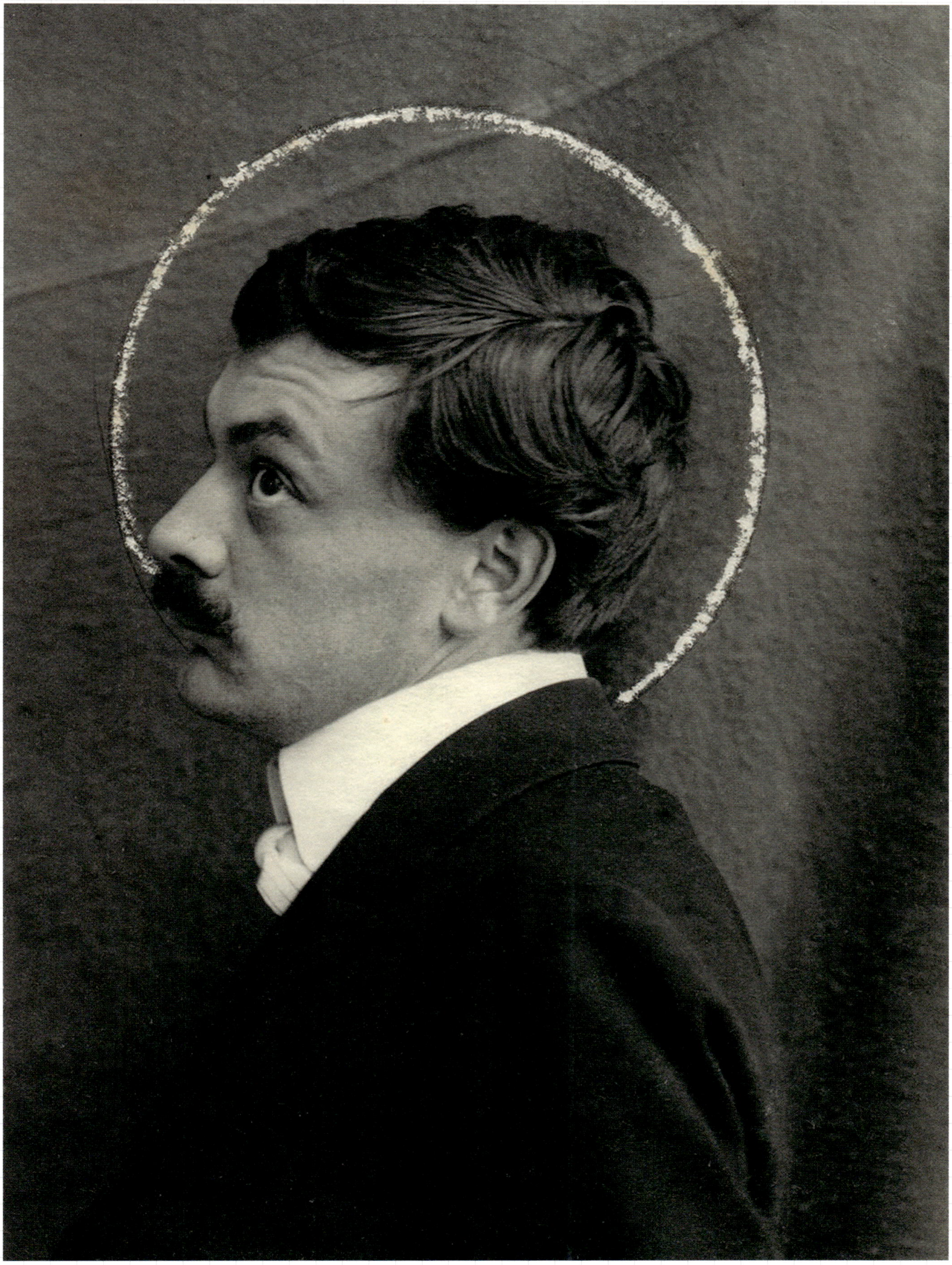

VISIONÄRER RAUMKÜNSTLER
JENSEITS VON MALEREI UND ARCHITEKTUR

CHRISTOPH THUN-HOHENSTEIN
Generaldirektor, MAK

1

Erst heute – 100 Jahre nach Koloman Mosers frühem Tod aufgrund einer unheilbaren Krebserkrankung – haben wir die nötige zeitliche Distanz, das Werk dieses Multigenies und „Tausendkünstlers", wie ihn sein Freund Hermann Bahr bezeichnete, grundlegend zu analysieren und zu würdigen. Gerade das Jahr 2018, in dem auch des 100. Todestages von Otto Wagner, Gustav Klimt und Egon Schiele gedacht wird, ist dafür ein geeigneter Anlass, waren doch Otto Wagner und Gustav Klimt Weggefährten und wichtige Impulsgeber für den jüngeren Moser.

Das MAK ist für dieses Unterfangen prädestiniert: In diesem Museum gab es 1927 eine erste große Moser-Gedächtnisausstellung – der in Österreich in jüngerer Zeit vor allem die von Oswald Oberhuber und Julius Hummel organisierte Ausstellung der Hochschule für angewandte Kunst (1979) sowie eine umfassende Moser-Ausstellung im Leopold Museum (2007) folgten. Als Hüter des Archivs der Wiener Werkstätte hat das MAK die besten Voraussetzungen für eine neuerliche grundlegende Auseinandersetzung mit Koloman Moser – nicht nur weil es selbst über einen großen Bestand an Entwürfen und Zeichnungen von Moser aus diesem Archiv und aus einem Nachlass verfügt, sondern weil es auch der richtige Ort ist, Mosers virtuosem, dabei stets einer übergreifenden Vision verpflichteten Spiel mit den Möglichkeiten und Grenzen des Angewandten in der Kunst nachzuspüren und deren Potenziale für die Zukunft freizulegen.

Man würde diesen leidenschaftlichen Motor der Moderne heute als innovativen Erneuerer und begnadeten Netzwerker bezeichnen: 1892 Mitbegründer des Siebener-Clubs, der „Keimzelle" der Secession, 1897 Gründungsmitglied der Vereinigung bildender Künstler Österreichs Secession, 1899 auf Betreiben Otto Wagners Berufung an die Kunstgewerbeschule (die heutige Angewandte), wo er 1900 zum Professor für dekoratives Zeichnen und Malen ernannt und für den Rest seines Lebens unterrichten wird, 1903 mit Josef Hoffmann und dem Industriellen Fritz Waerndorfer einer der drei Mitbegründer der Wiener Werkstätte. Diese Positionen verschaffen ihm nicht nur Einfluss, sondern sind zugleich prominente Plattformen, um sein eigenes Werk voranzutreiben und seinen künstlerischen Erneuerungsanspruch zu verbreiten. Gerade deshalb müssen uns die beiden großen Zäsuren im Künstlerleben Koloman Mosers besonders interessieren.

1905 tritt Moser gemeinsam mit der sogenannten Klimt-Gruppe aus der Vereinigung bildender Künstler Österreichs Secession aus. In seiner autobiografischen Schrift *Mein Werdegang* nennt er für diesen „Austritt der Kunstgewerbler" künstlerische Gründe: „Wir forderten nämlich, daß nicht bloß rein malerische Ausstellungen veranstaltet werden, sondern auch der Raumkunst Gelegenheit zu selbständigen Veranstaltungen gegeben werde, ein Wunsch, der leider bei der Mehrheit kein Verständnis und Entgegenkommen fand."[1]

1 Moser, Koloman, „Mein Werdegang", in: Leopold, Rudolf/Pichler, Gerd (Hg.), *Koloman Moser 1868–1918*, Ausst.kat. Leopold Museum, Wien, München/Berlin u. a. 2007, 14–19: 18.

VISIONARY INTERIOR DESIGNER
BEYOND PAINTING AND ARCHITECTURE

CHRISTOPH THUN-HOHENSTEIN
General Director, MAK

Only now—a century after Koloman Moser's untimely passing as a consequence of an incurable cancer—do we have the necessary distance to meticulously analyze and truly appreciate the work of this multitalented genius and "all-round artist," as he was called by his friend Hermann Bahr. The year 2018, in which the 100th anniversary of the deaths of Otto Wagner, Gustav Klimt, and Egon Schiele is also being commemorated, is an especially apt occasion, considering that Otto Wagner and Gustav Klimt were companions and important sources of inspiration for the younger Moser.

The MAK is predestined for this endeavor: it was in this museum that a first, large-scale Moser memorial exhibition took place in 1927—followed more recently in Austria by, most notably, the exhibition at the University of Applied Arts organized by Oswald Oberhuber and Julius Hummel (1979) as well as by a comprehensive Moser exhibition at the Leopold Museum (2007). As the custodian of the Wiener Werkstätte Archive, the MAK is ideally qualified for another far-reaching study of Koloman Moser—not just because it has at its disposal a large inventory of designs and drawings by Moser both in this archive and from a bequest, but because it is also the appropriate venue in which to investigate and uncover the future potential of the virtuoso way in which Moser played with the possibilities and limits of applied art while always remaining dedicated to an overarching vision.

Today, this passionate driving force behind Modernism would be called a pioneering innovator and exceptionally gifted networker: cofounder of the Siebener-Club—the "fountainhead" of the Secession—in 1892; founding member of the Union of Austrian Artists Secession in 1897; appointment to the School of Arts and Crafts (today's University of Applied Arts Vienna) at the instigation of Otto Wagner in 1899, where he is named professor of decorative drawing and painting in 1900 and where he will teach for the rest of his life; one of the three cofounders—alongside Josef Hoffmann and the industrialist Fritz Waerndorfer—of the Wiener Werkstätte in 1903. These positions not only give him influence but are also prominent platforms from which to promote his own work and to disseminate his claim to artistic reform. It is for this very reason that the two great caesuras in Koloman Moser's artistic life should be of particular interest to us.

In 1905 Moser leaves the Union of Austrian Artists Secession together with the so-called Klimt Group. In his autobiographical work *Mein Werdegang*, he cites artistic reasons for the "artisans resigning": "We demanded, namely, that the exhibitions should not just be of paintings, but that interior design should have the opportunity to present independent events, a wish which unfortunately the majority of members neither understood nor accepted."[1]

1 Moser, Koloman, "Mein Werdegang" (1916), Engl. "My Life," in: Leopold, Rudolf/Pichler, Gerd (eds.), *Koloman Moser 1868–1918*, exh. cat. Leopold Museum, Vienna, Munich/Berlin et al. 2007, 14–19: 18. Trans. Jane Michael.

Die zweite, noch größere Zäsur ist Mosers Solo-Austritt aus der Wiener Werkstätte 1907. Über die wahren Gründe für diesen Schritt ist viel gerätselt worden: Dem Anschein nach ging es um Differenzen mit Waerndorfer, der Mosers Frau Ditha (geborene Mautner von Markhof) um Geld für die finanziell stets prekäre Wiener Werkstätte anging. Moser bemerkt in *Mein Werdegang* dazu Folgendes:

> „Der Kreis unserer Arbeit wurde ein immer mannigfacherer. Wir erzeugten außer Möbeln und Stoffen Schmuck, Spielzeug, Bucheinbände, Kartonagen, Tunkpapiere. Meines Erachtens wurde die Tätigkeit allerdings eine zu vielseitige und allzu sehr vom Geschmack der Besteller abhängig. Und dabei wußte das Publikum meistens gar nicht genau, was es eigentlich wollte. Diese unmöglichen Wünsche der Kundschaften und sonstige Meinungsverschiedenheiten haben mich auch vor einigen Jahren veranlaßt, aus der Wiener Werkstätte auszuscheiden."[2]

Neben dem Hinweis auf Differenzen mit Waerndorfer (denn das Verhältnis zu Hoffmann bleibt ungetrübt) spricht Moser damit das Grunddilemma aller angewandt tätigen Kunstschaffenden aus: Wie verträgt sich der hohe künstlerische Anspruch, dem nicht nur die freie bildende, sondern nach Auffassung Mosers auch die angewandte Kunst verpflichtet sein muss, mit den Vorstellungen des jeweiligen Auftraggebers? Mit anderen Worten: Die – von Kunstgewerbe, Design und Grafikdesign über Mode bis zur Architektur reichende – angewandte Kunst, die für die KlientInnen konkret nützlich sein soll, mit künstlerischem Willen zu erfüllen, kann der Quadratur des Kreises gleichen …

Die von Moser und den anderen Gründern der Secession geforderte und bis zum gemeinsamen Austritt gelebte Einheit der Künste verlangt zwar keine Verschmelzung von bildender und angewandter Kunst, aber deren laufenden Dialog auf Augenhöhe. Moser ist ein künstlerischer Brückenbauer, der „sich konsequent aus der Fläche der Leinwand den Raum erobert. Aus dem Spannungsverhältnis dieser beiden Gegensätze entwirft er die Volumen seiner Gebrauchsgegenstände" (Christian Witt-Dörring). Von der Flächenkunst ausgehend, schafft Moser über die Raumkunst innovative Begegnungszonen zwischen der bildenden und der angewandten Kunst – von der Malerei/Skulptur einerseits bis zur Baukunst andererseits.

Das Gesamtkunstwerk ist ein möglicher Weg, dem oben geschilderten Dilemma des angewandten Künstlers zu entkommen. Koloman Mosers Werk zeigt eine Vielfalt von Zugängen auf, das Nützliche mit anspruchsvoller Kunst zu verbinden. Es deutet in eine von Japan inspirierte Welt, in der die Differenz zwischen bildender und angewandter Kunst banal wäre. Es weist uns in eine – durch die Digitalisierung mittlerweile eintretende – Zukunft, in der die klare Unterscheidung zwischen Zwei- und Dreidimensionalität rückschrittlich wäre. Es verführt uns in eine von Kunst beseelte Traumwelt, in der die Grenzen zwischen Kunst und Leben, zwischen Kreativität und Alltag vollends verschwimmen.

Was wäre, wenn …? Hätte sich Koloman Moser nicht aus Frustration über die Störfaktoren, die dem angewandten Künstler Leben und Arbeit verleiden, auf der Höhe seiner Schaffenskraft in die Malerei (und Bühnenkunst) zurückgezogen,

2 Ebd.

The second, even larger caesura is Moser's solo departure from the Wiener Werkstätte in 1907. Many people have puzzled over the true reasons behind him taking this step: to all appearances, it seems to have been caused by disagreements with Waerndorfer, who asked Moser's wife Ditha (née Mautner von Markhof) for money for the Wiener Werkstätte, which was always in a precarious financial position. Moser makes the following remark in *Mein Werdegang*:

> "Our sphere of work expanded continuously. Apart from furniture and fabrics, we also produced jewelry, toys, book covers, packaging, and marbled paper. In my view, however, our activities became too unfocused and were too dependent on the taste of the purchaser. And yet the public mostly hardly knew what it really wanted. These impossible wishes of our customers and other differences of opinion compelled me to leave the Wiener Werkstätte same years ago."[2]

Alongside the allusion to disagreements with Waerndorfer (since his relationship with Hoffmann remains unchanged), in this quotation Moser also expresses the fundamental dilemma faced by all creatives in the field of applied art: how to reconcile the high artistic aspirations to which not only liberal fine art but—in Moser's opinion—applied art, too, must be committed, with the respective customer's ideas. In other words: creating applied art—ranging from arts and crafts, design and graphic design to fashion and architecture—with artistic intent when the client wants it to be useful in practice, can be akin to squaring the circle ...

Called for by Moser and the other founders of the Secession and put into practice until their joint departure from the union, the unity of the arts does not demand the merging of fine and applied art, but rather their ongoing dialogue on an equal footing. Moser is an artistic bridge-builder who "consistently conquered space from the surface of the canvas. It is out of the tension between these two opposites that he designs the volumes of his practical objects" (Christian Witt-Dörring). Proceeding from surface art, Moser uses interior design to create innovative intersections between fine and applied art—from painting/sculpture on the one hand to architecture on the other.

The *Gesamtkunstwerk* or total work of art is one possible way to avoid the aforementioned dilemma of the applied artist. Koloman Moser's oeuvre demonstrates a variety of approaches to combining practicality with highbrow art. It points to a world inspired by Japan in which the difference between fine and applied art would be trivial. It shows us a future—that is now coming to pass thanks to digitalization—in which it would be retrogressive to differentiate between two- and three-dimensionality. It transports us to a dreamworld infused with art in which the boundaries between art and life, between creativity and the everyday are completely blurred.

What if ...? If Koloman Moser had not retreated to painting (and scenography) from the height of his creativity out of frustration at the confounding factors that spoil the life and work of the applied artist, he may have revealed unimaginable conceptual and creative spaces beyond the classic artistic disciplines and hence

2 Ibid.

hätte er vielleicht unvorstellbare Denk- und Gestaltungsräume jenseits der klassischen Sparten eröffnet und damit ein völlig neues Kapitel der Wiener Moderne aufgeschlagen – ein Kapitel, das die Stärken der bildenden und die Vorzüge der angewandten Kunst verschmilzt, um Kunst kongenial im Alltag der Menschen zu verankern …
So müssen wir uns mit Genieblitzen begnügen, die höchst innovative Ansätze im Spannungsverhältnis zwischen Malerei, Design und Architektur aufweisen. Es liegt nun an uns, in einer neuen Moderne – die ich als Digitale Moderne bezeichne – Koloman Mosers Werk eingehend zu analysieren und neuartig aufzugreifen. Gerade wir in Europa, das zu Recht auf seine Vielfalt stolz ist, sind hier besonders gefordert. Berta Zuckerkandl mochte dies erahnt haben – sie würdigt ihn als einen „jener ganz selten großen Künstler […], von denen es in der Kunstgeschichte heißen wird, daß sie Europa veredelt haben".

Vor diesem Hintergrund ist es erfreulich, dass das Theatermuseum in Wien dem Bühnenkünstler Koloman Moser eine eigene Ausstellung widmet und die große MAK-Ausstellung, die dem vorliegenden Ausstellungskatalog zugrunde liegt, über dieses Universalgenie zwischen Gustav Klimt und Josef Hoffmann auch in der Villa Stuck in München gezeigt wird. Es ist zu hoffen, dass Koloman Moser – der „vielgestaltig Vielgestaltende" (Ludwig Hevesi) – auch international als zentraler Künstler der Moderne erkannt wird, dessen visionäres Werk uns noch unendlich viel zu sagen hat.

written an entirely new chapter of Viennese Modernism—a chapter that fuses the strengths of fine art with the advantages of applied art to embed art congenially in people's everyday lives ... As things stand, we must instead content ourselves with flashes of genius that show highly innovative strategies for dealing with the charged relationship that exists between painting, design, and architecture. It is now up to us to analyze extensively and take a new approach to Koloman Moser's oeuvre in this new modernity, which I refer to as Digital Modernity. We Europeans in particular—who are rightly proud of our continent's diversity—are especially called on to accept this challenge. Berta Zuckerkandl may have anticipated this: she pays tribute to Moser as one "of those very rare great artists [...] about whom art historians will say that they refined Europe."

In light of this, it is gratifying that the Theatermuseum in Vienna is dedicating an exhibition to Koloman Moser the scenographer and that the large MAK exhibition, on which this exhibition catalog is based, about this universal genius between Gustav Klimt and Josef Hoffmann is also being shown at the Villa Stuck in Munich. It can be hoped that Koloman Moser—the "prolifically creative prolific creator" (Ludwig Hevesi)—will also be recognized internationally as a central artist of Modernism whose visionary oeuvre still has an infinite amount to teach us.

KOLOMAN MOSER
EINE EINFÜHRUNG

CHRISTIAN WITT-DÖRRING

2

Koloman Moser (1868–1918) ist um 1900 neben Gustav Klimt (1862–1918), Joseph Maria Olbrich (1868–1908) und Josef Hoffmann (1870–1956) einer der tonangebenden Künstler des von den Secessionisten ausgerufenen Wiener Kunstfrühlings. Im Gegensatz zu seinen Mitstreitern umfasst sein Œuvre die unterschiedlichsten künstlerischen Disziplinen. Hermann Bahr charakterisiert ihn als den Tausendkünstler[1], der der Idee des secessionistischen Gesamtkunstwerks in Wien zum Durchbruch verhilft. Sollte es uns überraschen, dass ein Maler Alltagsgegenstände, ja sogar ganze Inneneinrichtungen entwirft? Diese Tatsache ist um 1900 in der westlichen Welt und auch in Wien nichts Neues. Künstler haben sich seit der Renaissance mit der Gestaltung von Innenräumen und dem Entwerfen kunstgewerblicher Gegenstände beschäftigt, und tun dies bis heute. Neuartig ist jedoch, dass von Seiten eines Malers wie Koloman Moser oder eines Architekten wie Josef Hoffmann ein Gesamtgestaltungsanspruch erhoben wird, der sämtliche Bereiche des menschlichen Alltags umfasst und dabei dem Gebrauchsgegenstand den Status eines autarken Kunstwerks zubilligt.

Im internationalen Kontext besitzt Mosers Name unverdientermaßen nicht den gleichen Bekanntheitsgrad wie der seines Freundes und Künstlerkollegen Josef Hoffmann. Ist sein kürzeres Lebensalter (50 Jahre) im Vergleich zu Hoffmanns (85 Jahre) der Grund, der es ihm nicht erlaubt hat, seine Arbeiten bis weit ins 20. Jahrhundert persönlich zu vermitteln und zu verteidigen? Er ist zu gleichen Teilen mit Hoffmann an der Entwicklung eines eigenständigen modernen österreichischen Stils beteiligt, der der einfachen geometrischen Form den Vorzug vor der kurvilinearen Linie des Rokoko gibt. Die zeitgenössische Presse bedenkt ihn mit der Einführung der ornamentalen Abstraktion[2] und nicht, wie heute allgemein postuliert, Hoffmann, mit unter anderem der Popularisierung des „Viereck-Ornaments".[3]

Die anlässlich Mosers 100. Todesjahr konzipierte MAK-Ausstellung *KOLOMAN MOSER. Universalkünstler zwischen Gustav Klimt und Josef Hoffmann* präsentiert sein vielseitiges Œuvre chronologisch in fünf Kapiteln und thematisch aufgearbeitet. Drei Institutionen sind bestimmend für Mosers künstlerische Entwicklung: Seine Assoziierung mit der Secession, der Kunstgewerbeschule und der Wiener Werkstätte ist für ihn mit jeweils unterschiedlichen Aufgaben und Möglichkeiten verbunden. Gleichzeitig stehen sie für ganz bestimmte Abschnitte in seiner künstlerischen Entwicklung. Aus diesem Grund war es naheliegend, diese Institutionen als wesentlichen konzeptionellen Hintergrund der Ausstellung einzusetzen.

Das erste einleitende Kapitel der Ausstellung „Wien als Bühne der Künste" bietet einen kurzen Überblick über die Leistungen Wiens in den Jahren 1860 bis 1889 in den Hauptdisziplinen Mosers, der Malerei und dem Kunstgewerbe. Ziel ist es, prägnant zu veranschaulichen, dass eine junge, in den Jahren um 1890 heranwachsende Künstlergeneration, zu der auch Moser zählt, auf einer künstlerisch hochwertigen Tradition aufbauen kann. Sie sieht diese jedoch durch das sukzessive Ableben der

1 Bahr, Hermann, *Secession*, Wien 1900, 184.

2 Zuckerkandl, Berta, „Koloman Moser", in: *Dekorative Kunst* 12 1904, 329–345: 340.

3 Zuckerkandl, Berta, „Kunst und Kultur. Kolo Moser", in: *Wiener Allgemeine Zeitung* 2.11.1918, 4.

KOLOMAN MOSER
AN INTRODUCTION

CHRISTIAN WITT-DÖRRING

Alongside Gustav Klimt (1862–1918), Joseph Maria Olbrich (1868–1908), and Josef Hoffmann (1870–1956), Koloman Moser (1868–1918) is one of the leading artists of Vienna's artistic renewal, which was proclaimed by the Secessionists around 1900. Yet unlike his comrades-in-arms, Moser's oeuvre encompasses a wide range of artistic disciplines. Indeed, Hermann Bahr characterizes him as the all-round artist[1] who helped the idea of the Secessionist *Gesamtkunstwerk*—or total work of art—to achieve its breakthrough in Vienna. Should we really be surprised to learn that a painter also designs everyday objects, even entire interiors? In 1900, this fact is not new, neither in the Western world as a whole nor in the Austrian capital. Artists had turned their hand to designing interiors and craft objects since the Renaissance—and they continue to do so today. However, what was indeed unprecedented at that time was for a painter like Koloman Moser or an architect like Josef Hoffmann to lay claim to an overall design encompassing all the spheres of everyday life and hence awarding the practical object the status of a self-contained work of art.

Undeservedly, Moser's name does not command the same level of recognition in an international context as that of his friend and fellow artist Josef Hoffmann. Is his shorter lifespan (having died at the age of 50) compared to Hoffmann's (who passed at 85) the reason preventing him from personally disseminating and defending his works well into the 20th century? He is involved to the same extent as Hoffmann in the development of an independent modern Austrian style, which prefers simple geometric shapes to the curvilinear approach of Rococo. The contemporary press identifies him as being the one who ushered in ornamental abstraction[2] and not—as is generally postulated today—Hoffmann; him as being the one who popularized the "square ornament," among other things.[3]

Conceived to mark the centenary of Moser's death, the MAK exhibition *KOLOMAN MOSER: Universal Artist between Gustav Klimt and Josef Hoffmann* presents his manifold oeuvre chronologically in five chapters, reappraising it thematically. Three institutions set the course for Moser's artistic development: His association with the Secession, the School of Arts and Crafts, and the Wiener Werkstätte presented him with different tasks and opportunities respectively. At the same time, they represent very clear stages in his artistic development. It therefore stood to reason that we would use these institutions as the underlying conceptual background to the exhibition.

The first introductory chapter in the exhibition, "Vienna as a Stage for the Arts," offers a short overview of Viennese achievements in the years from 1860 to 1889 in Moser's main disciplines, painting and arts and crafts. The aim is to demonstrate succinctly how a young generation of artists growing up around 1890—to which Moser belongs—is able to build on a fine artistic tradition. However, they consider the perpetuation of this tradition to be endangered by the successive demise of

1 "Tausendkünstler," Bahr, Hermann, *Secession*, Vienna 1900, 184.

2 Zuckerkandl, Berta, "Koloman Moser," in: *Dekorative Kunst* 12 1904, 329–345: 340.

3 Zuckerkandl, Berta, "Kunst und Kultur. Kolo Moser," in: *Wiener Allgemeine Zeitung* 2 Nov 1918, 4.

für das künstlerische Erblühen Wiens ab 1860 verantwortlichen Künstler in ihrer Fortsetzung gefährdet. Noch bevor es zur Gründung der Secession kommt, berufen sich die späteren Gründer der Secession am 25.2.1897 in einer Petition zur Gründung eines Galeriefonds mit den folgenden Worten an den großen Kunstmäzen Fürst Johann II. von und zu Liechtenstein auf diese Tradition:

> „In der Zeit des großartigen allgemeinen Aufschwunges unserer Vaterstadt Wien, welche im zweiten Decenium der segensreichen Regierung unseres gloreichen Monarchen anbrach, in die Zeit, in welcher der Grundstein für die heutige herrliche äußere Erscheinung Wiens gelegt wurde, fällt auch die Blüthezeit der österreichischen, der Wiener Malerei. Van der Nüll, Schmidt, Hansen, Ferstel, Semper, Hasenauer etc. schufen für Wien ein monumentales Kleid, um welches es die Welt beneidet, Fernkorn, Zumbusch, unser großer Tilgner, Hans Makart's blendende Erscheinung, Angeli, das intime Schaffen der Alt, Pettenkofen, Schindler, alles vereinigte sich Wien mit ungeahnter Pracht zu schmücken. Wien's Ruhm aller Welt zu künden und Wien ihren Allerhöchsten Förderer als Denkmal aufzubauen."[4]

Das zweite Kapitel der Ausstellung „Die Einheit von Form und Funktion" stellt den Reformer der tektonischen Künste und Spiritus Rector der jungen Secessionisten, Otto Wagner, mit der ab 1896 in vier Auflagen erscheinenden programmatischen Schrift *Moderne Architektur* vor. Er ermöglichte ein grundsätzliches Umdenken im Entwurfsprozess durch seinen ab den 1880er Jahren geführten unermüdlichen Überzeugungskampf für einen zeitgemäßen, an die Bedürfnisse der modernen Gesellschaft angepassten künstlerischen Ausdruck.

Der dritte Ausstellungsabschnitt „Koloman Mosers frühe Jahre" führt Moser als einen an der Akademie der bildenden Künste und der Kunstgewerbeschule in den Disziplinen der Malerei und Grafik ausgebildeten bildenden Künstler ein. Gemälde und grafische Arbeiten sind das Thema dieser Jahre. Seine Zeichnungen aus den Jahren 1891 bis 1897 sind in der Hauptsache als Buch- und Zeitungsillustrationen entstanden. Ab 1896 verändert sich Mosers künstlerisches Empfinden unter dem Schlüsselerlebnis von Gustav Klimts Zeichnung *Allegorie der Skulptur* im Rahmen seiner Zusammenarbeit für Martin Gerlachs Vorlagenwerk *Gerlach's Allegorien. Neue Folge*.

Das vierte Kapitel „Die Einheit der Künste" zeigt Moser schließlich als Gründungsmitglied der Secession und Universalkünstler, der dem modernen Wiener Stil zum Durchbruch verhilft. Sein malerisches und zeichnerisches Talent widmet sich von nun an der Umsetzung des Gesamtkunstwerkkonzepts der Secession. Dies bedeutet, dass Moser ab 1897 das Medium des Ölbildes vollkommen vernachlässigt und er sich fortan der Ausstellungs-, der Bühnen- sowie der Innenraumgestaltung mit allen für deren Realisierung notwendigen kunstgewerblichen Aspekten sowie der Mode widmet. Die von ihm angestrebte vollkommene künstlerische Erneuerung im Sinne einer lokalen Moderne umfasst unter anderem die Entwicklung eines modernen Ornaments, das Entwerfen künstlerischer Schrifttypen in Zusammenhang mit der Erneuerung von Text- und Bildgestaltung und damit einhergehend auch die

4 Pausch, Oskar, *Gründung und Baugeschichte der Wiener Secession*, Wien 2006, 74 f.

the artists responsible for Vienna's artistic flowering from 1860. On 25 February 1897 the future founders of the Secession invoke this tradition in a petition to the great patron of the arts Johann II, Prince of Liechtenstein, calling on him to institute a gallery fund:

> "The time of the great general upturn in our hometown of Vienna, which dawned in the second decade of the blessed reign of our illustrious monarch; the time when the foundation was laid for the sublime external appearance of Vienna today, was also the golden age of Austrian, of Viennese painting. Van der Nüll, Schmidt, Hansen, Ferstel, Semper, Hasenauer, etc., created monumental finery for Vienna that is envied all over the world; Fernkorn, Zumbusch, our great Tilgner, the dazzling figure of Hans Makart, Angeli, the intimate creative work of Alt, Pettenkofen, Schindler—everyone united to adorn Vienna with unforeseen splendor. Heralding Vienna's glory to the world and establishing Vienna as a monument to its sovereign patron."[4]

The second chapter, "The Unity of Form and Function," introduces the reformer of the tectonic arts and spiritus rector of the young Secessionists, Otto Wagner, by means of his programmatic work *Moderne Architektur*, published in four editions from 1896. He facilitated a sea change in the way creatives approached the design process thanks to his tireless campaign from the 1880s onward for a contemporary means of artistic expression that was adapted to the needs of modern society.

The third section of the exhibition, "Koloman Moser's Early Years," introduces Moser as a fine artist trained in the disciplines of painting and graphic arts at the Academy of Fine Arts and the School of Arts and Crafts. Paintings and graphic works dominate these years. In the main, his drawings from the years 1891 to 1897 arose as illustrations for books and magazines. From 1896 Moser's artistic sensibility alters after the life-changing experience of seeing Gustav Klimt's drawing *Allegory of Sculpture* in the context of his collaboration on Martin Gerlach's pattern book *Gerlach's Allegorien. Neue Folge*.

The fourth chapter, "The Unity of the Arts," finally shows Moser as a founding member of the Secession and as a universal artist who helps the modern Viennese style to achieve its breakthrough. From now on, his talent for painting and drawing is applied exclusively to realizing the Secession's concept of the *Gesamtkunstwerk*. This means that from 1897 Moser completely turns his back on the medium of oil painting and henceforth devotes himself to exhibition design, scenography, and interior design, including all the crafts necessary for their realization, as well as fashion. His aspiration for an outright artistic reformation in the sense of a local Modernism includes the development of a modern ornament, the design of artistic fonts in conjunction with the rethinking of text and image composition, and consequently also the artistic design of various manufacturers' corporate identities. At the same time he takes on a teaching role at the School of Arts and Crafts, and within this framework he is able to pass on to the next generation his concept of the artistic aspiration to *Gesamtgestaltung* or total design. The culmination and simultaneous accomplishment of this aspiration is attained by means of his collaboration at the Wiener Werkstätte,

4 Pausch, Oskar, *Gründung und Baugeschichte der Wiener Secession*, Vienna 2006, 74 f. Trans. Maria Slater.

künstlerische Gestaltung der Corporate Identity unterschiedlicher Produktionsfirmen. Im Rahmen seiner gleichzeitig aufgenommenen Lehrtätigkeit an der Kunstgewerbeschule kann er seine Idee vom künstlerischen Gesamtgestaltungsanspruch an die nächste Generation weitergeben. Höhepunkt und gleichzeitig Endpunkt dieses Anspruchs bildet seine Mitarbeit in der von ihm mitbegründeten Wiener Werkstätte, die er 1907 beendet. Allen diesen oben erwähnten Aspekten sind in diesem Abschnitt Einzeldarstellungen gewidmet, die in sich geschlossen seine Entwicklung von einer international bestimmten kurvilinearen zu einer lokalen geometrischen Formensprache dokumentieren. Inspiriert von zwei Möbelstücken Mosers betrachten abschließend zwei zeitgenössische Arbeiten von Heimo Zobernig sowie Alfred Burzler gemeinsam mit Thomas Exner aus den Jahren 2003 und 2004 die Wiener Moderne gleichsam im Rückspiegel.

Das letzte und fünfte Kapitel der Ausstellung „Abschied von der Einheit der Künste" sieht Moser zu seiner ursprünglichen künstlerischen Disziplin der Malerei zurückkehren. Es gibt einen Überblick über Mosers malerisches Werk von 1907 bis zu seinem frühen Tod im Jahr 1918. Schlussendlich begleitet eine reich illustrierte Chronologie Mosers Schaffen durch die gesamte Ausstellung.

Dieser Ausstellungskatalog legt den Schwerpunkt nicht auf die stilistische Entwicklung Mosers, sondern auf dessen unterschiedliche Tätigkeitsbereiche. In ihrer Gesamtheit dokumentieren sie seinen Weg zum Gesamtkunstwerk. Wie jeder Katalog kann auch dieser auf der Forschungsarbeit früherer Generationen und Jahre aufbauen. In diesem Zusammenhang möchte ich mich besonders bei Stefan Üner bedanken, der mir großzügigen Einblick in seine laufende Arbeit am Werkverzeichnis zu Mosers Gemälden, Druckgrafiken und Zeichnungen gewährt hat.

which he cofounded, until leaving in 1907. In this chapter, subsections illustrate each of the above mentioned aspects, and every one of them is a self-contained testament to his progression from an internationally defined curvilinear style to a local and geometric design vocabulary. Lastly, two contemporary works by Heimo Zobernig as well as Alfred Burzler together with Thomas Exner from the years 2003 and 2004 that were inspired by two pieces of furniture by Moser look at Viennese Modernity in the rearview mirror.

The fifth and final chapter of the exhibition, "Farewell to the Unity of the Arts," sees Moser return to his original artistic discipline of painting. This section presents an overview of Moser's painted work from 1907 to his early death in 1918. Finally, a richly illustrated chronology of Moser's creative work accompanies the entire exhibition.

This exhibition catalog does not focus on Moser's stylistic development, but rather on the various disciplines in which he was active. Together they document his path to the *Gesamtkunstwerk*. As is the case with any catalog, this publication can only build on previous research by earlier generations. In this regard, I would like to express my particular thanks to Stefan Üner, who granted me a generous insight into his ongoing work on a catalogue raisonné of Moser's paintings, printed works, and drawings.

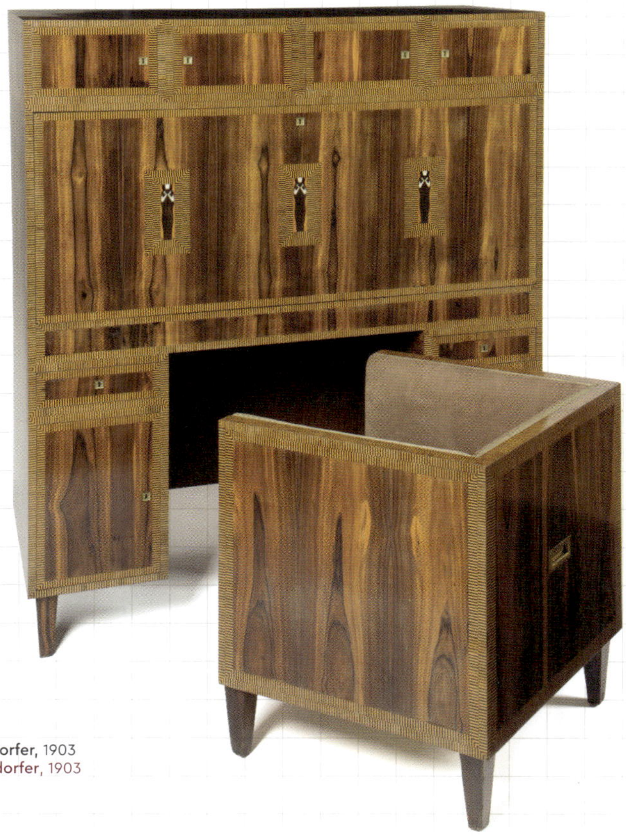

1 **Schreibschrank für Berta Waerndorfer**, 1903
Writing cabinet for Berta Waerndorfer, 1903
MAK

KOLOMAN MOSER
EIN MULTITALENT DER WIENER MODERNE

CHRISTIAN WITT-DÖRRING

3

Koloman Moser (1868–1918), einer der führenden Künstlerpersönlichkeiten des Wiener Kunstfrühlings der Jahre um 1900, hat ein umfangreiches Œuvre, das die Disziplinen der Malerei und Grafik, der Typografie, des Kunstgewerbes, der Mode, der Innenraumgestaltung und der Bühnenbildnerei umfasst, hinterlassen. Er verhilft neben Joseph Maria Olbrich und Josef Hoffmann dem Konzept des Gesamtkunstwerks in Wien zum Durchbruch, bedient dieses jedoch mit Ausnahme der Architektur viel umfassender. Zwei Jahre vor seinem Tod publiziert er unter dem Titel *Mein Werdegang* seine Autobiografie, die bis heute als Basis für die Beschäftigung mit Mosers Leben und seinem künstlerischem Werdegang dient.[1] Darin gibt er gleich zu Beginn den Schlüssel für ein grundlegendes Verständnis für die Entwicklung seines vielschichtigen Talents, das ihn dazu befähigt, eine führende Rolle in der Erneuerung der Wiener Formensprache um 1900 zu übernehmen.

Am 30. März 1868 als Sohn des im Theresianum im 4. Wiener Gemeindebezirk als Verwalter angestellten Josef Moser in Wien geboren, erinnert sich Koloman Moser mit Dankbarkeit an seine dort verbrachte Kindheit. Die Theresianische Akademie, eine der ehemaligen Residenzen Karl VI., früher Favorita genannt, ist eine in einem großen Park gelegene Welt für sich. Sie verfügt u. a. über eine große Anzahl von Werkstätten, in denen sich der Knabe unbeschwert bewegen kann. Dieser frühe Kontakt mit den unterschiedlichsten Handwerkstechniken und Materialien regt den die Welt mit allen ihren Rätseln entdeckenden jungen Menschen an. Er stimuliert die Neugierde, verführt zum Nachmachen und Experimentieren. Dieser anfänglich spielerische Umgang mit den unterschiedlichsten handwerklichen Ausdrucksmöglichkeiten wird in Verbindung mit einem frühen künstlerischen Empfinden zur Grundlage für sein fast 30 Jahre später im Rahmen der Secession verfolgten Ideal, das dem Kunstgewerbe dieselbe künstlerische Ausdruckskraft wie der bildenden Kunst zubilligt.

AUSBILDUNG UND FRÜHE ARBEITEN

Da sein Vater für ihn eine Berufskarriere als Handelsangestellter vorsieht, besucht er die Gewerbeschule auf der Wieden. Dort erwachen seine künstlerischen Interessen, gleichzeitig nimmt er auch am Zeichenunterricht teil. Ohne Wissen des Vaters besteht er 1885 die Aufnahmeprüfung an der Akademie der bildenden Künste in Wien und besucht von 1886 bis 1892 die Klassen für Historienmalerei bei Mathias von Trenkwald, Christian Griepenkerl und Franz Rumpler. Mit dem Verlust der Wohnung im Theresianum nach dem Tod seines Vaters 1888 und der gemeinsamen Übersiedlung mit seiner Mutter und seinen beiden Schwestern Charlotte und Leopoldine in eine kleine Mietwohnung im 3. Wiener Gemeindebezirk, Stanislausgasse 5, verschlechtert sich die finanzielle Situation der Familie dramatisch. Alma Mahler, die Stieftochter Carl Molls, gibt in ihrem Tagebuch am 1. Februar 1900 eine von Gesellschaftsdünkeln strotzende Beschreibung der tristen Lebensumstände Mosers wieder,

1 Moser, Koloman, „Vom Schreibtisch und aus dem Atelier. Mein Werdegang", in: *Velhagen und Klasings Monatshefte* (31) 10 1916, 9–13.

KOLOMAN MOSER
A MULTITALENTED VIENNESE MODERNIST

CHRISTIAN WITT-DÖRRING

Koloman Moser (1868–1918), one of the leading artists behind Vienna's artistic renewal in the years around 1900, left an extensive oeuvre spanning the disciplines of painting and graphic art, typography, arts and crafts, fashion, interior design, and scenography. Alongside Joseph Maria Olbrich and Josef Hoffmann, he helps the idea of the *Gesamtkunstwerk* or total work of art to achieve its breakthrough in Vienna, yet—with the exception of architecture—he employs it in a much more comprehensive manner than they do. Two years before his death he publishes his autobiography under the title *Mein Werdegang*, which even now continues to serve as the foundation for any engagement with Moser's life and artistic career.[1] At the very beginning, he reveals the key that enables us to gain a fundamental understanding of how he developed the multifaceted talent that made it possible for him to assume a leading role in reinventing the design vocabulary of fin-de-siècle Vienna.

Born in Vienna on 30 March 1868 as the son of Josef Moser, who was employed as an administrator at the Theresianum in Vienna's fourth district, Koloman Moser gratefully remembers the childhood he spent there. The Theresianische Akademie, one of the former residences of Charles VI and previously known as Favorita, is a world of its own surrounded by a large park. Among other things, it possesses a great number of workshops in which the boy can move freely. This early contact with a wide range of craft techniques and materials inspires the young man as he discovers the world and all its mysteries. It stimulates his curiosity, enticing him to imitate and experiment. In combination with his early artistic sensibility, this initially playful approach to these diverse means of artisanal expression lays the foundation for the ideal that he would pursue almost 30 years later in the context of the Secession, which accords the same capacity for artistic expression to arts and crafts as to fine art.

EDUCATION AND EARLY WORK

As his father envisages a career for him in commerce, he attends the trade school in Wieden, Vienna's fourth district. While there his interest in art is kindled and he takes part in a drawing class. Without his father's knowledge, he passes the entrance examination at the Academy of Fine Arts Vienna in 1885 and from 1886 to 1892 attends classes in history painting under Mathias von Trenkwald, Christian Griepenkerl, and Franz Rumpler. With the loss of their apartment at the Theresianum after his father's death in 1888 and his relocation together with his mother and two sisters Charlotte and Leopoldine to a small rental apartment at Stanislausgasse 5 in Vienna's third district, the family's financial situation deteriorates dramatically. Brimming with snobbery, an entry in the diary of Alma Mahler, the stepdaughter of Carl Moll, dated 1 February 1900 gives a vivid account of Moser's dismal living conditions when she and her sister visit him in his apartment on Stanislausgasse to inquire about detailed drawings for a hat model that are overdue:

1 Moser, Koloman, "Mein Werdegang" (1916), Engl. "My Life," in: Leopold, Rudolf/Pichler, Gerd (eds.), Koloman Moser 1868–1918, exh. cat. Leopold Museum, Vienna, Munich/Berlin et al. 2007, 14–19. Trans. Jane Michael.

als sie ihn mit ihrer Schwester in seiner Wohnung in der Stanislausgasse besucht, um nach fälligen Detailzeichnungen für ein Hutmodell nachzufragen:

> „Durch ein schmutziges Thor gelangen wir über eine ebenso schmutzige Stiege an die Wohnungsthür, an der zu lesen ist, Theresia Moser Ökonomenswitwe. Ich läute schüchtern. Eine Frau in einem dünnen Jackerl öffnet die Thüre – an deren Ähnlichkeit mit Moser ich augenblicklich dessen Mutter erkannte. Ich frug nach ihm – er sei nicht zu Hause. Ein ärmliches, junges Mädel erschien – seine Schwester. Ich sah hinter ihr hinein ins Vorzimmer, zu gleicher Zeit Küche. Nicht ganz sauber, vor allem aber sehr, sehr ärmlich.
> Wir waren froh, dass wir wieder gehen konnten."[2]

So entsteht die Notwendigkeit, sich am gemeinsamen Haushalt finanziell zu beteiligen, um sein Studium an der Kunstgewerbeschule ab 1893 beginnen zu können. Moser übernimmt daher in den Jahren 1892/93 die Stelle eines Zeichenlehrers für die Erzherzoginnen Maria Annunziata und Elisabeth Amalie, die Töchter Erzherzog Karl Ludwigs (Bruder Kaiser Franz Josephs I.), auf Schloss Wartholz. Für sie entwirft er u. a. um 1897/98 eine Schleppe (s. Abb. 20, S. 220), die ein erstes Dokument für die Beschäftigung Mosers mit Fragen der Mode ist. Gleichzeitig beginnt er, um sein Studium der Malerei an der Kunstgewerbeschule bei Franz Matsch von 1893 bis 1895 fortsetzen zu können, eine umfangreiche Tätigkeit als Illustrator für Bücher und Zeitschriften, wie zum Beispiel für die *Wiener Mode* und den Schreiberschen Verlag in Esslingen (u. a. Künstlerpostkarten, *Meggendorfers humoristische Blätter*).

Mit einigen jungen Künstlerkollegen, die mit der noch ganz dem Naturalismus und der Stilimitation verschriebenen Wiener Kunstszene unzufrieden sind, schließt er sich 1892 zum Siebener-Club zusammen. Es ist der erste Versuch Gleichgesinnter, an die im Gegensatz zu Österreich in Deutschland bereits in Entwicklung begriffene Moderne anzuschließen. 1895, im letzten Jahr seines Studiums an der Kunstgewerbeschule, tritt der Verleger Martin Gerlach an ihn heran, um an einem Vorlagenwerk für Kunstgewerbetreibende *Gerlach's Allegorien. Neue Folge* mitzuarbeiten. Im Rahmen einer Arbeitsbesprechung mit Gerlach zeigt dieser Moser die letzte von Gustav Klimt für das Vorlagenwerk gelieferte Zeichnung zur *Allegorie der Skulptur* (Abb. 1, 2). Unverhofft erscheint dabei Klimt persönlich und Moser flüchtet in einen Nebenraum, von wo der 27-Jährige den um sechs Jahre älteren arrivierten Maler Gustav Klimt andächtig belauscht und beobachtet. Die Zeichnung eröffnet Moser eine neue, für ihn zukunftsweisende künstlerische Welt. Der Stellenwert dieses Erlebnisses für Moser wird aus der Tatsache ersichtlich, dass Moser Jahre später darüber eine Art Zeitzeugenbericht über die Geburt einer neuen Kunst niederschreibt. Er bemerkt: „[...] so war ich vor dieser Zeichnung mit einem Schlag vor etwas ganz Neues gestellt."[3] Ab diesem Moment verändert sich Mosers Zeichenstil. Er führt, vor allem inspiriert von der Kunst Japans, neue Blattformate, fragmentierte Bildausschnitte und die Betonung der Linie gegenüber der Fläche ein (Abb. 3, 4).

Nachdem Moser sein Studium an der Kunstgewerbeschule abschließt, treten er und die Künstler des Siebener-Clubs am 30. Oktober 1896 der „Genossenschaft bildender Künstler Wiens" im Künstlerhaus bei. Für den 28-Jährigen ist dieser Schritt

2 Beaumont, Antony/Rode-Breymann, Susanne, *Alma Mahler-Werfel. Tagebuch-Suiten 1898–1902*, 2. Auflage, Frankfurt 2011, 442 f.

3 Unveröffentlichtes und undatiertes Konzept Koloman Mosers in der Wienbibliothek im Rathaus, H.I.N. 160514.

1

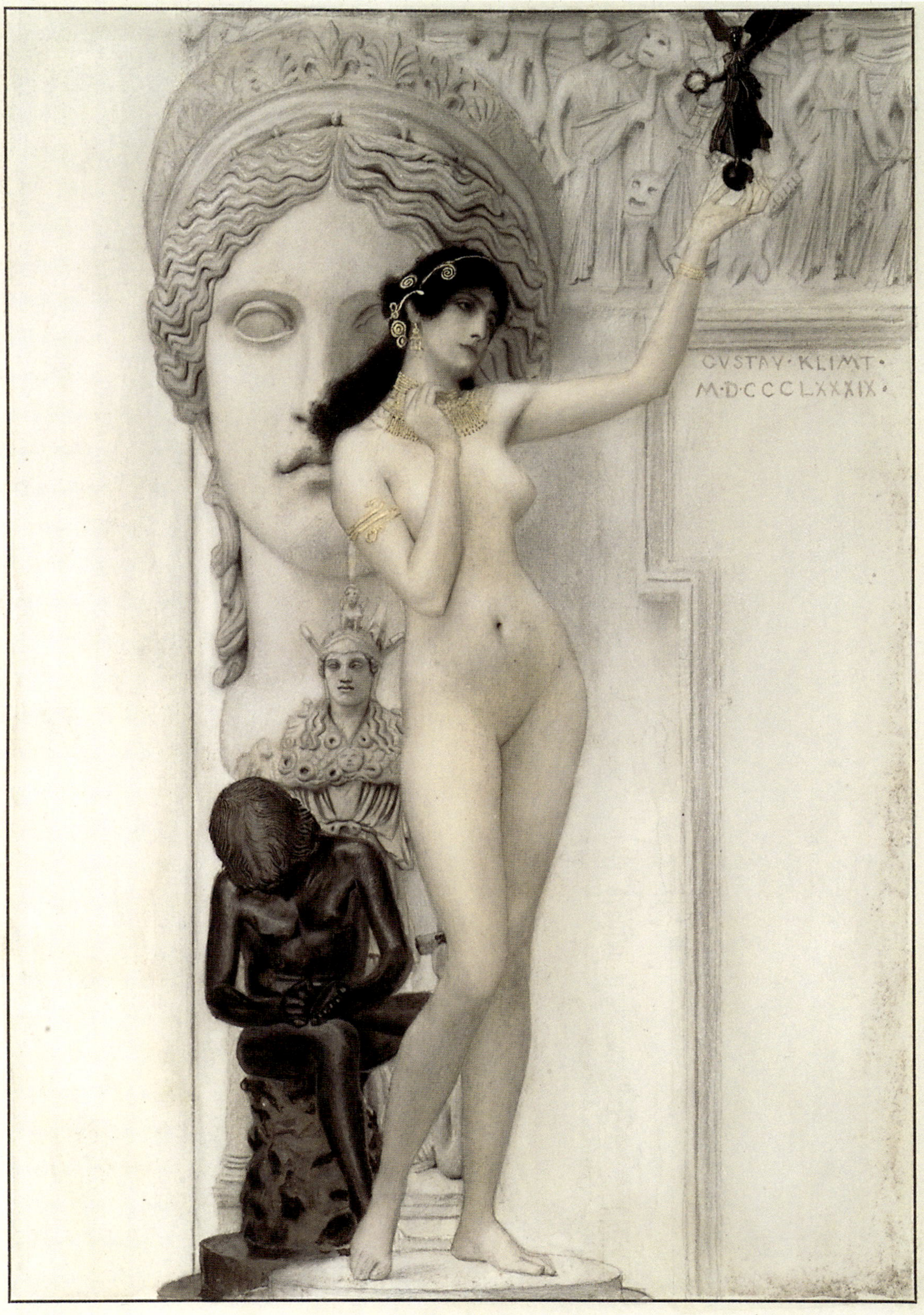

1 Gustav Klimt
Allegorie der Skulptur, Blatt aus der Festschrift des k. k. Österreichischen Museums für Kunst und Industrie, 1889
[Allegory of Sculpture], plate from the Festschrift of the Imperial Royal Austrian Museum of Art and Industry, 1889
MAK

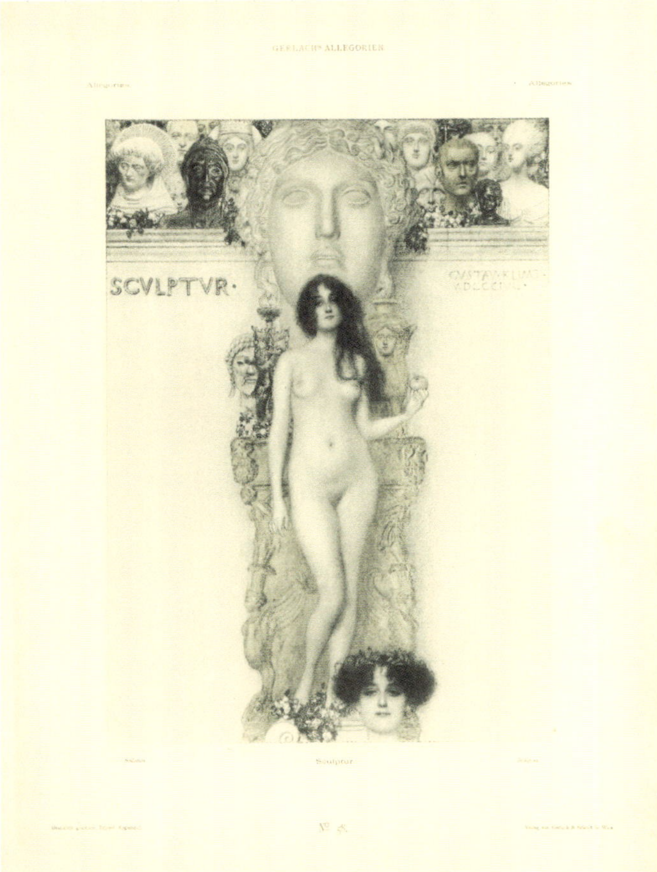

2

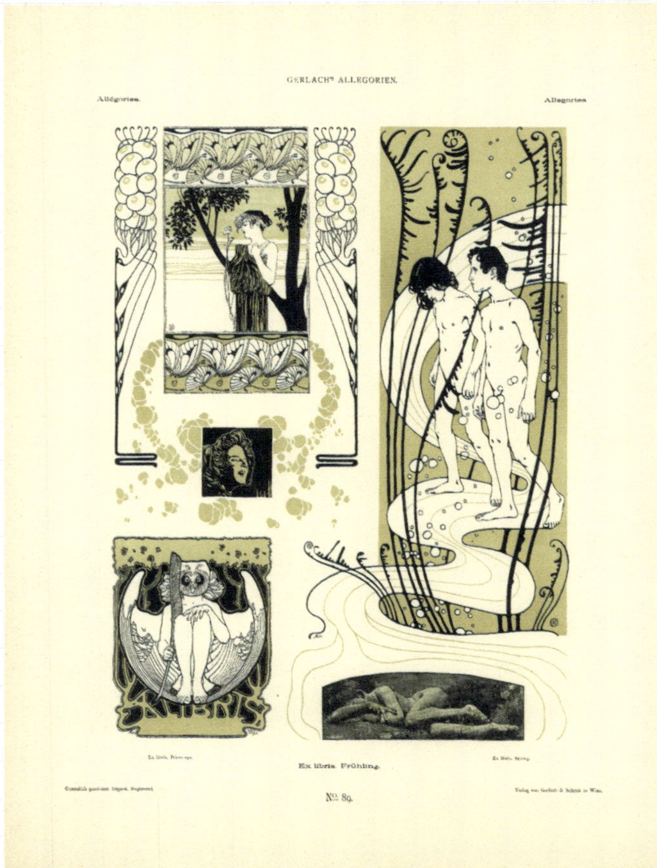

4

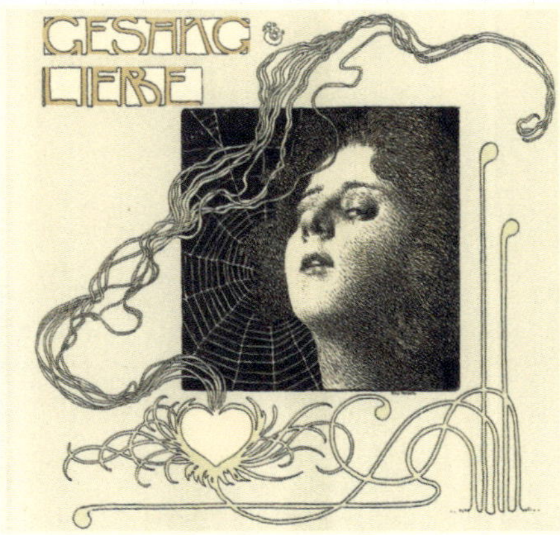

3

2 Gustav Klimt
Allegorie der Skulptur in *Gerlach's Allegorien. Neue Folge*, T. 58, 1895
[Allegory of Sculpture] in *Gerlach's Allegorien. Neue Folge*, pl. 58, 1895
MAK

3 *Gesang, Liebe* in *Gerlach's Allegorien. Neue Folge*, Ausschnitt aus T. 28, 1895
[Song, Love] in *Gerlach's Allegorien. Neue Folge*, detail of pl. 28, 1895
MAK

4 *Ex Libris. Frühling* in *Gerlach's Allegorien. Neue Folge*, T. 89, 1896
[Ex Libris: Spring] in *Gerlach's Allegorien. Neue Folge*, pl. 89, 1896
MAK

> "Passing through a dingy entrance hall, we climbed the equally dingy stairs to the apartment. On the doorbell we read: Theresia Moser, financier's widow. Shyly I rang the bell. A woman in a threadbare cardigan opened—she so resembled Moser that I instantly recognized her as his mother. I asked after him—he wasn't at home. A dowdy young girl appeared—his sister. I could see behind her into the front room, which also served as the kitchen. It was fairly sordid and, above all, dreadfully shabby.
> We were glad to leave."[2]

The pressure of circumstance consequently compels him to make a financial contribution to the shared household before he can start his degree at the School of Arts and Crafts from 1893. Moser therefore takes on a position as a drawing teacher for the archduchesses Maria Annunziata and Elisabeth Amalie, the daughters of Archduke Karl Ludwig (brother of Emperor Franz Joseph I), at Schloss Wartholz in the years 1892/93. Among other things, he designs a train for them (see fig. 20, p. 220) around 1897/98—one of the first testaments to Moser's interest in issues of fashion. At the same time, he starts a wide-ranging line of work as an illustrator of books and magazines—such as for the *Wiener Mode* fashion magazine and the Schreiberscher Verlag publishing house in Esslingen, Germany (including art postcards, *Meggendorfers humoristische Blätter*)—in order to continue his degree in painting at the School of Arts and Crafts under Franz Matsch from 1893 to 1895.

Together with some other young artists who are similarly dissatisfied with the Viennese art world's enduring commitment to naturalism and stylistic imitation, he joins forces with the Siebener-Club in 1892. It is the first attempt by like-minded artists to affiliate themselves with Modernism, a movement that—though it has not yet reached Austria—is already underway in Germany at this time. In 1895, during the last year of his degree at the School of Arts and Crafts, the publisher Martin Gerlach approaches him to collaborate on a pattern book for craftspeople entitled *Gerlach's Allegorien. Neue Folge*. During a meeting with Gerlach, the latter shows Moser the latest drawing for the pattern book to be delivered by Gustav Klimt: its subject is the *Allegory of Sculpture* (fig. 1, 2). While they are looking at it, Klimt unexpectedly appears in person and Moser flees into an adjoining room, from where the 27-year-old raptly overhears and observes the established painter Gustav Klimt, six years his senior. The drawing opens up a whole new world of art to Moser; indeed, it will rewrite his future. The significance of this experience for the younger artist is proven by the fact that years later Moser commits to paper a kind of contemporary testimony about the birth of a new art. He notes: "[...] thus faced with this drawing, I was all at once standing in front of something entirely new."[3] From this moment on, Moser's drawing style changes. Primarily inspired by the art of Japan, he introduces new paper sizes, fragmented image details, and an emphasis of the line as opposed to the surface (fig. 3, 4).

After graduating from the School of Arts and Crafts, Moser and the artists of the Siebener-Club join the "Genossenschaft bildender Künstler Wiens" (Vienna Artists' Society) at the Künstlerhaus on 30 October 1896. For the 28-year-old, this step is tantamount to him being officially recognized as an artist. However, he soon has

2 Beaumont, Antony/Rode-Breymann, Susanne (eds.), *Alma Mahler-Werfel: Diaries 1898–1902*, trans. Anthony Beaumont, New York 2000, 238 f.

3 Unpublished and undated concept by Koloman Moser in the Vienna City Library at the City Hall, H.I.N. 160514.

mit einer offiziellen Anerkennung seines Künstlertums gleichzusetzen. Bald muss er aber erkennen, dass seiner und der Stimme seiner jungen Siebener-Club-Freunde keine Bedeutung in der etablierten Künstlergenossenschaft beigemessen werden. Bereits ein halbes Jahr später (25. Februar 1897) findet man ihn im Kreis von Künstlerkollegen wie u. a. Gustav Klimt, Alfred Roller, Carl Moll, Joseph Maria Olbrich und Josef Hoffmann, die der modernen westlichen Kunstauffassung aufgeschlossen sind. Sie schließen sich schon ab November 1896[4] zur Vereinigung bildender Künstler Österreichs zusammen, um gegen den undemokratischen Auswahlprozess für die Beteiligung Österreichs an der Pariser Weltausstellung zu protestieren.[5] Nach der konstituierenden Versammlung vom 3. April 1897 tritt Moser schließlich am 24. Mai aus dem Künstlerhaus aus und wird eines der Gründungsmitglieder der Vereinigung bildender Künstler Österreichs Secession. Damit nimmt Mosers künstlerische Laufbahn eine entscheidende Wende, die es ihm im demokratisch organisierten Verband gleichgesinnter Kollegen erlaubt, die zukünftige Entwicklung der österreichischen Kunst maßgeblich mitzubestimmen. Sie bietet ihm nicht nur eine öffentliche Plattform, künstlerisch wahrgenommen zu werden, sondern ebnet ihm, der aus kleinbürgerlichen Verhältnissen stammt, auch den Weg in die großbürgerliche Wiener Gesellschaft. Aus ihrem Kreis rekrutieren sich in der Folge seine wichtigsten AuftraggeberInnen und MäzenInnen die zu langjährigen Freundschaften führen.

SECESSION

Nicht durch den Bruch mit der Vergangenheit, wie uns die modernistische Interpretation des Wiener Kunstfrühlings glauben zu machen versucht, sondern durch den Anschluss an eine verloren gegangene Tradition von Qualität versuchen die Künstler der Secession eine Erneuerung der Künste in Wien. Es ist nicht ein Kampf gegen eine alte Kunst, sondern ein Kampf gegen übernommene Schablonenmuster, der die Rückkehr der Kunst in Form eines individuellen künstlerischen Ausdrucks in den Alltag bringen soll. Hermann Bahr formuliert es in seinem programmatischen Artikel im ersten Heft von *Ver Sacrum*:

> „Bei uns wird nicht für und gegen die Tradition gestritten, wir haben ja gar keine. Es wird nicht zwischen der alten Kunst, die es ja bei uns gar nicht gibt, und einer neuen gestritten. Es wird nicht um irgendeine Entwicklung oder Veränderung der Kunst in der Kunst, sondern um die Kunst selbst gestritten, um das Recht künstlerisch zu schaffen. Das ist es. Unsere Secession ist kein Streit neuer Künstler gegen die alten, sondern sie ist die Erhebung der Künstler gegen die Hausierer, die sich für Künstler ausgeben und ein geschäftliches Interesse haben, keine Kunst aufkommen zu lassen. Die ‚Vereinigung' wirft der ‚Genossenschaft' nicht vor: Du bist für das ‚Alte', und sie fordert sie nicht auf: Werde ‚modern'! Nein, sie sagt ihr bloss: Ihr seid Fabrikanten, wir wollen Maler sein! Das ist der Streit: Geschäft oder Kunst, das ist die Frage unserer Secession."[6]

Im Gegensatz zu Westeuropa, wo die moderne Bewegung bereits Anfang der 1890er Jahre floriert, stellt sich die künstlerische Situation in Österreich als isoliert, stagnierend und auf sich selbst bezogen dar. Die Secessionisten übernehmen nun

4 Pausch, Oskar, *Gründung und Baugeschichte der Wiener Secession*, Wien 2006, 166.

5 Ebd., 80.

6 Bahr, Hermann, „Vereinigung bildender Künstler Österreichs Secession", in: *Ver Sacrum* (1) 1 1898, 8–13: 9 f.

to acknowledge that no importance is attached to the voices of himself and his young Siebener-Club friends in this established artists' society. Just half a year later (25 February 1897), he can be found associating with fellow artists including Gustav Klimt, Alfred Roller, Carl Moll, Joseph Maria Olbrich, and Josef Hoffmann who are open-minded about the modern Western concept of art. They join forces as early as November 1896[4] as the "Vereinigung bildender Künstler Österreichs" (Union of Austrian Artists) to protest against the undemocratic selection process for Austria's participation in the World's Fair in Paris.[5] After the constitutive session on 3 April 1897, Moser finally leaves the Künstlerhaus on 24 May and becomes one of the founding members of the "Vereinigung bildender Künstler Österreichs Secession" (Union of Austrian Artists Secession). At this moment Moser's artistic career takes a decisive turn that will allow him to have a determining influence on the future development of Austrian art in a democratically organized association of like-minded colleagues. It offers him not only a public platform on which to be recognized as an artist, but also paves the way for this lower-middle-class artist to enter upper-class Viennese society. It is from among their number that he subsequently recruits his most important customers and patrons, who will become lifelong friends.

SECESSION

It is not by breaking with the past, as the Modernist interpretation of Vienna's artistic renewal would have us believe, but rather by resuming a lost tradition of quality that the artists of the Secession attempt to revive the arts in Vienna. It is not a battle against old art, but rather a battle against inherited templates, with the intention of bringing art back into everyday life in the form of individual artistic expression. Hermann Bahr phrases it thus in his programmatic article in the first edition of *Ver Sacrum*:

> "Here we do not argue for and against tradition; after all, we have none. We do not argue between old art—of which, after all, we have none—and new. We do not argue about any artistic development or change in art, but rather about art itself, about the right to create art. That's it. Our Secession is no argument by new artists against the old, but rather it is the advancement of artists over peddlers who masquerade as artists and have a commercial interest in not allowing art to emerge. The 'Union' does not accuse the 'Society' of being for the 'old,' and it does not challenge it to become 'modern.' No, it merely tells the 'Society': you are manufacturers, we want to be painters! That is the argument: commerce or art. That is the question posed by our Secession."[6]

In contrast to Western Europe, where the Modernism movement has been flourishing since the early 1890s, the artistic situation in Austria can be described as isolated, stagnant, and self-referential. The Secessionists now take on the role of catalyst to acquaint the Austrian public with these latest artistic developments and to convince them of the necessity for a reorientation. For this reason, they not only bring exemplary works by foreign artists at the forefront of Modernism (the art of Japan, the French Impressionists, the Belgian and Netherlandish Symbolists,

4 Pausch, Oskar, *Gründung und Baugeschichte der Wiener Secession*, Vienna 2006, 166.

5 Ibid., 80.

6 Bahr, Hermann, "Vereinigung bildender Künstler Österreichs Secession," in: *Ver Sacrum* (1) 1 1898, 8–13: 9 f.

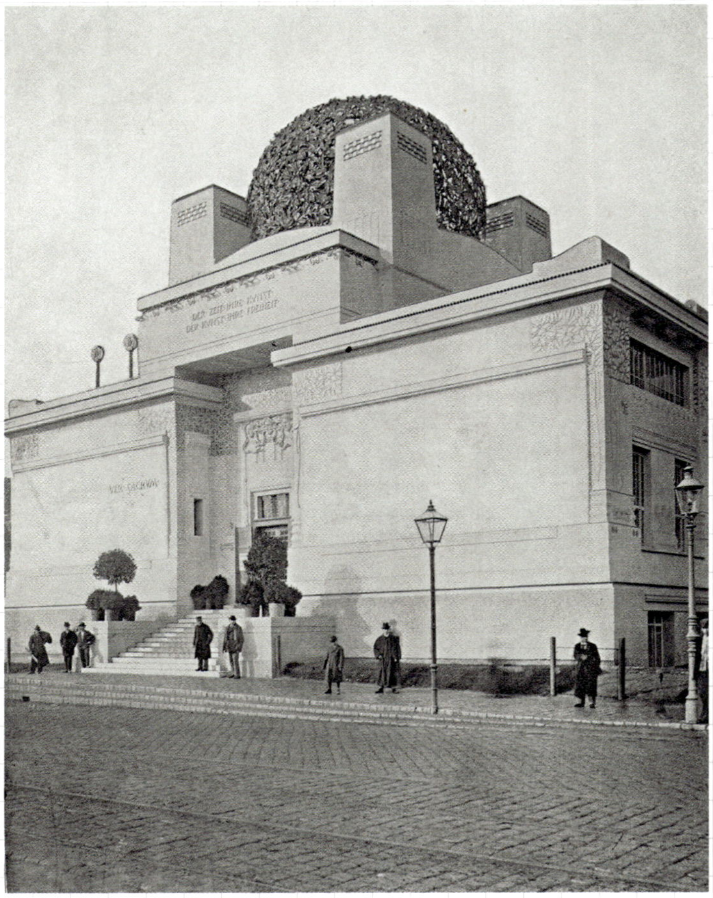

5

5 Joseph Maria Olbrich
Secessionsgebäude, 1898
Secession building, 1898
In: *Wiener Bauindustriezeitung* (17) 1900,
T. pl. 37
MAK

6 Joseph Maria Olbrich
Secessionsgebäude mit Fassadendekoration von Koloman Moser, 1898
Secession building with façade decoration by Koloman Moser, 1898
In: *Wiener Bauindustriezeitung* (17) 1900,
T. pl. 39
MAK

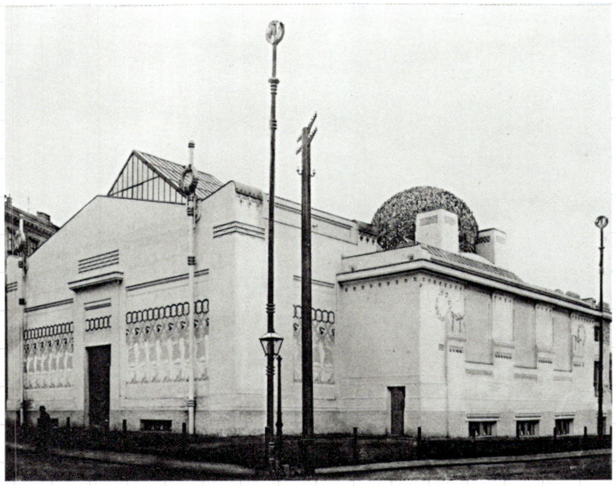

6

7 **Entwurf für die Fassadendekoration *Kranzträgerinnen* des Secessionsgebäudes**, 1897
Design for the *Wreath-Bearing Maidens* façade decoration of the Secession building, 1897
Leopold Museum, Wien Vienna

8 **Entwurf für das Glasfenster *Die Kunst* im Eingangsbereich des Secessionsgebäudes**, 1897
Design for the glass window [Art] in the entrance area of the Secession building, 1897
MAK

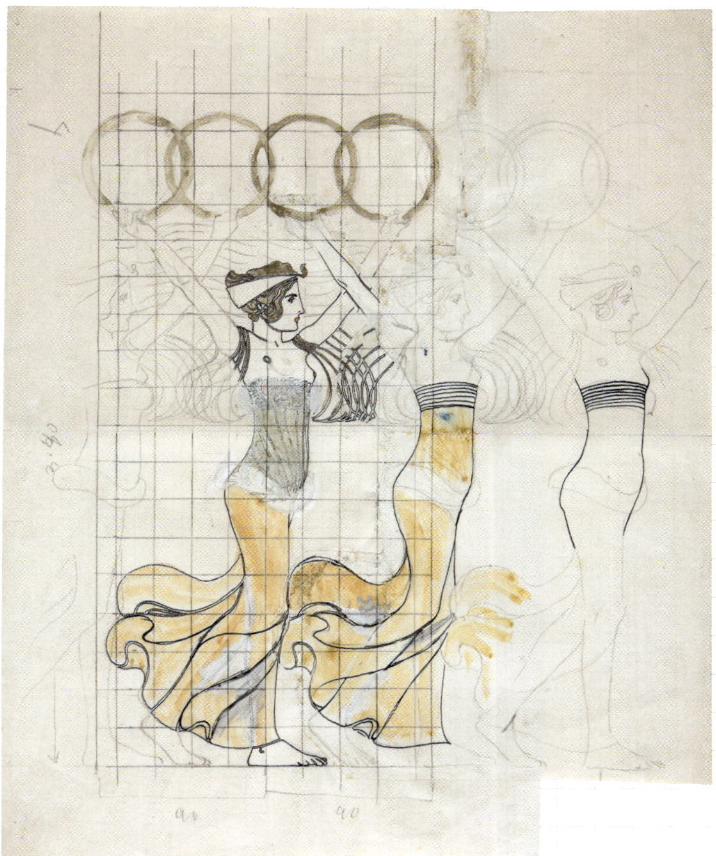

7

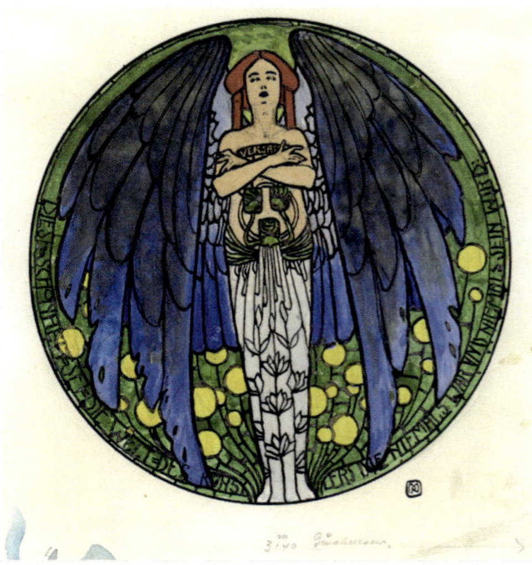

8

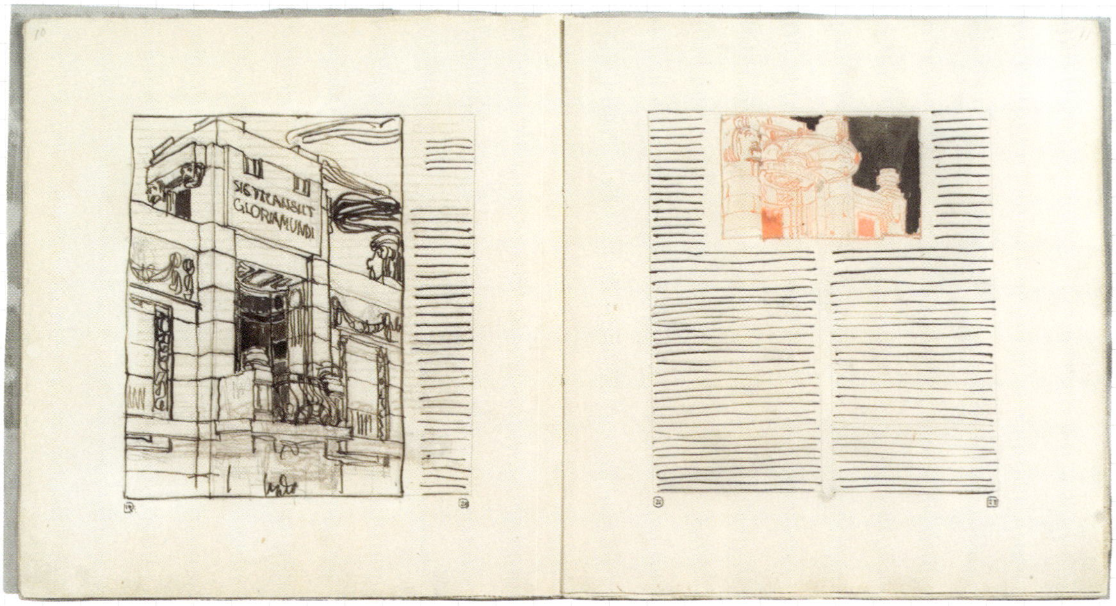

9

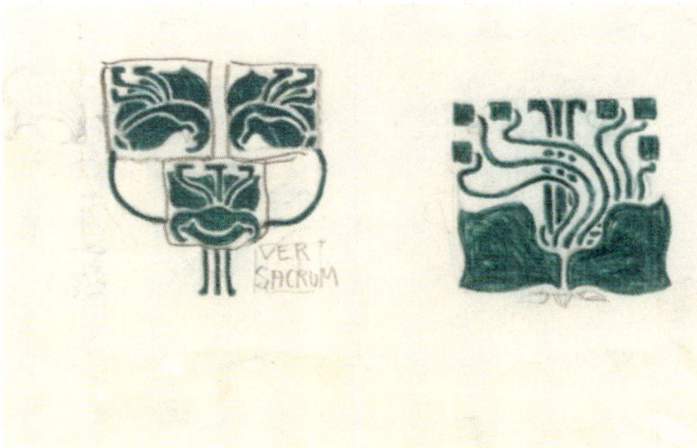

10

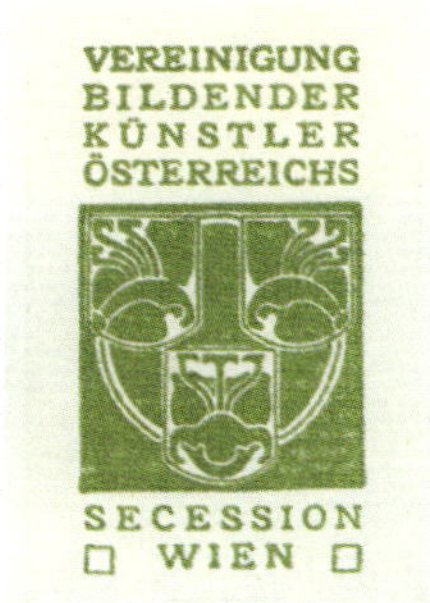

11

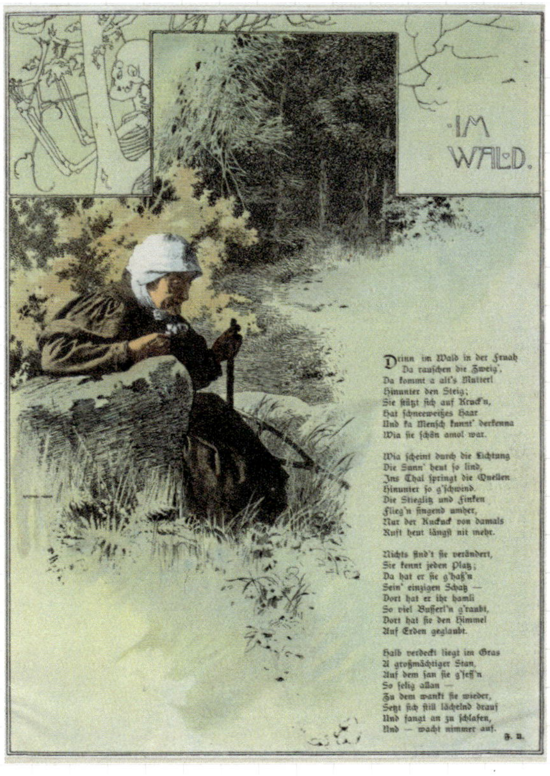

12

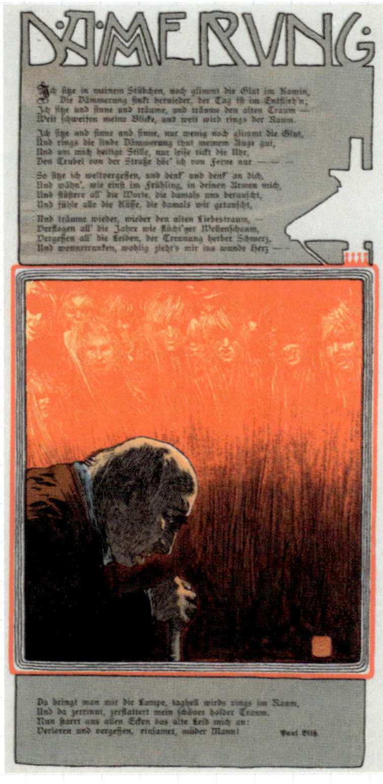

13

9 Layout-Entwurf für *Ver Sacrum*, 1897
Layout design for *Ver Sacrum*, 1897
Leopold Museum, Wien Vienna

10 Vignettenentwürfe für den Einband des Probe-Layouts von *Ver Sacrum*, 1897
Vignette designs for the cover of the trial layout of *Ver Sacrum*, 1897
MAK

11 Vignette der Secession, 1897
Vignette of the Secession, 1897
MAK

12 Illustration zum Gedicht *Im Wald* in *Meggendorfers humoristische Blätter* (27) 6 1896
Illustration for the poem [In the Forest] in *Meggendorfers humoristische Blätter* (27) 6 1896
MAK

13 Illustration zum Gedicht *Dämmerung* von Paul Blitz in *Meggendorfers humoristische Blätter* (32) 6 1898
Illustration for the poem [Twilight] by Paul Blitz in *Meggendorfers humoristische Blätter* (32) 6 1898
MAK

die Rolle des Katalysators, um das österreichische Publikum mit diesen neuesten künstlerischen Entwicklungen bekannt zu machen und von der Notwendigkeit einer Neuorientierung zu überzeugen. Dafür bringt die Secession nicht nur beispielhafte Werke der führenden modernen ausländischen Künstler (die Kunst Japans, die französischen Impressionisten, die belgischen und niederländischen Symbolisten, Ferdinand Hodler, Edvard Munch, Auguste Rodin, George Minne, Medardo Rosso, Charles Rennie Mackintosh, Charles Robert Ashbee, Henry van de Velde und viele andere) im Rahmen ihrer Ausstellungen nach Wien, sondern schafft auch eine ideologische Basis für das Entstehen einer modernen Bewegung in Österreich. Letztere baut vor allem auf der englischen Arts & Crafts-Bewegung auf, die die Einheit der Künste, also die Gleichwertigkeit von „hoher" (bildender) und „niederer" (angewandter) Kunst fordert. Sie soll durch ihre Omnipräsenz die Durchdringung des Alltags mit Kunst garantieren. Sie fordert u. a. die künstlerische Gestaltung und handwerkliche Ausführung des Gebrauchsgegenstands. Der Alltagsgegenstand wird zum Kunstwerk erhoben. Die Kunst als potenzielles Medium zur Heilung der Welt von den negativen ästhetischen sowie sozialen Auswirkungen der industriellen Revolution identifiziert, stellt somit einen Gesamtgestaltungsanspruch. Aus diesem entsteht das Konzept des Gesamtkunstwerks, dem sich die Secession und ihre Künstler voll verschreiben. Ihm unterliegt u. a. die Kommunikation ihrer Inhalte an das Publikum. Dafür werden – angefangen von der Ausstellungsgestaltung über die Einrichtung der Büroräume, die Ausstellungsplakate, das Briefpapier und die eigene Kunstzeitschrift *Ver Sacrum* – sämtliche Aspekte des öffentlichen Auftritts als eigenständige künstlerische Aufgaben definiert und realisiert. In letzter Konsequenz besteht daher kein Unterschied zwischen der künstlerischen Qualität der ausgestellten Arbeiten und jener ihrer ephemeren Präsentation. Übertragen auf den privaten Bereich entstehen die ersten bis ins letzte Detail als Gesamtkunstwerke konzipierten Innenräume nach individuellen künstlerischen Entwürfen von Olbrich, Hoffmann und Moser.

In dieser programmatischen Atmosphäre allumfassenden künstlerischen Gestaltens und gemeinsamen Kunstwollens floriert Mosers kreative Energie. Alles scheint möglich. Es ist, als ob jeder Aspekt des täglichen Lebens einer Neubewertung und eines neuen Kleides bedarf. Der Maler Moser findet dabei ein weites Betätigungsfeld. Er verlässt das zweidimensionale Ausdrucksmedium der Leinwand und des Papiers und erkundet die Möglichkeiten dreidimensionalen Gestaltens in den unterschiedlichsten Materialien. Für das neue, von Olbrich entworfene Ausstellungsgebäude (eröffnet am 12.11.1898) entwirft er Teile des Fassadenschmucks (Kranzträgerinnen, Eulen und Lorbeerbäume) sowie ein rundes Glasfenster für den Eingangsbereich (Abb. 5–8). Auf seine Initiative hin beschließt die Künstlervereinigung die Herausgabe des monatlich erscheinenden Vereinsorgans *Ver Sacrum*.[7] Moser liefert dafür 1897 ein erstes Layout (Abb. 9, 10) und entwirft den Briefkopf der Secession (Abb. 11).[8] Seine langjährige Erfahrung als Illustrator von Zeitschriften und Büchern prädestiniert ihn für diese Aufgabe. Sei es für die *Wiener Mode*, den *Jugendschatz deutscher Dichtungen* oder *Meggendorfers humoristische Blätter* – Moser nimmt sukzessive die Gelegenheit wahr, sich vom reinen Zulieferer von Bildmotiven zu emanzipieren und sich für die Gesamtgestaltung der kompletten Druckseite verantwortlich zu fühlen (Abb. 12, 13). Stehen Fragen des Layouts und der Schrifttypen bis zur Gründung der Secession noch außerhalb seiner Einflussnahme, kann er für *Ver Sacrum* zum

7 Pausch 2006 (s. Anm. 4), 140.

8 Ebd., 139.

Ferdinand Hodler, Edvard Munch, Auguste Rodin, George Minne, Medardo Rosso, Charles Rennie Mackintosh, Charles Robert Ashbee, Henry van de Velde, and many more) to Vienna in the context of their exhibitions, but also create an ideological foundation that will enable a Modernist movement to emerge in Austria. The latter predominantly builds on the English Arts & Crafts movement, which calls for the unity of the arts; in other words, for equality between "high" (fine) and "low" (applied) art. Through its ubiquity, it also intends to ensure that everyday life is permeated with art. Among other things, it insists that practical objects be designed artistically and executed artisanally. The everyday object is raised to the status of a work of art. By identifying art as a potential medium with which to heal the world from the negative aesthetic and social effects of the Industrial Revolution, the Secessionists lay a claim to *Gesamtgestaltung* or total design. This in turn leads to the concept of the *Gesamtkunstwerk* or total work of art, to which the Secession and its artists are fully committed. Fundamental to this is, among other things, the communication of their message to the public. For this purpose, all aspects of the group's public image—from the exhibition designs to the furnishing of their offices, the exhibition posters, the letter paper, and their own art magazine *Ver Sacrum*—are defined and realized as distinct artistic tasks. In the final analysis there is therefore no difference between the artistic quality of the exhibited works and that of their ephemeral presentation. Transferred to the private realm Olbrich, Hoffmann, and Moser create unique artistic designs for the first interiors to be conceived down to the last detail as total works of art.

In this programmatic atmosphere of all-encompassing artistic design and a common desire for art, Moser's creative energy flourishes. Everything seems possible. It is as though every aspect of daily life requires reevaluation and refashioning. The painter Moser finds in this a broad line of work. He abandons the two-dimensional medium of expression that is canvas and paper to explore the possibilities of three-dimensional design in a wide range of materials. For the new exhibition building planned by Olbrich (opens on 12 November 1898), he designs parts of the ornamentation for the façade (wreath bearers, owls, and laurel trees) as well as a round glass window for the entrance area (fig. 5–8). On his initiative the Union of Austrian Artists resolves to publish the monthly voice of the association, *Ver Sacrum*.[7] Moser delivers an initial layout for it in 1897 (fig. 9, 10) and designs the Secession's letterhead (fig. 11).[8] His many years of experience as an illustrator of magazines and books positively predestines him for this task. Whether it is for *Wiener Mode*, *Jugendschatz deutscher Dichtungen*, or *Meggendorfers humoristische Blätter*, Moser gradually avails himself of the opportunity to emancipate himself from the role of mere supplier of visual subjects and to take on responsibility for the *Gesamtgestaltung* of the entire printed page (fig. 12, 13). If questions of layout and font are outside of his influence until the founding of the Secession, for *Ver Sacrum* he can finally realize a layout for the first time that treats the block of text and the visual subject as aesthetic equals. At the same time, Moser also experiments with new and different fonts, which he uses for example for all Secession publications as well as for the art postcards printed to mark the inaugural exhibition of the Secession in 1898 (fig. 14–19).

7 Pausch 2006 (see note 4), 140.

8 Ibid., 139.

14 Schrifttypen aus *Beispiele künstlerischer Schrift*, herausgegeben von Rudolf von Larisch, 1900
Fonts from [Examples of Artistic Fonts], edited by Rudolf von Larisch, 1900
MAK

15 Entwürfe für Monogramme, um 1902
Designs for monograms, ca. 1902
MAK

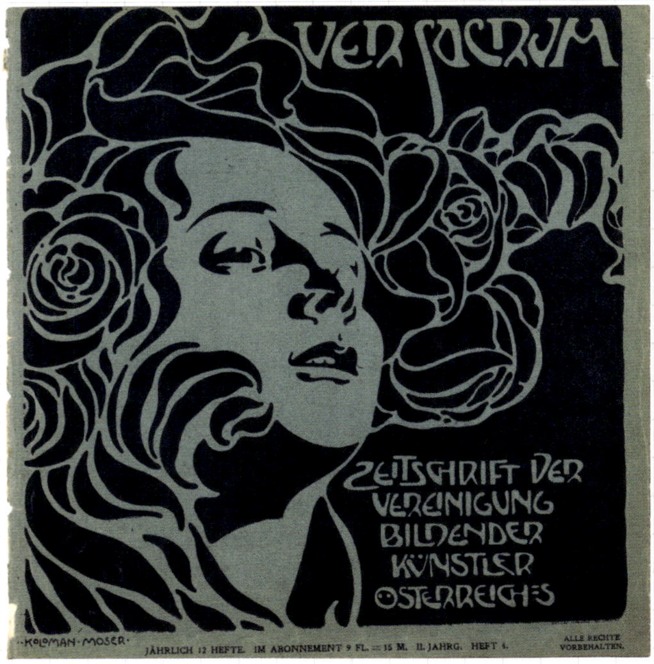

16

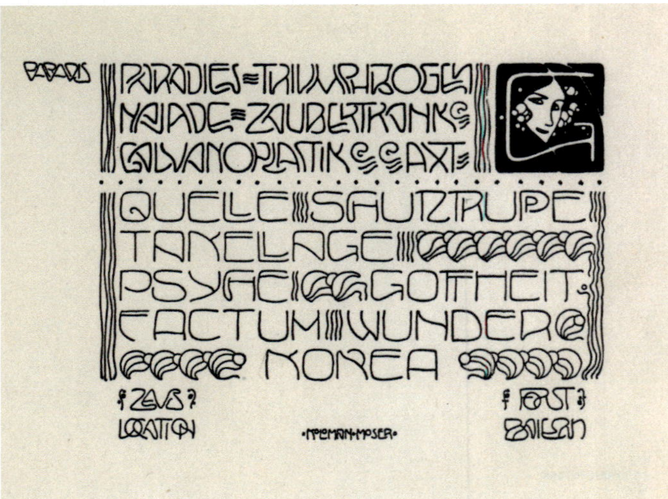

14

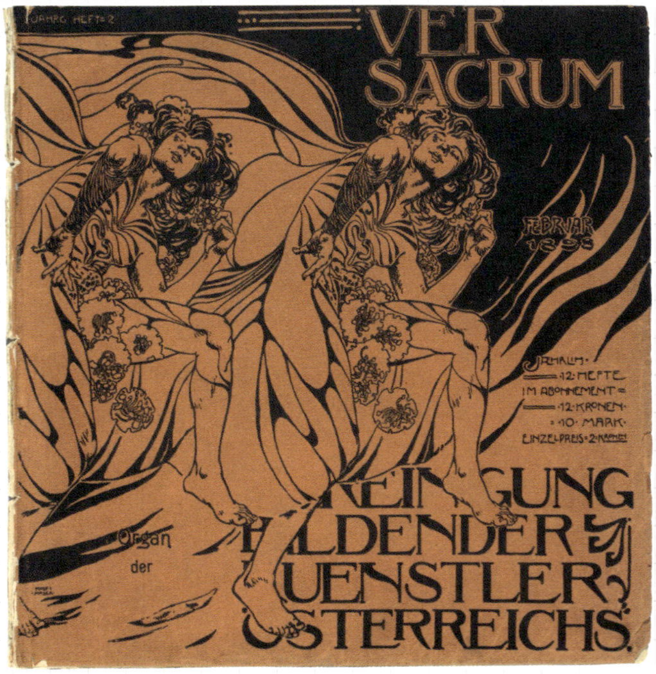

17

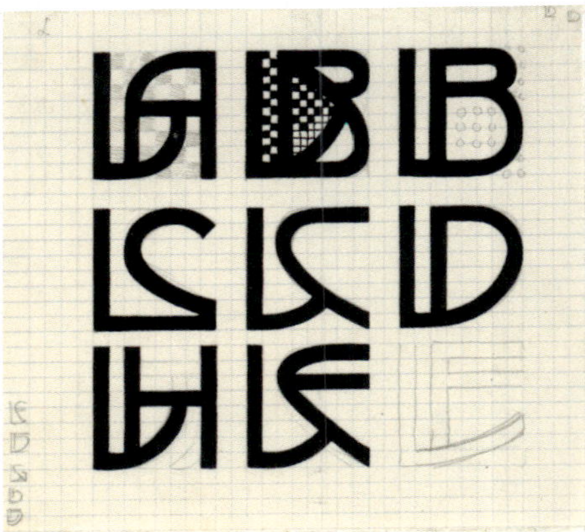

15

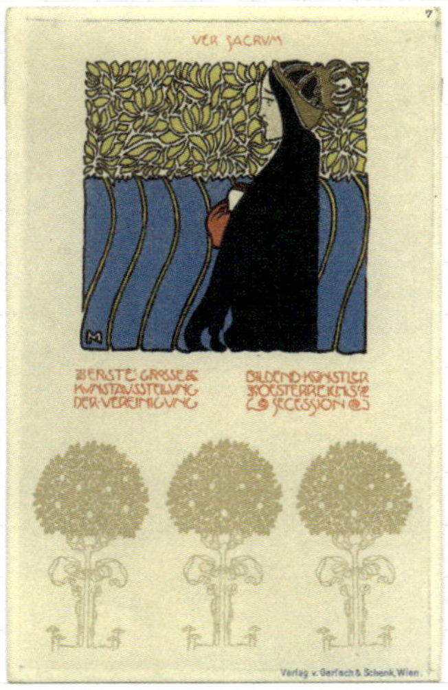

18

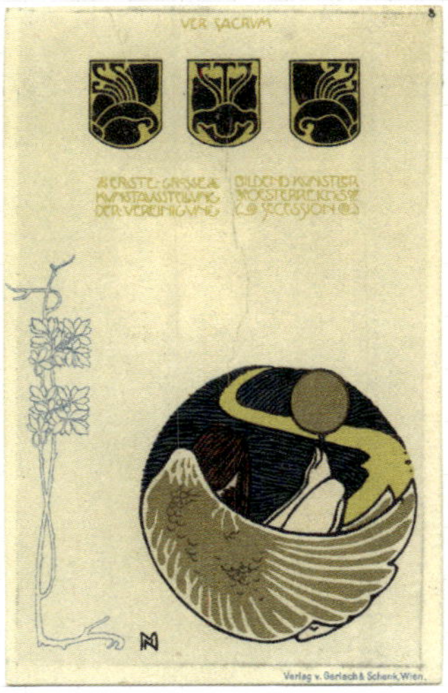

19

16 Deckblatt für *Ver Sacrum* (2) 4 1899
Title page for *Ver Sacrum* (2) 4 1899
MAK

17 Deckblatt für *Ver Sacrum* (2) 2 1899
Title page for *Ver Sacrum* (2) 2 1899
MAK

18 Künstlerpostkarte Nr. 7 anlässlich der I. Secessionsausstellung, 1898
Art postcard no. 7 on the occasion of the 1st Secession exhibition, 1898
MAK

19 Künstlerpostkarte Nr. 8 anlässlich der I. Secessionsausstellung, 1898
Art postcard no. 8 on the occasion of the 1st Secession exhibition, 1898
MAK

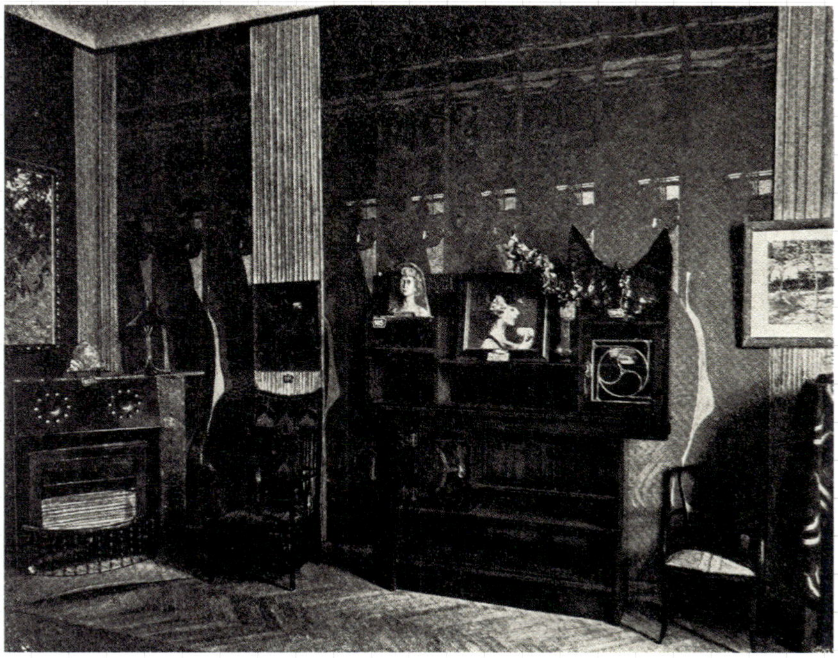

20

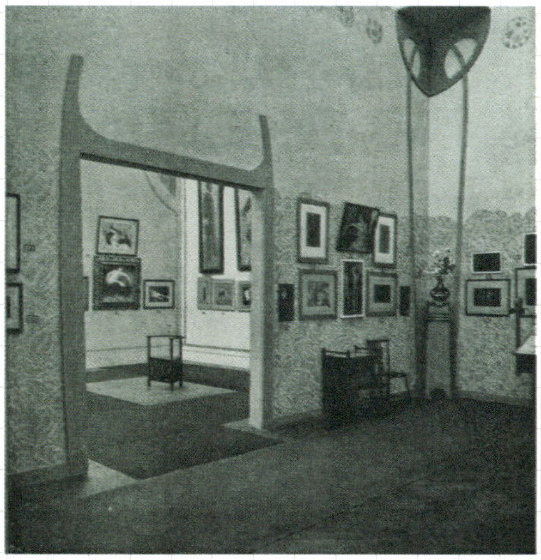

21

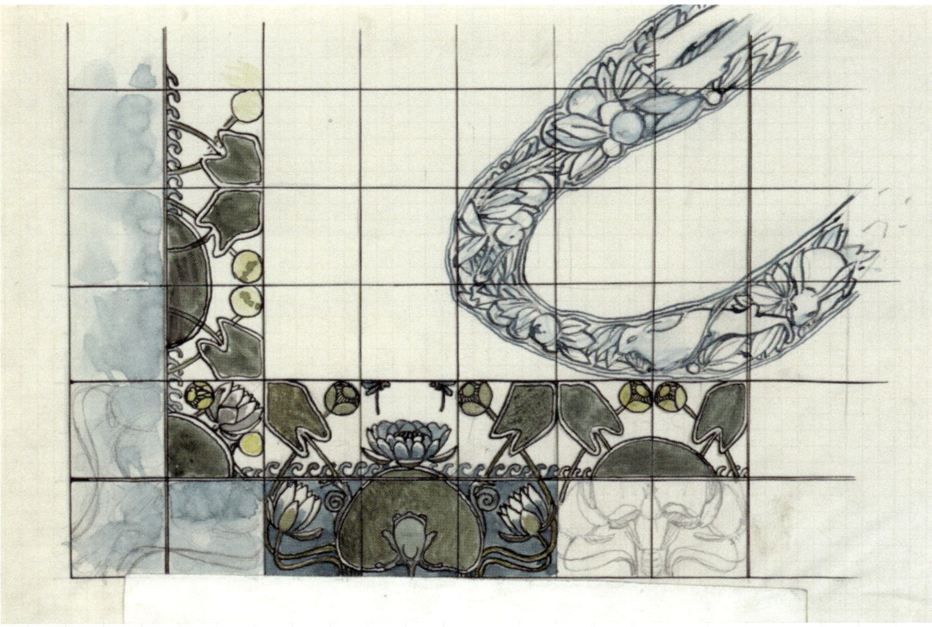

22

20 Schablonierter Wanddekor für den Kunstgewerberaum der II. Secessionsausstellung, 1898
Stenciled wall decoration for the arts and crafts room of the 2nd Secession exhibition, 1898
In: *Ver Sacrum* (1) Sonderheft special issue 1898, S. p. 26
MAK

21 *Saal in Grau und Silber*, Raumgestaltung in der V. Secessionsausstellung, 1899
[Room in Gray and Silver], room design in the 5th Secession exhibition, 1899
In: *Ver Sacrum* (3) 1 1900, S. p. 8
MAK

22 Entwurf für die Glasdecke des Speisesaals im Wiener Hotel Bristol, 1897
Design for the glass ceiling of the dining hall in the Hotel Bristol in Vienna, 1897
MAK

23 Entwürfe für die Medaillons an der Fassade von Otto Wagners Mietshaus an der Linken Wienzeile 38, 1898
Designs for the medallions on the façade of Otto Wagner's apartment building at Linke Wienzeile 38, 1898
MAK

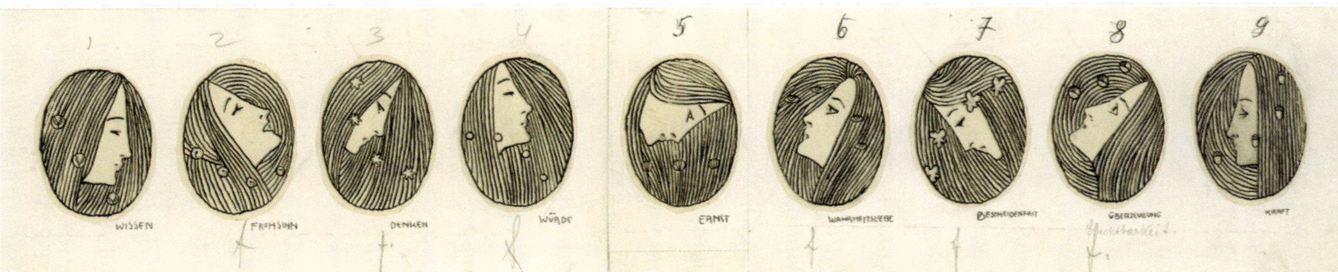

23

ersten Mal ein Layout realisieren, das Schriftblock und Bildmotiv ästhetisch gleichwertig behandelt. Gleichzeitig beschäftigt sich Moser auch mit neuen unterschiedlichen Schrifttypen, die er zum Beispiel für sämtliche Publikationen der Secession sowie die anlässlich der I. Ausstellung der Secession 1898 gedruckten Künstlerpostkarten verwendet (Abb. 14–19).

Mit der ersten, noch im Gartenbaugebäude am Parkring stattfindenden Ausstellung treten die Secessionisten 1898 zum ersten Mal mit ihrer neuen individualistischen Kunstauffassung und Ästhetik in die Öffentlichkeit. Für Moser im Speziellen bedeutet diese erweiterte Öffentlichkeit, die sich bis dahin ausschließlich als Illustrator für Verlage abspielt, nicht nur die Konfrontation mit dem „offiziellen" Österreich, sondern auch mit den heimischen Kunstgewerbeproduzenten. So kann man Moser in der II. Ausstellung der Secession als Flächenkünstler im Rahmen einer Innenraumgestaltung erleben. Er übernimmt die Wandgestaltung des Kunstgewerberaumes, den er mit einer schablonierten figural-ornamentalen Dekoration überzieht (Abb. 20).[9] Auch in der IV. und V. Ausstellung der Secession 1899 greifen die Secessionisten in vereinzelten Räumen auf Mosers Talent als Meister des Flächendekors zurück (Abb. 21).[10] Bereits 1897 erhält Moser den Auftrag, die elektrisch hinterleuchtete Glasdecke des Speisesaals im Erweiterungsbau des Hotel Bristol in Wien (ehem. Palais Hoyos) am Kärtnerring zu gestalten (Abb. 22).[11]

Moser muss Otto Wagner während seiner Mitgliedschaft im Künstlerhaus kennengelernt haben. Wagner, der mit den unzufriedenen, im Künstlerhaus auf Reformen drängenden Künstlerkollegen von Anfang an sympathisiert, jedoch anfänglich noch an dessen Umsetzung glaubt, schließt sich erst 1899 den Secessionisten an. So entwirft Moser 1898 für Wagners erstes Mietshaus in der Wienzeile 38 eine allegorische Fassadendekoration in Medaillonform (Abb. 23). Den „modernen Stil" kann Moser nun auch vor allem in seinen gebrauchsgrafischen Arbeiten (z. B. Plakate und Reklamen) für verschiedene Unternehmen wie z. B. den Schreibwarenhändler Theyer & Hardtmuth, den Glasverleger E. Bakalowits Söhne, den Textilfabrikanten J. Backhausen & Söhne und die Verlage Gerlach & Schenk, Max Herzig und Anton Schroll umsetzen (Abb. 24–28).

Mosers erste Entwürfe für kunstgewerbliche Arbeiten entstehen 1898 für die Firma Backhausen als kleine geknüpfte Teppiche und Polsterüberzüge (Abb. 29). Er überträgt damit konsequent die von ihm propagierte Flächenkunst in das textile Medium. Bereits ein Jahr später, im Rahmen der V. Ausstellung der Secession 1899, zeigt Moser neben weiteren Textilien für Backhausen, die unter dem Motto „Ver Sacrum" (lat. für „heiliger Frühling") stehen (Abb. 30–32), zum ersten Mal dreidimensionale kunstgewerbliche Arbeiten. Es sind Gebrauchsgläser, die aus einem vom Hoftiteltaxfond des k. k. Österr. Museums für Kunst und Industrie (das heutige MAK) ausgeschriebenen Wettbewerb für „ein Glasservice für einen einfachen Haushalt" hervorgehen und über den Glasverleger E. Bakalowits Söhne realisiert werden (Abb. 33), sowie weitere von Backhausen & Söhne gewebte Textilien. Die Firmen Backhausen und Bakalowits sind unter den ersten Industriellen, die die formal-ästhetische Erneuerungsbewegung der Secessionisten mit der Realisierung ihrer Entwürfe unterstützen.[12] Moser ist diese Unterstützung rückblickend ein eigener Absatz in seiner Selbstbiografie wert.

9 Üner, Stefan, „Die Kunst der Präsentation. Koloman Moser als Ausstellungsgestalter", Dissertation an der Universität Wien 2016, 54.

10 Ebd., 55–60.

11 *Der Bautechniker* (18) 23 1898, 459.

12 Bereits für die I. Ausstellung der Secessionisten 1898 stellen sie Textilien aus ihrem Sortiment für die Ausstattung der Ausstellungsräume zur Verfügung.

With the opening exhibition in 1898, which took place in the Gartenbaugebäude (home to the Viennese horticultural society) on Vienna's Parkring, the Secessionists make their first public appearance with their new and individualistic concept of art and aesthetics. For Moser in particular—up to this point exclusively an illustrator for publishing houses—this larger public means not only being confronted with "official" Austria, but also meeting domestic producers of arts and crafts. In the 2nd Secession exhibition, we encounter Moser as a surface artist in the context of interior design: he undertakes the wall design of the arts and crafts room, which he covers with a stenciled figural and ornamental decoration (fig. 20).[9] Similarly, the Secessionists draw on Moser's talent as a master of surface decoration in some rooms of the 4th and 5th exhibitions of the Secession in 1899 (fig. 21).[10] As early as 1897 Moser is commissioned with designing the electrically back-lit glass ceiling of the dining hall in the extension of the Hotel Bristol (former Palais Hoyos) on Vienna's Kärtnerring (fig. 22).[11]

Moser must have met Otto Wagner during his membership of the Künstlerhaus. Wagner, who sympathizes from the outset with his dissatisfied artist colleagues urging for reforms in the Künstlerhaus but who initially still believes that they will be implemented, only joins the Secessionists in 1899. This explains how Moser comes to design an allegorical façade decoration in the form of medallions for Wagner's first apartment building on the Wienzeile, number 38, in 1898 (fig. 23). Above all, Moser can now also realize the "modern style" in his commercial graphic design work (e.g., posters and advertisements) for various companies such as the stationer Theyer & Hardtmuth, the glassware commissioning retailer E. Bakalowits Söhne, the textile producer J. Backhausen & Söhne, and the publishing houses Gerlach & Schenk, Max Herzig, and Anton Schroll (fig. 24–28).

Moser's first designs for arts and crafts pieces emerge in 1898 as small knotted carpets and cushion covers for the Backhausen company (fig. 29). In doing so, he systematically transfers the surface art that he has propagated to the medium of textiles. Just one year later, alongside other textiles for Backhausen under the motto "Ver Sacrum" (Latin for "sacred spring") (fig. 30–32), Moser presents three-dimensional arts and crafts pieces for the first time in the context of the 5th Secession exhibition in 1899. They are practical glasses that are the result of a competition for "a glassware set for a simple household" advertised by the Hoftiteltaxfond (court suppliers' tax fund) of the Imperial Royal Austrian Museum of Art and Industry (today's MAK) and realized through the commissioning retailer E. Bakalowits Söhne (fig. 33), as well as other woven textiles by Backhausen & Söhne. The companies Backhausen and Bakalowits are among the first industrialists to support the Secessionists' movement for formal and aesthetic reform by realizing their designs.[12] In hindsight, this support is worth an entire paragraph to Moser in his autobiography.

> "At the beginning, admittedly, we had had to struggle with the rigid conservatism of the big Viennese firms; we had to force our designs upon them, demanded no fee, but only royalties. But suddenly the public began to like the new furniture and fabrics and bookbindings, and the shops couldn't get enough 'Secessionist' objects."[13]

9 Üner, Stefan, "Die Kunst der Präsentation. Koloman Moser als Ausstellungsgestalter," dissertation at the University of Vienna 2016, 54.

10 Ibid., 55–60.

11 *Der Bautechniker* (18) 23 1898, 459.

12 Even for the very first exhibition of the Secession in 1898, they made textiles from their product range available to furnish the exhibition rooms.

13 Moser 1916 (see note 1), 16.

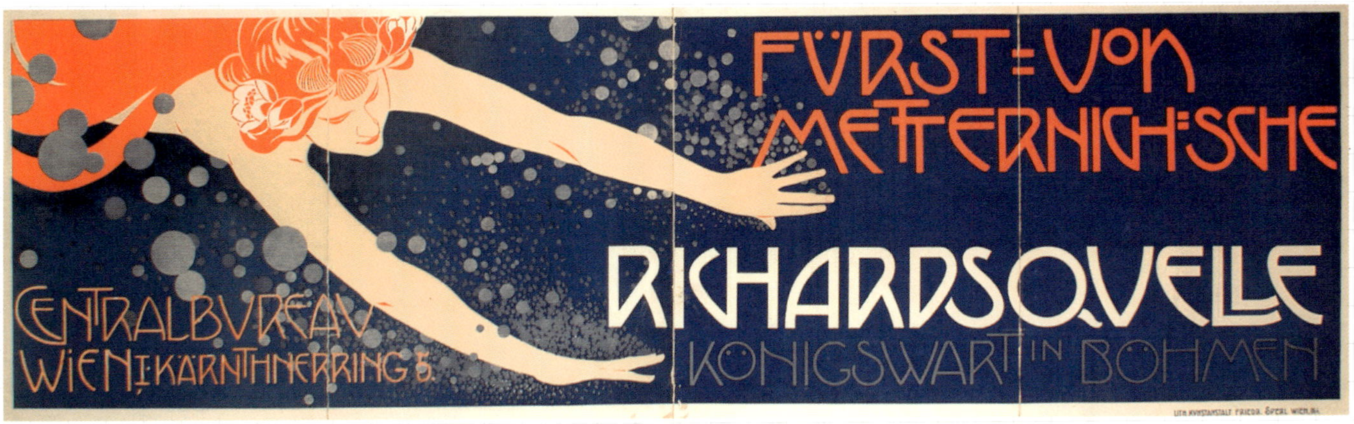

24

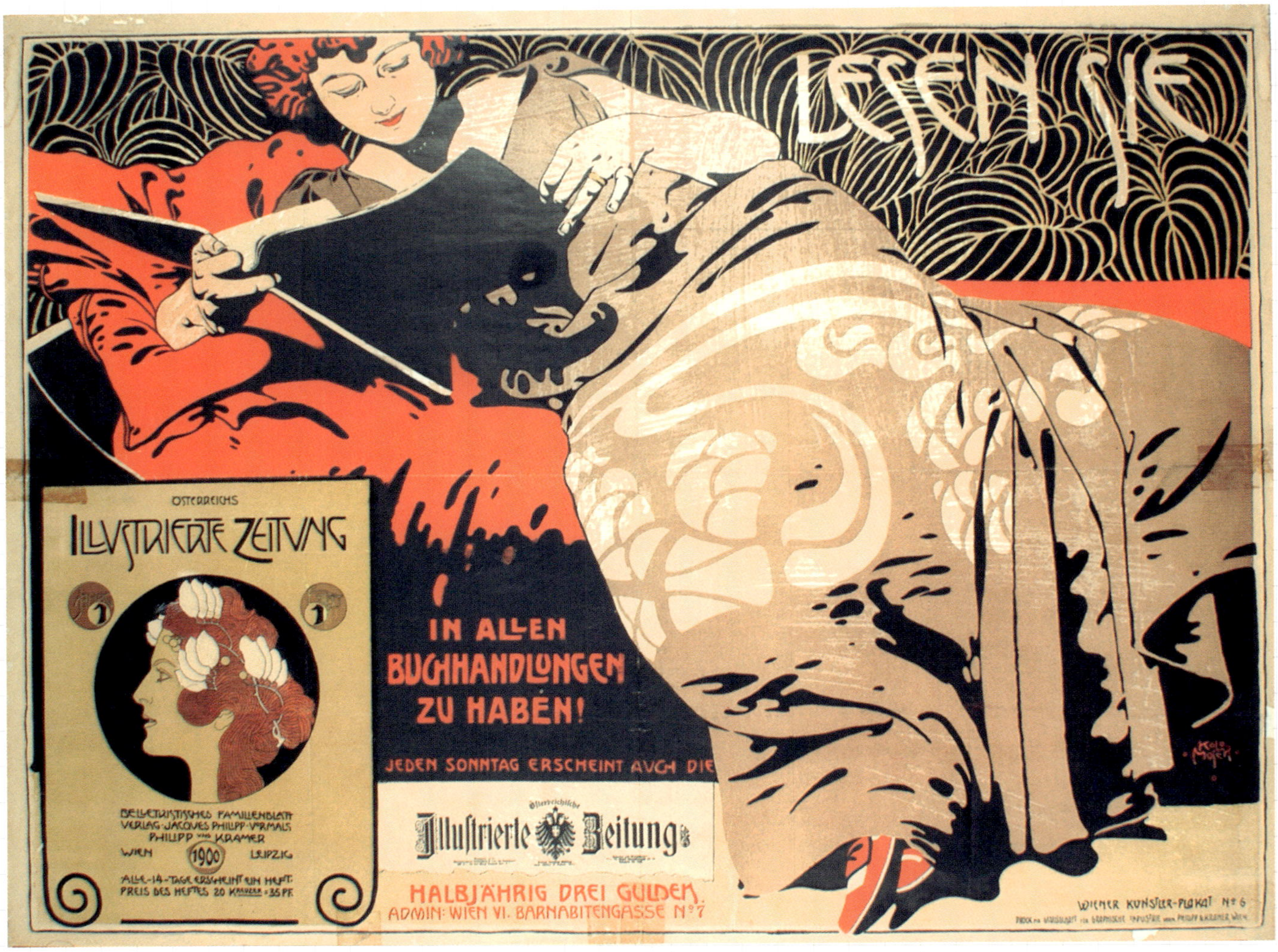

25

24 Plakat für die Tafelwassermarke Fürst von Metternich'sche Richardsquelle, 1899
Poster for the mineral water brand Fürst von Metternich'sche Richardsquelle, 1899
MAK

25 Plakat für die Österreichische *Illustrierte Zeitung*, 1899
Poster for the Österreichische *Illustrierte Zeitung*, 1899
MAK

26 Plakat für *Frommes Kalender*, 1899
Poster for [Fromme's Calendar], 1899
MAK

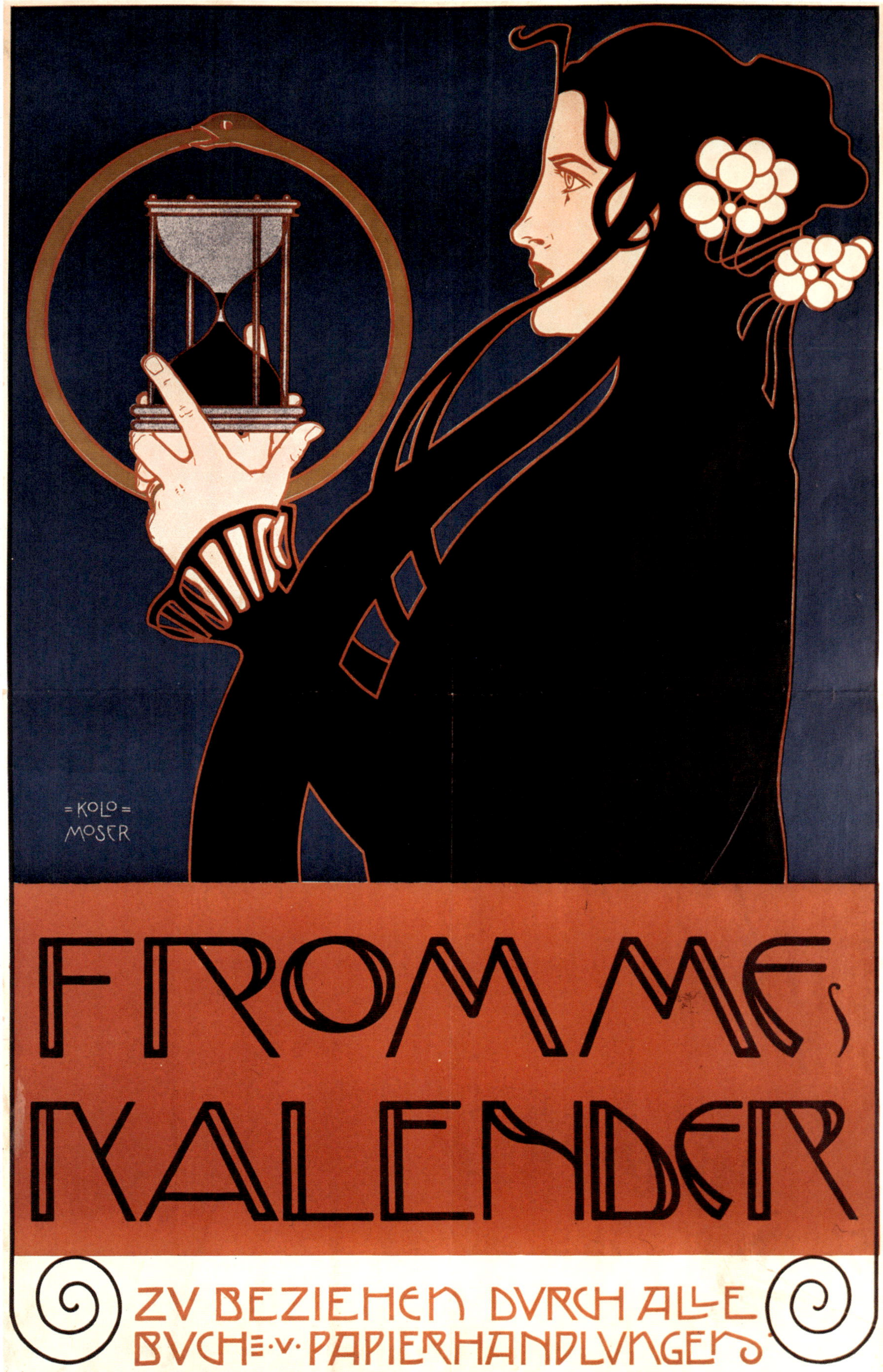
=KOLO=
MOSER
FROMMES
KALENDER
ZU BEZIEHEN DURCH ALLE
BUCH= U· PAPIERHANDLUNGEN

26

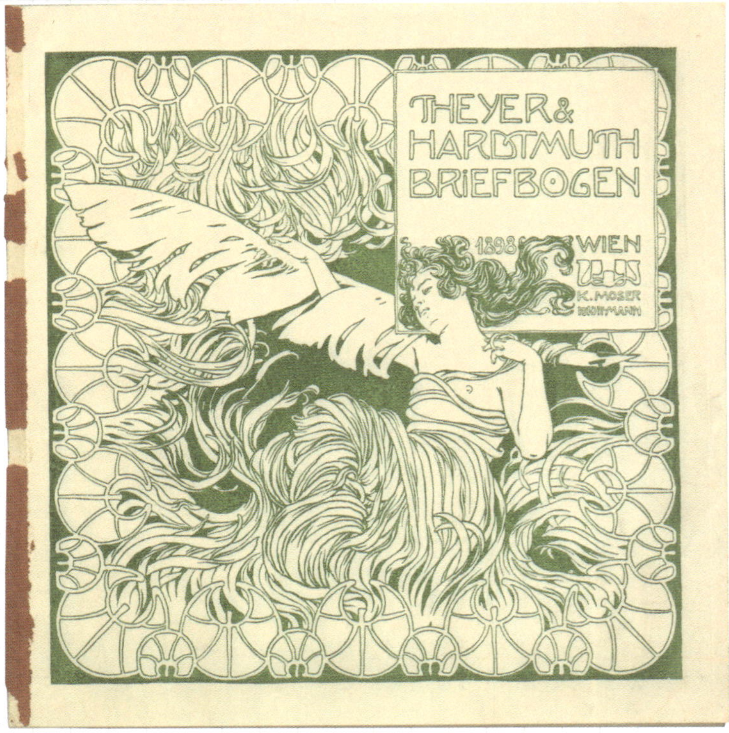

27

27 Koloman Moser und and Josef Hoffmann
Deckblatt oder Annonce für Briefpapiere der Firma Theyer & Hardtmuth, 1898
Title page or advertisement for the letter paper of the company Theyer & Hardtmuth, 1898
MAK

28 Koloman Moser und and Josef Hoffmann
Schachtel für Briefpapiere der Firma Theyer & Hardtmuth, 1898
Box for the letter paper of the company Theyer & Hardtmuth, 1898
Privatbesitz Private collection

29 **Teppich**, 1898
Carpet, 1898
UaK, KA 3414/O/T

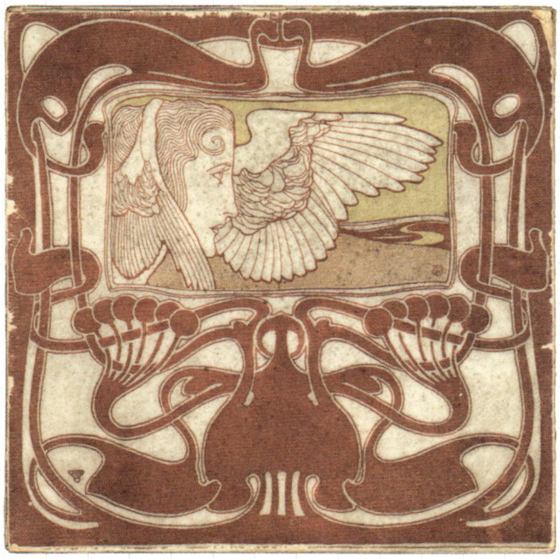

28

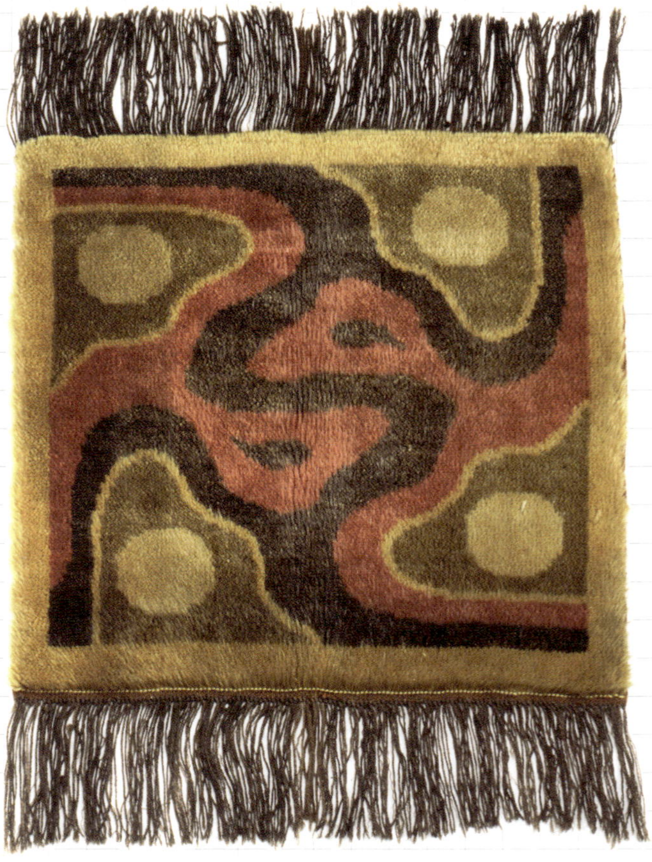

29

PROFESSORSHIP AT THE SCHOOL OF ARTS AND CRAFTS

The year 1899 signifies a turning point in Moser's career—not just in an artistic sense but also professionally. On 17 October he becomes a provisional teacher of the painting class at the School of Arts and Crafts.[14] This becomes possible thanks to the provisional appointment of Felician Myrbach as director of the School of Arts and Crafts—also in 1899—who instigates its reform and reorganization. One of the driving forces behind the communication and implementation of this reform is Otto Wagner, who sees the practice of stylistic imitation and transformation of art into a science that had been pursued and promoted until that time as being unrealistic and incompatible with contemporary artistic developments. He attributes to individual artistic expression alone—as called for by Modernism—the ability to point the way into the future. He therefore proposes among other things the appointment of four new professors, though without naming anyone explicitly. However, from the description of their artistic profile it is easy to deduce that he is referring to Joseph Maria Olbrich and Josef Hoffmann among others. Wagner invokes their artistic achievements in the context of the Secession and the fact that both have "a pronounced 'individuality,' a characteristic to which I attach all the more importance because their work thereby gains a local quality, so does not lose its way in unfamiliar territory."[15] That same year, Hoffmann is appointed as a professor at the School of Arts and Crafts. The call comes too late for Olbrich, who has already accepted the Grand Duke of Hessen's offer to work as a founding member of the Darmstadt Artists' Colony. Moser is also supposed to answer this calling but was awarded the provisional employment in time.[16]

When Wagner sets forth his deliberations on reforming the School of Arts and Crafts and hence also the Imperial Royal Austrian Museum of Art and Industry to its director Arthur von Scala in 1899, he reminds the latter of the museum's principal mission as a patron of art and its contemporary, modern expression:

> "However, the rebirth of art has now come, thank heavens, and any disregard or denial of this fact or a dismissal of it with the word 'fashion' is something I must declare a fallacy; THAT, HOWEVER, SUCH A FACT SHOULD GO UNAPPRECIATED BY AN INSTITUTE WHOSE MISSION IT IS TO ENHANCE INDUSTRY AND HENCE THE WEALTH OF THE STATE BY MEANS OF ART, IS SOMETHING I MUST DECLARE DOWNRIGHT CRIMINAL. Indeed, I would go so far as to demand that the institute clearly speak out in favor of 'Modernism,' as industry is demanding only too emphatically. Industry is calling for bread, for nutritious, life-sustaining food, and does not want to upset its stomach with stones that are hard to digest like those offered by tradition, archeology, and science."[17]

In this discussion, artistic and economic considerations are equal partners that are ideally both mutually dependent and mutually influential. Wagner's advocacy of the Secessionists' artistic values finally finds its official expression on 14 October 1899 when he joins the Union of Austrian Artists. In the first edition of *Ver Sacrum* the following year, he publishes the programmatic article "Die Kunst im Gewerbe" (fig. 34) and summarizes his thoughts as follows: "Only via art, its nurture and recognition will

14 Identification card declaring his rank in the Archive of the University of Applied Arts Vienna.

15 Printed minutes of the meeting from 30 January 1899 in the MAK Archive, Zl. 259/1899, 6.

16 Moser 1916 (see note 1), 10; *Neues Wiener Journal* 8 December 1908, 4.

17 Printed minutes of the meeting from 30 January 1899 (see note 15), 2.

> „Anfangs hatten wir freilich mit dem starren Konservativismus der großen Wiener Firmen zu kämpfen gehabt, wir mußten ihnen unsere Entwürfe geradezu aufdrängen, verlangten kein Honorar, sondern bloß Tantiemen. Aber plötzlich begann das Publikum an den neuartigen Möbeln und Stoffen und Bucheinbänden Gefallen zu finden, und nun konnten die Geschäfte nicht genug ‚Sezessionistisches' haben."[13]

PROFESSUR AN DER KUNSTGEWERBESCHULE

Das Jahr 1899 bedeutet für Mosers weitere Laufbahn nicht nur in künstlerischer, sondern auch in beruflicher Hinsicht einen Wendepunkt. Am 17. Oktober wird er provisorischer Lehrer an der Fachschule für Malerei der Kunstgewerbeschule.[14] Möglich wird dies durch die ebenfalls 1899 erfolgte provisorische Berufung Felician Myrbachs zum Direktor der Kunstgewerbeschule, deren Reform und Reorganisation damit eingeleitet wird. Eine der treibenden Kräfte bei der Verbalisierung und Durchsetzung dieser Reform ist Otto Wagner, der die bis dahin getätigte und geförderte Praxis der Stilkopie und Verwissenschaftlichung der Kunst als realitätsfern und der zeitgenössischen künstlerischen Entwicklung entgegengesetzt ansieht. Er spricht einzig dem individuellen künstlerischen Ausdruck, wie ihn die Moderne fordert, die Fähigkeit zu, den Weg in die Zukunft zu weisen. Er schlägt daher u. a. die Berufung von vier neuen Professoren vor, ohne jedoch konkrete Namen zu nennen. Aus der Beschreibung ihres künstlerischen Profils kann jedoch leicht abgeleitet werden, dass es sich dabei u. a. um Joseph Maria Olbrich und Josef Hoffmann handelt. Wagner beruft sich dabei auf ihre im Rahmen der Secession erbrachten künstlerischen Leistungen und darauf, dass beide „eine ausgesprochene ‚Individualität' [haben], eine Eigenschaft, auf welche ich um so grösseren Wert lege, weil ihre Werke dadurch localen Charakter erhalten, sich also nicht auf fremdes Gebiet verirren".[15] Noch im selben Jahr wird Hoffmann als Professor an die Kunstgewerbeschule berufen. Für Olbrich kommt der Ruf zu spät, da er bereits das Angebot des Großherzogs von Hessen, als Gründungsmitglied der Künstlerkolonie auf der Mathildenhöhe in Darmstadt tätig zu sein, angenommen hat. Moser soll diesem Ruf auch folgen, bekommt aber rechtzeitig die provisorische Anstellung.[16]

Als Wagner seine Reformüberlegungen für die Kunstgewerbeschule und damit auch das k. k. Österreichische Museum für Kunst und Industrie gegenüber dessen Direktor Arthur von Scala 1899 darlegt, erinnert er an die zentrale Aufgabe des Museums als Förderer der Kunst und deren zeitgenössischen modernen Ausdrucks:

> „Die Naissance der Kunst ist aber heute dem Himmel sei's gedankt, da, und ein Nichtbeachten oder Ableugnen dieser Thatsache oder ein Abthun derselben durch das Wort ‚Mode' muss ich als Irrthum bezeichnen; DASS ABER EINE SOLCHE THATSACHE VON EINEM INSTITUTE, WELCHES BERUFEN IST, DURCH DIE KUNST DAS GEWERBE UND DAMIT DEN WOHLSTAND IM STAATE ZU HEBEN, UNBEACHTET BLIEBE, MÜSSTE ICH GERADEZU ALS VERBRECHEN BEZEICHNEN. Ja ich gehe so weit zu verlangen, dass sich das Institut, wie es das Gewerbe nur zu energisch fordert, deutlich für die ‚Moderne' ausspreche. Das Gewerbe

13 Moser 1916 (s. Anm. 1), 10.

14 Standesausweis im Archiv der Universität für angewandte Kunst.

15 Gedrucktes Protokoll der Sitzung vom 30.1.1899 im Archiv des MAK, Zl. 259/1899, 6.

16 Moser 1916 (s. Anm. 1), 10; *Neues Wiener Journal* 8.12.1908, 4.

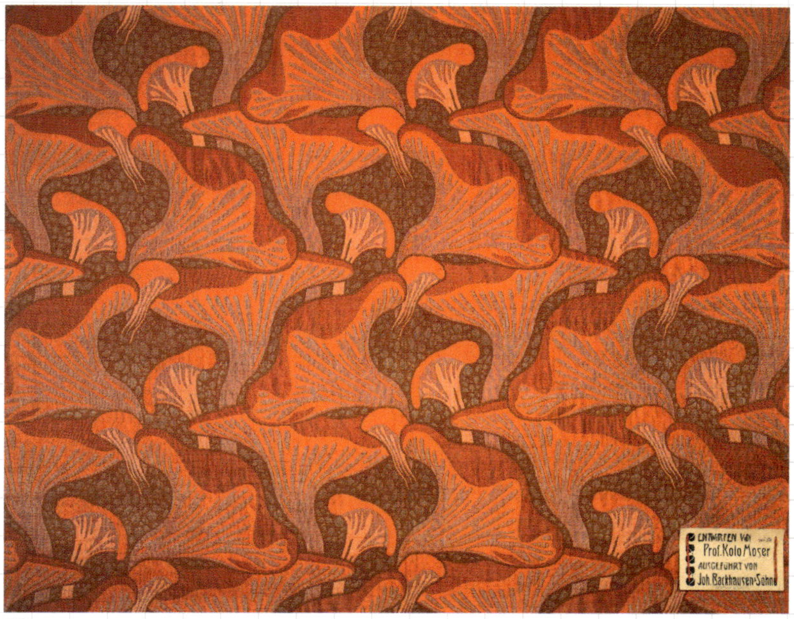

30

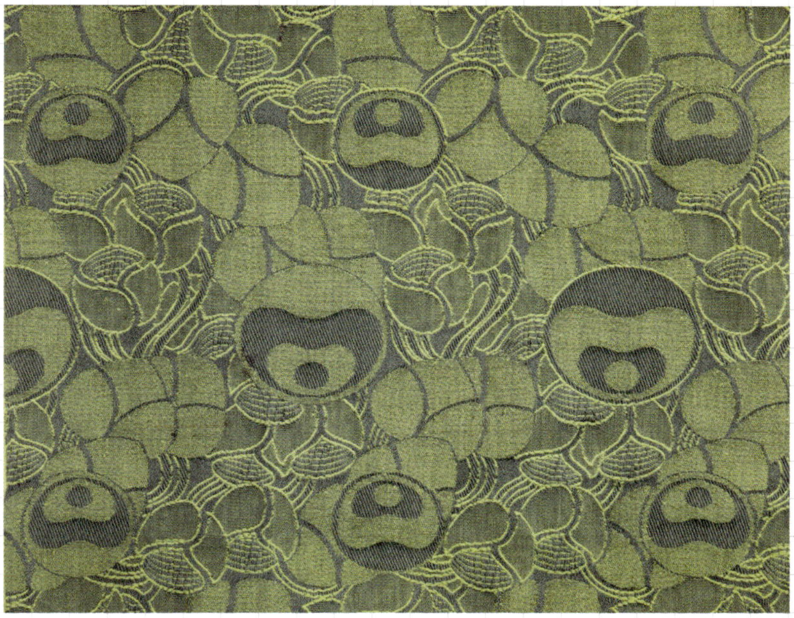

31

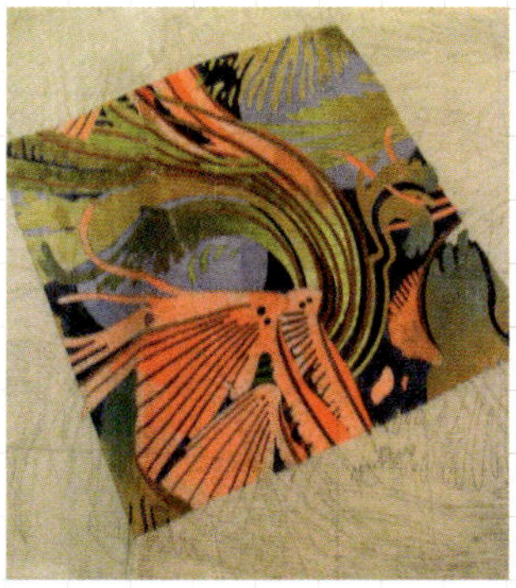

32

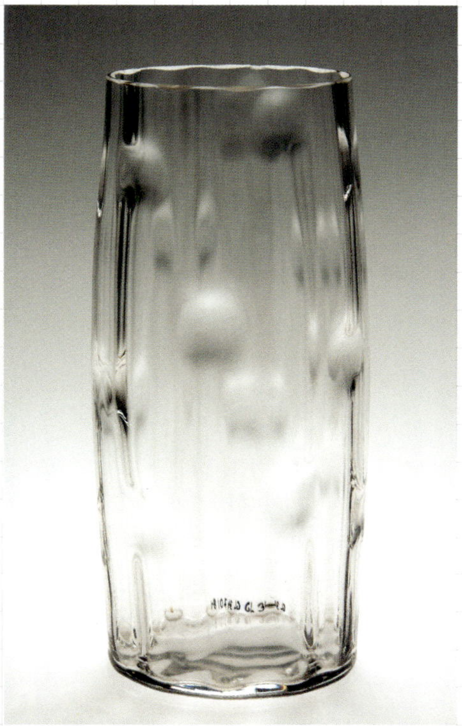

33

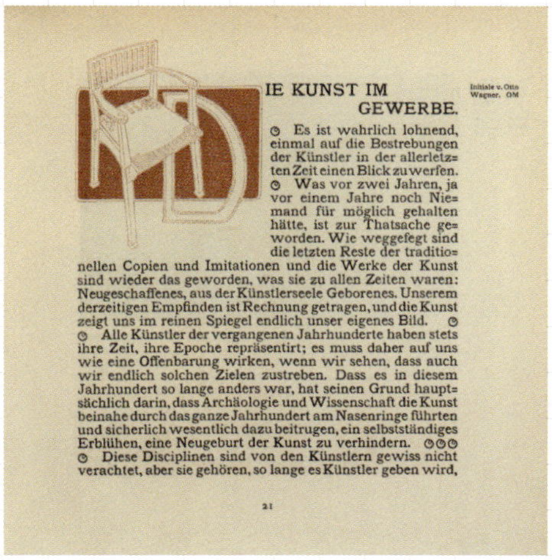

IE KUNST IM GEWERBE.

Initiale v. Otto Wagner. OM

◎ Es ist wahrlich lohnend, einmal auf die Bestrebungen der Künstler in der allerletzten Zeit einen Blick zu werfen. ◎ Was vor zwei Jahren, ja vor einem Jahre noch Niemand für möglich gehalten hätte, ist zur Thatsache geworden. Wie weggefegt sind die letzten Reste der traditionellen Copien und Imitationen und die Werke der Kunst sind wieder das geworden, was sie zu allen Zeiten waren: Neugeschaffenes, aus der Künstlerseele Geborenes. Unserem derzeitigen Empfinden ist Rechnung getragen, und die Kunst zeigt uns im reinen Spiegel endlich unser eigenes Bild. ◎

◎ Alle Künstler der vergangenen Jahrhunderte haben stets ihre Zeit, ihre Epoche repräsentirt; es muss daher auf uns wie eine Offenbarung wirken, wenn wir sehen, dass auch wir endlich solchen Zielen zustreben. Dass es in diesem Jahrhundert so lange anders war, hat seinen Grund hauptsächlich darin, dass Archäologie und Wissenschaft die Kunst beinahe durch das ganze Jahrhundert am Nasenringe führten und sicherlich wesentlich dazu beitrugen, ein selbstständiges Erblühen, eine Neugeburt der Kunst zu verhindern. ◎◎◎

◎ Diese Disciplinen sind von den Künstlern gewiss nicht verachtet, aber sie gehören, so lange es Künstler geben wird,

21

34

30 **Dekorstoff *Schwämme*, 1898**
Decorative fabric [Mushrooms], 1898
MAK

31 **Dekorstoff *Hafisa*, 1899**
Decorative fabric *Hafisa*, 1899
MAK

32 **Entwurf für das Stoffmuster *Wunschhütlein*, 1899**
Design for the fabric pattern [Dream Hat], 1899
Backhausen Archiv Archive

33 **Bierglas aus dem Tafelservice Nr. 100 A, 1899**
Beer glass from the dinnerware set no. 100 A, 1899
MAK

34 Otto Wagner
Die Kunst im Gewerbe, 1900
[Art in Trade], 1900
In: *Ver Sacrum* (3) 2 1900, S. p. 21
MAK

schreit nach Brot, nach nahrhafter, lebenserhaltender Speise und will sich nicht mit schwer verdaulichen Steinen, wie sie Tradition, Archäologie und Wissenschaft bieten, den Magen verderben."[17]

In dieser Diskussion sind künstlerische und wirtschaftliche Überlegungen gleichberechtigte Partner, die einander im Idealfall bedingen und befruchten. Wagners Eintreten für die künstlerischen Werte der Secessionisten findet schließlich am 14. Oktober 1899 mit dessen Beitritt zur Künstlervereinigung seinen offiziellen Ausdruck. Im ersten Heft von *Ver Sacrum* des folgenden Jahres veröffentlicht er den programmatischen Artikel „Die Kunst im Gewerbe" (Abb. 34) und fasst seine Gedanken folgendermaßen zusammen: „Nur durch die Kunst, ihre Pflege und Anerkennung wird es möglich sein, dem Gewerbe den erhaltenden Lebenshauch einzuflössen, um dadurch Wohlstand und Zeugungskraft des Staates zu heben."[18] Die unüberbrückbaren Auffassungsunterschiede zwischen der neuen Direktion der Kunstgewerbeschule und Arthur von Scala führen schließlich zur administrativen Trennung der beiden Institutionen. Karl Kraus fragt sich: „Was hat die einstigen Verbündeten so sehr entzweit, dass Kolo Moser den Industriellen die Ausstellung seiner Arbeiten im Museum verbietet, Josef Hoffmann Schüler, die bei Scala ausgestellt haben, von seiner Schule ausschliesst?"[19] Erst die folgende Direktion unter Eduard Leisching öffnet ab 1909 den aus der Secessionsbewegung hervorgegangenen Künstlern der Wiener Werkstätte im Rahmen von Ausstellungen wieder ihr Haus.

Die Kunstschulen brachten seit jeher EntwerferInnen für das Gewerbe und die Industrie hervor, sie blieben aber meistens anonym. Die Kunstgewerbemuseen und deren angeschlossenen Schulen übernehmen mit ihrer Gründung die Rolle der „Tastemaker". Mit der durch die industrielle Fertigung vorgenommenen Trennung von Entwurf und Ausführung gewinnt der Entwerfer/die Entwerferin eine neue, bis dahin nicht gekannte volkswirtschaftliche Dimension. Anfang der 1860er Jahre, zu Beginn der Industrialisierung in Österreich, thematisiert der Gründer des k. k. Österreichischen Museums für Kunst und Industrie Rudolf von Eitelberger den Fortschritt der künstlerischen Entwicklung Österreichs und die damit einhergehende bewusste Förderung des künstlerischen Individuums. Die Inanspruchnahme seiner Talente durch das Vaterland wird als Grundvoraussetzung für die Entwicklung einer eigenständigen nationalen Produktkultur gesehen, die am internationalen Markt bestehen kann. Er spricht in diesem Zusammenhang ganz konkret von einer notwendigen „Erweiterung der Kunstbedürfnisse" zwecks Stimulierung des Marktes.[20] Sie wird, nachdem Wagner den künstlerischen Aspekt als inhärentes Qualitätskriterium bei der Lösung einer entwerferischen Aufgabe verbalisiert, von der Secession durch die Postulierung der Einheit der Künste zu ihrem Mission Statement erhoben. Der Wiener Kunst- und Kulturkritiker der Jahrhundertwende und Wagner-Biograf Joseph August Lux bezeichnet die Wiener Kunstavantgarde und damit auch die Architekten der Wagner-Schule als „das unschätzbare volkswirtschaftliche Produkt TALENT".[21] Damit wird dem individuellen künstlerischen Ausdruck ein Marktwert zugewiesen, der schließlich mit den ersten Ausstellungen der Secession ab 1898 als ganz bewusstes Marketingmittel eingesetzt wird. Für die Qualität und Individualität des Gegenstandes steht der Name des Künstlers/der Künstlerin beziehungsweise des Entwerfers/der Entwerferin.

17 Gedrucktes Protokoll der Sitzung vom 30.1.1899 (s. Anm. 15), 2.

18 Wagner, Otto, „Die Kunst im Gewerbe", in: *Ver Sacrum* (3) 2 1900, 21–32: 29 f.

19 Karl Kraus in *Die Fackel* (3) 89 1901, 21.

20 Eitelberger, Rudolf von, *Wie steht die Kunst in Österreich? Eine Betrachtung aus Anlaß der Londoner Kunstausstellung*, Wien 1862, 13.

21 Lux, Joseph August, „Der Jahresbericht der Niederösterreichischen Handels- und Gewerbekammer. Eine Entgegnung", in: *Hohe Warte* (1) 1904/05, 73–75: 75.

it be possible to give trade the sustaining breath of life and thereby increase the wealth and potency of the state."[18] The unbridgeable differences in opinion between the new management of the School of Arts and Crafts and Arthur von Scala ultimately lead to the administrative separation of the two institutions. Karl Kraus wonders: "What has torn these erstwhile allies so far asunder that Kolo Moser should ban the industrialists from exhibiting his works at the museum, that Josef Hoffmann should bar from his school students who have exhibited at Scala's?"[19] It is only with the subsequent direction under Eduard Leisching that, in the context of exhibitions from 1909, the museum once again opens its doors to the artists of the Wiener Werkstätte who have emerged from the Secession movement.

Art schools have always produced designers for trade and industry, but they largely remain anonymous. At their founding, the arts and crafts museums and their affiliated schools take over the role of tastemaker. With industrial production's separation of design and execution, the designer takes on a new, previously unknown economic dimension. In the early 1860s, at the beginning of industrialization in Austria, the founder of the Imperial Royal Austrian Museum of Art and Industry Rudolf von Eitelberger addresses the progress of Austria's artistic development and the concomitant intentional promotion of the artistic individual. The use of his/her talents by the fatherland is seen as a prerequisite for the development of an independent national product culture that can survive on the international market. In this context, Eitelberger speaks very specifically of a necessary "expansion of the desire for art" in order to stimulate the market.[20] After Wagner has set forth the artistic aspect as an intrinsic quality criterion in solving a design task, the Secession elevates it to their mission statement by postulating the unity of the arts. The fin-de-siècle Viennese art and cultural critic and Wagner's biographer Joseph August Lux characterizes Vienna's artistic avant-garde and hence also the architects of the Wagner school as "the invaluable economic product TALENT."[21] Consequently, individual artistic expression is awarded a market value, which is ultimately deployed as a deliberate marketing tool with the first exhibitions of the Secession from 1898. The artist's or designer's name is synonymous with the quality and individuality of the object. Taking the step of advertising an object via the name of the designer and not the producer represents a complete rethinking of the sales and advertising practices of the time. At the beginning of the arts and crafts reform of the 1860s, Eitelberger is the first to recognize the necessity of also acknowledging the artistic achievement of the individual in the context of producing arts and crafts by identifying the designing artist or the executing craftsperson by name.[22] Wagner goes one step further and demands that the form creator be recognized as the originator of a product in the public forum of the market.

> "It will certainly not go on like this—to name but a few glaring examples: organizing an imperial royal art and trade exhibition in completely inappropriate rooms as has been done previously, or naming the cabinetmaking companies as the exhibitors in such a show while the actual form creators, the artists, are only mentioned on the label in small print as a sidenote [...]."[23]

Some Viennese companies, such as the textile producer J. Backhausen & Söhne, the glassworks Johann Loetz Witwe, and the glassware manufacturer J. & L. Lobmeyr and

18 Wagner, Otto, "Die Kunst im Gewerbe," in: *Ver Sacrum* (3) 2 1900, 21–32: 29 f.

19 Karl Kraus in *Die Fackel* (3) 89 1901, 21.

20 Eitelberger, Rudolf von, *Wie steht die Kunst in Österreich? Eine Betrachtung aus Anlaß der Londoner Kunstausstellung*, Vienna 1862, 13.

21 Lux, Joseph August, "Der Jahresbericht der Niederösterreichischen Handels- und Gewerbekammer. Eine Entgegnung," in: *Hohe Warte* (1) 1904/05, 73–75: 75.

22 Eitelberger, Rudolf von, "Der deutsch-französische Krieg und sein Einfluss auf auf die Kunst-Industrie Österreichs," talk from 27 October 1870, in: *Gesammelte Kunsthistorische Schriften*, vol. 2, Vienna 1879, 171–203: 200.

23 Wagner 1900 (see note 18), 29.

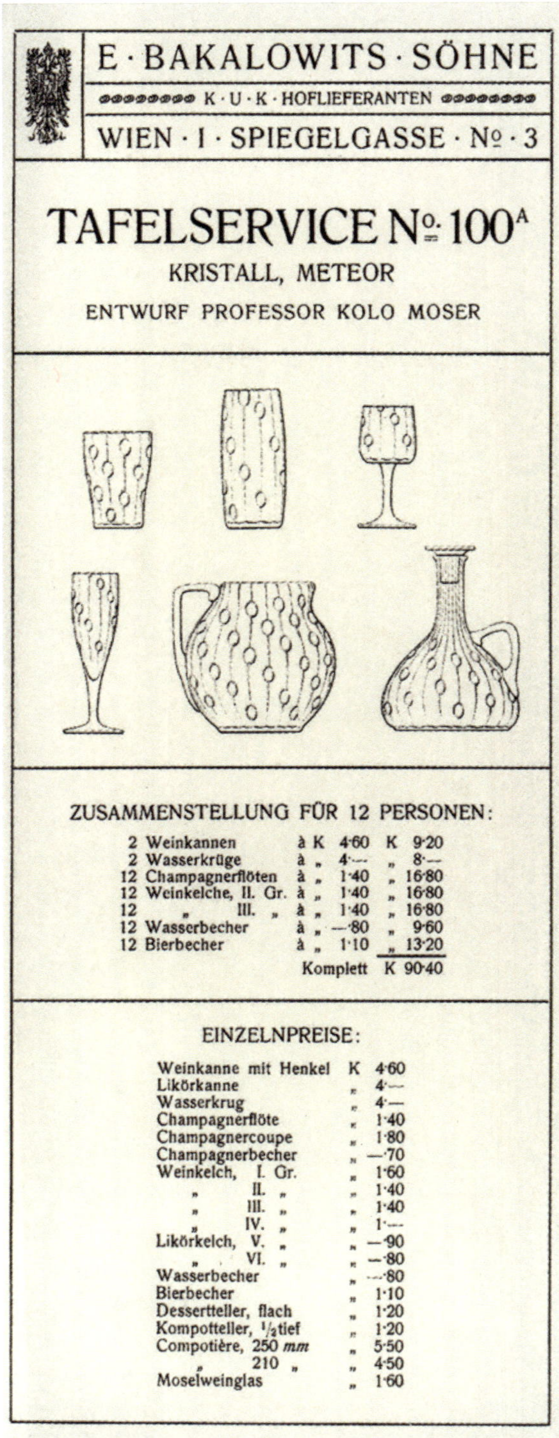

E · BAKALOWITS · SÖHNE

K · U · K · HOFLIEFERANTEN

WIEN · I · SPIEGELGASSE · № · 3

TAFELSERVICE №. 100A

KRISTALL, METEOR

ENTWURF PROFESSOR KOLO MOSER

ZUSAMMENSTELLUNG FÜR 12 PERSONEN:

2 Weinkannen	à K	4·60	K 9·20
2 Wasserkrüge	à „	4·—	„ 8·—
12 Champagnerflöten	à „	1·40	„ 16·80
12 Weinkelche, II. Gr.	à „	1·40	„ 16·80
12 „ III. „	à „	1·40	„ 16·80
12 Wasserbecher	à „	—·80	„ 9·60
12 Bierbecher	à „	1·10	„ 13·20
		Komplett	K 90·40

EINZELNPREISE:

Weinkanne mit Henkel	K 4·60
Likörkanne	„ 4·—
Wasserkrug	„ 4·—
Champagnerflöte	„ 1·40
Champagnercoupe	„ 1·80
Champagnerbecher	„ —·70
Weinkelch, I. Gr.	„ 1·60
„ II. „	„ 1·40
„ III. „	„ 1·40
„ IV. „	„ 1·—
Likörkelch, V. „	„ —·90
„ VI. „	„ —·80
Wasserbecher	„ —·80
Bierbecher	„ 1·10
Dessertteller, flach	„ 1·20
Kompotteller, ½ tief	„ 1·20
Compotière, 250 mm	„ 5·50
„ 210 „	„ 4·50
Moselweinglas	„ 1·60

35

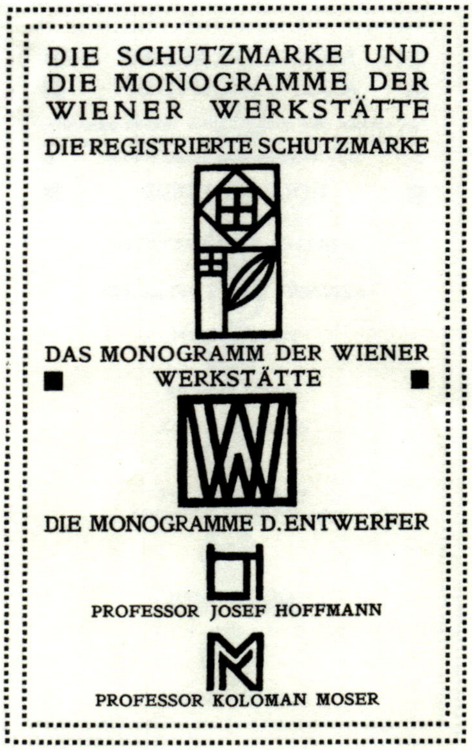

36

35 Verkaufskatalog der Firma E. Bakalowits Söhne, um 1906
Sales catalog of the company E. Bakalowits Söhne, ca. 1906
Ernst Ploil

36 Firmenmarke und Monogramm der Wiener Werkstätte sowie Monogramme für Josef Hoffmann und Koloman Moser, 1903
Company trademark and monogram of the Wiener Werkstätte as well as monograms for Josef Hoffmann and Koloman Moser, 1903
MAK

37 Anonym Anonymous
Annonce des Patentbüros von Victor Tischler für Muster- und Markenschutz, 1898
Advertisement for Victor Tischler's patent agency for copyright and trademark protection, 1898
In: *Ver Sacrum* (1) 3 1898
MAK

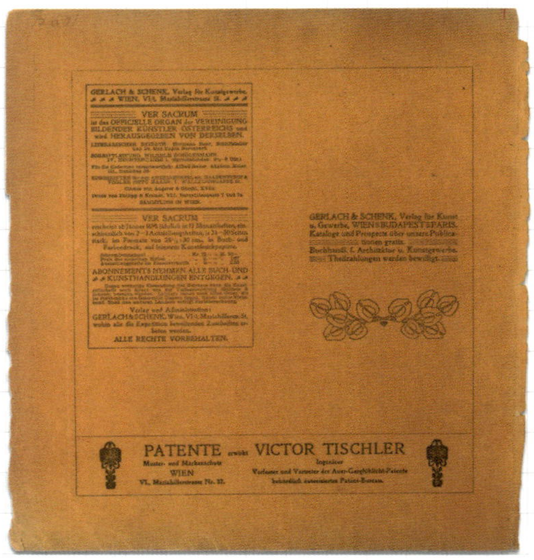

37

the glassware commissioning retailer E. Bakalowits Söhne, acknowledge the potential of this new marketing tool that is the artist's name by not only securing the enterprise of the artistic talents of the Secession for their companies, but also by placing them at the heart of their promotional materials (fig. 35). The bentwood furniture manufacturer J. & J. Kohn, whose profits on the international market chiefly stem from its collaboration with modern Viennese designers, forms the exception. It induces Karl Kraus to make the following polemical comment on the occasion of the winter exhibition at the Arts and Crafts Museum in 1900/01:

> "[...] and an architect who inquired from whom a room exhibited by Jacob & Josef Kohn originated, received from the representative the answer: from the company. Whether furniture designs are drawn up during the board meetings of the J. & J. Kohn corporation, he could not ascertain."[24]

The Wiener Werkstätte elevates the visual presence of the designers on the objects it produces to its company philosophy. It designs special monograms for its artists and craftspeople, which it also publishes in a dedicated leaflet and applies in a clearly visible position to its products, among other things (fig. 36). On just one occasion—for one of his first interior design assignments for the Stössler residence (1899)—even Adolf Loos bows to the trend of the time and signs the pieces of furniture he designs. That same year, Hoffmann signs the wainscoting of the living room in the Bergerhöhe hunting lodge.

In the final analysis, the issue of copyright protection is ultimately also acknowledged from a legal perspective and results in a dedicated law: the Secession magazine *Ver Sacrum* announces the corresponding notice by a lawyer in its advertising pages (fig. 37). With the economic appreciation and the legal protection of individual artistic expression in the late 19th century, a painstaking, almost 15-year effort of persuasion on the part of artists and art theorists finally draws to a close in Vienna and the path is laid to the design article that is now as self-evident as it is a mark of identity.

On 3 November 1899 the 8th Secession exhibition opens. It is dedicated to domestic and international arts and crafts and is conceived as a kind of statement about the progress that the Secessionists have achieved since their founding in the development of an independent, Austrian, bourgeois, and modern design vocabulary. In just three years, they dispose of the French and Belgian Art Nouveau model, which is dominated by the three-dimensional curved line, and arrive at a design vocabulary based on simple stereometric and geometric shapes. A convincing example of this is Hoffmann's disagreement with Julius Meier Graefe about Henry van de Velde's design for the presentation of the La Maison Moderne gallery—opened by them both in Paris in 1899—in the 7th Secession exhibition.[25] Hoffmann refuses to accept this design: "[...] having your design sawn out of ordinary wood like fretwork would not even come to me in a dream [...] Here, the age of false curves has passed, thank goodness, and we have utter respect for the material above all."[26] The task of giving van de Velde's works an architectural framing ultimately falls to Moser (fig. 38). It could not be more different from the exhibition pieces presented therein. Despite the geometrically abstract spatial construction and detailed forms, Moser manages

24 Kraus 1901 (see note 19), 23.

25 Forsthuber, Sabine, *Moderne Raumkunst. Wiener Ausstellungsbauten von 1898 bis 1914*, Vienna 1991, 52 f.

26 Ibid., 52.

Der Schritt, einen Gebrauchsgegenstand über den Namen des Entwerfers/der Entwerferin und nicht des Erzeugers zu bewerben, bedeutet ein vollkommenes Umdenken in der Verkaufs- und Werbepraxis der Zeit. Als Erster erkennt Eitelberger zu Beginn der Kunstgewerbereform der 1860er Jahre die Notwendigkeit, dass die künstlerische Leistung des Einzelnen im Rahmen der kunstgewerblichen Produktion auch mittels namentlicher Nennung der entwerfenden KünstlerInnen beziehungsweise des ausführenden Handwerkers anerkannt werden muss.[22] Wagner geht einen Schritt weiter und fordert die Anerkennung des eigentlichen Formschöpfers als Urheber eines Produktes in der Öffentlichkeit des Marktes.

> „So geht es sicher nicht an, um nur einige crasse Beispiele anzuführen, eine k.k. Kunst-Gewerbe-Ausstellung, wie es bisher geschah, in völlig unpassenden Räumen zu veranstalten oder bei einer solchen Ausstellung die Tischlerfirmen als Aussteller zu bezeichnen, während die eigentlichen Formschöpfer, die Künstler, im Anhange in klein gedruckter Schrift nur so nebenhin erwähnt sind [...]"[23]

Einige Wiener Firmen, wie zum Beispiel der Textilfabrikant J. Backhausen & Söhne, die Glashütte Johann Loetz Witwe, der Glasproduzent J. & L. Lobmeyr und der Glasverleger E. Bakalowits Söhne, erkennen das Potenzial des neuen Marketingmittels „Künstlername", indem sie sich nicht nur die Tatkraft der künstlerischen Talente der Secession für ihre Unternehmen sichern, sondern sie auch in den Mittelpunkt ihrer Werbemittel stellen (Abb. 35). Der Bugholzmöbelfabrikant J. & J. Kohn, der am internationalen Markt vornehmlich von der Zusammenarbeit mit modernen Wiener EntwerferInnen profitiert, bildet die Ausnahme. Sie veranlasst Karl Kraus anlässlich der Winterausstellung 1900/01 im Kunstgewerbemuseum zu der polemischen Bemerkung:

> „[...] und ein Architekt, der sich erkundigte, von wem ein von Jacob & Josef Kohn ausgestelltes Zimmer herrühre, erhielt von dem Vertreter die Antwort: von der Firma. Ob etwa in den Verwaltungsrathssitzungen der Actiengesellschaft J. & J. Kohn Möbelentwürfe beschlossen werden, konnte er nicht erfahren."[24]

Die Wiener Werkstätte erhebt die visuelle Präsenz der EntwerferInnen auf den von ihnen hergestellten Gegenständen zur Unternehmensphilosophie. Sie entwirft eigene Künstler- und Handwerkermonogramme, die sie auch in einem eigenen Faltblatt publiziert und u. a. gut sichtbar an ihren Produkten anbringt (Abb. 36). Sogar Adolf Loos unterliegt nur einmal – und zwar bei einem seiner ersten Inneneinrichtungsaufträgen der Wohnung Stössler (1899) – dem Trend der Zeit und signiert die dafür entworfenen Möbelstücke. Hoffmann signiert im selben Jahr die Wandvertäfelung des Wohnraums des Jagdhauses Bergerhöhe.

In letzter Konsequenz wird schließlich die Frage des Urheberschutzes auch von rechtlicher Seite wahrgenommen und in ein eigenes Gesetz gegossen: Die Secessionszeitschrift *Ver Sacrum* bringt in ihrem Anzeigenteil die entsprechende Annonce eines Rechtsanwalts (Abb. 37). Mit der ökonomischen Wertschätzung und dem juridischen Schutz des individuellen künstlerischen Ausdrucks am Ende des 19. Jahrhunderts endet in Wien eine fast 15-jährige mühsame Überzeugungsarbeit

22 Eitelberger, Rudolf von, „Der deutsch-französische Krieg und sein Einfluss auf die Kunst-Industrie Österreichs", Vortrag vom 27.10.1870, in: *Gesammelte Kunsthistorische Schriften*, Band 2, Wien 1879, 171–203: 200.

23 Wagner 1900 (s. Anm. 18), 29.

24 Kraus 1901 (s. Anm. 19), 23.

to provide a sympathetic, understanding framework for van de Velde's works, which are dominated by curved lines and thus stand in contrast with their new setting. Moser also takes on the task of designing the presentation of George Minne's plaster model of the *Fountain with Kneeling Youths* (fig. 39). Consistent with the almost sacred character of the fountain, he designs a round, balanced room, in the center of which he places the circular basin of the fountain on a high plinth decorated with staggered square motifs, which finds its counterpart in the lower border of the room's walls. Semicircular gilt niches are inset into these for smaller sculptures by Minne. It is here that the checkerboard pattern makes its first appearance in Moser's ornamental repertoire. Among the public (fig. 40) it is received from this point on as Moser's trademark;[27] an obituary even names him as its inventor.[28]

With these two spatial designs for the 8th exhibition of the Secession, Moser establishes himself once and for all as an interior designer. However, he also expands his artistic repertoire in the field of arts and crafts by exhibiting furniture, ceramics, and book covers for the first time alongside new fabric and carpet patterns. When Ludwig Hevesi notes in his report about the exhibition: "Moser, too, was of course listed among the potters, as he was about a year ago among the glassmakers and even earlier among the carpet makers and textile pattern designers. But now he is also a bookbinder and cabinetmaker,"[29] the words "of course" refer to the Secessionists' credo of the unity of the arts, which bestows the status of a work of art onto any practical object that has been designed by a fine artist. It should therefore be no surprise that Moser gives his fabric designs poetic names like *Blütenerwachen* [Floral Awakening] or *Abendfrieden* [Vespertine Tranquility]. For the first time, commodities are not marketed under model numbers but under model names. These names are equivalent to the titles that we expect of paintings or sculptures, and they convey the aura of a self-contained work of art. This is most obvious in the buffet *Der reiche Fischzug* [The Rich Haul] (fig. 41) and the corner cabinet *Die verwunschenen Prinzessinnen* [The Enchanted Princesses] (fig. 42, 43) in the Secession exhibition. The painter Moser partly covers their carcasses with figurative marquetry, so-called "wood painting," whereby the picture on the panel mutates into the piece of furniture or conversely the piece of furniture transforms into the picture on the panel. It is for this reason that the corner cabinet with enchanted princesses unleashes a sarcastic reaction from Karl Kraus: "And Mr. Kolo Moser, the storyteller! What is Barbarossa's beard, which has grown through the stone tabletop, compared to the tears of Moser's princesses, which fell for so long that they seeped through the wall of the cabinet and outside flowed down as a viscous mass! [...]"[30] With this comment he espouses the view of Adolf Loos—who was diametrically opposed to the Secessionists—according to which practical objects and architecture are not artistic products, but rather a discrete backdrop for individual ways of life.

We can assume that Moser's definitive appointment as professor of the painting class at the School of Arts and Crafts on 1 July 1900 was connected to his artistic achievement at the 8th exhibition of the Secession. For example, the ministry of culture and education—certainly not to the delight of Scala—acquires the buffet *Der reiche Fischzug* in 1901 for the collection of the Imperial Royal Austrian Museum of Art and Industry. In the context of their teaching positions, Moser and Hoffmann

27 "Das Haus 'zum rothen Turm'" in: *Neue Freie Presse*, 29 April 1906, 9.

28 Koloman Moser's obituary, in: *Neue Freie Presse*, 19 October 1918, 7.

29 Üner 2016 (see note 9), 66.

30 Karl Kraus in *Die Fackel* (2) 59 1900, 20.

durch KünstlerInnen sowie Kunsttheoretiker und der Weg für den heute so selbstverständlich als identitätsstiftend eingesetzten Designartikel beginnt.

Am 3. November 1899 eröffnet die VIII. Ausstellung der Secession. Sie ist dem heimischen und internationalen Kunstgewerbe gewidmet und ist als eine Art Rechenschaftsbericht über die Fortschritte, die die Secessionisten seit ihrer Gründung bei der Entwicklung einer eigenständigen, österreichischen, bürgerlichen und modernen Formensprache erzielt haben, konzipiert. In nur drei Jahren entledigen sie sich des von der dreidimensional geschwungenen Linie bestimmten Vorbilds des französischen und belgischen Jugendstils und finden zu einer auf einfachen stereometrischen und geometrischen Formen aufgebauten Formensprache. Ein aussagekräftiges Beispiel dafür ist die Auseinandersetzung Hoffmanns mit Julius Meier Graefe über Henry van de Veldes Entwurf für die Präsentation der von beiden 1899 in Paris eröffneten Galerie La Maison Moderne in der VII. Ausstellung der Secession.[25] Hoffmann weigert sich, diesen Entwurf zu akzeptieren: „[...] Ihren Entwurf aus gewöhnlichem Holz heraussägen zu lassen, wie eine Laubsägearbeit, fällt mir gar nicht im Schlaf ein [...] Die Zeit der falschen Curven ist bei uns Gott sei Dank schon vorüber und wir haben vor allem volle Achtung vor dem Material."[26] Moser ist es schließlich, dem die Aufgabe zufällt, den Arbeiten van de Veldes eine architektonische Rahmung zu geben (Abb. 38). Sie könnte nicht unterschiedlicher von den darin präsentierten Ausstellungsstücken sein. Trotz der geometrisch abstrakten Raumkonstruktion und Detailformen schafft es Moser, den dazu im Gegensatz stehenden, von der gekurvten Linie bestimmten Arbeiten van de Veldes einen wohlwollend verständnisvollen Rahmen zu geben. Moser übernimmt auch die Gestaltung der Präsentation von George Minnes Gipsmodell des *Brunnen der Knienden* (Abb. 39). Dem fast sakralen Charakter des Brunnens entsprechend, entwirft er einen runden, in sich ruhenden Raum, in dessen Mitte er das runde Brunnenbecken auf einen hohen, mit versetzten Quadratmotiven dekorierten Sockel stellt, der seine Entsprechung als unterer Abschluss der Raumwände findet. In diese sind halbrunde vergoldete Nischen für kleinere Skulpturen Minnes eingelassen. Das Schachbrettmuster tritt hier zum ersten Mal in Mosers Ornamentrepertoire auf. In der Öffentlichkeit (Abb. 40) wird es von nun an als Mosers Markenzeichen rezipiert,[27] ein Nachruf auf ihn bezeichnet ihn sogar als dessen Erfinder.[28]

Mit den beiden Raumschöpfungen für die VIII. Ausstellung der Secession etabliert sich Moser endgültig als Raumkünstler. Er erweitert aber auch sein künstlerisches Repertoire auf dem Gebiet des Kunstgewerbes, indem er neben neuen Stoff- und Teppichmustern zum ersten Mal auch Möbel, Keramiken und Bucheinbände ausstellt. Wenn Ludwig Hevesi in seinem Bericht über die Ausstellung bemerkt: „Natürlich ist auch Moser unter die Töpfer gegangen, wie vor etwas einem Jahr unter die Glaser und noch früher unter die Teppichknüpfer und Stoffmusterzeichner. Aber er ist jetzt sogar Buchbinder und Schreiner"[29], so bezieht sich das Wort „natürlich" auf das von den Secessionisten vertretene Credo der Einheit der Künste, das dem vom bildenden Künstler/der bildenden Künstlerin gestalteten Gebrauchsgegenstand Kunststatus zubilligt. Es darf daher nicht verwundern, wenn Moser seinen Stoffentwürfen poetische Namen wie *Blütenerwachen* oder *Abendfrieden* gibt. Zum ersten Mal werden Konsumwaren nicht unter einer Modellnummer, sondern unter einem

25 Forsthuber, Sabine, *Moderne Raumkunst. Wiener Ausstellungsbauten von 1898 bis 1914*, Wien 1991, 52 f.

26 Ebd., 52.

27 „Das Haus ‚zum rothen Turm'"; in: *Neue Freie Presse*, 29.4.1906, 9.

28 Nachruf auf Koloman Moser, in: *Neue Freie Presse*, 19.10.1918, 7.

29 Üner 2016 (s. Anm. 9), 66.

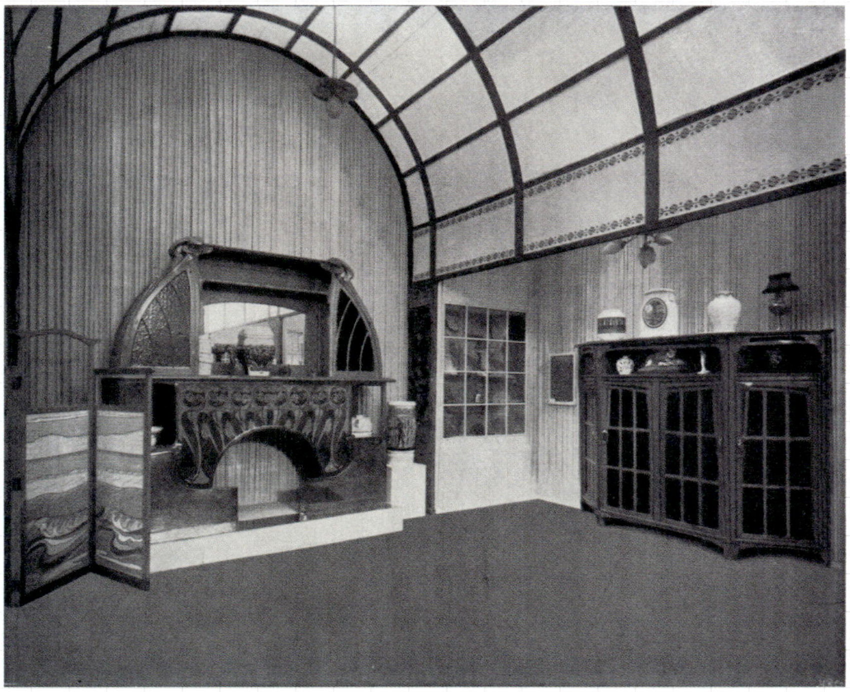

38

38 Gestaltung des Raums der Pariser Galerie *La Maison Moderne* auf der VIII. Secessionsausstellung, 1900
Design of the room for the Parisian gallery *La Maison Moderne* at the 8th Secession exhibition, 1900
In: *Innendekoration* (12) 1901, S. p. 43
MAK

39 Gestaltung des Raums mit George Minnes Gipsmodell für den *Brunnen der Knienden* auf der VIII. Secessionsausstellung, 1900
Design of the room with George Minne's plaster model of the *Fountain with Kneeling Youths* at the 8th Secession exhibition, 1900
In: *Ver Sacrum* (4) 2 1901, S. p. 30
MAK

40 Josef Danilowatz
Stil, 1909
[Style], 1909
In: *Die Muskete*, 10.6.1909, S. p. 7
ANNO/ÖNB

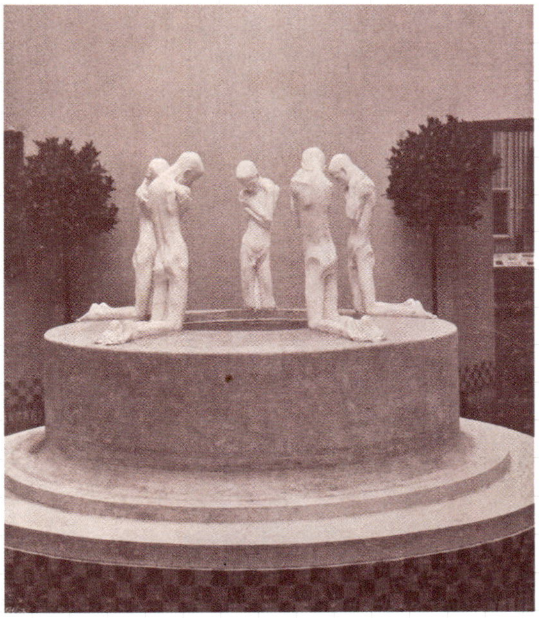

39

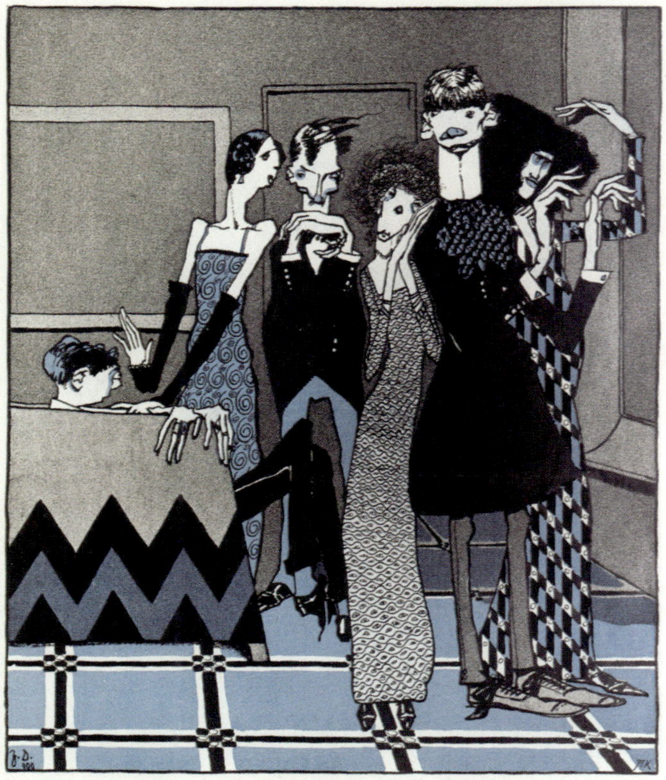

Stil.

(Zeichnung von Josef Danilowatz.)

Geschrieben steht: „Im Anfang war das Wort."
Zwar lasen störrisch andre: „war die Tat."
Doch Kolo Moser löschte beides fort
Und schrieb: „Im Anfang war nur das Quadrat."
Und Wort und Tat verschmolzen so zu Einem,
In Wien und anderwärts noch Ungemeinem.

Doch balde sagte jeder, der es sah,
Ob Tapezier, ob Maler, Architekt:
„So was Bequemes war noch gar nicht da!"
Und ging hinweg, wie Boehme auferweckt.
Und was sie tischlern, schmieren, bauen taten:
Sie lösten alles, alles in Quadraten . . .

Drum, wenn du heute nach dem Topfe greifst —
Der Stilgedanke überwand die Norm.
Wenn du nach deiner Liebsten lüstern schweifst —
Sie trägt die Kolo-Moser-Uniform.
Und wie sich auch dein Anarchismus spreize:
Du unterliegst der Kongruenz der Reize.

Und also ist das letzte Ziel erreicht:
Umwelt und Mensch in voller Harmonie.
Und wenn wir brav sind, bringen wir 's vielleicht
Noch wie die Viecher bis zum Mimicry,
Indem wir uns vor dem Milieu verbeugen
Und ausschließlich Quadratschädeln erzeugen.

Kiek Kiek

40

Modellnamen vermarktet. Diese Namen entsprechen Titeln, wie man sie an Gemälden oder Skulpturen erwartet, und vermitteln die Aura eines autarken Kunstwerks. Am deutlichsten wird dies bei dem Buffetschrank *Der reiche Fischzug* (Abb. 41) und dem Eckschrank *Die verwunschenen Prinzessinnen* (Abb. 42, 43) in der Secessionsausstellung. Der Maler Moser überzieht deren Korpusse zum Teil mit figurativer Marketerie, sogenannter „Holzmalerei", wodurch das Tafelbild zum Möbel oder umgekehrt das Möbel zum Tafelbild mutiert. So entfesselt der Eckschrank der verwunschenen Prinzessinnen Karl Kraus' sarkastische Reaktion: „Und Herr Kolo Moser, der Märchendichter! Was sind Barbarossas Barthaare, die durch die steinerne Tischplatte hindurchwuchsen, gegen die Thränen von Mosers Prinzessinnen, die so lange träufelten, bis sie die Kastenwand durchsickerten und draußen als zähflüssige Masse niederrannen! [...]"[30] Er vertritt damit die den Secessionisten diametral entgegengesetzte Ansicht von Adolf Loos, dass Gebrauchsgegenstände und Architektur nicht Kunstprodukte, sondern ein diskreter Hintergrund für individuelle Lebensweisen sind.

Es ist anzunehmen, dass Mosers am 1. Juli 1900 erfolgte Definitivstellung als Professor der Klasse für Malerei an der Kunstgewerbeschule in Zusammenhang mit seiner künstlerischen Leistung auf der VIII. Ausstellung der Secession steht. So kauft das Ministerium für Kultus und Unterricht, sicherlich nicht zur großen Freude Scalas, 1901 das Buffet *Der reiche Fischzug* für die Sammlung des k. k. Österreichischen Museums für Kunst und Industrie an. Ihre seit 1898 angestrengten Kontakte mit österreichischen Fabrikanten und Produzenten bauen Moser und Hoffmann im Rahmen ihrer Lehrtätigkeit weiter aus.[31] Sie garantieren einerseits die Verbreitung der neuen Formensprache und eröffnen ihren SchülerInnen gleichzeitig Erwerbsmöglichkeiten für ihr späteres Berufsleben. Zu den bereits etablierten Kontakten kommen nun Produzenten aus dem Bereich der Porzellan- und Möbelindustrie wie Josef Böck, der Bugholzmöbelhersteller J. & J. Kohn und die Prag-Rudniker Korbwarenfabrikation. Produkte der Firma E. Bakalowits Söhne und Josef Böck werden als Entwurf Mosers aber auch unter der Bezeichnung „SCHULE Prof. KOLO MOSER" vertrieben. Letztere findet sich entweder auf eigenständigen Entwürfen seiner SchülerInnen oder auch auf Objekten, deren Formen von Moser stammen, die Dekore jedoch von SchülerInnen entworfen sind (Abb. 44, 45). Mosers eigene Entwurfstätigkeit für die Bugholzfirma Kohn beginnt mit der Winterausstellung 1901/02 im k. k. Österreichischen Museum für Kunst und Industrie. Für eine Ausstellungskoje mit einer Speisezimmereinrichtung entwirft er ein vierteiliges Glasfenster (Abb. 46, 47) und eine Vitrine (Abb. 48). Es ist das einzige Möbelstück des Verkaufsprogramms der Firma, das eindeutig nach einem Entwurf Mosers erzeugt wird.[32] Die Zusammenarbeit mit Kohn dauert bis 1906 fort. Sie umfasst ausschließlich die Gestaltung des Auftritts der Firma nach außen hin. So stammen u. a. das Logo der Firma (Abb. 49), Einladungskarten, Plakate und der Einband des französischen Verkaufskatalogs von 1904 von ihm (Abb. 50) sowie die in Zusammenarbeit mit Hoffmann entworfene Gestaltung der Fassade und des Verkaufsraums der Berliner Niederlassung von J. & J. Kohn. Für den Korbwarenfabrikanten Prag-Rudniker entwirft Moser um 1903 einen hochlehnigen Sessel (Abb. 51) und einen Fauteuil (Abb. 52).

Als der Kunstkritiker Ludwig Hevesi 1899 über die neuen Lehrmethoden Hoffmanns an der Kunstgewerbeschule berichtet, geht er u. a. auf die neue Methode des

30 Karl Kraus in *Die Fackel* (2) 59 1900, 20.

31 Hoffmann leitet seit 1899 die Klasse für Architektur.

32 *Kunst und Kunsthandwerk* (5) 1 1902, 2.

41 Buffetschrank *Der reiche Fischzug*, 1900
Buffet cabinet [The Rich Haul], 1900
MAK

42 Schrank *Die verwunschenen Prinzessinnen* (geschlossen), 1899
Cabinet [The Enchanted Princesses] (closed), 1899
Privatbesitz Private collection, London

43 Schrank *Die verwunschenen Prinzessinnen* (geöffnet), 1899
Cabinet [The Enchanted Princesses] (open), 1899
Privatbesitz Private collection, London

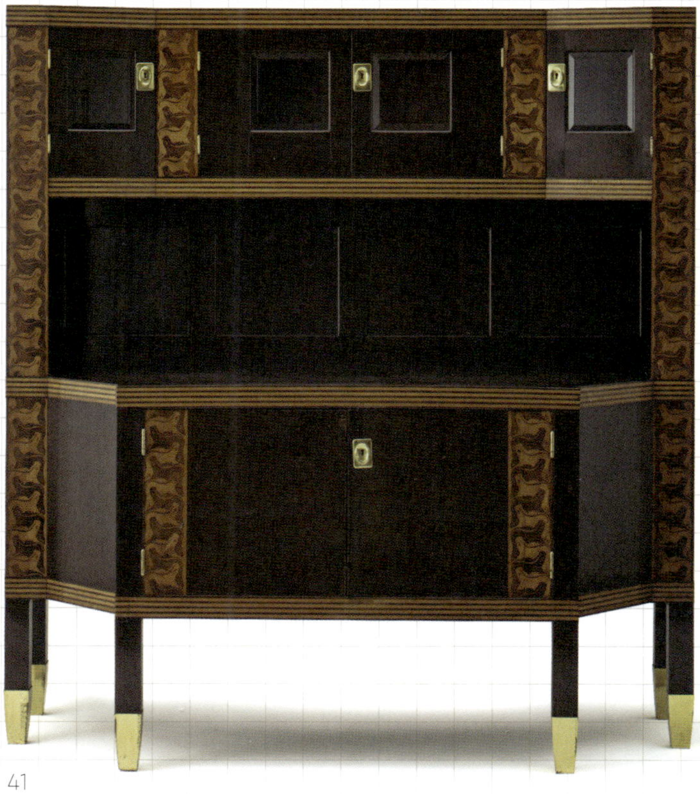

41

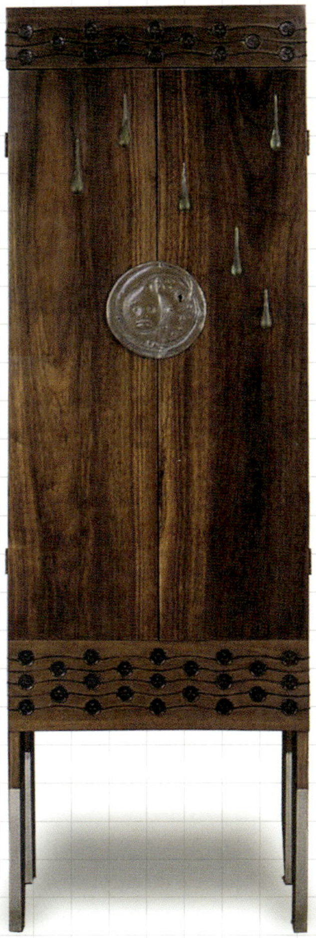

42

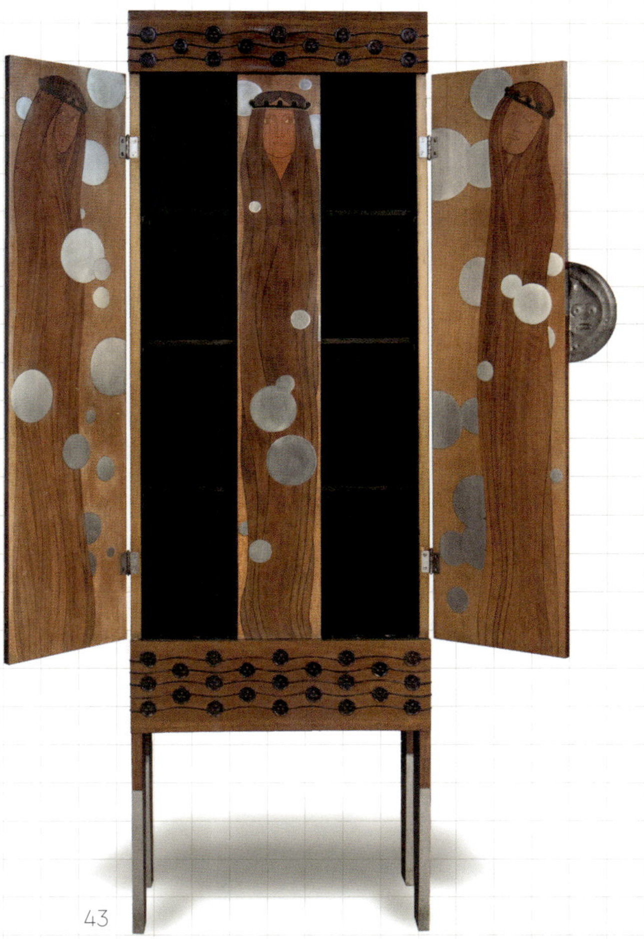

43

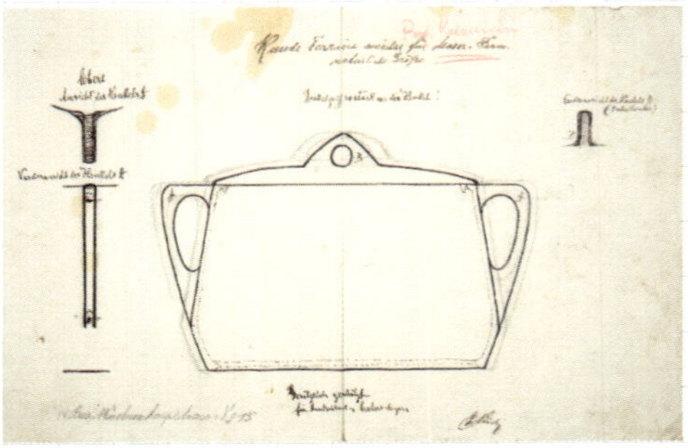

44

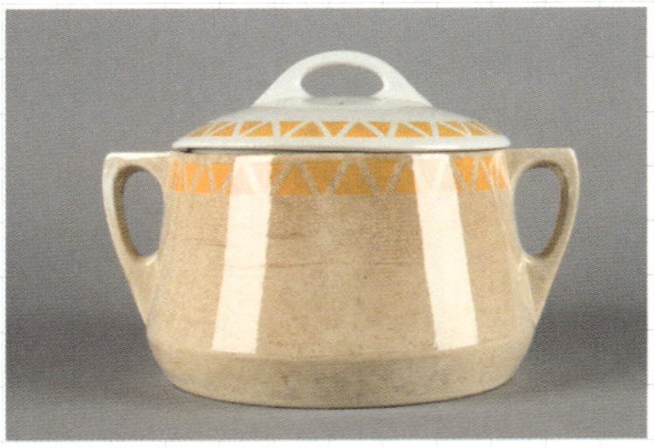

45

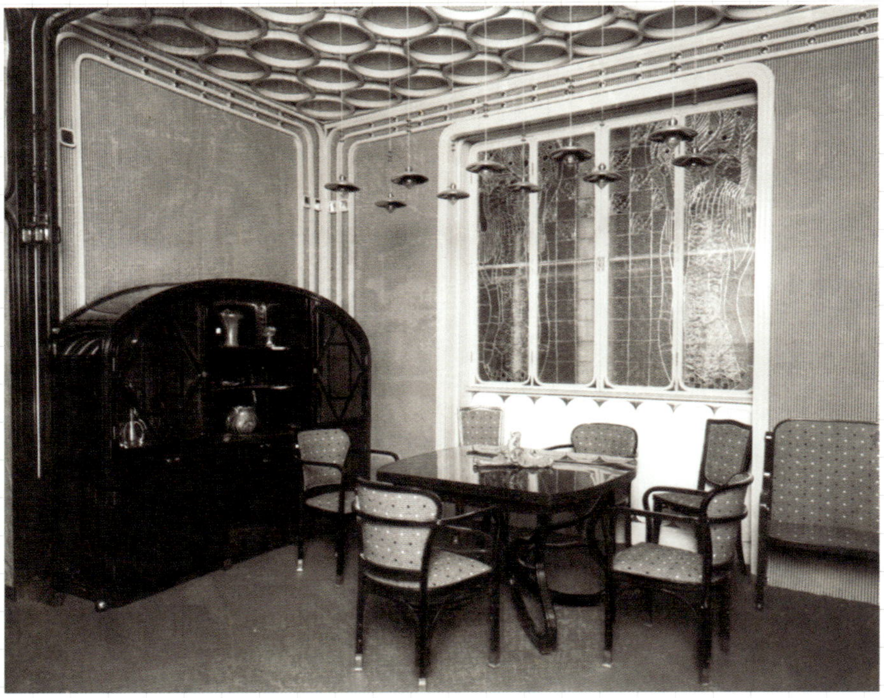

46

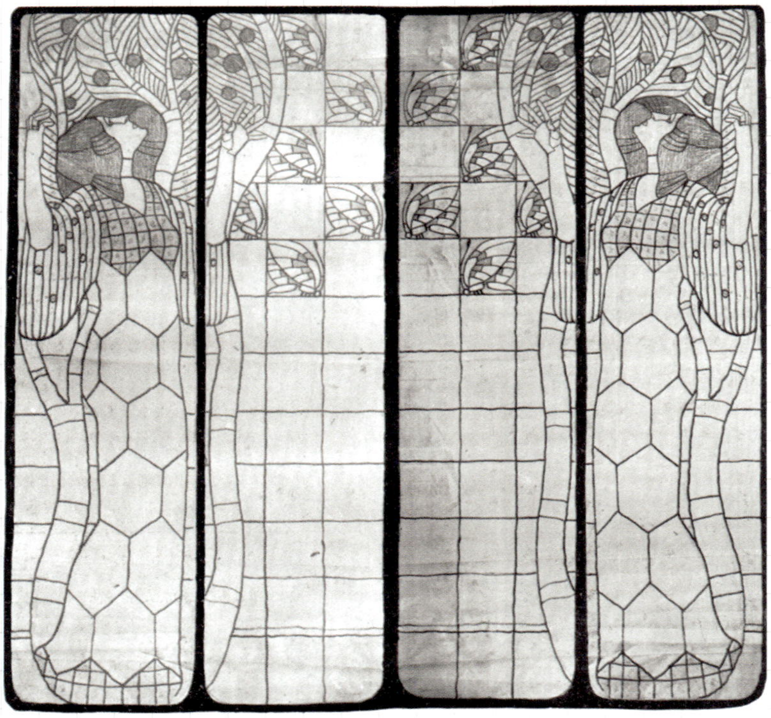

47

44 Entwurf für eine Suppenterrine für die Wiener Porzellanmanufaktur Josef Böck, um 1900/01
Design for a soup tureen for the Vienna porcelain manufactory Josef Böck, ca. 1900/01
MAK

45 Koloman Moser (Form), Therese Trethan (Dekor decoration)
Terrine, um 1901
Tureen, ca. 1901
MAK

46 Glasfenster in der Ausstellungskoje der Firma J. & J. Kohn auf der Winterausstellung 1901/02 im k. k. Österreichischen Museum für Kunst und Industrie
Glass window in the exhibition booth of the company J. & J. Kohn at the 1901/02 winter exhibition at the Imperial Royal Austrian Museum of Art and Industry
MAK

47 Werkzeichnung für das Glasfenster der Ausstellungskoje der Firma J. & J. Kohn auf der Winterausstellung 1901/02 im k. k. Österreichischen Museum für Kunst und Industrie
Working drawing for the glass window of the exhibition booth of the company J. & J. Kohn at the 1901/02 winter exhibition at the Imperial Royal Austrian Museum of Art and Industry
In: *Deutsche Kunst und Dekoration* (15) 1904/05, S. p. 88
MAK

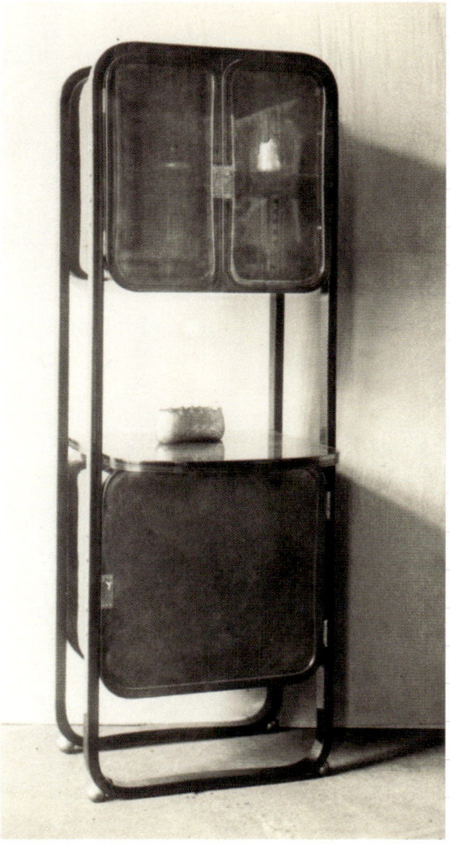

48

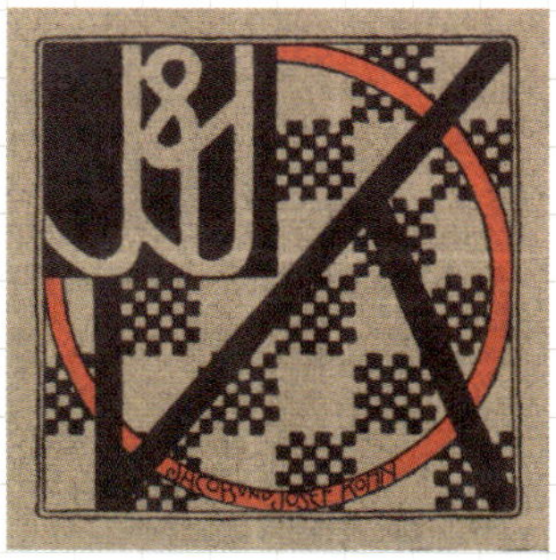

49

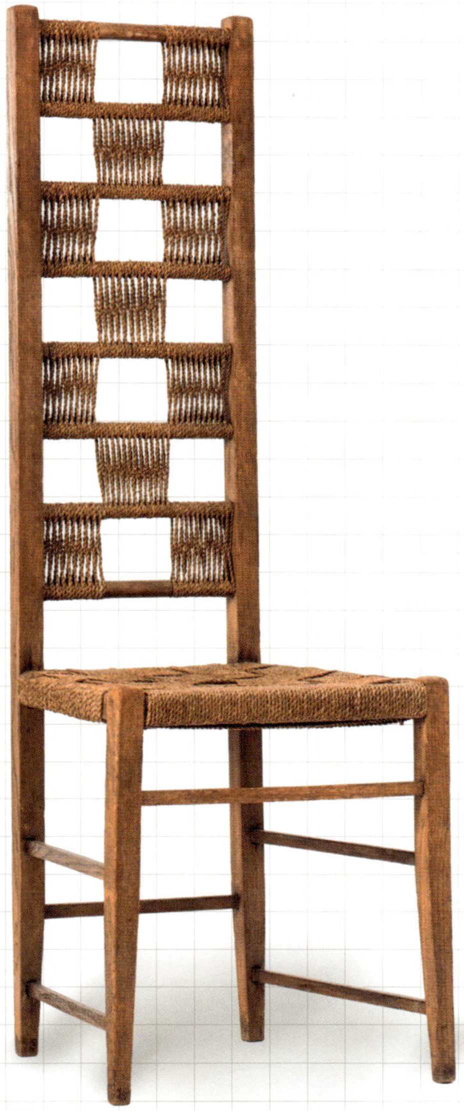

51

48 **Vitrine der Firma J. & J. Kohn auf der Winterausstellung 1901/02 im k. k. Österreichischen Museum für Kunst und Industrie**
Vitrine by the company J. & J. Kohn at the winter exhibition at the 1901/02 winter exhibition at the Imperial Royal Austrian Museum of Art and Industry
MAK

49 **Logo des Bugholzmöbelproduzenten J. & J. Kohn**, um 1901/02
Logo of the bentwood furniture manufacturer J. & J. Kohn, ca. 1901/02
MAK

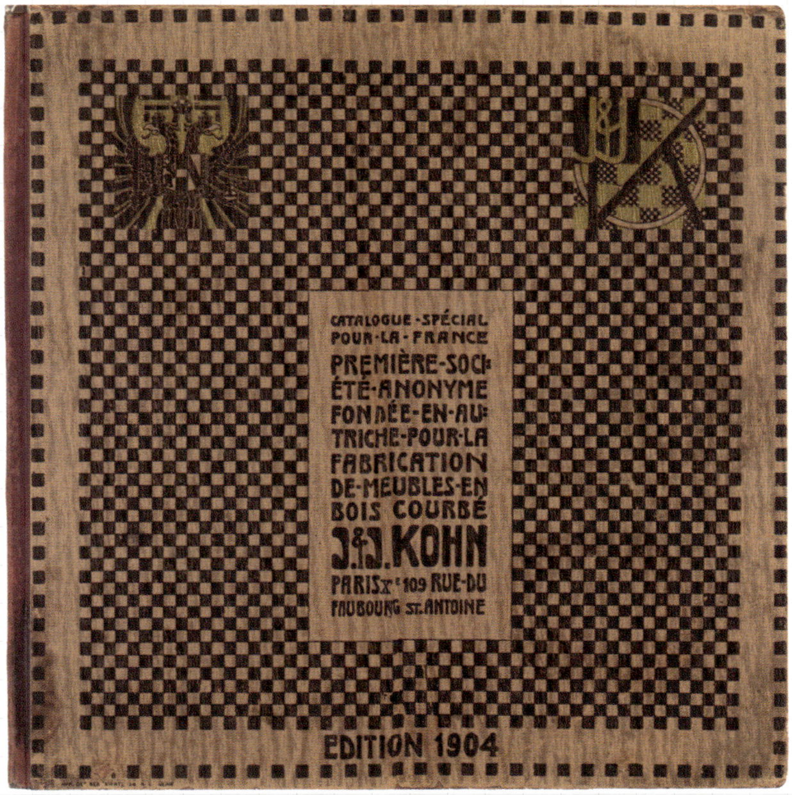

50

50 **Deckblatt für den französischen Katalog des Bugholzmöbelproduzenten J. & J. Kohn**, 1904
Title page for the French catalog of the bentwood furniture manufacturer J. & J. Kohn, 1904
MAK

51 **Sessel für den Korbwarenerzeuger Prag-Rudniker**, um 1903
Chair for the wickerwork factory Prag-Rudniker, ca. 1903
Bundesmobilienverwaltung, Hofmobiliendepot, Möbel Museum Wien
Imperial Furniture Collection Vienna

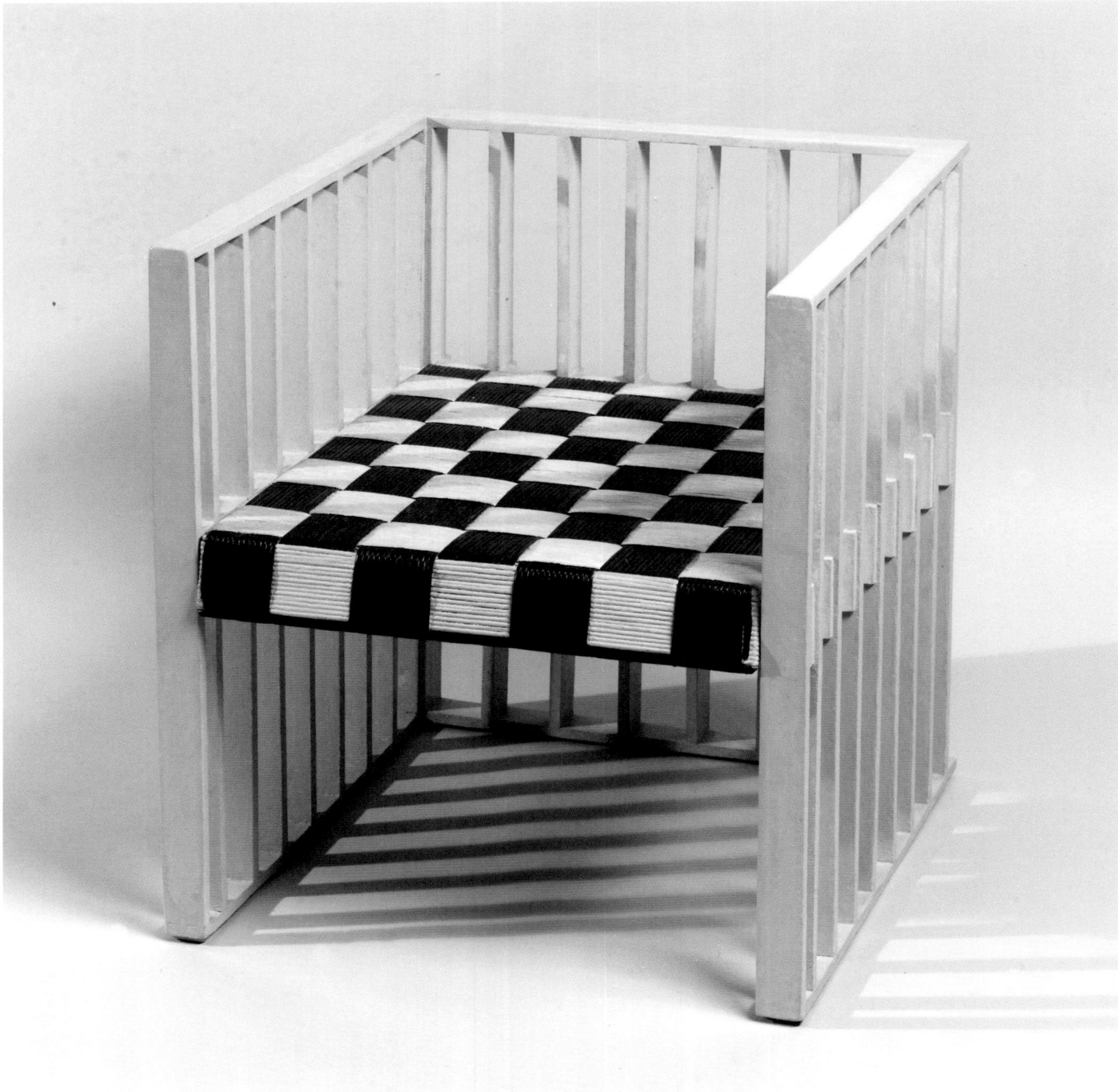

52

52 **Armlehnsessel für den Korbwarenerzeuger Prag-Rudniker,** um 1903
Armchair for the wickerwork factory Prag-Rudniker, ca. 1903
Leopold Museum, Wien Vienna

continue to cultivate the contacts with Austrian manufacturers and producers that they have sought since 1898.[31] These contacts guarantee on the one hand the dissemination of the new design vocabulary while simultaneously creating means for their students to earn a living when they enter the workforce. To the already established contacts are now added producers from the porcelain and furniture industries such as Josef Böck, the bentwood furniture maker J. & J. Kohn, and the wickerwork factory Prag-Rudniker Korbwarenfabrikation. Products by the company E. Bakalowits Söhne and Josef Böck are marketed as Moser's designs as well as with the label "SCHULE Prof. KOLO MOSER" (School of Prof. Kolo Moser). The latter can be found either on independent designs by his students or on objects whose forms stem from Moser but whose decoration is created by his students (fig. 44, 45). Moser's own role as a designer for the bentwood company Kohn starts with the winter exhibition at the Imperial Royal Austrian Museum of Art and Industry in 1901/02. For an exhibition booth with dining room furniture, he designs a four-part glass window (fig. 46, 47) and a vitrine (fig. 48). It is the only piece of furniture in the company's product line that is unambiguously produced according to a design by Moser.[32] The collaboration with Kohn continues until 1906. It exclusively comprises the design of the company's public image. Consequently, the company's logo (fig. 49), invitation cards, posters, and the binding of the French sales catalog from 1904 (fig. 50) among other items come from him, as does—in collaboration with Hoffmann—the design of the façade and the sales room of J. & J. Kohn's Berlin branch. For the Prag-Rudniker wickerwork factory, Moser designs a high-backed chair (fig. 51) and a fauteuil around 1903 (fig. 52).

When the art critic Ludwig Hevesi reports in 1899 on Hoffmann's new teaching methods at the School of Arts and Crafts, he elaborates on the new approach to teaching drawing, among other things. It is no longer the image but rather the ornament that is now foregrounded. Nature is dissected into its elemental formal components, thereby teaching the skill of abstraction and composition (fig. 53, 54). Form itself becomes the object of learning in order for it to be used to create new compositions.[33] In an age that credits individual artistic expression with the ability to modernize society, the ornament is assigned a new, identity-making significance as its unmediated manifestation. As Secessionist ornament it simultaneously acts as advertising and message-bearer for the modern style called for by the Vienna Secession. Often divorced from its application on practical objects, the ornament becomes an art form in its own right. Joint graphic works are known by Koloman Moser and Josef Hoffmann on which they sign their names separately: the former for the figurative portrayal and the latter for the ornamental element (fig. 27, 28).[34] The differences between fine and applied art are negated here in accordance with the artistic objectives of the Vienna Secession. The self-contained ornament takes up a lot of space in *Ver Sacrum*: thanks to its own caption with the name of the designing artist, the decorative vignette as a prominent part of the page layout is awarded the same artistic value as a work of painting, sculpture, or architecture. In the course of his teaching, Moser—inspired by Japan in particular—further develops surface art and in 1901 authors *Flächenschmuck* [Surface Decoration] in the framework of Gerlach's series *Die Quelle* [The Source]; his

31 Hoffmann presides over the architecture class from 1899.

32 *Kunst und Kunsthandwerk* (5) 1 1902, 2.

33 Hevesi, Ludwig about Josef Hoffmann in "Aus dem Wiener Kunstleben," in: *Kunst und Kunsthandwerk* (2) 11 1899, 399–409: 406.

34 For the company Theyer & Hardtmuth, Hoffmann and Moser jointly design among other things letter paper complete with a box.

Zeichenunterrichts ein. Nicht mehr das Bild, sondern das Ornament steht nun im Vordergrund. Die Natur wird in ihre elementaren formalen Bestandteile zerlegt und damit die Fähigkeit zur Abstraktion und Komposition geschult (Abb. 53, 54). Die Form an sich wird zum Trainingsgegenstand, um daraus Neues zu komponieren.[33] In einer Zeit, die dem individuellen künstlerischen Ausdruck die Fähigkeit der gesellschaftlichen Erneuerung zubilligt, kommt dem Ornament als dessen unmittelbarsten Manifestation eine neue identitätsstiftende Bedeutung zu. Als secessionistisches Ornament ist es gleichzeitig Werbe- und Bedeutungsträger des von der Wiener Secession geforderten modernen Stils. Oft losgelöst von seiner Anwendung am Gebrauchsgegenstand wird das Ornament zur eigenständigen Kunstform. Von Koloman Moser und Josef Hoffmann sind gemeinsame grafische Arbeiten bekannt, wo Ersterer für die bildliche Darstellung und Letzterer für den ornamentalen Teil gesondert firmiert (Abb. 27, 28).[34] Die Unterschiede zwischen bildender und angewandter Kunst werden hier entsprechend den künstlerischen Zielen der Wiener Secession aufgehoben. Das eigenständige Ornament nimmt breiten Raum in der *Ver Sacrum* ein: Als markanter Teil des Seitenlayouts erhält die dekorative Vignette durch eine eigene Bildunterschrift mit Namen des entwerfenden Künstlers/der entwerfenden Künstlerin dieselbe künstlerische Wertigkeit wie ein Gemälde, eine Skulptur oder eine Architektur zuerkannt. Moser entwickelt im Rahmen seines Unterrichts insbesondere die von Japan inspirierte Flächenkunst weiter und verfasst 1901 im Rahmen von Gerlachs Reihe *Die Quelle* das für die weitere Entwicklung der modernen Wiener Ornamentik enorm einflussreiche Vorlagenwerk *Flächenschmuck* (Abb. 55). Dieser Publikation folgt 1903 in mehreren Einzelheften eine Sammlung von Schülerarbeiten Mosers und Hoffmanns unter dem Titel *Die Fläche* (Abb. 56).

Mosers und Hoffmanns Lehrtätigkeit ist ausschlaggebend für die Verbreitung des modernen Wiener Stils. Wie Wagner bereits 1899 anlässlich seiner Reformvorschläge für das k. k. Österreichische Museum für Kunst und Industrie bemerkt, sollte dessen Namen richtig „Institut für Kunst im Gewerbe" lauten.[35] Für Wagner ist klar, dass eines der Hindernisse bei der Hebung der Qualität der kunstgewerblichen Arbeiten in dem Versuch besteht, zwei Berufe, nämlich KünstlerIn und Gewerbetreibende/r, zu vereinen.[36] Die Konsequenzen aus der Erkenntnis dieser Unvereinbarkeit zieht als erste eine aus Schülern Hoffmanns und Mosers an der Kunstgewerbeschule im neuen Geist trainierte Künstlergruppe, die 1901 die „Wiener Kunst im Hause" gründet und damit ein eigenes Vermarktungsmedium für ihre Entwürfe und Produkte besitzt (Abb. 57).[37] Ihre Lehrer Hoffmann und Moser werden schließlich zwei Jahre später, 1903, ihr eigenes Vertriebs- und Produktionssystem – die Wiener Werkstätte – etablieren.

DAS GESAMTKUNSTWERK

Das Jahr 1900 bedeutet mit der Definitivstellung als Professor an der Kunstgewerbeschule einen Wendepunkt für Mosers künstlerische Realisierungsmöglichkeiten sowie für seine gesellschaftliche Stellung. Sein fixes Professorengehalt erlaubt es ihm, an den Bau eines eigenen modernen, ästhetischen Ansprüchen gerechten Wohnhauses zu denken, und damit die ärmliche, mit seiner Mutter und seinen beiden Schwestern geteilte Mietwohnung in der Stanislausgasse zu verlassen.

33 Hevesi, Ludwig über Josef Hoffmann in „Aus dem Wiener Kunstleben", in: *Kunst und Kunsthandwerk* (2) 11 1899, 399–409: 406.

34 Für die Firma Theyer & Hardtmuth entwerfen Hoffmann und Moser u. a. gemeinsam ein Briefpapier samt Kassette.

35 Gedrucktes Protokoll der Sitzung vom 30.1.1899, 1.

36 Wagner 1900 (s. Anm. 18), 25.

37 Zuckerkandl, Berta, *Zeitkunst Wien 1901–1907*, Wien/Leipzig 1908, 1–13.

53 **Ornamententwicklung aus abstrakten Naturformen**, um 1899/1900
Development of decoration using abstract natural forms, ca. 1899/1900
MAK

54 **Naturstudien**, um 1899/1900
Nature studies, ca. 1899/1900
MAK

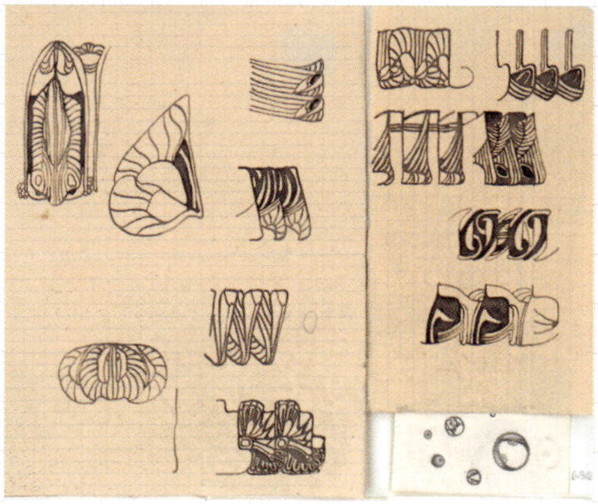

53

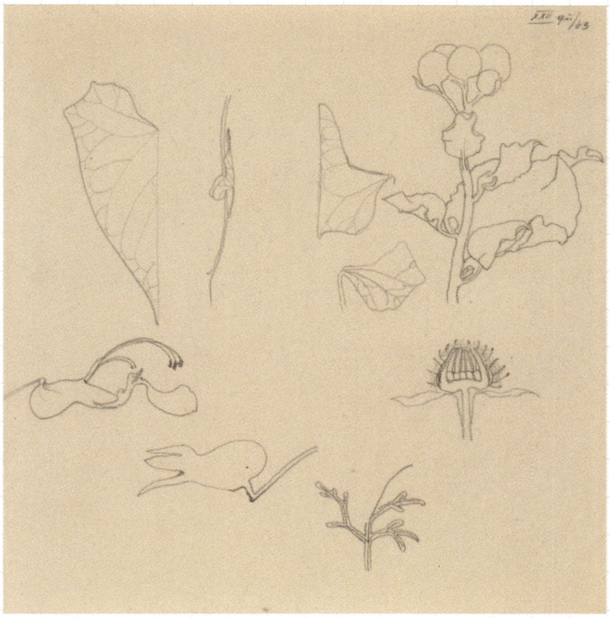

54

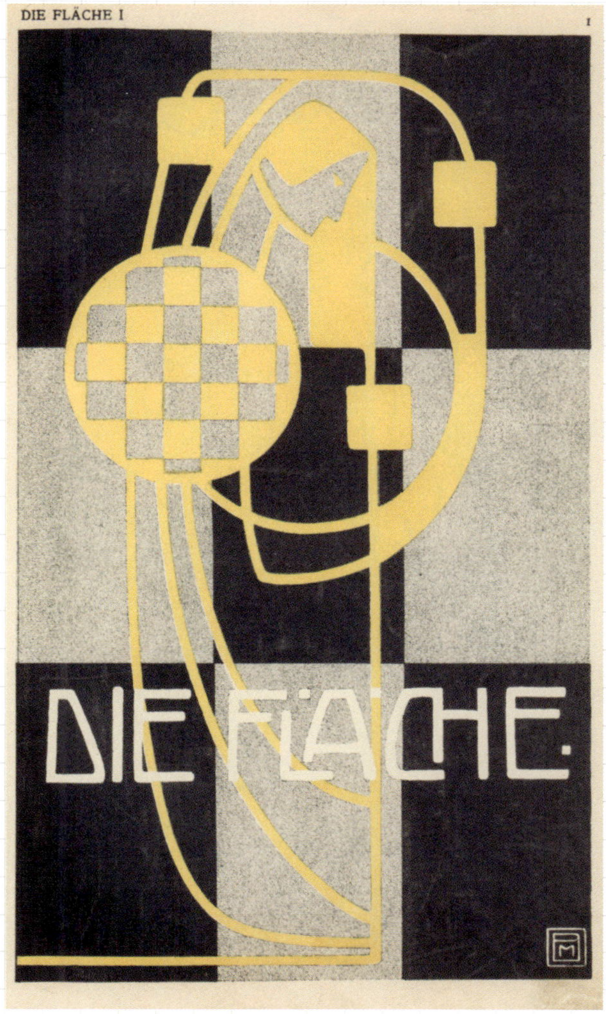

56

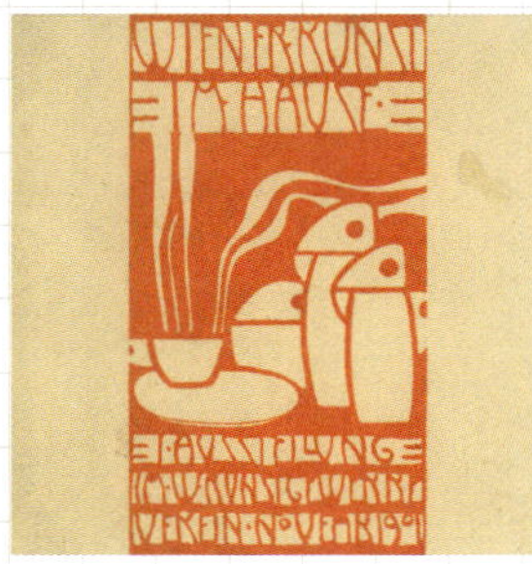

57

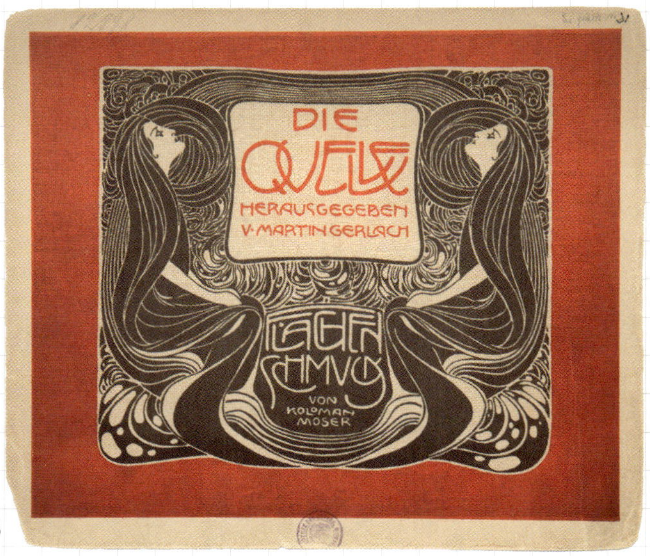

55

55 **Titelblatt zu *Flächenschmuck von Koloman Moser* aus der Reihe *Die Quelle*, herausgegeben von Martin Gerlach**, 1901
Title page for [Surface Decoration by Koloman Moser] from the series *Die Quelle*, edited by Martin Gerlach, 1901
MAK

56 Max Benirschke
Titelblatt zu *Die Fläche*, 1903
Title page for [The Surface], 1903
MAK

57 Jutta Sika
Einladung zur 1. Ausstellung der Vereinigung „Wiener Kunst im Hause" im Wiener Kunstgewerbeverein, November 1901
Invitation to the 1st exhibition of the association "Wiener Kunst im Hause" (Viennese Art in the Home) at the Viennese Arts and Crafts Society, November 1901
UaK, KA 7794/2/Q

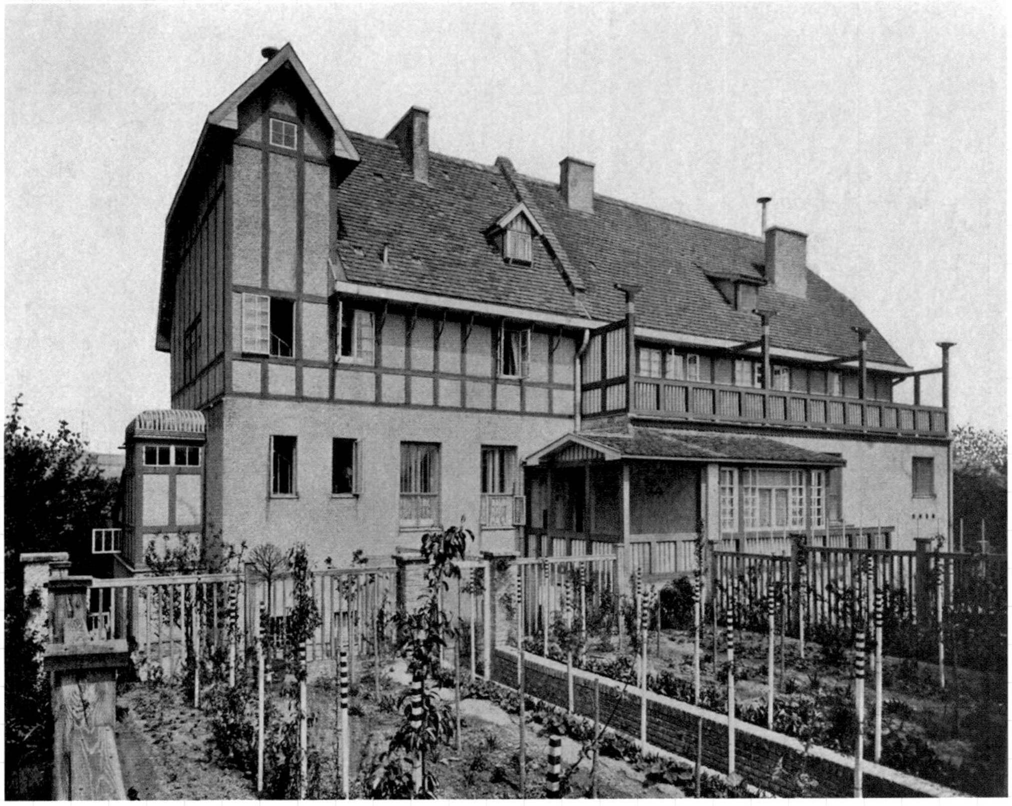

58

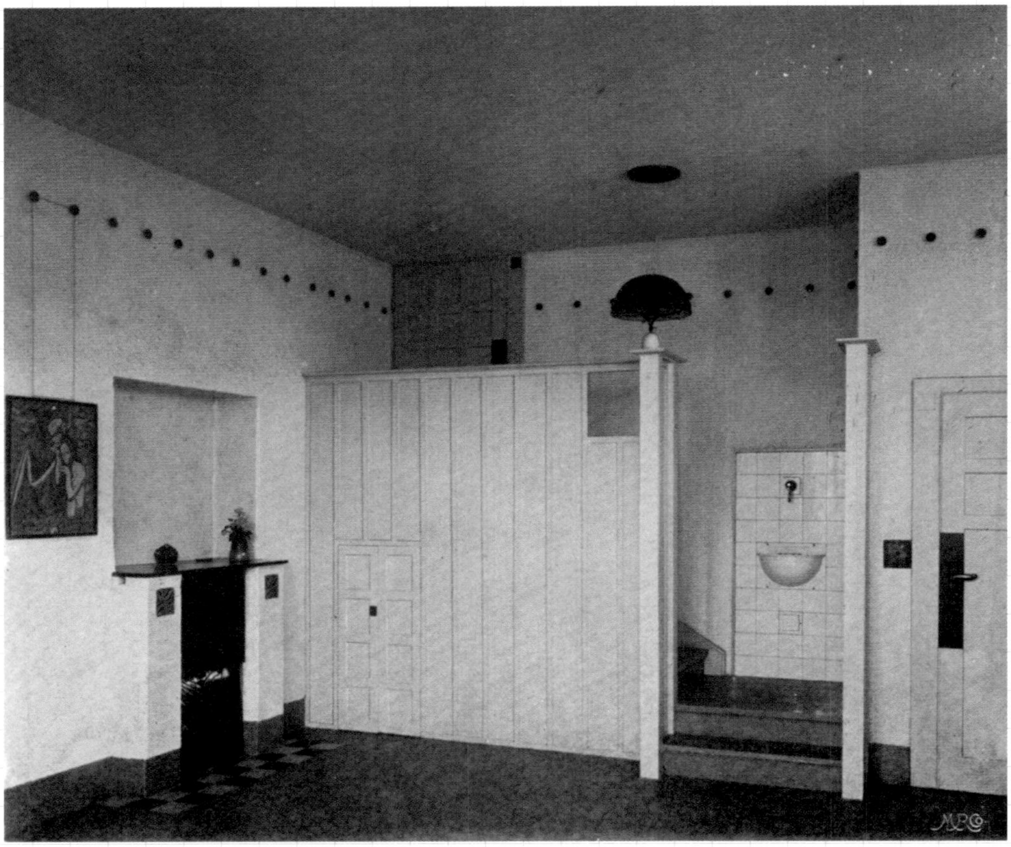

59

58 Josef Hoffmann
Doppelhaus Moser/Moll auf der Hohen Warte, 1901
Moser/Moll duplex on the Hohe Warte, 1901
In: *Der Architekt* (9) 1903, T. pl. 85
MAK

59 Josef Hoffmann
Halle im Haus Moser, 1901
Hall in the Moser house, 1901
In: *Innendekoration* (13) 1902, S. p. 31
MAK

pattern book would have an enormous influence on the further development of modern Viennese ornamentation (fig. 55). This publication is followed in 1903 by a collection of works by Moser's and Hoffmann's students in several individual volumes under the title *Die Fläche* [The Surface] (fig. 56).

Moser's and Hoffmann's teaching is crucial for the dissemination of modern Viennese style. As Wagner notes as early as 1899 on the occasion of his reform proposals for the Imperial Royal Austrian Museum of Art and Industry, its name should really be "Institute for Art in Trade."[35] For Wagner it is clear that one of the obstacles to improving the quality of works of arts and crafts consists in the attempt to unite two professions, namely artist and tradesperson.[36] The first to take appropriate action as a result of recognizing this incompatibility is a group of artists and former students of Hoffmann and Moser who had been trained in this new spirit; they form "Wiener Kunst im Hause" (Viennese Art in the Home) in 1901 and hence possess their very own marketing medium for their designs and products (fig. 57).[37] Their teachers Hoffmann and Moser will ultimately establish their own system of sales and production two years later, in 1903: the Wiener Werkstätte.

THE *GESAMTKUNSTWERK*

With his definitive appointment as a professor at the School of Arts and Crafts, the year 1900 signifies a turning point in Moser's opportunities to realize his artistic vision as well as in his social standing. His fixed salary as a professor makes it possible for him to think about building his own, modern home that would meet his aesthetic standards, and hence to leave the humble rental apartment on Stanislausgasse that he shares with his mother and his two sisters. On 7 November 1900 he and Carl Moll purchase two neighboring plots of land on the Hohe Warte hill in the north of Vienna.[38] On this land the first two houses are constructed of what would by 1909 have gradually grown into a veritable district of villas designed by Josef Hoffmann on Hohe Warte (fig. 58, 59).[39] To finance the plot of land as well as the building and furnishing of the house, the seller of the land at Steinfeldgasse 6—the chemist, authorized signatory, and director of the Österreichische Gasglühlicht- und Elektrizitätsgesellschaft Ludwig Haitinger junior—grants Moser a loan of a maximum of 30,000 kronen with an annual interest of 4.5 percent.[40] As the price of the parcel only amounts to 9,886 kronen and 32 hellers, an agreement is made to secure the loan whereby the house must be built by 1 November 1901 and only after its valuation will the second instalment—15,000 kronen intended for the furnishing of the house—be paid out. The official permission for the submitted plans is dated 24 October 1900 and the use permit for the house is completed by the municipal authorities as early as 14 August 1901. Moser finally moves into his new home with his mother and sisters in 1902.

At this moment in time, Moser's creditworthiness is based solely on his salary as a professor and therefore would most likely have required further support from sponsors. If we investigate the lender's milieu, we come across Moriz Gallia, likewise a director of the Österreichische Gasglühlicht- und Elektrizitätsgesellschaft. Gallia has

35 Printed minutes of the meeting from 30 January 1899, 1.

36 Wagner 1900 (see note 18), 25.

37 Zuckerkandl, Berta, *Zeitkunst Wien 1901–1907*, Vienna/Leipzig 1908, 1–13.

38 Cadastral community of Heiligenstadt, judicial district of Währing, land registry number 288.

39 1900–1901 the Moser, Moll, Henneberg houses; 1901–1902 the Spitzer house; 1909–1911 the Ast house.

40 Municipal Archives of Vienna, land registry deed for the district court of Döbling, A 10: TZ 1786/1900.

Am 7. November 1900 erwerben er und Carl Moll zwei aneinander angrenzende Grundstücke auf der Hohen Warte.[38] Darauf werden die ersten beiden der sukzessive bis 1909 von Josef Hoffmann entworfenen und zur Villenkolonie auf der Hohen Warte anwachsenden Häuser errichtet (Abb. 58, 59).[39] Zur Finanzierung des Grundstückspreises sowie der Errichtung und Einrichtung des Hauses räumt ihm der Verkäufer des Baugrunds in der Steinfeldgasse 6, der Chemiker, Prokurist und Direktor der Österreichischen Gasglühlicht- und Elektrizitätsgesellschaft Ludwig Haitinger d. J., ein Darlehen von maximal 30.000 Kronen mit einer jährlichen Verzinsung von 4,5 Prozent ein.[40] Da der Preis des Grundstücks nur 9.886 Kronen und 32 Heller beträgt, wird zur Sicherung des Darlehens vereinbart, dass der Bau des Hauses bis 1. November 1901 fertiggestellt werden muss und erst nach dessen Schätzung die zweite für die Einrichtung des Hauses bestimmte Tranche des Darlehens von 15.000 Kronen ausbezahlt wird. Die Bewilligung der Einreichpläne ist mit 24. Oktober 1900 datiert und die Benützungsbewilligung des Hauses durch den Magistrat erfolgt bereits am 14. August 1901. 1902 bezieht Moser schließlich sein neues Haus mit Mutter und Schwestern.

Mosers Kreditwürdigkeit basiert zu diesem Zeitpunkt allein auf seinem Professorengehalt und muss daher höchstwahrscheinlich einer zusätzlichen Unterstützung durch Fürsprecher bedurft haben. Untersucht man das gesellschaftliche Umfeld des Kreditgebers, so stößt man auf den ebenfalls als Direktor der Österreichischen Gasglühlicht- und Elektrizitätsgesellschaft fungierenden Moriz Gallia. Gallia ist seit Gründung der Secession einer ihrer Bewunderer und Unterstützer. So kauft er bereits auf deren II. Ausstellung 1899 ein Bild von Carl Moll. Aus der IX. Ausstellung 1901 erwirbt er Giovanni Segantinis *Die bösen Mütter* für die geplante Errichtung einer Modernen Galerie in Wien[41] und 1903/04 lässt er von Klimt das Porträt seiner Frau Hermine malen.[42] An Hoffmann vergibt er schließlich 1914 den Auftrag, die Inneneinrichtung seiner Wohnung in der Wohllebengasse zu gestalten.[43] Sie wird zum Teil von der Wiener Werkstätte ausgeführt, deren Gesellschafter Moriz Gallia im selben Jahr mit einer Einlage von 20.000 Kronen wird.[44] Die Secession ist nicht nur Mosers künstlerische Heimat, sondern aus dem Kreis ihrer Mitglieder und MäzenInnen entstehen auch Freundschaften fürs Leben.

Mosers Einrichtung des eigenen Hauses erlaubt es ihm, die Idee des Gesamtkunstwerks im Bereich des privaten Alltags zu realisieren (Abb. 60, 61). Sie markiert den Beginn einer Reihe von Inneneinrichtungsaufträgen, denen er sich bis 1905 widmet.[45] Für seinen Nachbarn auf der Hohen Warte, Hugo Henneberg, gestaltet er 1901 das Boudoir seiner Frau Marie(Abb. 62–64).[46] Das folgende Jahr bringt eine Fülle weiterer Aufträge wie die Wohnung der Frau Dir. M.[47], ein Speisezimmer für Herrn R.[48] (Abb. 65), die Wohnung Dr. Zuckerkandl[49] (Abb. 66), die Wohnung Eisler von Terramare[50] (Abb. 67–74) und einen Galerieraum im Haus Fritz Waerndorfers (Abb. 75–77). Die Fertigstellung der letzten beiden Aufträge zieht sich bis in das Jahr 1903 und wird zum Teil schon von der in diesem Jahr gegründeten Wiener Werkstätte ausgeführt. Mosers seit 1900 einsetzender Wandel zu einer reduzierteren geometrischen Formensprache, dem sogenannten Wiener Stil, ist bei diesen Innenraumgestaltungen voll ausgeprägt. Er bestimmt auch die gleichzeitig entworfenen Gestaltungen der Ausstellungen der Secession.[51] Dabei ist ein völlig veränderter Umgang im Verhältnis zwischen Raum und ausgestelltem Objekt zu beobachten. Mosers Gestaltung

38 Katastralgemeinde Heiligenstadt, Gerichtsbezirk Währing, Grundbuchseinlage Zahl 288.

39 1900–1901 Haus Moser, Haus Moll, Haus Henneberg; 1901–1902 Haus Spitzer; 1909–1911 Haus Ast.

40 Archiv der Stadt Wien, Grundbuchsurkunde BG Döbling, A 10: TZ 1786/1900.

41 Bonyhady, Tim, „The Gallias: A modern Viennese family", in: Witt-Dörring/Asenbaum (Hg.) 2011, 27–35: 28.

42 Natter, Tobias G./Frodl, Gerbert, *Klimt und die Frauen*, Köln 2000, 105 ff.

43 Bonyhady, Tim, *Good Living Street: The Fortunes of My Viennese Family*, Crows Nest 2011, 119–138.

44 Noever, Peter (Hg.), *Der Preis der Schönheit. 100 Jahre Wiener Werkstätte*, Ostfildern-Ruit 2003, 229.

45 Witt-Dörring, Christian, „Interiors and furniture", in: Christian Witt-Dörring (Hg.), *Koloman Moser: Designing Modern Vienna 1897–1907*, München/London/New York 2013, 88–193.

46 *Das Interieur* (4) 1903, 9–12; *The Studio* (23) 1904, 111.

47 *Das Interieur* (4) 1903, 40 f.

48 Ebd., 43.

49 Ebd., 34, 38.

50 *Dekorative Kunst* 12 1903/04, 329–353; Pichler, Gerd, „Kolo Mosers ‚Wohnung für ein junges Paar' – Gerta und Dr. Hans Eisler von Terramare", in: Leopold, Rudolf/Pichler, Gerd (Hg.), *Koloman Moser 1868–1918*, Ausst.kat. Leopold Museum Wien, München/Berlin u. a. 2007, 174–201.

51 Gestaltungen werden für die folgenden Ausstellungen der Secession realisiert: 1901 für die X. und XII. Ausstellung, 1902 für die XIII. und XV. Ausstellung, 1903 für die XVII. und XVIII. Ausstellung und 1904 für die XIX. und XX. Ausstellung.

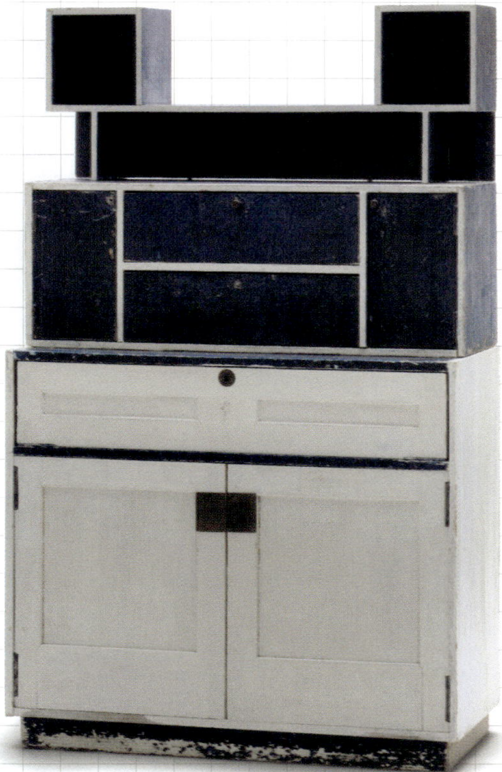

60 Aufsatzschrank für das Haus Moser, 1901
Dresser for the Moser house, 1901
MAK

61 Wandfeste Einrichtung eines Schlafzimmers im Haus Moser, 1901
Wall-mounted furniture for a bedroom in the Moser house, 1901
Privatbesitz Private collection, London

60

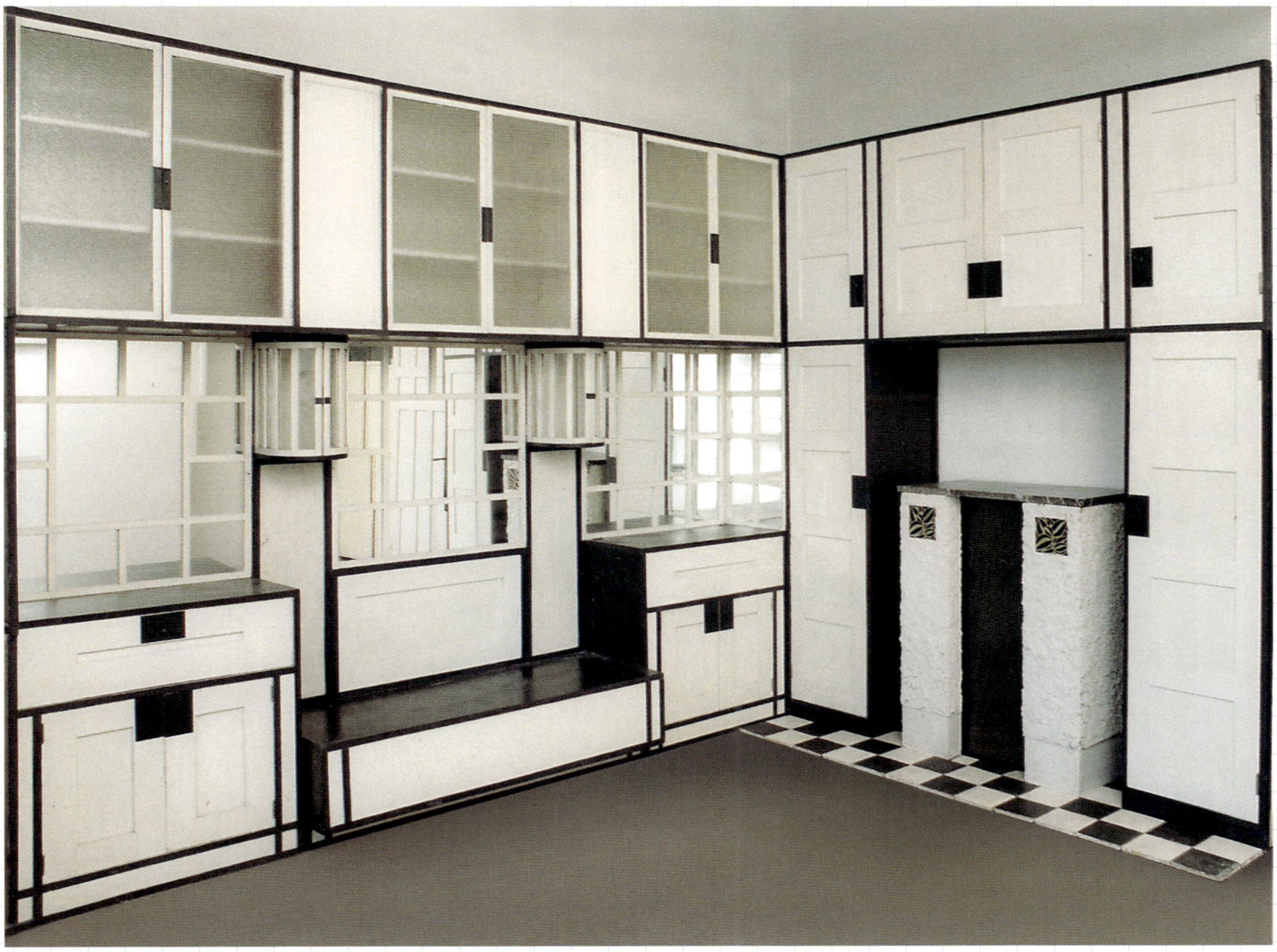

61

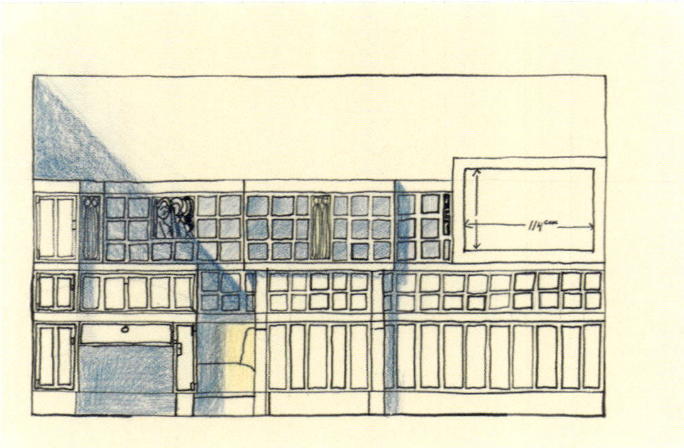

62

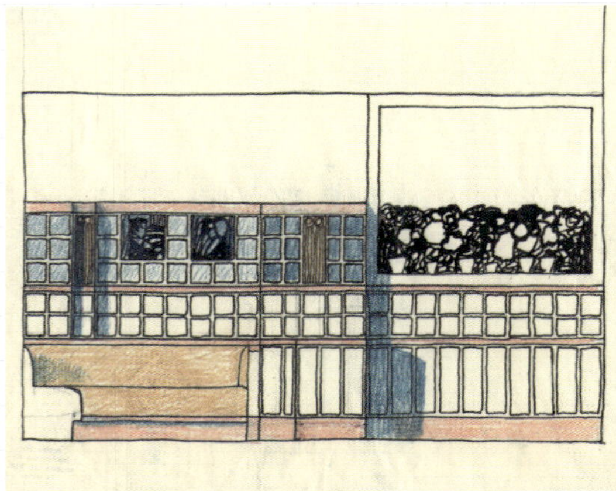

63

62 **Vorentwurf für das Boudoir Marie Hennebergs**, 1900/01
Preliminary design for the boudoir of Marie Henneberg, 1900/01
MAK

63 **Vorentwurf für das Boudoir Marie Hennebergs**, 1900/01
Preliminary design for the boudoir of Marie Henneberg, 1900/01
UaK, KA 446

64 **Boudoir für Marie Henneberg**, 1901
Boudoir for Marie Henneberg, 1901
In: *Das Interieur* (4) 1903, S. p. 12
MAK

65 **Entwurf für einen kleinen Wandschrank für Herrn R.**, 1902
Design for a small wall cabinet for Mr. R., 1902
MAK

66 **Speisezimmer in der Wohnung Dr. Z. (Zuckerkandl ?)**, 1902
Dining room in the Dr. Z. (Zuckerkandl ?) apartment, 1902
In: *Das Interieur* (4) 1903, S. p. 38
MAK

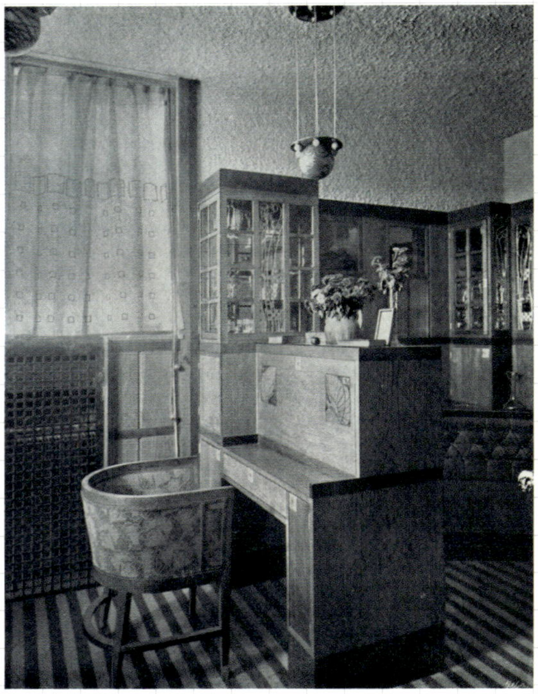

64

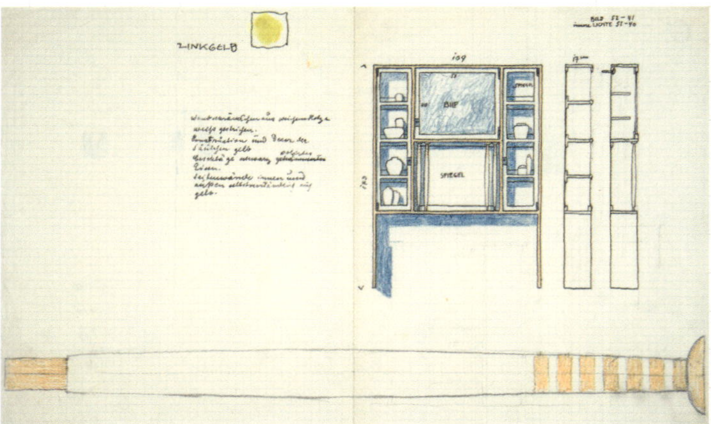

65

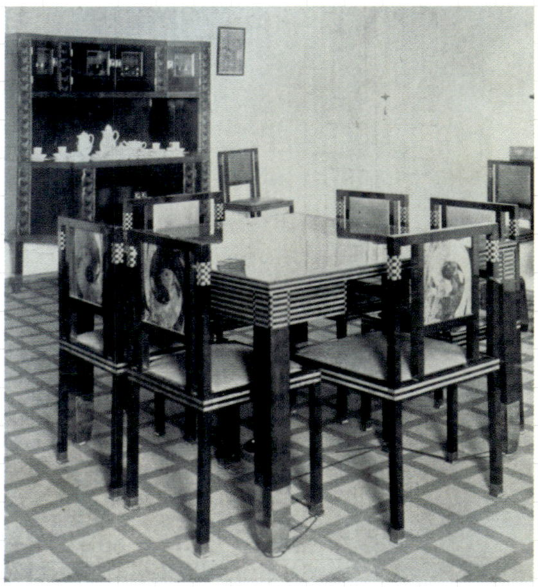

66

been one of the Secession's admirers and supporters since its founding. For example, he buys a picture by Carl Moll at just the 2nd Secession exhibition in 1899. From the 9th exhibition in 1901, he purchases Giovanni Segantini's *The Evil Mothers* for the planned establishment of a Moderne Galerie in Vienna[41] and in 1903/04 he has a portrait of his wife Hermine painted by Klimt.[42] It is Hoffmann whom he ultimately commissions with designing the interior furnishings of his residence on Wohllebengasse in 1914.[43] This task is partly executed by the Wiener Werkstätte, a shareholder of which Moriz Gallia becomes that same year with an investment of 20,000 kronen.[44] The Secession is not only Moser's artistic *Heimat*: he also makes lifelong friendships with many of its members and patrons.

Decorating his own home enables Moser to realize the idea of the *Gesamtkunstwerk* in the area of private, everyday life (fig. 60, 61). It marks the beginning of a series of interior decoration commissions to which he dedicates himself until 1905.[45] For his neighbor on the Hohe Warte, Hugo Henneberg, he designs a boudoir for the latter's wife Marie in 1901 (fig. 62–64).[46] The following year brings an abundance of other commissions such as the residence of Ms. Dir. M.[47], a dining room for Mr. R.[48] (fig. 65), the residence of Dr. Zuckerkandl[49] (fig. 66), the residence of Eisler von Terramare,[50] (fig. 67–74) and a gallery room in the house of Fritz Waerndorfer (fig. 75–77). The completion of the last two commissions extends into 1903 and parts of them are already executed by the Wiener Werkstätte, though it is only founded that year. Moser's move to a reduced geometric design vocabulary, the so-called Viennese style, from the year 1900, is now fully developed in these interior designs. It also influences the arrangements he designs for the Secession exhibitions at the same time.[51] In them a completely altered approach to space and exhibited object can be observed. Moser's arrangement is no longer limited to the wall as the backdrop to the exhibited objects: he orchestrates the exhibits as part of the spatial experience. Space and object are equal partners that he combines to create an aesthetic unit. To this end, he marries objects into units by means of spatial framings among other things (fig. 78): he can thereby maintain the individual artistic expression of the works in the wealth of the exhibits while at the same time producing a harmonious atmosphere. Since his departure from the two-dimensional canvas and his dedication to three-dimensional design, Moser comes in 1903—on the occasion of designing the arrangement for the Klimt Collective in the context of the 18th Secession exhibition—to a new interpretation of the relationship between space and surface, which leads in a figurative sense to a dissolution of the firmly established space. Moser frames every single light wall of the exhibition room in dark geometric ornamental bars. The frame as surface demarcation becomes a psychological means to dissect the space. Combined with the glass gridded ceiling that provides top lighting, the resulting impression is that of a cardboard box that could be folded at any time; it suggests flexibility. Simultaneously, Klimt's dark pictures contrast starkly with the light walls, making them appear perforated. This paper-like quality of the walls is supported by the fact that the picture frames are proportionate to the walls' framing. Last but not least, the framed wall becomes the mount for the portrait *Sonja Knips* by Klimt and hence in turn its frame (fig. 79). Via the writer, cultural critic, and champion of the Secession Hermann Bahr and the writer Felix Salten, Moser gains the opportunity in 1901 to transfer his exploration of space to the field of scenography. For the newly founded Jung-Wiener Theater

41 Bonyhady, Tim, "The Gallias: A modern Viennese family," in: Witt-Dörring/Asenbaum (eds.) 2011, 27–35: 28.

42 Natter, Tobias G./Frodl, Gerbert, *Klimt und die Frauen*, Cologne 2000, 105 ff.

43 Bonyhady, Tim, *Good Living Street: The Fortunes of My Viennese Family*, Crows Nest 2011, 119–138.

44 Noever, Peter (ed.), *Der Preis der Schönheit. 100 Jahre Wiener Werkstätte*, Ostfildern-Ruit 2003, 229.

45 Witt-Dörring, Christian, "Interiors and furniture," in: Christian Witt-Dörring (ed.), *Koloman Moser: Designing Modern Vienna 1897–1907*, Munich/London/New York 2013, 88–193.

46 *Das Interieur* (4) 1903, 9–12; *The Studio* (23) 1904, 111.

47 *Das Interieur* (4) 1903, 40 f.

48 Ibid., 43.

49 Ibid., 34, 38.

50 *Dekorative Kunst* 12 1903/04, 329–353; Pichler, Gerd, "Kolo Mosers 'Wohnung für ein junges Paar' – Gerta und Dr. Hans Eisler von Terramare," in: Leopold, Rudolf/Pichler, Gerd (eds.), *Koloman Moser 1868–1918*, Munich/Berlin et al. 2007, 174–201.

51 Arrangements are realized for the following Secession exhibitions: for the 10th and 12th exhibitions in 1901, for the 13th and 15th exhibitions in 1902, for the 17th and 18th exhibitions in 1903, and for the 19th and 20th exhibitions in 1904.

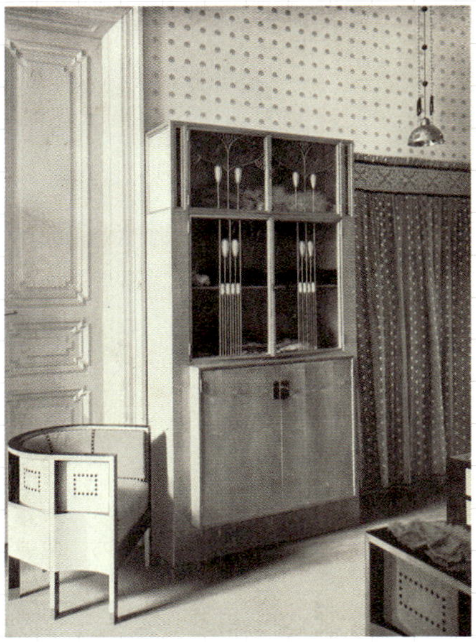

67

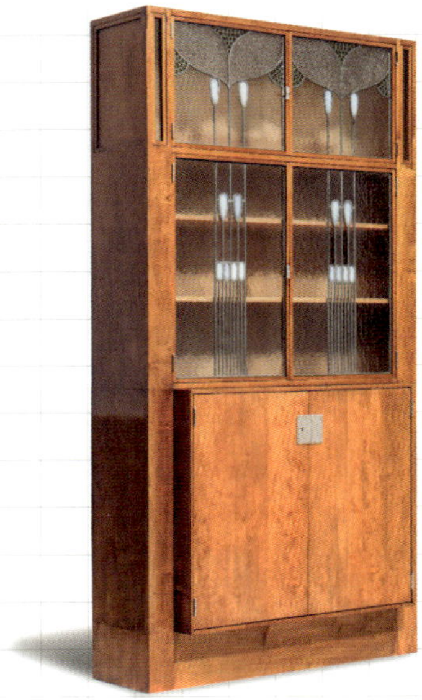

68

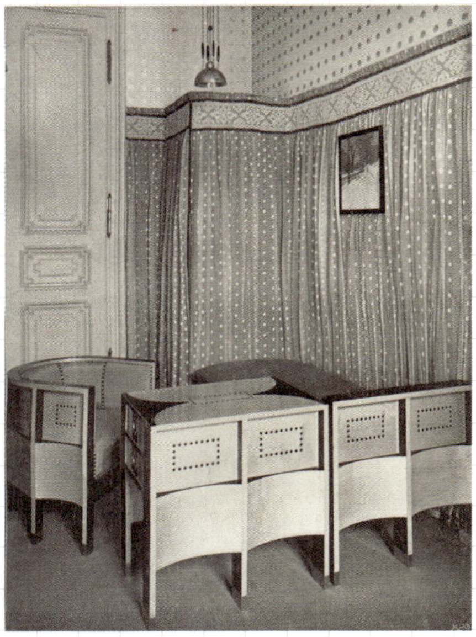

69

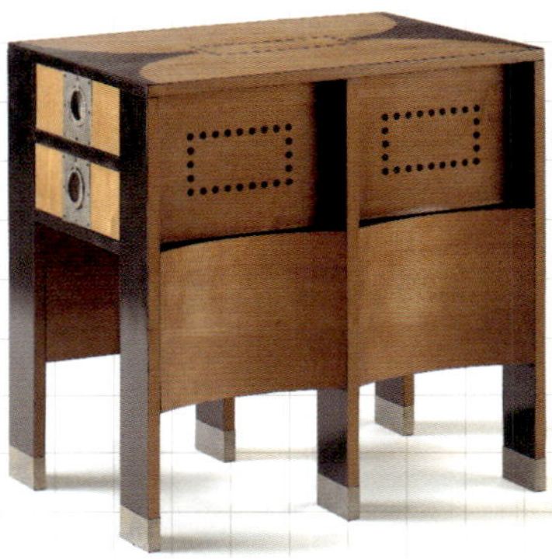

70

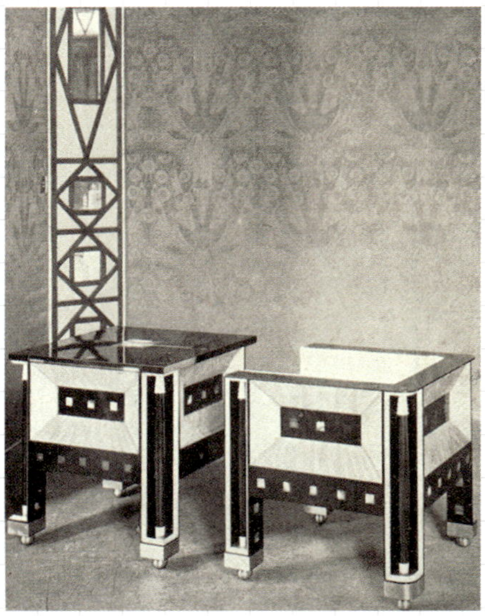

71

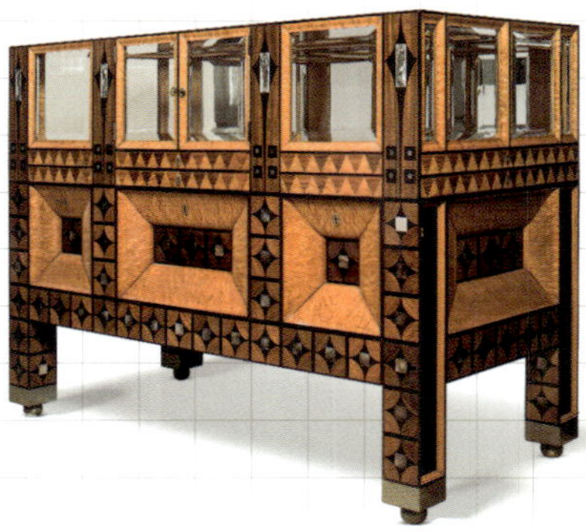

72

67 Toilettezimmer in der Wohnung Eisler von Terramare, 1902/03
Dressing room in the Eisler von Terramare apartment, 1902/03
In: *Dekorative Kunst* (12) 1903/04, S. p. 338
MAK

68 Schrank für Spitzen aus dem Toilettezimmer der Wohnung Eisler von Terramare, 1902/03
Cabinet for lace from the dressing room of the Eisler von Terramare apartment, 1902/03
bel etage, Wolfgang Bauer, Wien Vienna

69 Toilettezimmer in der Wohnung Eisler von Terramare, 1902/03
Dressing room in the Eisler von Terramare apartment, 1902/03
In: *Dekorative Kunst* (12) 1903/04, S. p. 339
MAK

70 Schiebetisch aus dem Toilettezimmer der Wohnung Eisler von Terramare, 1902/03
Sliding table from the dressing room of the Eisler von Terramare apartment, 1902/03
MAK

71 Salon in der Wohnung Eisler von Terramare, 1902/03
Salon in the Eisler von Terramare apartment, 1902/03
In: *Dekorative Kunst* (12) 1903/04, S. p. 332
MAK

72 Vitrine aus dem Salon der Wohnung Eisler von Terramare, 1902/03
Vitrine from the salon of the Eisler von Terramare apartment, 1902/03
Ernst Ploil

73 Speisezimmer in der Wohnung Eisler von Terramare, 1902/03
Dining room in the Eisler von Terramare apartment, 1902/03
In: *Dekorative Kunst* (12) 1903/04, S. p. 334
MAK

74 Sessel aus dem Speisezimmer der Wohnung Eisler von Terramare, 1902/03
Chair from the dining room of the Eisler von Terramare apartment, 1902/03
Yves Macaux

75 Galerieraum im Haus Waerndorfer, Wien XIX., Karl-Ludwig-Straße 45, 1902
Gallery room in the Waerndorfer house, Vienna, 19th district, Karl-Ludwig-Straße 45, 1902
MAK

76 Wandabwicklung für die Fensterseite des Galerieraums im Haus Waerndorfer, Wien XIX., Karl-Ludwig-Straße 45, 1902
Interior elevation for the window side of the gallery room in the Waerndorfer house, Vienna, 19th district, Karl-Ludwig-Straße 45, 1902
MAK

77 Wandabwicklung für die Schrankseite des Galerieraums im Haus Waerndorfer, Wien XIX., Karl-Ludwig-Straße 45, 1902
Interior elevation for the cabinet side of the gallery room in the Waerndorfer house, Vienna, 19th district, Karl-Ludwig-Straße 45, 1902
Schütz Fine Art

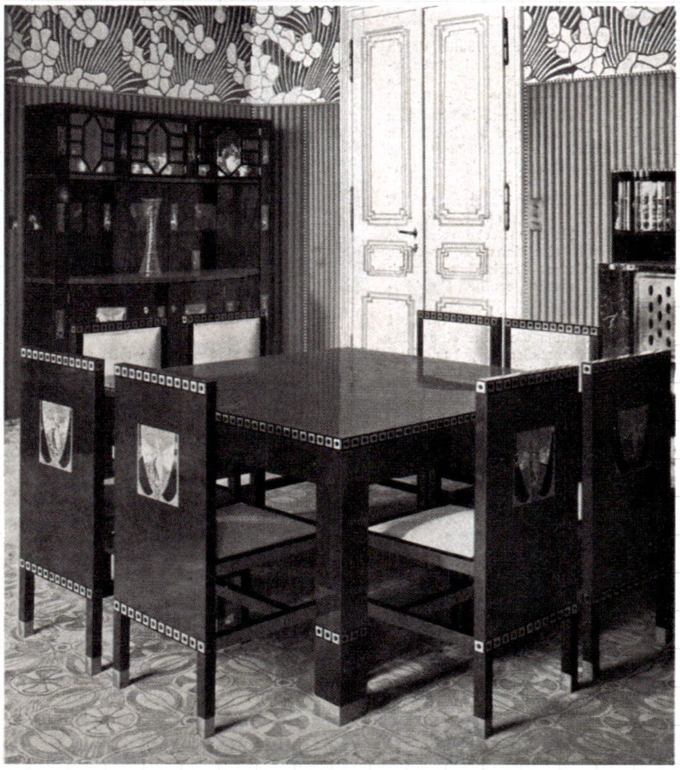

73

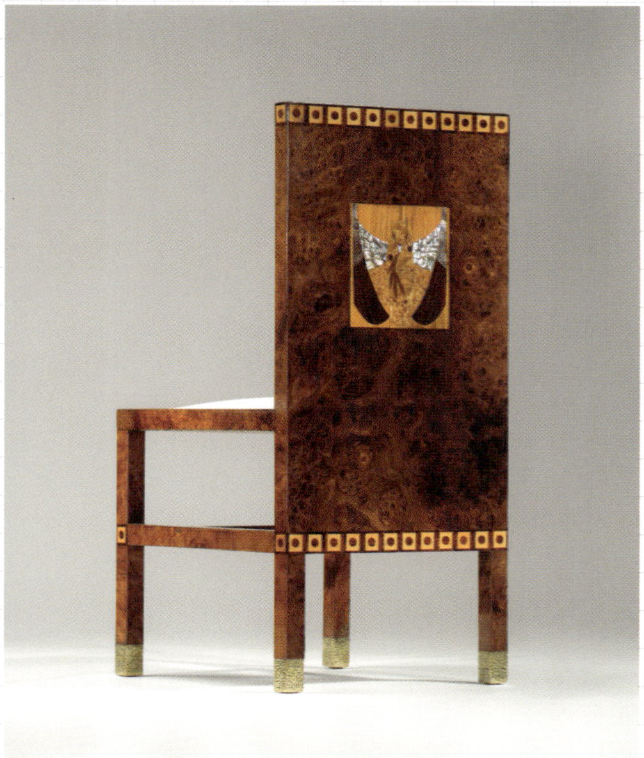

74

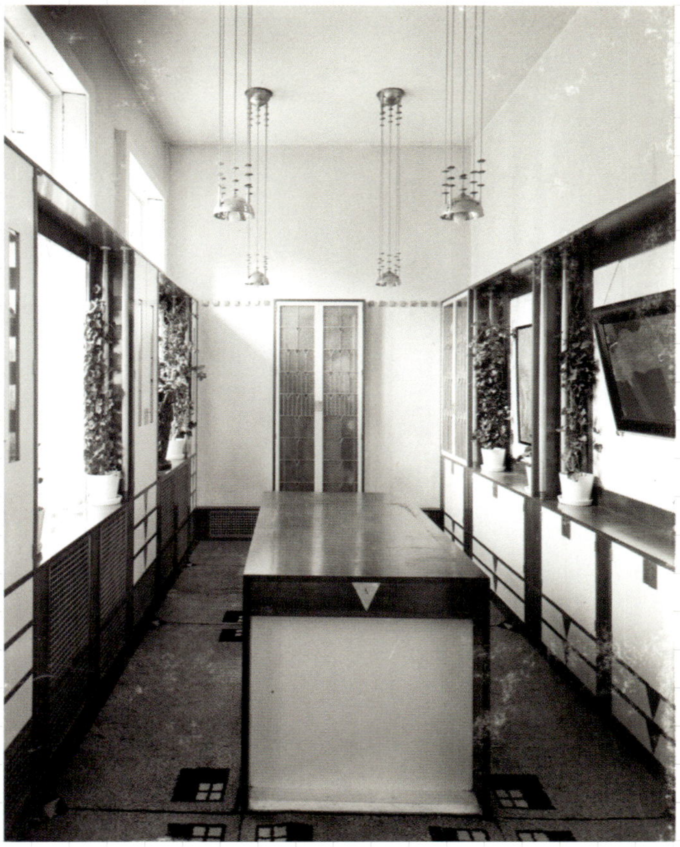

75

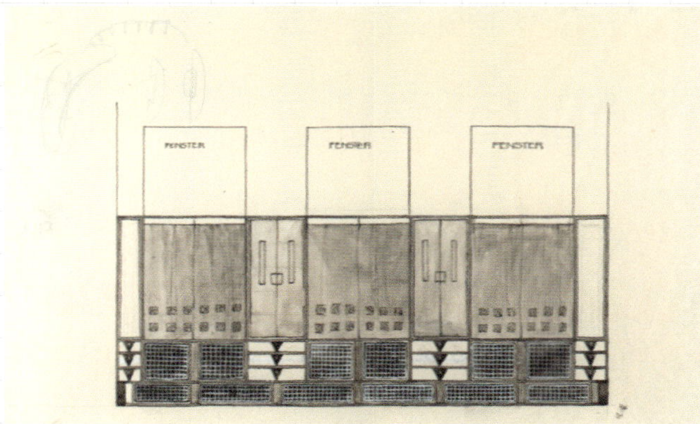

76

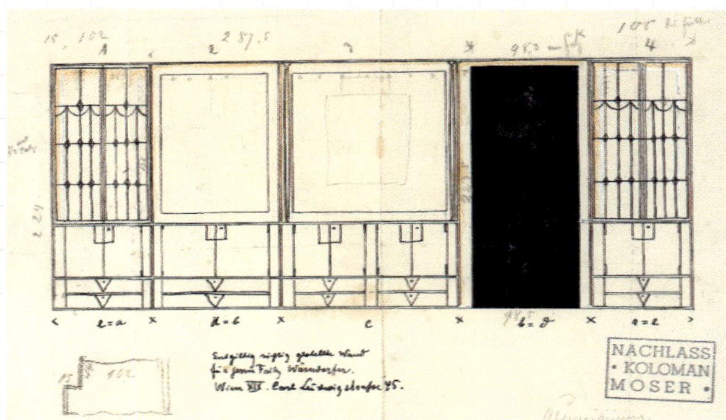

77

beschränkt sich nicht mehr nur auf die Wand als Hintergrundfolie für die ausgestellten Objekte: die Ausstellungstücke werden als Teil des Raumerlebnisses inszeniert. Raum und Objekt sind gleichwertige Partner, die er zu einer ästhetischen Einheit verbindet. Dafür fasst er u. a. Objekte mittels räumlicher Rahmungen zu Einheiten zusammen (Abb. 78): Er kann damit den individuellen künstlerischen Ausdruck der Werke in der Fülle des Ausgestellten erhalten und gleichzeitig eine harmonische Stimmung erzeugen. 1903 – anlässlich der Gestaltung der Klimt-Kollektive im Rahmen der XVIII. Secessionsausstellung – findet Moser, seitdem er die zweidimensionale Leinwand verlassen und sich dem dreidimensionalen Gestalten zuwendet, zu einer Neuinterpretation des Verhältnisses von Raum und Fläche, die in einem übertragenen Sinn zur Auflösung des festgefügten Raumes führt. Moser rahmt jede einzelne helle Wand des Ausstellungsraumes mit dunklen geometrischen Ornamentstäben. Der Rahmen als Flächenbegrenzung wird zum psychologischen Hilfsmittel bei der Zerlegung des Raumes. In Zusammenhang mit der gläsernen und Oberlicht liefernden Rasterdecke entsteht der Eindruck einer jederzeit faltbaren Kartonschachtel. Flexibilität wird suggeriert. Gleichzeitig heben sich die dunklen Bilder Klimts betont von den hellen Wänden ab, sodass die Wand wie durchlöchert erscheint. Die papierene Qualität der Wand wird von der Tatsache unterstützt, dass die Bilderrahmen proportional mit der Wandrahmung übereinstimmen. Zu guter Letzt wird die gerahmte Wand zum Passepartout für das Porträt *Sonja Knips* von Klimt und somit wiederum zum Rahmen (Abb. 79). Durch den Schriftsteller, Kulturkritiker und Verteidiger der Secession Hermann Bahr und den Schriftsteller Felix Salten erhält Moser 1901 die Gelegenheit, seine Auseinandersetzung mit dem Raum auch auf das Gebiet der Bühnengestaltung zu übertragen. Für das neu gegründete Jung-Wiener Theater zum lieben Augustin entwirft er eine Ausstattung, die auf die üblichen naturalistischen Dekorationselemente verzichtet und ersetzt diese durch ein System von Vorhängen. So steht die Fläche dem Raum als klares gleichberechtigtes Element gegenüber, ohne diesen zu bedingen (Abb. 80). Im selben Jahr gestaltet Moser mit einem geometrischen Flächendekor aus bunten Fliesen die Gartenfassade von Josef Engelharts Maleratelier (Abb. 81).

Mosers bereits seit 1898 dokumentierte Beschäftigung mit Fragen der Mode, als er zur Anregung einer neuen künstlerisch individuellen Kostümkultur einen diesbezüglichen Artikel in *Ver Sacrum* mit seinen Entwürfen illustriert, setzt sich in den folgenden Jahren fort (Abb. 82).[52] Er lässt dieses Interesse auch in seinen Unterricht an der Kunstgewerbeschule einfließen.[53] Bekannt sind Entwürfe seiner Schülerinnen Therese Trethan (Abb. 83) und Jutta Sika, wobei Letztere für den Modesalon der Schwestern Flöge Entwürfe liefert.[54] Anlässlich des Concordia Balls 1903 entwirft Moser für ein Fräulein Wendt eine Robe. Sie erfährt in der Presse besondere Erwähnung: „Fräulein Wendt war wie ein schönes Bild aus der ‚Secession' zu schauen; ihr von Kolo Moser entworfenes Gewand war pfauenblau, mit grünen Blättern durchwirkt; um die Schultern legte sich ein Silberband mit blauen Pailletten bestickt [...]".[55] Nach seinem Ausscheiden aus der Wiener Werkstätte 1907 verlegt sich Mosers Interesse von der Frauenmode auf Kostümentwürfe für das Theater.

Wie schon oben erwähnt, eröffnet Moser seine Mitgliedschaft in der Secession für ihn ansonsten unerreichbare gesellschaftliche Kontakte und dadurch auch

52 Schölermann, Wilhelm, „Mummenschanz", in: *Ver Sacrum* (1) 2 1898, 7–9.

53 Verneuil, M. P., „L'enseignement des arts décoratifs à Vienne", in: *Art et Décoration* 11 1902, 143–165: 158.

54 Brief des Modesalons Schwestern Flöge an Jutta Sika vom 28.11.1905, Privatbesitz; Brief des Modesalons Schwestern Flöge an Jutta Sika vom 18.5.1909.

55 *Neues Wiener Tagblatt* 25.3.1903, 7.

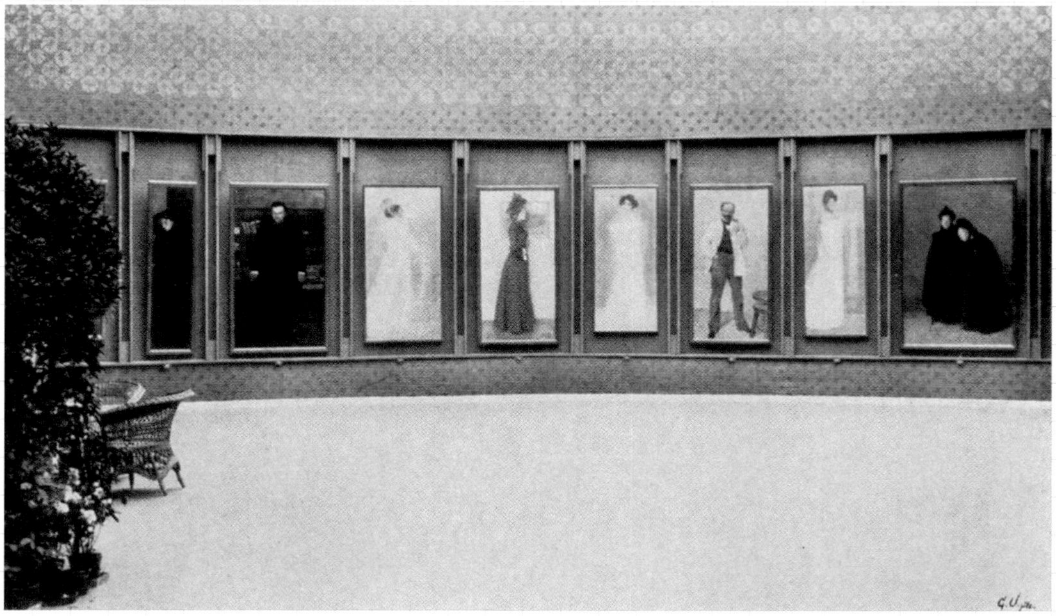

78

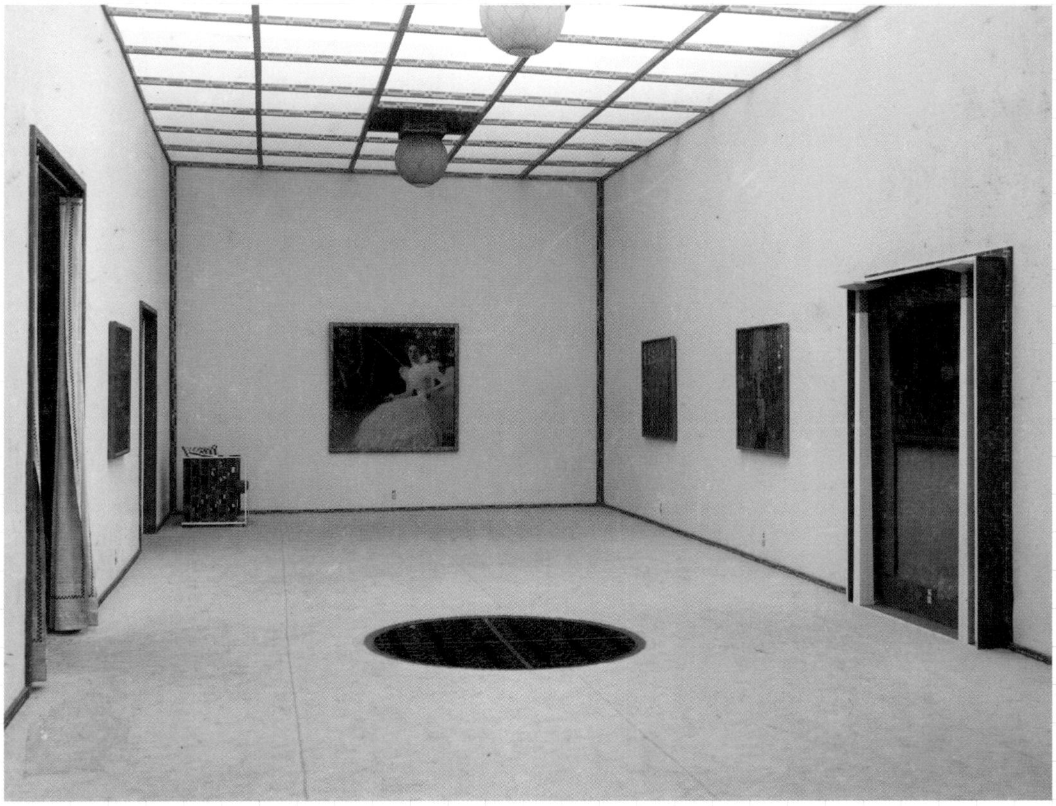

79

78 **Gestaltung der X. Secessionsausstellung,** 1901
Design of the 10th Secession exhibition, 1901
In: *Ver Sacrum* (4) 9 1901, S. p. 155
MAK

79 **Gestaltung der XVIII. Secessionsausstellung (Kollektiv-Ausstellung Gustav Klimt),** 1903
Design of the 18th Secession exhibition (Gustav Klimt Collective Exhibition), 1903
Wiener Stadt- und Landesarchiv Vienna Municipal and Regional Archives/ Künstlerhaus

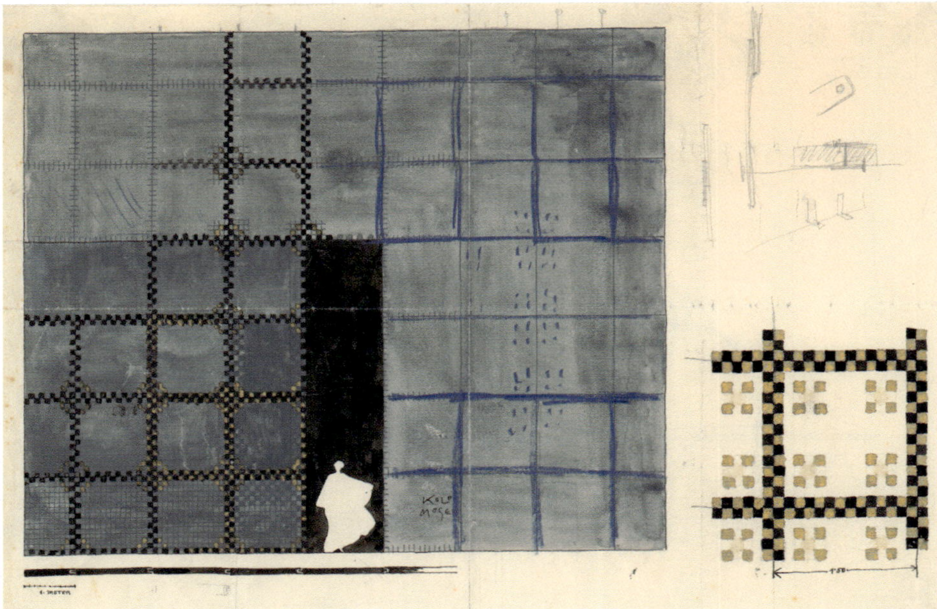

80

80 Entwurf für eine Bühnendekoration des Jung-Wiener Theaters zum lieben Augustin (?), 1901
Design for a stage decoration for the Jung-Wiener Theater zum lieben Augustin (?), 1901
Albertina, Wien Vienna

81 Ateliergebäude von Josef Engelhart, Wien III., Steingasse 13, mit Fliesendekor von Koloman Moser, 1901
Atelier building of Josef Engelhart, Vienna, 3rd district, Steingasse 13, with tile decoration by Koloman Moser, 1901
Wienbibliothek im Rathaus/Handschriftensammlung, Nachlass Josef Engelhart
Vienna City Library/Manuscript Department, estate of Josef Engelhart, ZPH 701

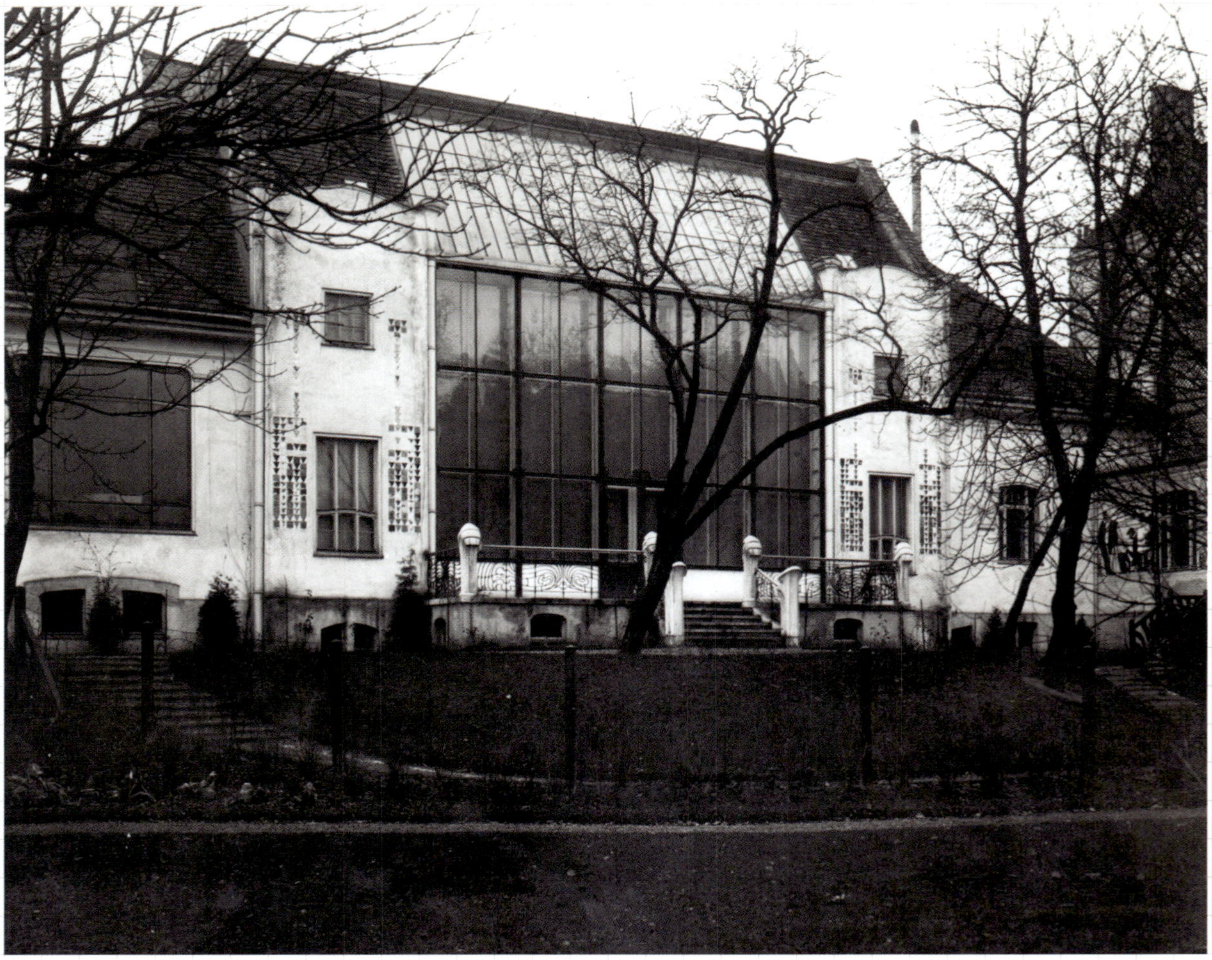

81

zum lieben Augustin, he designs a decor that dispenses with the usual naturalistic decorative elements, instead replacing these with a system of drapes. As a result, the surface encounters the space as a clear and equal element without being dependent on it (fig. 80). That same year, Moser designs the garden façade of Josef Engelhart's painting studio with a geometric surface decoration made of brightly colored tiles (fig. 81).

Documented since 1898 when his designs illustrate an article in *Ver Sacrum* that calls for a new, artistically individual clothing culture, Moser resumes his engagement with issues of fashion in the following years (fig. 82).[52] He also incorporates this interest into his teaching at the School of Arts and Crafts.[53] Designs by his students Therese Trethan (fig. 83) and Jutta Sika are well known, with the latter even providing designs for the Schwestern Flöge fashion house.[54] On the occasion of the Concordia Ball in 1903, Moser designs a gown for a Miss Wendt. It gains special mention in the press: "Looking at Miss Wendt was like looking at a beautiful picture from the 'Secession'; designed by Kolo Moser, her dress was peacock blue, interwoven with green leaves; around her shoulders was laid a silver ribbon embroidered with blue sequins [...]."[55] After resigning from the Wiener Werkstätte in 1907, Moser's interest moves from women's fashion to costume designs for the theater.

As already mentioned above, Moser's membership of the Secession presents him with otherwise unattainable social contacts and hence also artistic opportunities. For example, his encounter with the Jewish textile industrialist and admirer of the Secession Fritz Waerndorfer was groundbreaking for his further artistic career.[56] In 1902 Waerndorfer commissions Hoffmann, Moser, and Mackintosh with furnishing his villa at Karl-Ludwig-Straße 45 in Vienna's 19th district.[57] Waerndorfer's enthusiasm for the rooms—conceived as a *Gesamtkunstwerk*—knows no bounds. This combined with the difficulties accompanying the commissioning and overseeing of the various skilled craftspeople, must have convinced Waerndorfer of the necessity to found a company that could carry out all aspects of interior design under a single artistic direction and with its own trained craftspeople. On 19 May 1903—while the last works for Moser's gallery room were still being commissioned—the Wiener Werkstätte is finally established with the financial support of Waerndorfer. Just how closely the motivation to found the Wiener Werkstätte was connected to this interior design commission, is shown by Moser's design drawing for the carpet in the gallery room (fig. 84), on the reverse of which he sketched his first attempt at the Wiener Werkstätte logo.[58] Dated 16 June 1903, this design emerges only shortly after Moser and Hoffmann are entered into the register of cooperatives as the directors and Waerndorfer as the treasurer of the "Wiener Werkstätten Produktiv Genossenschaft von Kunsthandwerkern in Wien" (Viennese Workshops Productive Cooperative of Craftspeople in Vienna) on 9 June 1903.[59]

Moser's most mature works in the field of arts and crafts in the Viennese Modernist style are created during his time with the Wiener Werkstätte. They include most notably the interior designs for upper-class customers that were conceived as total works of art, such as those for Margarethe and Ladislaus Rémy-Berzencovich (1904), Dr. Seewald (1904/05), (fig. 85–87) as well as for Jerome and Margaret Stonborough-

52 Schölermann, Wilhelm, "Mummenschanz," in: *Ver Sacrum* (1) 2 1898, 7–9.

53 Verneuil, M. P., "L'enseignement des arts décoratifs à Vienne," in: *Art et Décoration* 11 1902, 143–165: 158.

54 Letter from the Schwestern Flöge fashion house to Jutta Sika from 28 November 1905, in private hands; letter from the Schwestern Flöge fashion house to Jutta Sika from 18 May 1909.

55 *Neues Wiener Tagblatt* 25 March 1903, 7.

56 In a letter to Josef Hoffmann from 23 December 1902, Fritz Waerndorfer expresses his great admiration and gratitude to Moser and Hoffmann for opening up to him the world of art: "You know, sometimes when I look at my things, it seems as though the whole Secession had been founded just for me. I found my two friends or rather Viennese buddies [Hoffmann and Moser] via the Secession. You sent me to Glasgow—I wouldn't have had a clue about Minne without you. In short, I feel like a pig fattened on your fat. But it doesn't matter" (University of Applied Arts Vienna, inv. no. 3996).

57 Noever, Peter (ed.), *Ein moderner Nachmittag. Margaret Macdonald Mackintosh und der Salon Waerndorfer in Wien*, Vienna/Cologne et al. 2000.

58 Archive of the Backhausen company.

59 Noever, Peter/Davignon, Etienne/Dujardin, Paul/Mommens, Anne (eds.), *YEARNING FOR BEAUTY: The Wiener Werkstätte and the Stoclet House*, exh. cat., MAK, Vienna/Hatje Cantz, Ostfildern-Ruit 2006, 44 f.

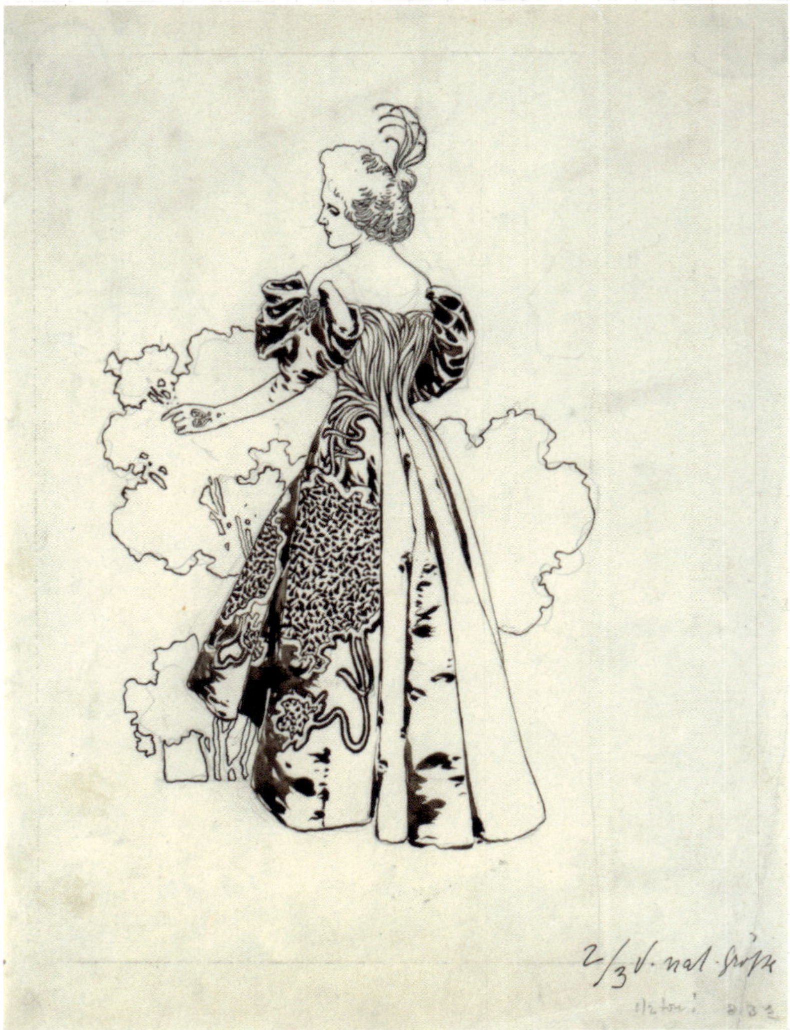

82

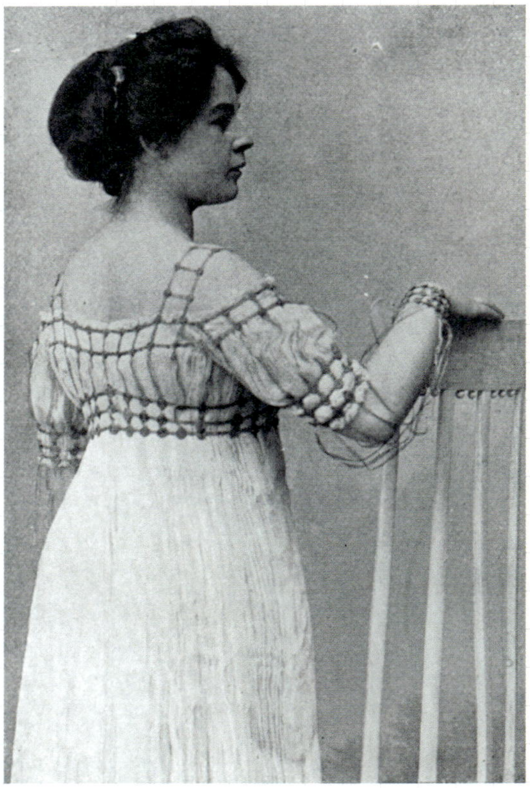

83

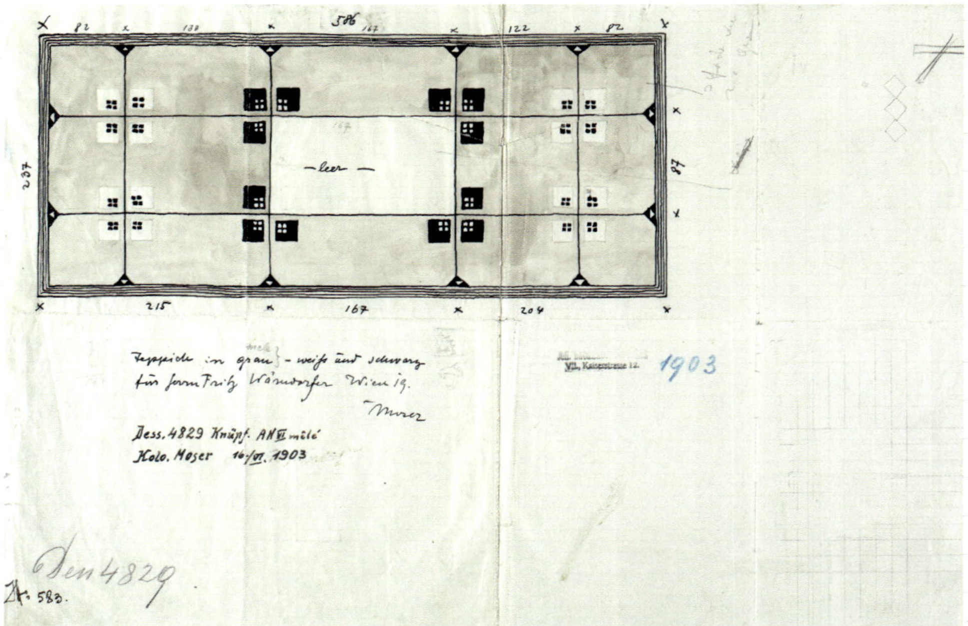

84

82 Entwurf für ein Ballkostüm, 1898
Design for a ball costume, 1898
MAK

83 Therese Trethan in einem von ihr entworfenen Kleid, 1901
Therese Trethan in a dress she designed, 1901
In: *Art et Décoration* (11) 1902, S. p. 158
MAK

84 Entwurf für den Teppich des Galerieraums im Haus Waerndorfer, 1903
Design for the carpet of the gallery room in the Waerndorfer house, 1903
Backhausen Archiv Archive

Wittgenstein (1905) (fig. 88–91). For areas open to the public, he and Josef Hoffmann jointly design the furnishings for the Schwestern Flöge fashion house (1904) (fig. 92), the Wiener Werkstätte (fig. 93, 94), the Sanatorium Westend in Purkersdorf (1904), and the exhibition room of the Imperial Royal Court and State Printers on the occasion of the Austrian art exhibition in London (1906) (fig. 95). At the recommendation of Wagner, in 1904 Moser is commissioned with the stained glass and the altarpieces for the St. Leopold Church at the Steinhof (fig. 96–98).[60] By 1906, however, he can only realize the glass paintings but not the altarpieces due to his conversion to Protestantism in the course of his marriage.[61]

Two years after the Wiener Werkstätte was founded, the so-called Klimt Group—including Moser and Hoffmann—finally leaves the Secession on 11 June 1905. They no longer want to support the naturalistic tendencies of the majority of the remaining members and also no longer find support for pursuing their idea of the *Gesamtkunstwerk*. The Secession thereby loses its leading role in the Viennese art world. From now on, the unity of the arts is pursued by Moser and Hoffmann with the intermittent support of Klimt in their new "home" at the Wiener Werkstätte.

On 1 July 1905 Moser marries Editha Mautner von Markhof, the daughter of a formerly Jewish and converted Protestant brewery owner and a student of Hoffmann at the Vienna School of Arts and Crafts (fig. 99). The Mautner von Markhof family has been a customer of Hoffmann and subsequently of the Wiener Werkstätte since 1902. The newlyweds move into the house next to Moser's parents-in-law at Landstraßer Hauptstraße 138 and he designs their shared home (fig. 100–104).

Having relied exclusively on the patronage of a few wealthy families and Waerndorfer's personal fortune, the first financial problems at the Wiener Werkstätte become apparent toward the end of 1906. In early 1907 the Wiener Werkstätte's financial situation deteriorates dramatically as a result of underestimated expenditure for the operation and adaptation of the Cabaret Fledermaus by Fritz Waerndorfer as well as the grossly miscalculated all-inclusive price for the construction and furnishing of the Stoclet House in Brussels. Waerndorfer is prepared to contribute his own money from the sale of the textile factory in Náchod and in his desperation he additionally turns to Moser's wife Editha without her husband's knowledge.[62] He entreats Moser's wife to support the Werkstätte with a sum of 50,000 kronen, provoking a sharp reaction from Moser about the Wiener Werkstätte's business model, which he commits to paper in a letter to Hoffmann:

> "As far as my work is concerned, I am available immediately for work that suits me if you want me to be. Surely no one will blame me for not wanting to do things that S. Breuer can do much better than me. And it is surely unnecessary for me to sit around in the W.W. for entire afternoons and make idle chitchat. I will do any work for you that falls within my area of expertise—though I must also have the opportunity to develop in the direction in which I feel driven."[63]

60 Letter from Otto Wagner to Koloman Moser from 4 July 1906, Manuscript Department of the Vienna City Library, inv. no. 72849.

61 Jandl-Jörg, Eva, "'Die Fenster müssten jedenfalls farbig sein' Kolo Mosers Glasmalereien für die Kirche am Steinhof," in: Leopold/Pichler, 2007, 251–265.

62 Schmuttermeier, Elisabeth, "The Wiener Werkstätte," in: Christian Witt-Dörring (ed.) 2013, 288–374: 346 f.

63 Letter from 3 February 1907, Manuscript Department of the Vienna City Library, inv. no. 172597.

künstlerische Möglichkeiten. So wird seine Begegnung mit dem jüdischen Textilindustriellen und Bewunderer der Secession, Fritz Waerndorfer, für sein weiteres künstlerisches Schaffen zukunftsweisend.[56] 1902 beauftragt Waerndorfer Hoffmann, Moser und Mackintosh mit der Einrichtung seiner Villa im 19. Wiener Gemeindebezirk, Karl-Ludwig-Strasse 45.[57] Waerndorfers Begeisterung für die als Gesamtkunstwerk konzipierten Räume kennt keine Grenzen. Dies und die Schwierigkeiten, die in Zusammenhang mit der Beauftragung und Beaufsichtigung der unterschiedlichsten Professionisten standen, muss ihn von der Notwendigkeit der Gründung eines Unternehmens, das sämtliche Aspekte der Inneneinrichtung unter einer künstlerischen Führung und mit eigenen geschulten Handwerkern ausführen kann, überzeugt haben. Am 19. Mai 1903 – noch während die letzten Arbeiten für Mosers Galerieraum beauftragt werden – kommt es mit der finanziellen Unterstützung Waerndorfers zur Gründung der Wiener Werkstätte. Wie eng die Motivation zur Gründung der Wiener Werkstätte mit diesem Inneneinrichtungsauftrag zusammenhängt, zeigt die Entwurfszeichnung Mosers für den Teppich des Galerieraums (Abb. 84), auf dessen Rückseite sein erster Entwurf für das Logo der Wiener Werkstätte skizziert ist.[58] Dieser mit 16. Juni 1903 datierte Entwurf entsteht, nur kurz nachdem Moser und Hoffmann als Direktoren und Waerndorfer als Kassier der „Wiener Werkstätten Produktiv Genossenschaft von Kunsthandwerkern in Wien" am 9. Juni 1903 in das Genossenschaftsregister eingetragen werden.[59]

Während Mosers Zeit in der Wiener Werkstätte entstehen seine reifsten Arbeiten auf dem Gebiet des Kunstgewerbes im Stil der Wiener Moderne. Dazu zählen vor allem die als Gesamtkunstwerke konzipierten großbürgerlichen Innenraumgestaltungen u. a. für Margarethe und Ladislaus Rémy-Berzencovich (1904), Dr. Seewald (1904/05) (Abb. 85–87) sowie für Jerome und Margaret Stonborough-Wittgenstein (1905) (Abb. 88–91). Für den öffentlichen Bereich entwirft er zusammen mit Josef Hoffmann die Einrichtungen des Modesalons Schwestern Flöge (1904) (Abb. 92), die Wiener Werkstätte (Abb. 93,94), das Sanatorium Westend in Purkersdorf (1904) und anlässlich der Österreichischen Kunstausstellung in London den Ausstellungsraum der k. k. Hof- und Staatsdruckerei (1906) (Abb. 95). Auf Empfehlung Wagners erhält Moser 1904 den Auftrag für die Glasmalereien und die Altarbilder der Kirche St. Leopold am Steinhof (Abb. 96–98).[60] Bis 1906 kann er jedoch wegen seines im Zuge seiner Eheschließung erfolgten Übertritts zum Protestantismus nur die Glasmalereien, jedoch nicht die Altarbilder realisieren.[61]

Zwei Jahre nach der Gründung der Wiener Werkstätte kommt es schließlich am 11. Juni 1905 zum Austritt der sogenannten Klimtgruppe aus der Secession, mit u. a. Moser und Hoffmann. Sie wollen die naturalistischen Tendenzen der Majorität der verbleibenden Mitglieder nicht mehr mittragen und finden auch keine Unterstützung mehr in der Verfolgung ihrer Idee des Gesamtkunstwerks. Damit verliert die Secession ihre führende Rolle in der Wiener Kunstszene. Die Einheit der Künste wird von nun an von Moser und Hoffmann sowie mit der zeitweiligen Unterstützung Klimts in ihrer neuen „Heimat" der Wiener Werkstätte verfolgt.

Am 1. Juli 1905 vermählt sich Moser mit Editha Mautner von Markhof, der Tochter eines ehemalig jüdischen und zum Protestantismus übergetretenen Brauereibesitzers

56 In einem Brief an Josef Hoffmann vom 23. 12.1902 drückt Fritz Waerndorfer seine ganze Bewunderung und Dankbarkeit für die ihm durch Moser und Hoffmann eröffnete Welt der Kunst aus: „Du wenn ich mir so meine Sachen manchmal anschau kommt's mir vor, wie wenn die ganze Secession nur für mich gegründet worden wäre. Meine zwei Freunde resp. Wiener Spezis [Hoffmann und Moser] habe ich durch die Secession. Du hast mich nach Glasgow geschickt, – von Minne hätte ich doch keinen Dunst ohne euch – kurz, ich komme mir vor wie ein an Eurem Fett gemästetes Schwein. Macht aber nix" (Universität für angewandte Kunst, Inv. Nr. 3996).

57 Noever, Peter (Hg.), *Ein moderner Nachmittag. Margaret Macdonald Mackintosh und der Salon Waerndorfer in Wien*, Wien/Köln u. a. 2000.

58 Archiv der Firma Backhausen.

59 Noever, Peter/Davignon, Etienne/Dujardin, Paul/Mommens, Anne (Hg.), *YEARNING FOR BEAUTY: The Wiener Werkstätte and the Stoclet House*, Ausst.kat., MAK, Wien/Hatje Cantz Verlag, Ostfildern-Ruit 2006, 44 f.

60 Brief Otto Wagners vom 4.7.1906 an Koloman Moser, Handschriftensammlung der Stadt- und Landesbibliothek Wien, Inv. Nr. 72849.

61 Jandl-Jörg, Eva, „‚Die Fenster müssten jeden falls farbig sein' Kolo Mosers Glasmalereien für die Kirche am Steinhof", in: Leopold/Pichler (Hg.) 2007, 251–265.

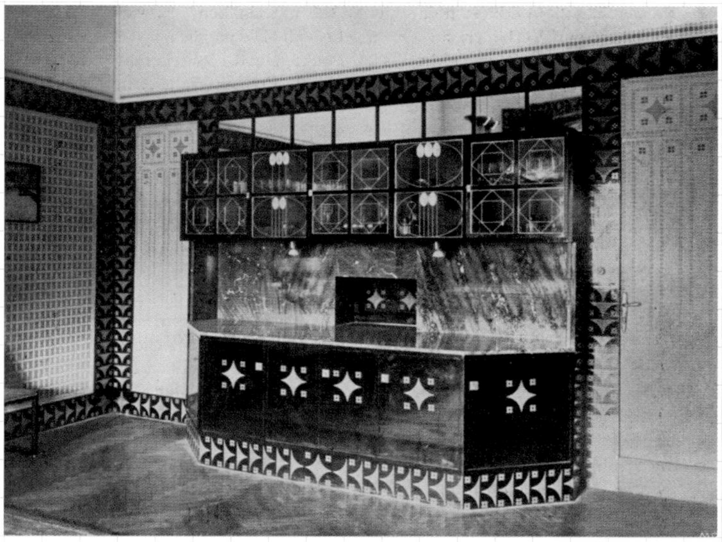

85

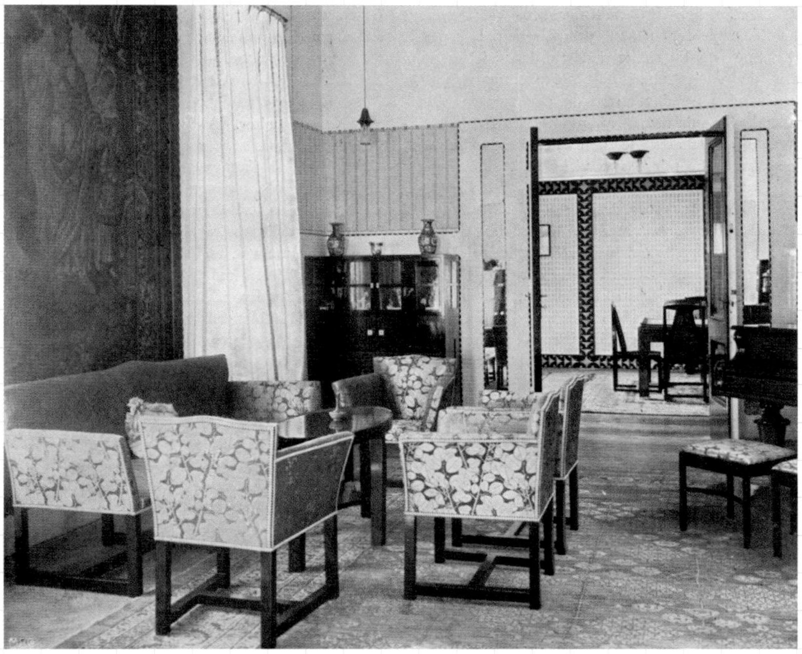

86

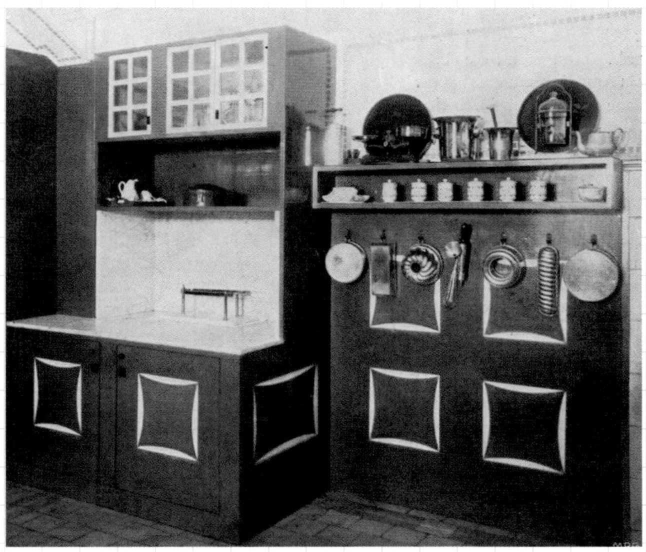

87

85 **Buffetschrank des Speisezimmers im Haus Dr. Seewald**, 1904
Buffet cabinet in the dining room in the Dr. Seewald house, 1904
In: *Innendekoration* (16) 1905, S. p. 179
MAK

86 **Musikzimmer im Haus Dr. Seewald**, 1904
Music room in the Dr. Seewald house, 1904
In: *Innendekoration* (16) 1905, S. p. 186
MAK

87 **Küche im Haus Dr. Seewald**, 1904
Kitchen in the Dr. Seewald house, 1904
In: *Innendekoration* (16) 1905, S. p. 188
MAK

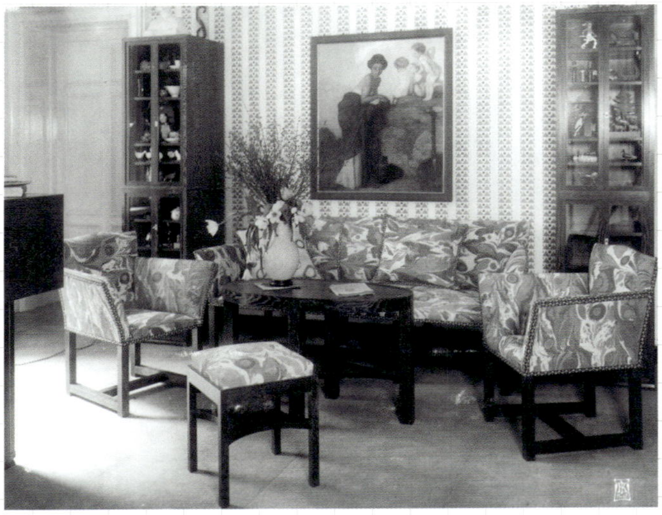

88

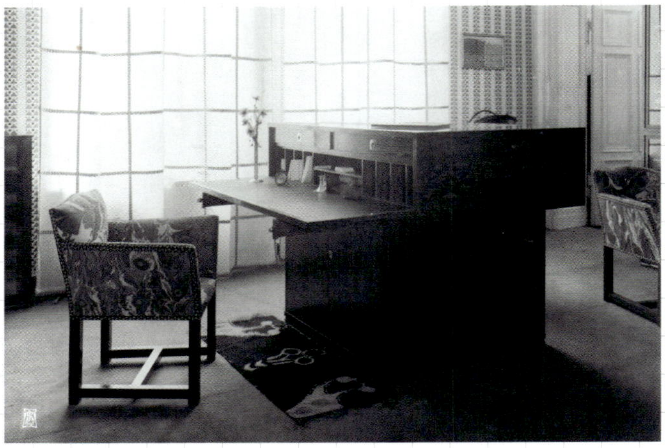

89

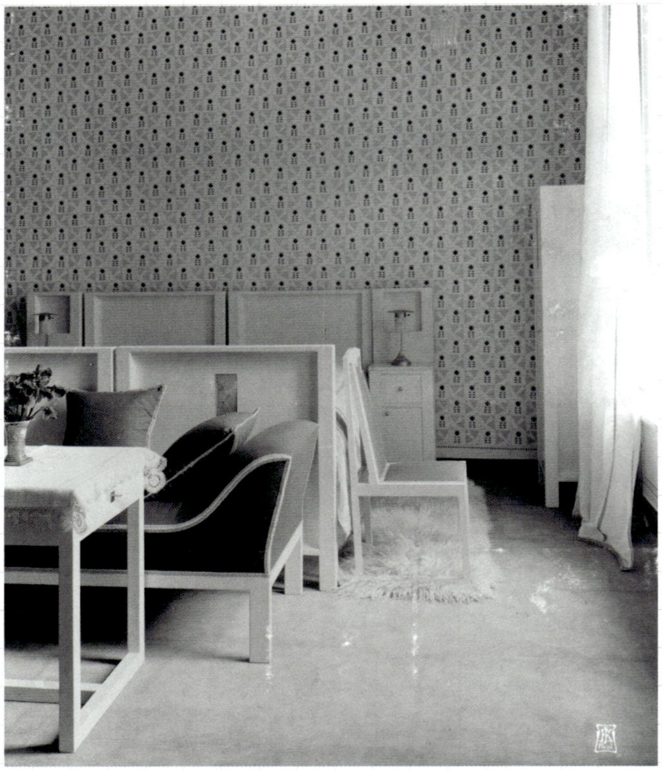

90

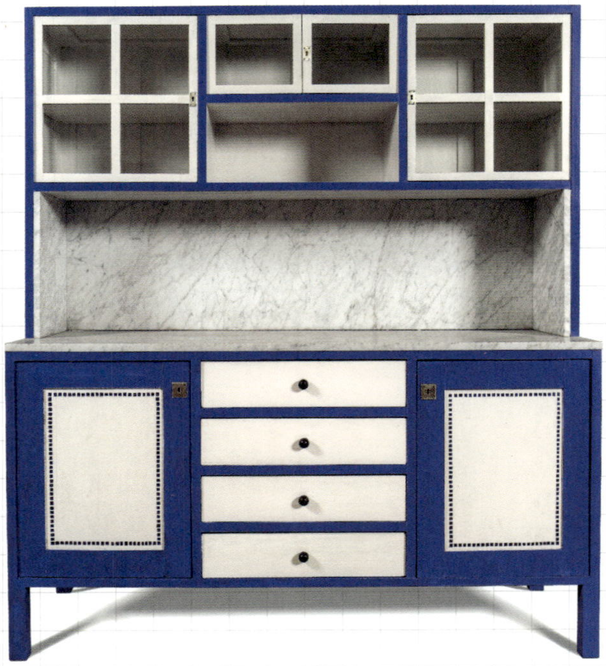

91

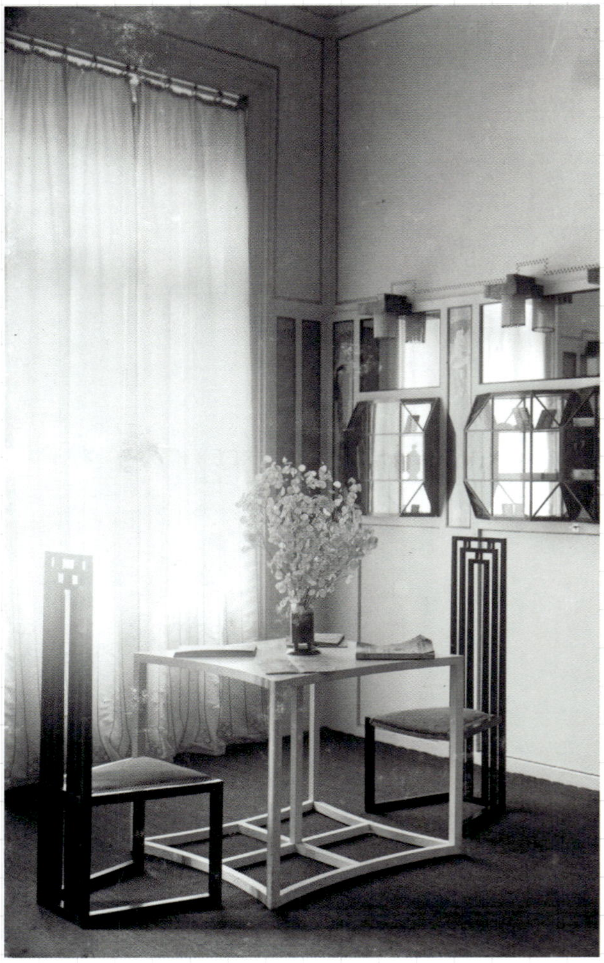

92

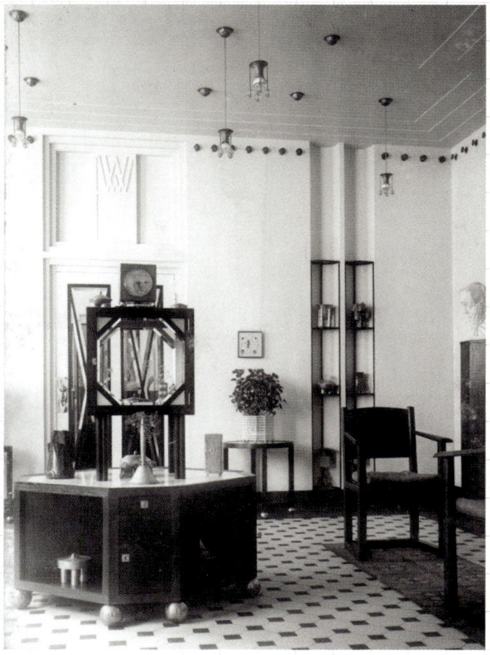

93

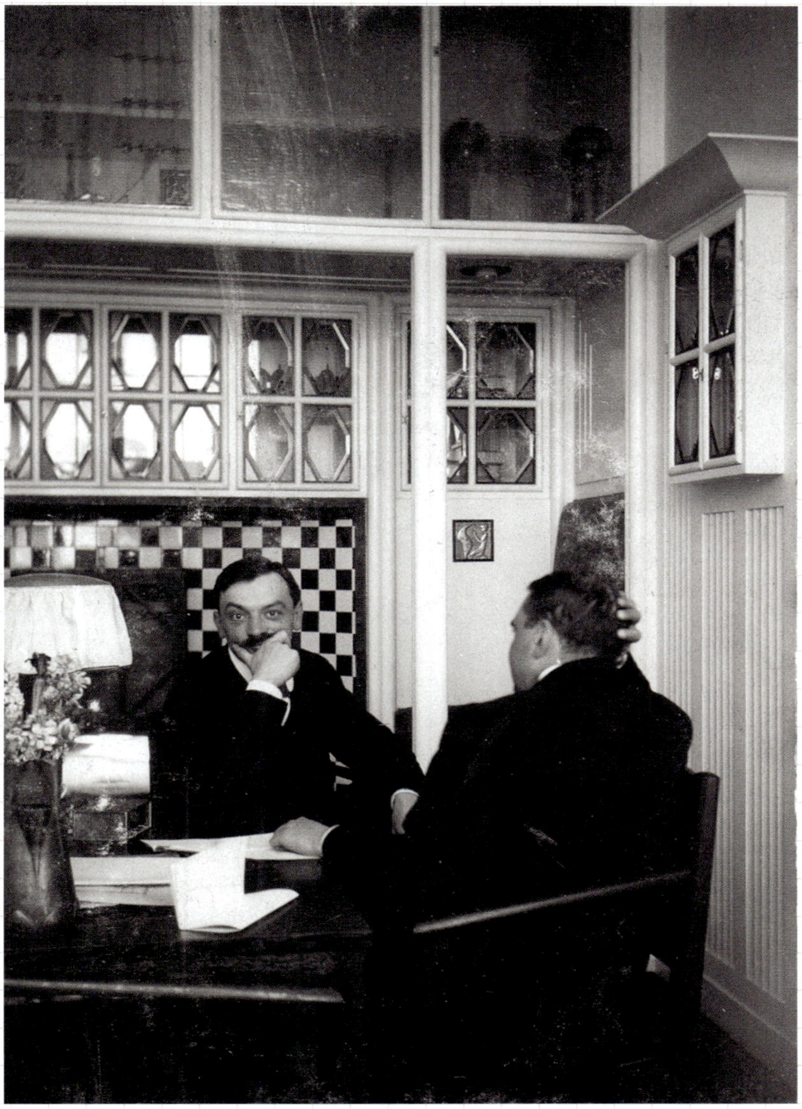

94

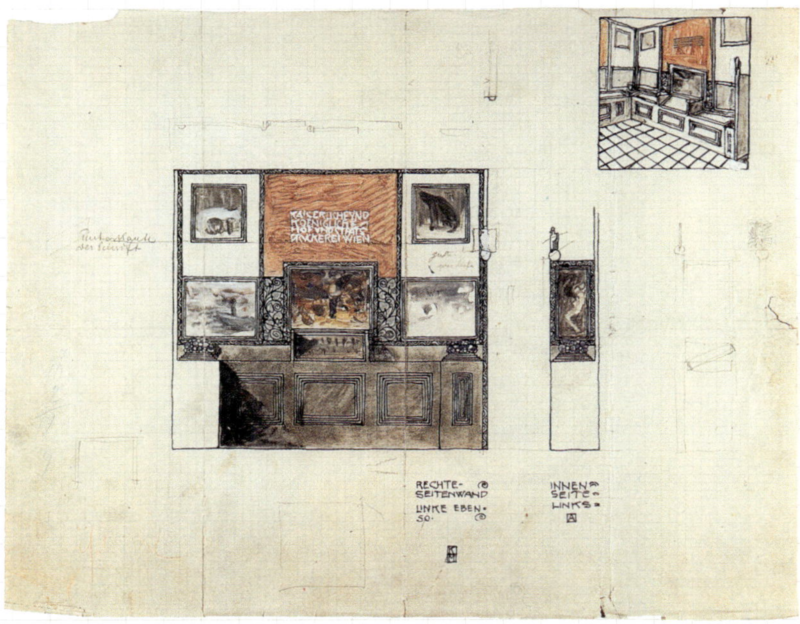

95

88 Margaret Stonborough-Wittgensteins Wohn- und Arbeitszimmer der Berliner Wohnung, 1905
Margaret Stonborough-Wittgenstein's living room and study in the apartment in Berlin, 1905
MAK

89 Jerome Stonborough-Wittgensteins Schreibtisch in seinem Wohn- und Arbeitszimmer der Berliner Wohnung , 1905
Jerome Stonborough-Wittgenstein's desk in his living room and study in the apartment in Berlin, 1905
MAK

90 Schlafzimmer in der Wohnung Stonborough-Wittgenstein in Berlin, 1905
Bedroom in the Stonborough-Wittgenstein apartment in Berlin, 1905
MAK

91 Kredenz für die Küche in der Wohnung Stonborough-Wittgenstein in Berlin, 1905
Credenza for the kitchen in the Stonborough-Wittgenstein apartment in Berlin, 1905
Ernst Ploil

92 Empfangsraum im Modesalon Schwestern Flöge, 1904
Lobby at the Schwestern Flöge fashion house, 1904
MAK

93 Koloman Moser und and Josef Hoffmann Verkaufsraum der Wiener Werkstätte, 1904
Salesroom of the Wiener Werkstätte, 1904
MAK

94 Koloman Moser und Fritz Waerndorfer im Direktionsbüro der Wiener Werkstätte, um 1904
Koloman Moser and Fritz Waerndorfer in the executive office at the Wiener Werkstätte, ca. 1904
MAK

95 Wandabwicklung für den Ausstellungsraum der k. k. Hof- und Staatsdruckerei auf der Österreichischen Kunstausstellung in London, 1906
Interior elevation for the exhibition room of the Imperial Royal Court and State Printers on the occasion of the Austrian art exhibition in London, 1906
Leopold Museum, Wien Vienna

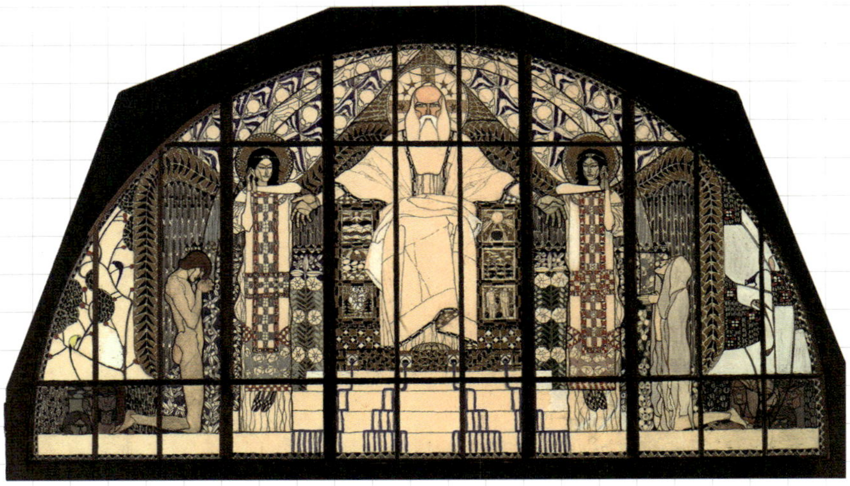

96

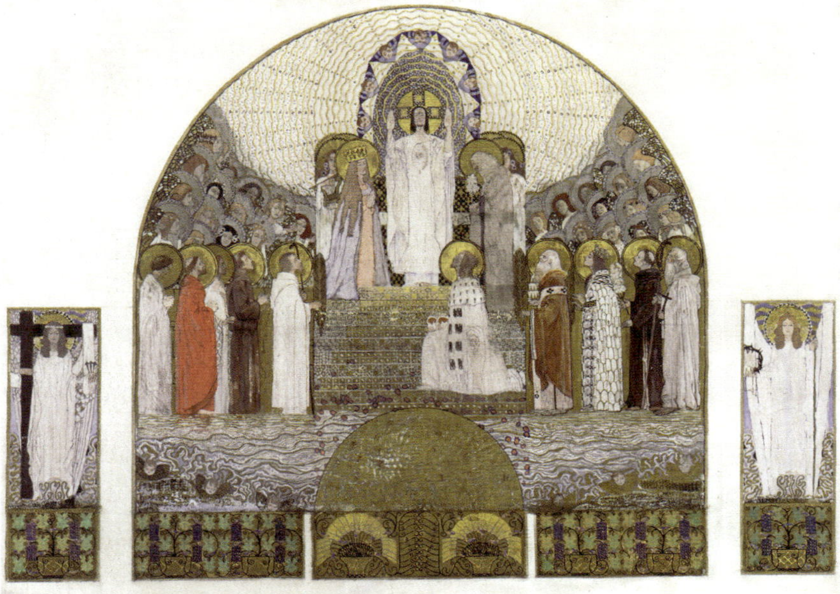

97

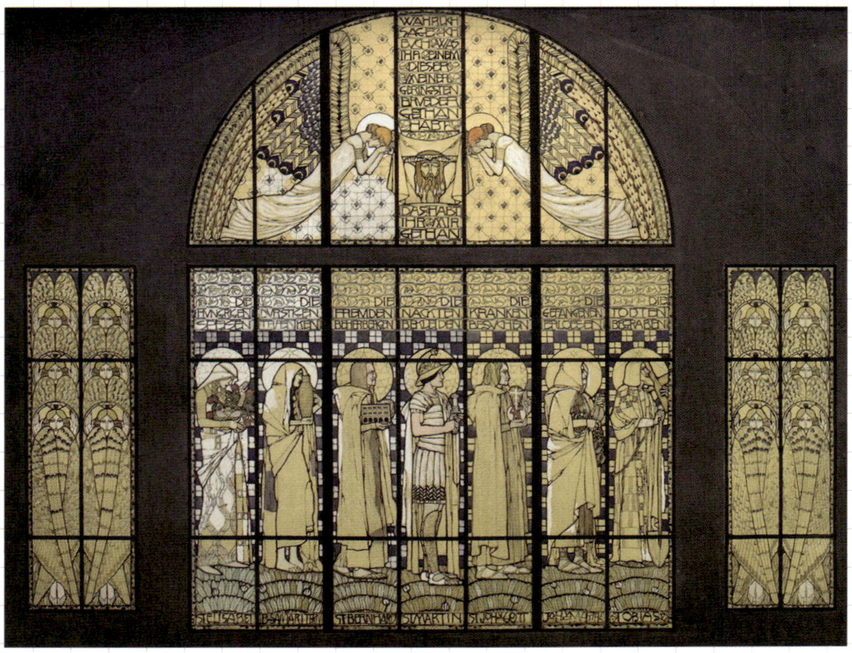

98

96 Entwurf für das Glasfenster *Paradies* über dem Haupteingang der Kirche St. Leopold am Steinhof, 1905/06
Design for the glass window [Paradise] over the main entrance of the St. Leopold Church at the Steinhof, 1905/06
MAK

97 Entwurf für den Hauptaltar der Kirche St. Leopold am Steinhof, 1905/06
Design for the main altar of the St. Leopold Church at the Steinhof, 1905/06
MAK

98 Entwurf für das Westfenster der Kirche St. Leopold am Steinhof, 1905/06
Design for the west window of the St. Leopold Church at the Steinhof, 1905/06
MAK

Moser finds no credence in Waerndorfer's defense of his "money-raising campaign," which he had not discussed with Moser, nor in his assurance that in the meantime the Wiener Werkstätte had been "severely reduced, (the poor devils made redundant,) and it will work, everything will work, if only the little workshop is not abandoned now."[64] In a letter to Hoffmann from 20 February 1907, Moser gives vent to his feelings:

> "That my wife and I are in no way married in community of property, will surely be permitted me, for God's sake. I want it that way and that should be enough. She minds and manages her fortune herself and I have not even been acquainted with all these things because I refused from the very beginning to make her financial affairs my own. [...] When F. W. [Waerndorfer] came for money the first time, there was no discussion of marriage or anything like it between D. [Ditha] and myself. On the contrary, soon afterward a complete estrangement took place that only changed about eight months before the wedding thanks to her. And if you too expected Ditha's involvement via me, then you misled yourself, not I you—because I neither imposed myself on her nor did I have her fortune in mind. And—as I live now exactly as I did before my marriage in terms of financial matters—I must continue to earn now just as I did before. I must simply earn some more now. In recent years I have earned for my work—not for the church—more than the W.W. could ever pay. ... I have and will never reproach Fritz [Waerndorfer]—but I am absolutely convinced that it [the Wiener Werkstätte] can never ever achieve a healthy basis, as it has failed to do so to date. How—I am not enough of a businessman—and as colossally as I appreciate you, I must also tell you that you understand nothing of business. Now there are artist designers who understand nothing and an enthusiastic art lover who is also far removed from being a businessman—I find that hopeless. The W.W. has well-nigh become an albatross to me. Always the thought that Fritz will simply close it down and that people are bound to blame categorically the wrong people—the false profession of the designers—that not even the standing we had before starting the W.W. will be possible any more—How one should give advice in that situation, I just don't know."[65]

In the end, Moser decides to leave the Wiener Werkstätte and apply himself almost exclusively to his original discipline of fine art.

FAREWELL TO THE UNITY OF THE ARTS

"But then he was overwhelmed with disgust."—With these words in her obituary of Moser, Berta Zuckerkandl puts her finger on the artist's motives for leaving the Wiener Werkstätte and returning to his original medium of painting.[66] She continues:

> "It's not that the exasperation of an artist who felt unrecognized, or that something deeper, more general, induced him. He lost his faith in that worldview whose prophet he once had been. He acknowledged the illiteracy of people at that time, who did not know how to read the book of culture and

64 Letter from Waerndorfer to Moser from 3 March 1907, Kamm Collection, Zug.

65 Letter from Moser to Hoffmann from 20 February 1907, Kamm Collection, Zug.

66 *Wiener Allgemeine Zeitung* 2 November 1918, 4.

und Schülerin Hoffmanns an der Wiener Kunstgewerbeschule (Abb. 99). Die Familie Mautner von Markhof zählt seit 1902 zu den Kunden Hoffmanns und in der Folge der Wiener Werkstätte. Anlässlich seines neu gegründeten ehelichen Hausstands übersiedelt Moser in das Nebenhaus seiner Schwiegereltern in die Landstraßer Hauptstraße 138 und gestaltet das gemeinsame Heim (Abb. 100–104).

Gegen Ende des Jahres 1906 zeichnen sich bei der ausschließlich vom Mäzenatentum einiger finanzstarker Familien und dem Privatvermögen Waerndorfers abhängigen Wiener Werkstätte erste finanzielle Probleme ab. Anfang 1907 verschlimmert sich die finanzielle Situation der Wiener Werkstätte wegen unterschätzter Ausgaben für den Betrieb und die Adaptierung des Cabaret Fledermaus durch Fritz Waerndorfer sowie der groben Fehlkalkulation eines Pauschalpreises für den Bau und die Einrichtung des Palais Stoclet in Brüssel drastisch. Waerndorfer ist bereit, eigenes Geld aus dem Verkauf der Nachoder Textilfabrik zuzuschießen und wendet sich zusätzlich in seiner Not ohne Mosers Wissen an dessen Frau Editha.[62] Er bittet Mosers Frau, die Werkstätte mit einer Summe von 50.000 Kronen zu unterstützen, was eine scharfe Reaktion Mosers über das Geschäftsmodell der Wiener Werkstätte auslöst, die er in einem Brief an Hoffmann zu Papier bringt:

> „Was meine Thätigkeit anbelangt so stehe ich für mir gelegene Aufträge wenn du willst – sofort zur Verfügung. Dass ich Dinge nicht machen will die S. Breuer viel besser macht – wird mir doch niemand verübeln. Und daß ich Nachmittage lang in d. W.W. herumsitze und unnütze Geschwätze führe ist doch auch unnöthig. Ich mach dir jede Arbeit, die in den Rahmen meines Können passt – nur muss ich dabei Gelegenheit haben mich dahin entwickeln zu können wohin es mich drängt."[63]

Waerndorfers Verteidigung seiner mit Moser nicht abgesprochenen „Geldbeschaffungsaktion" und der Zusicherung, in der Zwischenzeit habe man ja die Wiener Werkstätte „stark reduciert, (die armen Teufel entlassen), und es geht, alles geht, wenn man das Werkel nur jetzt nicht stecken lässt", schenkt Moser keinen Glauben.[64] In einem Brief vom 20. Februar 1907 an Hoffmann macht er seinem Herzen Luft:

> "Daß ich mit meiner Frau in keinerlei Gütergemeinschaft lebe wird mir doch um Gottes Willen gestattet sein, ich will es so und damit genug. Sie kümmert und verwaltet sich ihr Vermögen selbst und bin ich über alle diese Dinge nicht einmal unterrichtet da ich es von allem Anfang an ablehnte ihre Vermögensangelegenheiten zu meinen zu machen. [...] Als F. W. [Waerndorfer] das erstemal um Geld kam war zwischen D. [Ditha] und mir keine Rede von einer Heirat oder sonst ähnlichen. Im Gegentheil trat bald darauf eine gänzliche Entfremdung ein die erst ca 8 Monate vor der Hochzeit durch sie eine Änderung erfuhr. Und wenn auch du mit Dithas Mitwirkung durch mich gerechnet – hast du dich getäuscht – nicht ich dich – denn weder habe ich mich ihr aufgedrängt noch habe ich ihr Vermögen im Sinne gehabt. Und nun – da ich genau so lebe wie ich vor meiner Ehe – in Bezug auf die Geldangelegenheiten – so muss ich eben auch genau so weiterverdienen wie früher. Nun noch etwas mehr. Ich habe in den letzten Jahren durch meine Arbeiten – nicht jene für die Kirche – mehr verdient als mir

62 Schmuttermeier, Elisabeth, „The Wiener Werkstätte", in: Christian Witt-Dörring (Hg.) 2013, 288–347: 346 f.

63 Brief vom 3.2.1907, Handschriftensammlung der Wienbibliothek, I.N. 172597.

64 Brief Waerndorfers an Moser vom 3.3.1907, Sammlung Kamm, Zug.

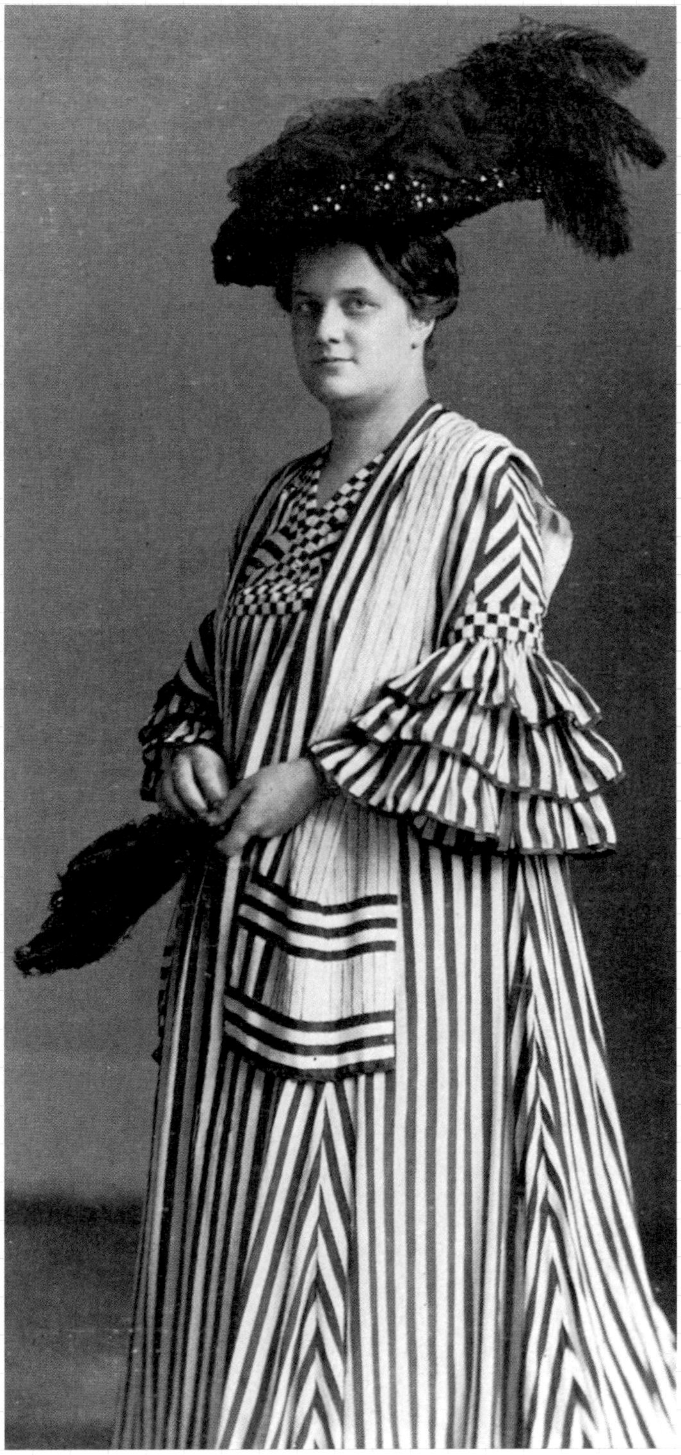

99

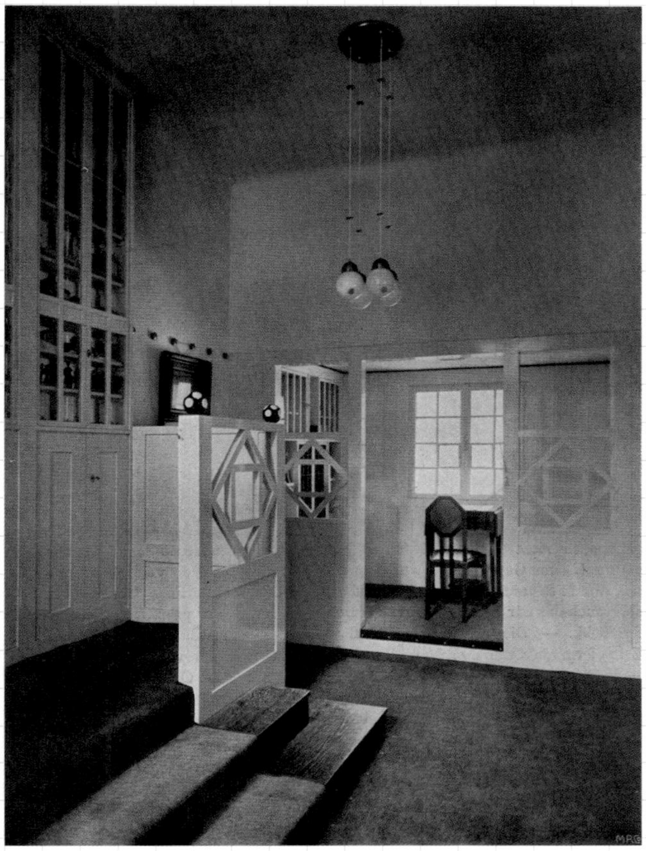

100

99 **Editha Moser in einem von Koloman Moser entworfenen Kleid**, vor 1908
Editha Moser wearing a dress designed by Koloman Moser, before 1908
Austrian Archives/Imagno/picturedesk.com

100 **Eingangsbereich in der Wohnung Koloman Mosers, Wien III., Landstraßer Hauptstraße 138**, 1905/06
Entrance area in Koloman Moser's apartment, Vienna, 3rd district, Landstraßer Hauptstraße 138, 1905/06
MAK

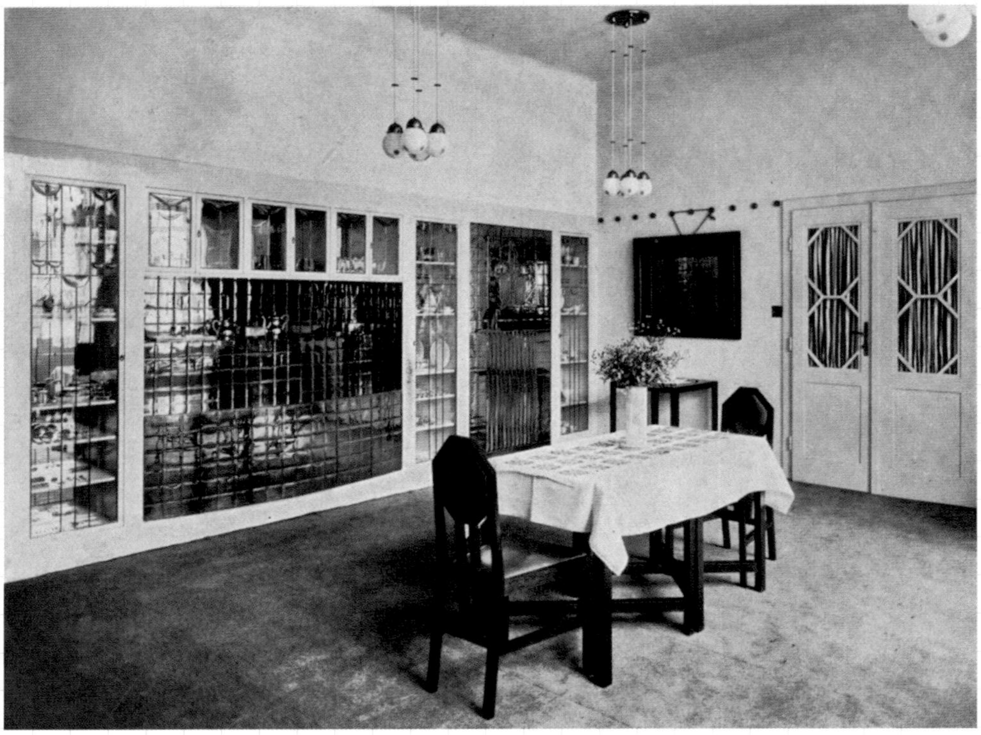

101

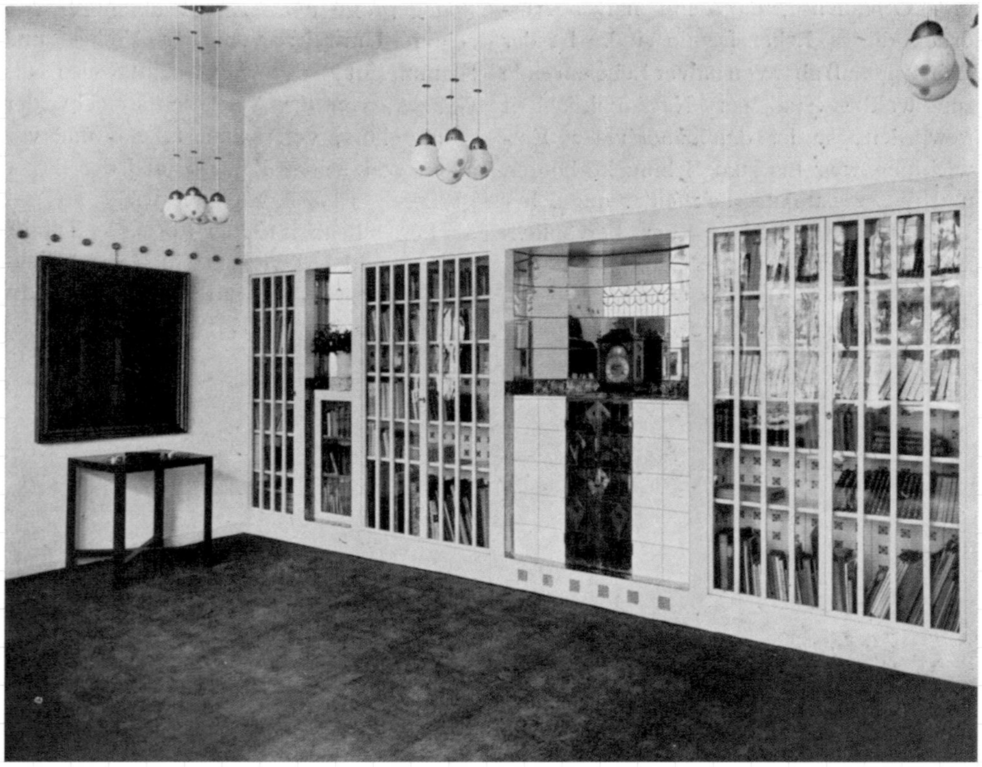

102

101 **Speisezimmer in der Wohnung Koloman Mosers, Wien III., Landstraßer Hauptstraße 138**, 1905/06
Dining room in Koloman Moser's apartment, Vienna, 3rd district, Landstraßer Hauptstraße 138, 1905/06
MAK

102 **Wohnzimmer in der Wohnung Koloman Mosers, Wien III., Landstraßer Hauptstraße 138**, 1905/06
Living room in Koloman Moser's apartment, Vienna, 3rd district, Landstraßer Hauptstraße 138, 1905/06
In: *Deutsche Kunst und Dekoration* (19) 1906/07, S. p. 57
MAK

103 **Toilettezimmer in der Wohnung Koloman Mosers, Wien III., Landstraßer Hauptstraße 138**, 1905/06
Dressing room in Koloman Moser's apartment, Vienna, 3rd district, Landstraßer Hauptstraße 138, 1905/06
In: *Deutsche Kunst und Dekoration* (19) 1906/07, S. p. 59
MAK

104 **Toilettezimmer in der Wohnung Koloman Mosers, Wien III., Landstraßer Hauptstraße 138**, 1905/06
Dressing room in Koloman Moser's apartment, Vienna, 3rd district, Landstraßer Hauptstraße 138, 1905/06
In: *Deutsche Kunst und Dekoration* (19) 1906/07, S. p. 58
MAK

> to whom he had undertaken to read, as ineradicable. Battling against deaf and dumb blindness is something he held to be a waste of his talent, which was holy to him. And when he once again encountered painterly problems via the glass mosaic for the window of the Church am Steinhof, commissioned by Otto Wagner, he was drawn back to an art that was not called 'applied,' that did not presuppose human judgment nor human contact."

Moser recognizes that the ideal of the unity of the arts founders on its dependency on the needs of a clientele to whom the needs of the artist are only secondary. By doing so he suddenly approximates Adolf Loos in his constant criticism of the Secession's concept of the *Gesamtkunstwerk*: "Above all, however, modern man perceives the amalgamation of art with the practical object as the greatest abasement to which it could be subjected."[67] Accordingly, the art Moser produces until his death—alongside work for the Imperial Royal Court and State Printers (stamps and banknotes)—(fig. 105–107) is concentrated on painting and work for the stage. Moser dies of cancer of the larynx in Vienna on 18 October 1918.

67 Loos, Adolf, "Kulturentartung," 1908. In: Franz Glück (ed.), *Adolf Loos. Sämtliche Schriften 1*, Vienna/Munich 1962, 271–275: 274.

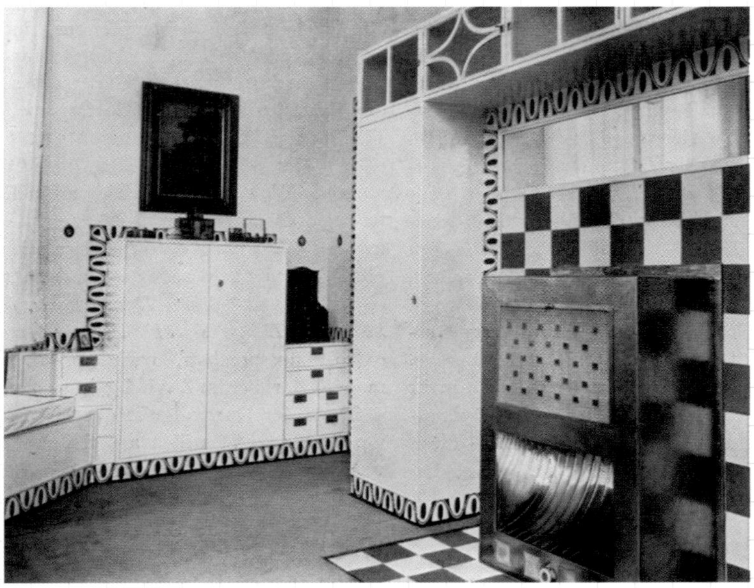

103

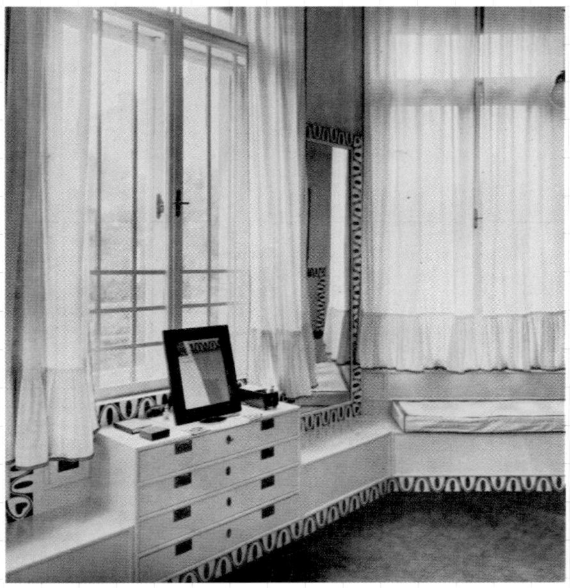

104

> die W.W. je zahlen kann. ... Ich habe und werde Fritz [Waerndorfer] nie einen Vorwurf machen - ich habe jedoch die felsenfeste Überzeugung daß es so wie bis jetzt nie und nimmer eine gesunde Basis erreichen kann. Wie - dazu bin ich zu wenig Kaufmann - und so kolossal ich dich schätze - so muß ich dir doch auch sagen - vom Geschäfte verstehst du nichts. Nun sind da Entwurfskünstler die nichts verstehen und ein begeisterter Kunstfreund der vom Kaufmann auch sehr weit entfernt ist - das finde ich hoffnungslos. Mir ist die W.W. nachgerade ein Alp geworden. Immer der Gedanke daß Fritz einfach zusperrt und die Menschheit dann unbedingt der falschen = unrichtigen Thätigkeit der Entwerfenden = die Schuld geben muß, daß die Stellung die man vor Beginn der W.W. gehabt auch nicht einmal die mehr möglich - - Wie da Rat schaffen - ich weiß es nicht."[65]

Moser beschließt letztlich, die Wiener Werkstätte zu verlassen und sich fast ausschließlich seiner ursprünglichen Disziplin der bildenden Kunst zu widmen.

ABSCHIED VON DER EINHEIT DER KÜNSTE

„Dann aber faßte ihn der Ekel." - Mit diesen Worten bringt Berta Zuckerkandl in ihrem Nachruf auf Moser dessen Beweggründe für seinen Abschied von der Wiener Werkstätte und seine Rückkehr zu seinem ursprünglichen Medium der Malerei auf den Punkt.[66] Sie schreibt weiter:

> „Nicht etwa die Verbitterung eines sich nicht anerkannt fühlenden Künstlers, Tieferes, Allgemeineres bewegte ihn. Er verlor den Glauben an jene Weltanschauung, deren Prophet er gewesen. Das Analphabetentum der Menschen dieser Zeit, die im Buch der Kultur nicht zu lesen wissen und die zu lesen er unternommen hatte, erkannte er als unausrottbar. Gegen taubstumme Blindheit sich zu stemmen, dies faßte er als Vergeudung seiner ihm heiligen Kraft. Und als er durch eine ihm von Otto Wagner gestellte Aufgabe durch das Glasfenstermosaik für die Kirche am Steinhof malerischen Problemen wieder näher trat, zog es ihn zurück zu einer Kunst, die nicht die ‚angewandte' hieß, die nicht Menschenmaß und nicht Menschenkontakt zur Voraussetzung hatte."

Moser erkennt, dass das Ideal der Einheit der Künste an der Abhängigkeit von den Bedürfnissen einer Klientel, der die Bedürfnisse des künstlerisch Schaffenden nur sekundär ist, scheitert. Damit steht er plötzlich Adolf Loos in seiner steten Kritik an der Gesamtkunstwerkidee der Secession sehr nahe: „Vor allem aber empfindet der moderne mensch die verquickung der kunst mit dem gebrauchsgegenstande als die stärkste erniedrigung, die man ihr antun kann."[67] Moser konzentriert daher bis zu seinem Ableben sein künstlerisches Schaffen neben Arbeiten für die k. k. Hof- und Staatsdruckerei (Briefmarken und Banknoten) (Abb. 105–107) auf die Malerei und die Arbeit für die Bühne. Am 18. Oktober 1918 stirbt Moser an Kehlkopfkrebs in Wien.

65 Brief Mosers an Hoffmann vom 20.2.1907, Sammlung Kamm, Zug.

66 *Wiener Allgemeine Zeitung* 2.11.1918, 4.

67 Loos, Adolf, „Kulturentartung", 1908. In: Franz Glück (Hg.), *Adolf Loos. Sämtliche Schriften 1*, Wien/München 1962, 271–275: 274.

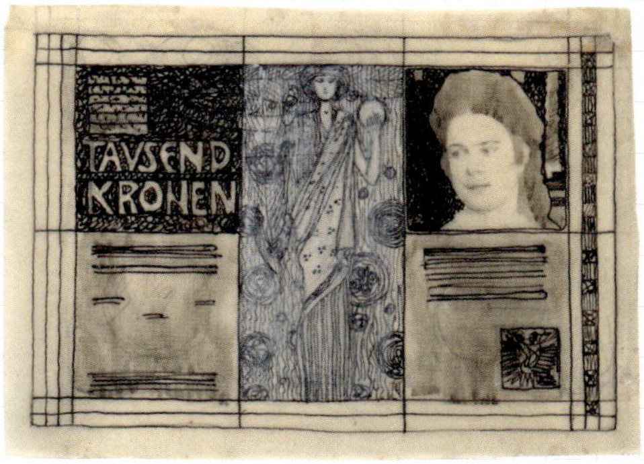

105

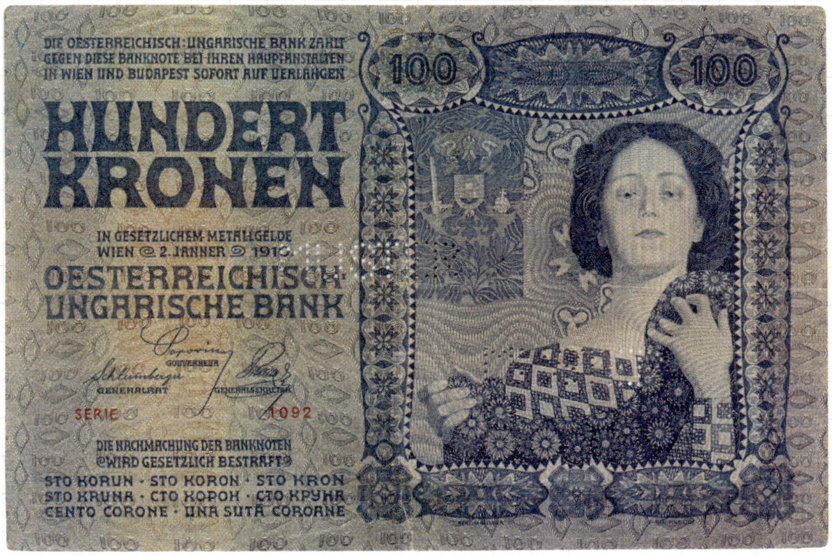

106

105 Entwurf für eine 1.000-Kronen-Banknote, 1902
Design for a 1,000-kronen banknote, 1902
MAK

106 100-Kronen-Banknote, 1910
100-kronen banknote, 1910
UaK, KA 2324

107 Briefmarkenserie der österreichischen Post zum 60-jährigen Regierungsjubiläum von Kaiser Franz Joseph I., 1908
Series of postage stamps by the Austrian Postal Service for the 60th jubilee of Emperor Franz Joseph I, 1908
MAK

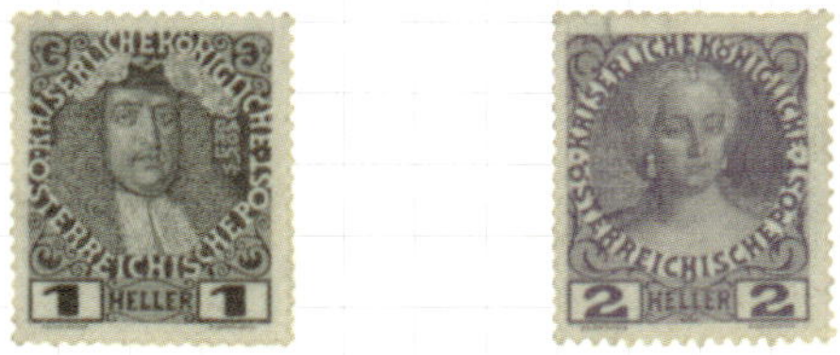

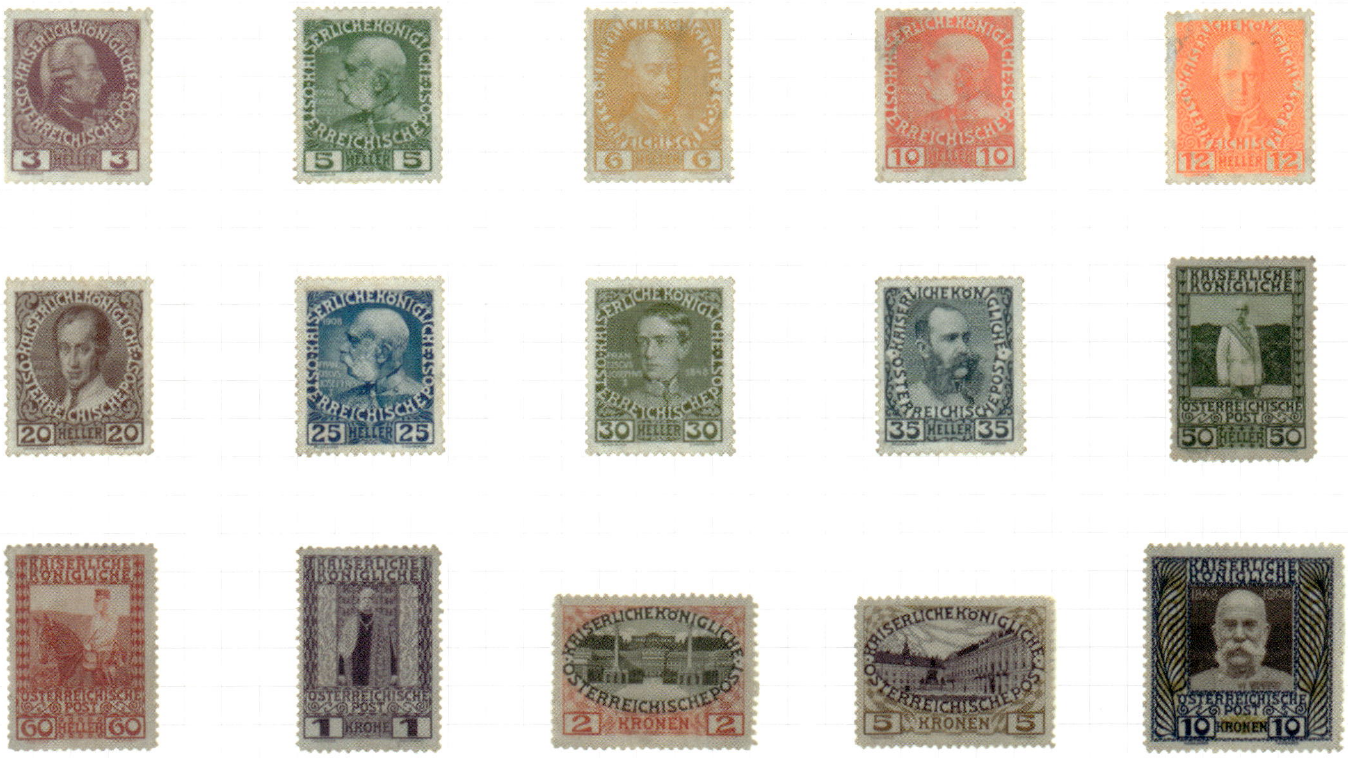

107

DIONYSUS SPRICHT DURCH APOLLO
ZUM QUELLGRUND DES GESAMTKUNSTWERKS BEI OLBRICH, HOFFMANN, MOSER

OTTO KAPFINGER

4

WAGNER, NIETZSCHE ALS ERZIEHER

Die Frage, woher sich die „Umwertung aller Werte" in der Kunstszene Wiens um 1900 gespeist hat, wurde seit den 1960er Jahren profund analysiert. Für Gustav Klimt hatte Werner Hofmann 1970 eine erste brillante Schrift vorgelegt.[1] Diese Spur vertiefend haben Marian Bisanz-Prakken und andere Klimts Aktualisierungen griechisch-vorklassischer, ägyptischer, altasiatischer Symbolwelten erhellt und gedeutet.[2] Schon vor Hofmanns Studie waren in der angelsächsischen Historikerszene interdisziplinäre Forschungen begonnen worden. Ihre Synopsis bot 1980 Carl E. Schorske mit *Fin-de-Siècle Vienna: Politics and Culture*, eine Conclusio aus Essays, die er in amerikanischen Fachmedien veröffentlicht hatte.[3]

Unter den ForscherInnen, die in Harvard, Princeton oder Yale an Wien-Themen arbeiteten, sind für unseren Anlass George R. Collins und Christiane Crasemann Collins sowie William J. McGrath belangvoll. Collins und Crasemann Collins präsentierten 1965 eine englische Neuausgabe von Camillo Sittes Buch *Der Städtebau nach seinen künstlerischen Grundsätzen* und dokumentierten das geistige Umfeld des urbanistischen Gegenspielers von Otto Wagner.[4] Sie rückten erstmals die Prägung des Amateurmusikers Sitte durch Richard Wagner ins Blickfeld – seine Kontakte als Gründungsmitglied im Wiener Akademischen Wagner-Verein mit dem Dirigenten Hans Richter, mit Heinrich von Ferstel, Rudolf von Eitelberger, Ferdinand Fellner von Feldegg, dem jungen Joseph Maria Olbrich und anderen.

McGrath wiederum durchleuchtete mit *Dionysian Art and Populist Policy in Austria* ein noch brisanteres, ebenfalls den Wagner-Nietzsche-Kult pflegendes Wiener Gravitationsfeld der Zeit.[5] Es war der Pernerstorfer Kreis, der sich durch Victor Adler, Engelbert Pernerstorfer und Heinrich Friedjung am Wiener Schottengymnasium als Telyn-Gesellschaft formierte, sich dann in den Leseverein der deutschen Studenten Wiens integrierte und sich nach 1878 in der „Akademischen Lesehalle" der Universität fortsetzte, die um 1880 auch Siegfried Lipiner, Theodor Herzl, Arthur Schnitzler, Gustav Mahler, Richard von Kralik, Hermann Bahr und andere frequentierten. Adler war ab 1874 auch Mitglied im Wiener Akademischen Wagner-Verein: 1876 reiste man kollektiv zur Eröffnung der Festspiele in Bayreuth.[6]

Der Reformimpetus dieser deutschnational-intellektuellen Zirkel antwortete auf die Krise des politischen Systems rund um den Börsenkrach 1873, richtete sich gegen den Materialismus der Industrialisierung. Als ideologische Matrix ihrer „Revolte" erklärte Schorske die von Richard Wagner in Schrift und Musikdramen vorgeführte, aus der Erfahrung der Revolution von 1848 befeuerte Vision vom Gesamtkunstwerk: Wagner propagierte die Neugründung eines nationalen deutschen Mythos – als Hebel zur Erneuerung von Volksbewusstsein, Sozialstruktur

1 Hofmann, Werner, *Gustav Klimt und die Wiener Jahrhundertwende*, Salzburg 1970.

2 Bisanz-Prakken, Marian, *Gustav Klimt: Der Beethovenfries: Geschichte, Funktion und Bedeutung*, Salzburg 1977; Fliedl, Gottfried, *Gustav Klimt 1862–1918. Die Welt in weiblicher Gestalt*, Köln 1994; Stefano, Eva di, *Gustav Klimt. Art Nouveau Visionary*, New York 2008; Storch, Ursula (Hg.), *Klimt. Die Sammlung des Wien Museums*, Ostfildern 2012; Rollig, Stella/Natter, Tobias G. (Hg.), *Klimt und die Antike*, Wien/London/New York 2017.

3 Schorske, Carl E., *Fin-de-Siècle Vienna. Politics and Culture*, New York 1980; deutsche Ausgabe: *Wien. Geist und Gesellschaft im Fin de Siècle*, Frankfurt/Main 1982.

4 Collins, George R./Crasemann Collins, Christiane, *Camillo Sitte and the Birth of Modern City Planning*, Columbia University Studies in Art and Archaeology, Nr. 3. London 1965, 9 ff.

5 McGrath, William J., *Dionysian Art and Populist Politics in Austria*, New Haven/London 1974, mit Kapiteln über „The Telyn Society", „Nietzsche as Educator", „Aesthetes and Activists".

6 Ebd., 59.

DIONYSUS SPEAKS THROUGH APOLLO

ON THE SOURCE OF THE *GESAMTKUNSTWERK* IN OLBRICH, HOFFMANN, MOSER

OTTO KAPFINGER

WAGNER, NIETZSCHE AS TEACHERS

The question of what precipitated the "revaluation of all values" in Vienna's art world around 1900 has been deeply analyzed since the 1960s. A first scintillating text on Gustav Klimt was presented by Werner Hofmann in 1970.[1] Enlarging upon this foundation Marian Bisanz-Prakken and others shed light on and interpreted Klimt's updated pre-classical Greek, Egyptian, and ancient Asian symbolism.[2] Interdisciplinary research had begun among Anglo-Saxon historians even before Hofmann's study. Their synopsis was offered in 1980 in the form of Carl E. Schorske's *Fin-de-Siècle Vienna: Politics and Culture*, a conclusion comprising essays that he had published in American specialized journals.[3]

Among the researchers who worked on Viennese subjects at Harvard, Princeton, and Yale, George R. Collins and Christiane Crasemann Collins as well as William J. McGrath are consequential for our discussion. In 1965 Collins und Crasemann Collins presented an English reprint of Camillo Sitte's book *Der Städtebau nach seinen künstlerischen Grundsätzen* (English: City *Planning According to Artistic Principles*) and documented the intellectual milieu of Otto Wagner's urbanist adversary.[4] For the first time they focused on Richard Wagner's influence on Sitte, an amateur musician: as a founding member of the Wiener Akademischer Wagner-Verein (Viennese Academic Wagner Society), he was in contact with the conductor Hans Richter, Heinrich von Ferstel, Rudolf von Eitelberger, Ferdinand Fellner von Feldegg, the young Joseph Maria Olbrich, and others.

In turn, with *Dionysian Art and Populist Policy in Austria*, McGrath examined an even more controversial Viennese lodestone of the time that likewise upheld the Wagner/Nietzsche cult.[5] It was the Pernerstorfer Circle, which was formed at Vienna's Schottengymnasium school as the Telyn-Gesellschaft ("Telyn Society") by Victor Adler, Engelbert Pernerstorfer, and Heinrich Friedjung, was then integrated into the Leseverein der deutschen Studenten Wiens ("Reading Association of Vienna's German Students"), and continued after 1878 in the university's "Akademische Lesehalle" ("Academic Reading Room"), which was also frequented around 1880 by Siegfried Lipiner, Theodor Herzl, Arthur Schnitzler, Gustav Mahler, Richard von Kralik, Hermann Bahr, and others. Adler was also a member of the Wiener Akademischer Wagner-Verein from 1874: in 1876 they traveled together to the opening of the Bayreuth Festival.[6]

The reformative impetus behind these German nationalist intellectual groups was a reaction to the crisis in the political system that emerged around the stock market crash of 1873 and was directed against the materialism of industrialization.

1 Hofmann, Werner, *Gustav Klimt und die Wiener Jahrhundertwende*, Salzburg 1970.

2 Bisanz-Prakken, Marian, *Gustav Klimt: Der Beethovenfries: Geschichte, Funktion und Bedeutung*, Salzburg 1977; Fliedl, Gottfried, *Gustav Klimt 1862–1918. Die Welt in weiblicher Gestalt*, Cologne 1994; Stefano, Eva di, *Gustav Klimt: Art Nouveau Visionary*, New York 2008; Storch, Ursula (ed.), *Klimt. Die Sammlung des Wien Museums*, Ostfildern 2012; Rollig, Stella/Natter, Tobias G. (eds.), *Klimt and Antiquity*, Vienna/London/New York 2017.

3 Schorske, Carl E., *Fin-de-Siècle Vienna: Politics and Culture*, New York 1980; German edition: *Wien. Geist und Gesellschaft im Fin de Siècle*, Frankfurt/Main 1982.

4 Collins, George R./Crasemann Collins, Christiane, *Camillo Sitte and the Birth of Modern City Planning*, Columbia University Studies in Art and Archaeology, no. 3. London 1965, 9 ff.

5 McGrath, William J., *Dionysian Art und Populist Politics in Austria*, New Haven/London 1974, with chapters about "The Telyn Society," "Nietzsche as Educator," "Aesthetes and Activists."

6 Ibid., 59.

und Alltagskultur. Kunst und Künstler sollten die Instanzen der „Welterlösung" und der säkularen Sinnstiftung bilden – als Ersatz für die mit der Aufklärung, mit der Entfremdung in der kapitalistisch-rationalen Wirtschaft erfolgten Entzauberung von Religiosität und Metaphysik. In seiner Einleitung zum Katalog der Ausstellung des Historischen Museums der Stadt Wien *Traum und Wirklichkeit. Wien 1870–1930* resümierte Schorske: „Der wohl bedeutendste Einflußfaktor für die Kultur der ‚Fin-de-siècle'-Generation war der tiefenpsychologische Vorstoß Wagners und Nietzsches, ihre Rechtfertigung der Ansprüche des instinktiven Gefühls- und Trieblebens gegenüber der ‚bourgeoisen' Vernunft im persönlichen wie auch im öffentlichen Leben."[7]

OLBRICHS SECESSIONSBAU

Kaum 30-jährig realisiert Joseph Maria Olbrich das Schlüsselwerk der Wiener Kunstrevolte. Im „Panoptikum" der Medienreaktionen ragt eine Kritik heraus. Sie deutet als einzige in die Tiefenschichten von Olbrichs Elan. In *Der Architekt* schreibt Ferdinand Fellner von Feldegg:

> „Als das ‚Apollinische' bezeichnete Friedrich Nietzsche das Wesen der bildenden Künste, im Gegensatz zum ‚Dionysischen' der musischen Kunst. Und mit dem Traume verglich er jenes, mit dem Rausche dieses. Aus diesem Wesen des Traumhaften ist auch das Werk Olbrichs allein richtig zu verstehen. Es ist nicht ‚componiert' im landläufigen Sinn des Wortes, es ist vielmehr ‚geboren', ‚erschlossen', erschlossen aus einer starken einmaligen künstlerischen Intuition."[8]

Der Architekt und Architekturphilosoph Feldegg, 1894 bis 1919 auch Lehrer an der Wiener Staatsgewerbeschule, zählte zu den Wagnerianern und Nietzscherianern um Camillo Sitte. Der äußerst musikalische Olbrich – er ist 1882 bis 1886 Schüler an der von Sitte geleiteten Anstalt – entwickelte hier sein Faible für Wagner. So schildert etwa Otto Wagner Jr., wie Olbrich sich an Wagner-Opern inspirierte, um Ansichten „der Gralsburg oder anderer Heroen-Stätten" zu entwerfen, Josef Hoffmann nannte ihn „besessen von Wagnermusik", und bei Olbrichs Totenfeier in Darmstadt 1908 spielte man Passagen aus der *Götterdämmerung*.[9] Der junge Olbrich kam also ein Jahrzehnt vor dem Siebener-Club mit Wagners Vision des „Gesamtkunstwerkes", mit Wagner/Nietzsches Gedanken der „Wiedervereinigung mit der Natur im Kunstwerke" in Berührung.[10] Ergänzen wir Feldeggs Hinweis mit Nietzsches Einführung in *Die Geburt der Trägödie* „Wir werden viel für die aesthetische Wissenschaft gewonnen haben, wenn wir nicht nur zu logischen Einsicht, sondern zur unmittelbaren Sicherheit der Anschauung gekommen sind, dass die Fortentwicklung der Kunst an die Duplicität des Apollinischen und des Dionysischen gebunden ist" – und fügen wir aus dem 21. Kapitel die Anmerkung „So wäre wirklich das schwierige Verhältnis des Apollinischen und des Dionysischen [...] durch einen Bruderbund beider Gottheiten zu symbolisieren: Dionysus redet die Sprache des Apollo, Apollo aber schließlich die Sprache des Dionysus: womit das höchste Ziel der Tragödie und der Kunst überhaupt erreicht ist" hinzu – so erhalten wir ein Programm, aus dem sich die Lektüre von Olbrichs Secessionsbau entfalten lässt.[11]

7 Schorske, Carl E., „Österreichs ästhetische Kultur, 1870–1914. Betrachtungen eines Historikers", in: Museen der Stadt Wien (Hg.), *Traum und Wirklichkeit. Wien 1870–1930*, Ausst.kat. Historisches Museum der Stadt Wien, Wien 1985, 12–25.

8 Fellner von Feldegg, Ferdinand 1899a, „J. M. Olbrich", in: *Der Architekt* (5) 1899, 37–40.

9 Wagner Jr., Otto, „J. M. Olbrich. Ein Nachruf", in: *Deutsche Bauzeitung* (42) 66 1908, 456; Hoffmann, Josef, „Meine Arbeit", Vortrag vom 22.2.1911, in: Sekler, Eduard, *Josef Hoffmann. Das architektonische Werk. Monographie und Werkverzeichnis*, Salzburg/Wien 1982, 487; Judson Clark, Robert, „J. M. Olbrich 1867–1908", in: *Architectural Design* (27) 12 1967, 565–572: 571.

10 Wagner, Richard, „Das Kunstwerk der Zukunft" (1850), in: Ders., *Sämtliche Schriften und Dichtungen*, 3. Bd., 4. Aufl., Leipzig 1911, 42–177: 60.

11 Nietzsche, Friedrich, *Die Geburt der Tragödie aus dem Geiste der Musik*, Leipzig 1872, hier zitiert nach der Reclam-Ausgabe, Stuttgart 2015, 19 bzw. 134 f.

Schorske declared the ideological matrix of their "revolt" to be the vision of the *Gesamtkunstwerk* or total work of art, as presented by Richard Wagner in writings and music dramas that were fueled by his experience of the Revolutions of 1848: Wagner advocated the reestablishment of a national German myth as a tool with which to revive national consciousness, social structure, and everyday culture. Art and artists would be responsible for the "world's salvation" and for secular creation of meaning to replace the demystification of religiosity and metaphysics caused by the Enlightenment, by alienation in this Capitalist rational economy. In his introduction to the catalog of the exhibition at the Historisches Museum der Stadt Wien (now the Wien Museum) *Traum und Wirklichkeit. Wien 1870–1930* [Dream and Reality: Vienna 1870–1930], Schorske summarized: "Probably the most significant influence on the culture of the fin-de-siècle generation was the advance of depth psychology by Wagner and Nietzsche, their justification of the claim to instinctual emotional and physical life as opposed to 'bourgeois' reason in personal as well as public life."[7]

OLBRICH'S SECESSION BUILDING

Not yet thirty years old, Joseph Maria Olbrich realizes the magnum opus of the Viennese artistic revolution. In the miscellany of media reactions, one review stands out: it is the only one to interpret the deep layers of Olbrich's élan. In *Der Architekt* Ferdinand Fellner von Feldegg writes:

> "Friedrich Nietzsche described the nature of visual arts as the 'Apollonian,' in contrast to the 'Dionysian' of the performing arts. And the one he compared to a dream, the other to exhilaration. And the only correct way to understand Olbrich's work is as proceeding from this nature of the dreamlike. It is not 'composed' in the common sense of the word; rather, it is 'born,' 'extrapolated,' extrapolated from a keen and unique artistic intuition."[8]

The architect and architectural philosopher Feldegg, also a teacher at Vienna's state trade school from 1894 to 1919, was one of the Wagnerians and Nietzscheans around Camillo Sitte. It is here that the extremely musical Olbrich—a student at the institution run by Sitte from 1882 to 1886—developed his partiality for Wagner. For example, Otto Wagner Jr. describes how Olbrich drew his inspiration from Wagner's operas in order to design elevations "of the Grail castle or other heroic sites"; Josef Hoffmann called him "obsessed with Wagner's music"; and passages from *Twilight of the Gods* were played at Olbrich's funeral in Darmstadt in 1908.[9] The young Olbrich consequently came into contact with Wagner's vision of the "*Gesamtkunstwerk*," with Wagner's/Nietzsche's notion of "oneness with Nature" in art a full decade before the Siebener-Club.[10] If we supplement Feldegg's clue with Nietzsche's introduction in *The Birth of Tragedy*—"We will have achieved much for the study of aesthetics when we come, not merely to a logical understanding, but also to the immediately certain apprehension of the fact that the further development of art is bound up with the duality of the Apollonian and the Dionysian,"—and add the remark from the 21st chapter that "we could truly symbolize the complex relationship between the Apollonian and the Dionysian [...] with the fraternal bond between

7 Schorske, Carl E., "Österreichs ästhetische Kultur, 1870–1914. Betrachtungen eines Historikers," in: Museen der Stadt Wien (ed.), *Traum und Wirklichkeit. Wien 1870–1930*, exh. cat. Historisches Museum der Stadt Wien, Vienna 1985, 12–25.

8 Fellner von Feldegg, Ferdinand 1899a, "J. M. Olbrich," in: *Der Architekt* (5) 1899, 37–40.

9 Wagner Jr., Otto, "J. M. Olbrich. Ein Nachruf," in: *Deutsche Bauzeitung* (42) 66 1908, 456; Hoffmann, Josef, "Meine Arbeit," talk from 22 Feb 1911, in: Sekler, Eduard, *Josef Hoffmann. Das architektonische Werk. Monographie und Werkverzeichnis*, Salzburg/Vienna 1982, 487; Judson Clark, Robert, "J. M. Olbrich 1867–1908," in: *Architectural Design* (27) 12 1967, 565–572: 571.

10 Wagner, Richard, "The Art-Work of the Future" (original 1850), in: id., *The Art-Work of the Future and Other Works*, Lincoln/London 1993, 69–214: 71. Trans. William Ashton Ellis.

Der definitive Secessionsentwurf mit der Kuppel kommt mit dem Bauplatzwechsel zum Karlsplatz.[12] Zu einer Perspektive aus dieser Entwurfsphase, Herbst 1897, notiert Olbrich auf einer separat applizierten Vignette: „ALSO SCHREIBEN SIE EINEN FLIEGENDEN HOLLÄNDER".[13] Allein in diesem Jahr gab es in der k. k. Wiener Hofoper, ab Okober unter der Leitung von Gustav Mahler, 35 Aufführungen von Wagner-Opern, darunter siebenmal den *Fliegenden Holländer*. Aus Briefen wissen wir: Olbrich spielt im Privaten leidenschaftlich Klavierauszüge aus Opern, improvisiert dazu.[14] „Verzückung im dionysischen Zustand" des Musikerlebens ist nach Rüdiger Safranski der Ausgangs- und Fluchtpunkt in Nietzsches Leben und Philosophieren.[15]

SECESSIONS-SYMBOLIK UND GUSTAV KLIMT

Im Verlauf von Olbrichs Entwürfen nimmt Klimt mit zwei Skizzen Einfluss. Die ab Herbst 1897 sichtbare Überformung mit Motiven aus der griechischen Mythologie (Athene, Apollo, Dionysus, Gorgo, Lorbeerkranz usw.) lässt sich begreifen, wenn sie im Kontext von Klimts Werken dieser Zeit gesehen wird. 1889 vermittelt Klimts *Allegorie der Skulptur* die aufbrechende Spannung zwischen klassischem Kanon und subjektiver Freizügigkeit. 1897/98 radikalisiert sich seine Malerei. Bei den Arbeiten im Burgtheater und Kunsthistorischen Museum hatte er Motive antiker Mythologie – *Altar des Dionysos*, *Griechische Antike* – noch in großbürgerlich eleganter Klassizität dargeboten. Im Kontrast dazu erheben nun die Slogans der gestarteten Revolte – *Secession*, *Ver Sacrum* – Anspruch auf Legitimität im Verweis auf legendäre antike Systembrüche bzw. auf die von Wagner und Nietzsche beschworene Ursprungskraft attischer, hellenischer Kultur. Klimts Plakat zur I. Secessionsausstellung zeigt eine kriegerische Athene in blutrotem Gewand mit zähnefletschendem Gorgonen-Schild. Seine *Pallas Athene* von 1898, im neuen Secessionshaus erstmals zu sehen, vermittelt noch drastischer den Wandel der Hüterin von Kunst und Wissenschaft zur Femme fatale – mit stechendem Blick frontal aus der Helmmaske heraus und am Brustpanzer präsentierter Fratze der Gorgo/Medusa; Athenes Rechte hält statt der üblichen Nike einen Frauenakt „en miniature", der dem bürgerlichen Publikum einen Spiegel entgegenstreckt (Abb. 1).[16]

So wie da Dionysisches aus der apollinischen Formel hervorbricht – und in Klimts „Fakultätsbildern" sich dräuend und katastrophisch-elegisch ausfaltet, so kommen auch in Olbrichs Fassung des Secessionsentwurfs von 1898 unruhige Ambivalenzen zum Ausdruck: der die Rahmen der „Kultur" sprengende Eros von „Natur". Hinter dem Flor der architektonischen Ordnung drängt an allen Ecken und Enden organhaftes „Chaos" hervor. Die zur goldenen Halbkugel veredelte Laube aus Lorbeerzweigen – der goldene Lebensbaum, der über das kubisch-hieratische Gefüge der Architektur herausbricht – symbolisiert „vorwärtsweisende Rückkehr zum Ursprung", zu paradiesischen Zeiten von Kunst und Leben. Alfred Roller bringt am Cover von *Ver Sacrum* das analoge Bild: ein im Topf gezogener Baum sprengt die Wände des Behälters, greift mit den Wurzeln hinunter zu „Mutter Erde". Olbrichs weiß-goldglänzender Tempel, mit den Insignien Apollos und Athenes geadelt, durchwuchert von Motiven naturhaften Eros, verkörpert ebenso diesen Moment: die Reinigung der baulichen Schale vom historischem Dekor zu „Mauern, heilig und keusch", wie

12 Bau- und Rezeptionsgeschichte mit umfassenden Quellen- und Literaturhinweisen: Kapfinger, Otto/Krischanitz, Adolf, *Die Wiener Secession. Das Haus: Entstehung, Geschichte, Erneuerung*, Graz/Wien 1986.

13 Original im Wien Museum in einer von der Secession an Karl Mayreder gewidmeten Mappe, der als Chef des Stadtregulierungsbüros bei der Bauplatzfindung hilfreich war. Sein Bruder Julius hatte 1894 für Carl Moll einen Atelierbau entworfen, war im Frühjahr 1897 neben Olbrich, Hoffmann und Ohmann vom Secessions-Ausschuss für einen Wettbewerb zum Ausstellungshaus genannt. Siehe Pausch, Oskar, *Gründung und Baugeschichte der Wiener Secession*, Wien 2006.

14 In einem Brief an seine Frau aus Darmstadt: „Abends sitze ich nach einer Freischützübung am Klavier […]", in: Krimmel, Bernd. (Hg.), *Joseph M. Olbrich 1867–1908*, Ausst.kat. Mathildenhöhe, Darmstadt 1983, 366.

15 Safranski, Rüdiger, *Nietzsche. Biographie seines Denkens*, Frankfurt/Main 2002, Kap. 1, 4 und 5, hier S. 11.

16 Storch, Ursula (Hg.), *Klimt. Die Sammlung des Wien Museums*, Ausst.kat. Wien Museum, Ostfildern 2012. Zum Thema hier speziell die Beiträge von Marian Bisanz-Prakken. Athene als gewappnete, dräuende Schirmherrin der Künste zeigte sich schon auf der Kuppel des k. k. Hofmuseums von Olbrichs Lehrer Hasenauer; Franz von Stuck, mit Klimt und Moser seit Gerlachs Allegorienwerk bekannt, setzte sie im Juni 1897 frontal auf das Plakat der VII. Ausstellung der Münchner Künstlergenossenschaft/Secession. Auch in Olbrichs Entwürfen ist anfangs eine Athene über dem Portal angedeutet; noch 1898 ist davon die Rede, eine polychrome Athene-Skulptur in der Vitrine neben dem Olbrich-Bau aufzustellen.

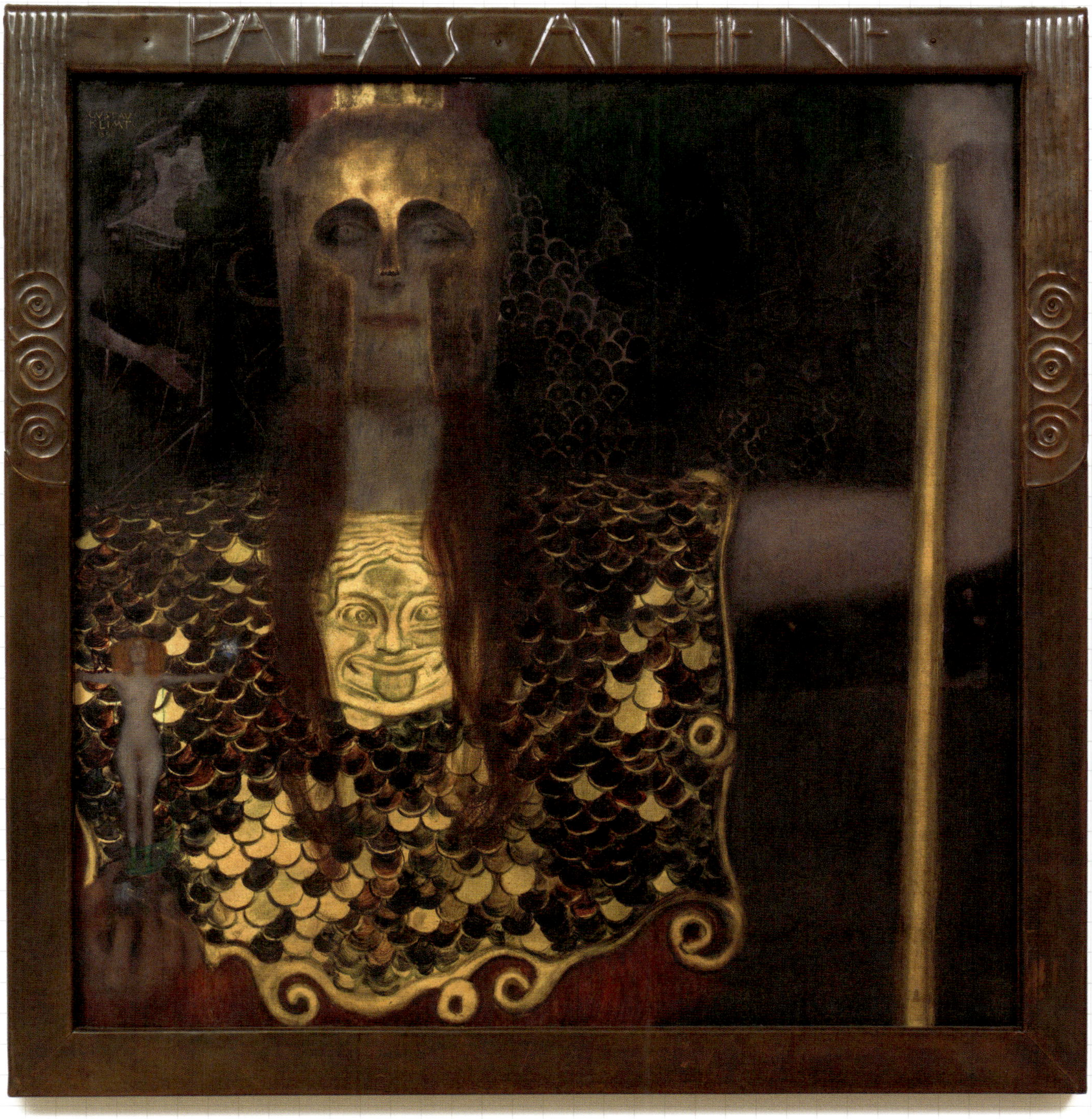

1

1 Gustav Klimt
Pallas Athene, 1898
Wien Museum

Olbrich sagt, und zugleich deren Aufbrechen an signifikanten Stellen, um Raum zu geben – der Wiederankoppelung an erdhafte Vitalität, die Fruchtbarkeit des Unbewussten, des Irrationalen.[17] Die dionysische Seite des Lorbeers, der ja auch als Rauschmittel bekannt ist, kulminiert an der Nordfassade in Mosers *Der Reigen der Kranzträgerinnen*, der „wahnsinnigen Mänaden", wie eine Kritik damals formulierte, – in Referenz auf die Rituale des Dionysus-Kultes (s. Abb. 6, S. 26). Und nicht zuletzt: Die gelb lackierten Blätter der Kuppel sind partiell mit Blattgold in mandelförmigen Streifen „gehöht" – vergleichbar Klimts Chiffren für das weibliche Geschlecht (Abb. 2).

Fellner von Feldegg nennt 1899 Olbrich im positiven Sinn „ein unreflectiertes Talent, wie im Grunde alle seine Mitstrebenden". Zugleich bemerkt er, der wichtigste Publizist der Schule um Otto Wagner, dass diese Szene theoretisch dem Semper'schen Materialismus und Positivismus anhängt, praktisch aber einem künstlerischen Idealismus huldigt, wobei neben den Wagner'schen/Nietzsche'schen Ideen schon Alois Riegls Kritik am Semperianismus und seine Auffassung vom „Kunstwollen" Argumente liefert.[18] Otto Wagner postulierte als Motto seines Nutzstils einen Wahlspruch Sempers: „Artis sola domina necessitas" (Die Kunst kennt nur einen Herrn – das Bedürfnis). Nietzsches Vision vom Priester-Künstler, vom „allein als ästhetisches Phänomen gerechtfertigten Dasein"[19] dagegen lustvoll ausagierend stellt nun Olbrich diese Maxime des väterlichen Mentors Wagner auf den Kopf. Mit der Berufung 1899 nach Darmstadt löst er sich aber von der Eros-Thanatos-Problematik rund um Klimt und plant mit einer neuen Künstlerkolonie die „Akropolis" der Mathildenhöhe.

HERMANN BAHR – KOLOMAN MOSER

In den Schriften von Schorske und Hofmann spielt Hermann Bahr eine Nebenrolle. Seiner eigenen Einschätzung nach wirkte er – wie zuvor bei der Forcierung der Literaturszene Jung Wien – als international beschlagener, kunstideologischer Mentor und Apologet der Secession.[20] Als Zeuge für diese Rolle ist ein zentrales Werk im Olbrich-Bau zu nennen: die farbige Glasrosette *Genius der Kunst* in der Eingangshalle, von Koloman Moser über den Türen zum Hauptraum gestaltet (Abb. 3). Die Rosette, 1907/08 im Zuge der Umgestaltung des Hauses nach dem Austritt der Klimt-Gruppe wieder entfernt, hatte ein ornamentales Schriftband mit dem Satz von Bahr: „Seine Welt zeige der Künstler, die Schönheit, die mit ihm geboren wird, die niemals noch war, die niemals mehr sein wird." Moser hatte bei Bahr dezidiert um die Verwendung dieses Zitats angefragt.[21] Es brachte das von Bahr ab 1893/94 formulierte Credo auf den Punkt – wie es sich auch der Kern des Siebener-Clubs zu eigen machte. Und Olbrich präsentierte diesen Satz neuerlich am Portal des 1901 auf der Mathildenhöhe eröffneten Ernst-Ludwig-Hauses.

Bahr war von Beginn an Berater und Autor des *Ver Sacrum*. Sein turbulenter Werdegang ist gut dokumentiert: das prägende Erlebnis der *Walküre* 1881 in der Hofoper; der dramatische Auftritt 1883 als deutschnationaler Burschenschafter am Wiener Trauerkommers für Richard Wagner; die frühe Lektüre von Nietzsche,

17 Olbrich, Joseph M., „Das Haus der Secession", in: *Der Architekt* (5) 1899, 5.

18 Feldegg 1899a (s. Anm. 8), Ders., „Josef Maria Olbrich, sein Leben und sein Wirken", in: *Zeitschrift des Österreichischen Ingenieur und Architekten-Vereins* (61) 23 1909, 365–369.

19 Nietzsche 1872 (s. Anm. 11), 35.

20 Daviau, Donald G., *Der Mann von Übermorgen. Hermann Bahr 1863–1934*, Wien 1984.

21 Fenz, Werner, *Koloman Moser. Graphik, Kunstgewerbe, Malerei*, Salzburg/Wien 1984, S. 22–24, Anm. 57, S. 247.

both divinities: Dionysus speaks the language of Apollo, but Apollo finally speaks the language of Dionysus, and with that the highest goal of tragedy and art in general is attained"—then we would obtain a solid foundation from which this reading of Olbrich's Secession building could unfold.[11]

The definitive Secession design with the cupola comes with the relocation of the construction site to Karlsplatz.[12] On a prospect from this design phase, fall 1897, Olbrich notes on a separately applied vignette: "ALSO SCHREIBEN SIE EINEN FLIEGENDEN HOLLÄNDER" ("So write a *Flying Dutchman*").[13] From October to the end of this year alone there were some 35 performances of Wagner operas at the k. k. Wiener Hofoper (Imperial Royal Vienna Court Opera House), under the directorship of Gustav Mahler, including *The Flying Dutchman* on seven occasions. From his letters we know that Olbrich passionately plays and improvises piano excerpts from operas in his private life.[14] "Rapture in the Dionysian condition" of the musician's life is, according to Rüdiger Safranski, *the* point of departure and refuge in Nietzsche's life and philosophizing.[15]

SECESSIONIST SYMBOLISM AND GUSTAV KLIMT

Klimt influences Olbrich's designs with two sketches. Visible from fall 1897 his redesign using subjects from Greek mythology (Athena, Apollo, Dionysus, Gorgon, laurel wreath, etc.) can be understood when seen in the context of Klimt's works of this time. In 1889 Klimt's *Allegory of Sculpture* conveys the erupting tension between the classical canon and subjective liberality. His painting becomes radicalized in 1897/98. In his works at the Burgtheater and the Kunsthistorisches Museum, he had still featured subjects from ancient mythology—*Altar of Dionysus, Greek Antiquity*—with aristocratically elegant classicism. In contrast, the slogans of the initiated revolt—*Secession, Ver Sacrum*—now lay claim to legitimacy by referring to legendary, ancient breaks with the system or to the primal energy of Attic, Hellenic culture as invoked by Wagner and Nietzsche. Klimt's poster for the 1st Secession exhibition shows a bellicose Athena in bloodred garments with a teeth-bearing Gorgon shield. His *Pallas Athene* from 1898, on display for the first time in the new Secession building, communicates even more dramatically this transformation of the guardian of art and science into a femme fatale—with a piercing look springing frontally from the helmet mask and the grotesque face of Gorgon/Medusa presented on her breastplate; instead of the customary Nike, Athena's right hand holds a female nude "en miniature" presenting a mirror to the bourgeois public (fig. 1).[16]

Just as here the Dionysian breaks forth from the Apollonian formula—and unfolds threateningly and catastrophically elegiacally in Klimt's Faculty Paintings—so too are restive ambivalences expressed in Olbrich's 1898 version of his design for the Secession building: the Eros of "nature" that breaks the mold of "culture." From behind the gossamer of architectural order, organic "chaos" surges forward in every nook and cranny. The arbor of laurel branches refined into a golden hemisphere—the golden tree of life, breaking out over the cubically hieratic structure of the architecture—symbolizes the "forward-looking return to the source," to a paradisiacal

11 Nietzsche, Friedrich, *The Birth of Tragedy* (original 1872), 2003. Trans. Ian C. Johnston, available online at www.russoeconomics.altervista.org/Nietzsche.pdf [12 Oct 2018], 8, 58–59.

12 Building and reception history with comprehensive source and literary references: Kapfinger, Otto/Krischanitz, Adolf, *Die Wiener Secession. Das Haus: Entstehung, Geschichte, Erneuerung*, Graz/Vienna 1986.

13 Original in a portfolio dedicated by the Secession to Karl Mayreder at the Wien Museum, who as head of the city regulation office was helpful in finding a plot. His brother Julius had designed a studio building for Carl Moll in 1894, was named alongside Olbrich, Hoffmann, and Ohmann by the Secession committee for a competition for the exhibition building in spring 1897. See: Pausch, Oskar, *Gründung und Baugeschichte der Wiener Secession*, Vienna 2006.

14 In a letter from Darmstadt to his wife: "In the evenings, after practicing Weber's *The Marksman*, I sit at the piano [...]," in: Krimmel, Bernd (ed.), *Joseph M. Olbrich 1867–1908*, exh. cat. Mathildenhöhe, Darmstadt 1983, 366.

15 Safranski, Rüdiger, *Nietzsche. Biographie seines Denkens*, Frankfurt/Main 2002, chap. 1, 4, and 5; here p. 11.

16 Storch, Ursula (ed.), *Klimt. Die Sammlung des Wien Museums*, exh. cat. Wien Museum, Ostfildern 2012. On this topic esp. the articles by Marian Bisanz-Prakken. Athena as an armed, threatening patron of the arts already appeared on the cupola of the k. k. Hofmuseum by Olbrich's teacher Hasenauer; Franz von Stuck, acquainted with Klimt and Moser since Gerlach's allegory work, applied her frontally to the poster for the 7th exhibition of the Munich Secession in June 1897. In Olbrich's designs, too, an Athena over the portal is initially suggested; in 1898 there were still discussions whether to erect a polychrome Athena sculpture in a vitrine next to Olbrich's building.

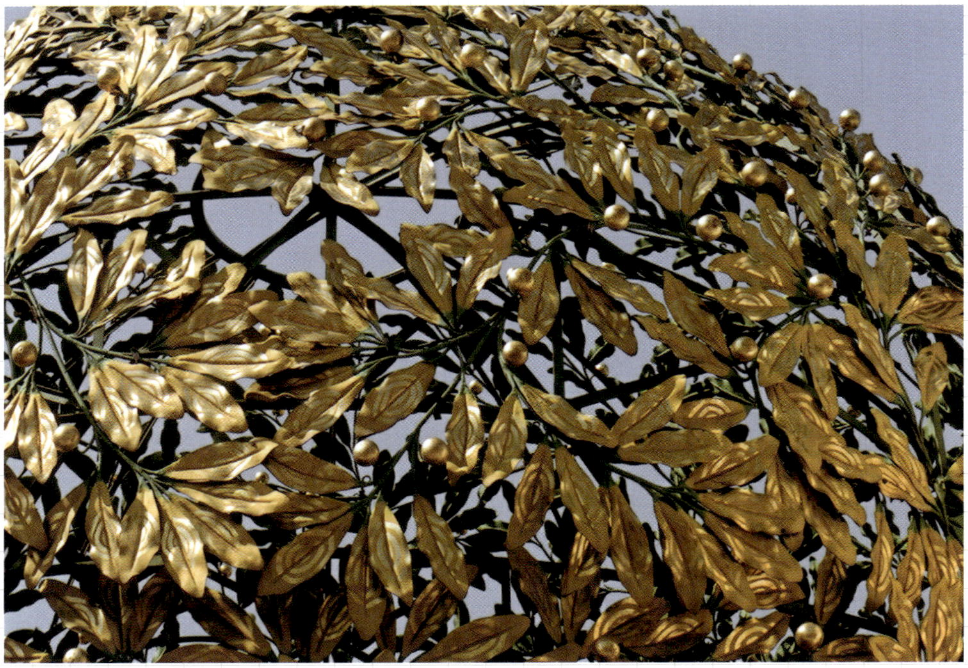

2

2 Joseph Maria Olbrich
Kuppel der Wiener Secession (Detailansicht)
Cupola of the Vienna Secession (detail)

3 Glasfenster *Die Kunst* im Eingangsbereich des Secessionsgebäudes, 1898
Glass window [Art] in the entrance area of the Secession building, 1898
In: *Ver Sacrum* (2) 1 1899, S. p. 13
MAK

4 Hermann Bahr im Arbeitszimmer seiner von Joseph Maria Olbrich entworfenen Villa neben Gustav Klimts Gemälde *Nuda Veritas* stehend, 1906
Hermann Bahr standing next to Gustav Klimt's painting *Nuda Veritas* in the study of his villa designed by Joseph Maria Olbrich, 1906
Theatermuseum, Wien Vienna

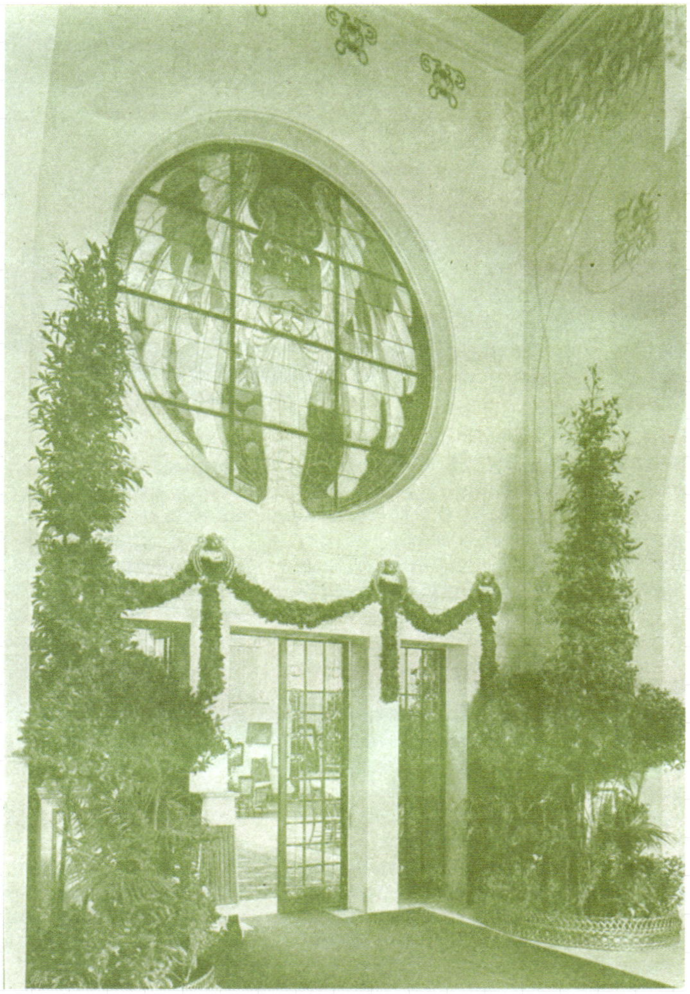

3

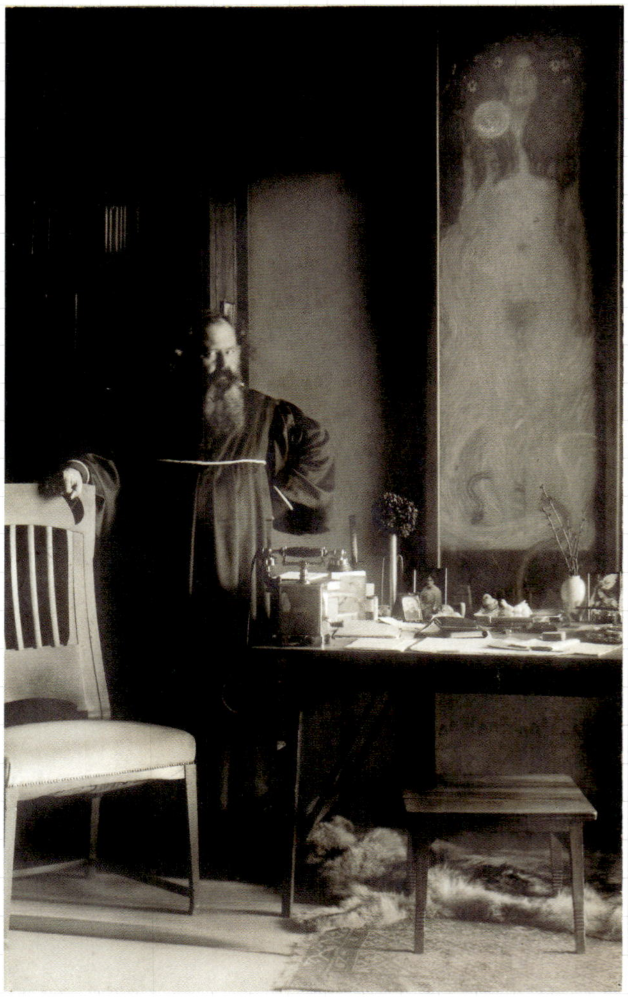

4

age of art and life. Alfred Roller supplies the analogous picture on the cover of *Ver Sacrum*: a tree grown in a pot bursts through the walls of its container, reaching down with its roots to "Mother Earth." Olbrich's resplendently white and gold temple, ennobled with the insignia of Apollo and Athena, entangled with motifs of natural Eros, likewise embodies this moment: cleansing the architectural shell of historical decoration to create "walls, sacred and chaste," as Olbrich says, and simultaneously allowing its emergence in significant places to create space—the reconnection to earthy vitality, the fertility of the subconscious, the irrational.[17] The Dionysian side of the laurel, which is after all also known to be an intoxicant, culminates on the northern façade in Moser's *The Dance of the Wreath-Bearing Maidens*, the "mad maenads," as one review described them at the time, referring to the rites of the Dionysus cult (see fig. 6, p. 26). And last but not least: the yellow-lacquered leaves of the cupola are partially "heightened" with gold leaf in almond-shaped strips—comparable to Klimt's ciphers for the female gender (fig. 2).

In 1899 Fellner von Feldegg calls Olbrich—in the positive sense of the term—"an unreflective talent, at bottom like all his fellow strivers." At the same time he, the most important commentator on the Otto Wagner school, notes that this scene adheres in theory to Semper's materialism and positivism, but in practice pays homage to an artistic idealism, with the case being made not only with Wagnerian/Nietzschean ideas but also Alois Riegl's criticism of "Semperianism" and his concept of "Kunstwollen" (the "will to art").[18] Otto Wagner postulated a slogan by Semper as the motto of his "Nutzstil" (functional style): "Artis sola domina necessitas" ("Art knows only one master—necessity"). Against this, acting out with relish Nietzsche's vision of the artist-priest, of "existence [is] justified only as an aesthetic phenomenon,"[19] Olbrich now turns this maxim by his paternal mentor Wagner on its head. With his appointment to Darmstadt in 1899, however, he breaks away from the Eros-Thanatos problem around Klimt to plan the "Acropolis" of the Mathildenhöhe with a new artists' colony.

HERMANN BAHR—KOLOMAN MOSER

In the writings of Schorske and Hofmann, Hermann Bahr plays a minor role. In his own estimation he acted as an internationally knowledgeable, artistically ideological mentor and apologist for the Secession—as previously when promoting the Jung Wien literary scene.[20] One witness to this role is a central work in Olbrich's building (fig. 3): the colorful glass rosette *Genius der Kunst* [Genius of Art] designed by Koloman Moser over the doors to the main room in the entrance hall. The rosette, removed in the course of the building's modification in 1907/08 after the departure of the Klimt Group, had an ornamental band of text with the sentence by Bahr: "May the artist show his world, the beauty that is born with him, that had never existed before and will never exist again." Moser had definitely asked permission of Bahr to use this quotation.[21] He put Bahr's credo from 1893/94 in a nutshell—as was espoused by the core of the Siebener-Club. Olbrich presented this sentence again on the portal of the Ernst Ludwig House, which was opened on Darmstadt's Mathildenhöhe in 1901.

17 Olbrich, Joseph M., "Das Haus der Secession," in: *Der Architekt* (5) 1899, 5.

18 Feldegg 1899a (see note 8), id., "Josef Maria Olbrich, sein Leben und sein Wirken," in: *Zeitschrift des Österreichischen Ingenieur und Architekten-Vereins* (61) 23 1909, 365–369.

19 Nietzsche 1872 (see note 11), 35.

20 Daviau, Donald G., *Der Mann von Übermorgen. Hermann Bahr 1863–1934*, Vienna 1984.

21 Fenz, Werner, *Koloman Moser. Graphik, Kunstgewerbe, Malerei*, Salzburg/Vienna 1984, pp. 22–24, footnote 57, p. 247.

Schopenhauer, Haeckel, Fechner, Marx, Engels; seine Wende zum „Österreichertum" in Berlin; die Abkehr vom Antisemitismus; 1895 seine nicht angenommene Dissertation *Die Entwicklung vom Individualismus zum Sozialismus*; 1887 Einladung durch Victor Adler als Redakteur für *Die Gleichheit*; die Zeit in Paris (Baudelaire, Barrès, Maeterlinck) und Spanien; ab 1891 wieder in Wien, Freundschaft mit Hofmannsthal ...[22] In seiner Publikation *Selbstbildnis* schreibt er:

> „Jeder junge Mensch war damals Wagnerianer. Er war es, bevor er noch einen einzigen Takt seiner Musik gehört hatte. Der junge Max Burckhard [mit Bahr befreundet, 1890–1898 Sekretär und Direktor des Wiener Burgtheaters, Autor in *Ver Sacrum*, H. 1, Anm. des Autors] hat einmal drei Tage auf dem Westbahnhof zugebracht, bloß weil es hieß, Wagner komme nächstens an.[23] [...] Aus Wagners *Kunstwerk der Zukunft* hätte ich mir am liebsten jeden Satz abgeschrieben."[24]

In Bahrs Tagebüchern[25] finden sich entsprechend inspirierte Sätze in Richtung „Befreiung der Sinnlichkeit", Durchbruch zu ungebundener Natürlichkeit: „Ich bin modern [...], ich hasse alles, was schon dagewesen ist, jedes Vorbild, jede Nachahmung und lasse kein anderes Gesetz gelten in der Kunst als das Gebot meiner augenblicklichen künstlerischen Empfindung"[26] – und am 19. September 1889:

> „Ich weiß aus Erfahrung, daß alles Lüge ist, außer mir, und eigentlich gar nicht besteht, wie ich mir nur einen Augenblick die Mühe gebe, es nicht zu wollen. Ich weiß, daß mein Ich nur in einer Reihe von Empfindungen vorhanden ist, je reicher und kräftiger diese Empfindungen hervorgebracht werden. [...] Ich will Sensationalismus leben, und nichts als Sensationalismus [...] Empfindungen, Emotionen, Nervenschwünge, Sinnenreize – unter diesen Namen kann man wählen. Sie sind die einzige Wahrheit."[27]

Mit den Aufenthalten in Paris und Spanien wandelte sich Bahr vom Deutschnationalen und Sozialisten zum Dekadent, zum Überwinder des Naturalismus, zum Künder einer „Kunst der Nerven", der Empfindsamkeit gelöst aus kulturellen Routinen, frei von tradierten Ich- und Bewusstseinskonstruktionen. 1894 notiert er zur Jahresausstellung im Wiener Künstlerhaus zu neuen Trends in der Malerei: „Seine ganz intime Vision der Welt wollte jeder in die sinnlichen Dinge heben. [...] Ich will nicht die Welt malen, wie sie ist oder mir scheint. Ich will gleich meine Seele malen."[28] In der Rezension der I. Secessionsausstellung schreibt er, durch Gustav Theodor Fechner und Ernst Mach bestärkt: „Wir wissen, dass das, was wir sehen, kein anderer Mensch jemals gesehen hat und keiner jemals sehen wird: denn es ist unser Auge, das unsere Welt erschaffen hat, und wir wissen, dass wir selbst das, was wir jetzt sehen, niemals wieder so sehen werden: denn schon ist unser erschaffendes Auge wieder anders geworden", und schließt mit dem Satz: „Seine Welt zeige der Künstler [...]", den Moser als Motto im Olbrichbau präsentierte.[29]

Es ging, wie Bahr festhielt, der Secession nicht um die Kreation des neuen Stils, sondern um die Freiheit des rein Künstlerischen, die subjektive, nackte Wahrheit individuellen Fühlens. Wir sehen den Gleichklang mit Olbrichs Entwurfshaltung.

22 Bahr, Hermann, *Selbstbildnis*, Berlin 1923; kommentierte Neuausgabe: Schnödl, Gottfried (Hg.), *Hermann Bahr. Selbstbildnis*, Band 18 aus der Reihe *Hermann Bahr. Kritische Schriften*, hg. von Claus Pias, Weimar 2011. Weiters: Dietrich, Margret (Hg.), *Der Herr aus Linz. Hermann-Bahr-Symposion*, Linz 1987.

23 Bahr 1923 (ebd.), 116.

24 Bahr 1923 (ebd.), 126.

25 Farkas, Reinhard (Hg.), *Hermann Bahr. Prophet der Moderne. Tagebücher 1888–1904*, Wien 1987.

26 Ebd., 43.

27 Ebd., 53 f.

28 Bahr, Hermann, „Die Secessionisten in Wien" (1894), Nachdruck in: Pias, Claus (Hg.), *Hermann Bahr. Renaissance*, Band 5 aus der Reihe *Hermann Bahr. Kritische Schriften*, hg. von Claus Pias, Weimar 2008, 141 f.

29 Bahr, Hermann, „Unsere Secession" (1894), Nachdruck in: Pias, Claus (Hg.), *Hermann Bahr. Secession*, Band 6 aus der Reihe *Hermann Bahr. Kritische Schriften*, hg. von Claus Pias, 2. Aufl., Weimar 2013, 25 f.

From the outset Bahr was a consultant and author for *Ver Sacrum*. His turbulent career is well documented: the defining experience of *The Valkyrie* at the Hofoper in 1881; his dramatic appearance in 1883 as a German nationalist *Burschenschafter* (member of a student fraternity) at the Viennese commercium of mourning for Richard Wagner; his early reading of Nietzsche, Schopenhauer, Haeckel, Fechner, Marx, Engels; his conversion to "Österreichertum" ("Austrianness") in Berlin; his renunciation of anti-Semitism; his rejected dissertation on *Die Entwicklung vom Individualismus zum Sozialismus* [The Development from Individualism to Socialism] in 1895; an invitation from Victor Adler to be editor of *Die Gleichheit* in 1887; his sojourns in Paris (Baudelaire, Barrès, Maeterlinck) and Spain; his return to Vienna in 1891; his friendship with Hofmannsthal ...[22] In his publication *Selbstbildnis*, he writes:

> "Every young person at that time was a Wagnerian. They were one before they had even heard a single bar of his music. The young Max Burckhard [a friend of Bahr, secretary and director of Vienna's Burgtheater from 1890 to 1898, author for *Ver Sacrum*, issue 1; author's note] once spent three days at the west station simply because it was said that Wagner would arrive shortly.[23] [...] He would have loved nothing better than to transcribe every sentence from Wagner's *The Art-Work of the Future* for me."[24]

In Bahr's journals[25] there are accordingly inspired sentences concerning the "abandonment to Sensual Lust," the breakthrough to unbounded naturalness: "I am modern [...], I hate everything that has gone before, every exemplar, every imitation, and I accept no law in art other than the will of my momentary artistic sensibility"[26]—and on 19 September 1889:

> "I know from experience that everything is a lie but me, and actually does not exist when I attempt for just a moment not to want it. I know that my ego only exists in a series of sentiments the richer and stronger these sensations are produced. [...] I want to live sensationalism, and nothing but sensationalism [...] Sentiments, emotions, mood swings, sensory stimuli—take your pick of these names. They are the only truth."[27]

With his sojourns in Paris and Spain, Bahr converted from a German nationalist and Socialist to a decadent, to a vanquisher of naturalism, to a herald of an "art of the nerves," of sentimentality detached from cultural mores, free of traditional constructions of the ego and consciousness. In 1894 he remarks of the annual exhibition at Vienna's Künstlerhaus on the latest trends in painting: "Everyone wanted to elevate his extremely intimate vision of the world to the sensory. [...] I do not want to paint the world as it is or as it appears to me. I want to paint my soul."[28] In his review of the 1st Secession exhibition he writes, encouraged by Gustav Theodor Fechner and Ernst Mach: "We know that that which we see has never been seen by any other person and will never be seen by anyone: because it is our eye that has created our world, and we know that even we will never see again in the same way that which we see now: because our creating eye has already changed," and he closes with the sentence: "May the artist show his world [...]," which Moser presented as a motto in Olbrich's building.[29]

22 Bahr, Hermann, *Selbstbildnis*, Berlin 1923; annotated new edition: Schnödl, Gottfried (ed.), *Hermann Bahr. Selbstbildnis*, vol. 18 of the series *Hermann Bahr. Kritische Schriften*, ed. by Claus Pias, Weimar 2011. Also: Dietrich, Margret (ed.), *Der Herr aus Linz. Hermann-Bahr-Symposion*, Linz 1987.

23 Bahr 1923 (ibid.), 116.

24 Bahr 1923 (ibid.), 126. Wagner's *Kunstwerk der Zukunft* was translated as "The Art-Work of the Future" by William Ashton Ellis in 1993 (see note 10).

25 Farkas, Reinhard (ed.), *Hermann Bahr. Prophet der Moderne. Tagebücher 1888–1904*, Vienna 1987.

26 Ibid., 43.

27 Ibid., 53 f.

28 Bahr, Hermann, "Die Secessionisten in Wien" (1894), reprinted in: Pias, Claus (ed.), *Hermann Bahr. Renaissance*, vol. 5 of the series *Hermann Bahr. Kritische Schriften*, ed. by Claus Pias, Weimar 2008, 141 f.

29 Bahr, Hermann, "Unsere Secession" (1894), reprinted in: Pias, Claus (ed.), *Hermann Bahr. Secession*, vol. 6 of the series *Hermann Bahr. Kritische Schriften*, ed. by Claus Pias, Weimar 2013, 25 f.

Klimts *Nuda Veritas*, die Bahr für sein von Olbrich 1900 in Ober St. Veit konzipiertes Haus erwarb (Abb. 4), fasst 1899 in Malerei, was Richard Wagner für die Kunst gefordert hatte: Die „Ablösung des Gewandes der Religion vom Menschentum, [...] in voller Nacktheit ihren Kern, den wirklichen leiblichen Menschen" zu zeigen, „der egoistische, absolute, einzelne Mensch [...] nackt und schön, aber losgelöst aus dem schönen Bunde der Gemeinsamkeit".[30] Klimts *Nuda Veritas* überblendet die Symbolgestalt der mythischen drohend gepanzerten Athene mit dem Bild einer ganz zeitgenössischen, provokant entblößten Frau mit dem vorgehaltenen Spiegel und der Schlange um die Füße – und verbildlicht die zentrale Herausforderung für die männliche/gesellschaftliche Identität in dieser Wiener Ära im Allgemeinen und für Klimt selbst im Besonderen.

Koloman Moser stand im Nachruhm im Schatten von Josef Hoffmann, der ihn um Jahrzehnte überlebte. Doch seine Rolle in der internen Entwicklung der Secession 1898 bis 1904 tritt durch neuere Forschungen in den Vordergrund.[31] Moser kam von der Malerei und von der Grafik, von der Illustration. Sein Talent fand in den Layout-Konzepten für *Ver Sacrum* das ideale Experimentierfeld.[32] *Ver Sacrum* war die erste Kunstzeitschrift, deren Gestaltung ein neues Gesamtkunstwerk von Schrift und Bild samt Paginierung und Zierelementen bildete. Schon die repro- und drucktechnische Disposition des Mediums begünstigte, forderte die Linie und ihre Tendenz zur Abstraktion bzw. das egalitäre Spiel zwischen Figur und Grund, Hell und Dunkel, Farbe und Nicht-Farbe. In *Ver Sacrum* verschränkt sich alles gleichrangig dynamisch – Textflächen und Bildflächen, deren Abgrenzungen und gliedernde Kommentare mit Lineamenten, Vignetten. Die Seiten entwickeln eine ornamentale Resonanz und Kohärenz der Elemente.[33] Die zuvor in dieser Richtung von englischen oder belgischen KünstlerInnen aufgezeigten Prinzipien – das Flimmern von Figur und Grund, die reziproken Muster und Spannungen von Zeichnung und Zwischenraum – münden in der secessionistischen Flächenkunst, bei Moser und Hoffmann, nach der kurvilinearen Phase 1898/99 in die orthogonale, minimalistische Geometrie, die auch das ganze Interieur weiterer Secessionsausstellungen räumlich ergreift – die Negativ-Form der Raumhülle, wie auch die Positiv-Form konkreter Objekte, Möbel, Geräte.[34]

Mosers Raumgestaltungen der Secession, von der VI. Ausstellung über die VIII. (Schachbrett-Bänder im Minne-Kabinett) und die X. (zentral Klimts *Medizin*), erreichen ihren Höhepunkt bei der XVIII. Ausstellung, der Klimt-Personale, wo sich die Raumflächen in Passepartouts der Bilder verwandeln und dies mit der linearen Besäumung der Kanten aus vexierenden Profilen erreichen. Hier entstofflichen sich die raumformenden Flächen, abstrahieren sich von Statik und Materialität, werden autonome, optisch tendenziell schwebende, ornamentale Entitäten: die Aura der Bilder ausbreitende Paneele.[35] Das Schachbrettmuster ist eines der ältesten Ornamente, aus Flecht- und Webvorgängen entstanden, zugleich das abstrakteste, und es steht in historischen Kontexten exemplarisch für Dualitäten – Tag/Nacht, Mann/Frau, Gut/Böse, Wasser (schwarz)/Feuer (weiß), Apollo/Dionysus, Dur/Moll usw. Als Abstraktion von Gitter-Netz-Formen steht es symbolisch auch für Grenzziehungen, für apotropäische Signale, und wurde so an Baukanten, Fassaden, Schilden, Flaggen eingesetzt.

30 Wagner, Richard, *Das Kunstwerk der Zukunft. Gesammelte Schriften und Dichtungen*, Bd. 3, Leipzig 1907, 64, 133.

31 Erste wissenschaftliche Arbeit zu Moser: Fenz, Werner, *Koloman Moser. Graphik, Kunstgewerbe, Malerei*, Salzburg/Wien 1984, 26; weiters Witt-Dörring, Christian (Hg.), *Koloman Moser. Designing Modern Vienna 1897–1907*, München/London/New York 2013, hier speziell die Beiträge von Rainald Franz, „Graphic Art", 14–87, und Christian Witt-Dörring, „Interiors and Furniture", 88–193.

32 Zu Grafik und Flächenkunst der Secession erhielt Moser wichtige Impulse durch Klimt, beginnend 1896 mit den Beiträgen in *Gerlach's Allegorien. Neue Folge* von Martin Gerlach, 1897 dem Plakat zur I. Secessionsausstellung, 1899 dem Athene-Kopf als Signet der Künstlervereinigung.

33 Siehe dazu die Beiträge von Rainald Franz in Witt-Dörring, Christian (Hg.), 2013 (s. Anm. 31), sowie in: Husslein-Arco, Agnes/Weidinger, Alfred (Hg.), *Gustav Klimt – Josef Hoffmann. Pioniere der Moderne*, Ausst.kat. Belvedere, Wien, München u. a. 2011, 38–46.

34 Meyer, Christian, *Raummalerei – Spatial Painting. Künstler um Josef Hoffmann 1900–1910. Artists in the Josef Hoffmann Group*, Wien/New York 1987. Meyer definiert die Wende vom Kurvilinearen zur orthogonalen Geometrie in den Interieurentwürfen der Hoffmann-Klasse an der Kunstgewerbeschule als „Grafisch-Innovative Phase" um 1900 und „Analytische Phase I" ab 1902.

35 Erste Darstellung und Analyse aller Ausstellungsgestaltungen der Secession bis 1914 durch Forsthuber, Sabine, *Moderne Raumkunst. Wiener Ausstellungsbauten von 1898 bis 1914*, Wien 1991.

As Bahr noted the Secession was not interested in creating a new style but rather in the freedom of the purely artistic, the subjective, naked truth of individual feeling. Here we see the consonance with Olbrich's design attitude. In 1899 Klimt's *Nuda Veritas*, which Bahr acquired for his house—conceived by Olbrich in 1900—in Vienna's Ober St. Veit (fig. 4), captures in painting that which Richard Wagner had demanded for art: "cast aside the last concealing garment of Religion, and [show] its core in simple nakedness, the actual bodily man," "the absolute, egoistic, solitary unit—man, beautiful and naked, but loosened from the beauteous bond of brotherhood."[30] Klimt's *Nuda Veritas* overlays the symbolic figure of the mythically threatening and armored Athena with the image of a very contemporary, provocatively exposed woman with the mirror held in front of her and the snake around her feet—and depicts the primary challenge for male/social identity in this Viennese era in general and for Klimt himself in particular.

Koloman Moser's posthumous reputation was overshadowed by Josef Hoffmann, who survived him by several decades. Yet his role in the internal development of the Secession from 1898 to 1904 is now coming to the fore thanks to recent research.[31] Moser came from the world of painting and graphic art, from illustration. His talent found its ideal testing ground in his layout concepts for *Ver Sacrum*.[32] *Ver Sacrum* was the first art magazine whose design constituted a new *Gesamtkunstwerk* of text and image complete with pagination and decorative elements. Even the medium's disposition to copying and printing technology benefited, demanded the line and its tendency to abstraction—or rather the egalitarian interplay of figure and background, light and dark, color and non-color. In *Ver Sacrum* everything is interwoven with equal dynamism—text areas and image areas, their boundaries and structuring comments with lineation, vignettes. The pages develop an ornamental resonance and coherence of their elements.[33] The principles previously demonstrated along these lines by British or Belgian artists—the scintillation of figure and background, the inverse patterns, and the friction between drawing and intervening space—result in Secessionist surface art, in Moser and Hoffmann (after their curvilinear phase in 1898/99), in orthogonal, minimalist geometry, which also spatially embraces the entire interior of future Secession exhibitions—the negative space of the room's shell, as well as the positive space of concrete objects, furniture, equipment.[34]

Moser's interior designs for the Secession, from the 6th exhibition via the 8th (checkerboard bands in the Minne cabinet) and the 10th (to which Klimt's *Medicine* was central), culminate in the 18th, Klimt's solo show, in which the rooms' surfaces morph into the pictures' passe-partouts and achieve this by trimming the edges in a linear way from vexing profiles. Here the space-forming surfaces dematerialize, become abstracted from structure and materiality, become autonomous, optically tend toward floating, ornamental entities: panels that diffuse the aura of the pictures.[35] The checkerboard pattern is one of the oldest decorations, having arisen from braiding and weaving processes, but it is simultaneously the most abstract, and in historical contexts it signifies dualities—day/night, man/woman, good/bad, water (black)/fire (white), Apollo/Dionysus, major/minor, etc. As an abstraction of the grid/latticework forms, it also symbolizes demarcations, apotropaic signs, and was consequently applied to building ledges, façades, shields, flags.

30 Wagner 1850 (see note 10), 166.

31 First scientific work on Moser: Fenz, Werner, *Koloman Moser. Graphik, Kunstgewerbe, Malerei*, Salzburg/Vienna 1984, 26; also: Witt-Dörring, Christian (ed.), *Koloman Moser: Designing Modern Vienna 1897–1907*, Munich/London/New York 2013, here esp. the articles by Rainald Franz, "Graphic Art," 14–87, and Christian Witt-Dörring, "Interiors and Furniture," 88–193.

32 For the Secession's graphic and surface art, Moser found important inspiration in Klimt, beginning in 1896 with the pieces in *Gerlach's Allegorien. Neue Folge* by Martin Gerlach, then in 1897 the poster for the 1st Secession exhibition, and in 1899 Athena's head as the signet of the Union of Austrian Artists.

33 See the articles by Rainald Franz in Witt-Dörring, Christian (ed.), 2013 (see note 31), as well as in: Husslein-Arco, Agnes/Weidinger, Alfred (eds.): *Gustav Klimt – Josef Hoffmann. Pioniere der Moderne*, exh. cat. Belvedere, Vienna, Munich et al. 2011, 38–46.

34 Meyer, Christian, *Raummalerei – Spatial Painting. Künstler um Josef Hoffmann 1900–1910. Artists in the Josef Hoffmann Group*, Vienna/New York 1987. Meyer defines the transition from the curvilinear to orthogonal geometry in the interior designs by Hoffmann's class at the School of Arts and Crafts as the "graphic-innovative phase" around 1900 and "analytical phase I" after 1902.

35 First account and analysis of all Secession exhibition designs until 1914 by Forsthuber, Sabine, *Moderne Raumkunst. Wiener Ausstellungsbauten von 1898 bis 1914*, Vienna 1991.

XIV. SECESSIONSAUSSTELLUNG – ODE AN DEN PRIESTER-KÜNSTLER

Der Höhepunkt der Secessionsausstellungen ist seit 1977 durch Marian Bisanz-Prakken in einer Reihe von Publikationen erforscht. Für unser Thema sind nur zwei Aspekte anzusprechen. Im Zentrum der als „Tempelkunst" inszenierten Schau stand Max Klingers eben vollendete Beethoven-Skulptur (Abb. 5). Sie zeigt den Musiker und Komponisten als Künstler-Heros schlechthin – im Sinne Wagners und Nietzsches als einsames Genie, als „leidenden Erlöser", Prometheus einer neuen Zeit, die antike und christliche Tradition hinter sich lässt und deren Dichotomien in säkularem Kunst-Erleben überwindet. Konkret an Beethoven adressiert, setzen die Künstler der Secession als kollektiv auftretende Gemeinschaft eigentlich die Vision des Beethoven-Verehrers (und „Nachfolgers") Richard Wagner ins Bild.[36] Nicht nur, dass Klimt zur Einstimmung auf den Hauptraum im linken Saal seinen Fries nach einer Interpretation Wagners zur 9. *Sinfonie* Beethovens gestaltet, auch Klinger ist mit der Kunst- und Kulturtheorie Wagners, mit Schopenhauer und Nietzsche bestens vertraut.[37] Klinger nutzte Schopenhauers Philosophie als Quelle für seine eigene Kunsttheorie, publiziert 1891 in der Schrift *Malerei und Zeichnung*, die auch im Katalog der XIV. Ausstellung zitiert ist.[38] Selbst ein versierter Pianist, reflektiert Klinger musikalische Themen, verfertigt Bildnisse von Liszt und Wagner, widmet Johannes Brahms einen Radierzyklus .[39] Im Klimt-Fries hat Bisanz-Prakken überdies entdeckt, dass *Der wohlgerüstete Starke* in der linken Seitenwand die Gesichtszüge von Gustav Mahler trägt. Mahler wurde im Jahr der Secessionsgründung Direktor der Wiener Hofoper, reformierte gegen alle Widerstände deren Repertoire-Betrieb, führte einen neuen Interpretations- und Inszenierungsstil für Mozart und Wagner ein. Über Vermittlung von Carl Moll dirigierte Mahler zur Vor-Eröffnung der XIV. Ausstellung ein Bläser-Ensemble mit von ihm bearbeiteten Fassungen des letzten Satzes der *Eroica* und des Schlusschores der Neunten.[40]

Von diesem Event an intensivierten sich die Beziehungen zwischen den Secessionisten und dem Musik- und Theaterzirkel um Mahler, Pfitzner, Reinhardt. Von da an wurde Alfred Roller der stilbildende Bühnenbildner für Mahlers Inszenierungen an der Oper. Es begann im Februar 1903, zum 20. Todestag Richard Wagners, mit der umjubelten Neufassung von *Tristan und Isolde* (Abb. 6). Und an dem Ereignis offenbart sich idealtypisch, wie sich am geteilten Kunstgenuss die Lager der Wiener Kulturintelligenz damals extrem unterscheiden. Adolf Loos, erbitterter Gegner des „Schönheitswahns" der Secessionisten, schreibt in *Das Andere. Ein Blatt zur Einführung abendländischer Kultur* in Österreich:

> „Mir ist Tristan das höchste kunstwerk, von dem wir kenntnis besitzen. Ich möchte danken für die gnade, daß ich *nach* der schaffung des Tristan auf diese welt gekommen bin. [...] Tristan wurde neu ausgestattet. Professor Roller wurde mit den arbeiten betraut. Der vorhang ging auf. Aber ich hörte die stimme des jungen seemanns nicht. Meine augen waren zu sehr beschäftigt. Was ist denn das für ein Schiff?! Schief durchgeschnitten. Längsschnitt oder querschnitt?"

36 Bermbach, Udo u. a. (Hg.), *Bayreuther Theologie, wagnerspectrum* 2 2009; Geck, Martin, *Wagner. Biographie*, München 2012, hier speziell die Kapitel 13 (zu Parsifal) und 14 (Spürhund der Moderne).

37 Wagner, Richard, „Bericht über die Aufführung der neunten Sinfonie von Beethoven im Jahre 1846 in Dresden, nebst Programm dazu", in: Ebd., *Gesammelte Schriften und Dichtungen*, Bd. 2, Leipzig 1907, 56 ff.

38 *Katalog zur XIV. Ausstellung der Vereinigung bildender Künstler Österreichs*, Wien 1902, 15 ff. Klinger endet so: „Dieses GESAMT-WIRKEN aller bildenden Künste entspricht dem, was Wagner in seinen musikalischen Dramen anstrebte und erreichte. Wir besitzen jenes noch nicht [...]"

39 Röske, Thomas, *Der Zeichner als vereinender Künstler. Max Klinger und Arthur Schopenhauer*, in: Baum, Günther/ Birnbacher, Dieter (Hg.), *Schopenhauer und die Künste*, Göttingen 2005, 118–136.

40 Mahler-Werfel, Alma, *Gustav Mahler. Erinnerungen*, Frankfurt/Main 1991, 52 ff.

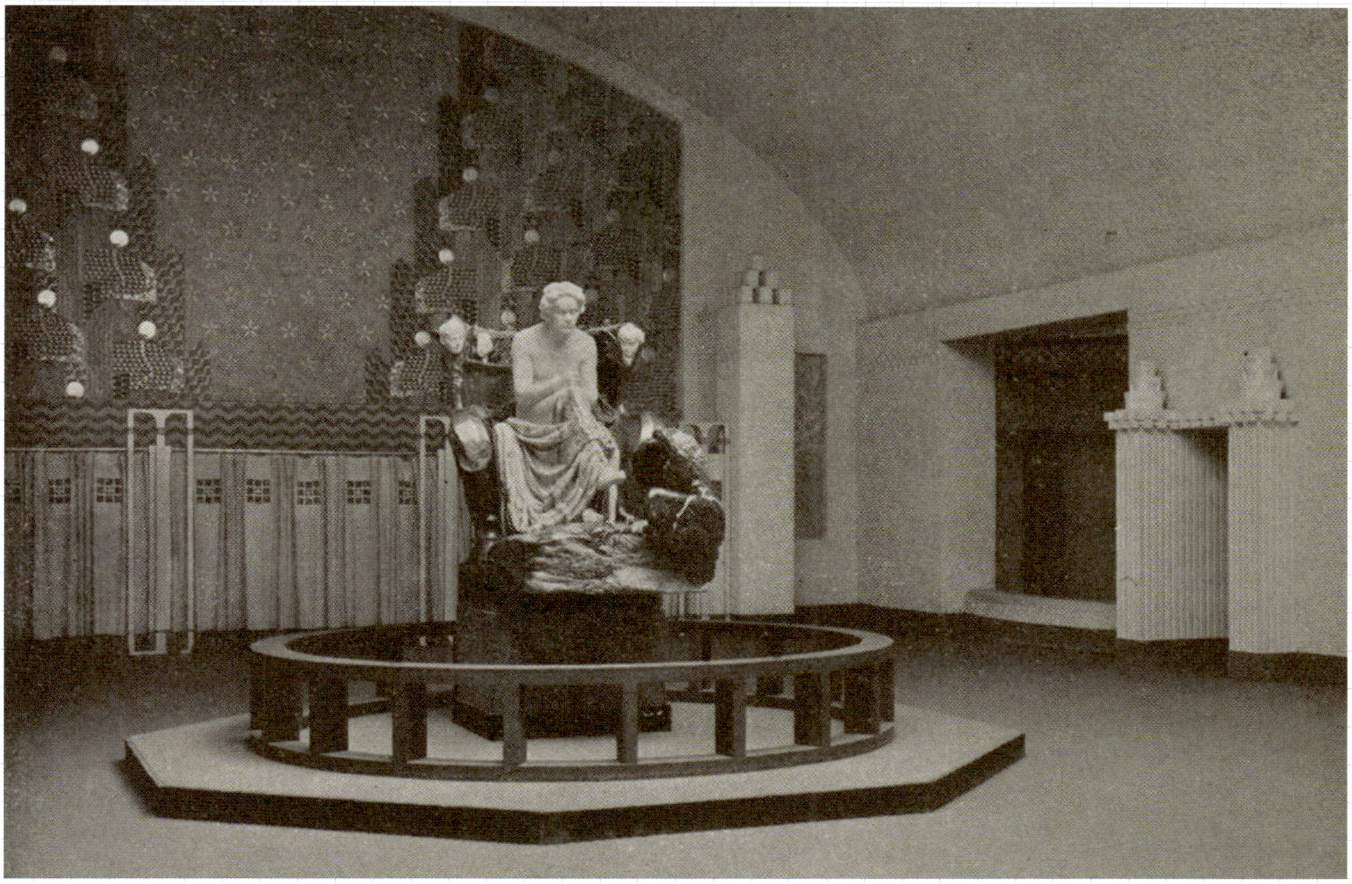

5

5 Max Klinger
Beethoven-Statue in der Mittelhalle der XIV. Secessionsausstellung, 1902
Beethoven statue in the central hall of the 14th Secession exhibition, 1902
In: *Ver Sacrum* (5) 11 1902, S. p. 167
MAK

6 Alfred Roller
Bühnenbildentwürfe zu Richard Wagners *Tristan und Isolde*, 1. Akt, 1902
Stage designs for *Tristan and Isolde* by Richard Wagner, act 1, 1902
Theatermuseum, Wien Vienna

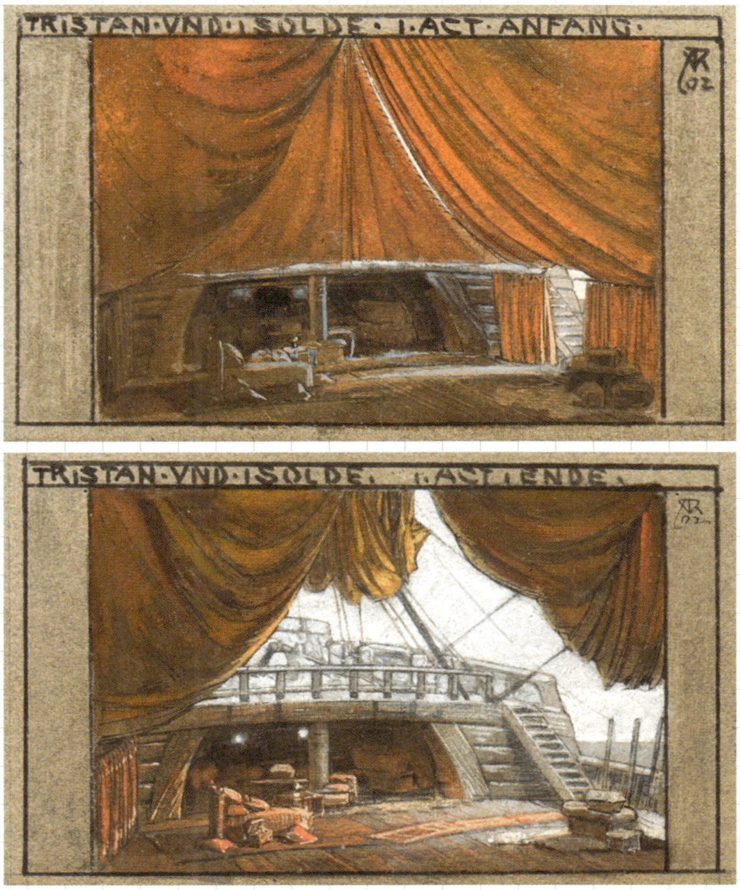

6

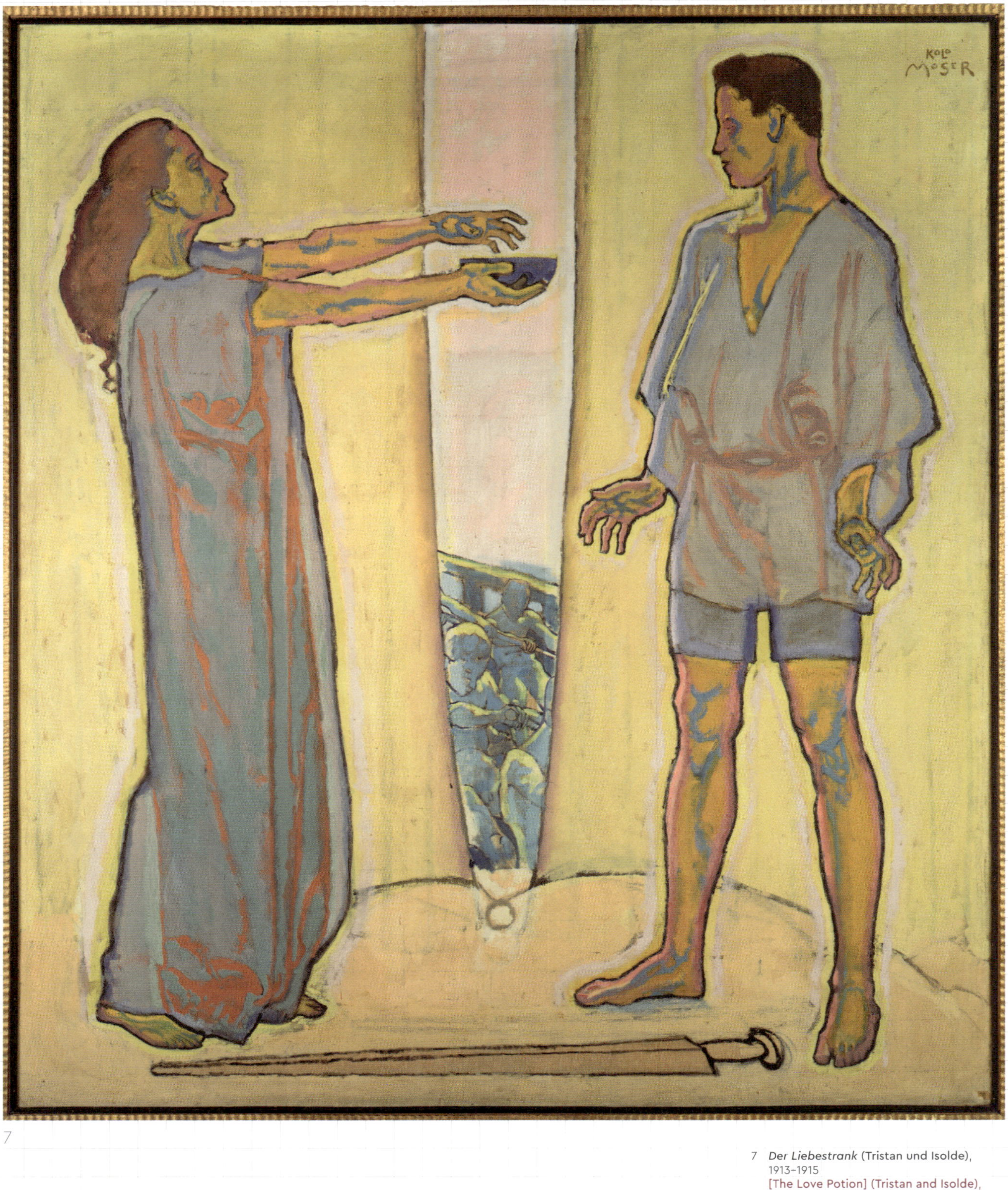

7

7 *Der Liebestrank* (Tristan und Isolde), 1913–1915
[The Love Potion] (Tristan and Isolde), 1913–1915
Leopold Museum, Wien Vienna

14TH SECESSION EXHIBITION: ODE TO THE ARTIST-PRIEST

The culmination of the Secession exhibitions has been researched by Marian Bisanz-Prakken in a series of publications since 1977. For this discussion only two aspects are relevant. In the center of the show orchestrated as "temple art," there stood Max Klinger's recently completed Beethoven sculpture (fig. 5). It shows the musician and composer as the artist-hero par excellence—in the Wagnerian and Nietzschean sense as a solitary genius, as a "suffering redeemer," Prometheus of a new age, leaving the ancient and Christian tradition behind him and overcoming their dichotomies in the secular art experience. Specifically addressed to Beethoven, here the artists of the Secession—a community behaving as a collective—are actually realizing the vision of the Beethoven-admirer (and "successor") Richard Wagner.[36] It is not just that Klimt designs his frieze—in the left room to acclimatize visitors to the main room—after an interpretation by Wagner of Beethoven's *Ninth Symphony*, but Klinger is also intimately familiar with Wagner's art and cultural theory, with Schopenhauer and Nietzsche.[37] Klinger used Schopenhauer's philosophy as the source for his own art theory, published in 1891 in the essay *Malerei und Zeichnung*, which is also quoted in the catalog of the 14th exhibition.[38] An experienced pianist, Klinger reflects on musical topics, produces portraits of Liszt and Wagner, dedicates a series of etchings to Johannes Brahms.[39] Moreover, in the Klimt frieze Bisanz-Prakken discovered that *The Knight in Shining Armor* on the left sidewall bears the facial features of Gustav Mahler. Mahler became director of Vienna's Hofoper in the year of the Secession's founding, reformed its repertory despite considerable opposition, and introduced a new style of interpreting and orchestrating Mozart and Wagner. Via Carl Moll's mediation Mahler conducted a wind ensemble for the opening of the 14th exhibition with his own versions of the last movement of the *Eroica* and the final chorus of the Ninth.[40]

From this moment on the relationship between the Secessionists and the musical and theatrical circle around Mahler, Pfitzner, and Reinhardt intensified. From then on Alfred Roller became the style-setting stage designer for Mahler's productions at the opera house. This started in February 1903, on the 20th anniversary of Richard Wagner's death, with the celebrated revised version of *Tristan and Isolde* (fig. 6). The divided response of the audience on this occasion manifests superbly just how extremely the factions of Viennese cultural intelligentsia differed at that time. Adolf Loos, fierce opponent of the Secessionists' "obsession with beauty," writes in *Das Andere. Ein Blatt zur Einführung abendländischer Kultur in Österreich*:

> "For me Tristan is the highest artwork of which we have knowledge. I would like to express my gratitude for the blessing that I was born into the world *after* the creation of Tristan. [...] Tristan has been refurbished. Professor Roller was entrusted with the work. The curtain was raised. But I did not hear the voice of the young sailor. My eyes were too preoccupied. What kind of ship is that?! Cut through at a lopsided angle. Latitudinal or longitudinal cross section?"

36 Bermbach, Udo et al. (eds.), *Bayreuther Theologie, wagnerspectrum* 2 2009; Geck, Martin, *Wagner. Biographie*, Munich 2012, here esp. chapter 13 (on Parsifal) and 14 ("Spürhund der Moderne").

37 Wagner, Richard, "Bericht über die Aufführung der neunten Sinfonie von Beethoven im Jahre 1846 in Dresden, nebst Programm dazu," in: ibid., *Gesammelte Schriften und Dichtungen*, vol. 2, Leipzig 1907, 56 ff.

38 *Katalog zur XIV. Ausstellung der Vereinigung bildender Künstler Österreichs*, Vienna 1902, 15 ff. Klinger ends thus: "This TOTAL IMPACT of all fine arts corresponds to that to which Wagner aspired and which he achieved in his music dramas. We do not yet possess this [...]"

39 Röske, Thomas, *Der Zeichner als verneinender Künstler. Max Klinger und Arthur Schopenhauer*, in: Baum, Günther/Birnbacher, Dieter (eds.), *Schopenhauer und die Künste*, Göttingen 2005, 118–136.

40 Mahler-Werfel, Alma, *Gustav Mahler. Erinnerungen*, Frankfurt am Main 1991, 52 ff.

Und es folgt eine Satire über die Störung des musikalischen Ereignisses durch die effektvolle Inszenierung, die ihn von der Musik ablenkt. Er schließt dann: „Ich lief hinaus. Nein, so darf man nicht im Tristan sitzen. Ich ging nach hause. *Man hatte mir mein heiligstes genommen.*"[41] Loos schätzt die musikalische Kunst Wagners, auch die Gedankenwelt Nietzsches, auf die der Titel seiner Schrift *Trotzdem. 1900–1930* anspielt.[42] Aber er polemisiert gegen alles, was nach Secession und Kunstgewerbe riecht. In der Operngeschichte markiert die Mahler-Roller-Kooperation jedenfalls die Wende vom historistischen „Kulissendepot" zu einer Szene, wo Raum, Farbe und Licht eins sind mit Musik, Wort und Gestik. 1906 wiederum plant Koloman Moser für Hoffmanns Palais Stoclet Tapisserien mit dem Tristan-Thema, die aber nicht zur Ausführung kommen.[43] Im Spätwerk vom Moser gibt es u. a. die Bilder *Isolde*, *Tristan* und *Isolde reicht Tristan den Liebestrank* sowie den *Wanderer*, der Nietzsches *Zarathustra* evoziert (Abb. 7, 8).

JOSEF HOFFMANN – KOLOMAN MOSER – PURKERSDORF

Hoffmann, 1896–1898 ebenfalls im Atelier Otto Wagners aktiv, ist dezidierter noch als Olbrich ein „unreflectierter Formgeber". Eine prägnante ideologische oder literarisch/musische Inspiration ist bei dem introvertierten, als Charakter schwer fassbaren Hoffmann kaum aufzuspüren.[44] In seinem riesigen Œuvre entwickelt er Formtypen, die in vielen Variationen auftauchen und ausgiebig nachgeahmt werden: die Begrenzung der Flächen eines Volumens mit Säumen, Bordüren, Profilen; der gestaffelte Rahmen und dessen Äquivalent, die Stufenpyramide; das Quadrat und das Vexieren von Figur-/Grundmotiven, das Koloman Moser wohl noch vor ihm aufgreift. Diesen Elementen gemeinsam ist die Tendenz zur Mehrdeutigkeit: die gesäumten Kanten der Baukörperflächen irritieren die tektonischen Verhältnisse, verschleiern die Verhältnisse der Struktur, machen räumliche Zusammenhänge zu flächigen, stellen die Ordnung von Oben und Unten, Wand und Loch, Stütze und Balken in Frage, forcieren die Flächigkeit, das Gewichtlose; analog dazu ist das Quadrat eine Figur ohne Präferenz der Richtungen, ohne eindeutige Statik. Moser und Hoffmann wählen es auch, weil es historisch nicht besetzt, für die Re-Form unverbraucht verfügbar ist.

Die räumliche Verschiebbarkeit dieser Elemente – Eduard Sekler spricht von dem „aneinander Vorbeigleiten" der Baumassen beim Palais Stoclet[45] – hat ihre Entsprechung in der maßstäblichen Verschiebbarkeit: aus einer Miniatur kann bei gleichbleibender Form ein Gebäude werden und umgekehrt. Hoffmann verwendet etwa 1925 dieselbe Umrisslinie für eine Schmuckkassette aus Messing, für einen Schrank aus Holz, einen Ausstellungspavillon aus verputzten Wänden, einen Messergriff aus Silber und einen Bucheinband in Leder. Von inhaltlichen und materiellen Bindungen gelöst, werden die Formen richtungs- und maßstabsneutral, gleitend; im Gegensatz zum Neoplastizismus des De Stijl, der ähnliche Phänomene aufweist, fehlt aber die dynamische, bewegungsorientierte Komponente.

Es liegt nahe, diese schwebende Starre, Richtungslosigkeit mit Hoffmanns sozialer und politischer Indifferenz in Verbindung zu bringen – umstandslos kann er offizielle

41 Loos, Adolf, *Das Andere – Ein Blatt zur Einführung abendländischer Kultur in Österreich*, zwei Hefte, Wien 1903. Reprint des Beitrags „Was wir sehen und hören", in: Loos, Adolf, *Trotzdem. 1900–1930*, Innsbruck 1931, 233 f. Zur Komplexität der Wagner-Rezeption in Wien siehe Winkelbauer, Andrea (Hg.), *Euphorie und Unbehagen. Das jüdische Wien und Richard Wagner*, Wien 2013.

42 Über das Kulturbild Loos', die Stellung zu Semper, Wagner und Nietzsche, zu Riegl, Wittgenstein, Schönberg exemplarisch: Munch, Anders V., *Der stillose Stil – Adolf Loos*, München 2005.

43 Hinweis vom Matthias Boeckl bzw. Christian Witt-Dörring. Zu Alfred Roller siehe u. a. Wagner, Manfred, *Alfred Roller in seiner Zeit*, Salzburg/Wien 1996.

44 Standardwerke zu Hoffmann bieten immer noch Sekler, Eduard, *Josef Hoffmann. Das architektonische Werk*, Salzburg/Wien 1982, sowie Baroni, Daniele/D'Auria, Antonio, *Josef Hoffmann und die Wiener Werkstätte*, Stuttgart 1984, dort findet sich u. a. eine wegweisende Analyse zum Sanatorium Westend in Purkersdorf und Mosers Beitrag.

45 Sekler 1982 (ebd.), 83.

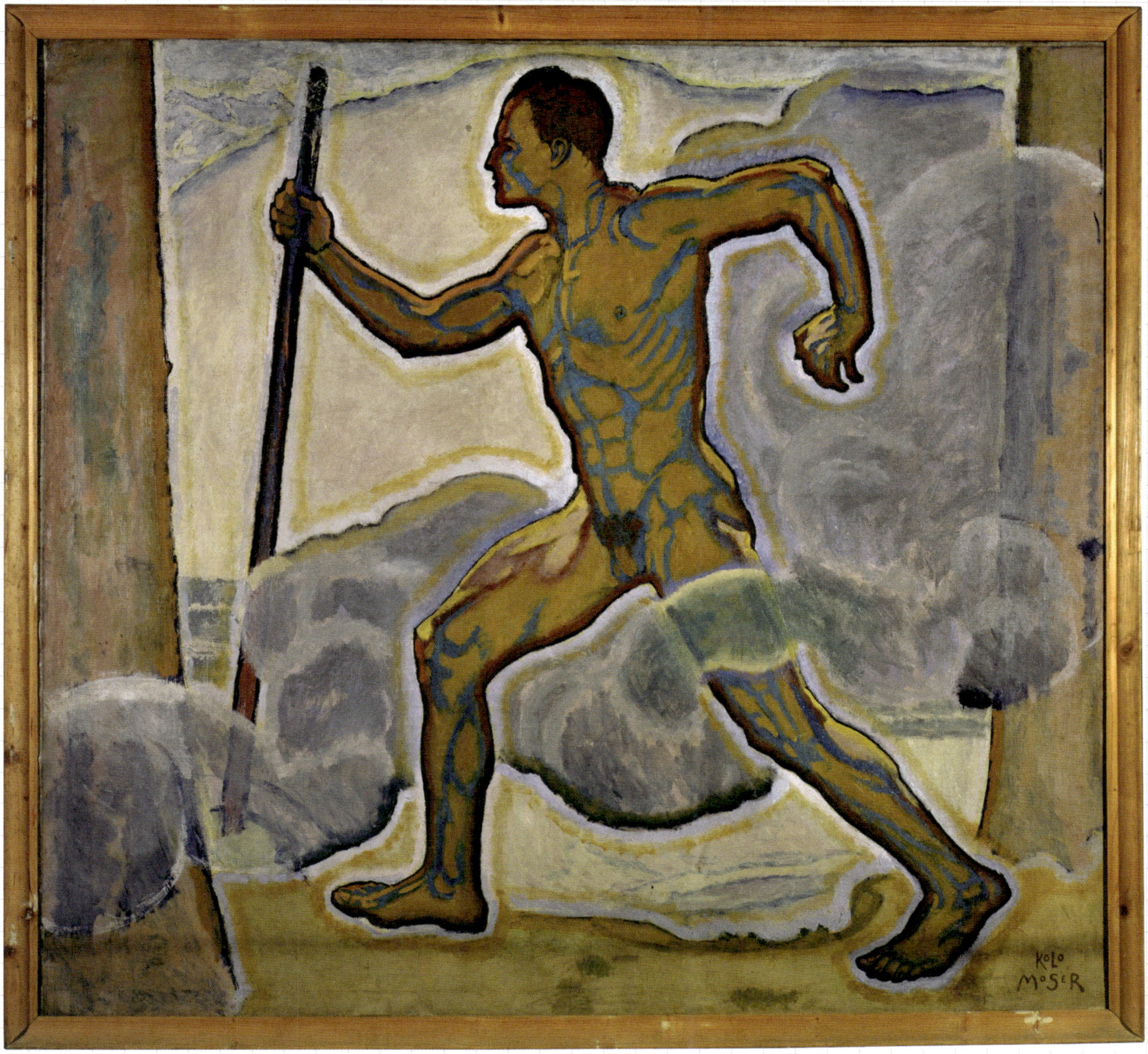

8

8 *Der Wanderer mit Wolken*, um 1915
[The Hiker with Clouds], ca. 1915
Wien Museum

Aufträge in fünf Regimes ausführen. Anders als bei Klimt kommt das Abgründige – die Eros-Thanatos-Spannung im Subjektiven bzw. im Sozialen der Zeit – bei Hoffmann nie zum Vorschein. Andererseits geben, wie Schorske kommentiert, Klimts Ornamente seinen Damenbildnissen jenes prächtige Etui, das Hoffmann seinen AuftraggeberInnen mit den bis zur Erstarrung stilisierten und zugleich so leicht wirkenden Interieurs verschafft.[46] Neben den Referenzen auf angelsächsische, belgische oder altjapanische Inspirationen eröffnete Werner Hofmann im erwähnten Essay wertvolle Sichten auf literarische, psychologische und kunstwissenschaftliche Einflüsse. Er setzt Hoffmanns und Mosers Formen in Beziehung zum Ineinandergleiten der Wortbedeutungen und sprachlichen Wirklichkeiten bei Hugo von Hofmannsthal, Arthur Schnitzler, Sigmund Freud und Otto Weininger, aber auch zum ornamentalen Form-Oszillieren bei Klimt. Und er verweist auf Alois Riegl, der die hermeneutische Hierarchie zwischen bildender und angewandter Kunst, zwischen Preziosen und Massenware überwindet und das maßfrei Ornamentale als das Agens jeder Formbildung, jedes „Kunstwollens" ausweist.[47]

Beim Sanatorium Westend in Purkersdorf 1904 ist Hoffmann, mit Koloman Moser und der Wiener Werkstätte, so nahe bei Loos wie sonst nie wieder. In den meisten kunsthistorischen Deutungen dazu wird mit protomodernen Aspekten argumentiert. Die Motive von Hoffmann/Moser kommen woandersher und gehen auch woandershin. Die Verputzflächen der Sanatoriumsfassaden, Mitte der 1990er Jahre hervorragend rekonstruiert, sind fugenlos in der damals aktuellen Technik des Quetschputzes mit Kalkmörtel aufgebracht. Sie erscheinen im Streiflicht wie eine vom Wind gekräuselte Haut oder Wasserfläche (Abb. 9). Es ist eine direkt aus der Hand der Maurer mit Kelle und Quetschbrett rhythmisch aufgetragene Spur, ein struktureller „Schmuck" der Oberfläche ohne jede dazwischengeschobene Formtradition, ohne subjektive Design-Geste, befreit von imitierter Tektonik, wie sie die historistischen Verputzfassaden charakterisiert hatten. Und die Kombination der gekräuselten Verputzhaut mit der flimmernden Geometrie der blau-weißen Fliesenbänder um alle Kanten ist technisch *und* formal kohärent.[48] Hoffmann benutzt bei diesem Bau extensiv die Eisenbetonkonstruktion mit im Innenraum offen gezeigter Platten-Balken-Struktur, es gibt keine gemauerten Bögen (Abb. 10). Die Überlager aller Öffnungen sind gerade, mit Eisen armierte Betonstürze. Dementsprechend folgt auch die Abstraktion der Fassadendetails – als Evolution aus dem Schema der Tradition – der Logik, dass alle Teile der Außenwand, die physisch exponiert, dem Regenwasser und Zugriff von Erosion und Nutzung ausgesetzt sind, mit der im Wagner-Umkreis aktuellen Technik der hochfesten Fliesen „armiert" werden. Alle Fassaden-Syntax ist damit verschwunden. Im traditionellen Formenkanon, selbst noch bei schlichtesten Putzfassaden des Biedermeier, waren diese Details als Transformation historischen Steinwerks – Verdachungen, Mauerbänke, Gewände – plastisch in Putz durchgebildet. Hoffmann reduziert all das auf die Fassung mit Bändern aus glasierten, mit Pressfugen verlegten Fliesen, bündig mit der ebenfalls auf die Fläche reduzierten Verputzhaut. Auch der breite Dachvorsprung entspricht formal der technischen Novität der armierten Betonplatte. Anders bei Wagner, dessen Vordächer mit Kassettierungen noch die Rhythmen von Sparren spüren lassen, anders auch bei Loos, der am Haus Goldman & Salatsch die mit Reibputz geglättete Fassade mit einem klassisch profilierten Gesimse abschließt, zeigt da die Untersicht der

46 Schorske 1982 (s. Anm. 3), Kap. V, „Gustav Klimt: Die Malerei und die Krise des liberalen Ich", 195–264: 257 ff.

47 Hofmann 1970 (s. Anm. 1), 110–129.

48 Bundesdenkmalamt (Hg.), *Putzfassaden in Europa um 1900. Studien zur Technologie, Restaurierung*, Wien 1999.

This is followed by a satire about the disruption of the musical experience by the sensational staging, which distracts him from the music. He concludes: "I ran out. No, one should not sit in *Tristan* like that. I went home. *I had been robbed of my most holy music.*"[41] Loos appreciates Wagner's musical art, and Nietzsche's intellectual world, to which the title of his collected writings *Trotzdem. 1900–1930* alludes.[42] He pointedly polemicizes against anything that even suggests the Secession and arts and crafts. In any event, in the history of the opera house the Mahler-Roller cooperation marks the turning point from the Historicist "scenery depot" to a set on which space, color, and light are at one with music, word, and gesture. Similarly, Koloman Moser plans tapestries in 1906 for Hoffmann's Stoclet House with the *Tristan* theme, though they are not realized.[43] In Moser's late work there are among other things the pictures: *Isolde*, *Tristan*, and *Isolde reicht Tristan den Liebestrank* [Isolde Hands Tristan the Love Potion], as well as the *Wanderer*, which evokes Nietzsche's *Zarathustra* (fig. 7, 8).

JOSEF HOFFMANN—KOLOMAN MOSER—PURKERSDORF

Hoffmann, who likewise worked at Otto Wagner's atelier from 1896 to 1898, is even more decidedly an "unreflective" designer than Olbrich. A formative ideological or literary/musical inspiration can hardly be detected in the introverted, elusive character of Hoffmann.[44] In his enormous oeuvre he develops formal styles that appear in many variations and are exhaustively copied: the demarcation of the surfaces of a shape with seams, borders, profiles; the staggered frame and its equivalent, the stepped pyramid; the square and the vexing of figurative/background motifs, which Koloman Moser probably even took up before him. What these elements have in common is their tendency to ambiguity: the seamed edges of the surfaces of buildings confuse the architectural proportions, conceal the structure's proportions, transform a spatial unit into a flat one; call into question the arrangement of up and down, wall and gap, pillar and joist; reinforce the flat, the weightless. Analogously, the square is a shape with no preference for any orientation, with no unambiguous structure. Moser and Hoffmann also choose it because it is not historically loaded, is unused and thus available for their re-forming.

The spatial adjustability of these elements—Eduard Sekler speaks of the way the structures of Stoclet House "glide past each other"[45]—has its counterpart in scale adjustability: a miniature can become a building without changing its form and vice versa. For instance, Hoffmann uses the same outline in 1925 for a brass jewelry box, a wooden cabinet, an exhibition pavilion with plastered walls, a silver knife handle, and a leather book cover. Detached from thematic and material constraints, the forms become neutral in terms of orientation and scale, they glide; this is in contrast to the Neoplasticism of De Stijl, which exhibits similar phenomena but lacks this dynamic, flexible component.

It is natural that we should associate this fluctuating rigidity, this lack of orientation with Hoffmann's social and political indifference—without further ado he can execute

41 Loos, Adolf, *Das Andere – Ein Blatt zur Einführung abendländischer Kultur in Österreich*, two issues, Vienna 1903. Reprint of the article "Was wir sehen und hören," in: Loos, Adolf, *Trotzdem. 1900–1930*, Innsbruck 1931, 233 f. On the complexity of the reception of Wagner in Vienna, see Winkelbauer, Andrea (ed.), *Euphorie und Unbehagen. Das jüdische Wien und Richard Wagner*, Vienna 2013.

42 On Loos's understanding of culture, his view on Semper, Wagner, and Nietzsche, on Riegl, Wittgenstein, Schönberg, see the exemplary: Munch, Anders V., *Der stillose Stil – Adolf Loos*, Munich 2005. "Trotzdem" in the title is an allusion to chapter 37, "Nevertheless," in Nietzsche's *Human. All-too-Human: A Book for Free Spirits* (original 1878), Edinburgh/London 1910, 56–58. Trans. Helen Zimmern.

43 As advised by Matthias Boeckl resp. Christian Witt-Dörring. On Alfred Roller see among others Wagner, Manfred, *Alfred Roller in seiner Zeit*, Salzburg/Vienna 1996.

44 Standard reference works on Hoffmann are still Sekler, Eduard, *Josef Hoffmann. Das architektonische Werk*, Salzburg/Vienna 1982, as well as Baroni, Daniele/D'Auria, Antonio, *Josef Hoffmann und die Wiener Werkstätte*, Stuttgart 1984, in which a pioneering analysis of the Sanatorium Westend in Purkersdorf and Moser's contribution to it can be found, among other things.

45 Sekler 1982 (ibid.), 83.

Auskragung in abgestuften Längsstreifen die statisch logische Verjüngung von der Mauerflucht zum Dachrand hin.

Loos nannte als sein Vorbild die alten Wiener Kalkputze.[49] Seine Putzfassaden sind dann wie maschinell geglättet, maskenhaft „stumm", während die Fassaden des Sanatoriums in wischenden Handbewegungen geformt sind, „gezupft" – wie in Westösterreich diese Technik heißt. Sowohl die Flächenwirkung der Verputzhaut als auch das flimmernde Blau-Weiß der Fliesenkanten evozieren u. a. das Element Wasser – das Schachbrettmuster als geometrisierte Form der Wellenbewegung. Und Wasser spielt hier im Sanatorium, einer Wasserheilanstalt, eine zentrale Rolle. Wasser wird auch in allen religiösen Ritualen mit Reinigung und Heilung konnotiert.[50]

Hoffmann kooperiert bei diesem ersten Großprojekt der Wiener Werkstätte engstens mit Koloman Moser – bis in die Möbel- und Detailausstattung. Lange Zeit wurden etwa die von Moser entworfenen Sessel der Eingangshalle Hoffmann zugeschrieben (s. Abb. 52, S. 52). Es ist aber klar festzuhalten, dass diese Transformierung der Baugestalt in pure, von Schachbrett-Ornamentbändern an ihren Kanten geschiedene bzw. „vernähte" Flächigkeit eine architektonische Adaptierung der Moser'schen Interieurs der XVIII. Secessionsausstellung darstellt (s. Abb. 79, S. 65).

Meine Lektüre geht dahin, dass Hoffmann wie schon Moser die raumgebenden Flächen an ihren Kanten und Fügungen als „Nähte" behandelt, die auf textile Muster verweisen und damit auf Flechtwerke, Bordüren, welche immer schon die inhärenten Motive und Anlässe der Ornamentik geboten hatten. Hoffmann/Moser bringen nun eine andere Lektüre von Gottfried Sempers Theorien als Wagner oder Loos. Hoffmann sucht dann – in seinem Schmuck- und Formtrieb – immer diese Stöße und Ränder, um sie technisch und formal als Schmucklinien seiner Gestalten auszuzeichnen. Indirekt hängt damit ein werktechnisch „freierer" Umgang zusammen. Seine Bordüren, Leisten und dergleichen erlauben Spielraum für Montage- und Dehnfugen darunter, so wie in der Tischlerei oft Übergänge von Rahmen zu Füllungen, von Stöcken zum Mauerwerk erst mit Deck- oder Kehlleisten abgedeckt werden. All das im Kontrast zu Loos, der bei seinen Marmorverkleidungen oder Holzlambrien die akkurateste Handwerklichkeit fugenloser Fügungen fordert, um das handwerkliche Können im Dienst der „reinen" Wirkung des Naturmaterials offen zu demonstrieren, zu feiern. Man vergleiche nur die Marmorfassaden beim Palais Stoclet und beim Haus Goldman & Salatsch.

Die Abstraktion der Flächen und ihre von Tektonik „befreite", sozusagen „grafische und ornamentierte" (wie Loos spottete) Vernähung kommt bei Hoffmann – von Moser zunächst aus Grafik, Plakat- und Ausstellungsgestaltung angeregt – stets „von außen" an die Baufigur oder Objektgestalt, die so in allen Maßstäben den Schatullencharakter erhält. Das tektonische Autonomwerden der Raumflächen hingegen bei Frank Lloyd Wright, das Auflösen der Raumkanten bei den Wagnerschülern und dann bei De Stijl ist „von innen" motiviert – vom Wunsch nach statischer Befreiung der Fassade durch die Trennung (ein Nach-Innen-Nehmen) des Tragwerks von der Haut, die so zur „transparenten" Membran werden kann. Und im Kontrast

49 Rukschcio, Burkhardt/Schachel, Roland, *Adolf Loos, Leben und Werk*, Salzburg/Wien 1982. Weiters: Pogacnik, Marco, *Adolf Loos und Wien*, Salzburg 2011.

50 Topp, Leslie, *Architecture and Truth in Fin-de-Siècle Vienna*, Cambridge (UK) 2004. Weiters: Blackshaw, Gemma/Topp, Leslie (Hg.), *Madness & Modernity. Kunst und Wahn in Wien um 1900*, Wien 2009.

commissions under five regimes. Unlike in Klimt, the unfathomable—the Eros-Thanatos conflict in the subjective and social aspects of the age—never surfaces in Hoffmann. On the other hand, as Schorske comments, Klimt's ornamentation gives his female portraits that magnificent casing that Hoffmann provided to his customers with his interiors—stylized to the point of torpor while simultaneously achieving such a simple impression.[46] Alongside the references to Anglo-Saxon, Belgian, or ancient Japanese inspirations, in his aforementioned essay Werner Hofmann introduced valuable perspectives on literary, psychological, and art theoretical influences. He relates Hoffmann's and Moser's forms to the merging of acceptations and linguistic realities in Hugo von Hofmannsthal, Arthur Schnitzler, Sigmund Freud, and Otto Weininger, as well as to the ornamental fluctuation of forms in Klimt. Furthermore, he refers to Alois Riegl, who overcomes the hermeneutic hierarchy between fine and applied art, between precious item and mass merchandise and identifies the immeasurably ornamental as the agent of every creation of form, every "Kunstwollen" ("will to art").[47]

At the Sanatorium Westend in Purkersdorf in 1904, Hoffmann—with Koloman Moser and the Wiener Werkstätte—approximates Loos to a degree that will never be repeated. Most art historical interpretations of this project apply protomodern arguments. Hoffmann/Moser's motivations come from a different source and arrive at a different outcome. The plastered surfaces of the sanatorium's façades—superbly reconstructed in the mid-1990s—are applied seamlessly using the then fashionable technique of roughcast plaster using lime mortar. In sidelight they had the appearance of skin or the surface of water puckered by wind. It is a trace rhythmically left by the bricklayer's hand bearing a trowel and a float, a structural "decoration" of the surface without any interfering formal tradition, without any subjective design gesture (fig. 9), freed from the imitated architecture that had characterized Historicist plastered façades. And the combination of the puckered skin of the plaster with the shimmering geometry of the blue and white bands of tiles around all edges is technically *and* formally coherent.[48] In this building Hoffmann uses reinforced concrete extensively with the slab/pillar structure displayed openly in the interior; there are no arches laid with bricks (fig. 10). The lintels above all openings are straight, with reinforced concrete supports. Consequently, the abstraction of the façade details—as an evolution from the formula of tradition—also follows the logic of all parts of the exterior walls that are physically exposed to rainwater, erosion, and wear being "reinforced" with high-strength tiles—a technique fashionable in the Wagner milieu. All façade syntax is thus lost. In the traditional canon of forms, even in the plainest plastered façades of Biedermeier, these details were molded meticulously and sculpturally in plaster as a transformation of historical masonry—hood moldings, ledges, embrasures. Hoffmann reduces all this to a border, using bands of glazed tiles laid with recessed grout joints, flush with the plaster skin that has likewise been reduced to a flat surface. Even the wide eaves formally conform to the technical novelty of the reinforced concrete slab. Unlike Wagner, whose coffered eaves still betray the rhythms of rafters; unlike Loos, who finishes off the smooth cast plaster façade of the Goldman & Salatsch building using a cornice with a classic profile; here the underside of the cantilever shows structurally logical tapering in stepped longitudinal strips from the surface of the wall to the edge of the roof.

46 Schorske 1982 (see note 3), chap. V, "Gustav Klimt: Painting and the Crisis of the Liberal Ego," 208–278: 208 ff.

47 Hofmann 1970 (see note 1), 110–129.

48 Bundesdenkmalamt (ed.), *Putzfassaden in Europa um 1900. Studien zur Technologie, Restaurierung*, Vienna 1999.

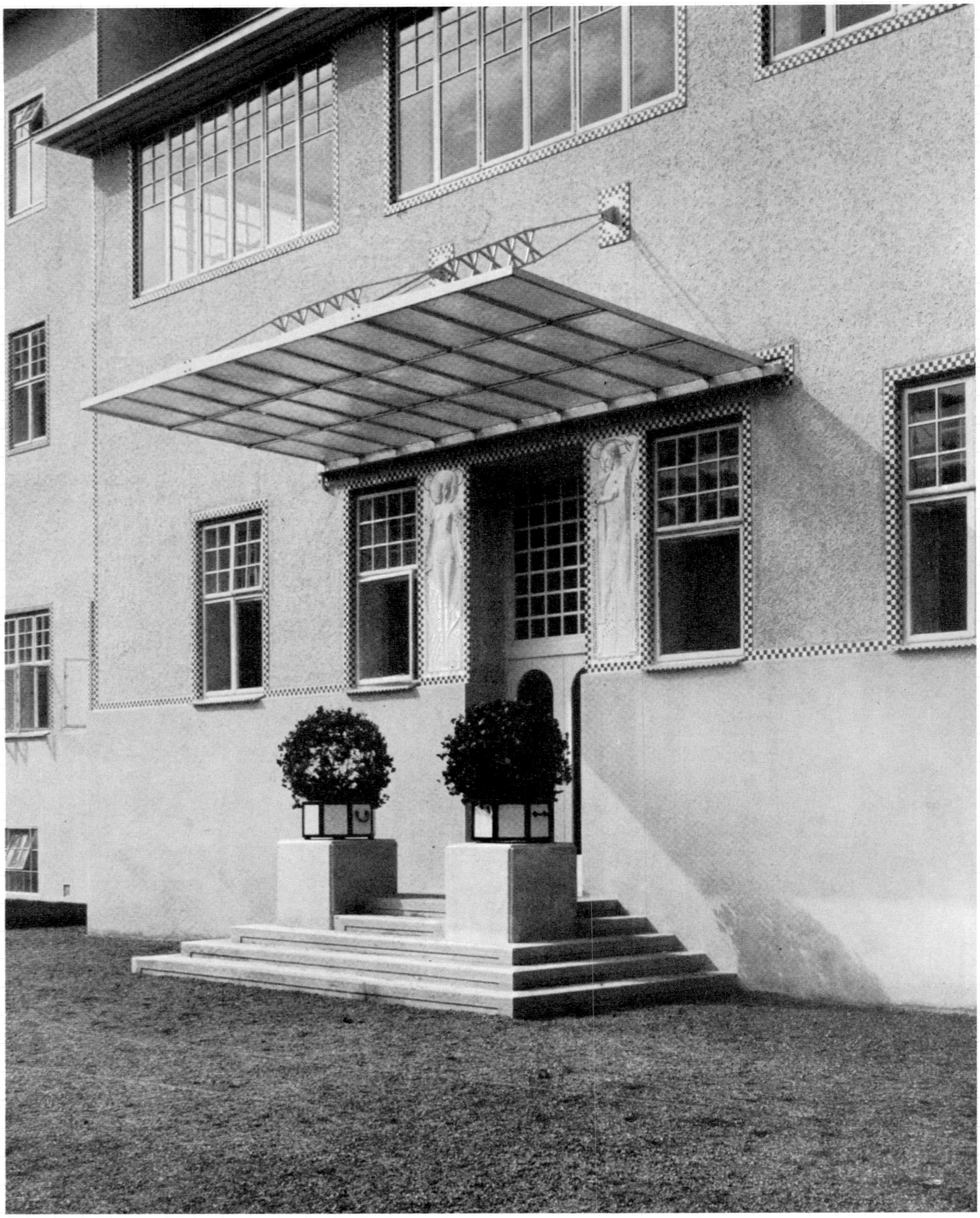

9

9 Josef Hoffmann
Sanatorium Westend in Purkersdorf, 1904
(Detailansicht der Gartenfassade)
Sanatorium Westend in Purkersdorf, 1904
(detail of the garden façade)
MAK

Loos named old Viennese lime plastering as his model.[49] His plastered façades are smoothed as if by a machine, "silent" like a mask, whereas the façades of the sanatorium are formed with wiping hand gestures, "gezupft" ("plucked") as the technique is called in western Austria. Both the surface effect of the plastered skin as well as the shimmering blue and white of the tiled edges evoke among other things the element of water—the checkerboard pattern as a geometrized version of waves as they move. And water plays a key role here in the sanatorium, a hydropathic institution. In all religious rituals water also connotes purification and healing.[50]

In this first major project by the Wiener Werkstätte, Hoffmann closely cooperates with Koloman Moser—down to the furnishings and the details. Indeed, for a long time the chairs designed by Moser for the entrance hall were attributed to Hoffmann, for example (see fig. 52, p. 52). However, it should be clearly noted that this transformation of the built structure into a pure surface, divided by or rather "seamed" with ornamental checkerboard bands on its edges, constitutes an architectural adaptation of Moser's interiors for the 18th Secession exhibition (see fig. 79, p. 65).

My reading goes so far as to suggest that Hoffmann, like Moser before him, treats the space-creating surfaces on its edges and joints as "seams" that make reference to textile patterns and hence to wickerwork, borders that had always provided the inherent motifs and occasions for ornamentation. Hence Hoffmann/Moser offer a different reading of Gottfried Semper's theories than Wagner or Loos. In his urge for decoration and form, Hoffmann always searches for these joins and edges to make them a feature of his structures both technically and formally as decorative lines. Indirectly this is connected with a "freer" technical approach. His borders, frames, etc., provide leeway for assembly and expansion joints underneath, much like in carpentry when transitions from frames to panels, from floor to brickwork are often first concealed with cover strips or doucines. All this in contrast to Loos, who demands extremely accurate handicraft for seamless joints in his marble cladding and wooden dadoes in order to demonstrate, to celebrate openly the technical skill applied in the service of the "pure" effect of the natural material. One need but compare the marble façades on Stoclet House and the Goldman & Salatsch building.

In Hoffmann the abstraction of the surfaces and their apparently "graphic and ornamented" (as Loos scoffed) "seaming" that has been "freed" from architecture, always comes onto the building or object structure "from without"—initially inspired by Moser's artwork, poster and exhibition design—consequently giving the shape a box character by all standards. Conversely, the emerging architectural autonomy of the spatial surfaces in Frank Lloyd Wright, the dissolution of the spatial edges among students of Wagner and then De Stijl is motivated "from within"—by the desire for structural liberation of the façade by dividing (drawing in) the supporting structure from the skin, which can thus become a "transparent" membrane. And in contrast to Otto Wagner's "masculine" architecture, in which the construction dominates despite expressive "cladding," Hoffmann fosters precisely this "feminine," gliding "entanglement" of all forms.

49 Rukschcio, Burkhardt/Schachel, Roland, *Adolf Loos, Leben und Werk*, Salzburg/Vienna 1982. Also: Pogacnik, Marco, *Adolf Loos und Wien*, Salzburg 2011.

50 Topp, Leslie, *Architecture and Truth in Fin-de-Siècle Vienna*, Cambridge (UK) 2004. Also: Blackshaw, Gemma/Topp, Leslie (eds.), *Madness & Modernity. Kunst und Wahn in Wien um 1900*, Vienna 2009.

zu Otto Wagners „maskuliner" Tektonik, in der die Konstruktion trotz kommentierender „Bekleidung" dominiert, pflegt eben Hoffmann diese „feminine", gleitende „Verstrickung" aller Formgestalten.

1910 zieht Bahr in einer Würdigung zu Mahlers 50. Geburtstag Bilanz: Nietzsche ist seit zehn Jahren tot, die Klimt-Gruppe aus der Secession ausgetreten, Klimt hat die vom Ministerium abgelehnten Fakultätsbilder zurückgekauft, beginnt eine „innere Emigration", die Wiener Werkstätte erlebt die erste Existenzkrise, weswegen Koloman Moser seine Mitwirkung beendet, Victor Adler initiiert den großartigen Bau des Arbeiterheims im Wiener Gemeindebezirk Favoriten und erreicht mit der sozialdemokratischen Bewegung das Allgemeine Wahlrecht für Männer in der Monarchie, Olbrich ist unerwartet und früh gestorben, Mahler resigniert als Direktor der Hofoper, Loos hat erstmals „Ornament und Verbrechen" vorgetragen, steckt mitten im Bau des Hauses für Goldman & Salatsch, Hoffmann und Peter Behrens tendieren in der Architektur nun zum Neo-Klassizismus – 1910 also schreibt Hermann Bahr über den Aufbruch der Jungen zur „ödipalen Revolte":

> „Von diesen Enttäuschten und Traumverwegenen des Bürgertums gehen die einen ins Proletariat, das sich anschickt, die bürgerliche Welt zu zerbrechen, um eine menschliche dafür zu bringen. Andere von diesen Enttäuschten und Traumverwegenen [...] glauben in der Kunst jenes Leben des ganzen Menschen zu finden, das ihnen in den Reduktionen der bürgerlichen Weltordnung versagt geblieben ist. Ihren Zug führt Beethoven an, Wagner folgt, neben ihm der junge Nietzsche. Sie haben den Deutschen die Hoffnung eingegeben, es sei möglich, das großen Menschen innewohnende Leben, das in der bürgerlichen Welt ein Verbrechen wäre, weil es sie zerbräche, seitwärts von der Sozietät in der Kunst zu erfüllen. Eigentlich ist das freilich nur ein höchst dubioser Versuch, den heroischen Menschen in die bürgerliche Welt einzufügen."[51]

51 Bahr, Hermann, „Mahler und das deutsche Theater", in: Stefan, Paul, *Gustav Mahler. Ein Bild seiner Persönlichkeit in Widmungen*, München 1910, 17–21: 20 f.

In 1910 Bahr takes stock in an appraisal for Mahler's 50th birthday: Nietzsche has been dead for a decade, the Klimt Group has left the Secession, Klimt has bought back the Faculty Paintings that were rejected by the ministry and started an "internal emigration," the Wiener Werkstätte is undergoing its first existential crisis for which reason Koloman Moser ends his involvement, Victor Adler has initiated the marvelous construction of the workers' housing in Vienna's Favoriten district and achieves universal suffrage for all men in the monarchy with the social democratic movement, Olbrich has died unexpectedly young, Mahler has resigned as director of the Hofoper, Loos has presented "Ornament and Crime" for the first time and is in the middle of constructing the building for Goldman & Salatsch, Hoffmann and Peter Behrens are now tending toward Neoclassicism in their architecture—and so in 1910 Hermann Bahr writes about the young people launching an "Oedipal revolt":

> "Among these disappointed and dreamily audacious members of the middle classes, some join the proletariat, which is preparing to destroy the middle-class world to bring about a humane one. Other disappointed and dreamily audacious people [...] believe they will find in art that life of a rounded individual that has eluded them in the reductions of the middle-class world order. Their procession is spearheaded by Beethoven, followed by Wagner, and alongside him the young Nietzsche. They have supplied the Germans with the hope that it might be possible to accomplish the life inherent in great individuals—which would be a crime in the middle-class world because it would destroy it—aside from society, in art. Actually, that is obviously just a highly dubious attempt to integrate heroic individuals in the middle-class world."[51]

51 Bahr, Hermann, "Mahler und das deutsche Theater," in: Stefan, Paul, *Gustav Mahler. Ein Bild seiner Persönlichkeit in Widmungen*, Munich 1910, 17–21: 20 f.

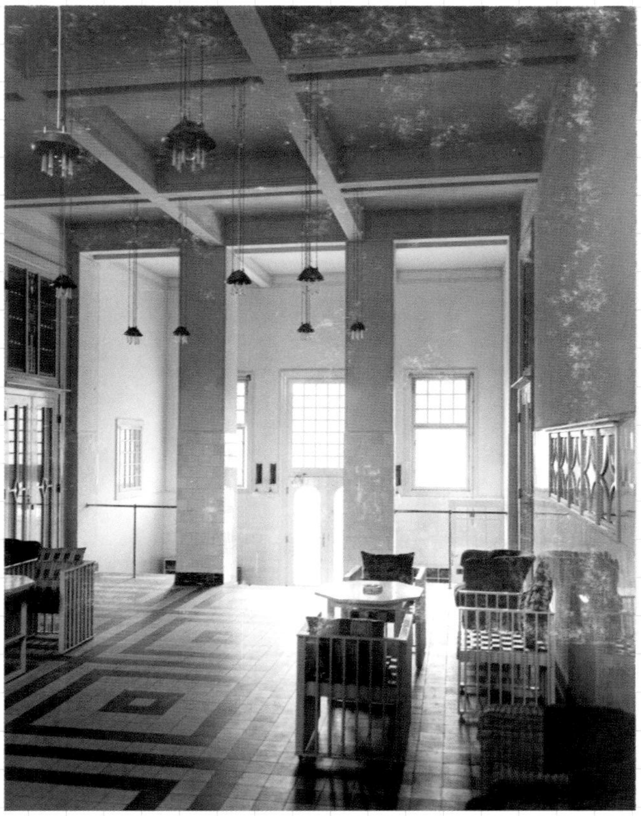

10 Josef Hoffmann
Sanatorium Westend in Purkersdorf, 1904
(Eingangshalle)
Sanatorium Westend in Purkersdorf, 1904
(entrance hall)
MAK

DER GRENZGÄNGER
KOLOMAN MOSER ALS BILDENDER KÜNSTLER

STEFAN ÜNER

5

IM BANN DER MAKART-MODE

Die Anfänge von Koloman Mosers künstlerischem Schaffen fallen in eine Zeit, als die Kunst „noch völlig im Bann der Makartmode"[1] war. In den 1880er Jahren nahm Moser heimlich Zeichenunterricht an der Gewerbeschule in Wien, wo er nach akademischem Vorbild erste Kopien anfertigte (Abb. 1).[2] Obwohl sein Vater für ihn bereits einen Arbeitsplatz in einem Seifen- und Parfümeriegeschäft am Graben ausgewählt hatte,[3] meldete sich Moser als 17-Jähriger ohne das Wissen seiner Eltern zur Aufnahmeprüfung an der Akademie der bildenden Künste in Wien an – und bestand sie. Die Akademie am Schillerplatz zählte nicht nur zu den ältesten Kunstakademien Europas, sie war auch renommierte Ausbildungsstätte für namhafte Künstlerpersönlichkeiten.[4] Nachdem die Eltern mit der Entscheidung ihres Sohnes einverstanden waren, besuchte Moser von 1886 bis 1890 die Allgemeine Malerschule bei Franz Rumpler und Christian Griepenkerl und im Anschluss von 1890 bis 1893 die Specialschule für Historienmalerei bei Mathias von Trenkwald.[5] Der Unterricht war geprägt, „natürlich nach der damals ausschließlich herrschenden akademischen Art"[6], wie Moser es formulierte.

Begünstigt durch den Aufschwung der Kunstzeitschriften um die Jahrhundertwende, begann Moser nach dem Tod seines Vaters 1888 zur Finanzierung seines Studiums[7] als Illustrator für Verlage und Zeitschriften wie etwa die *Wiener Mode* (1891–1897) zu arbeiten, die, wie er selbst betonte, seinem „Ehrgeiz keineswegs zusagte"[8]. Sein naturalistischer Zeichenstil entsprach dem damaligen Geschmack des Publikums, der vom Historismus geprägt war, gleichzeitig orientierte er sich im Kreis- und Hochformat am Japonismus. Die Faszination für japanische Ästhetik wurde durch wachsende Handelsbeziehungen und die Präsentation fernöstlicher Produkte bei den Weltausstellungen ab den 1860er Jahren verstärkt. Ausgehend von Paris löste die japanische Kultur einen europaweiten Japan-Hype aus, der auch die Kunst beeinflussen sollte. Westliche KünstlerInnen begannen, japanische Kunst zu sammeln und das neuartige Formenvokabular in ihre Bildsprache zu integrieren. Mit ihrer stilisierten Formensprache, ihrer flächigen Bildebene, ihrem asymmetrischen Bildaufbau, ihren Randüberschneidungen und ihren extremen Bildformaten sollte die japanische Ästhetik Moser zu neuen Bildkompositionen inspirieren.

In Mosers Frühphase fällt auch die Berührung mit der Malerei – dem Genre, das den Auftakt und das Ende seines künstlerischen Schaffens markierte. Das akademische Zeichnen und Malen nach der Natur fiel dem Studenten sichtlich leicht und seine Akte, Porträts und Bewegungsstudien zeugten von höchster Qualität (Abb. 2). Bei den meist weiblichen Porträts im Profil bzw. Dreiviertelprofil dominierten die realistische und detailgetreue Wiedergabe und der gedämpfte Farbauftrag in dunklen, schweren Brauntönen. In Anlehnung an die Makart-Mode und die Tradition des Historismus spielte er in seinen Sujets mit modischen Accessoires wie Hüten, Halsbändern oder Haarreifen sowie mit kunstvollen Frisuren (Abb. 3). Neben Porträts malte Moser

1 Moser, Koloman, „Vom Schreibtisch und aus dem Atelier. Mein Werdegang", in: *Velhagen & Klasings Monatshefte* (31) 2 1916, 255.

2 Ebd., 254.

3 Vergleicht man den Zeitpunkt von Mosers Aufnahme an der Akademie 1886 und die Schilderungen in seiner Autobiografie 1916 mit dem Wiener Adressbuch „Lehmann", so kommen nur die beiden Seifen- und Parfümeriegeschäfte Calderara & Bankmann und Filz J. B. Sohn infrage. Vgl. *Lehmann's Allgemeiner Wohnungs-Anzeiger*, Wien 1886, 1510; *Lehmann's Allgemeiner Wohnungs-Anzeiger*, Bd. 1, Wien 1916, 1258–1259.

4 Die Liste der Studenten liest sich wie das „Who is who" der Wiener Kunstszene von Rudolf von Alt über Otto Wagner bis hin zu Josef Hoffmann und Egon Schiele.

5 Koloman Moser studierte 15 Semester an der Wiener Akademie. Der Eintritt erfolgte im März 1886. Nach seinem Abschluss an der Allgemeinen Malerschule im Sommersemester 1890 studierte er vom Wintersemester 1890 bis zum Sommersemester 1893 an der Specialschule für Historienmalerei. Vgl. Aufnahms-Listen 1886 bis 1893, Bd. 117–126, Universitätsarchiv der Akademie der bildenden Künste Wien.

6 Moser 1916 (s. Anm. 1), 254.

7 Neben dem Bezug des Leon-Stipendiums in der Höhe von 116 Gulden pro Jahr (heute rund 1.600 Euro) arbeitete Koloman Moser auf Empfehlung seines Lehrers Mathias von Trenkwald von 1892 bis 1893 als Zeichenlehrer für die Kinder von Erzherzog Karl Ludwig auf Schloss Wartholz in Reichenau an der Rax. Vgl. dazu Universitätsarchiv der Akademie der bildenden Künste Wien sowie Pichler, Gerd, „Kurzbiografie Kolo Moser", in: Leopold, Rudolf/Pichler, Gerd (Hg.), Koloman Moser 1868–1918, Ausst.kat. Leopold Museum, Wien, München u. a. 2007, 394–413: 394.

8 Moser 1916 (s. Anm. 1), 255.

THE CROSSOVER ARTIST
KOLOMAN MOSER: THE FINE ARTIST

STEFAN ÜNER

UNDER THE SPELL OF THE MAKART STYLE

The beginnings of Koloman Moser's artistic career emerge at a time when art was "completely under the spell of the Makart style."[1] In the 1880s Moser secretly took a drawing class at the trade school in Vienna where he produced his first copies after the academic model (fig. 1).[2] Even though his father had already settled on a job for him in a soap and perfume shop on the Graben,[3] the 17-year-old Moser signed up for the entrance examination at the Academy of Fine Arts Vienna without his parents' knowledge—and passed. The academy on Schillerplatz was not only one of the oldest art academies in Europe, but was also a renowned educational establishment that had produced prestigious famous artists.[4] Once his parents had agreed to their son's decision, Moser attended the general painting class under Franz Rumpler and Christian Griepenkerl from 1886 to 1890 and then, from 1890 to 1893, the special class in history painting under Mathias von Trenkwald.[5] The lessons were informed by "the academic style which was dominant at that time, of course,"[6] as Moser put it.

Benefitting from the boom in art magazines around the turn of the century, Moser started working as an illustrator for publishing houses and magazines such as *Wiener Mode* (1891–1897) to finance his degree after the death of his father in 1888.[7] As he himself emphasized, this work "did not match [his] aspirations."[8] His naturalistic drawing style corresponded to public taste at the time, which was strongly influenced by Historicism. At the same time, he was guided by the circular and portrait format of Japonisme. This fascination for Japanese aesthetics was reinforced by increasing trade relations and the presentation of Far Eastern products at the World's Fairs from the 1860s. Proceeding from Paris, Japanese culture unleashed a Pan-European craze for Japan that would also influence the art of the continent. Western artists started to collect Japanese art and integrate its novel design vocabulary into their visual language. With its stylized design vocabulary, flat picture plane, asymmetrical structure, overlapping borders, and extreme picture formats, Japanese aesthetics would inspire Moser to create new compositions.

It was also in Moser's early phase that he encountered painting—the genre that would mark both the beginning and the end of his artistic career. Academic drawing and painting from nature obviously came naturally to the student, and his nudes, portraits, and motion studies manifest supreme quality (fig. 2). His mostly female portraits in profile or three-quarter profile are dominated by a realistic and detailed rendition and muted application of color in dark, heavy shades of brown. Following the Makart style and the tradition of Historicism, he played with fashionable accessories in his subjects such as hats, neckbands, and headbands as well as with elaborate hairstyles (fig. 3). Alongside portraits, Moser also painted religious subjects and genre pictures. By virtue of its subject matter, the lost painting *Die Märchenerzählerin* [The Storyteller] (ca. 1891) forms an exception in his painted oeuvre (fig. 4). It must have been created within the academy and is reminiscent of works by Ferdinand Georg Waldmüller.

1 Moser, Koloman, "Mein Werdegang" (1916), Engl. "My Life," in: Leopold, Rudolf/Pichler, Gerd (eds.), *Koloman Moser 1868–1918*, exh. cat. Leopold Museum, Vienna, Munich/Berlin et al. 2007, 14–19: 14. Trans. Jane Michael.

2 Ibid., 14.

3 A comparison of the date when Moser was admitted to the academy in 1886 and the descriptions in his autobiography from 1916 with the Viennese directory "Lehmann" suggests that only two soap and perfume shops—Calderara & Bankmann and Filz J. B. Sohn—come into question. Cf. *Lehmann's Allgemeiner Wohnungs-Anzeiger*, Vienna 1886, 1510; *Lehmann's Allgemeiner Wohnungs-Anzeiger*, vol. 1, Vienna 1916, 1258–1259.

4 The list of students reads like the who's who of the Viennese art world—from Rudolf von Alt and Otto Wagner to Josef Hoffmann and Egon Schiele.

5 Koloman Moser studied at the Vienna Academy for 15 semesters. His matriculation took place in March 1886. After his graduation from the general painting school in the summer semester of 1890, he studied at the special school of history painting from the winter semester of 1890 to the summer semester of 1893. Cf. matriculation lists from 1886 to 1893, vols. 117–126, University Archives of the Academy of Fine Arts Vienna.

6 Moser 1916 (see note 1), 14.

7 In addition to drawing the Leon grant in the amount of 116 guldens per year (now around €1,600), upon the recommendation of his teacher Mathias von Trenkwald Koloman Moser worked from 1892 to 1893 as a drawing teacher for the children of Archduke Karl Ludwig at Schloss Wartholz in Reichenau an der Rax. Cf. University Archives of the Academy of Fine Arts Vienna as well as Pichler, Gerd, "Kolo Moser: a Short Biography", in: Leopold/Pichler (eds.) 2007, 394–413: 394, trans. Jane Michael.

8 Moser 1916 (see note 1), 14.

auch religiöse Motive und Genrebilder. Das verschollene Gemälde *Die Märchenerzählerin* (um 1891) bildet aufgrund seiner Thematik eine Ausnahme in seinem malerischen Œuvre (Abb. 4): Es dürfte im Umkreis der Akademie entstanden sein und erinnert an Werke von Ferdinand Georg Waldmüller. Der narrative Einblick in das bürgerliche Idyll, in dem Moser mit ausdrucksvoller Gestik und atmosphärischen Lichtverhältnissen im Interieur dramaturgisch Spannung erzeugt, weist formale und inhaltliche Bezüge zum Biedermeier auf. Die Genremalerei bzw. die Darstellung der einfachen Bevölkerung im Alltag war ein beliebtes Bildthema des Biedermeier, das auch Moser hier für sich entdeckte. In der zeitgleich entstandenen *Beweinung Christi* (Abb. 6) orientierte sich Moser an der abendländischen Kunstgeschichte, in der das Thema etwa von Giotto, Andrea Mantegna oder Anthonis van Dyck aufgegriffen wurde. Seine Interpretation kann als Anlehnung an italienische Vorbilder der Renaissance gesehen werden. Vergleicht man sein Werk mit dem seiner ZeitgenossInnen, so lassen sich etwa Parallelen zu Franz von Stucks *Pietà* ziehen (Abb. 7); anstelle der üblichen Staffage wählte Moser jedoch eine intime Szenerie. Der ungewöhnliche Bildausschnitt und die expressive Lichtregie intensivieren den Eindruck einer momenthaften Aufnahme.

AUFBRUCH IN DIE MODERNE

Nach Beendigung seines Studiums an der Wiener Akademie wechselte Moser an die Kunstgewerbeschule (die heutige Universität für angewandte Kunst Wien), wo er von 1893 bis 1895 dekorative Malerei bei Franz Matsch studierte. Über dessen Vermittlung bekam er 1895 die Gelegenheit, am Mappenwerk *Gerlach's Allegorien. Neue Folge* mitzuarbeiten (s. Abb. 4, S. 22), an dem auch Gustav Klimt beteiligt war. Die Bekanntschaft mit Klimt, der bereits auf eine erfolgreiche Laufbahn als Ringstraßenkünstler zurückblicken konnte,[9] musste bei Moser einen tiefen Eindruck hinterlassen haben: „Ich sah von dort den Mann, einen stämmigen etwa 30 jährigen Menschen mit einem schönen dunkelblonden Lockenkopf geziert kurzen Vollbart und einen Breitspurigen sicheren Gang […]."[10] Als Moser die Beiträge von Klimt präsentiert bekam, zeigte er sich erstaunt: „Und nun stellte er ein kleines Reisbrett auf sein Pult, nahm das Schutzpapier weg und vor mir stand eine der entzückendsten Graphitzeichnungen die es geben kann. […] Im Übrigen der Raum des viereckigen Blattes rechts und links von der Mittelfigur vollkommen leer."[11] Wie bei Klimt zeichnete sich auch bei Moser eine Abkehr von der exakten Naturbeobachtung ab – hin zu einer geometrisch stilisierten und flächigen Bildsprache.

1892 schloss sich Moser dem Siebener-Club an, einer informellen Künstlervereinigung, die sich im Umkreis der Akademie formierte und als Keimzelle der Secession gilt.[12] Der kleine Kreis aus jungen Architekten und Malern, darunter Josef Hoffmann und Joseph Maria Olbrich, verfolgte neben dem theoretischen Diskurs und dem Illustrieren von Postkarten und Zeitschriften eine Neugestaltung in allen Bereichen. Privat verfolgte Moser mit Spannung die Kunstentwicklung im Ausland, die durch deutschsprachige Zeitschriften wie *PAN* (1895) und *Jugend – Münchner illustrierte Wochenschrift für Kunst und Leben* (1896) sowie die Schriften des Hamburger Kunsthistorikers Alfred Lichtwark publik wurden. Als Direktor der Hamburger Kunsthalle und Verfechter zeitgenössischer Strömungen stand Lichtwark dem Makartstil kritisch gegenüber:

9 In den 1880er Jahren bildete Gustav Klimt mit seinem Bruder Ernst und Franz Matsch die sogenannte „Künstler-Compagnie", eine Ateliergemeinschaft, die sich auf Dekorationsaufträge für öffentliche Bauten und Paläste spezialisierte. Mit dem Tod von Ernst Klimt 1892 löste sich die Zusammenarbeit auf.

10 Aufzeichnung von Koloman Moser, undatiert, Wienbibliothek im Rathaus, H.I.N.-160514.

11 Ebd.

12 Koloman Mosers Arbeiten für den Siebener-Club stammen aus den Jahren 1893 bis 1897. Das Gründungsjahr des Clubs selbst bleibt aufgrund seines informellen Charakters unbekannt, die Datierungen reichen von 1890 bis 1892. Gemäß Josef Hoffmanns „Selbstbiographie" und seiner Aufnahme an die Akademie 1892 dürfte sich die Gruppe in diesem Jahr formiert haben. Vgl. Hoffmann, Josef, „Selbstbiographie", in: *Ver Sacrum. Neue Hefte für Kunst und Literatur* (4) 4 1972, 104–123: 109; Mauthner, Hanns Martin/Moser, Karl, „Kolo Moser als Wertzeichenkünstler", in: *Donau Post. Zeitschrift für Briefmarkenkunde* (16) 9/10 1933, 120; Zuckerkandl, Berta, „Kolo Moser (Galerie Miethke)", in: *Wiener Allgemeine Zeitung* 13.5.1911, 3.

1 **Kopfstudie nach einem antiken Gipsabguss**, 1886
Head study after an antique plaster cast, 1886
Verbleib unbekannt Whereabouts unknown

2 **Männlicher Akt, sitzend**, 1886/1893
Seated male nude, 1886/1893
Leopold Museum,
Wien Vienna

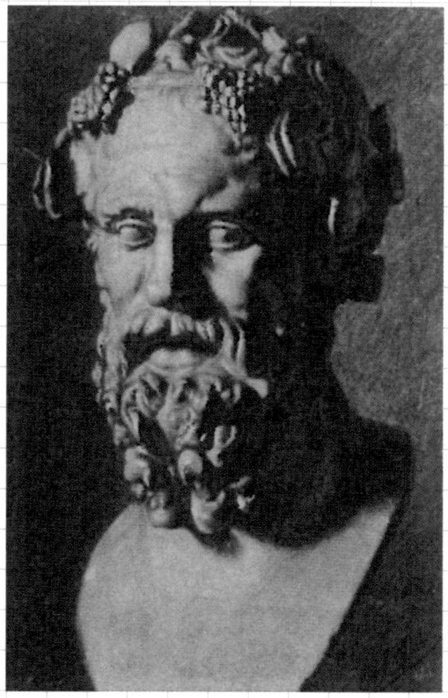
1

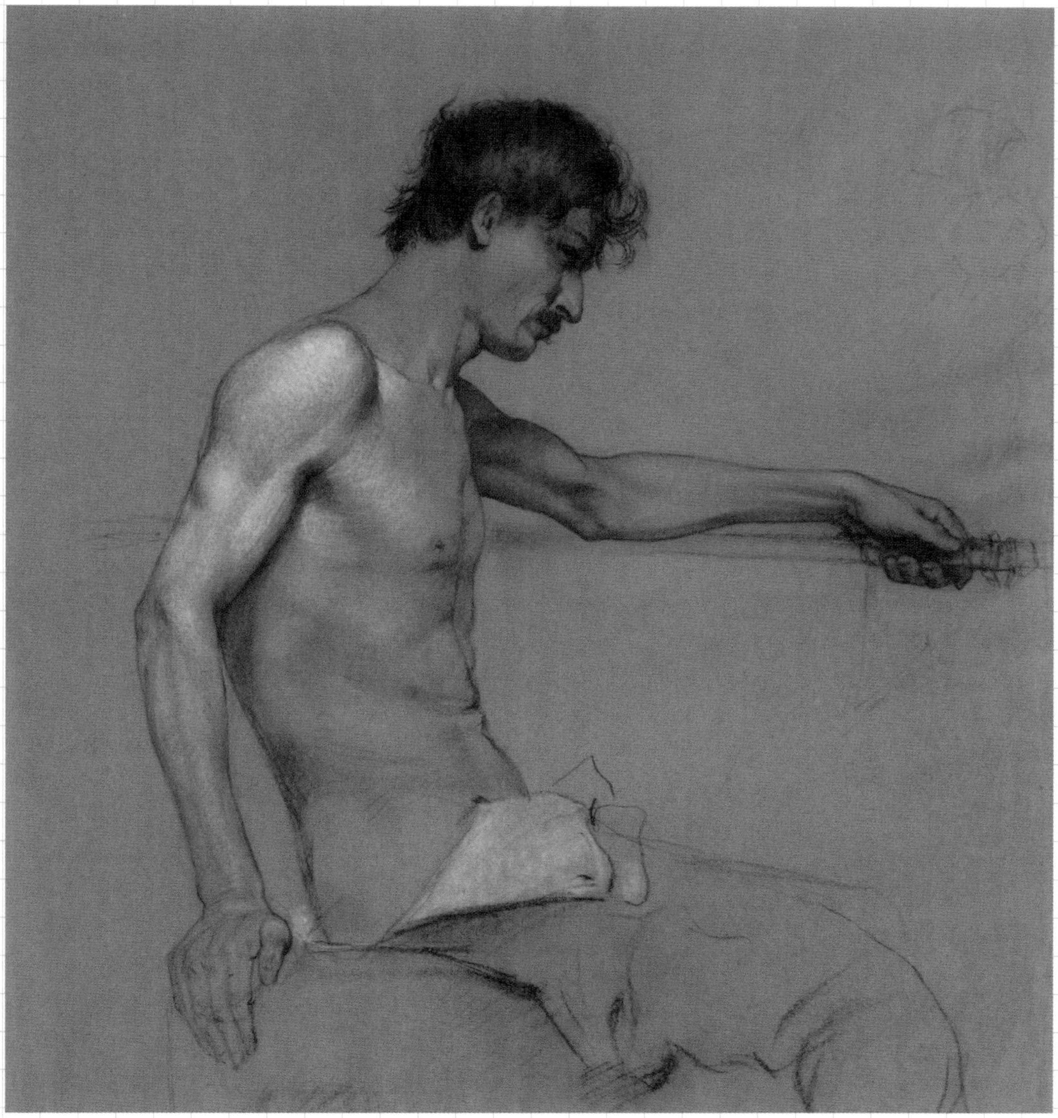
2

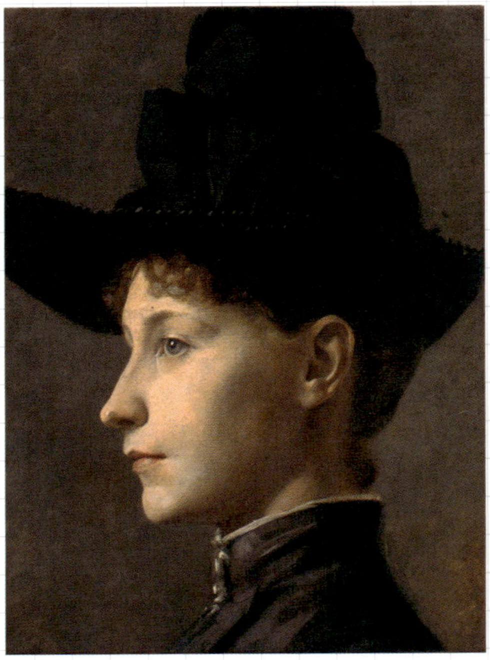

3

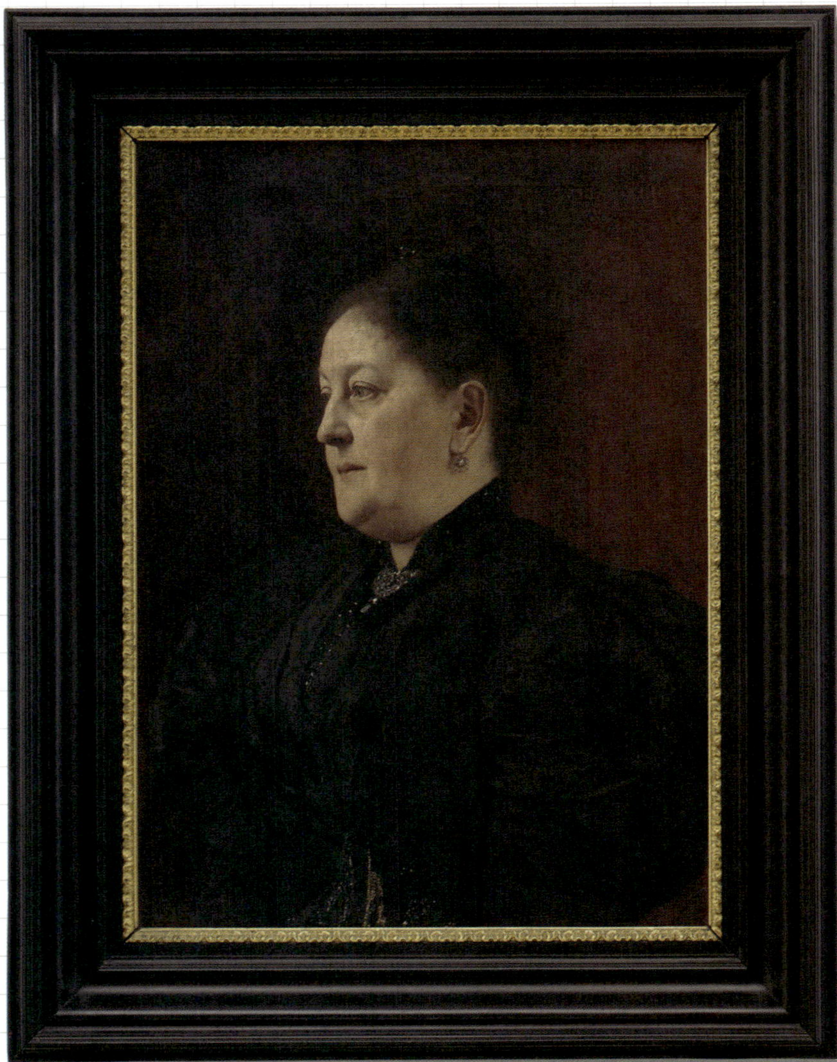

5

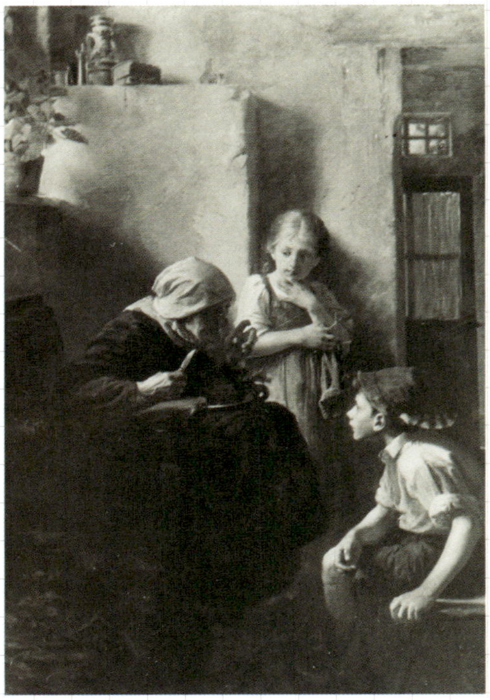

4

3 **Dame mit Hut**, um 1890
Lady with hat, ca. 1890
UaK, KA 2969/B

4 ***Die Märchenerzählerin***, um 1891
[The Storyteller], ca. 1891
Verbleib unbekannt Whereabouts unknown

5 Gustav Klimt
Porträt Mathilde Trau, 1893
Portrait of Mathilde Trau, 1893
Privatbesitz Private collection

This narrative insight into a bourgeois idyll, in which Moser produces dramatic tension with expressive gestures and atmospheric light conditions in the interior, exhibits references to Biedermeier in terms of its form and content. Genre painting—or depicting the everyday life of ordinary people—was a popular subject of Biedermeier, which Moser also explored here. Produced at the same time, in *Lamentation of Christ* (fig. 6). Moser was guided by Western art history, adopting the subject of e.g., Giotto, Andrea Mantegna, or Anthony van Dyck. Moser's interpretation can be seen as an imitation of Italian models from the Renaissance. Comparing him with his contemporaries, we can draw parallels in Moser's work with Franz von Stuck's *Pietà* (fig. 7). Instead of the customary staffage, however, Moser selected an intimate setting. The unusual framing and the expressive lighting intensify the impression of a snapshot.

EMBARKING ON MODERNISM

After completing his degree at the Vienna Academy, Moser moved to the School of Arts and Crafts (now the University of Applied Arts Vienna), where he studied decorative painting under Franz Matsch from 1893 to 1895. Thanks to the latter's mediation, he was offered the opportunity in 1895 to contribute to the portfolio *Gerlach's Allegorien. Neue Folge* (see fig. 4, p. 22), in which Gustav Klimt was also involved. His acquaintance with Klimt, who by now could already look back on a successful career as an artist of the Ringstraße,[9] must have left a deep impression on Moser: "From there I saw the man: a thickset, roughly 30-year-old person adorned with a handsome dark blond head of curls, short beard, and a wide, confident gait [...]."[10] When Moser was shown Klimt's contributions, he was amazed: "And then he placed a small drawing board on his bookrest, removed the protective paper—and in front of me there stood one of the most enchanting graphite drawings there can be. [...] Incidentally, the space to the right and left of the central figure on the square sheet [was] completely empty."[11] As with Klimt, in Moser's work, too, there emerged an unmistakable departure from precise observations of nature—with the artist turning instead to a geometrically stylized and flat visual language.

In 1892 Moser joined the Siebener-Club, an informal association of artists that formed around the academy and is considered the seed that would eventually grow into the Secession.[12] Alongside having theoretical discussions and illustrating postcards and magazines, the small circle of young architects and painters, including Josef Hoffmann and Joseph Maria Olbrich, sought to redesign all areas. Privately, Moser was following artistic developments abroad with bated breath; they were publicized via German-language magazines like *PAN* (1895) and *Jugend – Münchner illustrierte Wochenschrift für Kunst und Leben* (1896) as well as the writings of the Hamburg-based art historian Alfred Lichtwark. As the director of the Hamburger Kunsthalle and champion of contemporary movements, Lichtwark was critical of the Makart style:

> "Indeed, during the day one could only move through these rooms with great care as they were very dark and as full as a furniture warehouse. What's more, all the furniture had so many old German corners and edges and so many sharp ornaments in the most unlikely of places that the uninitiated guest would go home with periostitis."[13]

9 In the 1880s Gustav Klimt formed the so-called "Künstler-Compagnie" with his brother Ernst and Franz Matsch, a studio collective that specialized in commissions for decorating public buildings and palaces. With the death of Ernst Klimt in 1892, the group disbanded.

10 Undated concept by Koloman Moser, Vienna City Library, H.I.N.-160514.

11 Ibid.

12 Koloman Moser's work for the Siebener-Club comes from the years 1893 to 1897. The actual year when the club was founded is unknown owing to its informal nature; the estimated dates range from 1890 to 1892. According to Josef Hoffmann's "Autobiography" and his matriculation at the academy in 1892, the group must have formed that year. Cf. Hoffmann, Josef, "Selbstbiographie" (ca. 1948), in: *Ver Sacrum. Neue Hefte für Kunst und Literatur* (4) 4 1972, 104–123: 109, English translation in: Noever, Peter/Pokorný, Marek (eds.), *Josef Hoffmann. Selbstbiographie/Autobiography*, Vienna/Brno/Ostfildern 2009, 83–95: 89, trans. Bernd Magar and Andrew Oakland; Mauthner, Hanns Martin/Moser, Karl, "Kolo Moser als Wertzeichenkünstler," in: *Donau Post. Zeitschrift für Briefmarkenkunde* (16) 9/10 1933, 120; Zuckerkandl, Berta, "Kolo Moser (Galerie Miethke)," in: *Wiener Allgemeine Zeitung* 13 May 1911, 3.

13 Lichtwark, Alfred, *Makartbouquet und Blumenstrauss*, Munich 1894, 19. Trans. Maria Slater.

> „Überhaupt konnte man sich am Tage in diesen Zimmern nur mit äußerster Vorsicht bewegen, denn sie waren ganz dunkel und standen voll wie ein Möbelmagazin. Dazu hatten alle Möbel soviel altdeutsche Ecken und Kanten und soviel scharfe Ornamente an den unwahrscheinlichsten Stellen, dass der uneingeweihte Besuch mit Knochenhautentzündung nach Hause ging."[13]

Für Josef Hoffmann war Moser in dieser Aufbruchsstimmung „das treibende Element dieser kleinen Gruppe von Pfadfindern [...]. Er war mit nichts zufrieden und verstand es, bei unseren täglichen Zusammenkünften uns für alle Arten bildender Kunst zu interessieren und zu begeistern. Auf graphischem Gebiet konnte er damals bereits auf einige Erfolge hinweisen."[14] Dass Moser nicht nur ein Pionier im Grafikdesign war, zeigen seine beiden verschollenen Gemälde *Weibliche Allegorie mit Harfe* und *Weibliche Allegorie mit Apfel* (um 1895) (Abb. 8, 9). Die allegorischen Motive mit dem kollektiven Monogramm „C7" des Siebener-Clubs zeigen den Übergang vom Historismus zu einer symbolistischen, vom Jugendstil geprägten Darstellungsweise, in der naturalistische, verführerische und traumähnliche Metaphern zum Vorschein kommen. Gleichzeitig verweisen sie durch das schmale Hochformat auf den Einfluss des Japonismus.

Ein beliebtes Ausdrucksmittel im Fin de Siècle war die symbolistische Darstellung von Mensch und Natur, die in engem Zusammenhang mit der Entwicklung des Jugendstils stand und sich bei Moser zu Beginn vor allem in der Grafik bemerkbar machte. In seinen Entwürfen für *Meggendorfers humoristische Blätter* (1894–1898), *Gerlach's Allegorien. Neue Folge* (1895), *Für die Jugend des Volkes* (1895–1897), *Jugendschatz deutscher Dichtungen* (1897) und *Die Quelle* (1901) zeigte sich Mosers stilistischer Wandel vom Naturalismus zur fantasievollen Stilisierung: Text und Bild verschmolzen zu einer optischen Einheit, die Grenzen zwischen Bild und Rahmen wurden aufgehoben, Flächigkeit und freie Linie dominierten und Schwarz-Weiß-Muster wurden effektvoll zueinander in Kontrast gesetzt. Mit dem „Aussparen"[15] bzw. der Verwendung des neutralen Hintergrunds gelang Moser die Überwindung des konventionellen Bildraums. Die Betonung von Leerflächen war ein beliebtes ästhetisches Stilmittel des Japonismus, das Moser in seinen grafischen Arbeiten der Jahrhundertwende einsetzte.

EINE NEUE ZEITRECHNUNG

Für Moser sollte die Mitgliedschaft im arrivierten Künstlerhaus nur sechs Monate dauern,[16] ehe er mit einer Gruppe von Gleichgesinnten rund um Klimt austrat und am 24. Mai 1897 die Vereinigung bildender Künstler Österreichs Secession mitbegründete.[17] Anlass für die Abspaltung waren „verschiedene grundsätzliche künstlerische Fragen, das damals unleidlich gewordene Kliquenwesen im Künstlerhause"[18], wie Moser es knapp formulierte. Die Orientierung am Historismus, die konservative Ausstellungspolitik und die Isolation von der internationalen Moderne sollten die jungen Künstler in eine Identitätskrise stürzen, zwischen der Kultur ihrer Vätergeneration und einer neuen „Wahrheit". Gleich zu Beginn stellte Hermann Bahr, das literarische Sprachrohr der Secessionisten, fest:

13 Lichtwark, Alfred, *Makartbouquet und Blumenstrauss*, München 1894, 19.

14 Hoffmann (ca. 1948) 1972 (s. Anm. 12), 109.

15 N. N., „Kolo Moser", in: *Wiener Zeitung* 20.10.1918, 5.

16 Koloman Moser trat der Genossenschaft der bildenden Künstler Wiens am 9. November 1896 bei. Künstlerhaus Archiv, Mappe Koloman Moser.

17 Künstlerhaus Archiv, Mappe Secession 1897.

18 Moser 1916 (s. Anm. 1), 255.

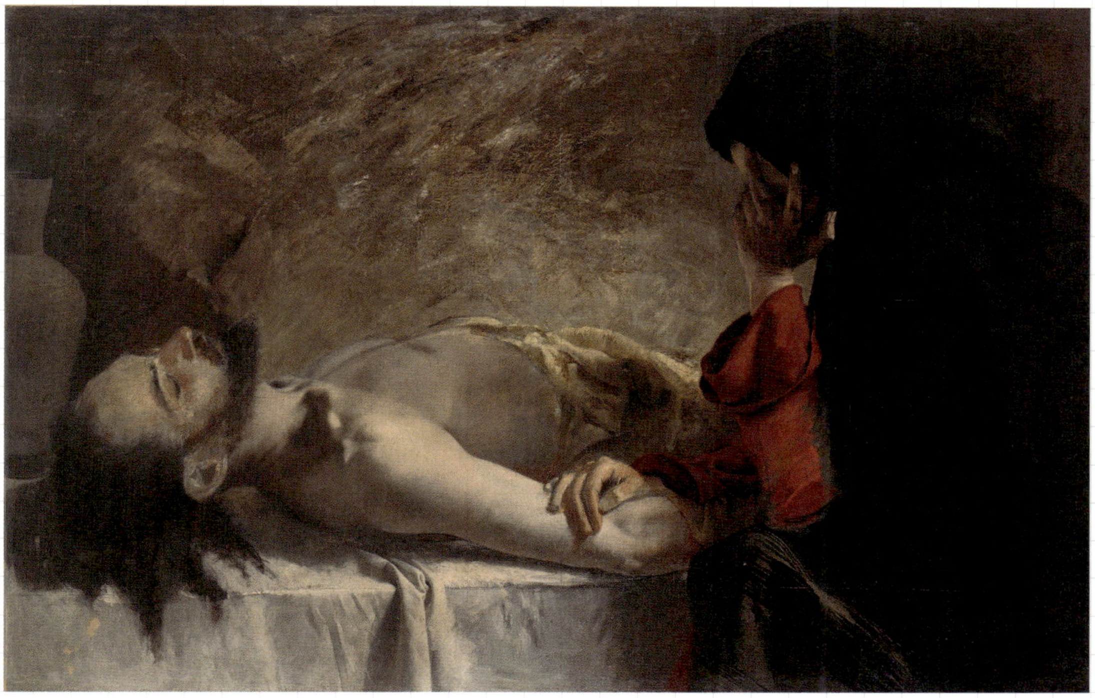

6

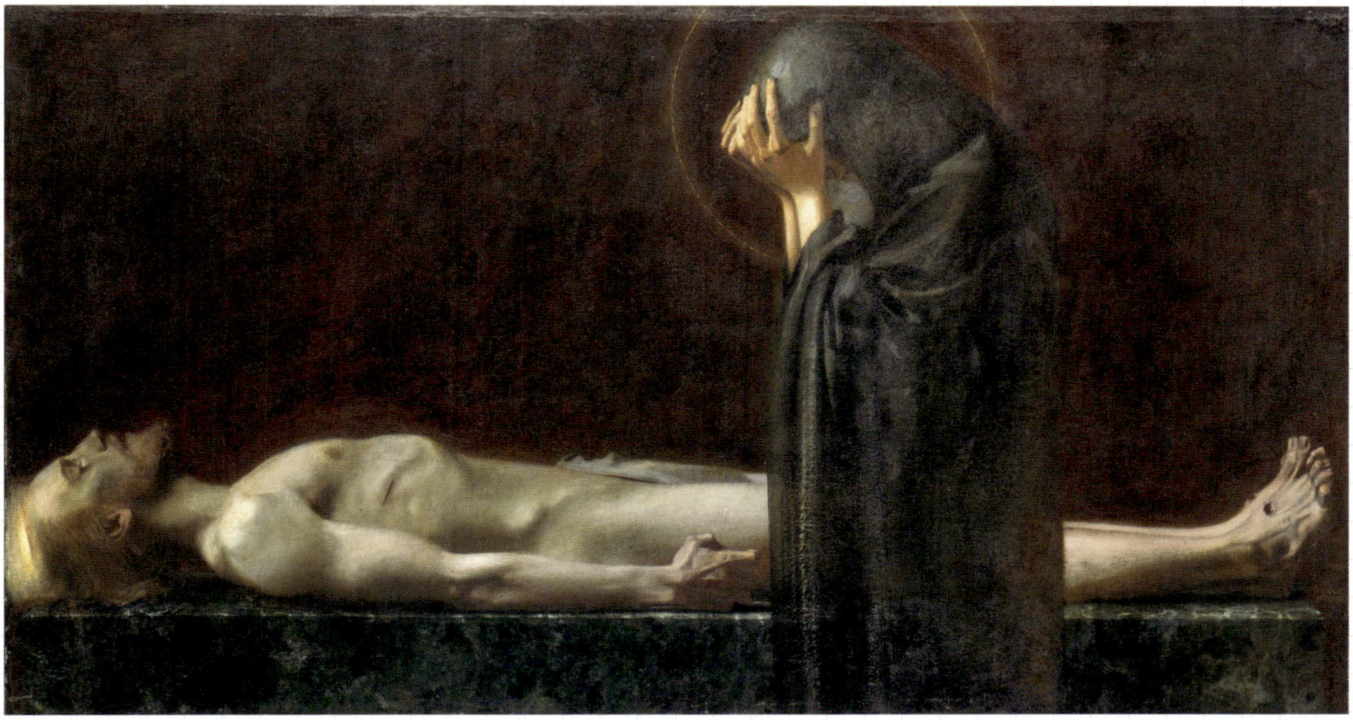

7

6 *Beweinung Christi*, um 1891
Lamentation of Christ, ca. 1891
Sammlung Hummel Collection,
Wien Vienna

7 Franz von Stuck
Pietà, 1891
Städel Museum, Frankfurt am Main

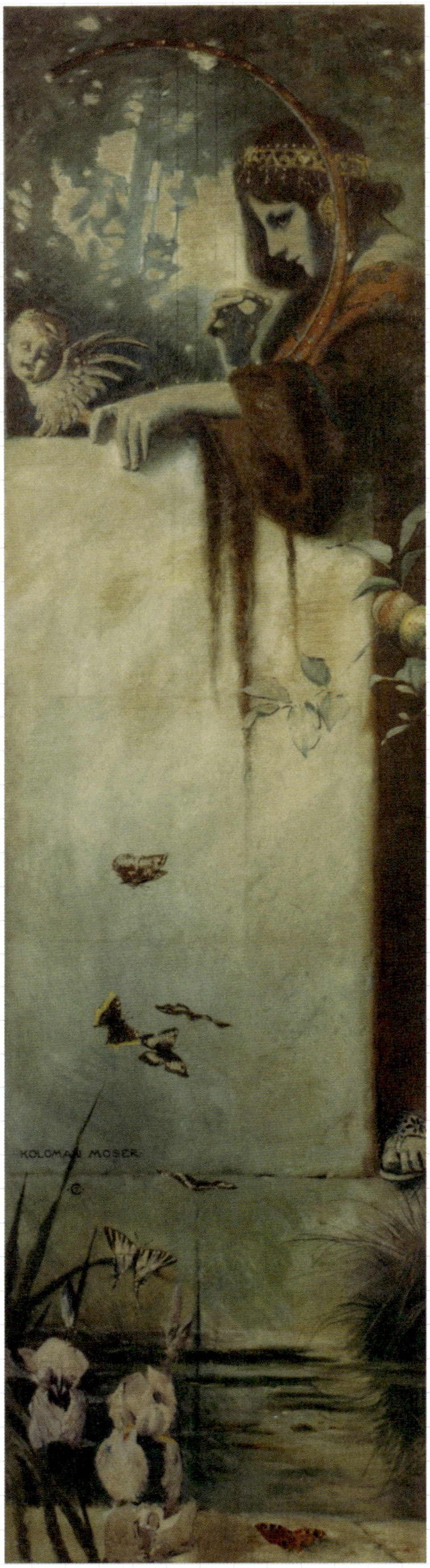

8

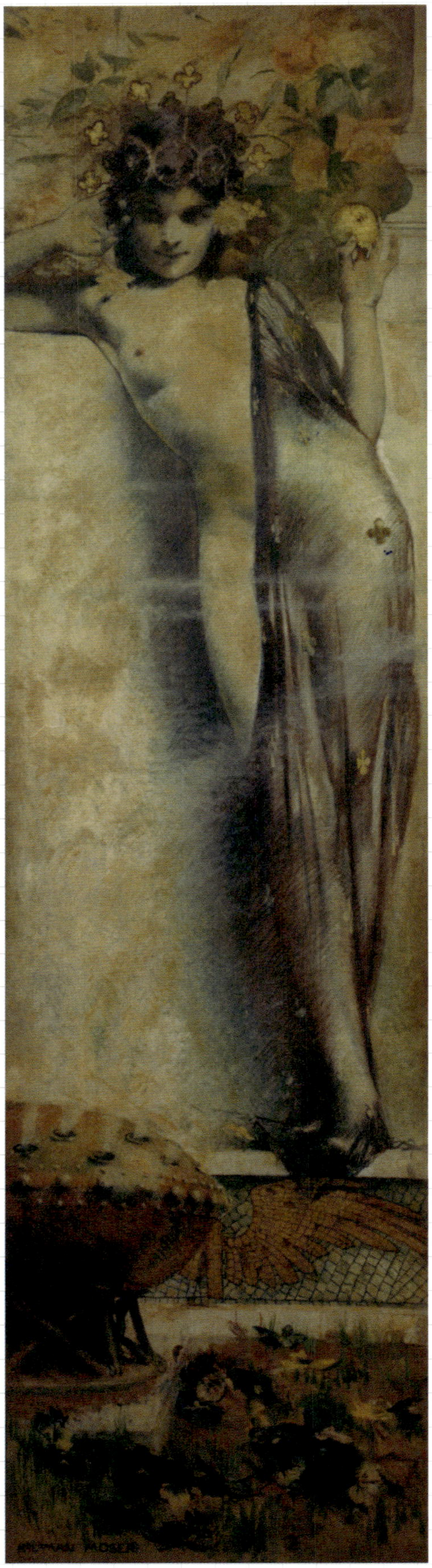

9

8 *Weibliche Allegorie mit Harfe*, um 1895
[Female Allegory with Harp], ca. 1895
Verbleib unbekannt Whereabouts unknown

9 *Weibliche Allegorie mit Apfel*, um 1895
[Female Allegory with Apple], ca. 1895
Verbleib unbekannt Whereabouts unknown

In this revolutionary atmosphere Josef Hoffmann felt that Moser was "[t]he driving force behind this small group of pioneers [...]. Moser was satisfied with nothing and was able at our daily meetings to inspire in us an interest in and enthusiasm for all the fine arts. At that time, he had already a number of artistic successes to his name."[14] That Moser was also a pioneer beyond the world of graphic art is shown by his two lost paintings *Weibliche Allegorie mit Harfe* [Female Allegory with Harp] and *Weibliche Allegorie mit Apfel* [Female Allegory with Apple] (ca. 1895) (fig. 8, 9). These allegorical subjects with the Siebener-Club's collective monogram "C7" reveal the transition from Historicism to a Symbolist style influenced by Art Nouveau in which naturalistic, seductive, and dreamlike metaphors appear. At the same time, their narrow portrait format points to the influence of Japonisme.

A popular means of expression at the fin de siècle was the Symbolist depiction of people and nature, which was closely related to the development of Art Nouveau and first became noticeable in Moser's work in his graphic art above all. In his designs for *Meggendorfers humoristische Blätter* (1894–1898), *Gerlach's Allegorien. Neue Folge* (1895), *Für die Jugend des Volkes* (1895–1897), *Jugendschatz deutscher Dichtungen* (1897), and *Die Quelle* (1901), Moser's stylistic transformation from naturalism to imaginative stylization becomes apparent: text and image merged into a visual unit, the boundaries between image and frame blurred, two-dimensionality and free lines dominated, and black-and-white patterns were contrasted with one another to great effect. By "leaving blank"[15] or using the neutral background, Moser succeeded in overcoming the conventional picture space. Emphasizing empty spaces was a favorite aesthetic stylistic device of Japonisme that Moser used in his graphic works from the turn of the century.

A NEW ERA

Moser's membership of the established Künstlerhaus would only last six months[16] before he and a group of like-minded artists around Klimt withdrew and cofounded the Union of Austrian Artists Secession on 24 May 1897.[17] The split "was prompted, apart from various basically artistic questions, by the unpleasant cliquey mood in the Künstlerhaus,"[18] according to Moser's summary. The society's alignment with Historicism, conservative exhibition policy, and isolation from international Modernism plunged the young artists into an identity crisis, torn between the culture of their fathers' generation and a new "truth." Right at the outset Hermann Bahr, the literary voice of the Secessionists, observed that:

> "Here we do not argue for and against tradition; after all, we have none. We do not argue between old art—of which, after all, we have none—and new. We do not argue about any artistic development or change in art, but rather about art itself, about the right to create art."[19]

References for the Secessionists were provided by the English Arts & Crafts movement, French Impressionism, German and Belgian Art Nouveau, as well as Japanese aesthetics. The aim of their revolt was to liberate themselves from the lethargy of Historicism and develop a form of expression that would be in keeping with their time and hence tie in with Modernism. With its interdisciplinary quality and holistic

14 Hoffmann (ca. 1948) 2009 (see note 12), 89.

15 N. N., "Kolo Moser," in: *Wiener Zeitung* 20 Oct 1918, 5.

16 Koloman Moser joined the Vienna Artists' Society on 9 November 1896. Künstlerhaus Archive, Koloman Moser file.

17 Künstlerhaus Archive, Secession 1897 file.

18 Moser 1916 (see note 1), 16.

19 Bahr, Hermann, "Vereinigung bildender Künstler Österreichs Secession," in: *Ver Sacrum* (1) 1 1898, 8–13: 9.

„Bei uns wird nicht für und gegen die Tradition gestritten, wir haben ja gar keine. Es wird nicht zwischen der alten Kunst, die es ja bei uns gar nicht gibt, und einer neuen gestritten. Es wird nicht um irgendeine Entwickelung oder Veränderung in der Kunst, sondern um die Kunst selbst gestritten, um das Recht, künstlerisch zu schaffen."[19]

Als Referenz dienten den Secessionisten die englische Arts & Crafts-Bewegung, der französische Impressionismus, der deutsche und belgische Jugendstil sowie die japanische Ästhetik. Ziel der Revolte war es, sich aus der Lethargie des Historismus zu befreien und eine zeitgemäße Ausdrucksform zu entwickeln, um an die Moderne anzuknüpfen. Die Kunst sollte mit ihrem interdisziplinären Anspruch und ihrer ganzheitlichen Gestaltung im Sinne des Gesamtkunstwerks das Leben auf ästhetische Weise durchdringen und die Geschmacksbildung fördern. Dieser Ruf nach Erneuerung spiegelte sich auch in Ludwig Hevesis Kampfansage am Eingangsportal der Secession wider: „Der Zeit ihre Kunst, der Kunst ihre Freiheit". Für Moser stellte die Secession „den Beginn einer neuen künstlerischen Zeitrechnung in Österreich"[20] dar. Er war nicht nur Mitinitiator des „heiligen Frühlings", sondern nahm als Maler, Grafiker, Designer und Ausstellungsgestalter eine Schlüsselposition ein, in der er sich aus der zweidimensionalen Bildebene in den dreidimensionalen Raum weiterentwickelte. In dieser experimentellen Phase gelang es ihm gemeinsam mit Josef Hoffmann, den Übergang vom floralen Jugendstil zur geometrischen Abstraktion einzuleiten.

HEILIGER FRÜHLING

Als genialer Designer prägte Moser wie kein Zweiter das visuelle Erscheinungsbild der Secession (s. Abb. 16, S. 30). Neben dem Vereinsemblem, Plakaten, Postkarten, Einladungskarten und Ausstellungskatalogen gestaltete er für die in den Jahren 1898 bis 1903 von der Secession herausgegebene Zeitschrift *Ver Sacrum* (lat. für „heiliger Frühling") rund 150 Beiträge, darunter Einbände, Initialen, Vignetten, Illustrationen, Werbeinserate und Originalgrafiken. Die Zeitschrift, die durch das Zusammenwirken von Kunst, Literatur und Musik als Gesamtkunstwerk konzipiert war, diente den Secessionisten nicht nur als literarisches Sprachrohr für ihre Ideen, sondern auch als Organ für die Vermittlung und Verbreitung neuester Kunstströmungen. Sie sollte ein „Aufruf an den Kunstsinn der Bevölkerung sein, zur Anregung, Förderung und Verbreitung künstlerischen Lebens und künstlerischer Selbständigkeit"[21], wie in der ersten Ausgabe postuliert wurde. *Ver Sacrum* setzte mit seinem modernen Layout, seinem harmonischen Verhältnis von Text und Bild und seinem nahezu quadratischen Format neue Maßstäbe in der Print- und Medienlandschaft. Verantwortlich für diese Entwicklung war Moser, der als „Art Director" die Programmatik der Secession auf visuelle Weise perfekt verkörperte und stilbildend auf die grafischen Künste wirkte. Sein ganzheitlicher Gestaltungsanspruch beinhaltete auch die Typografie. Angeregt von Rudolf von Larischs theoretischen Schriften zur Typografie, der die Schrift im „Dienste der Kunst"[22] sah, entwickelte Moser ein Arsenal an typografischem Buchschmuck, von floral geschwungen bis linear abstrahiert, wobei jedes Element einen spezifischen Charakter besaß. Moser sah das Schriftdesign als künstlerische Aufgabe – es sollte die Ästhetik des Kommunikationsmediums unterstützen. Seine Fülle an Motiven, die er wie

19 Bahr, Hermann, „Vereinigung bildender Künstler Österreichs Secession", in: *Ver Sacrum* (1) 1 1898, 8–13: 9.

20 Moser 1916 (s. Anm. 1), 255.

21 Vereinigung bildender Künstler, „Weshalb wir eine Zeitschrift herausgeben?", in: *Ver Sacrum* (1) 1 1898, 5–7: 5.

22 Vgl. Larisch, Rudolf von, *Über Zierschriften im Dienste der Kunst*, München 1899.

design in the sense of the *Gesamtkunstwerk* or total work of art, they felt that art should suffuse life aesthetically and encourage the development of taste. This call for innovation was also reflected in Ludwig Hevesi's defiant statement over the entrance portal of the Secession: "Der Zeit ihre Kunst, der Kunst ihre Freiheit" ("To the Age Its Art, to Art Its Freedom"). For Moser, the Secession represented "the beginning of a new artistic era in Austria."[20] He was not only the co-initiator of this "sacred spring," but also took on a key role as a painter, graphic artist, designer, and exhibition designer, during which time he progressed from the two-dimensional picture plane to the three-dimensional space. In this experimental phase he and Josef Hoffmann succeeded in instigating the transition from floral Art Nouveau to geometric abstraction.

SACRED SPRING

As an ingenious designer, Moser's impact on the visual appearance of the Secession was like no other (see fig. 16, p. 30). In addition to the union's emblem, posters, postcards, invitation cards, and exhibition catalogs, he also designed some 150 contributions—including book covers, initials, vignettes, illustrations, advertisements, and original graphics—to the magazine *Ver Sacrum* (Latin for "sacred spring"), which was published by the Secession in the years 1898 to 1903. Conceived as a *Gesamtkunstwerk* based on the interaction of art, literature, and music, the magazine served not only as the literary mouthpiece for the Secessionists' ideas, but also as an organ with which to communicate and disseminate the latest art movements. It was intended to be an "appeal to the population's artistic sensibility, to inspire, encourage, and spread artistic life and artistic independence,"[21] as was posited in the first edition. With its modern layout, its harmonious relationship between text and image, and its almost square format, Ver Sacrum set new standards in the print and media landscape. The person responsible for this development was Moser, who perfectly embodied the Secession's visual objectives as "Art Director" and shaped the style of the graphic arts. His insistence on holistic design also encompassed typography. Inspired by Rudolf von Larisch's theoretical writings on typography that saw type as being in the "service of art,"[22] Moser developed an arsenal of typographical book decoration from floral and curved to linear and abstract, with every element possessing its own, unique character. Moser saw type design as an artistic task—it should support the aesthetics of the medium of communication. His abundance of motifs, which he applied in various ways like set pieces, facilitated a multitude of new variations. This playfulness and flexibility in particular were characteristic features of Moser's creative potential and are what made him a pioneer of modern graphic design.

FROM THE CURVE TO THE SQUARE

The square as an ornamental motif goes hand in hand with Viennese surface art around 1900; (see fig. 55, p. 55) it became the elemental form of expression used by the Viennese avant-garde. Alongside the circle, the rectangle, and the rhombus from which a wealth of possibilities arose (fig. 10), the square became synonymous with a geometrically abstract design vocabulary. The theoretical foundation for this simplicity of form was provided by *The Grammar of Ornament* by Owen Jones (1856), *Stilfragen* by Alois Riegl (1893), *Moderne Architektur* by Otto Wagner (1895), *Das constructive Prinzip in der Ornamentik* by Hans Macht (1897), and *Line & Form* by Walter Crane (1900), among others.[23] Japanese aesthetics, too, would serve as a stimulus for

20 Moser 1916 (see note 1), 16.

21 Union of Austrian Artists, "Weshalb wir eine Zeitschrift herausgeben?," in: *Ver Sacrum* (1) 1 1898, 5–7: 5.

22 Cf. Larisch, Rudolf von, *Über Zierschriften im Dienste der Kunst*, Munich 1899.

23 Auer, Stephanie/Klee, Alexander, "From the Innate Necessity of Construction or the Beginning of the Viennese Art Form," in: Husslein-Arco, Agnes/Weidinger, Alfred (eds.), *Gustav Klimt – Josef Hoffmann. Pioniere der Moderne*, exh. cat. Belvedere, Vienna, Munich et al. 2011, 150–167: 152.

Versatzstücke unterschiedlich einsetzte, erlaubte eine Vielzahl neuer Variationen. Diese Verspieltheit und Flexibilität zeichneten Mosers kreatives Potenzial besonders aus und machten ihn zu einem Wegbereiter des modernen Grafikdesigns.

VON DER KURVE ZUM QUADRAT

Mit der Wiener Flächenkunst um 1900 (s. Abb. 55, S. 55) ging das Quadrat als ornamentales Motiv einher, das zur elementaren Ausdrucksform der Wiener Avantgarde wurde. Neben dem Kreis, dem Rechteck und der Raute, aus denen sich eine Fülle an Möglichkeiten ergab (Abb. 10), wurde das Quadrat zum Synonym für eine geometrisch-abstrakte Formensprache. Die theoretischen Grundlagen zur Einfachheit der Form lieferten u. a. *The Grammar of Ornament* von Owen Jones (1856), *Stilfragen* von Alois Riegl (1893), *Moderne Architektur* von Otto Wagner (1895), *Das constructive Prinzip in der Ornamentik* von Hans Macht (1897) und *Line & Form* von Walter Crane (1900).[23] Auch die japanische Ästhetik sollte als Anregung zur Vereinfachung der Form dienen. 1899 erschienen in *Ver Sacrum* mehrere Beiträge zur fernöstlichen Kunst. Ein Text wurde begleitet von Mosers Flächenmustern für das Textilunternehmen J. Backhausen & Söhne, mit dem er von 1898 bis 1903 eng zusammenarbeitete. Seine neuartigen Entwürfe mit Tendenz zur geometrischen Abstraktion und dem Einfluss der japanischen Formenwelt sollten „Furore machen"[24]. So wurde seine textile Ausstattung für die Secession auf der Pariser Weltausstellung 1900 von der internationalen Presse lobend erwähnt: „In all diesen Arbeiten steckt eine unendliche Vorstellungskraft, die, wie die Illustrationen deutlich zeigen, auf einer profunden Kenntnis der japanischen Kunst beruht."[25] Neben Arbeiten der niederländischen Architekten Hendrik Petrus Berlage, Johannes Ludovicus Mathieu Lauweriks und Karel Petrus Cornelis de Bazel[26] erwies sich vor allem die Bekanntschaft mit den Designern und Architekten Charles Rennie Mackintosh und Charles Robert Ashbee auf der VIII. Secessionsausstellung 1900 als ein Meilenstein der Entwicklung des geometrisch-abstrakten Jugendstils. Auch die Illustrationen des britischen Grafikers Aubrey Beardsley sollten auf Moser inspirierend wirken. Sichtbar wird dies im Exlibris für Fritz Waerndorfer (1903) (Abb. 11), das sich in Anlehnung an Beardsleys Illustrationen zu Oscar Wildes *Salome* durch eine ästhetische Linienführung in vereinfachten Schwarz-Weiß-Kontrasten auszeichnete.[27] Für Waerndorfer schuf Moser auch einen modernen Galerieraum in dessen Villa im Wiener Cottageviertel (s. Abb. 76, S. 62), dessen Ausstellungskonzept ein raffiniertes Ensemble mit Überraschungseffekt darstellt: Wurde eine der gerasterten Schranktüren geöffnet, kam Klimts Gemälde *Hoffnung I* zum Vorschein.[28]

Schon früh löste sich Moser vom organischen Jugendstil mit seinen kurvenreichen Formen und verspielten Linien in Anlehnung an die Natur. Gründe zur Abstraktion bestanden einerseits in der formalen Aufwertung des geometrischen Ornaments, andererseits in der Spiritualität einer in sich gekehrten Welt. Angesichts des durch Industrialisierung geprägten, komplexen Weltbilds wurde für den Menschen die Abstraktion ein ästhetischer Rückzugsort.[29] Erste Anzeichen für geometrische Kompositionen bei Moser finden sich in der Zeitschrift *Ver Sacrum*. Ob in der Gestaltung des Vereinsemblems oder im Entwerfen einzelner Seiten – die horizontale und vertikale Begrenzung durch vier gleichmäßige Seiten wurde zum harmonischen

23 Auer, Stephanie/Klee, Alexander, „Von der inneren Notwendigkeit der Konstruktion oder der Beginn der Wiener Formenkunst", in: Husslein-Arco, Agnes/Weidinger, Alfred (Hg.), *Gustav Klimt – Josef Hoffmann. Pioniere der Moderne*, Ausst.kat. Belvedere, Wien, München u. a. 2011, 150–167: 152.

24 Hevesi, Ludwig, *Acht Jahre Sezession (März 1897 – Juni 1905). Kritik – Polemik – Chronik*, Wien 1906, 140.

25 Mourey, Gabriel, „Round the Exhibition IV. Austrian Decorative Art", in: *The Studio. An Illustrated Magazine of Fine and Applied Art* 21 1901, 113–123: 118; Üner, Stefan, „Die Kunst der Präsentation. Koloman Moser als Ausstellungsgestalter", Dissertation, Universität für angewandte Kunst Wien, 2016, 92–95.

26 Bisanz-Prakken, Marian, „Das Quadrat in der Flächenkunst der Wiener Secession", in: *Alte und Moderne Kunst* (27) 180/181 1982, 40–46: 44.

27 Der Kontakt mit Aubrey Beardsley dürfte nicht zuletzt durch Fritz Waerndorfer zustande gekommen sein, der als Kunstsammler auch Werke von Beardsley besaß. Vgl. Hevesi, Ludwig: *Altkunst – Neukunst. Wien 1894–1908*, Wien 1909, 225.

28 Vgl. Shapira, Elana: *Style and Seduction. Jewish Patrons, Architecture, and Design in Fin de Siècle Vienna*, Waltham 2016, 133–136.

29 Worringer, Wilhelm, *Abstraktion und Einfühlung. Ein Beitrag zur Stilpsychologie*, Leipzig 1908, 25.

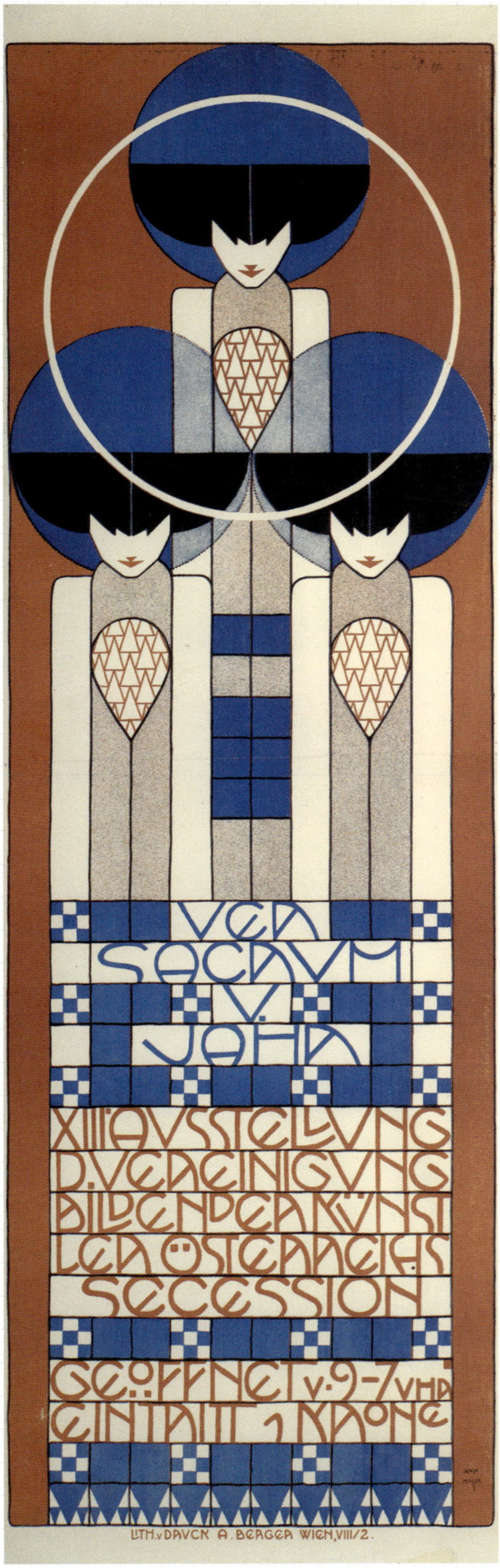

10

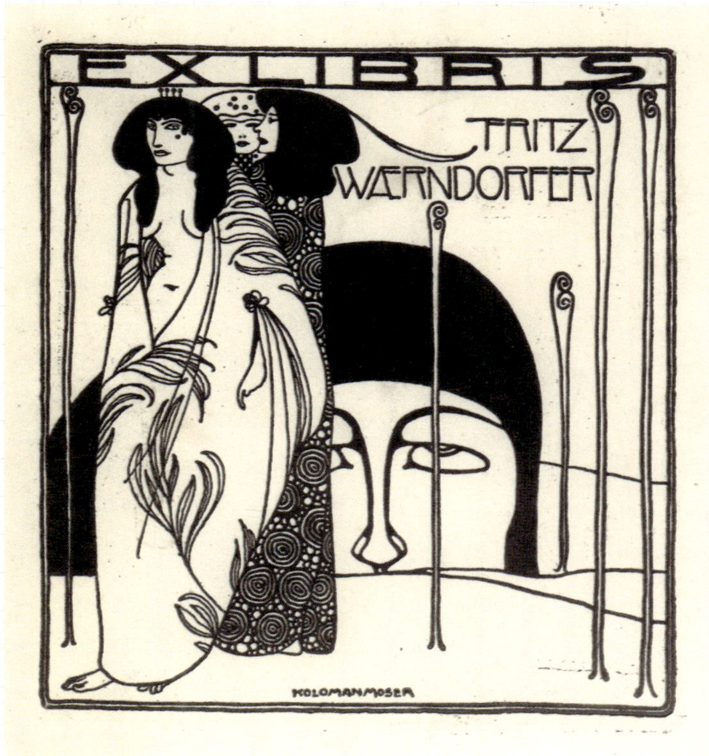

11

10 **Plakat für die XIII. Secessionsausstellung**, 1902
Poster for the 13th Secession exhibition, 1902
MAK

11 **Exlibris für Fritz Waerndorfer**, 1903
Ex libris for Fritz Waerndorfer, 1903
MAK

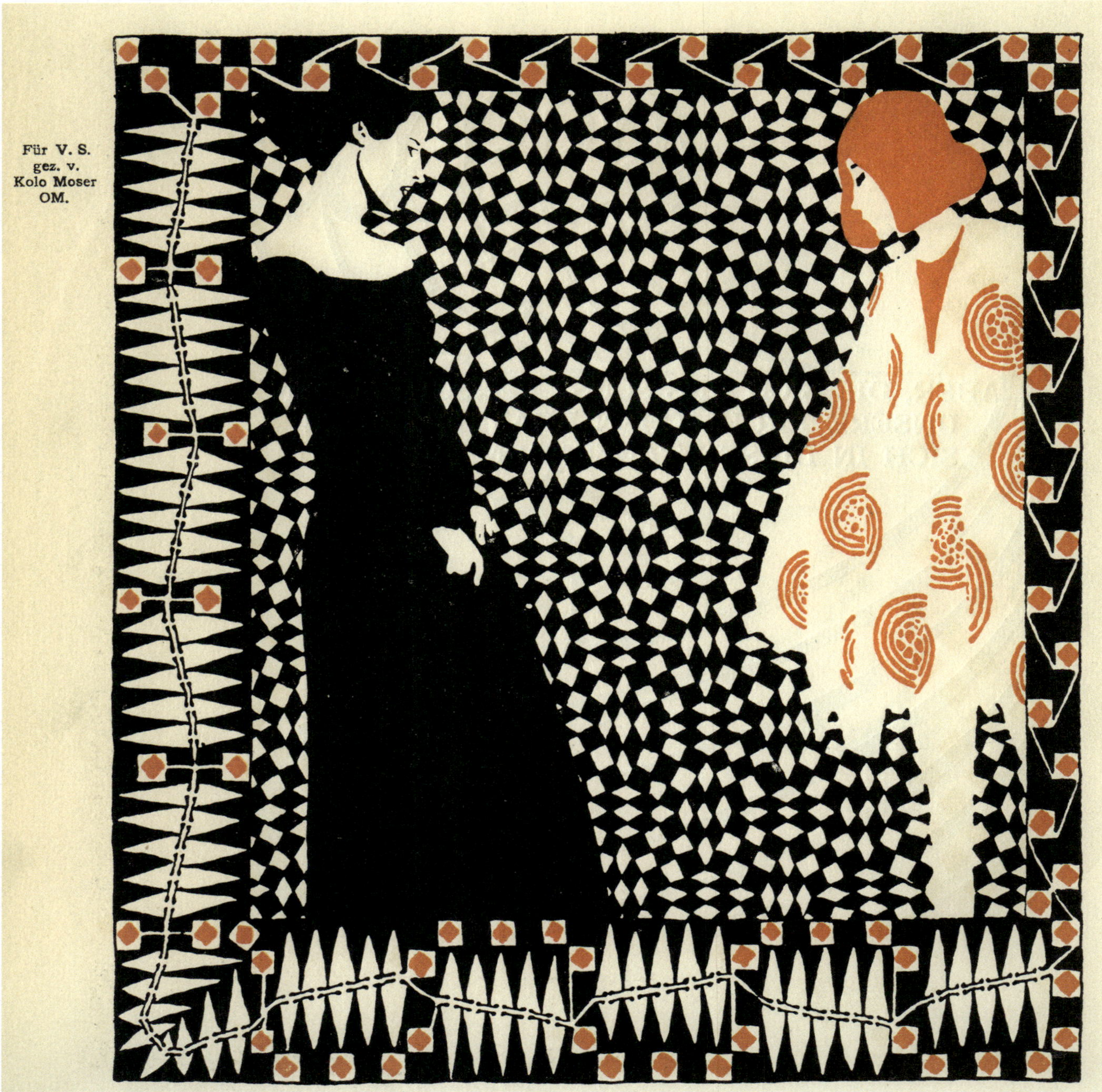

12

12 ***Die schwarze Herzogin***, Illustration für das Gedicht *Vorfrühling* von Rainer Maria Rilke
[The Black Duchess], illustration for the poem *Early Spring* by Rainer Maria Rilke
In: *Ver Sacrum* (4) 21 1901, S. p. 356
MAK

simplifying forms. In 1899 several articles on Far Eastern art were published in *Ver Sacrum*. One text was accompanied by Moser's surface patterns for the textile company J. Backhausen & Söhne, with which he closely collaborated from 1898 to 1903. His innovative designs with a tendency to geometric abstraction and influenced by the Japanese world of forms would "cause a furor."[24] For example, his textile decor for the Secession at the World's Fair in Paris in 1900 was praised by the international press: "There is infinite imagination in all this work, which, as the illustrations plainly indicate, is based on a profound knowledge of Japanese Art."[25] In addition to works by the Netherlandish architects Hendrik Petrus Berlage, Johannes Ludovicus Mathieu Lauweriks, and Karel Petrus Cornelis de Bazel,[26] it was above all the acquaintance with the designers and architects Charles Rennie Mackintosh and Charles Robert Ashbee at the 8th Secession exhibition in 1900 that would turn out to be a milestone in developing geometrically abstract Art Nouveau. The illustrations by the British graphic artist Aubrey Beardsley would also inspire Moser. This is visible in the ex libris for Fritz Waerndorfer (1903) (fig. 11), which features an aesthetic lineation in simplified black-and-white contrasts in the style of Beardsley's illustrations for Oscar Wilde's *Salome*.[27] Moser also created a modern gallery room for Waerndorfer's villa in Vienna's "Cottage" district (see fig. 76, p. 62), whose exhibition concept comprises a sophisticated ensemble with a surprising effect: when one of the screened cabinet doors was opened, Klimt's painting *Hope I* emerged.[28]

Moser soon turned away from organic Art Nouveau with its richly curved forms and playful lines inspired by nature. Reasons for abstraction consisted on the one hand in the increased formal appreciation of geometric ornament, and on the other in the spirituality of an introverted world. In the face of the complex world view shaped by industrialization, abstraction became an aesthetic retreat for many people.[29] The first evidence of geometric compositions in Moser's oeuvre can be found in the magazine *Ver Sacrum*. Whether in his design of the union's emblem or of individual pages, the horizontal and vertical limitation of four uniform pages became the harmonious core principle and defined the formal canon. The radical transition to pure abstraction is illustrated by Moser's typographic book decoration for Arno Holz's *Die Blechschmiede* [The Tinsmiths] in 1901. He positioned geometric basic elements in parallel in the same context as the figure, like in the illustration for Rainer Maria Rilke's poem *Early Spring* (fig. 12). The abstract background is formed by a pattern of squares and trapezoids that generates a visual illusion of movement. At the same time, the influence of Japan is visible in the motif of the dress, the overlapping borders, and the flat arrangement of the folds. At the end of the decade the writer and art critic Berta Zuckerkandl summarized:

> "When, years ago, the square pattern emerged for the first time, all of Vienna judged it to be a 'joke' contrived by comical artists. [...] This quadrilateral, however, used as ornament, conformed to the innermost compulsion of the newly emerging style. Just as the Gothic masters the triangle, so too the geometric ideal of contemporary Austrian style is the square. [...] Klimt also created his conception of space from the square; Hoffmann, Moser likewise acquired their notion of form from the square. [...] And we find this established rhythm again in the structure of the surfaces, in the architectonics of the furniture, in the decoration of the window frames."[30]

24 Hevesi, Ludwig, *Acht Jahre Sezession (März 1897 – Juni 1905). Kritik – Polemik – Chronik*, Vienna 1906, 140.

25 Mourey, Gabriel, "Round the Exhibition IV. Austrian Decorative Art," in: *The Studio. An Illustrated Magazine of Fine and Applied Art* 21 1901, 113–123: 118; Üner, Stefan, "Die Kunst der Präsentation. Koloman Moser als Ausstellungsgestalter," Dissertation, University of Applied Arts Vienna, 2016, 92–95.

26 Bisanz-Prakken, Marian, "Das Quadrat in der Flächenkunst der Wiener Secession," in: *Alte und Moderne Kunst* (27) 180/181 1982, 40–46: 44.

27 The contact with Aubrey Beardsley must have come about not least thanks to Fritz Waerndorfer, who as an art collector also owned works by Beardsley. Cf. Hevesi, *Ludwig: Altkunst – Neukunst. Wien 1894–1908*, Vienna 1909, 225.

28 Cf. Shapira, Elana: *Style and Seduction. Jewish Patrons, Architecture, and Design in Fin de Siècle Vienna*, Waltham 2016, 133–136.

29 Worringer, Wilhelm, *Abstraktion und Einfühurng. Ein Beitrag zur Stilpsychologie*, Leipzig 1908, 25.

30 Zuckerkandl, Berta, "Wo halten wir?," in: *Wiener Allgemeine Zeitung* 5 Nov 1910, 4.

Grundprinzip und bestimmte den formalen Kanon. Den radikalen Übergang zur reinen Abstraktion veranschaulicht Mosers typografischer Buchschmuck für Arno Holz' *Die Blechschmiede* 1901. Parallel setzte er geometrische Grundelemente in Kontext mit der Figur, wie in der Illustration für Rainer Maria Rilkes Gedicht *Vorfrühling* (Abb. 12). Der abstrakte Hintergrund bildet ein Muster aus Quadraten und Trapezen, das eine visuelle Illusion von Bewegung erzeugt. Gleichzeitig wird im Motiv des Kleids, den Randüberschneidungen und dem flächigen Faltenwurf der japanische Einfluss sichtbar. Ende des Jahrzehnts resümierte die Schriftstellerin und Kunstkritikerin Berta Zuckerkandl:

> „Als vor Jahren zum erstenmal das Quadratmuster auftauchte, wurde es von ganz Wien als eine von ulkigen Künstlern arrangierte ‚Hetz' beurteilt. [...] Dieses Viereck aber, als Ornament verwendet, entsprach dem innersten Zwang des neuerstehenden Stils. So wie die Gotik das Dreieck beherrscht, so ist das geometrische Ideal des österreichischen Zeitstils – das Quadrat. [...] Klimt hat seine Raumvorstellung ebenfalls aus dem Quadrat geschöpft; Hoffmann, Moser ihre Formvorstellung ebenfalls aus dem Quadrat gewonnen. [...] Und wir finden diesen festgelegten Rhythmus in der Struktur der Flächen wieder, in der Architektonik des Möbels, in der Ausgestaltung der Fensterrahmung."[30]

DIE EROBERUNG DES RAUMS

In der Secession fand Moser die idealen Rahmenbedingungen, sich aus der grafischen Bildfläche in den architektonischen Raum weiterzuentwickeln. Bereits beim Bau des Hauses konnte er erste gestalterische Akzente setzen. Mit den stilisierten Eulenreliefs und dem ornamental rhythmisierten Kranzträgerinnen-Fries an den Außenwänden schuf Moser nicht nur einen modernen Wandschmuck, sondern frühe Ikonen der Wiener Moderne. Für die Eingangshalle konzipierte er ein monumentales Rundglasfenster,[31] das einen Engel als Personifikation der Kunst zeigte, mit einer Aufschrift von Hermann Bahr. Für Moser gab es keine strenge Hierarchie der einzelnen Kunstgattungen: „Eine Wandmalerei unterliegt den selben Gesetzen wie die Baukunst."[32] Von den insgesamt 20 Präsentationen bis zum Austritt der Klimt-Gruppe 1905 beteiligte er sich an zahlreichen Ausstellungsgestaltungen und arrangierte drei im Alleingang.[33] Hatte sich Moser zu Beginn auf die Akzentuierung einzelner Wandflächen konzentriert – in Form von textiler Verkleidung oder Holzkonstruktionen in floralem Dekor –, bekam er ab 1900 die Gelegenheit, ganze Räume zu bespielen. Seine interdisziplinäre Arbeitsweise umfasste auch die Gestaltung von Plakaten, Katalogen und Einladungskarten, deren einheitliches Gesamtkonzept eine frühe Variante der Corporate Identity darstellte. Mosers innovative Raumkonzepte sollten das Ausstellungswesen nachhaltig verändern. Während sich vergangene Präsentationen meist durch einen konservativen Charakter mit überladener Ansammlung an Exponaten auszeichneten, entstand in der Secession das Bedürfnis nach einem neuen Raumkonzept, bei dem der Fokus auf dem Kunstwerk lag und ästhetische und funktionale Kriterien gleichwertig waren.

Eine besondere Beziehung hatte Moser zu Klimt, für den er mehrere Raumgestaltungen arrangierte und dessen berühmte Fakultätsbilder er spektakulär zur Schau stellte. In der XVIII. Secessionsausstellung 1903, wo erstmals alle drei Bilder zu sehen waren,

30 Zuckerkandl, Berta, „Wo halten wir?", in: *Wiener Allgemeine Zeitung* 5.11.1910, 4.

31 Der Fries *Reigen der Kranzträgerinnen* auf der Rückseite der Secession und das Glasfenster in der Eingangshalle wurden 1907/1908 zerstört und abgetragen. Vgl. Vereinigung bildender Künstler Wiener Secession (Hg.), *Secession. Das Jahrhundert der künstlerischen Freiheit*, Ausst.kat. Secession, Wien/Rudolfinum, Prag, München u. a. 1998, 94–95.

32 Koloman Moser: Sammlung von Notizen, Betrachtungen, Studienblättern, Skizzen und szenischen Entwürfen, um 1913, Wienbibliothek im Rathaus, H.I.N.-168492.

33 Für eine vollständige Analyse sämtlicher Ausstellungsgestaltungen von Koloman Moser siehe: Üner 2016 (s. Anm. 25).

CONQUERING SPACE

At the Secession Moser found the ideal conditions in which to evolve from the graphic picture plane to the architectural space. He could add his first design features even as the union's home was being built. With his stylized owl relief and ornamentally rhythmic wreath-bearer frieze on the outer walls, Moser created not only a modern wall decoration, but also early icons of Viennese Modernism. For the entrance hall he conceived a monumental round glass window[31] showing an angel as the personification of art and bearing an inscription by Hermann Bahr. For Moser there was no strict hierarchy of individual art genres: "A mural is subject to the same laws as architecture."[32] Of the 20 presentations in total before the departure of the Klimt Group in 1905, he was involved in numerous exhibition designs and arranged three single-handedly.[33] If Moser had initially concentrated on accentuating individual wall areas—in the form of textile coverings or wooden constructions with floral decoration—then from 1900 he was given the opportunity to mastermind entire rooms. His interdisciplinary method also encompassed the design of posters, catalogs, and invitation cards whose holistic overall concept constituted an early version of corporate identity. Moser's innovative spatial concepts would have a lasting impact on exhibition design. While preceding shows were mostly characterized by a conservative style with a cluttered accumulation of exhibits, at the Secession there arose a need for a new spatial concept that would draw attention to the work of art and attach equal importance to aesthetic and functional criteria.

Moser had a special connection to Klimt, for whom he produced several interior designs and whose famous Faculty Paintings he showcased spectacularly. At the 18th Secession exhibition in 1903, where all three pictures were on display for the first time, Moser's interior decoration ideas combined to create an aesthetic overall concept (fig. 13). By emphasizing the white wall, hanging the works on a single row at eye level, positioning the main works centrally, limiting the selection of exhibits, and subtly accentuating the interior, Moser created not only a focused and aesthetic spatial experience in which architecture, artwork, and interior correlated with one another, but also the prototype of the white cube, which went on to become the mandatory exhibition space until the late 20th century. Although Moser never broke away completely from the decorative component, he did unshackle the space from its stage-like guise and for the first time treated the wall as a neutral projection surface for the work of art. Moser's trailblazing exhibition architecture also had an enormous impact on other artists. For example, he helped Ferdinand Hodler to achieve his international breakthrough in 1904 by producing a dialogue between the picture and its viewer with his novel hanging technique that allowed Hodler's eurythmic compositions to suggestively enter the physical space. It was Moser, too, who readapted the rooms of the renowned Viennese Galerie Miethke and provided it with a modern corporate identity. Hermann Bahr's summary noted: "It was from him that people learned to hang pictures, e.g., first in Central Europe; and what is now known all over the world as Viennese can be traced back to him, Olbrich, and Josef Hoffmann."[34]

A PUBLIC SERVICE

Among his public contracts his designs for postage stamps, banknotes, and the Church am Steinhof are particularly worth mention. Between 1906 and 1918

31 The frieze *Dance of the Wreath-Bearing Maidens* on the back of the Secession and the glass window in the entrance hall were destroyed and demolished in 1907/1908. Cf. Vereinigung bildender Künstler Wiener Secession (ed.), Secession. *Das Jahrhundert der künstlerischen Freiheit*, exh. cat. Secession, Vienna/Rudolfinum, Prague, Munich et al. 1998, 94–95.

32 Koloman Moser: Collection of notes, reflections, study sheets, sketches, and scenic designs, ca. 1913, Vienna City Library, H.I.N.-168492.

33 For a thorough analysis of all exhibition designs by Koloman Moser, see: Üner 2016 (see note 25).

34 Bahr, Hermann, *Tagebuch 1918*, Innsbruck et al. 1919, 272 f., trans. Maria Slater; Üner 2016 (see note 25), 42.

vereinten sich Mosers raumkünstlerische Ideen zu einem ästhetischen Gesamtkonzept (Abb. 13). Mit der Betonung der weißen Wand, der einreihigen Hängung in Augenhöhe, der zentralen Positionierung der Hauptwerke, der reduzierten Auswahl an Exponaten und der dezenten Akzentuierung des Interieurs schuf Moser nicht nur ein konzentriertes und ästhetisches Raumerlebnis, in dem Architektur, Kunstwerk und Interieur in eine Wechselbeziehung traten, sondern auch den Prototyp des White Cube, der bis ins späte 20. Jahrhundert zum verbindlichen Ausstellungsraum wurde. Obwohl sich Moser nie ganz von der dekorativen Komponente löste, befreite er den Raum aus seiner inszenatorischen Verkleidung und behandelte die Wand erstmals als neutrale Projektionsfläche für das Kunstwerk. Mosers bahnbrechende Ausstellungsarchitektur hatte auch enorme Auswirkungen auf andere KünstlerInnen. So verhalf er beispielsweise Ferdinand Hodler 1904 zum internationalen Durchbruch, indem er mit seiner neuartigen Hängepraxis einen Dialog zwischen Bild und BetrachterIn herstellte, bei der Hodlers eurythmische Kompositionen suggestiv in den realen Raum traten. Moser war es auch, der die Räume der renommierten Wiener Galerie Miethke neu adaptierte und ihr eine moderne Corporate Identity verlieh. Hermann Bahr bemerkte zusammenfassend: „Von ihm hat man z. B. erst in Mitteleuropa Bilderhängen gelernt; und was jetzt in der Welt wienerisch heißt, geht auf ihn, Olbrich und Josef Hoffmann zurück."[34]

IM DIENST DER ÖFFENTLICHKEIT

Von den öffentlichen Aufträgen sind besonders seine Entwürfe für Briefmarken, Banknoten und die Kirche am Steinhof hervorzuheben. Zwischen 1906 und 1918 entwarf Moser mehrere Briefmarkenserien. Gleich sein erster Auftrag sollte ihm einen festen Platz in der Geschichte des Briefmarkendesigns sichern: 1906 wurde er von der Staatsdruckerei beauftragt, eine Serie für Bosnien-Herzegowina zu gestalten. Seine zukunftsweisenden Motive stellten eine Sensation dar, da sie erstmals anstelle der üblichen Porträts von Monarchen und Staatssymbolen Landschaftsbilder, Alltagsszenen und Motive der Post zeigten. Zwei Jahre später bekam er die Gelegenheit, zu Ehren des 60-jährigen Regierungsjubiläums von Kaiser Franz Joseph I. eine Postkarte zu gestalten, von der bis zum Jahresende in der Donaumonarchie vier Millionen Exemplare verkauft wurden.[35] Mit seinem progressiven Design drang Moser als Gebrauchsgrafiker über den elitären Kunstzirkel hinaus und erhob den Jugendstil zur offiziellen Staatskunst.

1904 erhielt Moser die Gelegenheit, für die von Otto Wagner erbaute Kirche am Steinhof die Fenster und Wandmosaike zu gestalten. Wagners ursprüngliches Konzept[36] zeigte stilistische Ähnlichkeiten mit Mosers quadratischem Fenster im Speisesaal des Hotel Bristol in Warschau (1901), das mit seinen schwebenden Gestalten und seinem durchsichtigen, farblosen Hintergrund eine beeindruckende Raumatmosphäre garantierte. Obwohl die Zeichen zu Beginn gut standen, sollte für Moser die Mitarbeit an Wagners Kirche am Steinhof „mit einer Reihe von Unannehmlichkeiten verbunden"[37] sein. Hatten bereits seine stilisierten Glasfensterentwürfe immer wieder für Konflikte mit dem konservativen kirchlichen Beirat Heinrich Swoboda gesorgt, sollte der Entwurf für den Hauptaltar nun zum endgültigen Bruch mit den Auftraggebern führen (s. Abb. 97, S. 74). Für die Kirche waren

34 Bahr, Hermann, *Tagebuch 1918*, Innsbruck u. a. 1919, 272–273; Üner 2016 (s. Anm. 25), 42.

35 Postarchiv Österreichische Post (Hg.), *Koloman Moser. Kunst auf Briefmarken*, Wien 2012, 38.

36 Otto Wagner, Fensterentwürfe für die Kirche am Steinhof, 1903/1904, Wien Museum, Inv. Nr. 96011/13.

37 Moser 1916 (s. Anm. 1), 262.

13 **Ausstellungsgestaltung für die XVIII. Secessionsausstellung** (Gustav Klimt), 1903/04
Exhibition design for the 18th Secession exhibition (Gustav Klimt), 1903/04
ÖNB Wien Vienna, Bildarchiv Picture Archives, Pk 2539, 192

14 ***Rax (Semmering)***, 1907
Leopold Museum, Wien Vienna

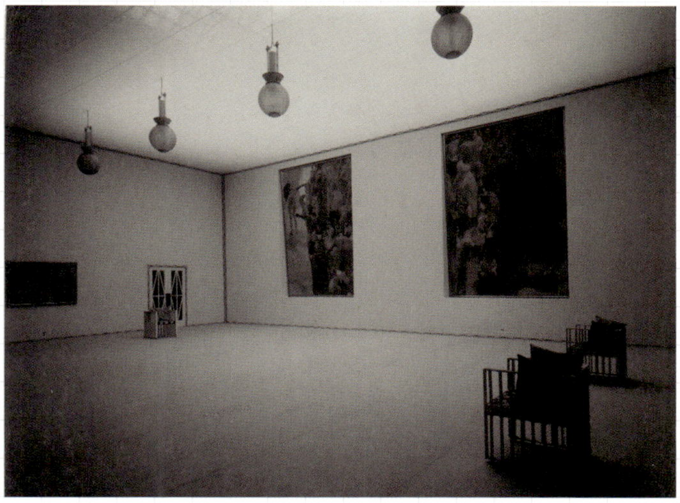

13

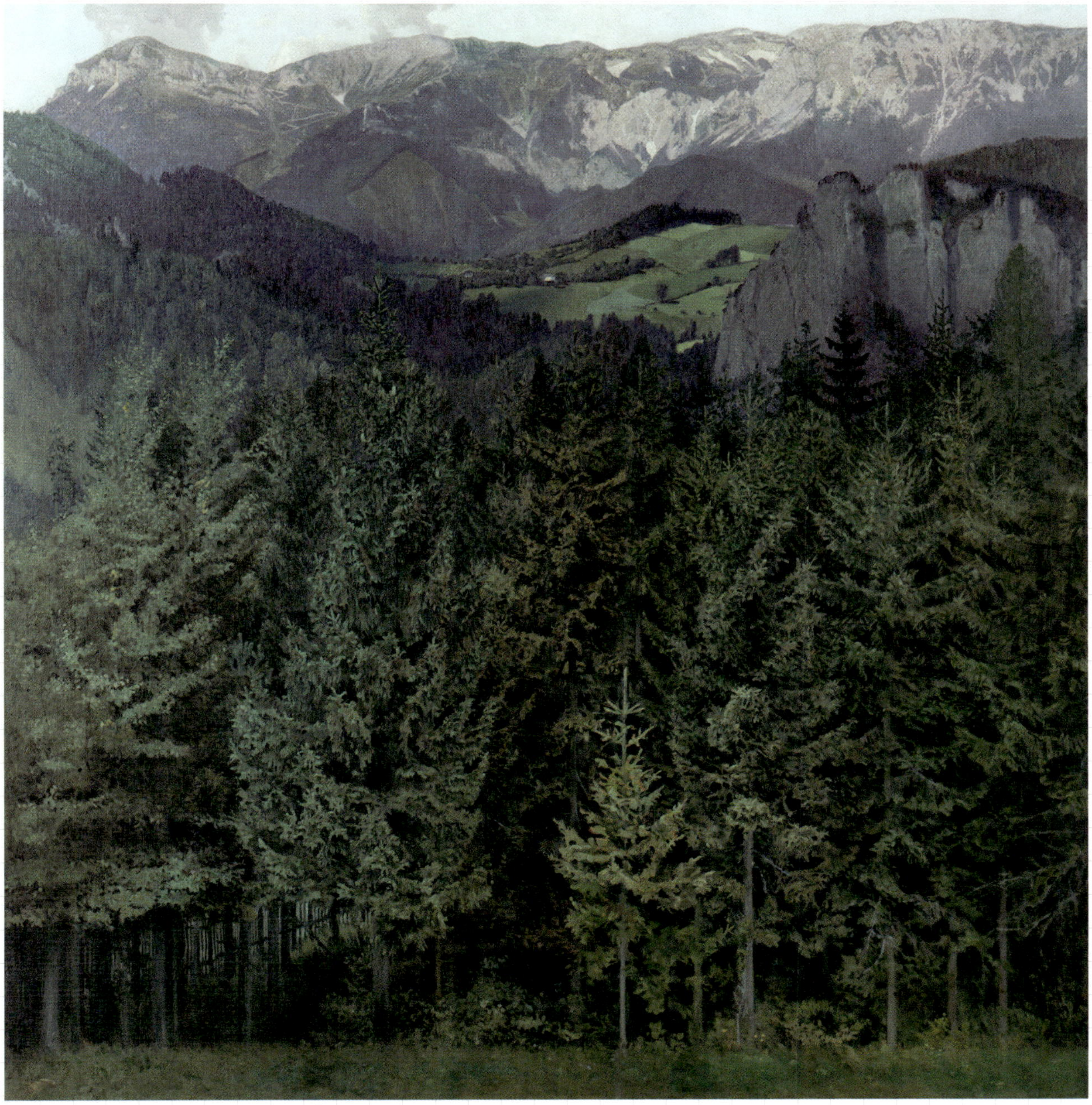

14

Mosers Entwürfe zu wenig sakral, weshalb sie – ähnlich wie die Fakultätsbilder Klimts – abgelehnt wurden.[38] Trotz Wagners Unterstützung, der eine neue „Affaire Klimt"[39] vermeiden wollte, endete für Moser der Eklat in einem verlorenen Gerichtsstreit gegen den Secessionisten Carl Ederer, den er des Plagiats beschuldigt hatte. Auf der Kunstschau 1908 konnte Moser in einem von ihm gestalteten sakralen Ausstellungsraum noch einmal demonstrativ seine Entwürfe präsentieren. Für Bahr gab es „[d]rei prachtvolle Sachen: die neuen Bilder von Klimt, die Werkzeichnungen Koloman Mosers für die Kirche Wagners am Steinhof, mit allen Studien und Entwürfen, und die Säle der Theaterkunst".[40] Ähnlich wie Klimt zog sich auch Moser in den privaten Bereich zurück, um sich auf die Malerei zu konzentrieren.

ZURÜCK ZUM URSPRUNG

Nach einem Jahrzehnt des radikalen Umbruchs in der österreichischen Kunstlandschaft, der sich in der Abkehr vom Historismus, der Gründung der Secession und der Wiener Werkstätte, der Kunstgewerbereform und dem Übergang der floralen Jugendstilornamentik zu einer geometrisch-abstrakten Formensprache manifestierte, sollte für Moser die Malerei wieder einen besonderen Stellenwert bekommen.[41] Hatten zu Beginn Porträts, Allegorien und religiöse Motive im akademisch-historistischen Stil seine Malerei bestimmt, entdeckte Moser 1907 die Landschaftsmalerei für sich. Die Villa Mautner von Markhof am Semmering mit ihren umliegenden Wäldern und Bergen diente ihm nicht nur als Refugium vor dem städtischen Treiben, sondern auch als künstlerische Inspiration. Das Gemälde *Rax (Semmering)* (1907) (Abb. 14) war der Auftakt zu einer Serie von Landschaftsbildern, die den Semmering und die Rax zu verschiedenen Tages- und Jahreszeiten zeigten. Das in realistischer, fast fotografischer Präzision wiedergegebene Motiv zeigt den erhöhten Blick von der Villa am Wolfsbergkogel in den dichten Nadelwald und hinüber zur Rax mit der Polleroswand. Mosers Intention war es, Bilder zu malen, in denen man „mit den Augen spazieren gehen könne."[42]

Schnell löste sich Moser vom akademischen Realismus. Anstelle der exakten Naturwiedergabe wurde nun ein abstrakter und spontaner Gestus bemerkbar, der sich im flächigen Bildaufbau und expressiven Pinselduktus zeigte. Der erhöhte Ausblick in die Natur war eine beliebte Position von Moser, um die Landschaft künstlerisch festzuhalten. Die Aufteilung in verschiedene Formen diente ihm zur rhythmischen Belebung der Fläche und zur Förderung der Farb- und Lichtwirkung. Gleichzeitig verdichtete er die Gesamtheit des Natureindrucks und erzeugte so visuell einen meditativen Stimmungsraum, der auch in Klimts lyrischen Landschaftskompositionen deutlich wird. Werke aus dieser Zeit zeigen Mosers tiefe Auseinandersetzung mit der Ästhetik der Wiener Moderne, die mit ihrer Stilisierung, ihrer Betonung der Fläche und ihren radikalen Bildausschnitten auf die BetrachterInnen kontemplativ wirkte.

DER FARBANALYST

Ab 1909 zählten Blumenstillleben zu Mosers bevorzugten Sujets. Die Flora mit ihrem Farben- und Formenreichtum lösen in ihm eine Faszination aus, der er mit malerischem Eifer nachgeht. In seinen Stillleben und Gartenimpressionen setzt er

38 Der Skandal um die Fakultätsbilder veranlasste Gustav Klimt, keine öffentlichen Aufträge mehr anzunehmen. 1903 veröffentlichte Hermann Bahr mit Unterstützung von Koloman Moser die gesammelte Polemik im Buch *Gegen Klimt*. Rückblickend erinnerte sich Bahr: „Eine Zeit darauf saßen nämlich Burckhard, Kolo Moser und ich einmal beisammen und machten uns den Spaß, aus den schönsten Blüten der Wiener Klimtkritik einen Kranz zu flechten." Bahr 1919 (s. Anm. 34), 44. Diese Schrift dürfte nicht zuletzt unter dem Eindruck von James McNeill Whistlers Publikation *The Gentle Art of Making Enemies* (1890) entstanden sein, eine Art künstlerische Selbstverteidigung, die Moser in seinen Aufzeichnungen erwähnte. Vgl. Üner 2016 (s. Anm. 25), 133.

39 Brief Otto Wagners an Koloman Moser vom 20.9.1905, Wienbibliothek im Rathaus, H.I.N.-72854.

40 Bahr, Hermann, *Tagebuch 1909*, Berlin 1909, 196.

41 Obwohl keines der Gemälde aus der Zeit zwischen 1897 und 1906 fix datiert ist, ist es unwahrscheinlich, dass Koloman Moser in diesen Jahren kein Bild gemalt hat. Dafür spricht einerseits seine flexible Arbeitsweise, andererseits die Anzahl an Werken, die noch unbekannt sind.

42 Roessler, Arthur, „Zu den Bildern von Koloman Moser – Wien", in: *Deutsche Kunst und Dekoration*, Bd. XXXIII, Oktober 1913–März 1914, 273–282: 274.

Moser designed several series of postage stamps. Indeed, his very first contract would firmly establish him in the history of stamp design: in 1906 he was commissioned by the State Printers to design a series for Bosnia and Herzegovina. His pioneering subjects caused a sensation: it was the first time that the customary portraits of monarchs and state symbols were replaced with landscapes, everyday scenes, and mail motifs. Two years later, he was given the opportunity to design a postcard in honor of Emperor Franz Joseph I's 60th jubilee; four million copies had been sold by the end of the Austro-Hungarian monarchy.[35] With his progressive design, Moser the commercial graphic designer forged beyond the elite artistic bubble and elevated Art Nouveau to the official art of the state.

In 1904 Moser had the chance to design the windows and wall mosaics for the Church am Steinhof, built by Otto Wagner. Wagner's original concept[36] bore stylistic similarities with Moser's square window in the dining hall of the Hotel Bristol in Warsaw (1901), which guaranteed an impressive spatial atmosphere with its floating figures and transparent, colorless background. Although it started out well, Moser's work on Wagner's Church am Steinhof would ultimately be "associated with a series of unpleasant situations."[37] While his stylized glass window designs had already caused repeated conflicts with the conservative ecclesiastical adviser Heinrich Swoboda, the design for the high altar now led to an incurable rift with the clients (see fig. 97, p. 74). In the eyes of the Church, Moser's designs were not sacred enough, which is why they were rejected—much like Klimt's Faculty Paintings.[38] Despite the support of Wagner, who wanted to avoid a new "Affaire Klimt,"[39] the scandal ended in Moser losing a legal dispute against the Secessionist Carl Ederer, whom he had accused of plagiarism. At the Kunstschau in 1908 Moser could demonstratively present his designs once again in a sacral exhibition space of his own design. For Bahr there were "three splendid things: the new pictures by Klimt, Koloman Moser's working drawings for Wagner's Church am Steinhof, with all his studies and designs, and the rooms of dramatic art."[40] Similar to Klimt, Moser subsequently withdrew from public life to concentrate on painting.

BACK TO THE BEGINNINGS

After a decade of radical change in the Austrian art world, which manifested itself in the rejection of Historicism, the founding of the Secession and the Wiener Werkstätte, the reform of applied art, and the transition from floral Art Nouveau ornamentation to a geometrically abstract design vocabulary, painting would now once again be at the forefront of Moser's creative work.[41] Whereas at the beginning of his career portraits, allegories, and religious subjects in the academic Historicist style had defined his painting, in 1907 Moser turned his hand to landscape painting. The Villa Mautner von Markhof on the Semmering mountain pass with its surrounding forests and mountains served not only as a refuge from the bustle of the city, but also as artistic inspiration. The painting *Rax (Semmering)* (1907) (fig. 14) launched a series of landscapes that showed the Semmering and the Rax mountain at various times of day and in various seasons. Rendered with realistic, almost photographic precision, the subject depicted is the elevated view from the villa on the Wolfsbergkogel mountain across the dense coniferous forest and across to the Rax with the Polleroswand. Moser's intention was to paint pictures in which one "can go for a walk with one's eyes."[42]

35 Postarchiv Österreichische Post (ed.), *Koloman Moser. Kunst auf Briefmarken*, Vienna 2012, 38.

36 Otto Wagner, window designs for the Church am Steinhof, 1903/1904, Wien Museum, inv. no. 96011/13.

37 Moser 1916 (see note 1), 16.

38 The scandal surrounding the Faculty Paintings induced Gustav Klimt not to accept any more public commissions. In 1903 Hermann Bahr published the compiled polemic with the support of Koloman Moser in the book *Gegen Klimt*. In hindsight, Bahr recalled: "Sometime later Burckhard, Kolo Moser, and I were namely sitting together one day and had fun weaving a wreath out of the most beautiful blossoms of Viennese Klimt criticism." Bahr 1919 (see note 34), 44. This text must have come about not least under the influence of James McNeill Whistler's publication *The Gentle Art of Making Enemies* (1890), a kind of artistic self-defense that Moser mentioned in his notes. Cf. Üner 2016 (see note 25), 133.

39 Letter from Otto Wagner to Koloman Moser from 20 Sep 1905, Vienna City Library, H.I.N.-72854.

40 Bahr, Hermann, *Tagebuch 1909*, Berlin 1909, 196. Trans. Maria Slater.

41 Although none of the paintings from the period between 1897 and 1906 is reliably dated, it is improbable that Koloman Moser painted no picture during these years. One argument for this is his flexible method, another is the number of works that are still unknown.

42 Roessler, Arthur, "Zu den Bildern von Koloman Moser - Wien," in: *Deutsche Kunst und Dekoration*, vol. XXXIII, October 1913–March 1914, 273–282: 274.

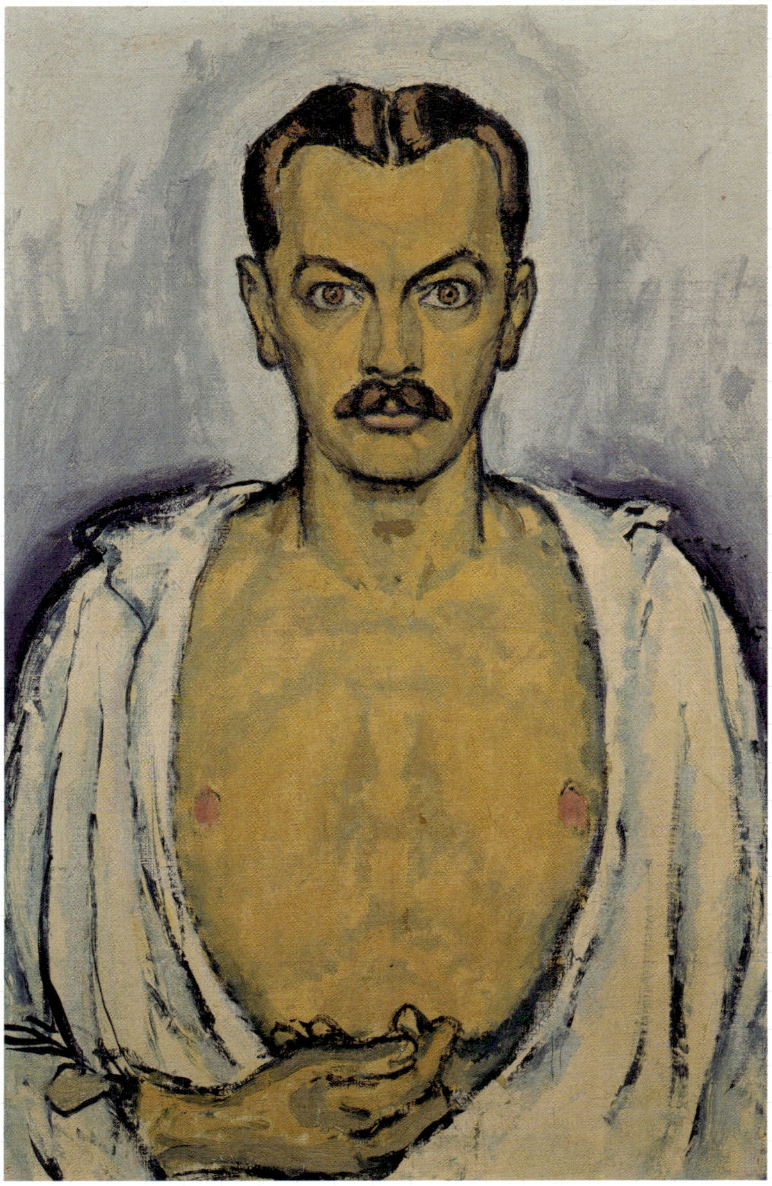

15

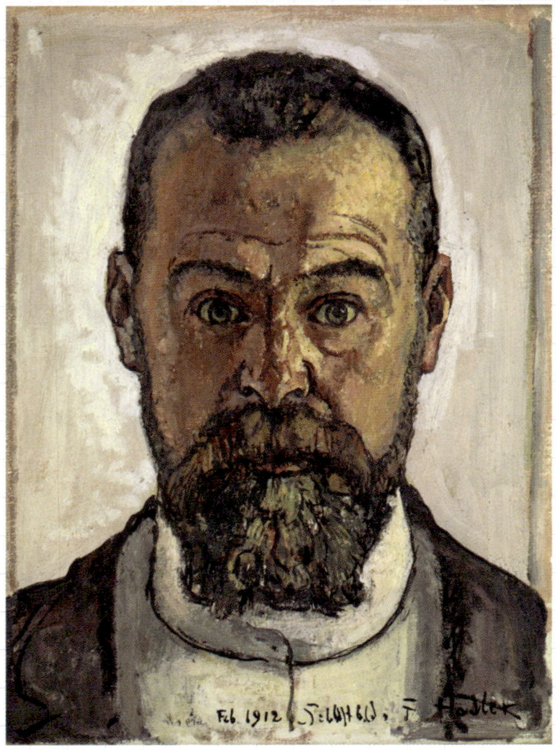

16

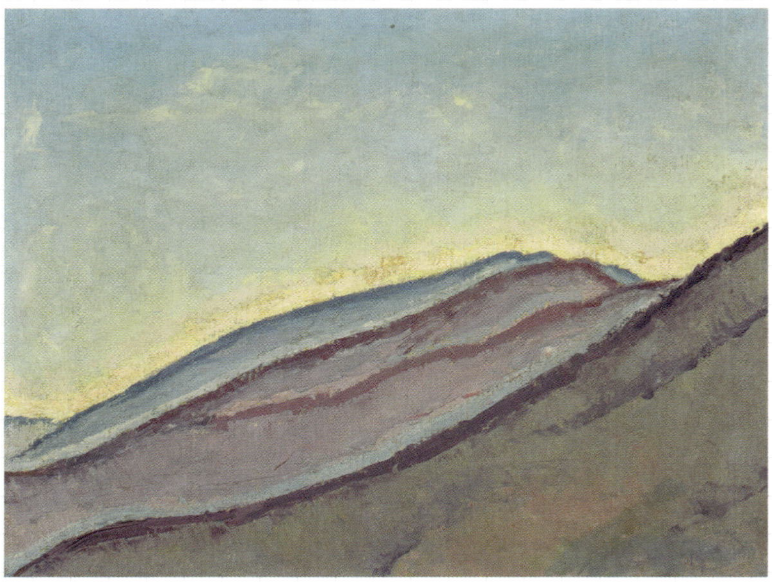

17

15 **Selbstporträt**, um 1916
Self-portrait, ca. 1916
Belvedere, Wien Vienna, 5569

16 **Ferdinand Hodler**
Selbstbildnis, 1912
Self-portrait, 1912
Kunstmuseum Basel,
Vermächtnis bequest of Max Geldner, Basel

17 ***Berghänge***, um 1913
[Mountainsides], ca. 1913
Belvedere, Wien Vienna, 6589

Moser soon turned away from academic Realism. Instead of precisely reproducing nature, an abstract and spontaneous attitude now made itself felt, which became apparent in the flat composition and expressive brushwork. The high natural panorama was one of Moser's favorite positions from which to capture the landscape in art. The division into various forms enabled him to rhythmically vitalize the surface and further the color and light effects. At the same time, he condensed the entire natural impression, thereby visually producing a meditative atmospheric space that can also be discerned in Klimt's lyrical landscape compositions. Works from this period show Moser's deep concentration on the aesthetics of Viennese Modernism, which has a contemplative effect on the viewer thanks to its stylization, emphasis of the surface, and radical framing.

THE COLOR ANALYST

From 1909 floral still lifes were among Moser's preferred subjects. With their wealth of colors and forms, flowers unleash a fascination in him that he pursues with painterly zeal. In his still lifes and garden impressions, he often contrasts organic forms with geometric patterns. Two-dimensionality and vibrantly intense colors are common to all these pictures, with the observation of nature being projected onto the two-dimensional surface. Moser tried to abstract physical perception by sensuously and expressively exaggerating the color and light values in order to bestow on nature a "higher order."[43] The simplification of form and concentration on the essentials constituted a crucial criterion for him in painting at the time when he wrote to Bahr: "Can a painter not see better. An Impressionist, of course. How on earth you depart from the representational and seek to render the impression as naively as possible. That is difficult, it is very difficult to once again see as a child sees."[44] Moser's theoretical incentive to comprehend painting and its perception of color comes from Leonardo da Vinci, Eugène Delacroix, and Oskar Kokoschka,[45] though primarily from Goethe's color theory, which he described as his "gospel."[46] In addition to his veneration of the European artistic tradition from Giotto to Michelangelo,[47] he also owned a library comprising 2 300 works[48] in which he found inspiration. It offered a cross section of art history and covered works on antiquity, the Renaissance, and the Old Masters as well as Japanese art, Biedermeier, and Impressionism.

Alongside landscapes and still lifes, Moser also painted portraits. In addition to self-portraits, intimate portraits of members of his family have survived in strict frontal and profile as well as three-quarter views, mostly with square or portrait picture formats. As in his still lifes and garden impressions, here too he often played with the conflict between organic and geometric forms. Moser's strength lay not only in flat stylization and the effective interplay of color and form, but also in the sensitive portrayal of the sitters' personalities. The only solo exhibition to be organized during his lifetime took place at Galerie Miethke in 1911. Even though the reviews of his paintings were mixed, even his minimalistic catalog design, whose radical simplicity was unsurpassable, was way ahead of its time: with the exception of the catalog number and the date, Moser forewent any text. The art should speak for itself.

The year 1913 marked a stylistic change in Moser's work. A visit to the Swiss painter Ferdinand Hodler in Geneva in April 1913 is responsible for this artistic

43 Zuckerkandl 1911 (see note 12), 3.

44 Letter from Koloman Moser to Hermann Bahr from 11 Jun 1909, Theatermuseum, Vienna, AM 21213 Ba.

45 Cf. correspondence between Koloman Moser and Hermann Bahr, Theatermuseum, Vienna.

46 Letter from Koloman Moser to Hermann Bahr from 3 Aug 1917, Theatermuseum, Vienna, AM 21244 Ba.

47 Sketches exist by Moser that reference Giotto and Michelangelo in terms of both their style and content.

48 *Bibliotheken des Herren Prof. Kolo Moser*, cat. of the used bookstore Gilhofer & Ranschburg, Vienna 1919 (catalog 130).

organische Formen oftmals in Kontrast zu geometrischen Mustern. All diesen Bildern sind Flächigkeit und leuchtende Farbintensität gemein, bei der die Naturanschauung in die zweidimensionale Fläche projiziert wird. Moser versuchte die reale Wahrnehmung durch die sinnliche und expressive Übersteigerung von Farb- und Lichtwerten zu abstrahieren, um der Natur eine „höhere Ordnung"[43] zu verleihen. Die Vereinfachung der Form und Konzentration auf das Wesentliche stellte für ihn ein entscheidendes Kriterium in der Malerei dar, als er an Bahr schrieb: „Kann ein Maler nicht besser sehen. Ein impressionistischer natürlich. Wie du überhaupt vom Gegenständlichen weg gehst und den Eindruck so naiv wieder zu geben trachtest als es möglich. Das ist schwer, sehr schwer wieder so wie ein Kind zu sehen."[44] Theoretischen Anreiz zur Ergründung der Malerei und seiner Farbwahrnehmung erhielt Moser durch Leonardo da Vinci, Eugène Delacroix und Oskar Kokoschka,[45] jedoch insbesondere durch Goethes Farbenlehre, die er als sein „Evangelium"[46] bezeichnete. Neben seiner Verehrung für die europäische Kunsttradition von Giotto bis Michelangelo[47] besaß er auch eine 2 300 Exemplare umfassende Bibliothek,[48] aus der er Inspiration schöpfte. Sie bot einen Querschnitt durch die Kunstgeschichte und umfasste Werke zur Antike, der Renaissance und den Alten Meistern ebenso wie zur japanischen Kunst, dem Biedermeier und dem Impressionismus.

Neben Landschaften und Stillleben malte Moser auch Porträts. Erhalten haben sich neben Selbstdarstellungen intime Porträts aus dem familiären Umfeld in strengen Frontal- und Profilansichten sowie Dreiviertelporträts, meist im quadratischen Bildformat oder im Hochformat. Wie in seinen Stillleben und Gartenimpressionen spielte er auch hier oftmals mit dem Spannungsverhältnis von organischen und geometrischen Formen. Mosers Stärke bestand nicht nur in der flächigen Stilisierung und dem effektvollen Zusammenspiel von Farbe und Form, sondern auch in der sensiblen Herausbildung der Persönlichkeit der Dargestellten. 1911 fand seine einzige zu Lebzeiten veranstaltete Einzelausstellung in der Galerie Miethke statt. Auch wenn die Kritiken zu seinen Gemälden gemischt waren, so war gerade sein minimalistisches Katalogdesign, das in seiner radikalen Einfachheit nicht zu übertreffen war, seiner Zeit weit voraus: Mit Ausnahme der Katalognummer und der Datierung verzichtete Moser auf jegliche Bezeichnung. Die Kunst sollte für sich alleine sprechen.

Das Jahr 1913 markierte für Moser eine stilistische Wende. Verantwortlich für die künstlerische Neuinterpretation war ein Besuch beim Schweizer Maler Ferdinand Hodler im April 1913 in Genf (Abb. 15, 16). Die Bekanntschaft zwischen den beiden reichte bis ins Jahr 1904 zurück, als Moser im Rahmen der XIX. Secessionsausstellung für Hodler das Ausstellungsdesign übernahm. Moser war fasziniert und gleichzeitig irritiert von Hodlers „Parallelismus", der sich auf die rhythmische Gleichwertigkeit von Form und Farbe konzentrierte. „So gern ich Hodler hab – der Parallelismus könnt ihn mir verleiden."[49] Das „Erlebnis Hodler" zeichnet sich in Mosers Malerei in verschiedener Weise ab: Seine Bilder gewannen an Strenge und Frontalität, an Symmetrie und Monumentalität, die Farbpalette wurde kühler, die Flächen wurden in leuchtende, auratische Konturen eingefasst, Licht- und Farbeffekte wichen einer kompromisslosen Flächigkeit und er stellte die heroische Idealisierung der Natur und des Menschen in den Vordergrund (Abb. 17). Andererseits war Hodler in seiner Malerei traditionalistischer als Moser, der Phänomene von Farbe und Licht intensiv studierte: „Contraste.

43 Zuckerkandl 1911 (s. Anm. 12), 3.

44 Brief Koloman Mosers an Hermann Bahr vom 11.6.1909, Theatermuseum, Wien, AM 21213 Ba.

45 Vgl. Briefkorrespondenz zwischen Koloman Moser und Hermann Bahr, Theatermuseum, Wien.

46 Brief Koloman Mosers an Hermann Bahr vom 3.8.1917, Theatermuseum, Wien, AM 21244 Ba.

47 Von Moser existieren Skizzen, die sich formal und inhaltlich auf Giotto und Michelangelo beziehen.

48 *Bibliotheken des Herren Prof. Kolo Moser*, Antiquariatskat. Gilhofer & Ranschburg, Wien 1919 (Katalog 130).

49 Koloman Moser: Notizbuch, 1913, Wienbibliothek im Rathaus H.I.N.-160511.

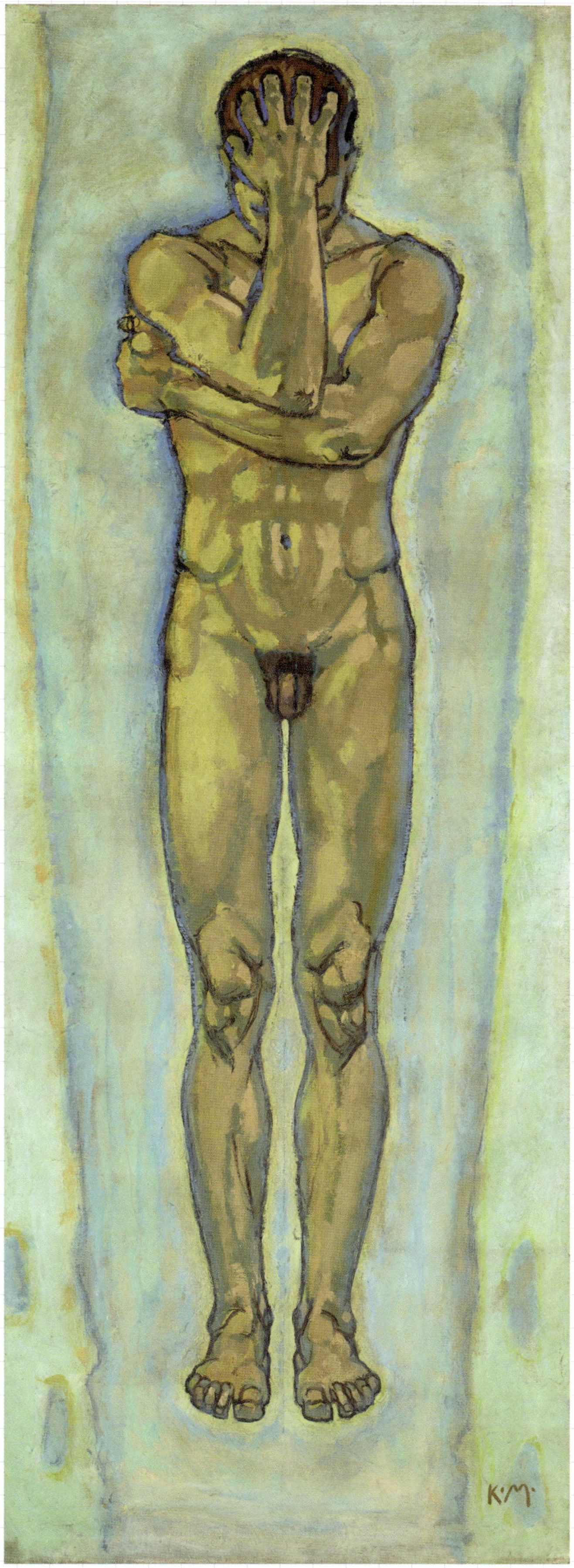

18

18 *Männlicher Akt (gelb und blau)*, um 1913
[Male Nude (Yellow and Blue)], ca. 1913
Belvedere, Wien Vienna, Dauerleihgabe aus Privatbesitz permanent loan from private collection, Lg 1891

Ich muss beide auf eine Ebene bringen, vergleichen können. [...] Jeder Farbton im Bild hat aus den drei Grundfarben gelb, blau, roth zu bestehen."[50] In Mosers Bildern mit allegorischen und mythologischen Inhalten lässt sich in Anlehnung an Richard Wagner und Goethe auch der Bezug zum Theater herstellen: „Nicht Realisierung zufälliger Erscheinungsformen der Natur, sondern Versinnbildlichung der vom Dichter im Werk geschaffenen Welt ist Ausgangspunkt und Ziel für die Gestaltung des Bühnenbildes."[51] In seinen metaphorisch aufgeladenen Bildern mit philosophischer Dimension zeigt sich die radikale Abkehr von der Naturbeobachtung, die weit über die Gegenständlichkeit von Hodlers pathetischer Malweise hinausgeht. Bilder vom Semmering und vom Wolfgangsee bezeugen seine konsequente Auseinandersetzung mit der Abstraktion, bei der Spiegelungen oder Lichtreflexe dem reinen Farbauftrag weichen, ähnlich der späteren Farbfeldmalerei. Simultankontraste – die Wechselwirkung von benachbarten Farbflächen – interessierten ihn ebenso wie die Farb- und Linienwirkung, die einen ästhetischen Reiz erzeugen. Diese neue Kunstauffassung spiegelt sich auch im lebensgroßen *Männlichen Akt (gelb und blau)* (um 1913) wider (Abb. 18), der eine Neuentdeckung in Mosers Werk darstellt und aufgrund seiner strengen Frontalität, Monumentalität und auratisch leuchtenden Kontur Parallelen zu Hodlers symbolischer Malweise aufweist. Die Körpersprache verweist auf seine Faszination für Michelangelo und den Gestus der Figur des Verdammten im *Jüngsten Gericht*. Mosers Männerakt verweist auf das existenzielle Dasein des Menschen, dessen zerbrechliches Wesen im raumlosen Gebilde wie in einer Aura schwebend mit der überirdischen Kraft in transzendentalem Einklang steht.

Wie viele ZeitgenossInnen ließ sich auch Moser von der Fotografie inspirieren. Neben einem Mittel zur Dokumentation des privaten Umfelds war die Kamera für ihn auch eine praktische Ergänzung zum Skizzenbuch. Die Fotos dienten ihm anschließend als Vorlage für seine künstlerische Arbeit. Darüber hinaus sah er im neuen Medium die Möglichkeit, seine Kunst einem breiten Publikum zu präsentieren, als er an den Kunstkritiker Arthur Roessler schrieb: „Habe den Brief von Koch vor paar Tagen erhalten. Ich glaube ich lasse die wirksamsten Bilder – ob klein oder groß – genügend aufnehmen, ein paar mehr nehm ich eventuell auf eigene Kosten; jedenfalls hat man dann Auswahl."[52] Darüber hinaus war Moser auch an ästhetischen Kriterien in der Fotografie interessiert, bei der die Formalisierung und Abstraktion der Landschaft im Vordergrund stand. Durch seinen unverfälschten Zugang als bildender Künstler erhalten manche seiner Fotos einen charakteristischen und ästhetischen Eigenwert und bezeugen seine facettenreiche und kreative Persönlichkeit. Als Universalkünstler der Wiener Moderne gab es für Moser nur ein Credo: „Künstlerisch schaffen, heißt künstlerische Erlebnisse haben."[53]

50 Koloman Moser: Sammlung von Notizen, Betrachtungen, Studienblättern, Skizzen und szenischen Entwürfen, um 1913, Wienbibliothek im Rathaus, H.I.N.-168492.

51 Moser 1916 (s. Anm. 1), 260–261.

52 Brief Koloman Mosers an Arthur Roessler vom 25.2.1912, Wienbibliothek im Rathaus, H.I.N.-147833.

53 Moser 1916 (s. Anm. 1), 261.

reinterpretation (fig. 15, 16). The acquaintance between the two dated back to 1904, when Moser had taken over the exhibition design for Hodler in the context of the 19th Secession exhibition. Moser was fascinated and simultaneously vexed by Hodler's "parallelism," which centered upon the rhythmic equality of form and color: "As much as I like Hodler, his parallelism could put me off him."[49] The "Hodler experience" reveals itself in various ways in Moser's painting: his pictures grew in austerity and frontality, in symmetry and monumentality; the color palette became cooler; the surfaces were edged in luminous, nimbus-like contours; light and color effects gave way to an uncompromising flatness; and he foregrounded the heroic idealization of nature and people (fig. 17). On the other hand, Hodler's painting was more traditionalistic than Moser's, who studied the phenomena of color and light intensely: "Contrasts. I must be able to put them both on an equal footing, compare them. [...] Every tone in the picture has to be made from the three primary colors yellow, blue, red."[50] In Moser's pictures with allegorical and mythological subject matters, reference to the theater can also be identified in the style of Richard Wagner and Goethe: "The starting point and aim in the design of a stage set is not the realization of arbitrary natural appearances, but the symbolization of the world which the writer has created in his work."[51] His metaphorically laden pictures with a philosophical dimension reveal the radical departure from observations of nature, which goes far beyond the figurativeness of Hodler's melodramatic painting style. Pictures of Semmering and Lake Wolfgang bear witness to his systematic exploration of abstraction, in which reflections or light reflexes give way to pure paint application, similar to later Color Field painting. Producing an aesthetic appeal simultaneous contrasts—the interaction of neighboring color fields—interested him just as much as the effect of color and line. This new concept of art is also reflected in the life-size *Männlicher Akt (gelb und blau)* [Male Nude (Yellow and Blue)] (ca. 1913) (fig. 18), which represents a new discovery in Moser's oeuvre and exhibits parallels to Hodler's symbolic painting style due to its strict frontality, monumentality, and nimbus-like, luminous contour. The body language points to his fascination with Michelangelo and the gesture of the figure of the damned in *The Last Judgment*. Moser's male nude indicates humans' innate existence, with his fragile being—floating in the spaceless construct as if in a nimbus—in transcendental harmony with the celestial power.

Like many of his contemporaries, Moser was also inspired by photography. In addition to being a means to document his personal life, his camera was also a practical supplement to his sketchbook; the photos served as a reference for his artworks. Furthermore, he saw in the new medium the opportunity to present his art to a wider audience, as he wrote to the art critic Arthur Roessler: "Received the letter from Koch a couple of days ago. I think I will have the most effective pictures—whether big or small—satisfactorily photographed, a couple perhaps at my own expense; at any rate, there will then be a selection."[52] Moreover, Moser was interested in aesthetic criteria in photography, in which the formalization and abstraction of the landscape were foregrounded. Owing to his authentic approach as a fine artist, some of his photos have a distinctive and aesthetic intrinsic value and bear witness to his multifarious and creative personality. As a universal artist of Viennese Modernism, there was only one credo for Moser: "To create an artistic work you must have artistic experiences."[53]

49 Koloman Moser: Notebook, 1913, Vienna City Library, H.I.N.-160511.

50 Koloman Moser: Collection of notes, reflections, study sheets, sketches, and scenic designs, ca. 1913, Vienna City Library, H.I.N.-168492.

51 Moser 1916 (see note 1), 18.

52 Letter from Koloman Moser to Arthur Roessler from 25 Feb 1912, Vienna City Library, H.I.N.-147833.

53 Moser 1916 (see note 1), 19.

DEM ZEITGEIST VERPFLICHTET
DER ILLUSTRATOR UND SEIN AUFTRAGGEBER – KOLOMAN MOSER UND DAS VERLAGSWESEN

KATHRIN POKORNY-NAGEL

6

Koloman Moser als Maler, Kunstgewerbler, Innenraumgestalter und Grafiker wurden bereits zahlreiche Bücher und unzählige Artikel gewidmet, die sein Schaffen kunsthistorisch analysieren und einordnen und seinen Werdegang darstellen.[1] Eine Betrachtung seiner Arbeit als Illustrator im Umfeld des sich stark verändernden Verlagswesens im Wien der Jahrhundertwende blieb dabei jedoch bisher weitgehend unbeachtet.

Die Hauptursache dafür ist wohl allgemein in den beiden bei dieser Tätigkeit handelnden Hauptpersonen – dem Verleger auf der einen Seite und dem Illustrator auf der anderen – zu finden: So galten für die Verleger zu dieser Zeit die Herstellung und der Druck eines illustrierten Buches als normale Arbeitsvorgänge, die im Rahmen des üblichen Geschäftsbetriebes abgewickelt wurden, sodass es darüber – abgesehen von vereinzelt erhalten gebliebenen, zumeist standardisierten schriftlichen Verträgen – zu keinerlei Aufzeichnungen kam. Über die Abwicklung einzelner Arbeitsschritte verständigte man sich in der Regel mündlich, und wenn es zu schriftlichen Notizen, Anweisungen oder Sachklärungen Anlass gab – was im Allgemeinen nur dann der Fall war, wenn sich nicht alle Beteiligten am gleichen Ort aufhielten –, galten solche Unterlagen als Alltagsdokumente, die nach Abschluss der Arbeit ihre Bedeutung verloren und nicht wert waren, aufbewahrt zu werden. Nicht selten wurden kurze Notizen auch direkt auf den Originalillustrationen vermerkt (Abb. 1). Dort, wo im Einzelfall dennoch Geschäftsunterlagen archiviert wurden, gingen diese zumeist bei Verlagsschließungen oder -übernahmen verloren.[2]

Dass auch die private Archivlage auf Seiten der Illustratoren als dürftig zu bezeichnen ist, liegt hauptsächlich darin begründet, dass im 19. Jahrhundert der Illustrator weniger als Künstler, denn mehr als Handwerker verstanden wurde. Beziehungsweise wenn anerkannte Künstler derartige illustratorische Tätigkeiten übernahmen, betrachteten sie dies nicht als Renommee und legten demnach auch keinen besonderen Wert auf den Erhalt von Informationen für die Nachwelt über solche Aufträge.

Diese qualitative Einordnung der Tätigkeit als Illustrator gerade zu dieser Zeit ist auf die technischen Entwicklungen im Bereich des Buchdruckes – auf die in weiterer Folge noch näher eingegangen wird – zurückzuführen. Der Illustration kam in erster Linie als akzessorischer, textbegleitender Buchbestandteil umsatzfördernde Funktion zu und war somit oftmals engen Rahmenbedingungen, die sich aus technischen Vorgaben bei der Herstellung und Absatz ergaben, unterworfen. Dementsprechend unterlag auch der Illustrator häufig derartigen Einschränkungen, sodass es aus heutiger Sicht nicht verwundert, wenn Künstler diesen Beschränkungen der Autonomie in ihrer künstlerischen Gestaltung ablehnend gegenüberstanden. Dies führte vor allem in der 2. Hälfte des 19. Jahrhunderts vonseiten der Kunstrezeption, aber

1 Vgl. allgemeine Literaturliste in dieser Publikation.

2 Ries, Hans, *Illustration und Illustratoren der Kinder- und Jugendbuchs 1871–1914*, Osnabrück 1992, 103.

COMMITTED TO THE ZEITGEIST

THE ILLUSTRATOR AND HIS PUBLISHER: KOLOMAN MOSER AND THE PUBLISHING INDUSTRY

KATHRIN POKORNY-NAGEL

Numerous books and countless articles have been dedicated to Koloman Moser the painter, craftsperson, interior designer, and graphic artist; they analyze and classify his creative work from an art historical perspective and outline his career.[1] However, his work as an illustrator in the context of the radically changing publishing industry in fin-de-siècle Vienna has been largely disregarded thus far.

Generally speaking, the main reason for this probably lies in the two principal characters who were active in this area: the publisher on the one hand and the illustrator on the other. Publishers at this time considered the production and printing of an illustrated book to be normal processes undertaken in the framework of ordinary business operations, meaning that no records whatsoever were made—besides the occasional, largely standardized written contracts that still survive. How to execute individual tasks was, as a rule, communicated verbally, and when there was occasion for written notes, instructions, or clarifications—normally only the case when those involved were not all in the same place—such documents were considered quotidian paperwork that lost its importance after the job was finished and was not worth keeping. It was not uncommon for short notes to be jotted down on the original illustrations themselves (fig. 1). In those rare instances when business documents were nevertheless archived, they were mostly lost when the publishing house was closed down or taken over.[2]

That the condition of illustrators' private archives is also found wanting, is mainly explained by the fact that in the 19th century illustrators were understood less as artists than as artisans or, in the event of recognized artists undertaking such illustrative tasks, it was not considered to be conducive to their reputation and hence they attached no particular importance to preserving information about such commissions for posterity.

Especially at that time, this qualitative classification of work as an illustrator can be traced back to the technical developments in the field of printing—on which will be elaborated below. In the first instance, illustration was assigned an accessory function as a book component that accompanied the text and increased sales; consequently, it was often subject to constraints arising from technical specifications pertaining to production and profit. Accordingly, the illustrator, too, was often subject to similar limitations; it is thus unsurprising from a present-day perspective that artists were hostile to these restrictions on the autonomy of their artistic creations. Particularly in the second half of the 19th century, this led to art critics—but also the artists themselves—seeing illustration if anything as an artistic, creative task and certainly as an artistic practice of inferior value.

1 Cf. general bibliography in this publication.

2 Ries, Hans, *Illustration und Illustratoren der Kinder- und Jugendbuchs 1871–1914*, Osnabrück 1992, 103.

auch der Künstler selbst dazu, die Illustration – wenn überhaupt – als künstlerisch gestaltende Tätigkeit, so doch nur als eine Kunstausübung minderen Wertes anzusehen.

Es darf jedoch bezweifelt werden, dass Koloman Moser auch dieser Auffassung war. Zwar ist in den meisten Biografien zu lesen, dass seine frühen Auftragsarbeiten für die Zeitschrift *Wiener Mode* (Abb. 2) und die Witzblattillustrationen für die *Meggendorfer humoristischen Blätter* (Abb. 3) seine künstlerischen Ambitionen keineswegs befriedigten, sondern lediglich dazu dienten, seine finanzielle Lage zu verbessern und seine grafische Praxis und Geschicklichkeit zu fördern. Er selbst schrieb in seiner Autobiografie: „Als ich zwanzig Jahre war, starb mein Vater plötzlich, und nun hieß es, ernstlich an Verdienen zu denken. Die naheliegendste Möglichkeit war die, für Zeitschriften und Verleger als Illustrator tätig zu sein, [...], was jedoch meinem Ehrgeiz keineswegs zusagte. Hauptsächlich habe ich für Deutschland gearbeitet und namentlich für den Schreiberschen Verlag in Eßlingen sehr viele Bücher illustriert."[3] Doch steht dieser Aussage die Tatsache gegenüber, dass Moser sein Studium mit einer Stelle als Zeichenlehrer für die Kinder Erzherzog Karl Ludwigs, die er über Vermittlung durch seinen Professor Mathias von Trenkwald ab 1892 innehatte, finanzierte und bereits ein eigenes Atelier am Rennweg unterhielt.

Vielmehr scheint es so, dass Moser sich bereits in frühen Jahren mit der Tätigkeit der Buchillustration in interessierter Weise ernsthaft und intensiv auseinandergesetzt hatte, zahlreiche Arbeiten für deutsche Verlage sein künstlerisches Schaffen vor 1897 bestimmten und er sich mit seinen abwertenden Äußerungen hinsichtlich seiner illustratorischen Tätigkeiten dem damaligen Geist der Zeit verpflichtet sah. Die Betrachtung dieser frühen Arbeiten wie auch der Stellenwert, den die Illustration innerhalb seines gesamten Œuvres einnimmt, lässt durchaus diesen Schluss zu. Hans Ankwicz-Kleehoven schreibt über Moser, er habe „ein ihm eigenes untrügerisches Gefühl für alles, was heute in der Luft liegt und morgen aktuelle sein wird".[4] Damit ist anzunehmen, dass der junge und ambitionierte Geist durchaus das für die Jahrhundertwende eigene, durch die technischen Innovationen und künstlerischen Umwälzungen neue Betätigungsfeld besonders spannend fand. Mosers Interesse an den frühen illustrativen Arbeiten für Zeitschriften darf somit nicht nur in finanzieller Hinsicht gesehen werden, vielmehr waren sie Podium seiner Kreativität und Produktivität und willkommener Anlass, mit den Strömungen in Deutschland in Verbindung zu treten. Er sah Österreich zu dieser Zeit noch völlig im Bann der Makart-Mode, während sich in Deutschland bereits „neues Leben" rührte. So stellte der Architekt und Entwerfer Peter Behrens 1901 in einer Rede fest, „dass wir eine Zeit erleben, in der ein Neues beginnt".[5] Zu dem Neuen gehörte das umfassende Konzept der Raumkunst, das alle Gegenstände des täglichen Lebens in eine neue, ganzheitliche Sicht einbezog, und dazu gehörten auch die Bücher. Im gleichen Jahr schrieb der Kunsthistoriker Otto Grautoff, dass gerade die Neugründungen, die das Buchgewerbe „auf eine höhere Stufe gehoben" hatten, „wie der staunenswerte Erfolg, den die neue Buchkunst in Deutschland selbst gefunden hatte, ältere Verlagshäuser im Laufe der Zeit mitgerissen hatte, [...] und diejenigen Verleger, die die Herstellung ihrer Bücher noch nicht künstlerischen Principien unterworfen hatten, deutlich sich als rückständige Geister erwiesen".[6]

3 Moser, Koloman, „Vom Schreibtisch und aus dem Atelier. Mein Werdegang", in: *Velhagen und Klasings Monatshefte* (31) 10 1916, 9–13: 9.

4 „Kolo Moser, sein Leben und Schaffen", Vortrag im Oesterreichischen Museum vom 17.2.1927 von Hans Ankwicz-Kleehoven, Mappe X, Künstlerarchiv der Österreichischen Galerie Belvedere, Wien.

5 S. Schmidt, Frieder/Esermann, Monika, *Die Buchkultur im 19. Jahrhundert, Band 2: Zeitalter, Materialität, Gestaltung*, Hamburg 2016, Fußnote 197.

6 Grautoff, Otto, *Die Entwicklung der modernen Buchkunst in Deutschland*, Leipzig 1901, 207.

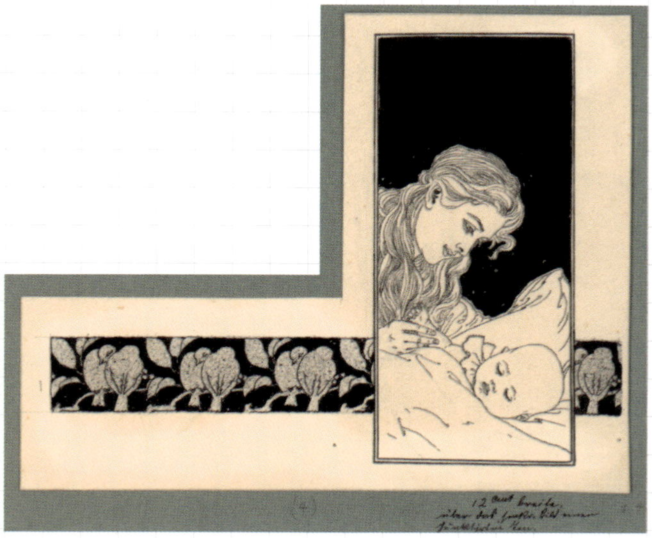

1

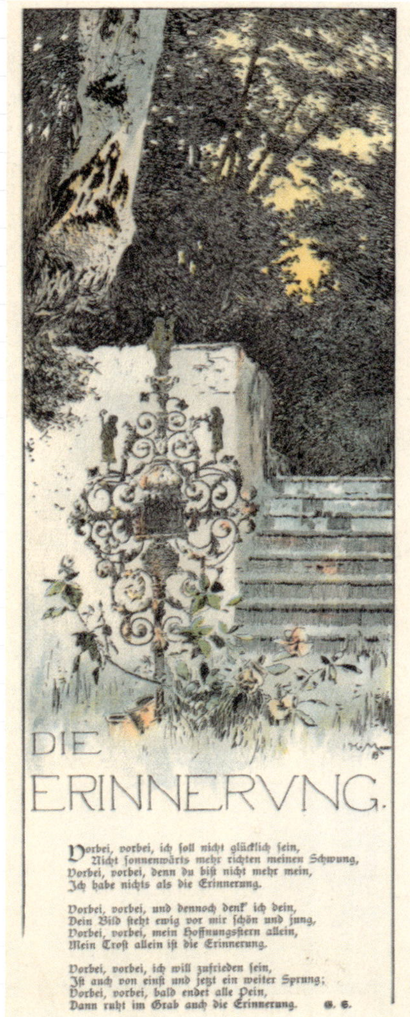

Vorbei, vorbei, ich soll nicht glücklich sein,
Nicht sonnenwärts mehr richten meinen Schwung,
Vorbei, vorbei, denn du bist nicht mehr mein,
Ich habe nichts als die Erinnerung.

Vorbei, vorbei, und dennoch denk' ich dein,
Dein Bild steht ewig vor mir schön und jung,
Vorbei, vorbei, mein Hoffnungsstern allein,
Mein Trost allein ist die Erinnerung.

Vorbei, vorbei, ich will zufrieden sein,
Ist auch von einst und jetzt ein weiter Sprung;
Vorbei, vorbei, bald endet alle Pein,
Dann ruht im Grab auch die Erinnerung. G. S.

3

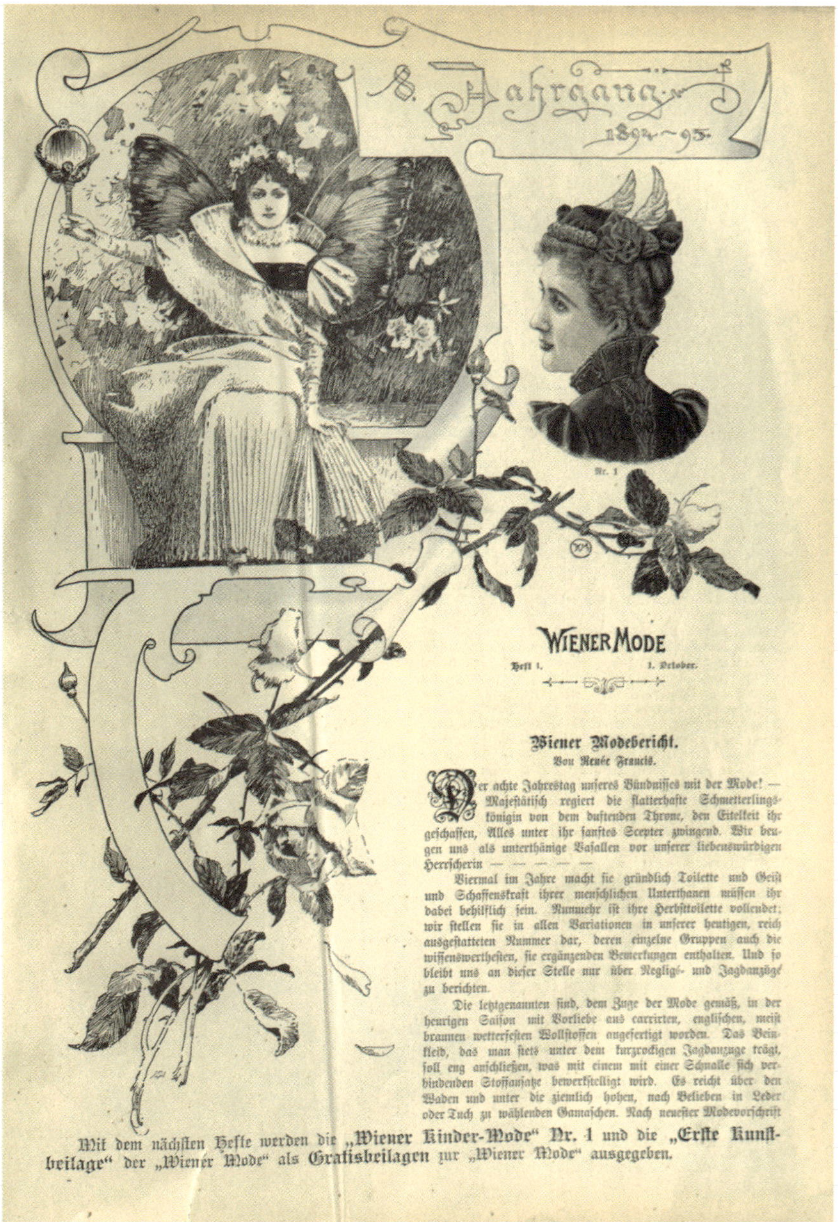

WIENER MODE

Heft 1. 1. October.

Wiener Modebericht.

Von Renée Francis.

Der achte Jahrestag unseres Bündnisses mit der Mode! — Majestätisch regiert die flatterhafte Schmetterlingskönigin von dem duftenden Throne, den Eitelkeit ihr geschaffen, Alles unter ihr sanftes Scepter zwingend. Wir beugen uns als unterthänige Vasallen vor unserer liebenswürdigen Herrscherin — — — — —

Viermal im Jahre macht sie gründlich Toilette und Geist und Schaffenskraft ihrer menschlichen Unterthanen müssen ihr dabei behilflich sein. Nunmehr ist ihre Herbsttoilette vollendet; wir stellen sie in allen Variationen in unserer heutigen, reich ausgestatteten Nummer dar, deren einzelne Gruppen auch die wissenswerthesten, sie ergänzenden Bemerkungen enthalten. Und so bleibt uns an dieser Stelle nur über Negligé- und Jagdanzüge zu berichten.

Die letztgenannten sind, dem Zuge der Mode gemäß, in der heurigen Saison mit Vorliebe aus carrirten, englischen, meist braunen wetterfesten Wollstoffen angefertigt worden. Das Beinkleid, das man stets unter dem kurzrockigen Jagdanzuge trägt, soll eng anschließen, was mit einem mit einer Schnalle sich verbindenden Stoffansatze bewerkstelligt wird. Es reicht über den Waden und unter die ziemlich hohen, nach Belieben in Leder oder Tuch zu wählenden Gamaschen. Nach neuester Modevorschrift

Mit dem nächsten Hefte werden die „Wiener Kinder-Mode" Nr. 1 und die „Erste Kunstbeilage" der „Wiener Mode" als Gratisbeilagen zur „Wiener Mode" ausgegeben.

2

1 Illustrationsentwurf für das Gedicht *Herbst* von Robert Reinick in Felicie Ewarts *Jugendschatz deutscher Dichtungen*, 1897
Draft illustration for the poem [Autumn] by Robert Reinick in Felicie Ewart's *Jugendschatz deutscher Dichtungen*, 1897
MAK

2 Illustration für den 8. Jahrgang der Zeitschrift *Wiener Mode*, 1894/95
Illustration for the 8th volume of the magazine *Wiener Mode*, 1894/95
MAK

3 Illustration zum Gedicht *Die Erinnerung* in *Meggendorfers humoristische Blätter*, 1889
Illustration for the poem [Memory] in *Meggendorfers humoristische Blätter*, 1889
MAK

Wir wissen wenig über die konkreten Kontakte, die Moser während dieser Gelegenheitsarbeiten im benachbarten Deutschland knüpfte, doch sie sind vor allem in Bezug auf die stilistischen Einflüsse von großer Bedeutung. Namentlich die Flugschriftenreihe *Die Grundlagen der künstlerischen Bildung. Eine Studie*, die der deutsche Kunsthistoriker Alfred Lichtwark in Hamburg veröffentlichte, galten Moser als Inspiration. Die Begegnung mit dem Münchner Illustratorenkreis um Robert Engels festigte Mosers Umgang mit grafischen Gestaltungselementen. Die fast zeitgleich erscheinenden Kunst- und Literaturzeitschriften *PAN* (ab 1895) (Abb. 4) und *Jugend – Münchner illustrierte Wochenschrift für Kunst und Leben* (ab 1896) (Abb. 5) sowie die politische Satirezeitschrift *Simplicissimus* (ab 1896) (Abb. 6) waren wesentliche Inspirationsquellen nicht nur für Moser, sondern für die neue Stilbewegung im gesamten deutschsprachigen Raum. Gleichbedeutend mit ihrem Anspruch, als bibliophiles Gesamtkunstwerk wahrgenommen zu werden, war auch ihr Engagement für junge Künstler, denen sie oft die erste Plattform gaben, sich zu präsentieren. *PAN* erschien unter der Redaktion von Otto Julius Bierbaum und Julius Meier-Graefe in Berlin und zeichnete sich durch exklusive Ausstattung aus. Als erste bibliophile Zeitschrift Deutschlands, in Literatenkreisen geboren, konnte sie bereits bekannte Künstler wie etwa Peter Behrens verpflichten, als Illustratoren an einzelnen Ausgaben mitzuwirken. Der *Simplicissimus*, begründet von Albert Langen unter der Mitarbeit einer der führenden Karikaturisten, Thomas Theodor Heine, wurde rasch Plattform für die künstlerische und literarische Avantgarde der Zeit und konnte so die besten Zeichner verpflichten. Die Zeitschrift *Jugend*, vom Verleger Georg Hirth, nahm jede Modernisierung in reproduktionstechnischer und stilkünstlerischer Hinsicht vor, war volkstümlicher angelegt und erwirkte durch den reichen Buchschmuck und die herausragenden Illustrationen eine Breitenwirkung, die bald 30 000 Abonnenten anzog. Sie war es auch, die für eine ganze Kunstbewegung, den Jugendstil, namensgebend wurde.

Die österreichische Verlagslandschaft stand stets im Schatten der deutschen, vor allem was die Produktion betrifft. In Deutschland gab es Bestrebungen, um 1900 zwei Richtungen zusammenzuführen, die bald auch von Österreich aufgegriffen wurden: zum einen das vom Verleger Alexander Koch propagierte Vorhaben, das einfache Gebrauchsbuch durch dekorative Elemente zu verschönern und materialgerecht für eine große Käuferschicht zu gestalten, zum anderen das von der Ernst-Ludwig-Presse und ihrem Leiter Friedrich Wilhelm Kleukens angestrebte Ziel, bibliophile Drucke mit kostbaren Materialien herzustellen. Damit sollte die einfache Buchausstattung in neue künstlerische Bahnen gelenkt werden und das Buch sowohl vollwertiges Kunstwerk als auch Gebrauchsgegenstand sein. Koch wollte, dass die neue Buchgestaltung an die Stelle der „abscheulichen Schinken auf schlechtem, brüchigem Holzpapier, mit dünner pöbelhafter deutscher Schrift, aufdringlichem Umschlag, alltäglichen Vignetten und unsolider Draht-Heftung“[7] treten sollte. Auch die künstlerische Gestaltung von Buchumschlägen und Vorsatzpapieren – ein Bereich, dem Koloman Moser wenig später mit seinen Tunk- und Marmorpapieren zur Vollendung verhalf[8] – waren lange brachliegende Felder gewesen, denen sich jetzt die jungen Künstler widmeten. Es war das Streben nach einer idealen Übereinstimmung von Text, Illustration, Buchgestaltung und Materialien bei der Wahl des Papiers, der Einbände oder des Druckverfahrens. Dass Moser als Universalkünstler diese Bewegung faszinierte und er die damit einhergehenden Entwicklungen

7 Schmidt/Esermann 2016 (s. Anm. 5), Fußnote 203.

8 Vergleiche dazu mehr im Kapitel „Buntpapier“ in: Thun-Hohenstein, Christoph/ Pokorny-Nagel, Kathrin (Hg.), *EPHEMERA. Die Gebrauchsgrafik der MAK-Bibliothek und Kunstblättersammlung*, MAK/Verlag für moderne Kunst, Wien 2017, 26–103.

However, it is not wrong to suspect that Koloman Moser did not share this opinion. Admittedly, most biographies state that his early commissions for the magazine *Wiener Mode* (fig. 2) and his satirical magazine illustrations for *Meggendorfers humoristische Blätter* (fig. 3) in no way satisfied his artistic ambitions but merely served to improve his financial situation and nurture his graphic practice and skill. He himself wrote in his autobiography: "When I was twenty, my father died suddenly and I had to think seriously about earning a living. The obvious possibility was to become an illustrator for magazines and publishers [...], which, however, did not match my aspirations. I mostly worked for Germany and illustrated under my own name a large number of books for the Schreiber publishing house in Esslingen."[3] Yet this statement is at variance with the fact that Moser financed his degree with a position as drawing teacher for Archduke Karl Ludwig's children, which he held from 1892 thanks to the recommendation of his professor Mathias von Trenkwald, and he already had his own studio on Vienna's Rennweg.

In contrast, it seems that Moser had seriously and intensively explored the job of book illustrator with quite some interest from an early age; numerous works for German publishing houses defined his artistic work before 1897; and he merely felt bound by the zeitgeist of the time to express these disparaging lines about his work as an illustrator. Contemplating these early works as well as the significance of illustration within his oeuvre as a whole certainly admits this inference. Hans Ankwicz-Kleehoven writes of Moser that he had "his own unique, unerring sense of everything that is in the air today and will be fashionable tomorrow."[4] It can therefore be assumed that the young and ambitious spirit undoubtedly found this line of work—peculiar to the turn of the century and novel as a result of the technical innovations and artistic revolutions at the time—particularly exciting. Moser's interest in his early illustrative work for magazines can consequently not only be seen in financial terms; quite the opposite: they were a platform for his creativity and productivity as well as being a welcome occasion to become connected with the movements in Germany. At this time he saw Austria as being entirely under the spell of the Makart style, whereas in Germany the first signs of change were already emerging. For instance, the architect and designer Peter Behrens declared in a speech in 1901 "that we are witnessing an age in which something new is emerging."[5] One of these new somethings was the far-reaching concept of spatial art, which incorporated all objects of everyday life into a new, holistic vision—and that also included books. That same year the art historian Otto Grautoff wrote that especially the start-ups that had "raised [the book trade] to a higher level," "like the astonishing success found by the new book art in Germany, had had an impact on older publishing houses over the course of time [...] and those publishers who had still not subjected the production of their books to artistic principles had clearly proven themselves to be reactionary spirits."[6]

We know little about the specific contacts that Moser made during this casual work in Germany, but they are extremely significant, especially in terms of their stylistic influences. Specifically, the pamphlet series *Die Grundlagen der künstlerischen Bildung. Eine Studie*, published in Hamburg by the German art historian Alfred Lichtwark, served as inspiration for Moser. His encounter with the group of Munich-based illustrators around Robert Engels consolidated Moser's approach to graphic

3 Moser, Koloman, "Mein Werdegang" (1916), Engl. "My Life," in: Leopold, Rudolf/Pichler, Gerd (eds.), *Koloman Moser 1868–1918*, exh. cat. Leopold Museum, Vienna, Munich/Berlin et al. 2007, 14–19: 14. Trans. Jane Michael.

4 "Kolo Moser, sein Leben und Schaffen," talk at the Austrian Museum on 17 Feb 1927 by Hans Ankwicz-Kleehoven, portfolio X, Artist Documentation Archive of the Belvedere, The Austrian Gallery, Vienna.

5 See Schmidt, Frieder/Esermann, Monika, *Die Buchkultur im 19. Jahrhundert, Band 2: Zeitalter, Materialität, Gestaltung*, Hamburg 2016, footnote 197.

6 Grautoff, Otto, *Die Entwicklung der modernen Buchkunst in Deutschland*, Leipzig 1901, 207.

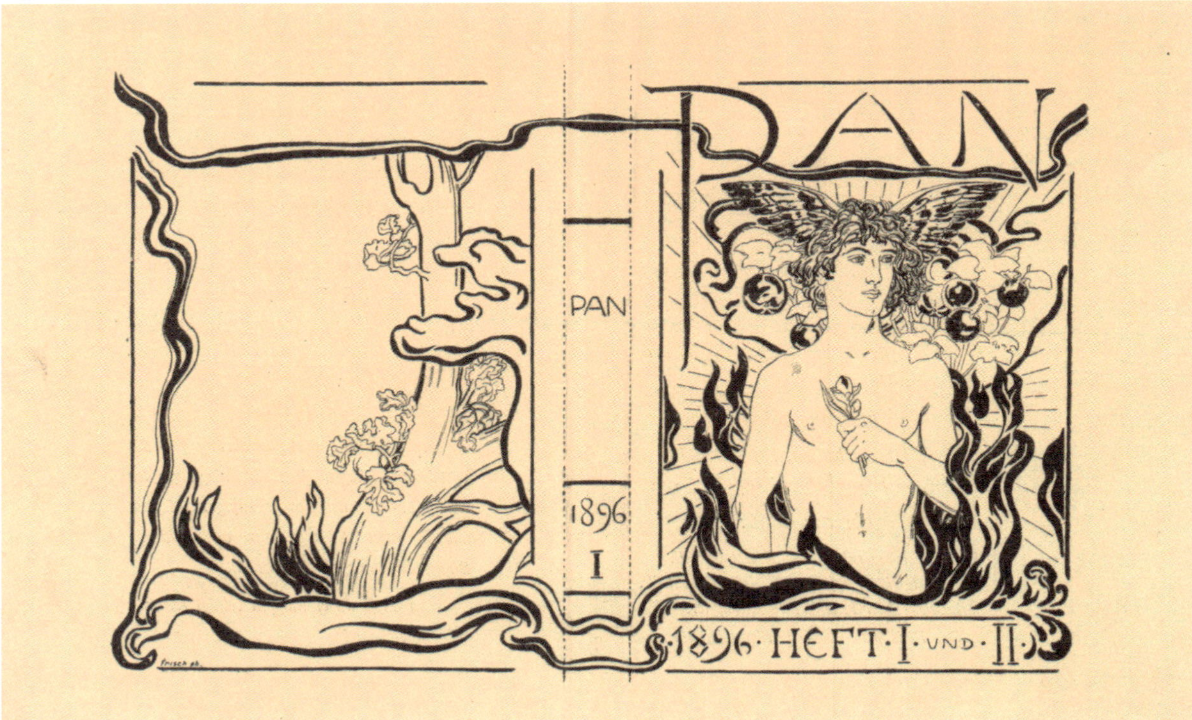

4

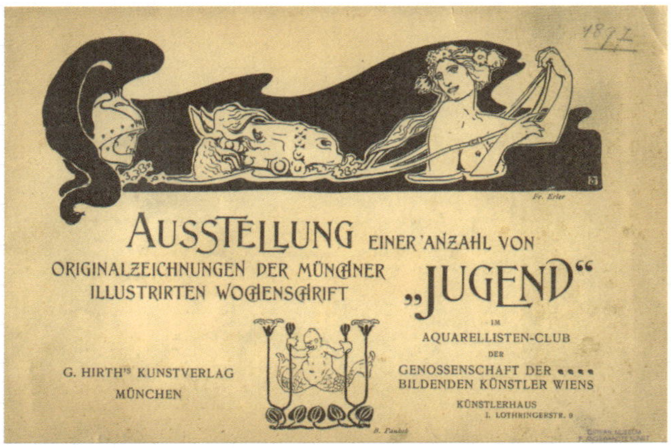

5

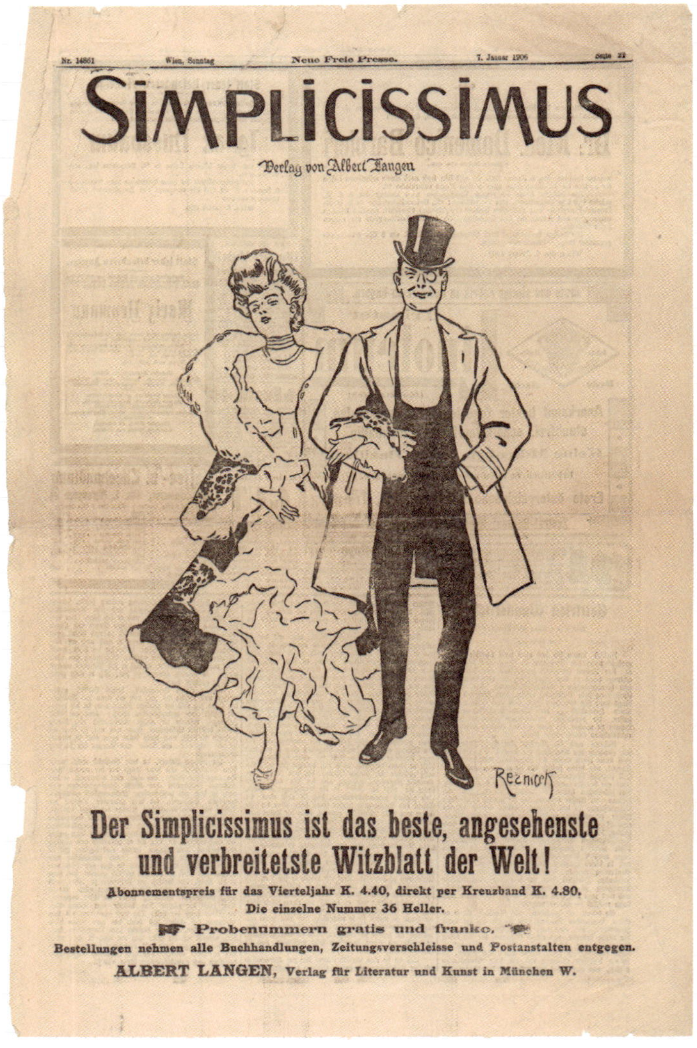

6

4 Ludwig von Hofmann
Einbanddecke für Heft I und II der Berliner Kunstzeitschrift *PAN*, 1896
Hardcover for issues I and II of the Berlin art magazine *PAN*, 1896
MAK

5 Fritz Erler, Bernhard Pankok
Einband des Katalogs zur Ausstellung von Originalzeichnungen der Münchner Wochenschrift *Jugend* im Aquarellisten-Club der Genossenschaft der bildenden Künstler Wiens, 1897
Cover of the catalog for the exhibition of original drawings from the Munich weekly *Jugend* at the Watercolorists' Club of the Vienna Artists' Society, 1897
MAK

6 Ferdinand von Reznicek
Werbeanzeige für die deutsche Satirezeitschrift *Simplicissimus*, erschienen in der *Neuen Freien Presse*, 7.1.1906
Advertisement for the German satirical magazine *Simplicissimus*, published in the *Neue Freie Presse*, 7 Jan 1906
MAK

design elements. Published at almost the same time, the art and literature magazines *PAN* (from 1895) (fig. 4) and *Jugend – Münchner illustrierte Wochenschrift für Kunst und Leben* (from 1896) (fig. 5) as well as the political satire magazine *Simplicissimus* (from 1896) (fig. 6) were principal sources of inspiration not only for Moser, but also for the new stylistic movement throughout the German-speaking world. Their claim to be perceived as a bibliophile *Gesamtkunstwerk* or total work of art was commensurate with their engagement for emerging artists, whom they often provided with the first platform on which they could present their work. *PAN* was published by the editors Otto Julius Bierbaum and Julius Meier-Graefe in Berlin and was characterized by exclusive design. As Germany's first bibliophile magazine, conceived in literary circles, it was able to engage famous artists such as Peter Behrens to contribute their illustrations to individual editions. *Simplicissimus*, founded by Albert Langen with the cooperation of one of the leading caricaturists, Thomas Theodor Heine, quickly became a platform for the artistic and literary avant-garde of the period and could consequently engage the best draftspeople. The magazine *Jugend*, by the publisher Georg Hirth, undertook every modernization with regard to printing techniques and artistic style, was designed in a more popular way, and achieved wide appeal thanks to its rich book decoration and outstanding illustrations that soon attracted 30 000 subscribers. It was this publication, too, that supplied the name for an entire art movement: *Jugendstil*, the term used for Art Nouveau from the German-speaking world.

The Austrian publishing world was always overshadowed by that in Germany, especially in terms of its production. In Germany there were attempts around 1900 to combine two trends, and these were soon also taken up by Austria: on the one hand the endeavor promoted by the publisher Alexander Koch to make the simple practical book more attractive to a large class of customers by using decorative elements and appropriate materials; on the other the aspiration of the Ernst Ludwig Presse and its manager Friedrich Wilhelm Kleukens to produce bibliophile prints with expensive materials. The intention here was to steer simple book design in a new, artistic direction and make the book both a full-fledged artwork as well as a practical object. Koch wanted the new book design to supersede the "abhorrent tome on bad, brittle, wood-based paper with thin, plebeian German type, obtrusive dust jacket, mundane vignettes, and flimsy wire stitching."[7] Furthermore, the artistic design of dust jackets and endpapers—an area that Koloman Moser helped to perfect a short time later with his marbled papers[8]—had long been fallow fields and the young artists now turned their hand to them. This was a pursuit of an ideal congruence between the text, illustration, book design, and materials as well as the choice of paper, bindings, and printing technique. That Moser as a universal artist was fascinated by this movement and therefore adopted the concomitant developments, is made plain by the following observation by Josef Hoffmann: "Alongside Olbrich, the painter Moser emerged (as a student of the academy) who—thanks to his work as an illustrator—knew more than any of us about what was happening in the art world abroad."[9]

A crucial role in the development of book illustration in Austria was played by the art education movement (similar to the picture study movement in the USA), in the

7 Schmidt/Esermann 2016 (see note 5), footnote 203.

8 Cf. more on this topic in the chapter "Decorated Papers" in: Thun-Hohenstein, Christoph/Pokorny-Nagel, Kathrin (eds.), *EPHEMERA: The Graphic Design of the MAK Library and Works on Paper Collection*, MAK/Verlag für moderne Kunst, Vienna 2017, 26–103.

9 Zuckerkandl-Szeps, Berta, "Erinnerungen an Kolo Moser," in: *Neues Wiener Journal* 23 Jan 1927, 10.

rezipierte, verdeutlicht folgende Anmerkung Josef Hoffmanns: „Neben Olbrich taucht als Schüler der Akademie Maler Moser auf, der, dank seiner illustrativen Tätigkeit, mehr wie wir alle von den Kunstforderungen im Ausland wußte."[9]

Eine wesentliche Rolle für die Entwicklung der Buchillustration auf österreichischem Boden spielte die Kunsterziehungsbewegung, in deren Rahmen es zu intensiven Bestrebungen kam, mit Bildern reich geschmückte Bücher für einen großen, auch weniger bemittelten Abnehmerkreis auf den Markt zu bringen. Dabei trat das kommerzielle Element hinter das erzieherische, volksbildende Anliegen zurück, wenngleich das Hauptaugenmerk auf einer kostengünstigen Massenproduktion lag. Es ist sicher kein Zufall, dass bei der Illustration dieser Druckwerke ausgerechnet Koloman Moser als künstlerischer Part bei den frühesten und herausragenden Produktionen auf diesem Gebiet eingebunden wurde und man sich seiner in Deutschland erworbenen Expertise bediente. So erfuhr das Erscheinungsbild der ab 1892 im Verlag des I. Wiener Lehrervereins „Die Volksschule" publizierten illustrierten Monatsschrift für Bildung und Belehrung *Für die Jugend des Volkes* ab 1895 durch die Beteiligung Mosers eine wesentliche Qualitätssteigerung (Abb. 7, 8). Zum ersten Mal kam es zum Einsatz von Illustrationen talentierter Zeichner, wie Vertretern des Siebener-Clubs, in einer für die sozial schwächere Schicht bestimmten Publikation.[10] Der große Erfolg dieses Unternehmens führte wenig später zur Neugestaltung der im k. k. Österreichischen Schulbücher-Verlag von Karl Kummer, Franz Branky und Raimund Hofbauer herausgegebenen *Fibel – Lesebuch für österreichische allgemeine Volksschulen* 1899 als das Erst-Lesewerk jedes Schulkindes (Abb. 9. 10). Gerade in einfachen Handwerksschichten war es oftmals das einzige Buch, das Kinder in die Hand bekamen. Auch hier wurde 1898 niemand geringerer als Koloman Moser mit dieser gestalterischen Aufgabe betraut, der das Konzept der Merkbildchen-Methode weiterführte, wie sie für diese Fibel bereits seit 1879 bestand. Dabei stilisierten jedoch seine Schwarz-Weiß-Illustrationen den Bildinhalt neu und spielten mit einer Vielfalt der Blickmöglichkeiten auf die dargestellten Gegenstände.[11] Ein weiteres Element der Volksbildung im Sinn der Kunsterziehungsbewegung und ein wichtiger Impulsgeber für die Förderung der Gebrauchsgrafik und hier vor allem der Illustrationskunst stellte das Projekt „Bilderbogen für Schule und Haus" dar, das von der Gesellschaft für vervielfältigende Kunst von 1897 bis 1902 initiiert worden war und in dessen Rahmen ein Stab von Künstlern, darunter auch Moser, herangezogen wurde, die sich mit den neuen drucktechnischen Anforderungen beschäftigten (Abb. 11).

Abgesehen von diesen – in erster Linie für Zwecke der Volksbildung eingesetzten – Initiativen gab es in Österreich nur wenige Verlage, denen das Verdienst zukam, sich bewusst mit den Tendenzen dieser neuen umfassenden Buchkunst auseinanderzusetzen. Dabei sind einige Großdruckereien wie jene von R. v. Waldheim, Jos. Eberle & Co. oder die Österreichische Staatsdruckerei hervorzuheben, die sich bei ihrer Arbeitsweise den neuen künstlerischen Bestrebungen gegenüber öffneten und ihre Drucke verbesserten, auch wenn sich der Arbeitsaufwand durch den längeren Herstellungsprozess wesentlich vergrößerte.[12] Weiters gab es einzelne Wiener Verleger, die in Zusammenarbeit mit hervorragenden Druckereien bemerkenswerte Produkte auf den Markt brachten, wie etwa Martin Gerlach und Anton Schroll.[13]

9 Zuckerkandl-Szeps, Berta, „Erinnerungen an Kolo Moser", in: *Neues Wiener Journal* 23.1.1927, 10.

10 Bisanz-Prakken, Marian, *Heiliger Frühling: Gustav Klimt und die Anfänge der Wiener Secession, 1895–1905*, Ausst.kat. Graphische Sammlung Albertina, Wien u. a. 1999, 61. – Die Volksschullehrer Karl Hilber und Franz Mariner, ab dem 4. Jahrgang der Lehrer und Schriftsteller Hans Fraungruber, leiteten die Herausgabe dieser für die weniger bemittelte Bevölkerungsschicht gedachte Publikation.

11 Heller, Friedrich C., *Die bunte Welt. Handbuch zum künstlerisch illustrierten Kinderbuch in Wien 1890–1938*, Wien 2008, 40.

12 Heidler, Irmgard, „Künstlerische Buchgestaltung im Eugen Diederichs Verlag", in: Hübinger, Gangolf (Hg.), *Versammlungsort moderner Geister. Der Eugen Diedrichs Verlag – Aufbruch ins Jahrhundert der Extreme*, München 1996, 167–220.

13 Zu den einzelnen Verlagen siehe vor allem Heller 2008 (Anm. 11).

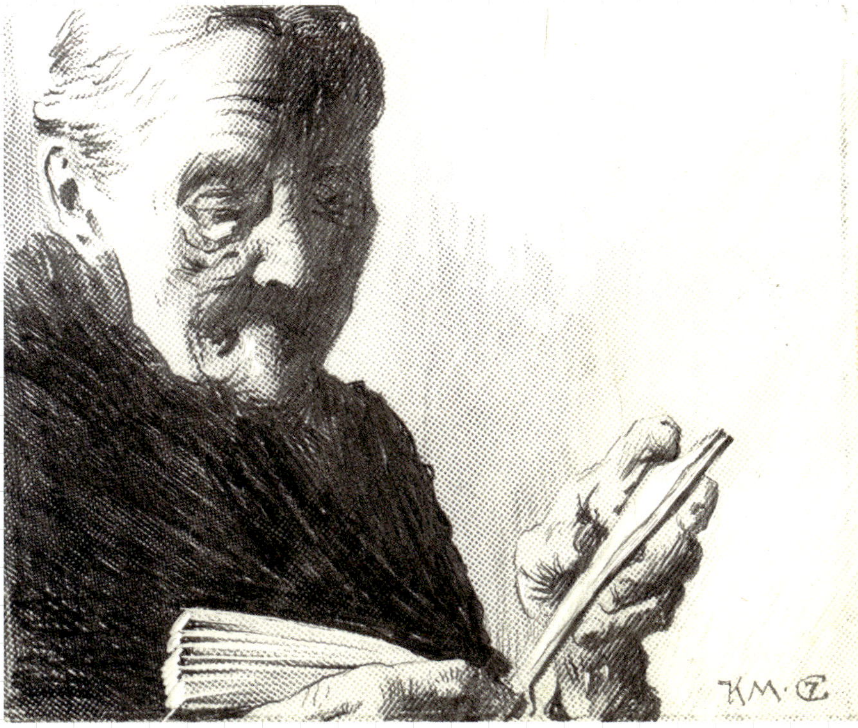

7

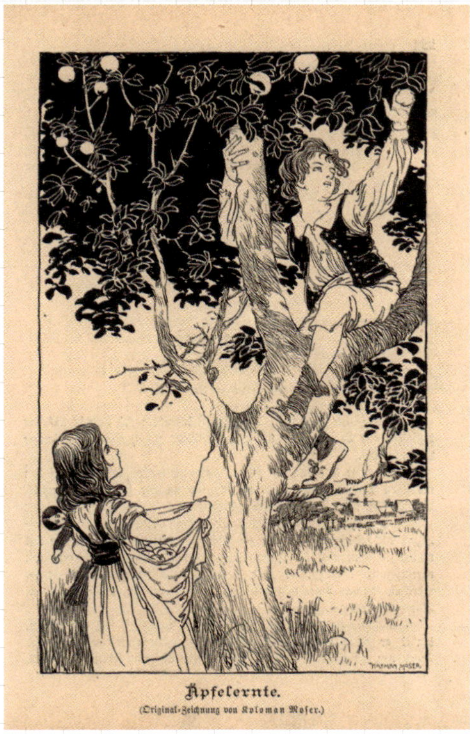

8

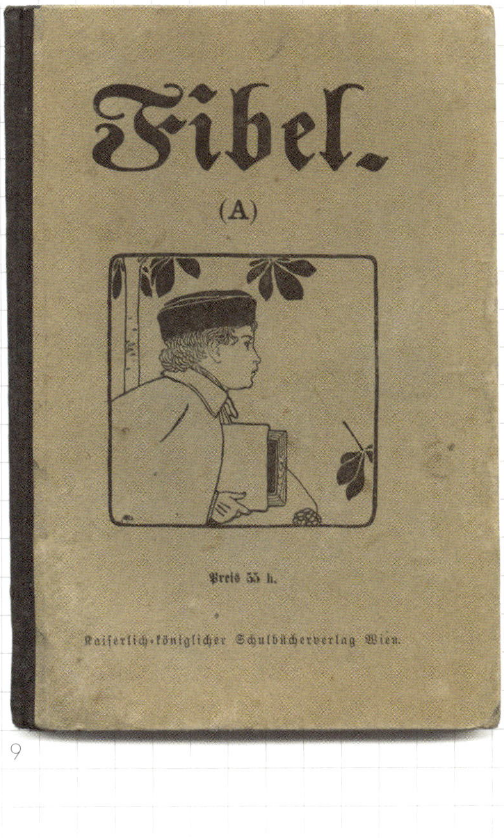

9

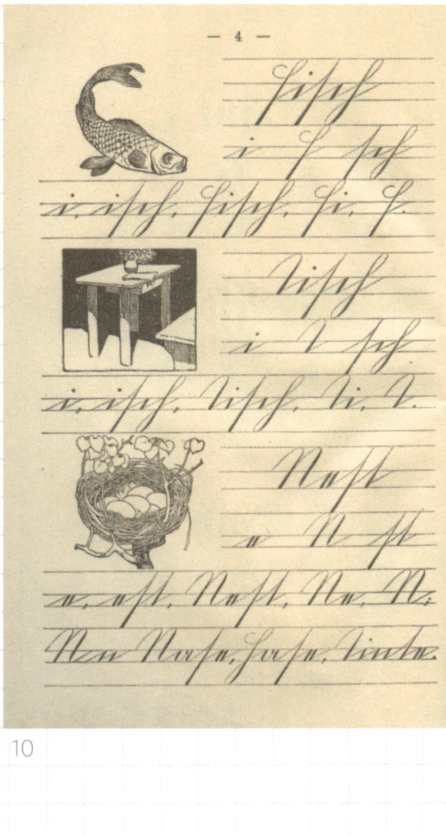

10

7 Illustrationsentwurf für *Das Thränenkränzlein* von Josef Jelem in der Monatsschrift *Für die Jugend des Volkes*, 1895
Draft illustration for [The Little Garland of Tears] by Josef Jelem in the monthly *Für die Jugend des Volkes*, 1895
MAK

8 Illustration *Äpfelernte* in der Monatsschrift *Für die Jugend des Volkes*, 1896
Illustration [Apple Harvest] in the monthly *Für die Jugend des Volkes*, 1896
MAK

9 Einband der *Fibel – Lesebuch für österreichische allgemeine Volksschulen* (Ausgabe 1917)
Cover of the [Primer—Reader for Austrian General Elementary Schools] (1917 issue)
MAK

10 Seite 4 der *Fibel – Lesebuch für österreichische allgemeine Volksschulen* (Ausgabe 1917)
Page 4 of the [Primer—Reader for Austrian General Elementary Schools] (1917 issue)
MAK

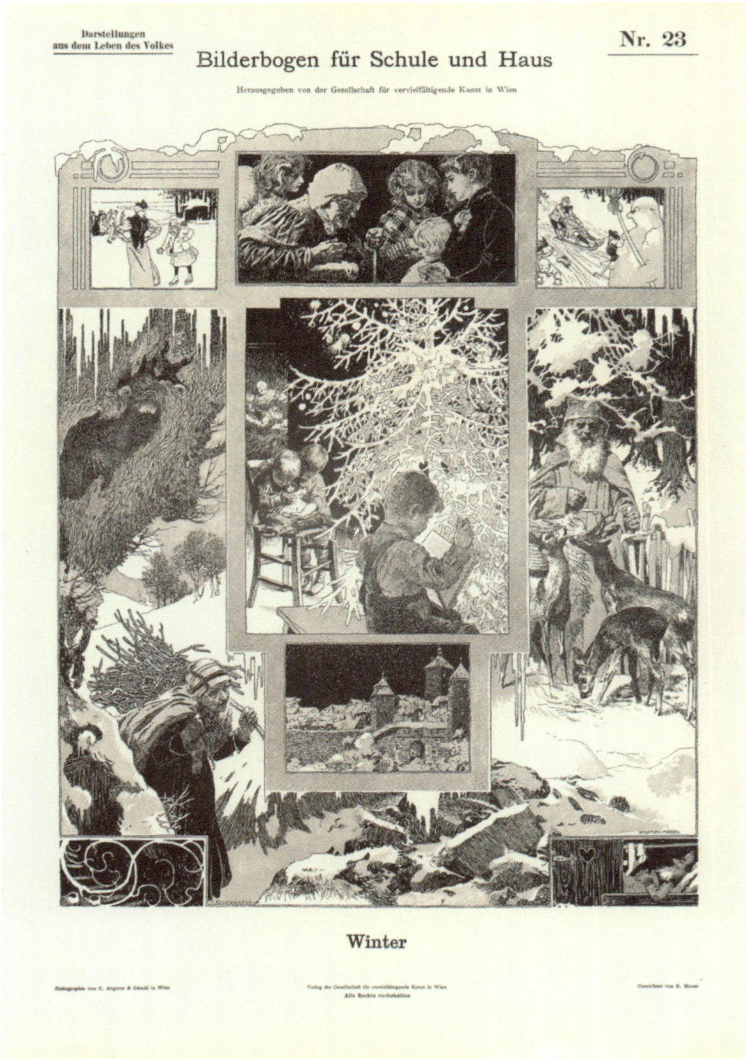

11

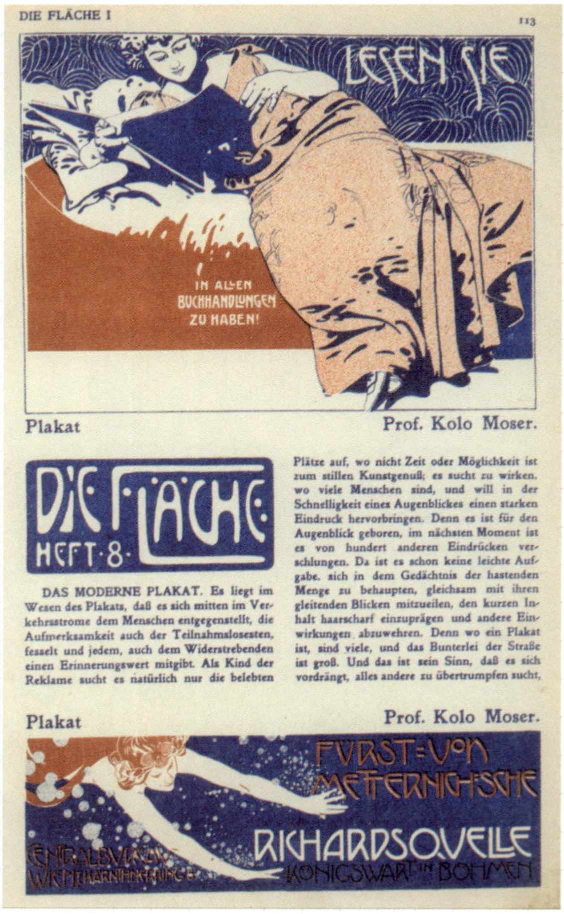

DIE FLÄCHE I 113

Plakat Prof. Kolo Moser.

DAS MODERNE PLAKAT. Es liegt im Wesen des Plakats, daß es sich mitten im Verkehrsstrome dem Menschen entgegenstellt, die Aufmerksamkeit auch der Teilnahmslosesten, fesselt und jedem, auch dem Widerstrebenden einen Erinnerungswert mitgibt. Als Kind der Reklame sucht es natürlich nur die belebten Plätze auf, wo nicht Zeit oder Möglichkeit ist zum stillen Kunstgenuß; es sucht zu wirken, wo viele Menschen sind, und will in der Schnelligkeit eines Augenblickes einen starken Eindruck hervorbringen. Denn es ist für den Augenblick geboren, im nächsten Moment ist es von hundert anderen Eindrücken verschlungen. Da ist es schon keine leichte Aufgabe, sich in dem Gedächtnis der hastenden Menge zu behaupten, gleichsam mit ihren gleitenden Blicken mitzueilen, den kurzen Inhalt haarscharf einzuprägen und andere Einwirkungen abzuwehren. Denn wo ein Plakat ist, sind viele, und das Bunterlei der Straße ist groß. Und das ist sein Sinn, daß es sich vordrängt, alles andere zu übertrumpfen sucht,

Plakat Prof. Kolo Moser.

12

11 „Bilderbogen für Schule und Haus" (Nr. 23: Darstellungen aus dem Leben des Volkes), um 1897
"Illustrated Sheets for School and Home" (no. 23: depictions of the people's life), ca. 1897
MAK

12 Zwei Plakate in *Die Fläche* (1) 1903, T. 113
Two Posters in *Die Fläche* (1) 1903, pl. 113
MAK

context of which intensive efforts were made to market richly illustrated books for a large, also less well-off clientele. Here the commercial aspect receded behind the pedagogic, national education objective, even though the main focus was inexpensive mass production. It is surely no coincidence that Koloman Moser of all people was approached to take on the role of artist in the illustration of this printed matter in the earliest and outstanding productions in this area and that the publishers drew on the expertise he had acquired in Germany. Thus the visual appearance of the educational and instructive illustrated monthly *Für die Jugend des Volkes*, published by the first Viennese teachers' association "Die Volksschule" from 1892, underwent a material increase in its quality from 1895 as a result of Moser's involvement (fig. 7, 8). For the first time, illustrations by talented draftspeople, such as members of the Siebener-Club, were used in a publication intended for socially disadvantaged groups.[10] Shortly thereafter the great success of this enterprise led to the redesign of the *Fibel – Lesebuch für österreichische allgemeine Volksschulen*, published by Karl Kummer, Franz Branky, and Raimund Hofbauer at the k. k. Österreichischer Schulbücher-Verlag (Imperial Royal Austrian School Textbook Publisher), in 1899 as the primer for every schoolchild (fig. 9, 10). Particularly in the lower working classes, this was often the only book that children would ever read. Here, too, none less than Koloman Moser was entrusted with this design task in 1898; he continued the visual mnemonics method that had existed for this *Fibel* since 1879. However, his black-and-white illustrations stylized the image content anew and played with a variety of possible perspectives of the depicted objects.[11] Another aspect of adult education related to the art education movement and an important catalyst for promoting commercial graphic design—and here most notably the art of illustration—was represented by the project "Bilderbogen für Schule und Haus" ("Illustrated Sheets for School and Home"), which had been initiated by the Gesellschaft für vervielfältigende Kunst (Society for Reproducing Art) and lasted from 1897 to 1902; in the context of this a team of artists—including Moser—was enlisted who explored the demands of the latest printing technology (fig. 11).

Besides these initiatives that were primarily employed for the purposes of adult education, there were only a few publishing houses in Austria that can be credited with having consciously explored the trends of this new, widespread book art. Worth mention are some large printing offices such as those of R. v. Waldheim, Jos. Eberle & Co., and the Österreichische Staatsdruckerei (Austrian State Printers), who were open to the new artistic efforts and improved their printing techniques, even though the amount of work involved greatly increased as a result of the longer production process.[12] Furthermore, there were individual Viennese publishers who marketed noteworthy products in collaboration with outstanding printing offices, such as Martin Gerlach and Anton Schroll.[13]

With the portfolio *Die Fläche* (1902/03), initiated by the art publishers Anton Schroll & Co, Moser emerged as an editor and contributor alongside Josef Hoffmann, Felician von Myrbach, and Alfred Roller (fig. 12, 13). Even though pattern books were quite common at this time, *Die Fläche* became the most important of its age. Joseph August Lux wrote in its introduction about the intended tastemaking effect: "For decades accustomed to acquiring their patterns from Paris, the people are now

10 Bisanz-Prakken, Marian, *Heiliger Frühling: Gustav Klimt und die Anfänge der Wiener Secession, 1895–1905*, exh. cat. Graphic Art Collection of the Albertina, Vienna et al. 1999, 61. The elementary school teachers Karl Hilber and Franz Mariner, and from the fourth year the teacher and writer Hans Fraungruber, were in charge of issuing this publication that was intended for the less well-off classes of the population.

11 Heller, Friedrich C., *Die bunte Welt. Handbuch zum künstlerisch illustrierten Kinderbuch in Wien 1890–1938*, Vienna 2008, 40.

12 Heidler, Irmgard, "Künstlerische Buchgestaltung im Eugen Diederichs Verlag," in: Hübinger, Gangolf (ed.), *Versammlungsort moderner Geister. Der Eugen Diedrichs Verlag – Aufbruch ins Jahrhundert der Extreme*, Munich 1996, 167–220.

13 On the individual publishing houses see esp. Heller 2008 (note 11).

Bei dem im Kunstverlag Anton Schroll & Co initiierten Mappenwerk *Die Fläche* (1902/03) trat Moser neben Josef Hoffmann, Felician von Myrbach und Alfred Roller als Herausgeber und Mitarbeiter auf (Abb. 12, 13). Auch wenn in dieser Zeit Musterbücher häufig zu finden waren, wurde *Die Fläche* das wichtigste seiner Zeit. Joseph August Lux schrieb in der Einleitung bereits über die angestrebte geschmacksbildende Wirkung: „Die Leute, seit Jahrzehnten gewohnt, ihre Muster aus Paris zu holen, verlangen heute schon den ‚Wiener Stil'. Die Fläche offenbart ihn in seiner strengsten und geläutertsten Form."[14] Es ist sicher kein Zufall, dass dieses Werk von Lehrern und führenden Kräften auf dem Gebiet der grafischen Künste zusammengestellt wurde, denn die rasche Entwicklung auf dem Gebiet der Drucktechnik machte es erforderlich, im Rahmen der Ausbildung der Gestaltenden auf dieses Segment besonderes Augenmerk zu legen und auch den angehenden Künstlern diese neuen gestalterischen Möglichkeiten zu vermitteln. Der Lehrplan an der Kunstgewerbeschule umfasste daher nicht mehr nur die obligatorischen Abteilungen Baukunst, Bildhauerei, Malerei, sondern bot in Fachschulen und Werkstätten auch die Ausbildung in den grafischen Künsten an. Auf Initiative von Rudolf von Larisch wurden sogar Kurse in Schreibunterricht für Buchgestalter angeboten, um durch neue Schriften die Einheit von Bild und Satz hervorzuheben. Moser arbeitete mit Larisch am Werk *Beispiele künstlerischer Schrift* mit (ab 1900 von Anton Schroll herausgegeben), in dem er einzelne Buchstaben und Buchstabenkombinationen in exakt ausgewogenen Formen entwarf (s. Abb. 14, S. 30).[15]

Als einer der ersten der Wiener Verlegerszene griff Martin Gerlach die Anregungen der Kunsterziehungsbewegung auf und integrierte diese in sein Programm. Er erkannte früh den zukünftigen Markt und entschied sich nicht nur für die Beauftragung begabter Künstler und der Gestaltung ihrer Entwürfe in Farbe, sondern auch im Sinne der Jugendschriftenbewegung für hochwertige literarische Texte. So schuf er zur Gänze durchgestaltete Bände mit hohem buchästhetischen Anspruch.[16] Koloman Moser wurde bereits 1895, noch als Schüler an der Kunstgewerbeschule, über Vermittlung seines Lehrers Franz Matsch vom Verleger Martin Gerlach eingeladen, für das als Vorlagenwerk gedachte Mappenwerk *Gerlach's Allegorien. Neue Folge* Arbeiten einzuliefern. Letztendlich wurde er mit elf Beiträgen beauftragt, darunter die klassischen Allegorien für Liebe, Gesang, Musik, Tanz, aber auch Radsport und Fischerei (Abb. 14, 15). Dieser Auftrag bedeutete für Moser eine erste Anerkennung als Grafiker. Er hatte damit die Möglichkeit, in einem renommierten Verlagshaus mit bekannten Künstlerkollegen zusammenzuarbeiten und gleichzeitig über die Illustration im herkömmlichen Sinn hinauszugehen, indem er ein grafisches Blatt ohne „Illustrationszwang" selbständig komponieren konnte. Wie aus seiner Autobiografie hervorgeht, war die Arbeit an diesem Werk aber vor allem durch die Begegnung mit Gustav Klimt nachhaltig prägend und gibt uns Aufschluss über die Arbeitsabläufe im Verlag: „Als ich wieder einmal bei ihm [Gerlach] war, sagte er: ‚Jetzt werde ich ihm mal was zeigen, da werde sie gucke. Gerade habe ich's von Klimt hole lasse, er kommt dann auch her!' Und nun stellte er ein kleines Reißbrett auf ein Pult, nahm das Schutzpapier weg und vor mit stand eine der entzückendsten Grafikzeichnungen, die es geben konnte [*Allegorie der Skulptur*] [...] Als ich noch versunken, in all die neue Schönheit, vor dem Blatte stand, hörte ich, daß Klimt käme und rückte mich grüßend in einen Nebenraum. Ich sah von dort einen stämmigen, etwa dreißigjährigen Mann mit einem

14 Lux, Joseph August, Einleitung, *Die Fläche*, Bd. 1, H. 8, Wien 1902/03

15 Hevesi, Ludwig, „Aus dem Wiener Kunstleben", in: *Kunst und Kunsthandwerk* (3) 2 1900, 510 f.

16 Über den Verlag Martin Gerlach siehe auch Heller 2008 (Anm. 11), 31 ff.

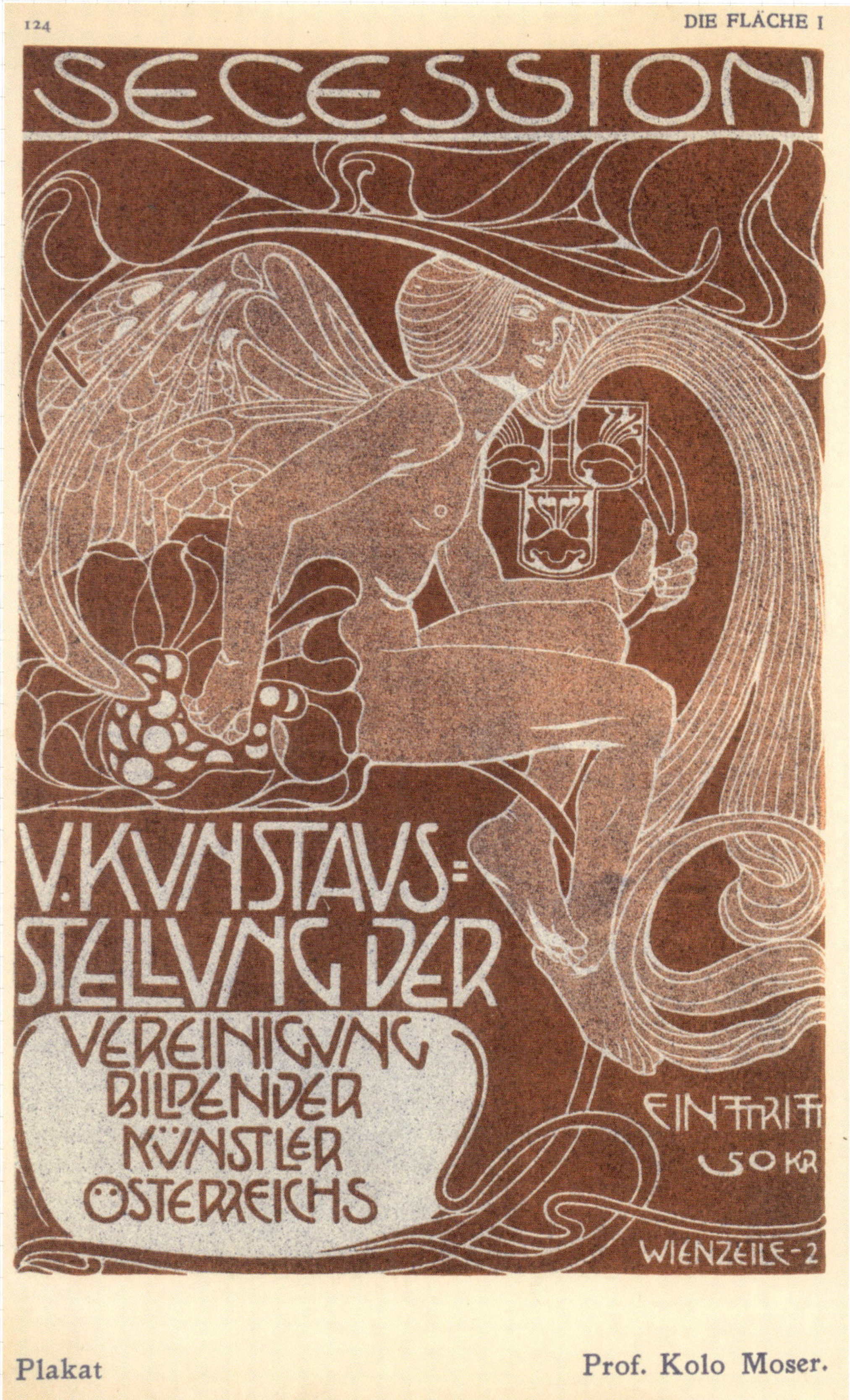

13

13 Plakat zur V. Secessionsausstellung in *Die Fläche* (1) 1903, T. 124
Poster for the 5th Secession exhibition in *Die Fläche* (1) 1903, pl. 124
MAK

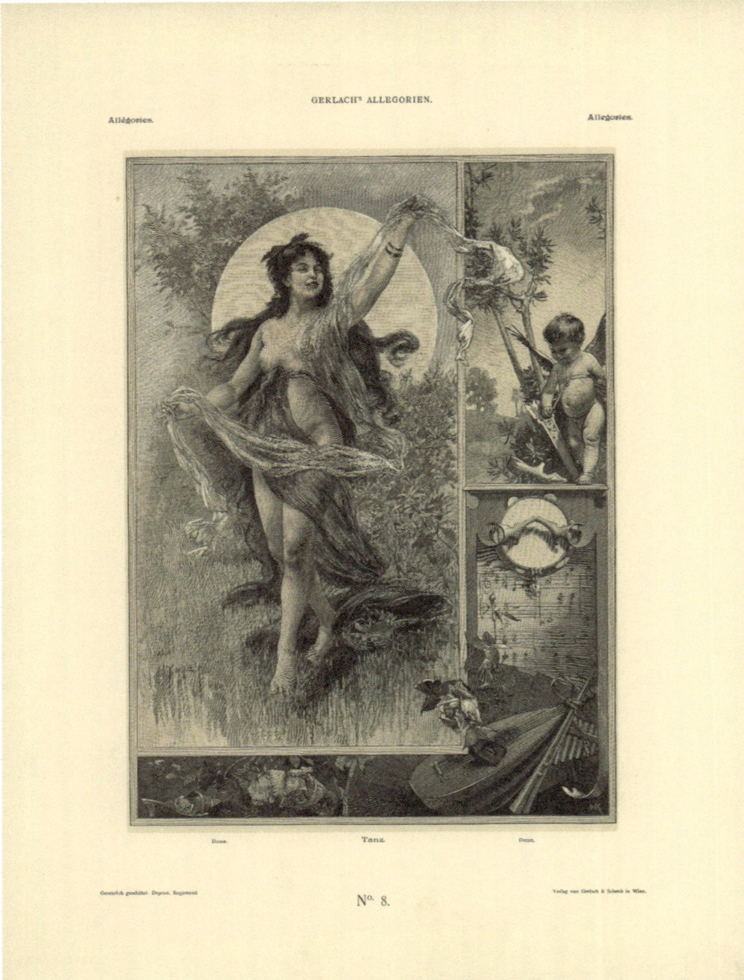

14

14 *Tanz* in *Gerlach's Allegorien. Neue Folge*, 1895, T. 8
[Dance] in *Gerlach's Allegorien. Neue Folge*, 1895, pl. 8
MAK

15 *Musik* in *Gerlach's Allegorien. Neue Folge*, 1895, T. 37
[Music] in *Gerlach's Allegorien. Neue Folge*, 1895, pl. 37
MAK

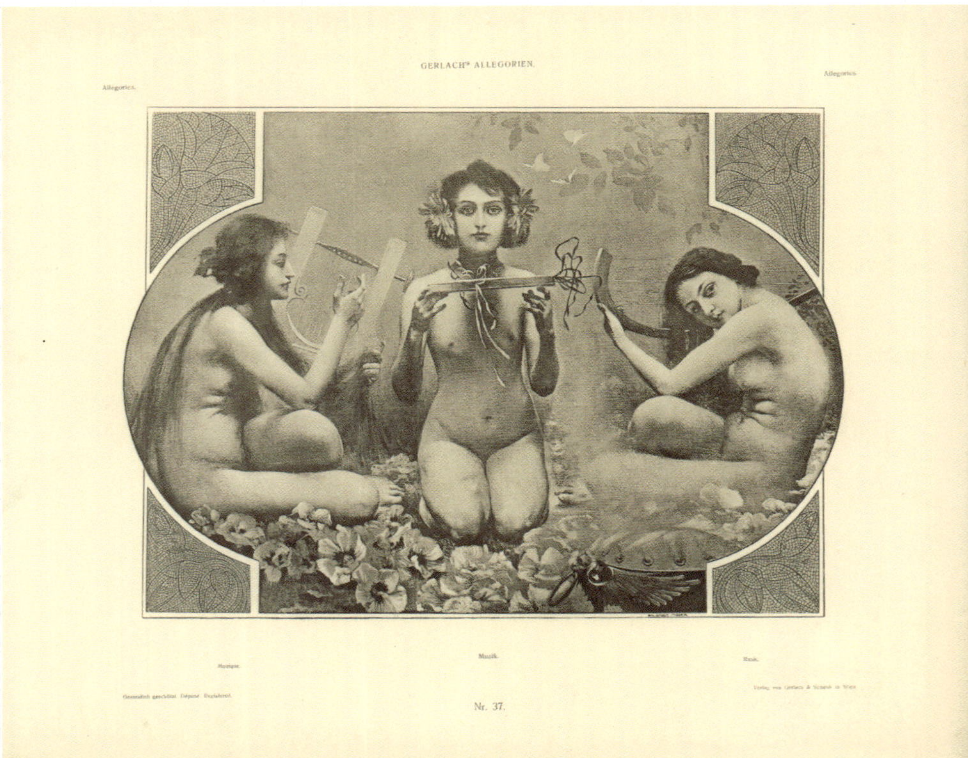

15

demanding the 'Viennese style.' *Die Fläche* reveals it in its most absolute and most refined form."[14] It is certainly no coincidence that this work was compiled by teachers and guiding forces in the field of the graphic arts, because the rapid development in the area of printing technology made it necessary to turn particular attention to this segment in the context of training illustrators and designers and to impart these new design opportunities to emerging artists. Consequently, the curriculum at the School of Arts and Crafts no longer comprised only the obligatory departments of architecture, sculpture, and painting, but also offered training in the graphic arts in dedicated schools and workshops. On the initiative of Rudolf von Larisch, even courses in typography were offered to book designers in order to emphasize the unity of text and image by means of new fonts. Moser worked with Larisch on the work *Beispiele künstlerischer Schrift*—published by Anton Schroll from 1900—in which he designed individual letters and letter combinations in perfectly balanced forms (see fig. 14, p. 30).[15]

As one of the first in the Viennese publishing world, Martin Gerlach grasped the suggestions of the art education movement and integrated them into his program. He soon recognized the future market and decided not only to engage gifted artists and have their designs realized in color, but also to commission high-quality literary texts in accordance with the *Jugendschriftenbewegung* (progressive youth literacy movement). Hence he created volumes that were designed down to the last detail with a high standard of book aesthetics.[16] While he was still a student at the School of Arts and Crafts, Koloman Moser was recommended by his teacher Franz Matsch to the publisher Martin Gerlach, who invited him to submit works for the portfolio *Gerlach's Allegorien. Neue Folge*, which was intended to be a pattern book, as early as 1895. Ultimately, he was commissioned with eleven pieces, including the classic allegories of love, singing, music, and dance, but also cycling and fishing (fig. 14, 15). This commission signaled Moser's first recognition as a graphic artist. With it he had the opportunity to work alongside famous fellow artists in a prestigious publishing house, while at the same time transcending illustration in the conventional sense inasmuch as he was able to compose a graphic sheet independently, without any illustrative constraints. As his autobiography reveals, however, his work on this portfolio had a long-lasting impact on him above all due to his encounter with Gustav Klimt; moreover, it gives some indication of the workflow at the publishing house: "When I went to see him [Gerlach] again, he said: 'Now I'll show you something that'll make you gape. I just sent for it from Klimt—he's coming here soon!' And then he placed a small drawing board on his bookrest, removed the protective paper—and in front of me there stood one of the most delightful graphite drawings there can be [*Allegory of Sculpture*] [...] While I was still standing in front of the sheet, rapt with all its novel beauty, I heard Klimt arriving and, greeting him, slipped into an adjoining room. From there I saw a thickset, roughly 30-year-old man with a handsome dark blond head of curls, short beard, and a wide, confident gait. He said little and listened to suggestions regarding the printing technique for his sheet. He had soon got his way and with a short, cordial 'Grüß Gott!' he was gone again. [...] That was my first encounter with Gustav Klimt, with whom I would later establish a close and longstanding friendship."[17]

14 Lux, Joseph August, introduction, *Die Fläche*, vol. 1, ed. 8, Vienna 1902/03.

15 Hevesi, Ludwig, "Aus dem Wiener Kunstleben," in: *Kunst und Kunsthandwerk* (3) 2 1900, 510 f.

16 On the Martin Gerlach publishing house, see also Heller 2008 (note 11), 31 ff.

17 Moser, Karl, "Begegnung mit Gustav Klimt. Nach Aufzeichnungen des Malers Koloman Moser," in: *Neues Wiener Journal* (39) 13389 1931, 21–22.

schönen, dunkelblonden Lockenkopf, kurzem Vollbart und einem breitspurigen, sicheren Gang. Er sprach sehr wenig und ließ sich Vorschläge bezüglich der Reproduktionstechnik seines Blattes machen. Rasch hatte er seinen Willen durchgesetzt und mit einem kurzen, herzlichen ‚Grüß Gott!' war er wieder fort. [...] Das war meine erste Begegnung mit Gustav Klimt, mit dem mich später innige und langjährige Freundschaft verbinden sollte."[17]

Diese Beschreibung Mosers ist eine der wenigen Zeugnisse, wie die Arbeitsabläufe in einer der wichtigsten Verlagsanstalten im Wien der Jahrhundertwende abliefen.[18] Zwischen der ersten Skizze und der letztgültigen Fassung einer Illustration lag ein langwieriger Prozess von Entwerfen, Korrigieren, Verwerfen und vor allem Diskussionen zwischen Entwerfer und Verleger, was schließlich zur qualitätsvollen Umsetzung des Endproduktes führte.[19] In vielen Verlagen kam es durch die einsetzende Entwicklung der mechanischen Reproduktionstechniken und der Druckmaschinen zur wachsenden Entfremdung des illustrierenden Künstlers von der Bearbeitung der Druckform und ihres Abdrucks. Viele Künstler tendierten dazu, nach Lieferung ihrer bildkünstlerischen Arbeit die Betreuung der Druckausführung weitgehend dem Verleger zu überlassen, um sich nicht mit den neuen Anforderungen auseinandersetzen zu müssen. Bereits für die Zeitschrift *Jugend* formulierte der Verleger Georg Hirth eine Anzeige ganz bewusst mit dem Hinweis, dass für die Illustrationen die junge Drucktechnik Autotypie verwendet werde und der Zeichner sich danach richten möge. Der Künstler sollte seinen Entwurf von Anfang an für das neue Verfahren anlegen, um eine hohe bildkünstlerische Qualität auch beim ausgeführten Druck zu gewährleisten.

Martin Gerlach, ehemals selbst Zeichner, Graveur und Ziseleur, war einer jener Verleger, der den engen Kontakt mit dem jeweils ausführenden Künstler suchte und ihm konkrete Aufgabenstellungen hinsichtlich Form und Ausführung gab. Er war sich seiner Verantwortung bewusst, dem Künstler über die in Aussicht genommene Reproduktionstechnik zu informieren und nicht lediglich die Lieferung einer Vorlage zu verlangen. Nicht zuletzt aus diesem Grund forderte er die Mitwirkung des Künstlers bei allen Arbeitsschritten ein. Damit machte sich Gerlach bald als jener Verleger Wiens einen Namen, dessen Bücher sich durch technisch außergewöhnliche Ausstattung auszeichneten. Moser wiederum profitierte davon, da er bei den zahlreichen Illustrationsaufträgen einen flexiblen, den unterschiedlichen Aufgabenstellungen gewachsenen grafischen Stil zu entwickeln hatte, was sein gesamtes grafisches Schaffen nachhaltig bestimmte. Ihm war die Überwachung der Ausführung seiner künstlerischen Entwürfe ein grundsätzliches Anliegen, denn die positiven und auch negativen Auswirkungen dieser mehr oder weniger intensiven Zusammenarbeit mit Verlegern hatte er schon in seinen frühen Jahren in der Auseinandersetzung mit diversen Verlagen in Deutschland gelernt.[20]

Moser hatte von Anfang an verstanden, was bei der Schaffung von Vorlagen für die Buchillustration wichtig war: Es kam besonders darauf an, bereits bei ihrer Gestaltung und Ausführung die vorgegebene Drucktechnik zu berücksichtigen, und damit den Drucker in die Lage zu versetzen, Tausende Exemplare in qualitativ bestmöglicher Weise zu drucken. Moser verstand es, die durch den Produktionsprozess gegebenen Beschränkungen und seine spezifischen Möglichkeiten von vornherein in seine Arbeit

17 Moser, Karl, „Begegnung mit Gustav Klimt. Nach Aufzeichnungen des Malers Koloman Moser", in: *Neues Wiener Journal* (39) 13389 1931, 21–22.

18 Die allgemein üblichen Abläufe waren: Der Verleger entschied über die Annahme des Werkes, legte das Format – (das sich nach dem Inhalt des Werkes richtete, ob sparsam und platzsparend bei gemeinnützig belehrenden Themen wie einem Schulbuch oder splendidem Satz auf größerem Raum wie bei Prachtbänden oder Werken der Unterhaltung) und die Auflage fest, in der Regel zwischen 750 und 1 500 Exemplare. Dann bestimmte der Verleger den Verkaufspreis und das Honorar für den Illustrator. Dieses richtete sich nach der Bogenzahl und nach dem Renommee der Beteiligten. Siehe dazu Schmidt/Esermann 2016 (Anm. 5).

19 Rosner, Charles, *Die Kunst des Buchumschlages*, Stuttgart 1954, 2.

20 Dies belegt auch das organisatorische Grundkonzept der von ihm gemeinsam mit Josef Hoffmann gegründeten Wiener Werkstätte.

This description by Moser is rare evidence of what the workflow was like in one of the most important publishing firms in fin-de-siècle Vienna.[18] Between the first sketch and the final version of an illustration there was a protracted process of designing, correcting, discarding, and above all discussions between the designer and the publisher, which ultimately led to the high-quality realization of the final product.[19] In many publishing houses the nascent development of mechanical printing techniques and machines gave rise to the growing estrangement of the illustrating artist from revising the printing plate and its impression. After delivering their visual artwork many artists tended to leave the supervision of the printing to the publisher to a large extent in order to avoid having to deal with the new requirements. Indeed, for the magazine *Jugend* the publisher Georg Hirth intentionally formulated an advertisement with the advice that the new halftone printing technique would be used for the illustrations and that the draftsperson should bear this in mind. The artist should create their design for the new method from the outset in order to guarantee that their visual artwork would be of just as high quality in the print version.

Martin Gerlach, himself a former draftsman, engraver, and chaser, was one of those publishers who sought close contact with each executing artist and gave them clearly defined assignments in terms of form and execution. He was aware of his responsibility to inform the artist about the intended printing technique and not merely to demand the delivery of a template. It was not least for this reason that he called for the artist's involvement in all aspects of the workflow. As a result, Gerlach soon made a name for himself as the Viennese publisher whose books were characterized by technically exceptional design. Moser in turn benefited because, in the course of his numerous illustration commissions, he had to develop a flexible graphic style that was equal to the diverse tasks, and this had a lasting effect on his entire graphic oeuvre. It was of fundamental importance to him to supervise the execution of his artistic designs; after all, he had already learned the positive as well as negative effects of this more or less intense collaboration with publishers during the early years of his career when he was involved with various publishing houses in Germany.[20]

From the outset Moser had understood what was most important when creating templates for book illustrations: success depended above all on taking the specified printing technique into consideration even when designing and executing the templates, thereby enabling the printer to print thousands of copies in the best possible quality. Moser understood how to incorporate the limitations and specific opportunities provided by the production process in his work from the start and to keep the artistic act in mind to the end, namely the printed book. In figures like Martin Gerlach he found a publisher who was cognizant of the fact that the print should be a rendering that is as true as possible to the original in infinite reproductions, with as little as possible being lost from the quality of the original, and with every loss being noted as a drawback and flaw in the print. The value of the original design—which in fact only the publisher and the printer would see—lay less in its artistic quality than in its suitability for reproduction. With the aid of his technical insights, Moser was able to create suitable templates in collaboration with these publishers that lost none of the immediate freshness of the original when reproduced.

18 The usual course of events was: The publisher decided whether to accept the work, defining the format—which was determined by the content of the work, whether economical and space-saving in nonprofit educational subjects like a school textbook or a generous setting in a larger space such as in treasure bindings or works for entertainment—and the print run, as a rule between 750 and 1 500 copies. Then the publisher stipulated the retail price and the remuneration for the illustrator. This depended on the number of pages and the reputation of those involved. See Schmidt/Esermann 2016 (note 5).

19 Rosner, Charles, *Die Kunst des Buchumschlages*, Stuttgart 1954, 2.

20 This is also verified by the fundamental organizational concept of the Wiener Werkstätte, which he founded together with Josef Hoffmann.

mit einzubeziehen und den künstlerischen Akt bis zum Ende im gedruckten Buch mitzudenken. In Persönlichkeiten wie Martin Gerlach fand er einen Verleger, der sich dessen bewusst waren, dass der Druck eine möglichst originalgetreue Darstellung in einer endlos vervielfältigbaren Wiederholung sein sollte, wobei von der Qualität des Originales so wenig wie möglich verloren gehen sollte und jeder Verlust als Nachteil und Mangel des Drucks vermerkt wurde. Der Wert des Originalentwurfs – den ja nur Verleger und Drucker zu sehen bekamen – lag weniger in seiner künstlerischen Qualität, als in seiner Eignung für die Reproduktion. Mit Hilfe seiner technischen Erkenntnisse konnte Moser in Zusammenarbeit mit diesen Verlegern geeignete Vorlagen herstellen, die bei der Vervielfältigung nichts von der unmittelbaren Frische des Originals verloren.

Ein direkter Vergleich der Originalvorlage mit der umgesetzten Reproduktion ist zumeist infolge des Fehlens der Vorlagen nicht möglich. Im Fall zweier wichtiger und umfangreicher illustratorischer Arbeiten Mosers haben sich zahlreiche Originalentwürfe in den Sammlungen der Universität für angewandte Kunst Wien und in der MAK-Bibliothek und Kunstblättersammlung erhalten: zum einen die im Verlag Schreiber in Esslingen ab 1888 von Lothar Meggendorfer herausgegebenen *Meggendorfers humoristische Blätter* (ab 1889 mit Illustrationen von Koloman Moser), zum anderen die 1897 auf Anregung des k. k. Österreichischen Museums für Kunst und Industrie von Felicie Ewart im Verlag R. v. Waldheim herausgegebene und vom Hoftiteltaxfond finanzierte Anthologie *Jugendschatz deutscher Dichtungen* (Abb. 16–18). Diese bestätigen die soeben beschriebenen herausragenden Fähigkeiten von Moser als Illustrator in Verbindung mit einem technisch versierten Verlag. In dem 320 Seiten starken Band verarbeitete Moser als routinierter Illustrator Einflüsse aus dem englischen und deutschen Illustratorenkreis, vermittelt durch die Kunstzeitschriften *The Studio*[21] und *Jugend*. Seine hohe Auflagenzahl sollte Mosers Illustrationskunst in österreichweiten Kreisen bekanntmachen.[22] Moser und sein Verleger wählten bei diesem Werk klugerweise die Drucktechniken der Strichätzung und Autotypie, die sich für schwarz-weiße Zeichnungen als fotografische Reproduktionstechnik für Massenauflagen besonders gut eigneten, da deren Originaltreue bei der Übertragung sehr hoch war und daher vom Künstler weniger Einschränkungen verlangten.

Aber dass nicht für alle Werke die Schwarz-Weiß-Reproduktion die richtige Wahl der Drucktechnik war, formulierte der Verleger Anton Springer in einem Vortrag 1890, wo er die „größte Zaghaftigkeit, die stärkste Scheu vor jeder Neuerung" feststellte und mehr Farbigkeit zur Aufhellung des strengen Schwarz-Weiß und mehr Leichtigkeit forderte.[23] Der große Wert der Farbigkeit wurde vor allem in der ersten österreichischen Künstlerzeitschrift *Ver Sacrum*, herausgegeben von der Künstler vereinigung Secession, erkannt, deren Anspruch auf ganzheitliche Gestaltung ein absolutes Novum darstellte. Über dieses Werk wurde bereits viel geschrieben. In quadratischem Format erschienen je Heft 300 Exemplare – von denen die Hälfte für das Ausland bestimmt waren – 1898 im Verlag Gerlach & Schenk in Wien, 1899 bei E. A. Seemann in Leipzig und von 1900 bis 1903 im Eigenverlag der Secession. In den ersten beiden Jahren wurde auch eine eigene luxuriöse Gründungsausgabe mit Originalgrafiken aufgelegt.

21 Fenz, Werner, *Kolo Moser – Internationaler Jugendstil und Wiener Secession*, Salzburg 1976, 163, Fußnote 31: „The Studio, an illustrated magazine of Fine and Applied Arts' erschien ab 1893 monatlich in London, war mit zahlreichen Abbildungen illustriert und stellte stets junge unbekannte Künstler vor. The Studio besaß rasch auch in Wien große Popularität als Modell-Kunstzeitschrift und Peter Altenberg beschrieb ‚[...] es war eine Art schweigend zelebriertes Weihefest', wenn die Zeitschrift monatlich eintraf."

22 Heller 2008 (s. Anm. 11), 160.

23 Schmidt/Esermann 2016 (s. Anm. 5), 107, Fußnote 100.

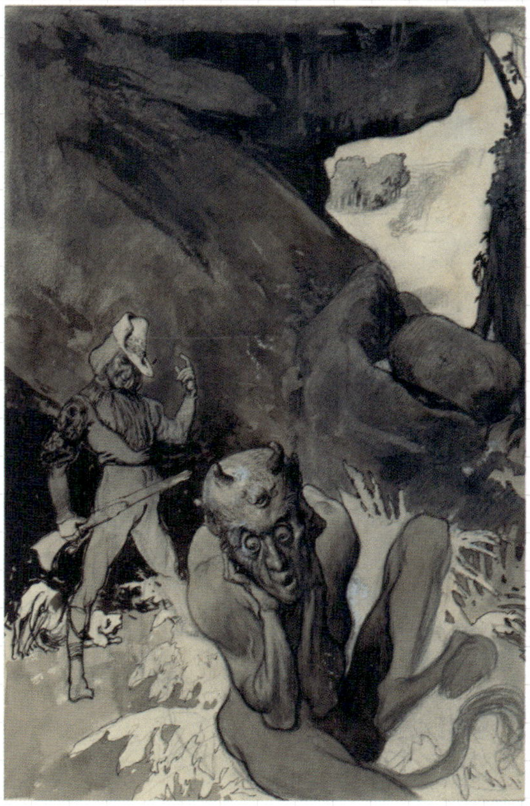

16

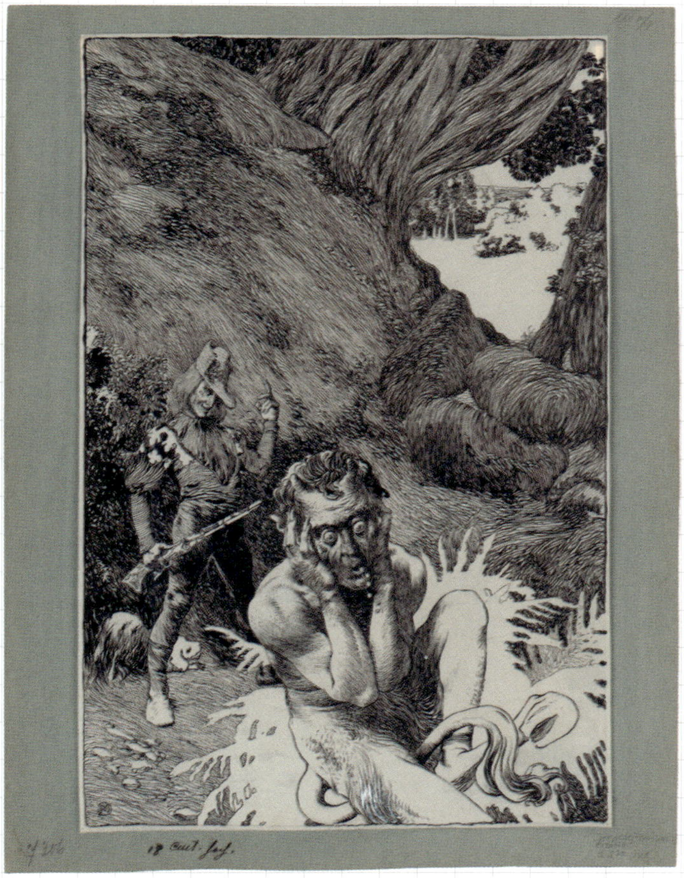

17

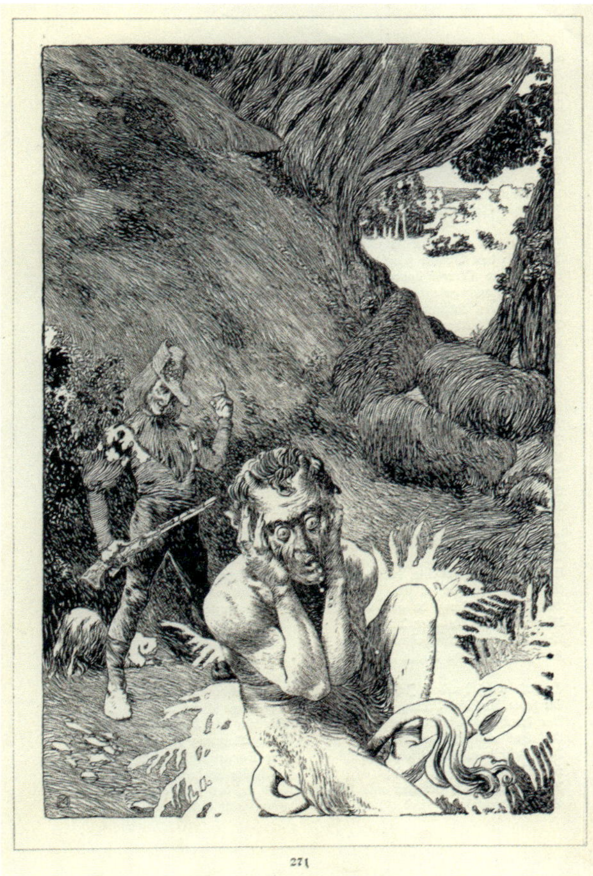

18

16 Illustrationsentwurf für *Der alte Forstwart erzählt* von Rudolf Baumbach in Felicie Ewarts *Jugendschatz deutscher Dichtungen*, 1897
Draft illustration for [The Old Forest Ranger Narrates] by Rudolf Baumbach in Felicie Ewart's *Jugendschatz deutscher Dichtungen*, 1897
MAK

17 Illustrationsentwurf für *Der alte Forstwart erzählt* von Rudolf Baumbach in Felicie Ewarts *Jugendschatz deutscher Dichtungen*, 1897
Draft illustration for [The Old Forest Ranger Narrates] by Rudolf Baumbach in Felicie Ewart's *Jugendschatz deutscher Dichtungen*, 1897
MAK

18 Illustration für *Der alte Forstwart erzählt* von Rudolf Baumbach in Felicie Ewarts *Jugendschatz deutscher Dichtungen*, 1897
Illustration for [The Old Forest Ranger Narrates] by Rudolf Baumbach in Felicie Ewart's *Jugendschatz deutscher Dichtungen*, 1897
MAK

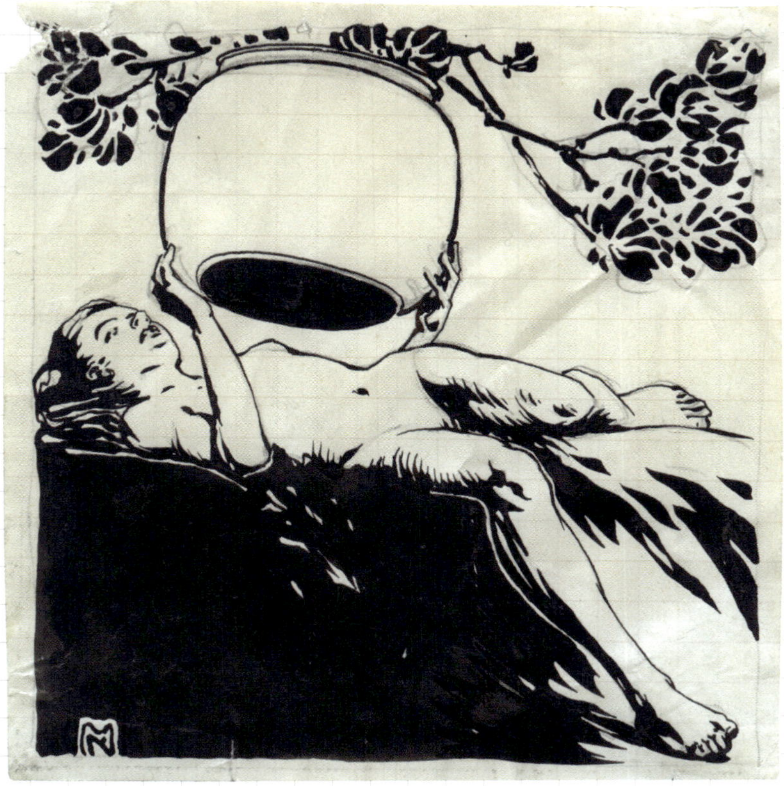

19

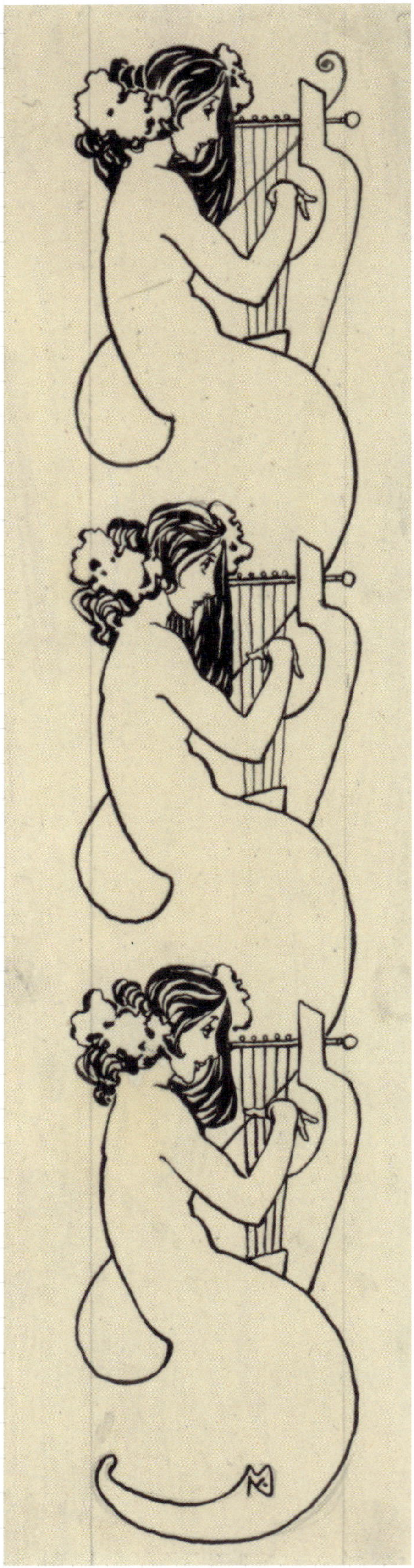

19 Entwurf eines Deckblatts für *Ver Sacrum*, 1898
Cover design for *Ver Sacrum*, 1898
MAK

20 Entwurf einer Vignette für *Ver Sacrum*, 1897/98
Vignette design for *Ver Sacrum*, 1897/98
MAK

21 Entwurf einer Vignette für *Ver Sacrum*, 1897/98
Vignette design for *Ver Sacrum*, 1897/98
MAK

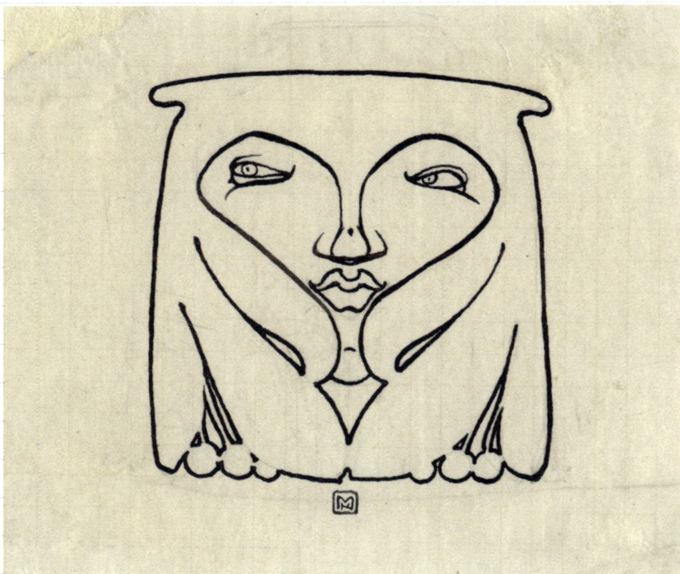

21

20

A direct comparison between the original template and the executed reproduction is not usually possible owing to a lack of templates. In the case of two important and comprehensive illustrative works by Moser, numerous original designs have survived in the collections of the University of Applied Arts Vienna and in the MAK Library and Works on Paper Collection: on the one hand *Meggendorfers humoristische Blätter*, edited by Lothar Meggendorfer and published by Schreiber in Esslingen from 1888 (with illustrations by Koloman Moser from 1889), and on the other the 1897 anthology *Jugendschatz deutscher Dichtungen*, proposed by the Imperial Royal Austrian Museum of Art and Industry, edited by Felicie Ewart, published by R. v. Waldheim, and financed by the Hoftiteltaxfond (court suppliers' tax fund) (fig. 16–18). They confirmed Moser's aforementioned outstanding skills as an illustrator in connection with a technically versed publishing house. In the 320-page volume *Jugendschatz* Moser—now an experienced illustrator—used influences from English and German illustrators as communicated by the art magazines The *Studio*[21] and *Jugend*. Its high circulation would make Moser's illustrated artworks famous in wide sections of the Austrian population.[22] Moser and his publisher cleverly chose the printing techniques of line engraving and halftone for this work, which were particularly well suited to black-and-white drawings as a photographic printing technique for mass circulation because their copies were extremely faithful to the original and hence called for fewer limitations on the artist.

However, the fact that black-and-white reproduction was not the right choice of printing technique for all works was explained in a talk by the publisher Anton Springer in 1890, in which he observed the "greatest timidity, the deepest reserve in the face of any innovation" and called for more colorfulness and more lightness to brighten up the strict black and white.[23] The great merit of colorfulness was primarily recognized in the first Austrian artists' magazine, *Ver Sacrum*, published by the Union of Austrian Artists Secession, whose claim to holistic design constituted an absolute novelty. Much has already been written about this work. In a square format 300 copies were issued per edition—of which half were destined for abroad; it was published by Gerlach & Schenk in Vienna in 1898, by E. A. Seemann in Leipzig in 1899, and self-published by the Secession from 1900 to 1903. In the first two years a special, luxurious founding edition was also issued with original artwork.

As can be seen from the publishing contract concluded on 27 October 1897,[24] it bears the company signature of the Gerlach & Schenk publishing house, the signatures of the authorized signatory Albert Wiedling, the vice president of the Union of Austrian Artists Carl Moll, as well as Koloman Moser as the representative of the working committee. In the 24 articles of the contract, criteria regarding the subject of the pictorial and textual sections, organizational processes, reproduction rights, print run, and financing as well as advertising were stipulated in detail. As such, this agreement constitutes one of the best testimonies to publishing negotiations and contracts of the period.[25] The agreement set forth the Secession's entitlement to create a corporate design for the entire movement that encompassed all areas: from architecture and exhibition design to advertising posters, invitations, and series of postcards. The status enjoyed by the magazine as the effusively celebrated symbol of the "sacred spring" (Lat.: ver sacrum) in art within the Secession, is proven by the

21 Fenz, Werner, *Kolo Moser – Internationaler Jugendstil und Wiener Secession*, Salzburg 1976, 163, footnote 31: "'The Studio, an illustrated magazine of Fine an Applied Arts' was published monthly in London from 1893, was accompanied by numerous illustrations, and always introduced young, unknown artists. The Studio soon became extremely popular in Vienna as a model art magazine and as Peter Altenburg described '[...] it was a kind of silently celebrated consecration ceremony' when the magazine arrived every month."

22 Heller 2008 (see note 11), 160.

23 Schmidt/Esermann 2016 (see note 5), 107, footnote 100.

24 Bisanz-Prakken 1999 (see note 10), 217.

25 Rennhofer, Maria, *Koloman Moser. Leben und Werk. 1968–1918*, Vienna 2002, 33 f.

Wie aus dem am 27. Oktober 1897 bestätigten Verlagsvertrag ersichtlich,[24] trägt dieser die firmenmäßige Fertigung durch den Verlag Gerlach & Schenk, die Signatur des Prokuristen Albert Wiedling, die Unterschrift des Vizepräsidenten der Vereinigung bildender Künstler Österreichs Carl Moll und auch die Koloman Mosers, als Repräsentant des Arbeitsausschusses. In den 24 Paragrafen des Vertrages wurden in umfassender Weise inhaltliche Kriterien zu Bild- und Textteil, organisatorische Abläufe, Reproduktionsrechte, Auflage und Finanzierung sowie das Anzeigengeschäft geregelt. Damit stellt diese Vereinbarung eines der besten Zeugnisse von Verlagsverhandlungen und -verträgen dieser Zeit dar.[25] Die Vereinbarung formuliert den Anspruch der Secession, ein Corporate Design für die gesamte Bewegung zu schaffen, das alle Bereiche umfasste: von der Architektur über die Ausstellungsgestaltung bis zu den Werbeplakaten, Einladungen und Postkartenserien. Der Stellenwert, den die Zeitschrift als überschwänglich gefeiertes Symbol für den „Heiligen Frühling" (lat. ver sacrum) in der Kunst innerhalb der Secession hatte, wird dadurch belegt, dass in den Räumen der Secession ein eigenes „*Ver Sacrum*-Zimmer" eingerichtet wurde, in dem in gemütlicher Clubatmosphäre die bisher erschienenen Nummern sowie die Originalzeichnungen zu den Illustrationen und zum Buchschmuck studiert werden konnten. Der bibliophile Anspruch der Zeitschrift war hoch. Moser war 30 Jahre alt, als er erstmals diese Kunstzeitschrift mitgestaltete (Abb. 19–21). Bereits ab den 2. Jahrgang war er im Redaktionskomitee, das vierte Heft im Jahr 1899 war grafisch ausschließlich von ihm gestaltet, was auf seine umfassenden Erfahrungen mit der Illustration und der Herstellung von illustrierten Zeitschriften zusammenhing. Der Weg, den Moser mit *Ver Sacrum* einschlug, führte ihn vom Illustrator zum Buchschmuckkünstler: Er setzte hier die Idee von einer einheitlichen Gestaltung einer Buchseite in idealer Weise um[26] und vollzog den Wandel vom Text erzählenden Illustrator zum Künstler, der seine Gedanken zum Thema des Textes wiedergibt. Dabei kommt der Dekoration wie etwa der Rahmenleiste und den Vignetten eine maßgebliche Rolle zu. Die Bedeutung von *Ver Sacrum* als stilbildender Katalysator ist unbestritten und wurde auch von Zeitgenossen gewürdigt, wenn etwa Ludwig Hevesi bemerkt: „Moderner Buchschmuck tritt damit in Wien zum erstenmal auch in einer Zeitschrift mit dem Bewußtsein auf, eine der Hauptsachen zu sein."[27] Die konsequente Gestaltung auf buchgrafischem Gebiet und die kontinuierliche Entwicklung von Schmuckformen verlieh dieser Zeitschrift jenen großen Wert, der sie von vergleichbaren Vorbildern im In- und Ausland abhob. Als die Zeitschrift Ende 1903 ihr Erscheinen einstellte, hatte sie ihre Aufgabe, ein bibliophiles Gesamtkunstwerk zu schaffen, mehr als erfüllt. Koloman Moser war mit dieser Arbeit zum Buchkünstler herangereift. Mit der Gründung der Wiener Werkstätte 1903 trat seine Beschäftigung mit der Buchgrafik zugunsten der Entwürfe für Bucheinbände in den Hintergrund.

Über die viel zitierte Gründung eines eigenen Verlages innerhalb der Wiener Werkstätte ist dokumentarisch zu wenig nachzuweisen, um Aufschluss über Abläufe zu belegen. Aber allein die Tatsache, dass die Wiener Werkstätte zahlreiche ihrer bedeutendsten Druckwerke ohne Verlag herausgab, ist Beleg dafür, dass hier ein Spezialist mit internationaler Erfahrung agierte, wie es nur Koloman Moser selbst sein konnte.

24 Bisanz-Prakken 1999 (s. Anm. 10), 217.

25 Rennhofer, Maria, *Koloman Moser. Leben und Werk. 1968–1918*, Wien 2002, 33 f.

26 Fenz 1976 (s. Anm. 21), 149.

27 Hevesi, Ludwig, *Acht Jahre Sezession (März 1897 – Juni 1905). Kritik – Polemik – Chronik*, Wien 1906, 9.

fact that a dedicated *Ver Sacrum* room was established in the Secession building, in which it was possible to study the editions published thus far as well as the original drawings for the illustrations and the book decoration in a casual club atmosphere. The magazine had a high bibliophile aspiration. Moser was 30 years old when he first co-designed this art magazine (fig. 19–21). From just the second year of the magazine, he was on the editorial committee and the graphic design of the fourth edition in 1899 was produced exclusively by him, a fact that was connected to his wide-ranging experience in illustrating and producing illustrated magazines. The path taken by Moser with *Ver Sacrum* promoted him from an illustrator to a book decoration artist: here he realized the idea of a holistic design for each page in an ideal way[26] and accomplished the transformation from illustrator recounting the text to artist conveying his thoughts on the subject of the text. In this the decoration—e.g., of the border and the vignettes—is of prime importance. The significance of *Ver Sacrum* as a style-setting catalyst is undisputed and was also appreciated by contemporaries, such as when Ludwig Hevesi wrote: "Modern book decoration hence made its first appearance in a magazine with the confidence that it was one of the principal things."[27] The systematic design in the field of book artwork and the continuous development of decorative elements vested this magazine with the high caliber that raised it above comparable exemplars both at home and abroad. When the magazine ceased publication in late 1903, it had more than accomplished its mission of creating a bibliophile *Gesamtkunstwerk*. With this work Koloman Moser had matured into a book artist. With the founding of the Wiener Werkstätte in 1903, his preoccupation with book artwork faded in importance in favor of designs for book bindings.

There is too little documentation of the oft-cited founding of an in-house publishing office within the Wiener Werkstätte to provide evidence-based information about the workflow there. But the fact alone that the Wiener Werkstätte issued a considerable number of their most important printed matter without a publishing house testifies to a specialist with international experience being active there—and it could have been none other than Koloman Moser himself.

26 Fenz 1976 (see note 21), 149.

27 Hevesi, Ludwig, *Acht Jahre Sezession (März 1897 – Juni 1905). Kritik – Polemik – Chronik*, Vienna 1906, 9.

DIE SECESSION UNTER DACH UND FACH
KOLOMAN MOSER, DER SECESSIONIST: DER WEG VON DER FLÄCHE IN DEN RAUM

RAINALD FRANZ

7

> „Ich halte stricte daran fest, daß jedes V. S. [Ver Sacrum]-Heft eine kleine, das ganze V. S. aber eine sehr große Ausstellung ist."
> Alfred Roller, 1898

Die Kunstgeschichte hat versucht, den Zeitraum zwischen 1890 und 1908 als Dekaden der Flächenkunst zu charakterisieren. In dieser von jungen Studierenden der Wiener Akademie der bildenden Künste und der Kunstgewerbeschule getragenen Bewegung, die sich in der Bildgestaltung für eine bewusste Reduktion auf die Fläche im Gegensatz zum Raumillusionismus ausspricht, tritt besonders Koloman Moser hervor. Später, in seinen Jahren als Secessionist, wird sich Moser jedoch vom Flächen- zum Raumkünstler wandeln: Mit ephemeren Gestaltungsdetails sowie einer Raumschöpfung aus der Verschränkung und Hinterschneidung von Flächen entwickelt er eine hohe Begabung für die Schaffung von Raum aus der Grafik heraus. Nicht das Tektonische, sondern das Bühnenhafte bestimmt dabei seinen Raumbegriff (Abb. 1).

Mosers Ausbildung hatte ihn auf diese spezifische Rolle, die er in der Wiener Reformkunst spielen sollte, solide vorbereitet. Ab 1885 widmete er sich an der Akademie der bildenden Künste dem Zeichnen und Malen – „natürlich nach der damals ausschließlich herrschenden akademischen Art", wie er selbst 1916 in seiner kurzen Autobiografie „Mein Werdegang" schreibt. Der junge Kunststudent „verschlingt" nach eigener Aussage „die aufsehenerregenden Flugschriften, die Lichtwark in Hamburg veröffentlichte".[1] Alfred Lichtwark, Kunsthistoriker, Kritiker und Gründer der Hamburger Kunsthalle, war auf dem Kontinent der lebhafteste Verfechter der aus England kommenden Ideen John Ruskins. Besonders William Morris und Walter Crane wandten sich gegen die aufkommende Industriefertigung und propagierten die Rückkehr zum Kunsthandwerk im Buchgewerbe. Mit der Gründung der Zeitschriften *PAN* (1895), an der Lichtwark beteiligt war, und *Jugend* (1896) hatte Deutschland noch vor Österreich zwei moderne Publikationsmedien, die Originalgrafiken abdruckten und somit zeitgenössische Kunst auf dem direkten Weg zu vermitteln suchten. Diese neuen Eindrücke aus Deutschland und Großbritannien scheinen Moser auch zu einer Umorientierung in seiner bisherigen traditionellen Ausbildung motiviert zu haben. *PAN*, *Jugend* und *The Studio* zählten schließlich auch zu den Zeitschriften, die in dem von Moser mitgestalteten *Ver Sacrum*-Redaktionszimmer im neuen Secessionsgebäude, das von Joseph Maria Olbrich entworfen wurde, aufliegen sollten.[2]

An das Studium an der Akademie der bildenden Künste schließt Moser ab 1892 eine dreijährige Ausbildung an der Wiener Kunstgewerbeschule in Franz von Matschs Klasse für dekorative Malerei an. Dort kommt er erstmals mit einer neuen, am Kunstgewerbe ausgerichteten Malerei in Berührung. Matsch erkannte das dekorative Talent Mosers und empfahl ihn dem Verleger Martin Gerlach, für den er selbst tätig war. Dieser forderte Moser 1895 auf, an seinen *Allegorien. Neue Folge*, einem

1 Moser, Koloman, „Vom Schreibtisch und aus dem Atelier. Mein Werdegang", in: *Velhagen und Klasings Monatshefte* (31) 2 1916, 254–262: 254 ff. Alfred Lichtwarks Schriften *Makartbouquet und Blumenstrauss* sowie *Blumenkultur, Wilde Blumen* waren 1894 bzw. 1897 erschienen. Lichtwarks Begriff „Makartbouquet" wird nicht nur von Koloman Moser, sondern auch von Ludwig Hevesi zitiert. Siehe dazu: Breuer, Gerda (Hg.), *Ästhetik der schönen Genügsamkeit oder Arts & Crafts als Lebensform. Programmatische Texte* (Bauwelt Fundamente 112), Braunschweig/Wiesbaden 1998, sowie dies., *Arts and Crafts: Von Morris bis Mackintosh – Reformbewegung zwischen Kunstgewerbe und Sozialutopie*, Ausst.kat. Institut Mathildenhöhe, Darmstadt 1994.

2 Bisanz-Prakken, Marian, *Heiliger Frühling: Gustav Klimt und die Anfänge der Wiener Secession, 1895–1905*, Ausst.kat. Graphische Sammlung Albertina, Wien u. a. 1999.

THE SECESSION, SEWN UP
KOLOMAN MOSER, THE SECESSIONIST: FROM THE SURFACE TO THE SPACE

RAINALD FRANZ

> "I stand by my belief that every issue of V. S. [Ver Sacrum] is a small exhibition, and the V. S. as a whole a very major one."
> Alfred Roller, 1898

Art history has attempted to characterize the period between 1890 and 1908 as the decades of surface art. Initiated by young students at the Academy of Fine Arts Vienna and the School of Arts and Crafts, in this movement—whose visual design spoke out in favor of a conscious reduction to flatness in contrast to the illusion of space—Koloman Moser in particular emerged as a prominent figure. Yet later, in his years as a Secessionist, Moser would transition from a surface artist to an interior designer: with ephemeral design details as well as a creation of space by interleaving and undercutting surfaces, he develops a formidable talent for creating space out of graphic art. It is not the architectural that informs his concept of space but rather the scenographic (fig. 1).

Moser's training had fully prepared him for the specific role that he would play in Viennese arts and crafts. From 1885 he devoted himself to drawing and painting at the Academy of Fine Arts—"in accordance with the academic style which was dominant at the time, of course," as he himself writes in his short autobiography "Mein Werdegang" in 1916. By his own admission the young art student "consumed" "the sensational pamphlets which Lichtwark published in Hamburg."[1] Alfred Lichtwark, art historian, critic, and founder of the Hamburger Kunsthalle, was the staunchest champion on the Continent of the Englishman John Ruskin's ideas. William Morris and Walter Crane in particular opposed the emerging industrial production methods and advocated a return to arts and crafts in the book trade. With the establishment of the magazines *PAN* (1895), in which Lichtwark was involved, and *Jugend* (1896), Germany had two modern publications before Austria that printed original artwork and hence attempted to disseminate contemporary art in a direct way. These new impressions from Germany and Great Britain also appear to have motivated Moser to change the direction of his previously traditional training. After all, *PAN*, *Jugend*, and *The Studio* were among the magazines that would be displayed in the editorial office of *Ver Sacrum* that was co-created by Koloman Moser in the new Secession building designed by Joseph Maria Olbrich.[2]

Moser follows his degree at the Academy of Fine Arts with a three-year decorative painting course under Franz von Matsch at the Vienna School of Arts and Crafts starting in 1892. This is where he first comes into contact with a new form of painting oriented toward arts and crafts. Matsch recognized Moser's decorative talent and recommended him to the publisher Martin Gerlach, for whom he himself worked. In 1895 Gerlach invited Moser to collaborate on his *Allegorien. Neue Folge*, a portfolio with exemplars for artisans. "This often led me to him; he always showed

1 Moser, Koloman, "Mein Werdegang" (1916), Engl. "My Life," in: Leopold, Rudolf/Pichler, Gerd (eds.), *Koloman Moser 1868–1918*, exh. cat. Leopold Museum, Vienna, Munich/Berlin et al. 2007, 14–19: 14. Trans. Jane Michael. Alfred Lichtwark's writings *Makart bouquet und Blumenstrauss* as well as *Blumenkultur, Wilde Blumen* were published in 1894 resp. 1897. Lichtwark's term "Makart bouquet" is not only quoted by Koloman Moser but also by Ludwig Hevesi. See: Breuer, Gerda (ed.), *Ästhetik der schönen Genügsamkeit oder Arts & Crafts als Lebensform. Programmatische Texte* (Bauwelt Fundamente 112), Braunschweig/Wiesbaden 1998. Id.: *Arts and Crafts: Von Morris bis Mackintosh – Reformbewegung zwischen Kunstgewerbe und Sozialutopie*, exh. cat. Institut Mathildenhöhe, Darmstadt 1994.

2 Bisanz-Prakken, Marian, *Heiliger Frühling: Gustav Klimt und die Anfänge der Wiener Secession, 1895–1905*, exh. cat. Graphic Art Collection of the Albertina, Vienna et al. 1999.

Mappenwerk mit Vorlagen für Kunstgewerbetreibende, mitzuarbeiten. „Dies führte mich oft zu ihm, er zeigte mir immer die neugeschaffenen Arbeiten verschiedener bedeutender und schon bekannter Künstler, die er für die Mitarbeit an seinem Mappenwerk gewonnen hatte"[3], so erinnert sich Koloman Moser noch 1916. Neben Moser arbeiteten bereits arrivierte Künstler wie Franz von Stuck, Gustav Klimt oder Heinrich Lefler für Gerlach. Für dieses neue Mappenwerk gestaltete Moser Allegorien zu den Themen Liebe, Frühlingsmorgen und Sommer sowie ein Blatt mit Kopfleisten. Mit diesen Arbeiten beginnt eine völlig neue Phase in seiner künstlerischen Entwicklung; das Spiel mit der Negativ- und Positivform zur Erzeugung von Räumlichkeit, ein immer wiederkehrendes Motiv in Mosers Arbeiten, ist hier schon angelegt (Abb. 2).[4]

Gleichzeitig, vielleicht aber auch schon 1894, hatte sich Koloman Moser mit Josef Hoffmann, Joseph Maria Olbrich, Friedrich Pilz und den Malern Adolf Karpellus, Leo Kainradl und Maximilian Kurzweil zur Künstlervereinigung Siebener-Club zusammengefunden. Diese lockere Kaffeehausrunde, bestehend aus Studenten der Akademie und der Kunstgewerbeschule, traf sich regelmäßig im Blauen Freihaus oder im Café Sperl in der Wiener Gumpendorferstraße. Neben der Haagengesellschaft bildete der Siebener-Club die zweite „Vorfeldorganisation", die – über das Künstlerhaus – in der Vereinigung bildender Künstler Österreichs Secession aufgehen sollte. Josef Hoffmann bemerkte in einem Vortrag, es sei der

> „Maler Moser gewesen, der dank seiner illustrativen Tätigkeit mehr von draußen wusste und fortan den größten Einfluss über uns gewann. Seine Begabung für Flächenkunst und jede Art kunstgewerblicher Erfindung schien uns fabelhaft. Er verstand es, überall zu fördern und anzuregen. Er zeichnete sich nicht nur durch seine große Phantasie, sondern auch durch seine praktischen, alles ordnenden Fähigkeiten aus."[5]

Vieles von dem, was später in *Ver Sacrum* als Novität gefeiert wurde, wurde bereits in den frühen grafischen Arbeiten Koloman Mosers angelegt. Im regen künstlerischen Austausch der Mitglieder entstanden Korrespondenzkarten, die Moser und andere Mitglieder aneinander richteten und mit Zeichnungen versahen. Dem Inhalt nach beziehen sich die Postkarten meist auf ein gemeinsames Publikationsprojekt der Künstler des Siebener-Clubs: die Zeitschrift *Für die Jugend des Volkes*, die der Verlag des Wiener Lehrervereins „Die Volksschule" herausgab. Ab dem zweiten Halbjahr 1895 übernahm der Volksschullehrer und Schriftsteller Hans Fraungruber die redaktionelle Leitung der bis dahin konventionell gestalteten Jugendzeitschrift. Er kannte Moser vom Siebener-Club und nahm ihn in das Illustratoren-Team auf. Innerhalb von zwei Jahren erarbeitete Moser für die kleinformatige Zeitschrift über 70 Beiträge und verfasste eine Geschichte.[6]

Schon bei den Illustrationen zu *Für die Jugend des Volkes* übernimmt er die führende Rolle als Gestalter und entwickelt in klarer Ausgewogenheit zwischen Illustration und Text Elemente der Buchkunst, die er später in den Zeichnungen für *Ver Sacrum* wieder aufnehmen sollte. Durch die während der Arbeit für die *Jugend des Volkes* gewonnenen Erfahrungen fühlte Moser sich reif, einen Auftrag zur Illustration der von Felicie Ewart herausgegebenen und im Verlag Waldheim erschienenen Anthologie

3 Ebd., 63

4 Franz, Rainald, „Koloman Mosers Frühzeit als Illustrator", in: Leopold, Rudolf/Pichler, Gerd (Hg.), *Koloman Moser 1868–1918*, Ausst.kat. Leopold Museum, Wien, München/Berlin u. a. 2007, 24–37.

5 Hoffmann, Josef, „Meine Arbeit", Vortrag vom 22. Februar 1911, ediert von Berta Zuckerkandl in: *Wiener Allgemeine Zeitung* 22.2.1911, wieder abgedruckt in: Sekler, Eduard, *Josef Hoffmann. Das architektonische Werk. Monographie und Werkverzeichnis*, Salzburg/Wien 1982, 487.

6 Zum Siebener-Club siehe Bisanz-Prakken 1999 (s. Anm. 2), 59 ff.

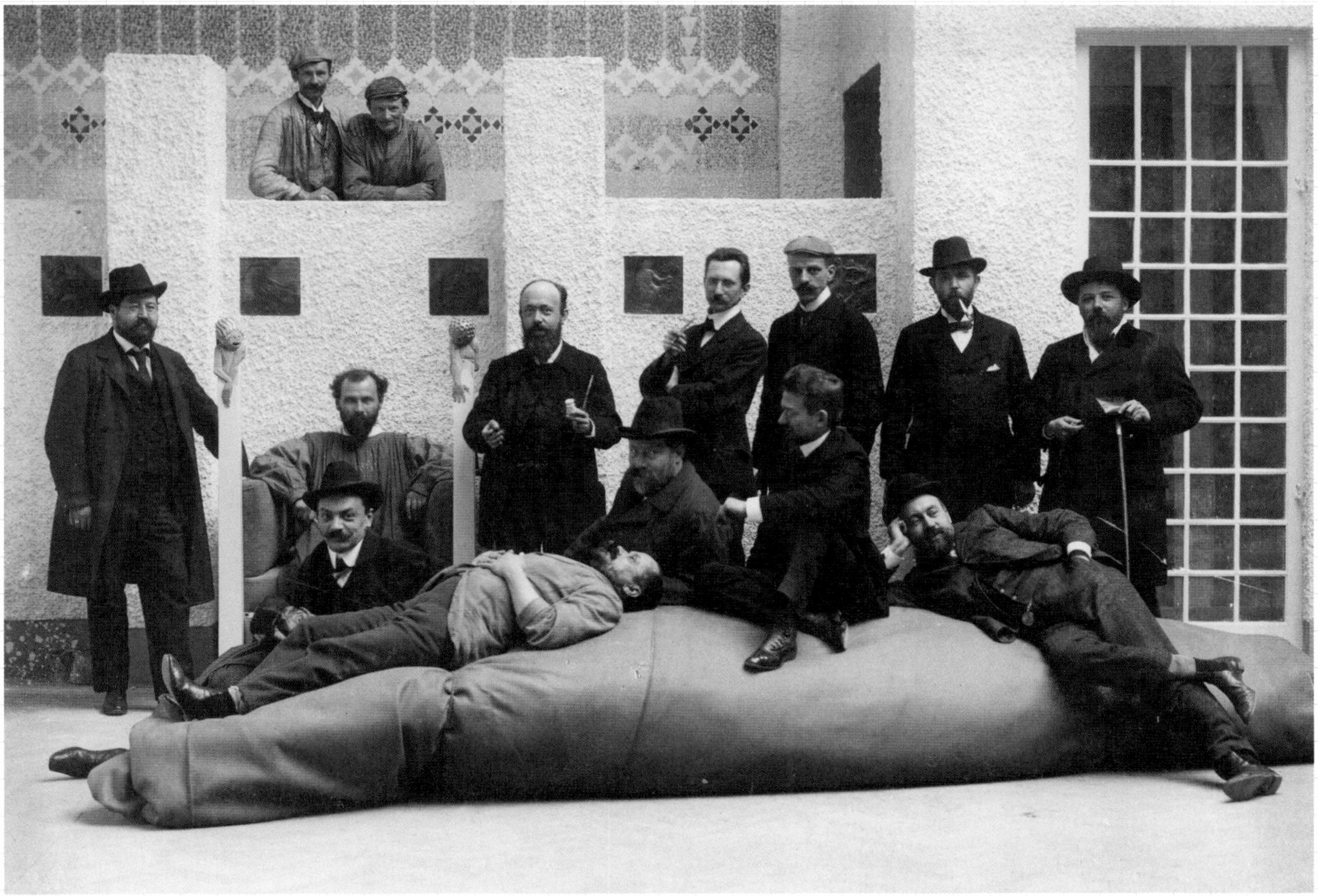

1

1 Moriz Nähr
Mitglieder der Secession vor Eröffnung der XIV. Secessionsausstellung (Beethovenausstellung), 1902
Hintere Reihe v. l.: Anton Nowak, Gustav Klimt (im Sessel), Adolf Böhm, Wilhelm List, Maximilian Kurzweil, Leopold Stolba, Rudolf Bacher; vordere Reihe v. l.: Koloman Moser, Maximilian Lenz (liegend), Ernst Stöhr, Emil Orlik, Carl Moll
Members of the Secession before the opening of the 14th Secession exhibition (Beethoven exhibition), 1902
Back row from left: Anton Nowak, Gustav Klimt (in the chair), Adolf Böhm, Wilhelm List, Maximilian Kurzweil, Leopold Stolba, Rudolf Bacher; Front row from left: Koloman Moser, Maximilian Lenz (recumbant), Ernst Stöhr, Emil Orlik, Carl Moll
ÖNB Wien Vienna, Bildarchiv Picture Archives, Pf 31931 D 3

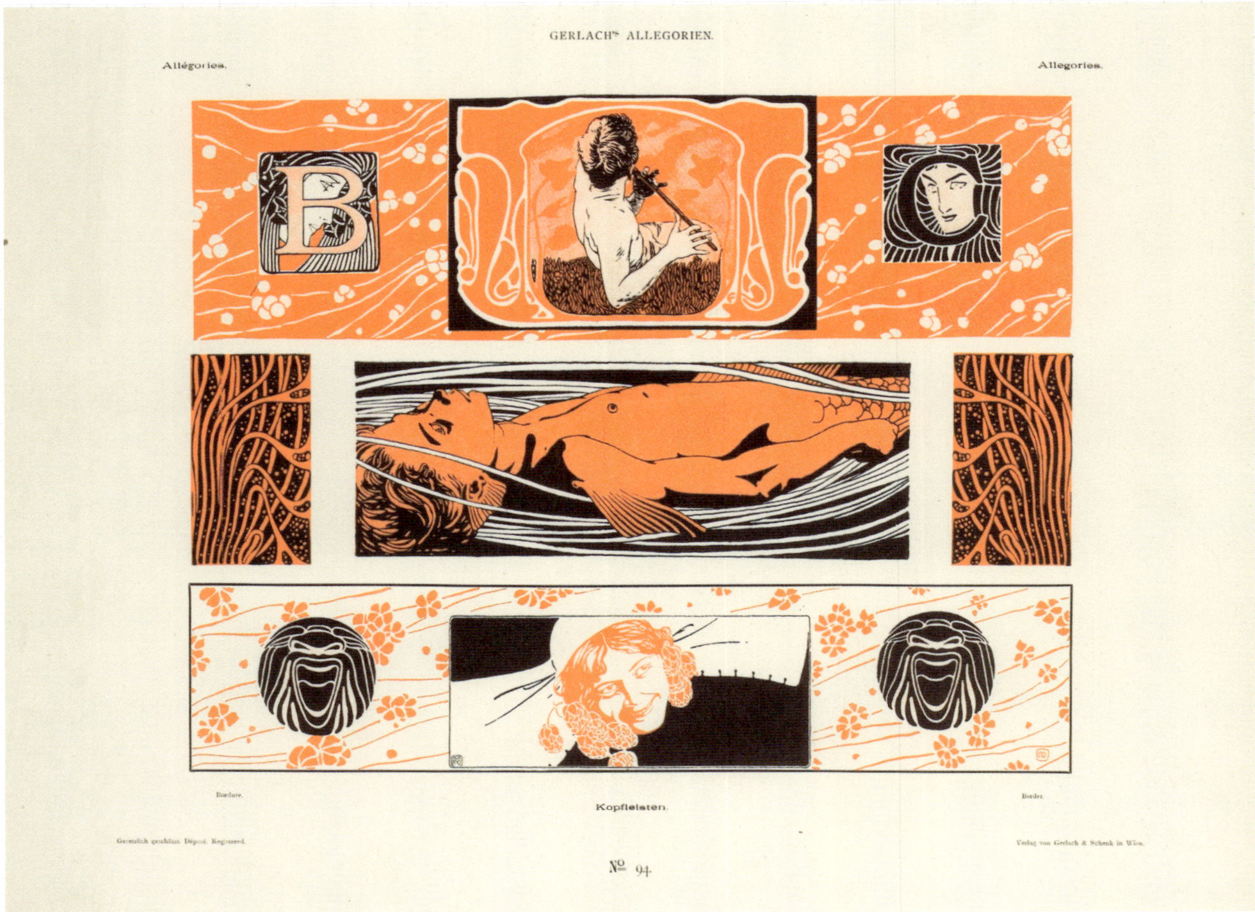

2

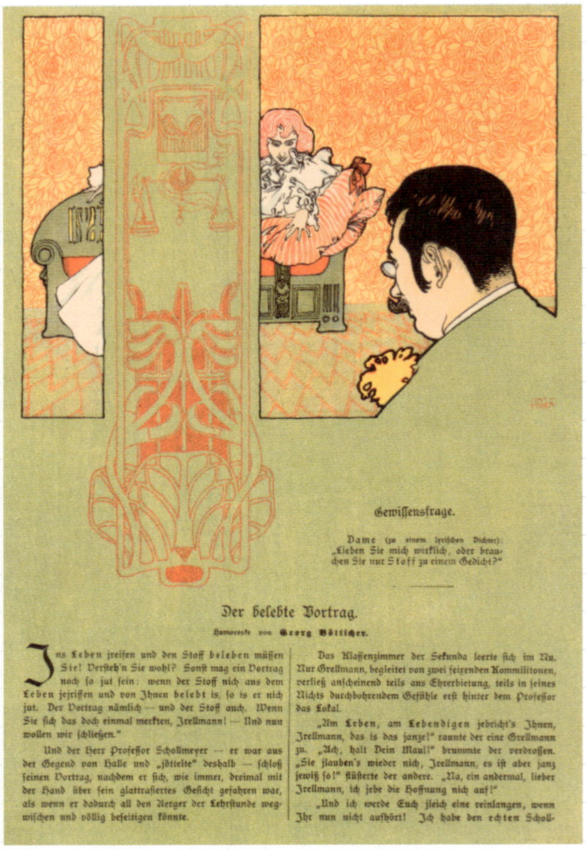

Gewissensfrage.

Dame (zu einem lyrischen Dichter): „Lieben Sie mich wirklich, oder brauchen Sie nur Stoff zu einem Gedicht?"

Der belebte Vortrag.

Humoreske von Georg Bötticher.

Ins Leben jreifen und den Stoff beleben müssen Sie! Versteh'n Sie wohl? Sonst mag ein Vortrag noch so jut sein: wenn der Stoff nich aus dem Leben jejriffen und von Ihnen belebt is, so is er nich jut. Der Vortrag nämlich — und der Stoff auch. Wenn Sie sich das doch einmal merkten, Irellmann! — Und nun wollen wir schließen."

Und der Herr Professor Schollmeyer — er war aus der Gegend von Halle und „jötteilte" deshalb — schloß seinen Vortrag, nachdem er sich, wie immer, dreimal mit der Hand über sein glattrasiertes Gesicht gefahren war, als wenn er dadurch all den Aerger der Lehrstunde wegwischen und völlig beseitigen könnte.

Das Klassenzimmer der Sekunda leerte sich im Nu. Nur Grellmann, begleitet von zwei feixenden Kommilitonen, verließ anscheinend teils aus Ehrerbietung, teils in seines Nichts durchbohrendem Gefühle erst hinter dem Professor das Lokal.

„Am Leben, am Lebendigen jebricht's Ihnen, Irellmann, das is das janze!" raunte der eine Grellmann zu. „Ach, halt Dein Maul!" brummte der verdrossen. „Sie jlauben's wieder nich, Irellmann, es ist aber janz jewiß so!" flüsterte der andere. „Na, ein andermal, lieber Irellmann, ich jebe die Hoffnung nich auf!"

„Und ich werde Euch jleich eine reinlangen, wenn Ihr nun nicht aufhört! Ich habe den echten Scholl-

3

2 Kopfleisten in *Gerlach's Allegorien. Neue Folge*, 1896/97, T. 94,
Headpieces in *Gerlach's Allegorien. Neue Folge*, 1896/97, pl. 94
MAK

3 Koloman Moser und and Josef Hoffmann
Illustration zu *Gewissensfrage* in *Meggendorfers humoristische Blätter* (32) 13 1898
Illustration for [Matter of Conscience] in *Meggendorfers humoristische Blätter* (32) 13 1898
MAK

me the newly created works by various important and already known artists whom he had convinced to work on his portfolio,"[3] as Moser remembers in 1916. In addition to Moser already established artists like Franz von Stuck, Gustav Klimt, and Heinrich Lefler also worked for Gerlach. For this new portfolio Moser designed allegories of love, spring morning, and summer as well as a sheet with headpieces. These works mark an entirely new phase in his development as an artist; the exploration of positive and negative forms to create three-dimensionality—a recurring motif in Moser's works—is already established here (fig. 2).[4]

At the same time, but perhaps as early as 1894, Koloman Moser joined forces with Josef Hoffmann, Joseph Maria Olbrich, and Friedrich Pilz as well as the painters Adolf Karpellus, Leo Kainradl, and Maximilian Kurzweil in the Siebener-Club artists' association. This casual coffeehouse club, made up of students from the academy and the School of Arts and Crafts, met regularly at the Blaues Freihaus or Café Sperl on Vienna's Gumpendorferstraße. Alongside the Haagengesellschaft the Siebener-Club constituted the second "forerunner organization" that would—via the Künstlerhaus—merge to become the Union of Austrian Artists Secession. Josef Hoffmann noted in a talk that it had been the

> "painter Moser who—thanks to his work as an illustrator—knew more about what was happening abroad and from that time on had vast influence over us. His gift for surface art and every kind of craft invention struck us as marvelous. He knew how to encourage and inspire everyone. He stood out not only for his boundless imagination but also for his practical skills that enabled him to arrange everything."[5]

Much of what was later celebrated as a novelty in *Ver Sacrum*, was already in place in the early graphic works of Koloman Moser. In the lively artistic discussion between the members, correspondence cards emerged that Moser and other members addressed to one another and decorated with drawings. The content of the postcards mostly refers to a joint publication project by the artists of the Siebener-Club: the magazine *Für die Jugend des Volkes*, which was published by the Viennese teachers' association "Die Volksschule." From the second half of 1895, the elementary school teacher and writer Hans Fraungruber took over the editorial management of the previously conventionally designed youth magazine. He knew Moser from the Siebener-Club and included him in the team of illustrators. Within two years Moser had developed over 70 pieces and written one story for this small-format magazine.[6]

Even for the illustrations for *Für die Jugend des Volkes*, he takes on the leading role as designer and—with a clear balance between illustration and text—he develops elements of book art to which he would later return in his drawings for *Ver Sacrum*. Thanks to the experience he gained while working for *Jugend des Volkes*, Moser felt ready to accept a commission to illustrate the anthology *Jugendschatz deutscher Dichtungen*, edited by Felicie Ewart and published by Waldheim. The design of the binding already anticipates *Ver Sacrum* in terms of its outline style—indeed it was reproduced in it. The art historian Max Eisler rightly sees Moser's 300 illustrations and vignettes in the work, which was financed by the Hoftiteltaxfond (court suppliers' tax fund), as a "testament to a decisive moment in Moser's stylistic development."

3 Ibid., 63. Trans. Maria Slater.

4 Franz, Rainald, "Kolo Moser's Early Career as Illustrator," in: Leopold, Rudolf/Pichler, Gerd (eds.), *Koloman Moser 1868–1918*, exh. cat. Leopold Museum, Vienna, Munich/Berlin et al. 2007, 24–37.

5 Hoffmann, Josef, "Meine Arbeit," talk from 22 February 1911, edited by Berta Zuckerkandl in: *Wiener Allgemeine Zeitung* 22 Feb 1911, reprinted in: Sekler, Eduard, *Josef Hoffmann. Das architektonische Werk. Monographie und Werkverzeichnis*, Salzburg/Vienna 1982, 487.

6 On the Siebener-Club see Bisanz-Prakken 1999 (see note 2), 59 ff.

Jugendschatz deutscher Dichtungen anzunehmen. Die Gestaltung des Einbands weist in ihrem Umriss-Stil bereits auf *Ver Sacrum* voraus und wurde darin auch abgebildet. Der Kunsthistoriker Max Eisler sieht die 300 Illustrationen und Vignetten Mosers im vom Hoftiteltaxfonds finanzierten Werk richtig als „Dokument eines entscheidenden Augenblicks in der Stilentwicklung Mosers". Der Band dokumentiert den Willen Mosers, „vom Naturschildern loszukommen und zum reinen Flächenschmuck zu gelangen" (Abb. 3).[7]

DIE ZEIT DER SECESSION: 1897–1905

Der Flächenstil, die Umrissgestaltung, das Spiel mit Hell und Dunkel, den Kipp-Effekt: all diese Elemente hatte Koloman Moser in seinen gestalterischen Projekten zumindest in Ansätzen schon entwickelt, als die am 24. Mai 1897 aus dem Künstlerhaus ausgetretene Gruppe der vierzig Secessionsten am 21. Juli desselben Jahres in einer Versammlung den Beschluss fasste, ein eigenes Vereinsorgan unter dem Titel *Ver Sacrum* herauszugeben. Koloman Moser muss von Anfang an sehr engagiert an der Entwicklung dieses Publikationsprojekts beteiligt gewesen sein, denn er ist es auch, der für den Arbeitsausschuss der Secession den Verlagsvertrag mit Gerlach und Schenk unterzeichnet. Über die Ziele und Ansprüche des Mitteilungsorgans informiert der Vertrag:

> „Ver Sacrum ist auf gutem Papiere und mit besonderen Lettern zu drucken und macht in der ganzen Erscheinung den Eindruck künstlerischer Vornehmheit [...] Der bildliche Theil besteht aus Wiedergaben von Studien, Skizzen, Plastiken [...], ferner aus den schmuckdienenden Vignetten, Leisten, Füllungen usw."[8]

Alfred Roller schreibt 1898 in einem Brief an Gustav Klimt, „daß die Vereinigung zweierlei Veranstaltungen zur Bearbeitung der Öffentlichkeit hat: die Ausstellungen und V. S. und daß diese zwei Unternehmungen gleichwertig sind. [...] Ich halte stricte daran fest, daß jedes V. S.-Heft eine kleine, das ganze V. S. aber eine sehr große Ausstellung ist."[9] Mit *Ver Sacrum* sollte die erste konsequent durchgestaltete Kunstzeitschrift der Moderne entstehen, in der Layout und Buchschmuck von einem Redaktionsteam gemeinsam gestaltet wurden (Abb. 4).

Von Moser stammt der erste Entwurf für das Gesamtlayout der Zeitschrift, der sich erhalten hat. Im strengen Quadratformat, das kanonisch werden wird, gruppiert er Märchenillustrationen, die „Seelenlandschaft", das japanisierende Landschaftsfragment, Architekturzeichnungen im Stil der Wagnerschule, Karikaturen und symbolistische Allegorien als Gegengewicht zum strengen zwei- bis dreispaltigen Schriftblock. Der eigentliche Buchschmuck ist entweder floral geschwungen oder linear abstrahiert. Moser übernahm Motive und Gestaltungsweisen aus kommerziellen Illustrationsaufträgen, das Erscheinungsbild wirkt homogen. Mosers Engagement für *Ver Sacrum* drückt sich auch darin aus, dass er zwischen 1898 und 1903 – den Jahren des Erscheinens des Mitteilungsorgans der Secessionisten – einzig im Jahr 1900 nichtleitendes Mitglied des Redaktionskomitees war, das jeweils Illustrationen und Texte zusammenstellte. Insgesamt wird Moser für *Ver Sacrum* rund 150 Illustrationen beisteuern und damit den Stil der Zeitschrift in ihren Gründungsjahren entscheidend mitprägen.[10]

7 Eisler, Max, „Ein Frühwerk von Kolo Moser", in: *Die Bildenden Künste. Wiener Monatshefte* (2) 1919, 77–80.

8 Bisanz-Prakken 1999 (s. Anm. 2), 217.

9 Albertina, Wien, Klimt-Archiv, Inv.-Nr. GKA 46.

10 Franz, Rainald, „Koloman Moser", in: Banham, Joanna (Hg.), *Encyclopedia of Interior Design*, Bd. 2, London 1995, 844–846.

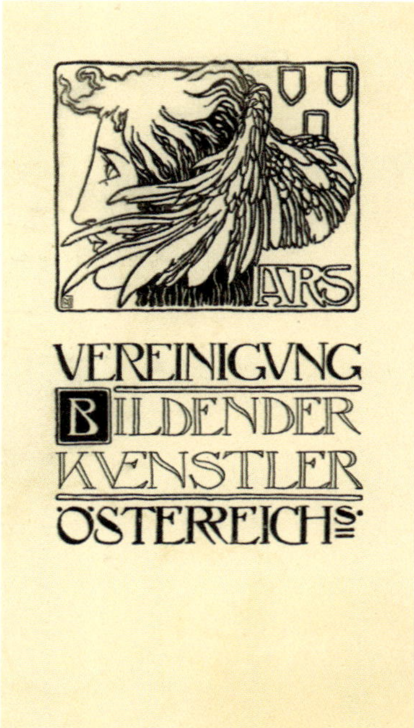

4

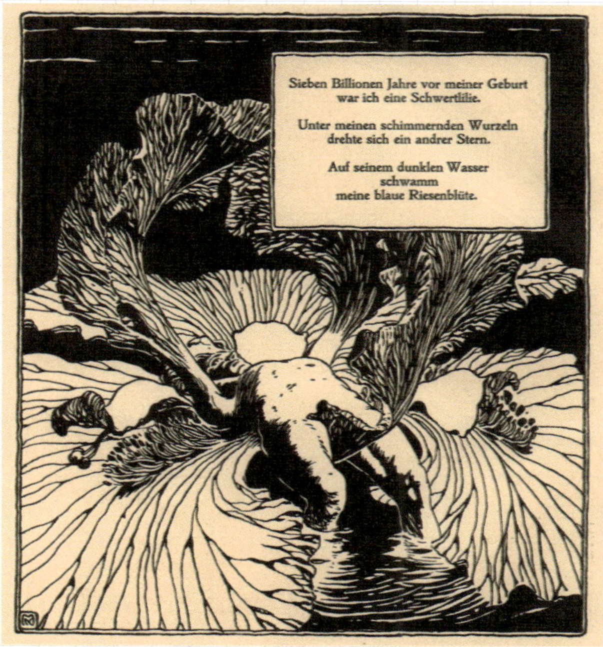

5

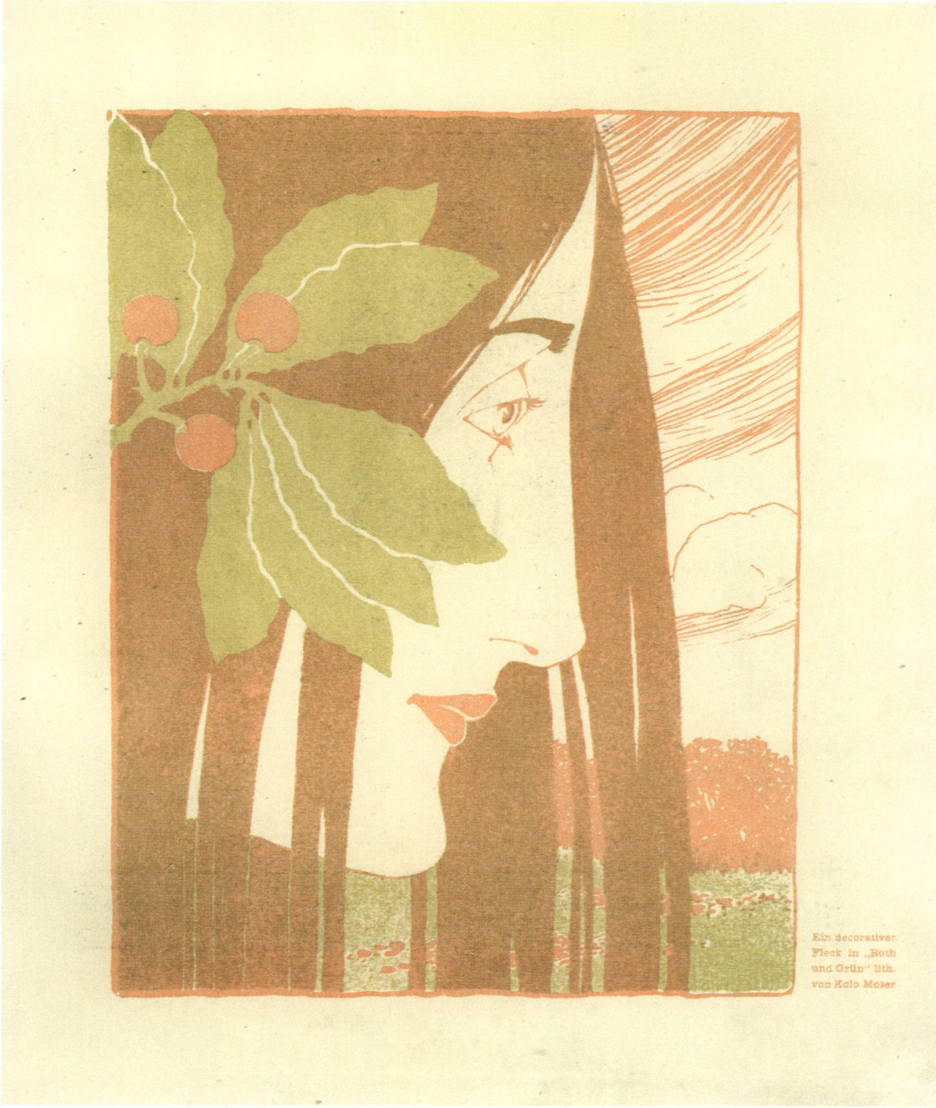

6

4 Umschlagentwurf für die erste Veröffentlichung der Vereinigung Bildender Künstler Österreichs Secession, 1897
Cover design for the first publication by the Union of Austrian Artists Secession, 1897
Wiener Stadt- und Landesarchiv
Vienna Municipal and Regional Archives/ Künstlerhaus

5 Illustration zum Gedicht *Schwertlilie* von Arno Holz, 1898
Illustration for Arno Holz's poem [Iris], 1898
In: *Ver Sacrum* (1) 11 1898, S. p. 2
MAK

6 Illustration *Ein decorativer Fleck in Roth und Grün*, 1897
Illustration [A Decorative Mark in Red and Green], 1897
In: *Ver Sacrum* (1) 1 1898, S. p. 11
MAK

Vignettenentwürfe für den ersten Jahrgang von *Ver Sacrum* 1898 nehmen das Motiv auf, dem sich Moser immer wieder widmen wird: eine junge Frau mit wallendem Haar in eleganter Körperdrehung, umsponnen von Blüten und Zweigen. Postkarten Mosers zur ersten Secessionsausstellung in den Gartenbausälen zeigen ebenso wie seine Illustrationen in *Ver Sacrum* Frauenfiguren als Symbol des Aufwachsens und der Erneuerung in Verbindung mit Blüten- und Baummotiven, etwa in den Illustrationen zu Arno Holz' Gedicht *Schwertlilie* oder dem *Mädchen unter dem blühenden Baum* aus dem ersten Jahrgang von *Ver Sacrum*. Berta Zuckerkandl nennt sie „sylphidenhaft zarte, sich neigende, beugende Frauengestalten, Dämchen mit schillernden Flattergewändern" (Abb. 5).[11] Im Vergleich zu den Frauenfiguren Gustav Klimts, Josef Engelharts oder Ernst Stöhrs für *Ver Sacrum* sind Mosers Frauen und Mädchen von unsinnlicher Stilisierung, das aufgelöste Haar etwa scheint Anlass zu sein, neue lineare Flächenmuster zu erproben, und die Körperlichkeit wird zugunsten des Umrisses negiert. Künstlerisches Hauptblatt des ersten Hefts war eine Lithografie nach Entwurf Koloman Mosers, die alle Elemente der modernen Flächenkunst aufwies. Der „dekorative Fleck", Profil eines Mädchenkopfs, wird nach den Regeln des Goldenen Schnitts ins Quadratbildfeld eingefügt, wobei die grüne Fläche des Haares das Gesicht und die zitierte Landschaft übertönt. Verschiedene Farbvarianten loteten die Gestaltungsmöglichkeiten aus, ja Moser schien sogar an eine Umsetzung in einem Glasfenster zu denken, wie der Entwurf beweist. Er entwickelt die Themen des Profilporträts und der Schablonendarstellung der Frau als Illustration weiter, macht es im Quadrat zu seinem Signet und zeigt sich hier schon vom Vorbild japanischer Färbeschablonen geprägt, die er in weiterer Folge auch in seinem Unterricht an der Kunstgewerbeschule zu Lernzwecken einsetzen sollte (Abb. 6).[12]

Die Gestaltung des ersten Ausstellungskatalogs der Vereinigung bildender Künstler Österreichs Secession für die Präsentation in der Gartenbaugesellschaft übernahmen Koloman Moser und Josef Hoffmann, wobei Moser die figuralen Vignetten gestaltete, Hoffmann die linearen Bordüren und Randleisten. Kennzeichnend für das Gesamtgestaltungskonzept war, dass auch die Annoncen von den Secessionisten entworfen wurden. Moser war gleichzeitig als Entwerfer für die Kunstindustrie tätig und brachte den neuen Stil auf diesem Weg in die Gebrauchsgrafik. Durch die Etablierung der Secession erwuchsen Moser neue Auftraggeberschichten, die wiederum durch Werbung für ihre Unternehmen in *Ver Sacrum* präsent waren. Mosers Werbeseiten für die Textilfirma Backhausen, den Glasverleger Johann Bakalowits oder den Verlag von Martin Gerlach fügen sich harmonisch in das Gesamtkonzept der Zeitschrift ein.[13]

Schon nach kurzer Zeit arbeitete Moser neben der grafischen Gestaltung von *Ver Sacrum* auch an den Ausstellungen der Secessionisten. Von den insgesamt 23 Ausstellungen bis 1905 wird Moser vier alleine, acht mit Josef Hoffmann und zwei als Teil des Ausstellungskomitees gestalten. Er entwirft das Plakat für die V. und XIII., die Kataloge für die IV., XIII. und XIX. Ausstellung.

Noch bevor er für die Interieurs des neuen Secessionsgebäudes tätig wurde, setzte Moser neue Akzente an der Fassade. Seine Beiträge zur künstlerischen Gestaltung des von Joseph Maria Olbrich 1898 errichteten Gebäudes – eine Mischung aus Nutzbau im Sinne Otto Wagners und Tempelbau im Sinne der Secessionisten – entwickelte

11 Zuckerkandl, Berta, „Koloman Moser", in: *Dekorative Kunst* 7 1901, 227–232: 227.

12 Bisanz-Prakken, Marian, „Das Quadrat in der Flächenkunst der Wiener Secession", in: *Alte und Moderne Kunst* (27) 180/181 1982, 40–46.

13 Ankwicz-Kleehoven, Hans, „Die Anfänge der Wiener Secession", in: *Alte und Moderne Kunst* (5) 6/7 1960, 6–10.

The volume documents Moser's desire "to get away from portraying nature and to attain pure surface decoration."[7] (fig. 3)

THE AGE OF THE SECESSION: 1897–1905

The surface style, the outline composition, the exploration of light and dark, the tilt effect: all these elements had already been developed by Koloman Moser—at least rudimentarily—in his creative projects by the time the group of forty Secessionists who had withdrawn from the Künstlerhaus on 24 May 1897 passed the resolution in a meeting on 21 July of the same year to publish their own society organ under the title *Ver Sacrum*. Koloman Moser must have been very actively involved in the development of this magazine project from the outset because it is he who signs the publishing contract with Gerlach and Schenk on behalf of the Secession's working committee. Of the periodical's aims and aspirations the contract states:

> "Ver Sacrum is to be printed on good paper and with special type and in its entire appearance it will give the impression of artistic refinement [...] The pictorial section will comprise reproductions of studies, sketches, sculptures [...]; furthermore, vignettes, borders, panels, etc., serving as decoration."[8]

Alfred Roller writes in a letter to Gustav Klimt from 1898 "that the Union has two kinds of occasions to influence the public: the exhibitions and V. S. and that these two enterprises are of equal value. [...] I stand by my belief that every issue of V. S. is a small exhibition, and the V. S. as a whole a very major one."[9] *Ver Sacrum* would be the first art magazine of Modernism—systematically designed down to the last detail—in which layout and book decoration were jointly created by a single editorial team (fig. 4).

It was also Moser who produced the earliest surviving design for the overall layout of the magazine. In the strictly square format that would become canonical, he groups fairy tale illustrations, the "landscape of the soul," the Japanizing landscape fragment, architectural drawings in the style of the Wagner school, caricatures, and symbolistic allegories as a counterbalance to the strict two- to three-columned block of text. The actual book decoration itself is either floral and curved or linear and abstract. Moser adopted motifs and design styles from commercial illustration commissions; the visual appearance seems homogeneous. Moser's commitment to *Ver Sacrum* is also expressed in the fact that between 1898 and 1903—the years when the Secessionists' magazine was published—only in the year 1900 was he a non-executive member of the editorial committee that arranged illustrations and text. In total Moser would contribute some 150 illustrations to *Ver Sacrum* and hence have a profound impact on the style of the magazine in its founding years.[10]

Vignette designs for the first year of *Ver Sacrum* in 1898 take up the motif to which Moser would repeatedly devote his attention in years to come: a young woman with flowing hair elegantly twisting her body, entwined in blossoms and branches. Just like Moser's postcards for the first Secession exhibition in the halls of the Gartenbaugebäude (home to the Viennese horticultural society), his illustrations in *Ver Sacrum* show female figures as a symbol of growth and renewal in connection

7 Eisler, Max, "Ein Frühwerk von Kolo Moser," in: *Die Bildenden Künste. Wiener Monatshefte* (2) 1919, 77–80.

8 Bisanz-Prakken 1999 (see note 2), 217. Trans. Maria Slater.

9 Albertina, Vienna, Klimt Archive, inv. no. GKA 46.

10 Franz, Rainald, "Koloman Moser," in: Banham, Joanna (ed.), *Encyclopedia of Interior Design*, London 1995, vol. 2, 844–846.

er aus der grafischen Gestaltung heraus: das Glasfenster mit dem Genius der Kunst über dem Haupteingang sowie den Fries der Eulen und der Kranzträgerinnen an der Rückseite. An den Pylonen der Gebäudefassade tauchen als Flächendekoration schon die neuen Formen auf, die Moser in den Wiener Stil der Ornamentik überführen wird – Quadrat- und Schachbrettmuster in Mörtelschnitttechnik. Für beide Seitenwände entwarf er die berühmten Eulenreliefs, die die Abschlüsse der in Zementstein ausgeführten Wandpfeilerverstärkungen schmücken. Naturalistische Eulenköpfe kontrastieren mit den flächig und stilisierend modellierten Körpern der Nachtvögel. „Diese streng stilisierten Eulen waren etwas ganz Neues in Wien", schreibt Moser selbst darüber (Abb. 7).[14]

Nach Koloman Mosers Entwurf entstand auch der Fries *Reigen der Kranzträgerinnen*, der bis 1908 die Rückseite und den hinteren Abschnitt der Seitenwände der Secession belebte. Als Fresko auf Putzrelief ausgeführt, durch Weiß und Gold hervorgehoben, zeigte die Fassadendekoration eine Gruppe von stehenden weiblichen Figuren in Profilansicht (Abb. 8). Dieses serielle Motiv wurde ebenso kritisiert wie die Eulen. „Auch der Reigen der Kranzträgerinnen, mit denen ich die Wände des Hintergebäudes in Weiß und Gold, zum Material passend, geziert hatte, musste mancherlei Reden und Scherze über sich ergehen lassen."[15] Die erhaltenen Entwürfe vermitteln den ursprünglichen Eindruck, den die aktuell laufende Rekonstruktion am Gebäude wiederherzustellen versucht. Durch einfache Gesten erzeugt Moser eine durchgehende Bewegung im Figurenrepertoire: der leicht abgewinkelte hintere Fuß, der abwechselnd seitlich und nach vorne gewandte Rücken und der geometrische Hintergrund erinnern an tanzende Bacchantinnen auf antiken griechischen Vasen und römischen Sarkophagen, die Moser in den kaiserlichen Antikensammlungen gesehen haben könnte (s. Abb. 9 und Abb. 7, S. 26). Die Figur und die Bewegung im endlosen Rapport haben eher flächig-ornamentale als reliefhafte Qualität. Ludwig Hevesi lobend in seiner Besprechung des Gebäudes:

> „An der Rückseite des Hauses haben die Wandflächen einen höchst aparten Reigen von tanzenden Kranzträgerinnen, deren reihenweise erhobene Kränze einen goldenen Fries bilden. Diese in Putz ganz flach gehaltene und leicht in Gold gehöhte Reliefzeichnung ist ein glücklicher Gedanke Mosers."[16]

Noch grafischer scheint das nach einem Entwurf von Moser gestaltete runde Glasfenster über dem Haupteingang des Secessionsgebäudes. Die Bleistäbe, die zur Verbindung der bunten Glasteile notwendig sind, wendet Moser in zeichnerischer Art an und erobert auf diese Weise auch das Medium Glasgemälde mit der neuen Flächenkunst. Der blau geflügelte rothaarige Genius im blütenbesetzten weißen Kleid, der mit vor der Brust verschränken Armen das Secessionswappen mit den Symbolen der drei Künste und dem Schriftzug „Ver Sacrum" hält, das aus seinem Kleid zu wachsen scheint, steht vor einem mit goldenen runden Blüten besetzten Busch. Das Halbrund unter ihm schmückt ein Spruch Hermann Bahrs: „Seine Welt zeige der Künstler, die Schönheit, die mit ihm geboren wird, die niemals noch war und niemals mehr sein wird." In der Arbeit für *Ver Sacrum* reift Moser vom Illustrator zum Buchkünstler. Hermann Bahr, der erste Vordenker der Secession, nennt ihn einen „geschwinden, geistreichen, manchmal etwas leichtsinnigen Zeichner. Seine

14 Moser 1916 (s. Anm. 1), 260.

15 Ebd.

16 Hevesi, Ludwig, „Das Haus der Secession", in: *Kunst und Kunsthandwerk* (1) 11/12 1898, 405–407.

with flower and tree motifs, such as in the illustrations for Arno Holz's poem *Schwertlilie* [Iris] or the *Mädchen unter dem blühenden Baum* [Girl under the Blossoming Tree] from the first year of *Ver Sacrum*. Berta Zuckerkandl calls them "sylphlike, delicate, leaning, bending female forms; little women with shimmering, fluttering garments"[11] (fig. 5). Compared to the female figures for *Ver Sacrum* by Gustav Klimt, Josef Engelhart, or Ernst Stöhr, Moser's women and girls are stylized in a nonsensuous way; the loose hair, for instance, appears to be an occasion for trying out new linear surface patterns, and their physicality is negated in favor of the outline. The main artistic sheet in the first issue was a lithograph after a design by Koloman Moser that exhibited all elements of modern surface art. The "decorative touch"—a girl's head in profile—is inserted into the square image field following the rules of the golden ratio, with the green surface of her hair drowning out her face and the quoted landscape. Various color variants explored the creative possibilities; indeed, Moser appears to have even considered an implementation of this device in a glass window, as the design proves. He evolves the themes of the profile portrait and stencil depiction of women as an illustration, turns it as a square into a signet, and reveals the influence that the exemplar of Japanese stencils for dyeing has already had on him. He would subsequently use them for teaching purposes in his role as a professor at the School of Arts and Crafts (fig. 6).[12]

The design of the first exhibition catalog for the Union of Austrian Artists Secession's presentation at the horticultural society was undertaken by Koloman Moser and Josef Hoffmann, with Moser designing the figurative vignettes and Hoffmann the linear borders and margins. A feature of the *Gesamtgestaltung* or total design concept was that even the advertisements were designed by the Secessionists. Moser was simultaneously working as a designer for the art industry and in this way introduced the new style to the world of commercial graphic design. As the Secession became established Moser accrued new classes of customer, who in turn featured in *Ver Sacrum* through the advertising for their companies. Moser's advertising pages for the textile company Backhausen, the glassware commissioning retailer Johann Bakalowits, and Martin Gerlach's publishing house fit in seamlessly with the overall concept of the magazine.[13]

After just a short time Moser worked not only on the graphic design of *Ver Sacrum* but also on the exhibitions of the Secessionists. Of the 23 exhibitions in total until 1905, Moser would design four alone, eight with Josef Hoffmann, and two as part of the exhibition committee. He designs the poster for the 5th and 13th, the catalogs for the 4th, 13th, and 19th exhibitions.

Even before he started working on the interiors of the new Secession building, Moser added new accents on the façade. His contributions to the artistic design of the edifice—constructed by Joseph Maria Olbrich in 1898 as a mixture between a functional building in the sense of Otto Wagner and a temple building in accordance with the wishes of the Secessionists—proceeded from graphic design: the glass window with the genius of art over the main entrance as well as the frieze of owls and the wreath-bearers on the back. On the pylons of the building's façade the new forms already emerge as the surface decoration that Moser will convert into the Viennese style

11 Zuckerkandl, Berta, "Koloman Moser," in: *Dekorative Kunst* 7 1901, 227–232: 227.

12 Bisanz-Prakken, Marian, "Das Quadrat in der Flächenkunst der Wiener Secession," in: *Alte und Moderne Kunst* (27) 180/181 1982, 40–46.

13 Ankwicz-Kleehoven, Hans, "Die Anfänge der Wiener Secession," in: *Alte und Moderne Kunst* (5) 6/7 1960, 6–10.

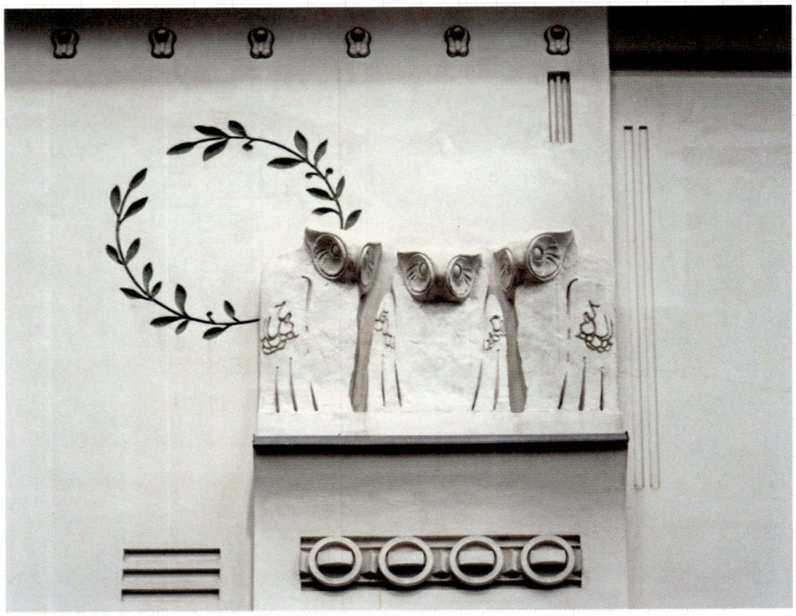

7

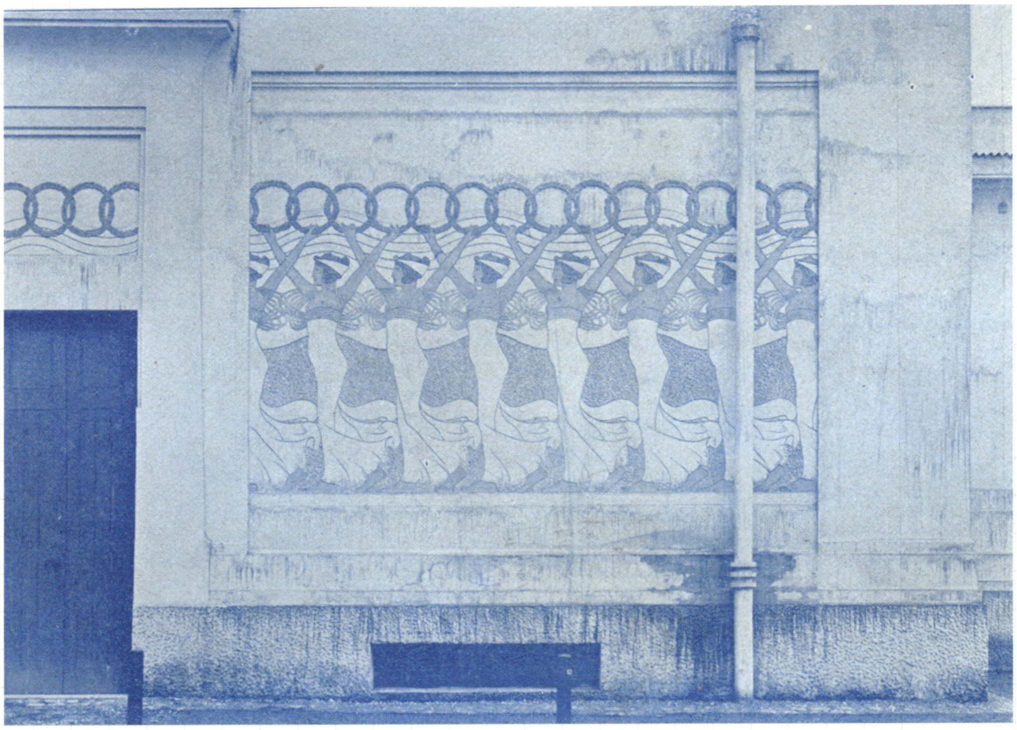

8

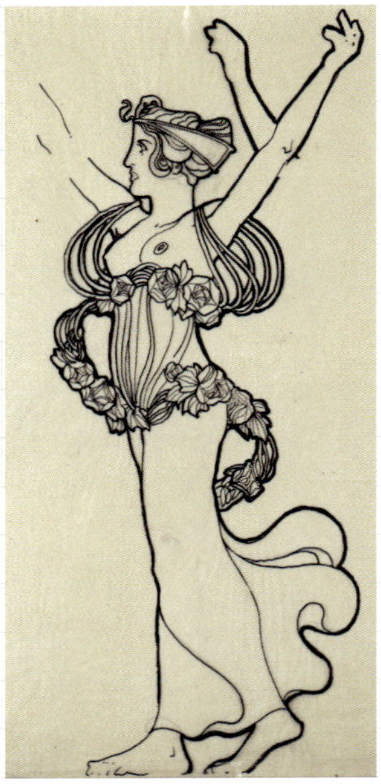

9

7 Fassadendekor *Eulenköpfe* an der Seitenfront des Secessionsgebäudes
Façade decoration [Owl Heads] on the sidewalls of the Secession building

8 Fassadendekor *Reigen der Kranzträgerinnen* an der Rückseite des Secessionsgebäudes, 1898
Façade decoration *Dance of the Wreath-Bearing Maidens* on the back side of the Secession building, 1898
in: *Dekorative Kunst* (4) 10 1899, S. p. 161
MAK

9 Entwurf für den Fassadendekor *Reigen der Kranzträgerinnen*, 1897/98
Design for the façade decoration *Dance of the Wreath-Bearing Maidens*, 1897/98
UaK, KA 431

of ornamentation—square and checkerboard patterns using the mortar cutting technique. For the two side walls he designed the famous owl reliefs, which adorn the ends of the pilaster reinforcements executed in hardened cement paste. Naturalistic owl heads contrast with the flat and stylized models of the nocturnal birds' bodies. "The severely stylized owls were something quite new in Vienna," Moser himself writes of them (fig. 7).[14]

After Koloman Moser's design there also arose the frieze *Dance of the Wreath-Bearing Maidens*, which breathed life into the back side and the back section of the side walls of the Secession until 1908. Executed as a fresco on a plaster relief, heightened with white and gold, the façade decoration showed a group of standing female figures in profile (fig. 8). This serial motif was criticized just as much as the owls. "The round dance of the maidens wearing wreaths, with which I had decorated the walls of the rear building in white and gold, matching the material, was also the subject of comments and jokes."[15] The preserved designs convey the original impression, which the reconstruction currently underway on the building is attempting to recreate: with simple gestures Moser generates continuous movement in the repertoire of figures—the slightly angled back foot, the back alternately turned to the side and to the front, and the geometric background are reminiscent of dancing bacchantes on antique Greek vases and Roman sarcophagi, which Moser might have seen in the imperial collections of antiques (see fig. 9 and fig. 7, p. 26). The figure and the movement in eternal rapport have more of a flat and ornamental than a relief-like quality. Ludwig Hevesi lauds Moser's decorations in his discussion of the building:

> "On the back of the building the wall surfaces have an extremely attractive ring of dancing wreath-bearers whose wreaths, raised one after the other, form a golden frieze. Kept quite flat and slightly heightened in gold, this relief drawing in plaster is a felicitous idea by Moser."[16]

An even more graphic impression is given by the round glass window over the main entrance of the Secession building that was created after a design by Moser. The lead cames, which are required to connect the colorful pieces of glass, are used by Moser in a graphic way, also enabling him to conquer the medium of glass painting with the new surface art. The blue-winged, red-haired genius in a white gown decorated with flowers, whose arms crossed over her chest bear the Secession's crest with the symbols of the three arts and the legend "Ver Sacrum," which appears to grow out of her gown, stands in front of a bush adorned with gold, round blossoms. The semicircle underneath her is decorated with a maxim by Hermann Bahr: "May the artist show his world, the beauty that is born with him, that had never existed before and will never exist again." In his work for *Ver Sacrum* Moser evolves from an illustrator to a book artist. Hermann Bahr, the first mastermind of the Secession, calls him a "swift, ingenious, at times somewhat reckless draftsman. His ideas seem to dance; they hover; it is our sentiment that he conveys." And in a letter from 1898 the flattered Bahr informs Alfred Roller: "It is with great joy, indeed pride, that I have authorized our dear friend Moser to use my maxim for his glass picture."[17] Realized by the Viennese k. k. Hofglasmalerei Carl Geyling's Erben (Imperial and Royal Court Glass Painters of Carl Geyling and Heirs), the mosaic glazing comprised twelve window

14 Moser 1916 (see note 1), 16.

15 Ibid.

16 Hevesi, Ludwig, "Das Haus der Secession," in: *Kunst und Kunsthandwerk* (1) 11/12 1898, 405–407.

17 Üner, Stefan, "Die Kunst der Präsentation. Koloman Moser als Ausstellungsgestalter," dissertation, University of Applied Arts Vienna, 2016, 42 ff. Forsthuber, Sabine, *Moderne Raumkunst. Wiener Ausstellungsbauten von 1898 bis 1914*, Vienna 1991.

Einfälle scheinen zu tanzen, sie schweben, es ist unsere Stimmung, die er vermittelt." Und in einem Brief teilt Bahr Alfred Roller 1898 geschmeichelt mit: „Mit großer Freude, ja mit Stolz ermächtige ich unseren lieben Freund Moser, meinen Spruch zu seinem Glasbild zu verwenden."[17] Die von der Wiener k. k. Hofglasmalerei Carl Geyling's Erben ausgeführte Mosaikverglasung bestand aus zwölf Fensterteilen. Zum ausgeführten und 1908 zerstörten Objekt existieren zwei Entwürfe sowie eine Werkzeichnung, die in *Ver Sacrum* abgebildet wird. Der im Moser-Nachlass des MAK bewahrte erste Entwurf (s. Abb. 8, S. 26) zeigt deutliche Divergenzen zum zweiten, ausgeführten. So sind der Kopf und die verschränkten Arme im ersten Entwurf leicht nach oben geneigt, während im zweiten der Blick und die Haltung frontal auf die BetrachterInnen ausgerichtet sind (Abb. 10). Die Worte „Ver Sacrum" werden im zweiten Entwurf ausgespart, das Kleid modifiziert, die Figur und alle Details verblockt und geometrisiert, die Buchstaben des Bahr-Spruchs werden zudem strenger herausgearbeitet, was man auch als eine Konzession an die Möglichkeiten der Ausführung in Glasmosaik ansehen kann. Hevesi beschreibt die allegorische Gestalt als „ein hehres Weib, das in altertümlichem Halbgewande kühn und ruhig dasteht. Aus blauem Himmel ist sie auf blumige Flur herabgeflogen, nun sind ihr die Fittiche gesenkt, die Arme über der blossen Brust gekreuzt; nun wird sie weilen".[18] Diese beim Entwurf für das Glasmosaikfenster der Secession gemachten Erfahrungen sollte Moser in kommenden Entwürfen für Fenster des Hotel Bristol in Warschau und Otto Wagners Kirche am Steinhof nutzen können. Die Kreativität Mosers entfaltet sich in der Wiederaufnahme von Motiven, die er schon in *Gerlach's Allegorien* Jahre zuvor geprägt hatte, etwa der im Wasser gleitenden Frauenfigur auf dem Rücken aus den Kopfleisten. Zwischen 1898 und 1901 entwickelt Moser neben dem fließenden, an der Art nouveau orientierten Illustrationsstil eine neue, geometrisch geprägte Typografie. Das Quadrat wird zum Grundelement dieses zweiten Modus der Textgestaltung, das in einem konsequenten Prozess der Abstrahierung bei Moser vom figuralen Inhalt befreit und zum reinen „Baustein" der Seitengestaltung wird. So tritt etwa Mosers viereckiges Monogramm im ersten Jahrgang von *Ver Sacrum* 1898 auf.

Schon bei der II. Ausstellung der Secession 1898 ist Koloman Moser mit Olbrich, Hoffmann und Wagner als Raumgestalter tätig. Laut Berta Zuckerkandl ist dabei sein Credo, „jede Ausstellung nach dem gegebenen Thema zu gestalten"[19]. Die am 10. November eröffnete Einweihungsausstellung des neuen Secessionsgebäudes bestimmt Moser durch die Gestaltung des Mittelsaales entscheidend mit: Er verwendet als Bespannung der flexiblen Wände einen gerafften weißen Stoff mit grünem Laubornament und schließt nach oben mit zwei weißen Bordüren ab. Die Gestaltung der Wände durch bedruckte Stoffe mit ornamentalem und vegetabilem Flächenschmuck sollte für die kommenden Secessionsausstellungen stilbildend werden. Erst die XIV. Secessionsausstellung mit ihren weißen Rauputzwänden sollte das Gestaltungselement ablösen.

Im Kunstgewerbezimmer der ersten Ausstellung, ursprünglich der Redaktionsraum für *Ver Sacrum*, kamen die von Moser entworfenen *Leierspielerinnen* in Friesform zur Anwendung: auf kannelierten Stoffstreifen applizierte lebensgroße Figuren in horizontaler Reihung, ein Pendant zu den *Kranzträgerinnen* an der Außenfassade

17 Üner, Stefan, „Die Kunst der Präsentation. Koloman Moser als Ausstellungsgestalter", Dissertation, Universität für angewandte Kunst Wien, 2016, 42 ff. Forsthuber, Sabine, *Moderne Raumkunst. Wiener Ausstellungsbauten von 1898 bis 1914*, Wien 1991.

18 Hevesi, Ludwig, *Acht Jahre Sezession (März 1897 – Juni 1905). Kritik – Polemik – Chronik*, Wien 1906, 71.

19 Zuckerkandl, Berta, „Koloman Moser", in: *Dekorative Kunst* 12 1904, 329–345: 331.

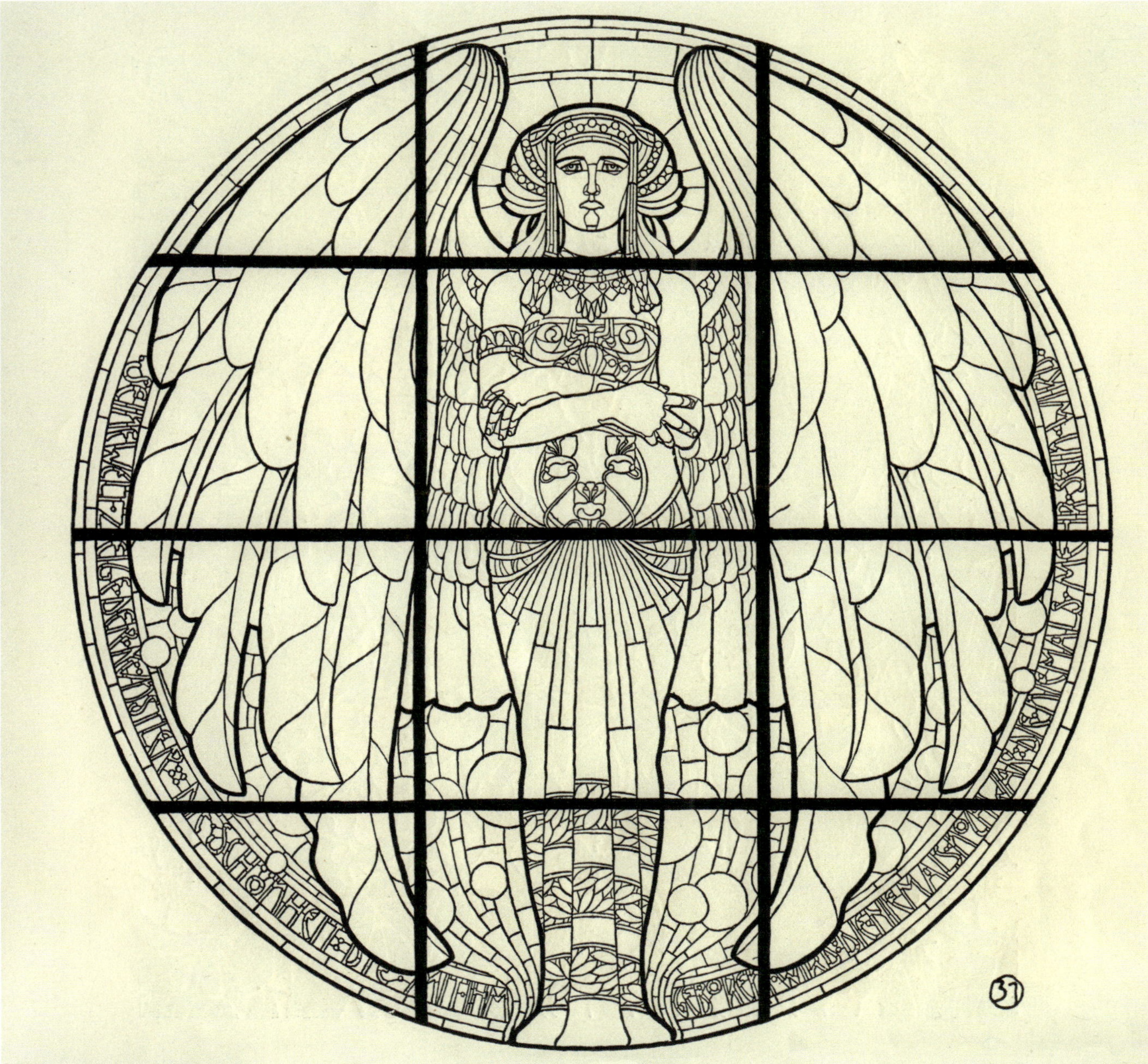

10

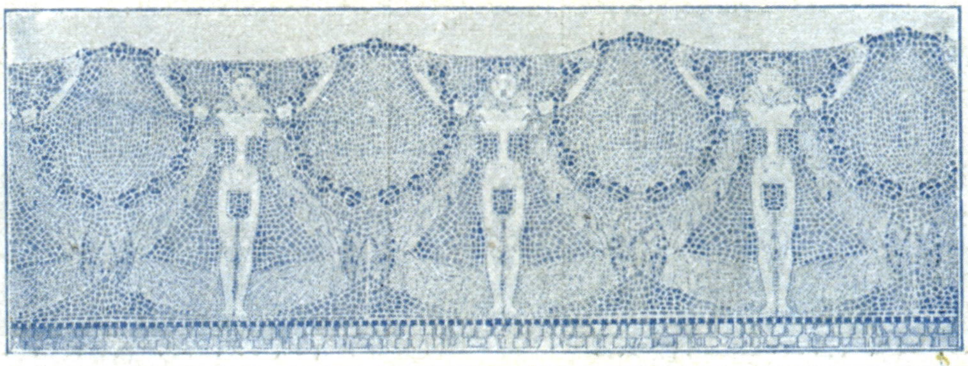

11

10 Werkzeichnung für das Glasfenster *Die Kunst* im Eingangsbereich des Secessionsgebäudes, 1897
Working drawing for the glass window [Art] in the entrance area of the Secession building, 1897
In: *Ver Sacrum* (2) 4 1899, S. p. 31
MAK

11 Wanddekor *Reigen der Kranzträgerinnen* im Mittelsaal der IV. Secessionsausstellung, 1899
Wall decoration *Dance of the Wreath-Bearing Maidens* in the central hall of the 4th Secession exhibition, 1899
In: *Dekorative Kunst* (4) 10 1899, S. p. 161
MAK

der Secession (s. Abb. 20, S. 31). Das Motiv wurde kurz danach für den Einband von *Ver Sacrum* verwendet (s. Abb. 17, S. 30). In der IV. Secessionsausstellung 1899 – rund um Arthur Strassers Bronzegruppe des Marc Anton – entwirft Koloman Moser die Bordüre der Seitenwände des Mittelsaals, die frontale Variante seiner *Kranzträgerinnen*-Fassade (Abb. 11, 12). Parallel dazu gestaltete er das *Ver Sacrum*-Redaktionszimmer durch die Akzentuierung der Gewölbezwickel in den Ecken um, wofür er ein Hortensienmuster entwarf, das er in drei Farben variierend positionierte. Dieses Muster übernahm er sowohl für *Ver Sacrum* als auch für seine kunstgewerblichen Entwürfe, die in der IV. Secessionsausstellung zu sehen waren. Auch die Textilproduktion Joh. Backhausen & Söhne bediente sich des Hortensienmusters. Die der internationalen Grafik gewidmete V. Secessionsausstellung 1899/1900 weist im gelben Saal einen mittig in der Raumhöhe angebrachten Fries nach einem Entwurf Mosers auf – tanzende Mädchen, die Bezug auf das ebenfalls von Moser stammende Ausstellungsplakat nehmen. Im rechten hinteren Saal findet sich bis zum Türrahmen Mosers reziprokes Rapportmuster *Rosenhain* mit changierenden Positiv- und Negativformen. Dabei handelt es sich um eine Wiederaufnahme von Elementen aus einem Muster, das Hoffmann und Moser für die Illustration *Gewissensfrage* in der Zeitschrift *Meggendorfers humoristische Blätter* 1898 geschaffen hatten (Abb. 13). Backhausen nahm auch dieses Muster Mosers in die Produktion auf. Moser selbst wird das Muster bei Entwürfen für Martin Gerlachs *Die Quelle* (1901), für den Einband zu *Ars Nova. Hervorragende Werke der bildenden Künste des Jahres 1901 in Heliogravüre* sowie für den *Kalender 1901* verwenden.[20] Paradigmatisch kann dieses Muster für die Versatilität Mosers bei der Anwendung einmal gefundener Flächenmusterlösungen stehen. In sein Raumkonzept integriert er florale Flächenarchitektur, die zur Verzierung des Raums und einem künstlerischen Aufreißen der tektonischen Struktur diente. Damit folgt er dem von Ludwig Hevesi postulierten Prinzip der Secessionsausstellungen, in denen „die Natur wieder als Lehrmeisterin an die Stelle der Akademie treten" solle.[21]

Im Jahr 1900 präsentiert sich die Secession im österreichischen Pavillon auf der Pariser Weltausstellung, wo Koloman Moser Polstermöbel und Vorhänge mit dem floral-vegetabilen Repertoire seiner Muster staffiert. In der Gestaltung der V. Secessionsausstellung verwendet er Holz, das sich für ihn als flexibler Grundstoff bei der Bildung gebogener Konstruktionen besonders eignete. Erstmals alleine verantwortet Moser die Gesamtgestaltung der VI. Ausstellung: Die mit knapp 700 Objekten umfangreichste Ausstellung der Secession, gewidmet der Asiatika-Sammlung Adolf Fischers, gestaltete Moser ganz im Geiste der dort ausgestellten japanischen Exponate. Er eliminierte alle Trennwände, verwendete gelbe Wandbespannungen und weiße Wandverbauten, orientiert am der japanischen Gestaltungskunst eigenen Zug zur Reduktion (Abb. 14). Zur entscheidenden Prägung wird in diesem Zusammenhang auch die Arbeit an der VIII. Secessionsausstellung 1900, die Moser in direkten Kontakt mit Charles Rennie Mackintosh und der Gruppe der Glasgow Four bringt, die sich zu dem Zeitpunkt in Wien aufhalten. Den linear geometrischen Stil der schottischen ReformkünstlerInnen reflektiert Moser in seinen Gestaltungen für die Grafik von *Ver Sacrum* und der Secessionskataloge – namentlich im Buchschmuck für Ludwig Hevesis Artikel über den in der VIII. Secessionsausstellung gezeigten George Minne, worin Moser die Quadratornamentik aufnimmt, die

20 Franz, Rainald, „Flächenmuster Kolo Mosers am Beispiel des Mappenwerks ‚Die Quelle' und seiner Arbeiten als Entwerfer für die Firma Backhausen", in: Leopold/Pichler (Hg.) 2007, 142–151.

21 Hevesi, Ludwig, „Bildende Kunst in Österreich", in: *Die Pflege der Kunst in Österreich 1848–1898*, Wien 1900, 3–22: 18.

sections. For the realized object that was destroyed in 1908 there exist two designs as well as a working drawing, which is reproduced in *Ver Sacrum*. Preserved in the Moser bequest at the MAK, the first draft (see fig. 8, p. 26) reveals marked differences from the second, implemented version. For example, the head and crossed arms are slightly inclined upward in the first draft, while in the second the woman's gaze and pose are frontal, directed at the viewers (fig. 10). The words "Ver Sacrum" are omitted in the second draft, the gown modified, the figure and all details are interlocked and geometrized; furthermore, the letters of Bahr's maxim are more stringently worked out, which can also be seen as a concession to the possibilities of the design being executed in glass mosaic. Hevesi describes the allegorical figure as "an august woman who stands valiantly and calmly in archaic robes. From the blue of the heavens she has flown down to a floral meadow; now her wings are lowered, her arms crossed over her bare chest; now she will tarry."[18] The experience gained while designing the glass mosaic window of the Secession would serve Moser for his coming designs for windows at the Hotel Bristol in Warsaw and Otto Wagner's church at the Steinhof. Moser's creativity finds complete expression in the revival of motifs that he had already minted in *Gerlach's Allegorien* several years previously, for instance the female figure floating on her back in water from the headpieces. Alongside his flowing, Art Nouveau-inspired illustration style, between 1898 and 1901 Moser also develops a new typography informed by geometric shapes. The square becomes the basic element of this second form of text design, which is liberated from figurative content and transformed into a pure "building block" of page design in a systematic process of abstraction in Moser's work. Thus Moser's quadrilateral monogram materializes in the first year of *Ver Sacrum* in 1898.

In just the 2nd exhibition of the Secession in 1898, Koloman Moser works as an interior designer with Olbrich, Hoffmann, and Wagner. According to Berta Zuckerkandl his credo here is "to design every exhibition according to the given topic."[19] Moser has a determining influence on the inaugural exhibition of the new Secession building, opened on 10 November, with his design of the central hall: he uses a ruffled white fabric with green foliage decoration as the covering for the flexible walls and two white borders to finish off the top of these walls. The adornment of the walls with printed fabrics featuring ornamental and vegetal surface decoration would influence the style of future Secession exhibitions. Only the 14th Secession exhibition with its white roughcast walls would supersede this design element.

In the arts and crafts room of the first exhibition—originally the editorial office of *Ver Sacrum*—the *Leierspielerinnen* [Lyre Players] designed by Moser were used in frieze form: life-size figures applied in horizontal sequences to fluted strips of cloth, a counterpart to the *Wreath-Bearers* on the outer façade of the Secession (see fig. 20, p. 31). The motif was used shortly afterward for the binding of *Ver Sacrum* (see fig. 17, p. 30). In the 4th Secession exhibition in 1899, which revolved around Arthur Strasser's bronze Mark Antony group, Koloman Moser decorated the borders of the side walls in the central hall, the frontal variant of his *Wreath-Bearers* façade (fig. 11, 12). In parallel he redecorated the *Ver Sacrum* editorial office by accenting the pendentives in the corners, for which he designed a hydrangea pattern that he arranged in three alternate colors. This motif was taken up again by Moser both for *Ver Sacrum* and for

18 Hevesi, Ludwig, *Acht Jahre Sezession (März 1897 – Juni 1905). Kritik – Polemik – Chronik*, Vienna 1906, 71.

19 Zuckerkandl, Berta, "Koloman Moser," in: *Dekorative Kunst* 12 1904, 329–345: 331.

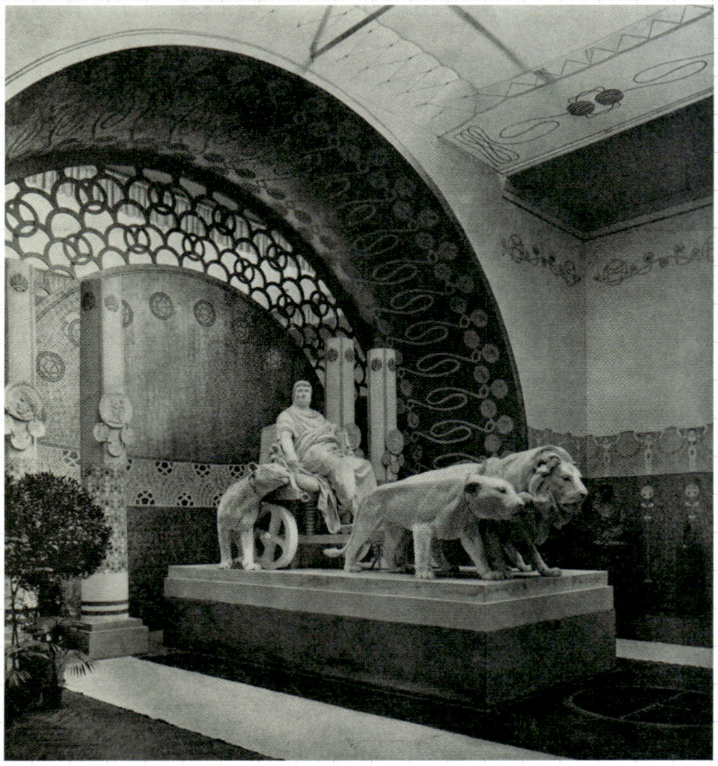

12

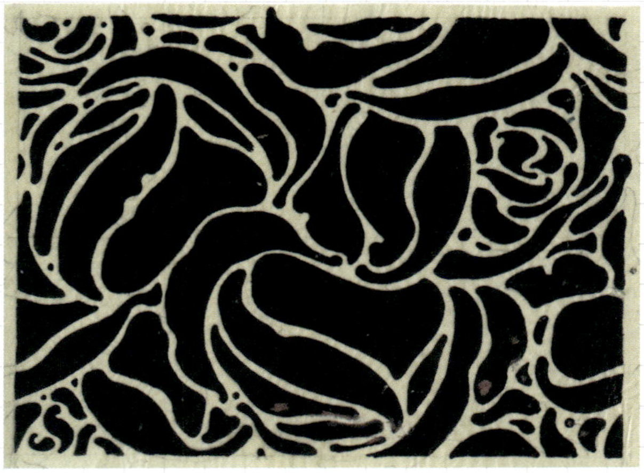

13

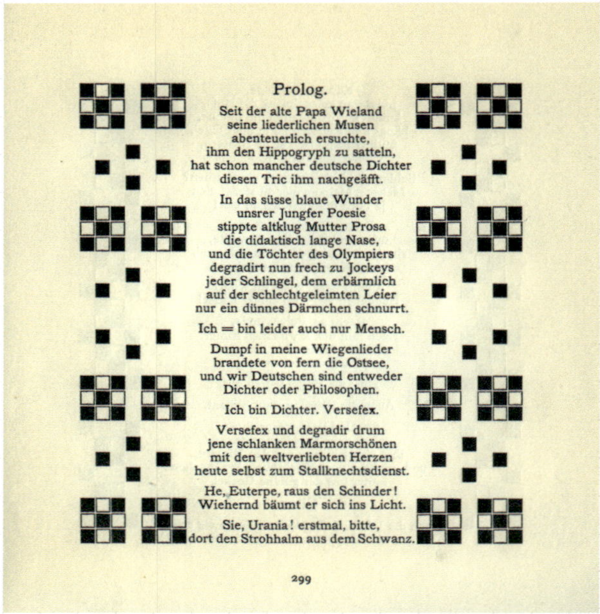

Prolog.

Seit der alte Papa Wieland
seine liederlichen Musen
abenteuerlich ersuchte,
ihm den Hippogryph zu satteln,
hat schon mancher deutsche Dichter
diesen Tric ihm nachgeäfft.

In das süsse blaue Wunder
unsrer Jungfer Poesie
stippte altklug Mutter Prosa
die didaktisch lange Nase,
und die Töchter des Olympiers
degradirt nun frech zu Jockeys
jeder Schlingel, dem erbärmlich
auf der schlechtgeleimten Leier
nur ein dünnes Därmchen schnurrt.

Ich = bin leider auch nur Mensch.

Dumpf in meine Wiegenlieder
brandete von fern die Ostsee,
und wir Deutschen sind entweder
Dichter oder Philosophen.

Ich bin Dichter. Versefex.

Versefex und degradir drum
jene schlanken Marmorschönen
mit den weltverliebten Herzen
heute selbst zum Stallknechtsdienst.

He, Euterpe, raus den Schinder!
Wiehernd bäumt er sich ins Licht.

Sie, Urania! erstmal, bitte,
dort den Strohhalm aus dem Schwanz.

299

15

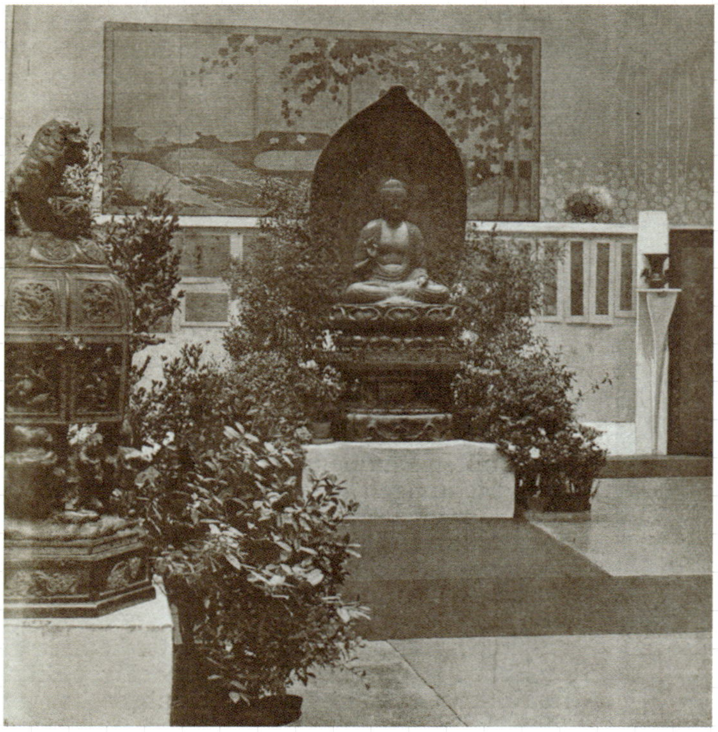

14

12 Gestaltung der IV. Secessionsausstellung, Mittelsaal, 1899
Design for the 4th Secession exhibition, central hall, 1899
In: *Ver Sacrum* (2) 4 1899, S. p. 2
MAK

13 Flächenmuster *Rosenhain*, 1900
Surface pattern [Rose Copse], 1900
MAK

14 Gestaltung der VI. Secessionsausstellung, Mittelsaal, 1900
Design for the 6th Secession exhibition, central hall, 1900
In: *Ver Sacrum* (3) 3 1900, S. p. 41
MAK

15 Grafische Gestaltung des Theatertexts *Die Blechschmiede* von Arno Holz
Graphic design for the theater text [The Tinsmiths] by Arno Holz
In: *Ver Sacrum* (4) 18 1901, S. p. 299
MAK

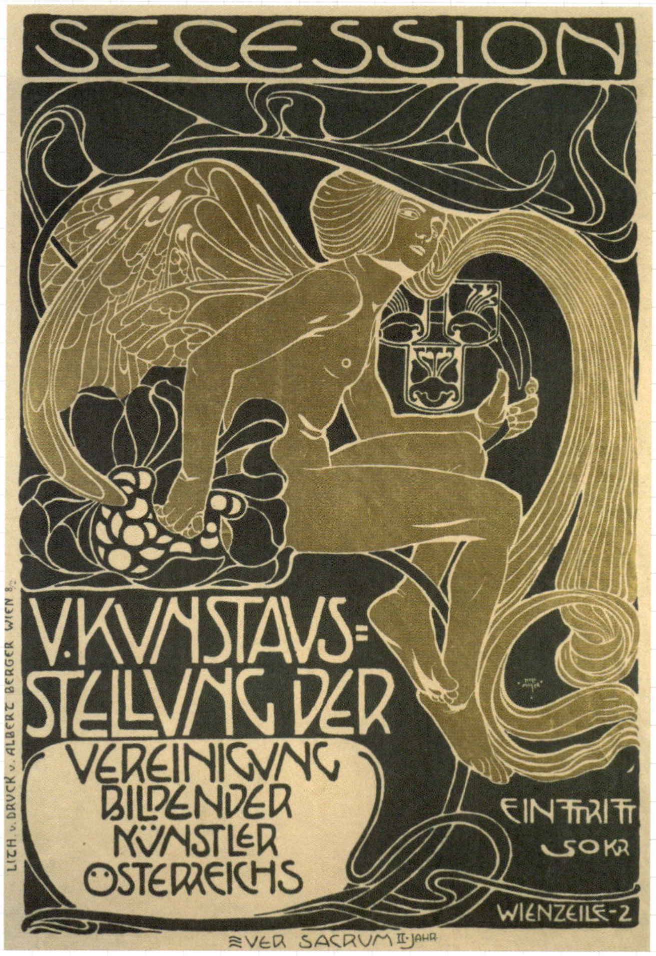

16

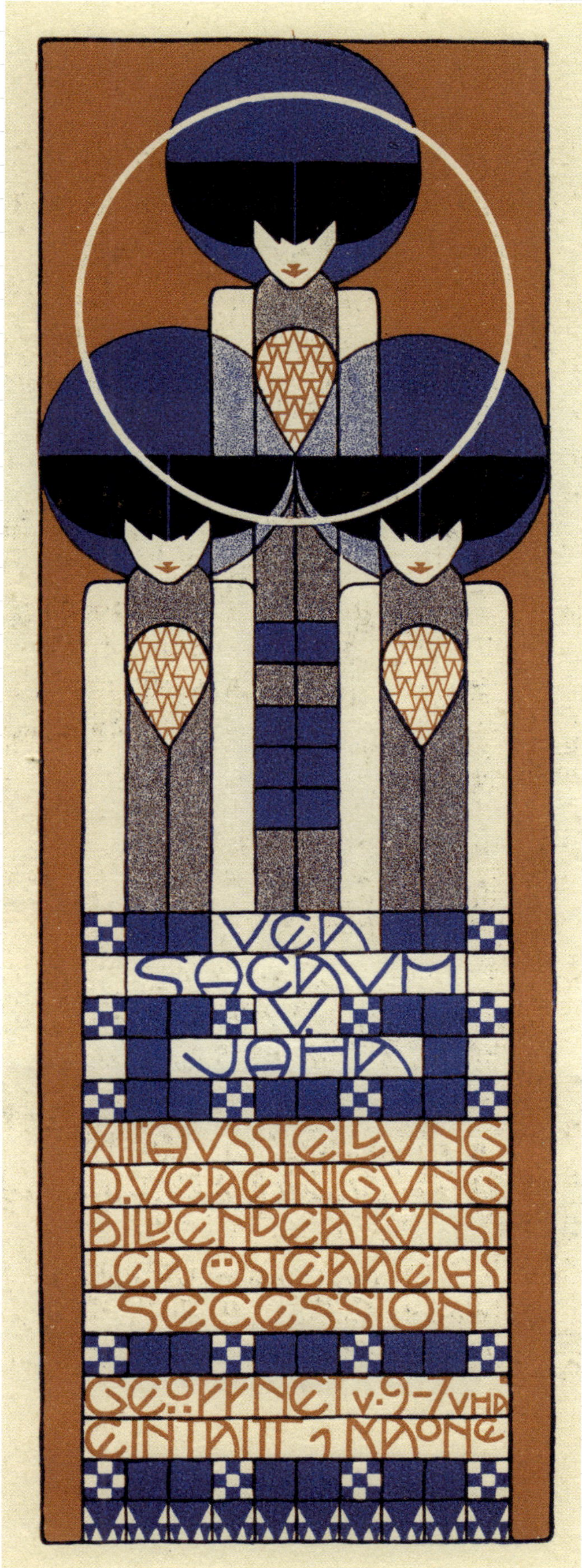

17

16 Plakat der V. Secessionsausstellung, 1899
Poster of the 5th Secession exhibition, 1899
MAK

17 Plakat der XIII. Secessionsausstellung, 1902
Poster of the 13th Secession exhibition, 1902
In: *Ver Sacrum* (5) 7 1902, S. p. 94
MAK

er in der Ausstellung für den Brunnen mit den knienden Knaben von Minne entwickelt hatte (s. Abb. 39, S. 47). Parallel zur von ihm ausgeführten Gestaltung der X. Ausstellung der Secession für Gustav Klimt ist es Koloman Moser, der im 6. Heft von *Ver Sacrum* im März 1901 zu äußerst sparsamen Flächenkompositionen gelangt. Hier wird der Übergang zum reinen Quadrat in der Buchkunst vorbereitet. Der Übergang vom Buchschmuck zum „typographischen Schmuck" – der Begriff taucht hier in *Ver Sacrum* erstmals auf – vollzieht sich am sichtbarsten in der konsequenten Durchgestaltung der Buchseiten mit reinen Quadraten für die Illustrationen von Arno Holz' Theaterstück *Die Blechschmiede*[22]. Das völlig entindividualisierte Ornament (nach Angaben des Künstlers)[23] wird nun im Dialog mit dem Textblock dem Gesamtbild des Blattspiegels untergeordnet (Abb. 15). Moser erreicht 1901/02 einen Höhepunkt der Abstraktion innerhalb der Wiener Flächenkunst. Das Quadrat übernimmt nun allmählich die Funktion des seit 1900 in der Secession in Gebrauch gekommenen knospen- oder beerenförmigen Ornaments als zeilenergänzende oder seitenfüllende Form.

Die künstlerische Entwicklung Mosers innerhalb weniger Jahre wird nachvollziehbar, wenn man sich die beiden Plakate für die Secessionsausstellungen 1899 und 1902 ansieht (Abb. 16, 17). Ist Moser 1899 noch im floral-linearen Duktus verhaftet, hat er 1902 für die vorangegangene berühmte Beethovenausstellung schon zu dem verblockten, mosaikhaften Stil gefunden, der sich durch das Quadratmotiv und geometrische Formen als Bausteine der Ästhetik auszeichnet. Mosers rein flächiges Plakat spiegelt die geometrisierende Raumarchitektur Josef Hoffmanns wider.
Die X. Secessionsausstellung sollte auch den Auftakt für eine Reihe revolutionärer Präsentationen moderner Künstler wie Gustav Klimt, Carl Moll und Ferdinand Hodler sein. Die Anordnung und reduzierte Hängung der Bilder sollte Moser von Mal zu Mal optimieren. Für die XIII. Secessionsausstellung konnte Moser neben der Gesamtgestaltung auch das Plakat realisieren (Abb. 18). In der von Josef Hoffmann gestalteten XIV. Secessionsausstellung um Max Klingers *Beethoven* wählte Moser als Mittel der Gestaltung ein Plattenmosaik und zwei Glasfenster und entwickelte so die schon erarbeitete Reduktion ins Geometrische weiter (Abb. 19, 20). Letztmals zeigt Moser in der XV. Secessionsausstellung textile Wandbespannungen, weißer Roh- und Rauputz treten fortan an deren Stelle (Abb. 21). In der XVII. Secessionsausstellung findet Moser im Raumensemble für Carl Moll und Ferdinand Andri mit dunklen Wänden und dem Einsatz von Holz zu einer weiteren am Rahmen orientierten Raumform (Abb. 22). Mit der XVIII. Secessionsausstellung erreicht er schließlich den Höhepunkt seiner reduzierten Ausstellungsgestaltungen: Durch die Kombination von puristischer Akzentuierung der weißen Wände mit abstrakten Randleisten und der sparsamen Hängung der Bilder – reduziert auf Hauptwerke – sowie das Einsetzen von speziell entworfenem Kunstmobiliar, die Reduktion der Deckengestaltung und des Ornaments und das Negieren textiler Wandgestaltung schafft er einen Prototyp des White Cube, des Idealraums des modernen Ausstellungswesens (s. Abb. 79, S. 65). In der XIX. Ausstellung wiederum ist Ferdinand Hodler, der ihn malerisch tief beeindruckt, mit seinen Bildern überaus präsent, da Moser sie fast in Bodennähe hängt und so die BetrachterInnen unmittelbar konfrontiert, gewissermaßen in die Bilder leitet (Abb. 23). Der dem Bildhauer Franz Metzner gewidmete Raum der XX. Secessionsausstellung 1904, ein sakraler Rundtempel, wirkt wie ein Kommentar Mosers zur

22 In: *Ver Sacrum* (4) 18/19 1901, 297–330.

23 Ebd.

his arts and crafts designs, which could be seen in the 4th Secession exhibition. The textile company Joh. Backhausen & Söhne also drew on this hydrangea pattern for their products. Dedicated to international graphic art, the 5th Secession exhibition in 1899/1900 featured a frieze after a design by Moser; located in the yellow room it was applied halfway up the height of the walls—dancing girls, who make reference to the exhibition poster that also came from Moser's hand. In the back-right room Moser's inverse, related pattern *Rosenhain* [Rose Copse] can be found reaching up to the doorframe with shimmering positive and negative forms. This is a revival of elements from a pattern jointly created by Hoffmann and Moser for the illustration *Gewissensfrage* [Matter of Conscience] in the magazine *Meggendorfers humoristische Blätter* in 1898 (fig. 13). Backhausen also incorporated this pattern by Moser in their products. Moser himself would use the pattern in designs for Martin Gerlach's *Die Quelle* (1901), for the binding of *Ars Nova. Hervorragende Werke der bildenden Künste des Jahres 1901 in Heliogravüre*, as well as for the *Kalender 1901.*[20] This pattern can be seen as a paradigm of Moser's versatility in applying the surface pattern solutions he has developed. In his spatial concept he integrates floral surface architecture, which served to adorn the room and artistically tear open the architectural structure. By doing so he follows the principle of Secession exhibitions as postulated by Ludwig Hevesi whereby "nature [should] once again supersede the academy as the teacher."[21]

In the year 1900 the Secession is presented in the Austrian pavilion at the World's Fair in Paris, where Koloman Moser equips upholstered furniture and drapes with his floral and vegetal pattern repertoire. In his design for the 5th Secession exhibition he uses wood, which was particularly suitable for him as a flexible base material for forming bent constructions. For the first time Moser is solely responsible for the entire design of the 6th exhibition: with almost 700 objects, this was the largest-scale exhibition by the Secession and was dedicated to Adolf Fischer's Asian collection; Moser designed it entirely in the spirit of the Japanese exhibits it displayed. He eliminated all dividing walls, used yellow wall coverings and white wall units, guided by the tendency toward reduction that is distinctive of Japanese decorative art (fig. 14). In this context Moser's work on the 8th Secession exhibition in 1900 would have a crucial impact as it brought him in direct contact with Charles Rennie Mackintosh and the Glasgow Four, who were staying in Vienna at this time. Moser reflects the linear, geometric style of the Scottish Arts & Crafts artists in his designs for the artwork of *Ver Sacrum* and the Secession catalogs—namely in the book decoration for Ludwig Hevesi's article about the George Minne shown in the 8th Secession exhibition in which Moser draws on the square ornamentation that he had developed in the exhibition for Minne's *Fountain with Kneeling Youths* (see fig. 39, p. 47). Parallel to his design for Gustav Klimt for the Secession's 10th exhibition, it is Koloman Moser who achieves extremely sparing surface compositions in the 6th issue of *Ver Sacrum* in March 1901. Here the way is paved for a transition to the pure square in book art. The shift from book decoration to "typographic decoration"—the term appears here for the first time in *Ver Sacrum*—takes place most visibly in the systematic and consistent design of the pages with pure squares for the illustrations of Arno Holz's play *Die Blechschmiede* [The Tinsmiths].[22] The entirely deindividualized ornament (by the artist's own account)[23] is now—in dialogue with the block of text—subordinated to the overall picture of the page surface (fig. 15). In 1901/02 Moser reaches a zenith in

20 Franz, Rainald, "Kolo Moser's Pattern Designs with Special Reference to the Design Portfolio 'Die Quelle' and His Work as a Designer for the Company Backhausen," in: Leopold/Pichler (eds.) 2007, 142–151.

21 Hevesi, Ludwig, "Bildende Kunst in Österreich," in: *Die Pflege der Kunst in Österreich 1848–1898*, Vienna 1900, 3–22: 18.

22 In: *Ver Sacrum* (4) 18/19 1901, 297–330.

23 Ibid.

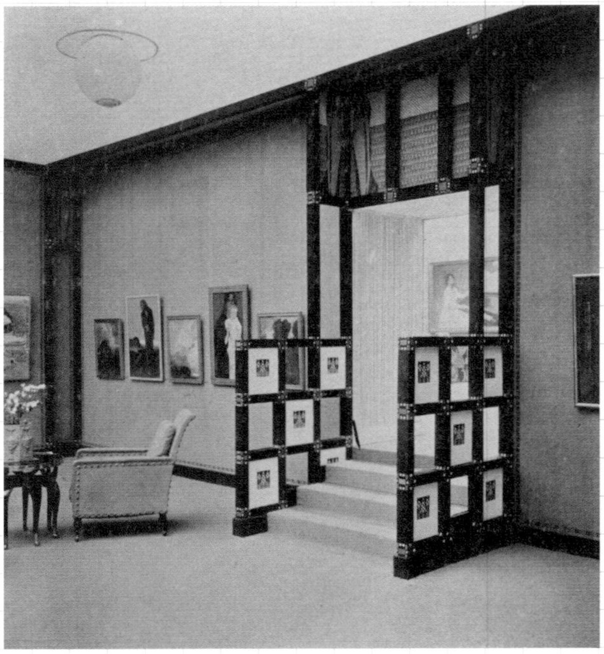

18

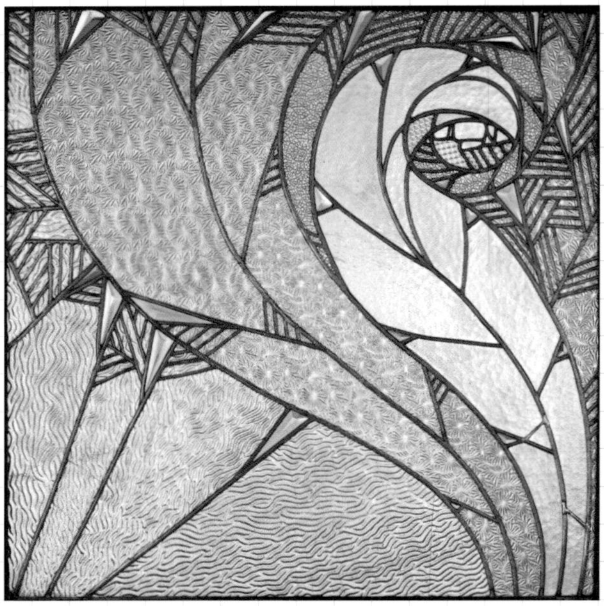

19

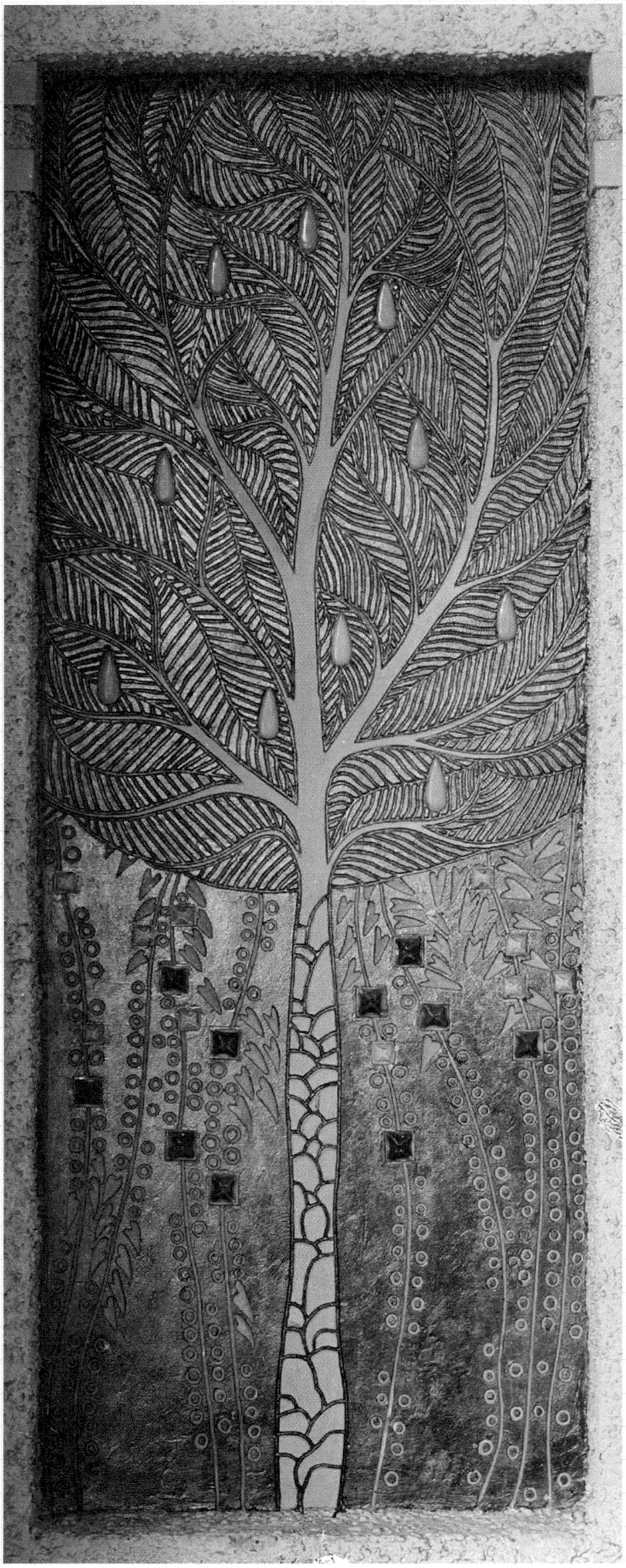

20

18 Gestaltung der XIII. Secessionsausstellung, Treppenaufgang in den linken Seitensaal, 1902
Design for the 13th Secession exhibition, staircase to the left side room, 1902
In: *Ver Sacrum* (5) 6 1902, S. p. 106
MAK

19 Glasfenster im Lesezimmer der XIV. Secessionsausstellung, 1902
Glass window in the reading room of the 14th Secession exhibition, 1902
Yves Macaux

20 Gipspaneel im Mittelsaal der XIV. Secessionsausstellung, 1902
Plaster panel in the central hall of the 14th Secession exhibition, 1902
ÖNB Wien Vienna, Bildarchiv Picture Archives, 284.952-B

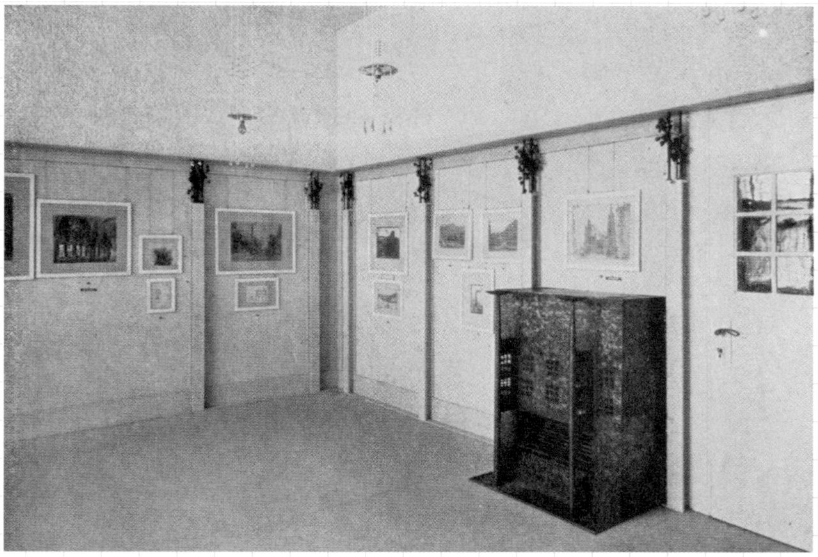

21

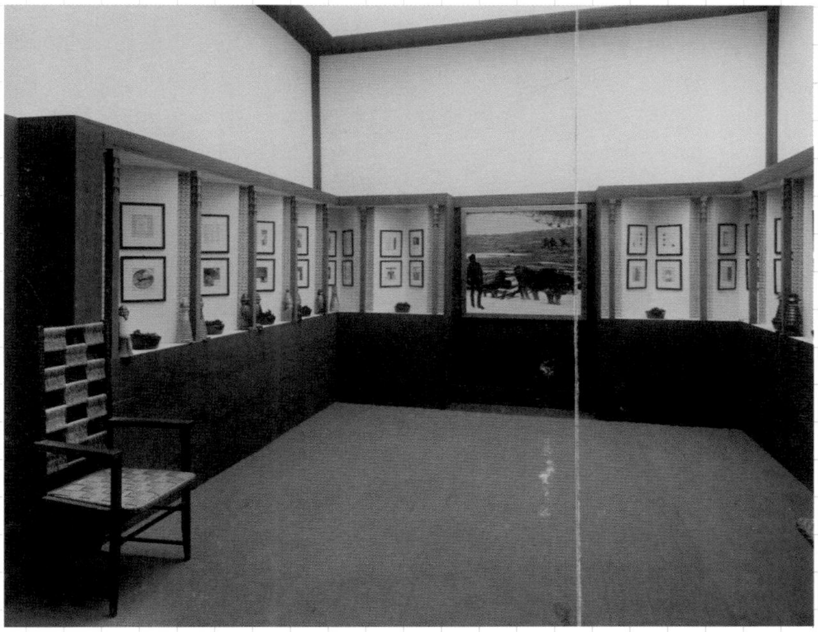

22

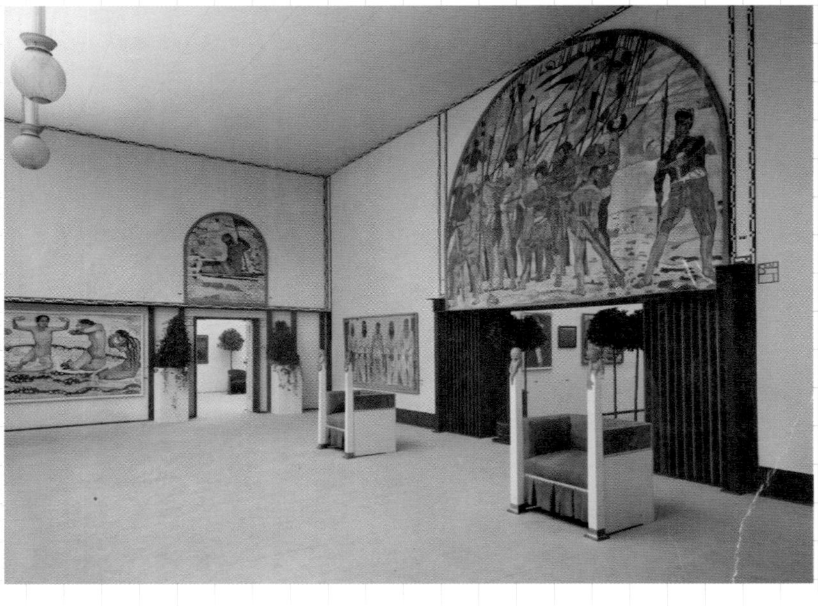

23

21 **Gestaltung der XV. Secessionsausstellung, Rudolf-von-Alt-Zimmer**, 1902
Design for the 15th Secession exhibition, Rudolf von Alt room, 1902
In: *Ver Sacrum* (5) 22 1902, S. p. 323
MAK

22 **Gestaltung der XVII. Secessionsausstellung, Ferdinand-Andri-Zimmer**, 1903
Design for the 17th Secession exhibition, Ferdinand Andri room, 1903
ÖNB Wien Vienna, Bildarchiv Picture Archives, Pk 2539, 175

23 **Gestaltung der XIX. Secessionsausstellung, Mittelsaal**, 1904
Design for the 19th Secession exhibition, central hall, 1904
Wiener Stadt- und Landesarchiv
Vienna Municipal and Regional Archives/ Künstlerhaus

XIV. Secessionsausstellung (Abb. 24). Im Hauptraum ergaben sich durch Reduktion und Helligkeit zudem Parallelen zur XVIII. Ausstellung.

Als Moser schließlich gemeinsam mit der Klimtgruppe 1905 aus der Secession austrat, war das Kapitel der Ausstellungsgestaltungen für ihn nicht beendet, vielmehr sollte er seine Erfahrungen fruchtbringend in kommenden Präsentationen für die Wiener Galerie Miethke, das Hohenzollern-Kunstgewerbehaus in Berlin oder die Kunstschau 1908 im Dienste der Wiener Werkstätte anwenden können.[24] Auch das für *Ver Sacrum* entwickelte grafische Repertoire konnte er später noch anwenden – etwa bei der Gründung der Wiener Werkstätte als identitätsbildendes Corporate Design. In der Grafik und Typografie für *Ver Sacrum* und im Ausstellungsdesign für das Secessionsgebäude hatte Koloman Moser – im Sinne Alfred Rollers – beide „Veranstaltungen zur Bearbeitung der Öffentlichkeit" zur Meisterschaft geführt. Der Flächenkünstler war zum Erneuerer der Raumgestaltung geworden.

24 Natter, Tobias, *Die Galerie Miethke. Eine Kunsthandlung im Zentrum der Moderne*, Ausst.kat. Jüdisches Museum Wien, Wien 2003.

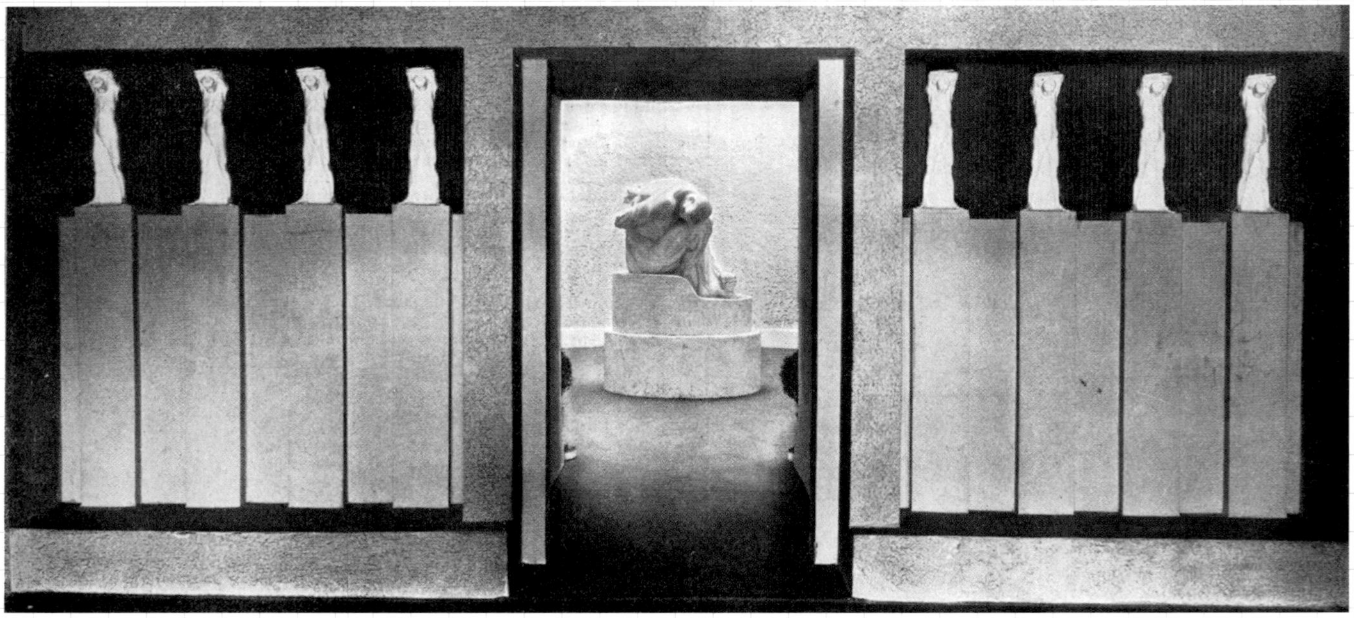

24

24 **Gestaltung der XX. Secessionsausstellung, Atrium zum Tempelraum mit Franz Metzners Skulptur *Erde*, 1904**
Design for the 20th Secession exhibition, atrium in front of the temple room with Franz Metzner's sculpture [Earth], 1904
In: *Der Architekt* (10) 1904, S. p. 45
MAK

abstraction within Viennese surface art. The square now gradually takes over the function of the bud- or berry-shaped decoration used at the Secession since 1900 as a form that supplements lines or fills pages.

It is possible to reconstruct Moser's artistic development within just a few years by looking at the two posters for the Secession exhibitions in 1899 and 1902 (fig. 16, 17). While Moser is still captivated by the floral and linear style in 1899, for the precursor of the famous Beethoven exhibition in 1902 he has already found his way to the interlocked mosaic-like style that is characterized by the square motif and geometric forms constituting the building blocks of the aesthetics. Moser's purely flat poster reflects Josef Hoffmann's geometrizing interior design. The 10th Secession exhibition would also launch a series of revolutionary presentations by modern artists like Gustav Klimt, Carl Moll, and Ferdinand Hodler. The arrangement and reduced hanging of the pictures would be optimized from time to time by Moser. For the 13th Secession exhibition Moser could realize not only the overall design but also the poster (fig. 18). In the 14th Secession exhibition designed by Josef Hoffmann that revolved around Max Klinger's *Beethoven*, Moser chose as his means of decoration a tiled mosaic and two glass windows, thereby further developing the already established reduction to the geometric (fig. 19, 20). In the 15th Secession exhibition Moser used textile wall coverings for the last time; henceforth white roughcast takes their place (fig. 21). In his spatial ensemble for Carl Moll and Ferdinand Andri in the 17th Secession exhibition, Moser's dark walls and use of wood take him to another spatial form that centers around the frame (fig. 22). With the 18th Secession show he finally achieves the culmination of his reduced exhibition designs: by combining puristic accenting of the white walls with the aid of abstract borders with sparse hanging of the pictures—limited to principal works—as well as implementing specially designed artistic furnishings, reducing the ceiling decoration and the ornament, and avoiding textile wall decorations, he creates a prototype of the white cube, the ideal space of modern exhibition design (see fig. 79, p. 65). In the 19th exhibition, on the other hand, Ferdinand Hodler, whose paintings leave a profound impression on him, is acutely present with his pictures as Moser hangs them almost near the ground, thereby immediately confronting the viewers, virtually drawing them into the pictures (fig. 23). The room dedicated to the sculptor Franz Metzner in the 20th Secession exhibition in 1904, a sacred round temple, feels like Moser's comment on the 14th Secession exhibition (fig. 24). Furthermore, parallels to the 18th exhibition arise from the reduction and brightness in the main room.

When Moser finally left the Secession together with the Klimt Group in 1905, the chapter of exhibition design in his career was not over; on the contrary, his experience would prove fruitful in upcoming presentations for the Viennese Galerie Miethke, the Hohenzollern-Kunstgewerbehaus in Berlin, and the Kunstschau in 1908 in the service of the Wiener Werkstätte.[24] He could also use the graphic repertoire he had developed for *Ver Sacrum*—for instance as an identity-forming corporate design when founding the Wiener Werkstätte. In his artwork and typography for *Ver Sacrum* and in his exhibition designs for the Secession building, Koloman Moser had—in the words of Alfred Roller—attained mastery in both "occasions to influence the public." The surface artist had become the modernizer of interior design.

24 Natter, Tobias, *Die Galerie Miethke. Eine Kunsthandlung im Zentrum der Moderne*, exh. cat. Jewish Museum Vienna, Vienna 2003.

„NACHMITTAGS KOMPOSITIONSAUFGABEN"
KOLOMAN MOSERS LEHRTÄTIGKEIT AN DER WIENER KUNSTGEWERBESCHULE

PATRICK WERKNER

8

Der 31-jährige Koloman Moser wurde 1899 als provisorische Lehrkraft an die k. k. Kunstgewerbeschule berufen und ein Jahr später zum Professor ernannt. Zu diesem Zeitpunkt befand sich die Schule inmitten größter Umbrüche. Das Unterrichtsministerium hatte 1899 einen neuen Direktor bestellt, der einen dezidierten Reformkurs einschlug: Felician Myrbach. Mit Josef Hoffmann, der im selben Jahr berufen wurde, und Koloman Moser kamen zwei Gründungsmitglieder der Wiener Secession an die Schule, wodurch der Jugendstil in dieser Institution fest verankert wurde. Weitere Vertreter der Moderne, darunter Alfred Roller und Carl Otto Czeschka, wurden in schneller Folge als Lehrende berufen und die mittlerweile alte Professorengarde aus der Ära des Historismus nach und nach ersetzt. Die Schule war an das k. k. Österreichische Museum für Kunst und Industrie, das heutige MAK, angegliedert und diesem unterstellt, jedoch führten die Transformationen in der europäischen Kunst in dieser Zeit der sich formierenden Avantgarden am Ende des Jahrhunderts zur Lossagung der Schule von der Vormundschaft des Museums. Moser, der selbst an der Kunstgewerbeschule studiert hatte (und auch an der Akademie der bildenden Künste), begann seine Lehrtätigkeit also inmitten dynamischer Umbrüche und administrativer Turbulenzen.

Myrbach stand in offenem Gegensatz zu Arthur von Scala, dem Direktor des Museums, der auch sein Vorgesetzter war. Kurz nach seiner Ernennung trennten sich Schule und Museum in zwei Institutionen; der nachmalige Direktor des Museums, Eduard Leisching, beschrieb diese Aufspaltung so:

> „Die beiden Direktoren waren nicht mehr an einen Verhandlungstisch zu bringen, der ‚Aufsichtsrat der Kunstgewerbeschule' [...] wurde aufgelöst, ja Myrbach ging sogar so weit, ein [...] neues Schulstatut zu entwerfen, welches den historischen Namen ‚Kunstgewerbeschule des k. k. Österreichischen Museums für Kunst und Industrie' in den Titel ‚k. k. Kunstgewerbeschule' geändert hat, um ganz deutlich zu demonstrieren, dass sich hier eine grundstürzende Trennung vollzogen habe. Dieses Statut wurde nun freilich nie genehmigt, aber in seinem Geiste wurde durch mehrere Jahre gearbeitet."[1]

Seit 1900 ging die Kunstgewerbeschule somit eigene Wege. Definitiv wurde die Trennung aber erst im Jahr 1909, als beide Institutionen der Zuständigkeit zweier verschiedener Ministerien untergeordnet wurden – das Museum dem Ministerium für öffentliche Arbeiten, die Schule dem Ministerium für Kultus und Unterricht.[2]

Dem für die Kunstgewerbeschule maßgeblichen Gründungsgedanken zufolge wurde sie als eine dem Museum angegliederte Ausbildungsstätte gesehen, deren

1 Kann, Robert A./Leisching, Peter (Hg.), *Ein Leben für Kunst und Volksbildung. Eduard Leisching 1858–1938. Erinnerungen*, Wien 1978, 158.

2 Jedoch haben die beiden Institutionen ihre inhaltliche und historische Verbindung in zahllosen Kooperationen bis heute fortgeführt. Das Jubiläumsjahr der Nachfolgeinstitution der Kunstgewerbeschule, der Universität für angewandte Kunst Wien, führte zu ihrer bisher größten Ausstellung, die 2017/18 im MAK als gemeinsames Projekt entwickelt und durchgeführt wurde: *ÄSTHETIK DER VERÄNDERUNG. 150 Jahre Universität für angewandte Kunst Wien*. Zur Ausstellung ist eine gleichnamige Broschüre erschienen, herausgegeben von Gerald Bast, Christoph Thun-Hohenstein, Elisabeth Schmuttermeier, Peter Weibel und Patrick Werkner, Wien 2017.

"AFTERNOON COMPOSITION TASKS"
KOLOMAN MOSER'S PROFESSORSHIP AT THE VIENNA SCHOOL OF ARTS AND CRAFTS

PATRICK WERKNER

At just 31 years old, Koloman Moser was appointed as a provisional teacher at the Imperial Royal School of Arts and Crafts in 1899 and nominated as a professor one year later. At this time the school was undergoing radical changes. In 1899 the ministry of education had engaged a new director who adopted a resolute policy of reform: Felician Myrbach. With Josef Hoffmann—who was appointed the same year—and Koloman Moser, two founding members of the Vienna Secession came to the school, meaning that Art Nouveau became firmly established at the institution. Other representatives of Modernism, including Alfred Roller and Carl Otto Czeschka, were appointed as teachers in quick succession and the now old generation of professors from the age of Historicism was gradually replaced. The school was affiliated and subordinate to the Imperial Royal Austrian Museum of Art and Industry, today's MAK. The transformations in European art in this age of emerging avant-gardes led to the school renouncing the custodianship of the museum at the end of the century. Consequently, Moser—who had once been a student at the School of Arts and Crafts (as well as at the Academy of Fine Arts)—started his teaching career amid dynamic changes and administrative turbulence.

Myrbach was openly opposed to Arthur von Scala, the director of the museum who was also his superior. The school and the museum separated into two institutions soon after his appointment; the future director of the museum, Eduard Leisching, described the division as follows:

> "The two directors could no longer be made to return to the negotiating table, the supervisory board of the School of Arts and Crafts [...] was disbanded; indeed, Myrbach went so far as to design a [...] new school statute that changed the historical name 'School of Arts and Crafts of the Imperial Royal Austrian Museum of Art and Industry' into the title 'Imperial Royal School of Arts and Crafts' to demonstrate quite plainly that a cataclysmic separation had taken place here. Of course, this statute was never authorized, but several years were spent working in its spirit."[1]

From 1900, therefore, the School of Arts and Crafts struck out on its own. However, the division only became definitive in 1909, when both institutions were subordinated to the authority of two different ministries: the museum to the ministry of public works, the school to the ministry of culture and education.[2]

According to the principal founding idea behind the School of Arts and Crafts, it was to be an educational institution affiliated with the museum whose teaching materials comprised the museum's collections and ornamental engravings. The

1 Kann, Robert A./Leisching, Peter (eds.), *Ein Leben für Kunst und Volksbildung. Eduard Leisching 1858–1938. Erinnerungen*, Vienna 1978, 158. Trans. Maria Slater.

2 However, both institutions have maintained their thematic and historical connection in countless collaborations to the present day. The anniversary year for the School of Arts and Crafts' successor institution, the University of Applied Arts Vienna, led to their largest exhibition to date, which was developed and carried out as a joint project at the MAK in 2017/18: *AESTHETICS OF CHANGE: 150 Years of the University of Applied Arts Vienna*. The exhibition was accompanied by a brochure of the same name edited by Gerald Bast, Christoph Thun-Hohenstein, Elisabeth Schmuttermeier, Peter Weibel, and Patrick Werkner, Vienna 2017.

Unterrichtsmaterial die Sammlungen und Ornamentstiche bildeten. Das Museum fungierte anfänglich also auch als eine Art Lehrmittelsammlung, deren Bestände den Unterricht weitgehend strukturierten. Dieses Konzept Rudolf von Eitelbergers, des ersten Direktors des Museums, und Erzherzog Rainers, des engagierten „Protectors" des Museums, war längst obsolet geworden.[3]

Mosers Wirken an der Kunstgewerbeschule bis 1917 fällt in die Direktionszeiten Myrbachs (1899–1904), Oskar Beyers (1904–1909) und Alfred Rollers (1909–1934). Unter Myrbach und seinen Nachfolgern wurde die Kunstgewerbeschule zu einer der Wiegen der Wiener Kunstblüte um 1900. Der seit der Jahrhundertwende kontinuierlich reformierte Unterricht nahm viele Elemente des späteren, heute berühmten Vorkurses am Bauhaus in Weimar vorweg: lebendiges Naturstudium, grundlegendes Materialstudium, Erproben elementarer Techniken bei unterschiedlichen Werkstoffen. Schon 1899 verfasste Myrbach ein Schreiben an den Aufsichtsrat der Kunstgewerbeschule, dessen Deckblatt die programmatisch wirkende Beschriftung „Das Naturstudium" trägt. Myrbach setzte sich darin eloquent für eine Erhöhung des Materialbetrags ein, der dem Unterricht zugutekommen sollte, tatsächlich ging es aber offensichtlich um die Durchsetzung des Studiums nach lebenden Modellen anstatt des Kopierens nach Vorbildern.

> „Es handelt sich darum, in einigen Abteilungen, in welchen das Studium nach dem Naturmodell bisher entweder gar nicht oder aus Mangel an Mitteln ganz unzulänglicher Weise gepflegt wurde, dasselbe einzuführen bzw. zu erweitern. [...] Auf Grund dieser Erwägungen ergibt sich die Notwendigkeit der Erhöhung [...] von 5200 fl. auf 7700 fl."

Der vielleicht wichtigste Passus findet sich in einer Randnotiz Myrbachs, in der er beklagt, dass die SchülerInnen nicht nach dem lebenden Modell zeichnen können, sondern „wegen Mangel an Geld zum Kopiren verdammt sind": „Der der Schule nicht zu Unrecht gemachte Vorwurf des Copirens statt des Selbstschaffens, ist nicht zu geringem Theil der Unzulänglichkeit der Geldmittel zuzuschreiben."[4]

Wenige Monate später wurden die Lehrenden von Myrbach in einem Schreiben „ad circulandum" ermahnt, „eine Laxheit in Befolgung der Schul- und Disciplins-Vorschriften unter keiner Bedingung aufkommen zu lassen", wobei es neuerlich um das Studium nach dem lebenden Modell ging: „Ich fand gestern Abend kaum 20 Schüler beim Aktzeichnen, obwohl mehr als 100 Theilnehmer eingeschrieben sind, obwohl dieser Theil des Studiums streng obligat ist." (Und: „in den Lehrsälen hat wieder die alte Gewohnheit des Tabakrauchens eingerissen.")[5]

Mosers Unterrichtstätigkeit begann inmitten der Entfaltung der Reformpädagogik, die nun auch an der Kunstgewerbeschule Einzug hielt. Von besonderer Bedeutung war der Zeichenunterricht bei Alfred Roller, der unmittelbar vor Moser an die Schule gekommen war.[6] Ebenso innovativ war die Lehrtätigkeit von Franz Čižek, der ab 1904 an der Kunstgewerbeschule unterrichtete und neue Methoden für die Ausbildung von ZeichenlehrerInnen einführte.[7]

3 Zu Eitelberger vgl. den Tagungsband: Kernbauer, Eva/Pokorny-Nagel, Kathrin/Rosenberg, Raphael/Rüdiger, Julia/Werkner, Patrick/Jenni, Tanja (Hg.), *Rudolf Eitelberger von Edelberg. Netzwerker der Kunstwelt*, Wien 2019 (erscheint im Frühjahr).

4 Handschreiben Myrbach, Universitätsarchiv der Universität für angewandte Kunst Wien, Kunstsammlung und Archiv (im Folgenden: UaK, KA), 1899, Nr. 236. Interessanterweise fordert Myrbach im gleichen Dokument auch eine Verbesserung der Ausstattung für den theoretischen Unterricht: „Es muss endlich dafür gesorgt werden, dass die Sammlung von Diapositiven für den Unterricht aus Kunstgeschichte, welcher durch Vorführung solcher Diapositive mittelst des Projectionsapparates besonders fruchtbar gemacht wird, ständig vermehrt werde." Dank an Silvia Herkt für Recherchen im Universitätsarchiv!

5 Handschreiben Myrbach, UaK, KA, 19.1.1900, Nr. 305.

6 Vgl. dazu Wick, Rainer K., „Die Wiener Kunstgewerbeschule, Johannes Itten und Franz Čižek", in: Bast, Gerald/Husslein-Arco, Agnes/Krejci, Harald/Werkner, Patrick (Hg.), *Wiener Kinetismus. Eine bewegte Moderne* (Edition Angewandte), Wien 2011, 12–25: 12 ff.

7 Zu Franz Čižek s. zuletzt: Reinhold, Bernadette, „Die Kunst im Leben des Kindes. Erkundungen eines weiten Arbeitsfeldes der Kunstgewerbeschule", in: Bast, Gerald/Seipenbusch-Hufschmied, Anja/Werkner, Patrick (Hg.), *150 Jahre Universität für angewandte Kunst Wien. Ästhetik der Veränderung*. Berlin/Boston 2017, 94–103. Einen biografischen Überblick zu Čižek bietet: Krammer, Marion, „Chronologie", in: Bast/Husslein-Arco/Krejci/Werkner (Hg.) 2011, 220–227.

museum thus initially functioned as a kind of collection of teaching materials whose holdings structured the lessons to a large extent. This concept by Rudolf von Eitelberger, the first director of the museum, and Archduke Rainer, the engaged "Protector" of the museum, had long become obsolete.[3]

Moser's work at the School of Arts and Crafts until 1917 coincides with the directorships of Myrbach (1899–1904), Oskar Beyer (1904–1909), and Alfred Roller (1909–1934). Under Myrbach and his successors, the School of Arts and Crafts became one of the birthplaces of Vienna's artistic acme around 1900. Continuously reformed since the turn of the century, the teaching methods at the school anticipated many elements of the later, now famous preliminary course at the Bauhaus in Weimar: nature studies from life, fundamental studies of materials, trials of elementary techniques in various materials. As early as 1899 Myrbach wrote a letter to the supervisory board of the School of Arts and Crafts, whose cover page bears the seemingly programmatic caption "Das Naturstudium" ("Nature Study"). In it, Myrbach eloquently advocated an increase in the materials subsidy, which was to benefit the tuition; in fact, however, he was patently seeking to replace the copying of exemplars with life model studies.

> "It is a matter of introducing or expanding the use of life model studies in some departments in which this had either not taken place at all or—owing to a lack of means—had been entirely inadequate. [...] As a result of these considerations, the necessity arises for an increase [...] from 5,200 fl. to 7,700 fl."

Perhaps the most important passage can be found in a marginal note by Myrbach, in which he complains that the students cannot draw life models but rather "are condemned to copy for want of money": "The accusation—not unjustly leveled at the school—of copying rather than making things ourselves, can in no small part be attributed to the deficiency in funds."[4]

Just a few months later the teaching staff were urged by Myrbach in a circular letter "not to allow under any circumstances any laxity in compliance with school and disciplinary regulations"; yet again this pertained to life model studies: "Yesterday evening I found scarcely 20 students drawing nudes even though over 100 participants are enrolled—this despite it being a strictly obligatory part of the degree." (And: "the old custom of smoking tobacco in the lecture rooms has once again become a nasty habit.")[5]

Moser's teaching career started amid the development of progressive education, which now found its way into the School of Arts and Crafts. Particularly significant in this regard was the drawing class under Alfred Roller, who had arrived at the school immediately before Moser.[6] Equally innovative was the teaching style of Franz Čižek, who taught at the School of Arts and Crafts from 1904 and introduced new methods for training drawing teachers.[7]

Providing short accounts of the activities and achievements at the "Fachschule für Malerei. Abteilung Professor Koloman Moser" ("Painting School. Professor Koloman

3 On Eitelberger cf. the conference proceedings: Kernbauer, Eva/Pokorny-Nagel, Kathrin/Rosenberg, Raphael/Rüdiger, Julia/Werkner, Patrick/Jenni, Tanja (eds.), *Rudolf Eitelberger von Edelberg. Netzwerker der Kunstwelt*, Vienna 2019 (will be published in spring).

4 Handwritten note by Myrbach, University Archives of the University of Applied Arts Vienna, Art Collection and Archive (henceforth: UaK, KA), 1899, no. 236. Interestingly, Myrbach demands in the same document an improvement of the equipment for theoretical tuition: "There must finally be provision for the collection of diapositives for art history classes, which are made particularly fruitful by showing such diapositives using the projecting equipment, to be constantly augmented." My thanks to Silvia Herkt for her research in the University Archives!

5 Handwritten note by Myrbach, UaK, KA, 19 Jan 1900, no. 305.

6 Cf. Wick, Rainer K., "The Vienna Kunstgewerbeschule, Johannes Itten and Franz Čižek," in: Bast, Gerald/Husslein-Arco, Agnes/Krejci, Harald/Werkner, Patrick (eds.), *Viennese Kineticism. Modernism in Motion* (Edition Angewandte), Vienna 2011, 13–25: 13 ff.

7 On Franz Čižek see most recently: Reinhold, Bernadette, "Die Kunst im Leben des Kindes. Erkundungen eines weiten Arbeitsfeldes der Kunstgewerbeschule," in: Bast, Gerald/Seipenbusch-Hufschmied, Anja/Werkner, Patrick (eds.), *150 Jahre Universität für angewandte Kunst Wien. Ästhetik der Veränderung*. Berlin/Boston 2017, 94–103. A biographical overview of Čižek is offered by: Krammer, Marion, "Chronologie," in: Bast/Husslein-Arco/Krejci/Werkner (eds.) 2011, 220–227.

Die von Moser der Schulleitung vorgelegten „Schlußberichte", die jahrgangsweise über die „Fachschule für Malerei. Abteilung Professor Koloman Moser" kurze Tätigkeits- und Leistungsberichte liefern, sind sehr knapp abgefasst, sie zeigen jedoch, dass Moser größten Wert auf das von Myrbach so sehr geforderte „Naturstudium" legte.[8] Für 1906/07 berichtet Moser: „Der Unterricht wurde an der Abteilung in der Weise geregelt, dass die Vormittage dem Zeichnen nach dem lebenden Modell gewidmet waren, während die Schüler nachmittags an ihren Kompositionsaufgaben zu arbeiten hatten."[9] Aus späteren Berichten erfährt man gelegentlich mehr über die Beteiligung seiner SchülerInnen an konkreten Aufgaben, so 1909/10:

> „Die Abtheilung arbeitete an der Ausschmückung eines Raums des Gewerbeförderungpavillons in der Jagdausstellung. Und zwar so, daß die vier Hauptbilder des malerischen Schmuckes von einem Schüler hergestellt, während die ergänzenden Panneaux – mehr ornamentalen Charakters – von den anderen Schülern der Abtheilung entworfen und in Harmonie zum Ganzen in Naturgröße gemalt wurden. [...] Die Arbeit wurde ohne jegliches Honorar gemacht und nur dadurch wurde eine Acceptirung der Arbeiten bei den maaßgebenden Factoren erreicht."[10]

Vormittags Zeichnen nach dem lebenden Modell, nachmittags Kompositionsaufgaben – diese verkürzte Beschreibung lässt in keiner Weise erahnen, welche unglaubliche Fülle an Form-, Material- und Verwendungsmöglichkeiten Koloman Moser seinen SchülerInnen vermittelte. Sein unerschöpflicher Einfallsreichtum und seine Fantasie sind legendär und werden auch an den Exponaten der Ausstellung im MAK sichtbar. Dieser nie versiegenden schöpferischen Produktivität waren auch die Studierenden in Mosers Abteilung „ausgesetzt" und von ihr permanent angeregt. Insgesamt bildete ja das kreative Klima in den frühen Jahren der Secession – also von ihrer Gründung 1897 bis zum Auszug der Klimt-Gruppe 1905 – eine Art Treibhausatmosphäre für Kunst und Design in Wien, die bis zum Beginn des Ersten Weltkriegs anhalten sollte. Die damals in großer Breite erzielte außerordentliche Qualität künstlerischer Schöpfungen wurde erst kürzlich für den Bereich des Farbholzschnitts demonstriert, wobei Moser und seine SchülerInnen ganz wesentliche Beiträge lieferten.[11] „Ich und meine Schüler", schrieb Moser später, „versuchten uns in allen Stoffen und ließen uns durch das Material und durch die Technik, die zu seiner Bearbeitung nötig war, künstlerisch anregen. Und ein paar Jahre später musste Ludwig Hevesi schon feststellen, dass jetzt bereits überall ‚moseriert' werde."[12]

Was aus Mangel an Werkstätten an der Kunstgewerbeschule selber nicht umsetzbar war, wurde von Moser gemeinsam mit Josef Hoffmann in der 1903 gegründeten Wiener Werkstätte realisiert, deren finanzielle Basis Fritz Waerndorfer zur Verfügung stellte. Die jungen AbsolventInnen der Schule und auch schon die Studierenden konnten auf diese Weise für konkrete Aufträge herangezogen werden, womit freilich das Experimentierfeld einer Kunstschule aufgegeben wurde – in diesem Fall zugunsten einer Luxusproduktion für einen außerordentlich exklusiven Kreis von KundInnen.

Neben Hoffmann, Roller, Czeschka und Čižek zählten im Laufe seiner 18-jährigen Lehrtätigkeit weitere wichtige Persönlichkeiten zu Mosers Professorenkollegen an

8 UaK, KA, Schlußberichte bzw. Jahresberichte 1906/07 bis 1917.

9 Schlußbericht 1906/07.

10 Uak, KA, Jahresbericht 1909/10, Fachschule Koloman Moser.

11 Natter, Tobias G./Hollein, Max/Schröder, Klaus Albrecht (Hg.), *Kunst für alle. Der Farbholzschnitt in Wien um 1900*, Ausst.kat. Schirn Kunsthalle Frankfurt, Köln 2016 (in stark reduzierter Form 2016/17 auch in der Wiener Albertina gezeigt).

12 Moser, Koloman, „Mein Werdegang" (1916), in: Leopold, Rudolf/Pichler, Gerd (Hg.), *Koloman Moser 1868–1918*, Ausst.kat. Leopold Museum, Wien, München/Berlin u. a. 2007, 14–19: 17. Die Wortprägung von Ludwig Hevesi, auf die Moser hier Bezug nimmt, findet sich in dessen Besprechung vom 31.5.1901: „Österreichisches Museum. Ausstellung der Wiener Kunstgewerbeschule", in: Hevesi, Ludwig, *Acht Jahre Sezession (März 1897 – Juni 1905). Kritik – Polemik – Chronik*. Wien 1906, 335–340: 335.

Moser's Department") per year group, the "Schlußberichte" ("final reports") submitted by Moser to the school management are very brief but nevertheless show that Moser attached great importance to the "nature studies" that Myrbach so adamantly demanded.[8] Of 1906/07 Moser reports: "In the department tuition was regulated so that the mornings were devoted to drawing life models, while the students had to work on their composition tasks in the afternoons."[9] In later reports one occasionally discovers more about the involvement of his students in specific tasks, such as in 1909/10:

> "The department worked on decorating a room for the 'advancement of trade' pavilion at the hunting exhibition, namely by one student producing the four main images of painted decoration, while the additional panels—of a more ornamental character—were designed by the other students of the department and painted life-size in harmony with the whole. [...] The work was carried out without any remuneration; this was the only way to have their work accepted by the exhibition organizers."[10]

Drawing life models in the mornings, composition tasks in the afternoons: this abbreviated description in no way conveys the incredible abundance of form, material, and application possibilities that Koloman Moser imparted to his students. His inexhaustible ingenuity and his imagination are legendary and are also palpable in the works on display in the MAK exhibition. The students in Moser's department were also "exposed" to and permanently inspired by his indefatigable creative productivity. Indeed, all in all the creative climate in the early years of the Secession—from its founding in 1897 to the departure of the Klimt Group in 1905—provided a kind of hothouse atmosphere for art and design in Vienna that would be sustained until the outbreak of the First World War. The extraordinary quality of artistic creations achieved across the board at that time has only recently been demonstrated for the medium of color woodcuts, to which Moser and his students made very significant contributions.[11] "I and my students," Moser wrote later, "tried out all types of fabric and sought artistic inspiration from the material as well as the techniques which were required to process it. A few years later, Ludwig Hevesi observed that people were 'mosering' in all directions."[12]

What could not be realized due to a lack of workshops at the School of Arts and Crafts itself was accomplished by Moser together with Josef Hoffmann at the Wiener Werkstätte, founded in 1903, whose financial footing was supplied by Fritz Waerndorfer. In this way the school's young graduates and the students themselves could be called upon for specific commissions, meaning that the idea of an art school as a testing ground was clearly relinquished—in this case in favor of luxury production for an extremely exclusive circle of customers.

Alongside Hoffmann, Roller, Czeschka, and Čižek, there were other important figures among Moser's fellow professors at the School of Arts and Crafts over the course of his 18-year teaching career, such as Erich Mallina, Bertold Löffler, Oskar Strnad, Michael Powolny, Franz Barwig, and Heinrich Tessenow. What is striking is that in the academic year 1900/01 there were four painting classes at the School of Arts

8 UaK, KA, final reports or annual reports 1906/07 to 1917.

9 Final report 1906/07.

10 UaK, KA, annual report 1909/10, Koloman Moser School.

11 Natter, Tobias G./Hollein, Max/Schröder, Klaus Albrecht (eds.), *Kunst für alle. Der Farbholzschnitt in Wien um 1900*, exh. cat. Schirn Kunsthalle Frankfurt, Cologne 2016 (also shown at Vienna's Albertina in 2016/17 in a much-reduced form).

12 Moser, Koloman, "Mein Werdegang" (1916), Engl. "My Life," in: Leopold, Rudolf/Pichler, Gerd (eds.), *Koloman Moser 1868–1918*, exh. cat. Leopold Museum, Vienna, Munich/Berlin et al. 2007, 14–19: 17. Trans. Jane Michael. The word coined by Ludwig Hevesi to which Moser refers here, can be found in his review from 31 May 1901: "Österreichisches Museum. Ausstellung der Wiener Kunstgewerbeschule," in: Hevesi, Ludwig, *Acht Jahre Sezession (März 1897 – Juni 1905). Kritik – Polemik – Chronik*. Vienna 1906, 335–340: 335.

der Kunstgewerbeschule, etwa Erich Mallina, Bertold Löffler, Oskar Strnad, Michael Powolny, Franz Barwig und Heinrich Tessenow. Auffallend ist, dass im Studienjahr 1900/01 vier Malereiklassen an der Kunstgewerbeschule bestanden, die von Felician Myrbach, Franz von Matsch (Mosers ehemaligem Lehrer), Carl Karger und Moser geleitet wurden; 1916/17 gab es nur mehr eine, nämlich Mosers Klasse, und 1917/18 wurde diese von Adolf Michael Boehm geleitet.[13] Zuvor hatten Moser und Roller über Mosers möglichen Nachfolger korrespondiert, wobei Gustav Klimt durch Roller ins Spiel gebracht wurde. Moser quittierte dies so: „Erstens tut er's nicht und wenn - so würde ich es für entsetzlich halten, diesen Menschen auch nur 5 Minuten aus seiner Tätigkeit zu nehmen."[14] Unter Mosers SchülerInnen finden sich zahlreiche bekannte Namen wie beispielsweise Leopold Forstner (Abb. 1),[15] Jutta Sika (Abb. 2), Therese Trethan (Abb. 3), Rosa Neuwirth, Ugo Zovetti, Emma (Emmy) Zweybrück, Bartholomäus Stefferl, Ilse Bernheimer, Silvia Koller, Vally Wieselthier, Julius Zimpel, Oswald Haerdtl und Hertha Ramsauer. Mehrere von ihnen sollten selber wieder erfolgreiche Lehrende werden und jahrzehntelang unterrichten, wie Emma Zweybrück,[16] Ilse Bernheimer, Oswald Haerdtl und Hertha Ramsauer (verh. Larisch).[17]

Kehren wir nochmals zu Mosers frühester Zeit als Professor zurück. Aus dem Jahr 1902 besitzen wir ein ausführliches und höchst anschauliches Dokument des französischen Künstlers und Kunstkritikers M. P. (Maurice Pillard) Verneuil, das voller Enthusiasmus und detailreich über das Neue an der Wiener Kunstgewerbeschule berichtet und noch nicht für die Schulgeschichte ausgewertet wurde.[18] Verneuils begeisterter und reich illustrierter Bericht erschien in der französischen Kunstzeitschrift *Art et Décoration* (Abb. 4). Hier stellte er das Unterrichtssystem an der Kunstgewerbeschule als beispielhaft für einen zeitgenössischen Kunstunterricht vor. Er gibt ein plastisches Bild von der damaligen Struktur der Kunstgewerbeschule und hebt auch Mosers Tätigkeit besonders hervor, weshalb der Artikel hier in einigen längeren Passagen zitiert werden soll.[19]

> „Wird ein Schüler aufgenommen, kann er am Unterricht von drei Professoren teilnehmen: Herr Roller, Maler, unterrichtet vor allem Zeichnen und akademisches Modellieren. Dank seiner ganz eigenen neuen Methode erreicht er erstaunliche Ergebnisse. Bei Herrn Breitner, der Bildhauer ist, erfolgt der Unterricht an lebenden Modellen und gleichzeitig an Pflanzen oder lebenden Tieren. Herr Schulmeister schließlich, Maler, lässt seine Studierenden vor allem nach Pflanzen oder Tieren zeichnen.
>
> Zusätzlich zu dem praktischen Unterricht dieser Professoren ist der Student gehalten, theoretische Kurse in Perspektive, Stilkunde, Anatomie, Kunstgeschichte, ornamentaler Schrift und angewandter Chemie zu belegen.
> Der Student erwirbt so fundierte Kenntnisse, mit denen er bei einem der Professoren für Komposition in der Kunstgewerbeschule vorsprechen kann. [...]
>
> Der Professor trägt moralisch die Verantwortung für seinen Studierenden.
> Er begleitet, unterrichtet, ermuntert, leitet ihn an. Jeder hat sein eigenes auf ihn zugeschnittenes Programm, mit dem Ziel, seine ganz persönlichen Fähigkeiten

13 Pausch, Oskar, „Quellen zu Kolo Mosers Nachfolge an der Kunstgewerbeschule", in: Leopold/Pichler (Hg.) 2007, 424–427.

14 Ebd., 425.

15 Bauer, Martina, *Leopold Forstner 1878–1936. Ein Materialkünstler im Umkreis der Wiener Secession*, Wien 2016.

16 Heller, Friedrich C., *Emmy Zweybrück. Werkstätte und Schule*, Wien 2017.

17 Anlässlich des 150-jährigen Gründungsjubiläums der Kunstgewerbeschule wurde erstmals eine „Genealogie" der künstlerischen Unterrichtsfächer erstellt, die den permanenten Strukturwandel der Schule bzw. Universität sichtbar macht. Mosers Professur stellte dabei eine wesentliche Konstante dar. Vgl. Dorner-Bauer, Martina/Gitzl, Viktoria/Herkt, Silvia/Werkner, Patrick, „Genealogie der Unterrichtsfächer und Studiengänge 1868–2017", in: Bast/Seipenbusch-Hufschmied/Werkner (Hg.) 2017, 317–413.

18 Den Hinweis auf den Artikel von Verneuil verdanke ich Christian Witt-Dörring.

19 Verneuil, M. P. (Maurice Pillard), „L'Enseignement des Arts Décoratifs à Vienne", in: *Art et Décoration. Revue Mensuelle d'Art Moderne* (11) 1 1902, 143–164. Online abrufbar unter http://gallica.bnf.fr/ark:/12148/bpt6k61434604/f168.image [17.5.2018]. Dank an Krisztina Eustace-Werkner für die Übersetzung der zitierten Textstellen aus dem Französischen. Einige Fehler bei Eigennamen im französischen Text wurden ohne Kennzeichnung in der Übersetzung richtiggestellt.

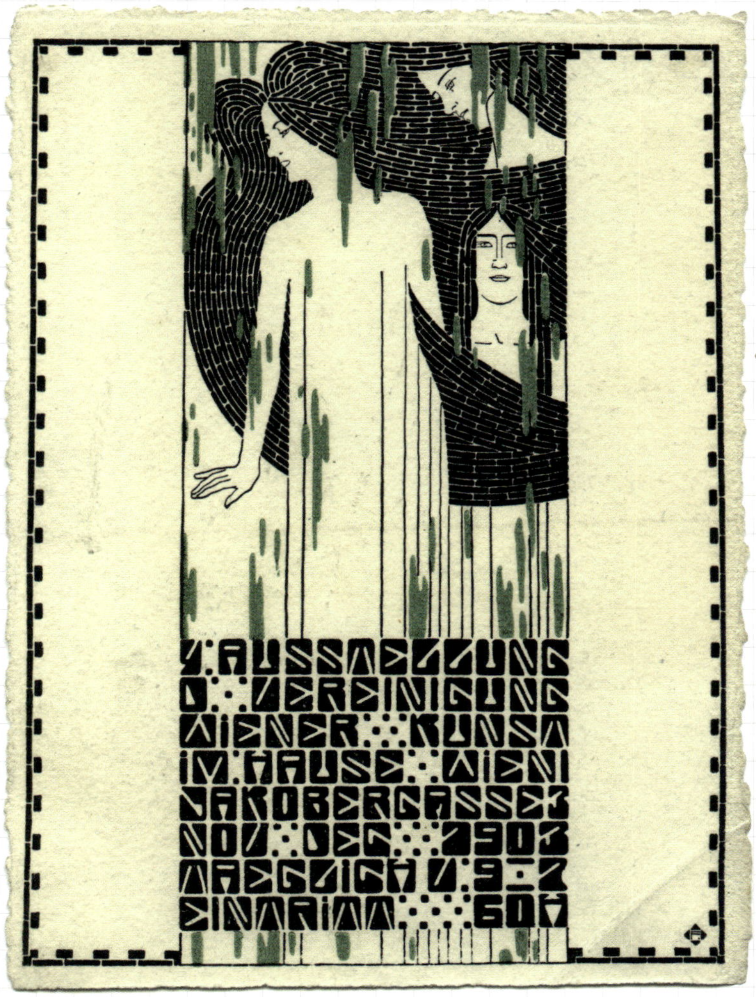

1

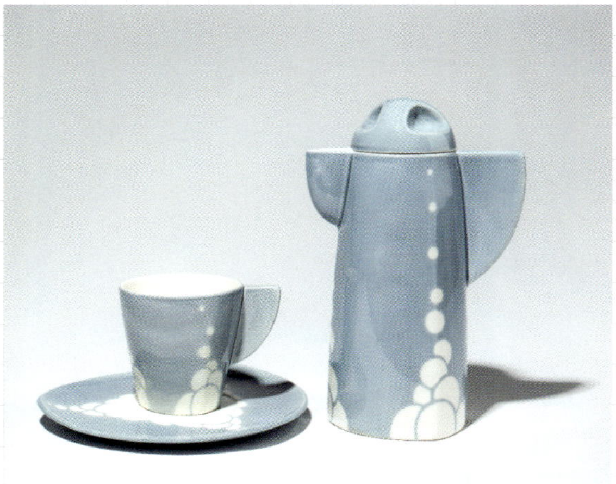

2

1 Leopold Forstner
Einladungskarte zur 4. Ausstellung der Vereinigung „Wiener Kunst im Hause", 1903
Invitation card to the 4th exhibition of the association "Wiener Kunst im Hause" (Viennese Art in the Home), 1903
UaK, KA 7794/1/Q

2 Koloman Moser (Form),
Jutta Sika (Dekor decoration)
Teile eines Kaffeeservices, 1901/02
Parts of a coffee set, 1901/02
MAK

3 Koloman Moser (Form),
Therese Trethan (Dekor decoration)
Teile eines Teeservices, 1901/02
Parts of a tea set, 1901/02
MAK

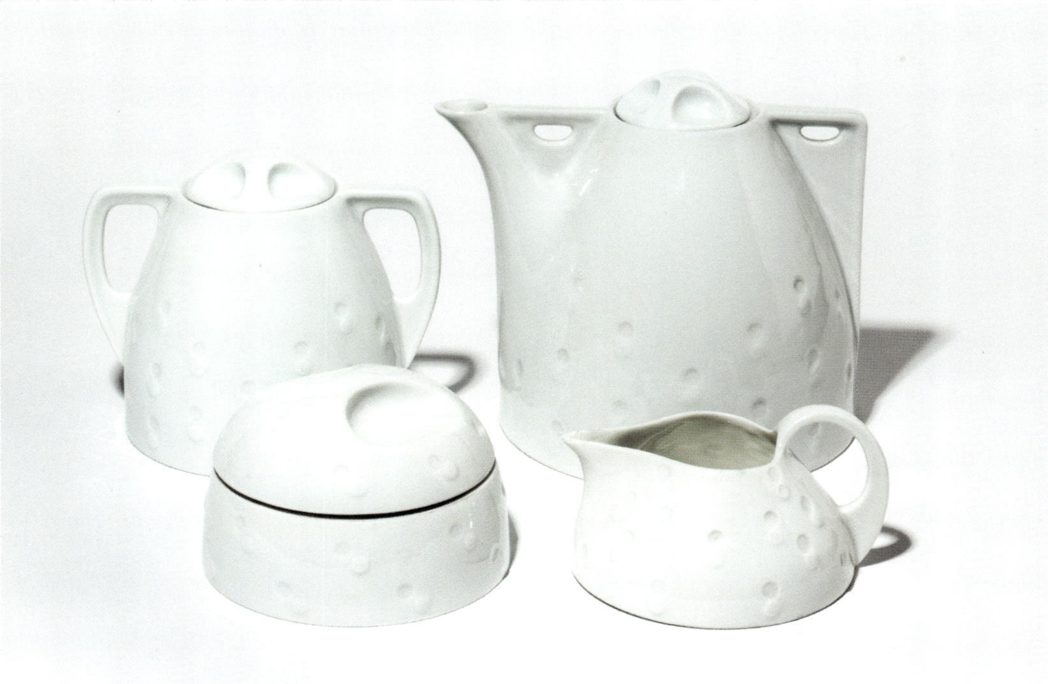

3

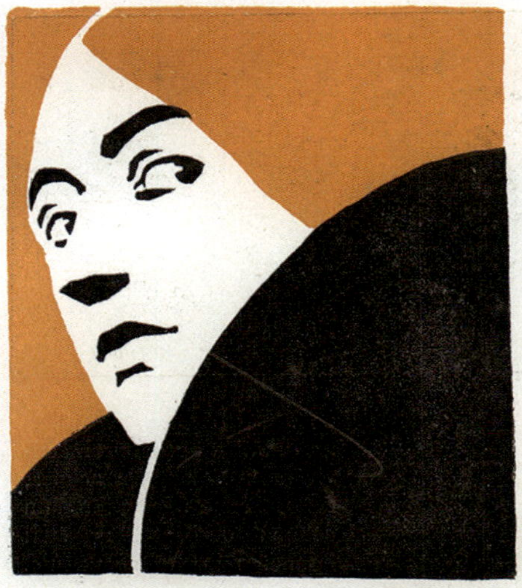

Pochoir W. DITTRICH (prof. ROLLER)

de la vue d'objets d'art réunis et exposés chaque année, de façon à permettre à l'artiste de suivre l'évolution artistique de son temps, de se tenir au courant de la production moderne. Or, ces expositions sont toujours, pourrait-on dire, hors des ressources des villes et des musées provinciaux, et l'Etat y supplée par ses expositions circulantes.

Du reste, la préoccupation est grande, en Autriche, qui tend à rénover les industries locales, et à les faire prospérer.

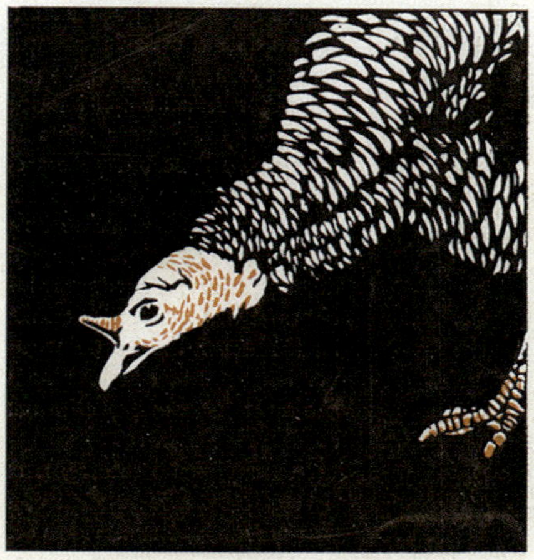

Pochoir JOS. STREJO (prof. ROLLER)

A cet effet, deux moyens s'offrent : premièrement perfectionner la technique, secondement renouveler les modèles. C'est sur la dentelle et la broderie surtout que se sont portés les efforts. Ces industries, en effet, existaient autrefois; mais, la copie incessante des mêmes modèles lassa le public qui peu à peu délaissa ces produits, intéressants cependant.

Afin de former d'habiles ouvrières, des écoles

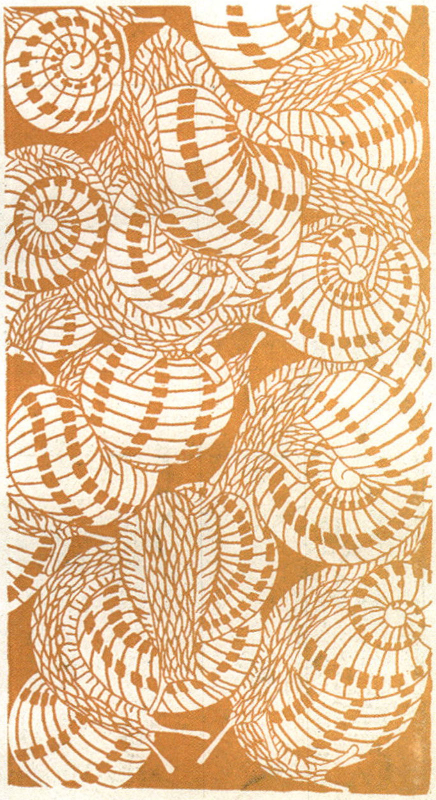

ROSA NEUWIRTH (prof. MOSER)

provinciales furent créées; les meilleures des élèves sont envoyées à Vienne, où l'école de dentelle perfectionne leur technique, et en fait d'impeccables ouvrières. Elles retournent ensuite professer dans les écoles de leur pays.

Pour renouveler les modèles, un cabinet de dessin fut créé au Musée, qui fournit gratuitement aux écoles tous les modèles dont elles ont besoin. Cet atelier de dessin est composé de deux architectes et de quatre ou cinq dessi-

19

4

4 Maurice P. Verneuil
Illustrierter Artikel „L'Enseignement des Arts Décoratifs à Vienne" [Der Kunstgewerbeunterricht in Wien], 1902
Illustrated article "L'Enseignement des Arts Décoratifs à Vienne" [Decorative Art Education in Vienna], 1902
In: *Art et Décoration* (11) 1 1902, S. p. 149
MAK

and Crafts, headed by Felician Myrbach, Franz von Matsch (Moser's former teacher), Carl Karger, and Moser; in 1916/17 there was only one, namely Moser's class, and in 1917/18 it was overseen by Adolf Michael Boehm.[13] Moser and Roller had previously corresponded about Moser's possible successor, with Gustav Klimt being suggested by Roller. Moser acknowledged this as follows: "First of all, he won't agree, and if he did—I would regard it as dreadful to distract this man from his activities even for 5 minutes."[14] Among Moser's students there are numerous famous names, such as Leopold Forstner (fig. 1),[15] Jutta Sika (fig. 2), Therese Trethan (fig. 3), Rosa Neuwirth, Ugo Zovetti, Emma (Emmy) Zweybrück, Bartholomäus Stefferl, Ilse Bernheimer, Silvia Koller, Vally Wieselthier, Julius Zimpel, Oswald Haerdtl, and Hertha Ramsauer. Many of them would themselves become successful lecturers and teach for decades, like Emma Zweybrück,[16] Ilse Bernheimer, Oswald Haerdtl, and Hertha Ramsauer (m. Larisch).[17]

Let us return to Moser's early years as a professor. From the year 1902 we have a verbose and very descriptive document by the French artist and art critic M. P. (Maurice Pillard) Verneuil, which reports with great enthusiasm and extreme detail on the novelty at the Vienna School of Arts and Crafts and has not yet been analyzed for the school's history.[18] Verneuil's ardent and richly illustrated report appeared in the French art magazine *Art et Décoration* (fig. 4). In it he introduced the teaching methods at the School of Arts and Crafts as exemplary for a contemporary art class. He paints a vivid picture of the structure of the School of Arts and Crafts at that time and emphasizes Moser's work in particular; for this reason longer passages of the article will be quoted here.[19]

"Once admitted, there are three professors whose course the student can attend: Mr. Roller, painter, teaching above all drawing and modeling in the academy style. Thanks to a new method that is unique to him, this professor achieves astonishing results. Mr. Breitner, sculptor, with whom studies are made of life models at the same time as plants or living animals. Finally, Mr. Schulmeister, painter, teaching above all plant or animal drawing.

In addition to the practical courses by these professors, the student is obliged to attend theoretical courses in perspective, the history of styles, anatomy, art history, ornamental writing, and applied chemistry. The student therefore acquires solid principles, allowing him to audition in front of one of the professors of composition at the School of Arts and Crafts. [...]

The professor is morally responsible for his student. He follows him, he teaches him, he encourages him, he supervises him. Each has his own, specialized program, designed to cultivate his unique skills. In a word, it is a culture of the individual, and there is complete respect for individuality. The professor encourages the individual student on the path that he has chosen or for which he shows most aptitude. Can one wish for more?

Hence the professor and his students are in constant contact. The professor has his own private studio in which he works, next door to those of his students.

13 Pausch, Oskar, "Sources of Kolo Moser's Succession at the College of Applied Arts," in: Leopold/Pichler (eds.) 2007, 424–427. Trans. Jane Michael.

14 Ibid., 425.

15 Bauer, Martina, *Leopold Forstner 1878–1936. Ein Materialkünstler im Umkreis der Wiener Secession*, Vienna 2016.

16 Heller, Friedrich C., *Emmy Zweybrück. Werkstätte und Schule*, Vienna 2017.

17 On the occasion of the 150th anniversary of the founding of the School of Arts and Crafts, a "genealogy" of the artistic subjects taught was compiled for the first time, which visualizes the permanent structural change at the school and later university. Moser's professorship constituted a significant constant in this regard. Cf. Dorner-Bauer, Martina/Gitzl, Viktoria/Herkt, Silvia/Werkner, Patrick, "Genealogie der Unterrichtsfächer und Studiengänge 1868–2017," in: Bast/Seipenbusch-Hufschmied/Werkner (eds.) 2017, 317–413.

18 I thank Christian Witt-Dörring for his referece to Verneuil's article.

19 Verneuil, M. P. (Maurice Pillard), "L'Enseignement des Arts Décoratifs à Vienne," in: Art et Décoration. Revue Mensuelle d'Art Moderne (11) 1 1902, 143–164. Available online at http://gallica.bnf.fr/ark:/12148/bpt6k61434604/f168.image [17 May 2018]. Thanks to Krisztina Eustace-Werkner for her translation (French > German) of the quoted excerpts. The few mistakes in the proper nouns in the French text were corrected without comment in the translation (Engl. trans. Maria Slater).

und Fertigkeiten zu fördern. Kurz gesagt, es herrscht eine Kultur des Individuellen, und es gilt vollständige Achtung vor dem Individuellen. Der Professor gibt für jeden Einzelnen die Richtung vor auf das Ziel, das er sich gesetzt hat oder für das er sich am besten geeignet erweist. Kann man sich Besseres wünschen?

Somit sind Professoren und Studierende miteinander in ständigem Kontakt. Der Professor hat sein eigenes Atelier, in dem er arbeitet, direkt neben den Ateliers seiner Studierenden. Diese können ihren Professor jederzeit um Rat fragen, und er kann sie jederzeit beaufsichtigen. [...] In den Meisterklassen für Komposition der Herren Moser, Hoffmann und Myrbach steht den Studierenden ihr eigenes kleines Atelier zur Verfügung; zwei oder drei junge Leute teilen sich eines; hier sind sie frei, bei sich, und schmücken es sogar nach eigenem Geschmack. Solche Voraussetzungen können sich auf die Arbeit nur positiv auswirken. Sehen wir uns nun die Ausgestaltung der Schule an. Für jede der drei wichtigsten Künste gibt es drei Ateliers. Das sind: drei Ateliers für Zeichnen und Malen, geleitet von den Herren K. Moser, Myrbach und [Carl] Karger. Drei Ateliers für Skulptur, geleitet von den Herren [Stefan] Schwartz, [Hermann] Klotz und [Arthur] Strasser. Und schließlich drei Ateliers für Architektur, geleitet von den Herren Hoffmann, [Oskar] Beyer, [Hermann] Herdtle. [...]

Es gibt drei Ateliers für Komposition und Malerei. Neben den Studien der Natur spezialisiert sich ein jedes je nach den Prioritäten oder Fähigkeiten des jeweiligen Professors. Im Atelier Moser widmet man sich vor allem der Malerei, den Entwurfszeichnungen für Keramiken, Glas, Stoffe, Glasfenster, Lederwaren, Schablonen, Tapeten, Teppiche und Möbel; dem Letzteren mit weniger Nachdruck. Sogar mit Damenbekleidung beschäftigt man sich."[20]

Dies ist der erste Beleg dafür (mit Abbildung), dass in Mosers Klasse tatsächlich auch Modeentwürfe zum Unterrichtsprogramm gehörten!

„Der Unterricht in dieser Klasse ist ausschließlich modern. Das Atelier Myrbach ist hingegen auf Illustrationen und die verschiedenen Druckverfahren spezialisiert. Hier haben die Studierenden eine Druckerpresse zur Verfügung, sodass sie ihre Lithografien oder Gravuren selber drucken. Hier wurden höchst interessante schwarz-weiße oder Farblithografien hergestellt. Gute Drucke, die die Wände schmücken, dienen als wertvolle Beispiele, die man den Studierenden vor Augen führt. Das Atelier Karger widmet sich speziell der dekorativen Malerei und der Illustration. Der Unterricht ist hier weniger modern als in den beiden vorangegangenen.

Es folgen drei Ateliers für Bildhauerei: das Atelier Strasser, das sich dem Figurenstudium und der Komposition ornamentaler Ensembles widmet. Das Atelier Klotz, zugleich Werkstätte für Holzverarbeitung. Man könnte sich hier mehr Modernität wünschen, aber nicht mehr an fachlichem Können. Das Atelier Schwartz ist zugleich Werkstätte für Metallverarbeitungstechniken. In diesen Ateliers wird am Vormittag mit lebenden Modellen gearbeitet, der Nachmittag dient der Komposition und der manuellen Arbeit. Hier erteilt der Fachlehrer seinen Unterricht

20 Ebd., 157–159.

> They can therefore ask the advice of the master, and he can supervise them, at any moment. [...] In the masterclasses for composition, such as those of Messrs. Moser, Hoffmann, and Myrbach, the students have at their disposal their very own small studios; two or three young people share each one; here they are free, at home, and even decorate it according to their own taste. This arrangement can but be favorable to their work. Let us now look at the structure of the school. For each of the three principal arts, there exist three studios. They are: three studios for drawing and painting, run by Messrs. K. Moser, Myrbach, and [Carl] Karger. Three studios for sculpture, run by Messrs. [Stefan] Schwartz, [Hermann] Klotz, and [Arthur] Strasser. Finally, three studios for architecture, run by the Messrs. Hoffmann, [Oskar] Beyer, [Hermann] Herdtle. [...]
>
> There exist three studios for composition and painting; however, each of them specializes—beyond nature studies—in the preferences or competence of the respective professor. In Moser's studio, one studies predominantly painting, design drawing for ceramic, glass, fabric, glass windows, leather, stencils, wallpaper, carpets, and furniture; the latter is given less emphasis. One even concerns oneself with women's clothing."[20]

This is the first evidence (with an illustration) that fashion designs were indeed part of the syllabus in Moser's class!

> "The tuition in this class is exclusively modern. Myrbach's studio is more specialized in illustration and the various printing methods. The students here have a press at their disposal and they print their compositions—whether lithographic or engraved on zinc—themselves. Very interesting specimens of lithography in black or in color have been produced here. Good prints that adorn the walls are essentially precious examples thrust under the noses of the students. The Karger studio is specially dedicated to decorative painting and illustration. The teaching here is less modern than in the two previous classes.
>
> Three sculpture studios come next: the Strasser studio, where figure studies take precedence along with the composition of ornamental ensembles. The Klotz studio, at the same time a workshop for wooden sculpture. One could wish for more Modernism here, but there is no lack of professional skill. The Schwartz studio, at the same time a metalworking workshop. In these studios life model studies take place in the morning; the afternoon is dedicated to composition and manual work. Here repoussé, forging, casting, and chasing are taught by the competent professor. Finally, three architecture studios. Hoffmann's studio, where one is occupied above all with interior decoration, furniture, stenciled wall decoration. The teaching here is entirely modern. Bayer's and Herdtle's studios, also focusing on interior decoration but not exclusively modern. One senses an effort in the direction of Modernism, but more by necessity than by conviction."[21]

Verneuil's description now features other departments that he was able to visit at the School of Arts and Crafts at that time, including the tapestry workshops by Leopoldine Guttmann, who is the only female teacher he mentions. It was in

20 Ibid., 157–159.

21 Ibid., 159–161.

> im Reliefarbeiten, Schmieden, Gießen, Ziselieren. Schließlich die drei Ateliers für Architektur. Das Atelier Hoffmann, wo man sich vor allem mit Innendekoration beschäftigt, mit Möbeln und Wandschmuck. Der Unterricht ist hier gänzlich modern. Die Werkstätten Beyer und Herdtle beschäftigen sich ebenfalls mit Innendekoration, unterrichten aber nicht ausschließlich modern. Man spürt zwar die Bemühung um die Moderne, aber eher aus Notwendigkeit denn aus Überzeugung."[21]

In der Beschreibung Verneuils folgen nun weitere Abteilungen, die er damals an der Kunstgewerbeschule besuchen konnte, darunter die Werkstätte für Tapisserien von Leopoldine Guttmann, die er als einzige weibliche Lehrende erwähnt. In Myrbachs Ära wurden erstmals Frauen als Lehrende an die Schule berufen: 1901 Rosalia Rothansl (für Textilarbeiten), Guttmann 1902 und Adele von Stark (Emailarbeiten) im Jahr 1903. – Professorinnen gab es damals noch nicht an der Kunstgewerbeschule.

> „Im Augenblick beträgt die Anzahl der Studierenden 283, um die sich 23 Professoren kümmern, 17 für die praktischen Fächer und sechs für theoretische. Die Arbeit mit dem lebenden Modell, die einzig wahre Grundlage für den Zeichenunterricht, wird in den verschiedenen Ateliers und Werkstätten der Schule vorangetrieben, und nicht selten kommt es vor, dass in einem Atelier zwei Personen gleichzeitig Modell sitzen. Auch bewegte Posen sind häufig, wobei ein Modell fortwährend die gleiche Bewegung wiederholt, und der Schüler sozusagen im Flug das Charakteristische erfassen muss. Außerdem ist der Schule eine Menagerie [...] angeschlossen, sodass die Studierenden zahlreiche Tierstudien nach der Natur ausführen können: von Affen, Kranichen, Hähnen usw. Im Sommer finden auch Freiluftstudien nach Tieren statt: mit Pferden, Rindern usw., wobei jedes sich auf seine ganz eigene Art bewegt. [...] Im Übrigen ist es einer der Grundsätze der Schule, dass alle Angebote für beide Geschlechter gelten, was bisher nur Vorteile mit sich gebracht hat."[22]

So weit der Bericht von Maurice Pillard Verneuil über den reformierten Unterricht in Wien 1902. Er bestätigt, dass die Kunstgewerbeschule in ihrer Nähe von Lehrenden und Studierenden und auch in ihrem dezidierten Arbeiten mit ganz unterschiedlichen Werkstoffen und dem Ausloten aller gestalterischen Möglichkeiten bereits viel von den Gemeinschaftsideen des Bauhauses und vom Bauhaus-Vorkurs vorwegnahm. Verneuil war ganz auf Myrbachs Linie, was das Arbeiten nach lebenden Modellen betrifft und ebenso das Zusammenwirken von Entwurf und Ausführung. Es wäre lohnenswert, Verneuils eigene, zeitgleich entstandene künstlerische Arbeiten mit denen seiner Wiener ZeitgenossInnen in Beziehung zu setzen. Jedenfalls zeigen die zahlreichen Illustrationen, die damals seinen Bericht über die Kunstgewerbeschule in *Art et Décoration* begleiteten, die Wiener SchülerInnen auf der Höhe ihrer Zeit. Neben druckgrafischen Arbeiten von Leopold Forstner und Maria von Uchatius (Abb. 5 – 7), Keramiken von Jutta Sika (Abb. 8) und Mode von Therese Trethan (s. Abb. 83, S. 68) sowie Entwürfen für Buchschmuck und Vignetten von Max Benirschke (Abb. 9) ist auch eine witzige grafische Arbeit der Myrbach-Schülerin „Mademoiselle Schönwald" abgebildet. (Die Liaison Myrbachs mit Marianne Schönwald sollte drei

21 Ebd., 159–161.

22 Ebd., 161–164.

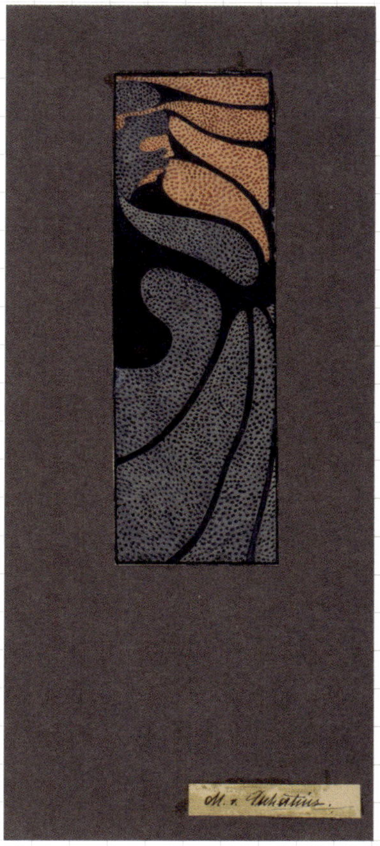

5

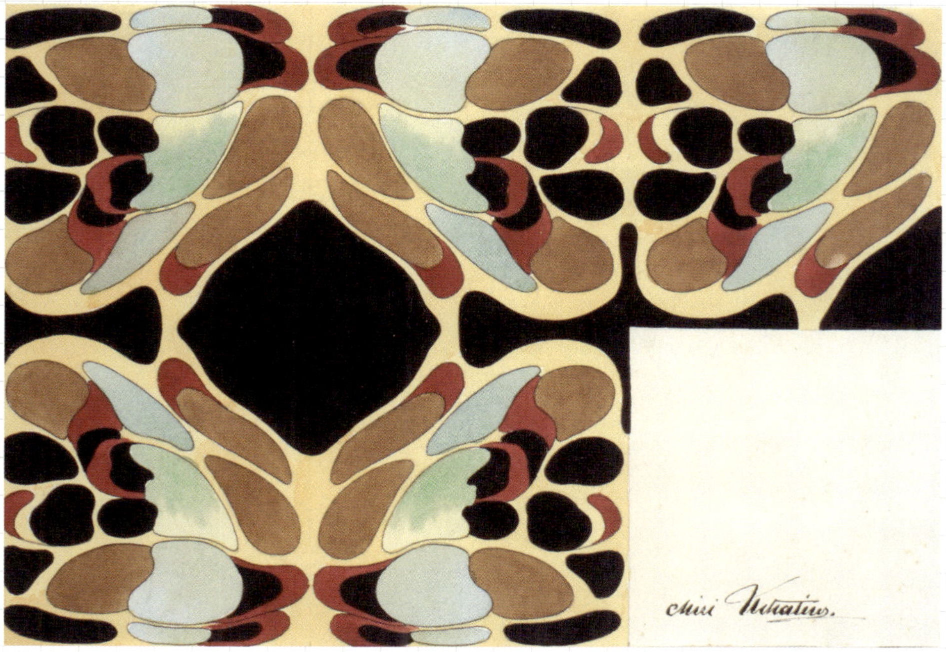

6

5 Maria von Uchatius
Abstraktes Muster, um 1905
Abstract pattern, ca. 1905
UaK, KA 504

6 Maria von Uchatius
Flächenmuster, 1903
Surface pattern, 1903
UaK, KA 3458

7 Maurice P. Verneuil
Illustrierter Artikel „L'Enseignement des Arts Décoratifs à Vienne" [Der Kunstgewerbe-unterricht in Wien], 1902
Illustrated article "L'Enseignement des Arts Décoratifs à Vienne" [Decorative Art Education in Vienna], 1902
In: *Art et Décoration* (11) 1 1902, S. p. 154
MAK

8 Maurice P. Verneuil
Illustrierter Artikel „L'Enseignement des Arts Décoratifs à Vienne" [Der Kunstgewerbe-unterricht in Wien], 1902
Illustrated article "L'Enseignement des Arts Décoratifs à Vienne" [Decorative Art Education in Vienna], 1902
In: *Art et Décoration* (11) 1 1902, S. p. 153
MAK

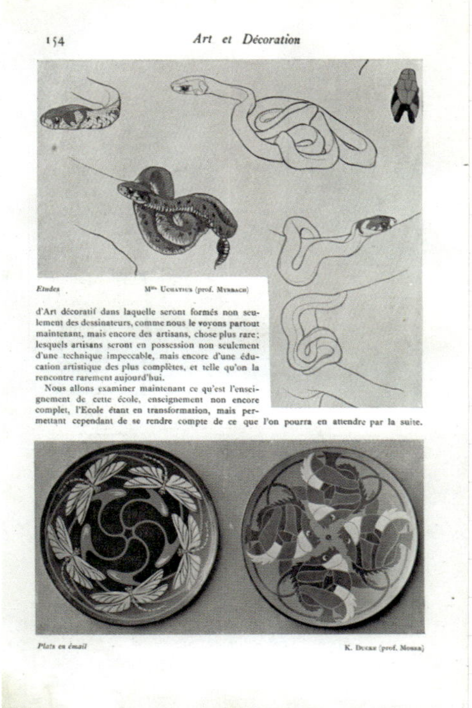

154 *Art et Décoration*

Etudes Mlle Uchatius (prof. Myrbach)

d'Art décoratif dans laquelle seront formés non seulement des dessinateurs, comme nous le voyons partout maintenant, mais encore des artisans, chose plus rare; lesquels artisans seront en possession non seulement d'une technique impeccable, mais encore d'une éducation artistique des plus complètes, et telle qu'on la rencontre rarement aujourd'hui.

Nous allons examiner maintenant ce qu'est l'enseignement de cette école, enseignement non encore complet, l'Ecole étant en transformation, mais permettant cependant de se rendre compte de ce que l'on pourra en attendre par la suite.

Plats en émail K. Ducke (prof. Moser)

7

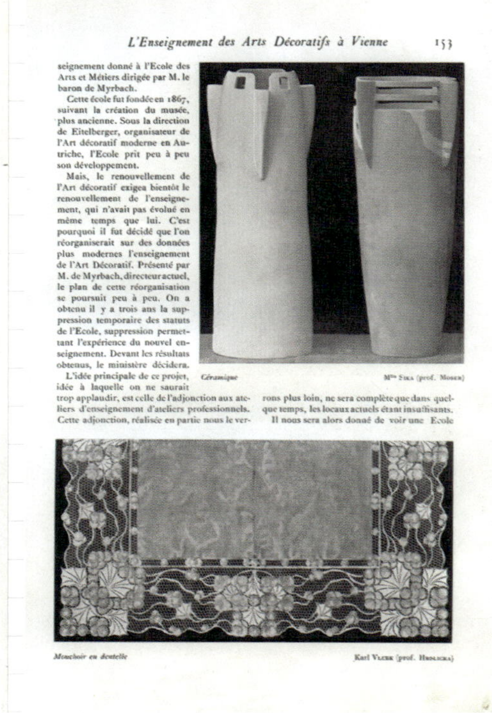

L'Enseignement des Arts Décoratifs à Vienne 153

seignement donné à l'Ecole des Arts et Métiers dirigée par M. le baron de Myrbach.

Cette école fut fondée en 1867, suivant la création du musée, plus ancienne. Sous la direction de Eitelberger, organisateur de l'Art décoratif moderne en Autriche, l'Ecole prit peu à peu son développement.

Mais, le renouvellement de l'Art décoratif exigea bientôt le renouvellement de l'enseignement, qui n'avait pas évolué en même temps que lui. C'est pourquoi il fut décidé que l'on réorganiserait sur des données plus modernes l'enseignement de l'Art Décoratif. Présenté par M. de Myrbach, directeur actuel, le plan de cette réorganisation se poursuit peu à peu. On a obtenu il y a trois ans la suppression temporaire des statuts de l'Ecole, suppression permettant l'expérience du nouvel enseignement. Devant les résultats obtenus, le ministère décidera.

L'idée principale de ce projet, idée à laquelle on ne saurait trop applaudir, est celle de l'adjonction aux ateliers d'enseignement d'ateliers professionnels. Cette adjonction, réalisée en partie nous le verrons plus loin, ne sera complète que dans quelque temps, les locaux actuels étant insuffisants.

Il nous sera alors donné de voir une Ecole

Céramique Mlle Sika (prof. Moser)

Mouchoir en dentelle Karl Vlcek (prof. Hrdlicka)

8

L'Enseignement des Arts Décoratifs à Vienne 145

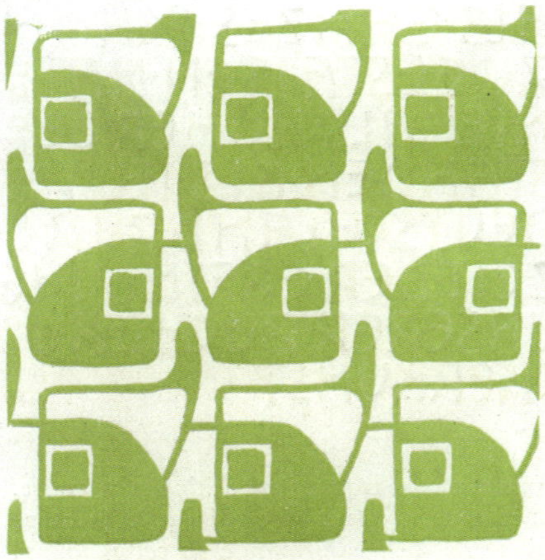

Fond orné Max Benirschke (prof. Hoffmann)

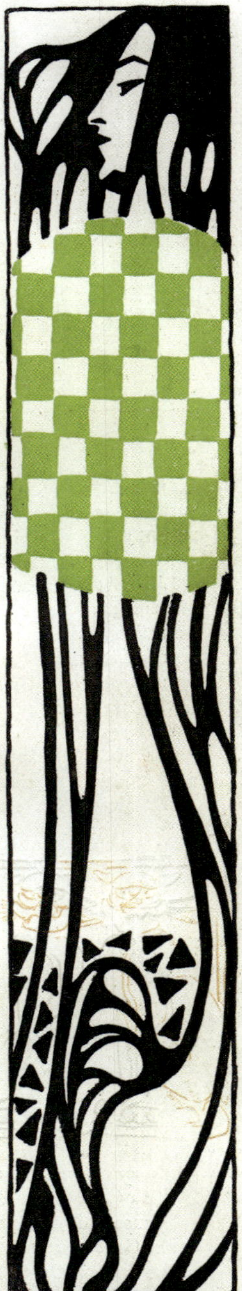

vue de l'art moderne, s'entend.

Car le Musée ne borne point son rôle à la recherche et à la conservation des chefs-d'œuvre d'art industriel des temps anciens et modernes. Son rôle d'éducateur ne se borne pas là, et un autre plus actif lui est réservé, que nous allons étudier ici. Nous verrons que son influence s'étend sur l'Autriche tout entière, et que son ambition n'est rien moins que la direction absolue des arts industriels du pays.

Comme toutes choses ici-bas, l'organisation n'en est pas parfaite, et à côté de parties excellentes, celles-ci en majorité, du reste, nous en trouverons d'autres moins bonnes, que nous aurons la franchise de critiquer.

Le Musée en lui-même est divisé en deux parties, non séparées cependant : l'exposition permanente, et l'exposition temporaire; à celle-ci on doit ajouter les expositions circulantes.

L'exposition permanente comprend les collections propres du musée, tant anciennes que modernes ; parmi elles figurent des pièces entières de style : Renaissance, Empire, etc. Ces collections sont riches et intéressantes, et comprennent en dehors des pièces anciennes, des spécimens variés et nombreux de la production actuelle. C'est ainsi que dans la verrerie, Tiffany voisine avec les anciens; que dans la céramique, à côté du Sèvres ancien nous trouvons le Sèvres tout moderne, et des pièces de Rörstrand, de Copenhague, de Kohler, de Läuger, de Dalpeyrat, de Glatigny, de Rozenburg, de Bigot et de Schmutz-Bauditz, de Gustafsberg et de Borgo.

C'est du reste la section où l'art moderne se trouve le mieux représenté. Il est difficile cependant de porter un jugement sur l'en-

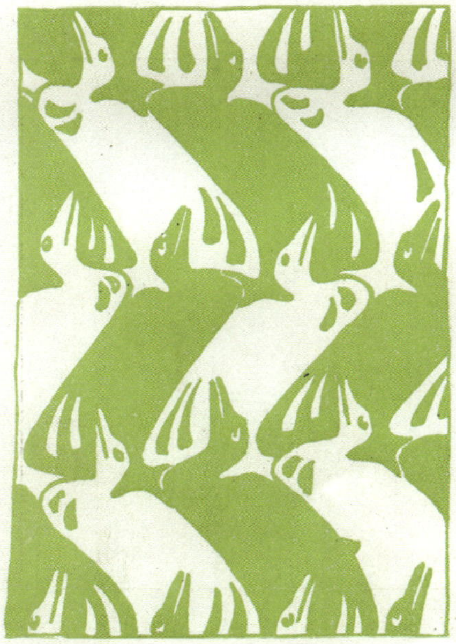

Fond orné M. Benirschke (prof. Hoffmann)

9

9 Maurice P. Verneuil
Illustrierter Artikel „L'Enseignement des Arts Décoratifs à Vienne" [Der Kunstgewerbeunterricht in Wien], 1902
Illustrated article "L'Enseignement des Arts Décoratifs à Vienne" [Decorative Art Education in Vienna], 1902
In: *Art et Décoration* (11) 1 1902, S. p. 145
MAK

Myrbach's era that women were first appointed to the school as teachers: in 1901 Rosalia Rothansl (for textile work), Guttmann in 1902, and Adele von Stark (enamelwork) in 1903. There were not yet any female professors at the School of Arts and Crafts at that time.

> "The students are currently 283 in number and 23 professors look after them: 17 professors of practical courses and six of theoretical courses. Life models, the only serious basis for teaching drawing, are lavished on various studios of the School, and it is not rare for a studio to have two models posing together. Moving poses, where a model constantly repeats the same gesture, are also frequent, and the student is obliged to capture—in passing, as it were—the mannerism. Moreover, a menagerie is attached to the School, where [...] the students can study various animals from life: monkeys, cranes, cockerels, etc. Furthermore, in summer studies of animals are conducted en plein air: horses, cattle, etc., each walking in different ways. [...] Incidentally, it is one of the School's principles that everything is open to both genders, and nothing but advantages have been noted to date."[22]

That is as far as Maurice Pillard Verneuil's report on progressive education in Vienna in 1902 goes. It confirms that in its proximity between teachers and students as well as in its tenacious work with a wide range of materials and exploration of creative possibilities, the School of Arts and Crafts already anticipated many of the communal ideas of the Bauhaus and the Bauhaus's preliminary course. Verneuil was entirely of one mind with Myrbach when it came to working with life models and, by the same token, the interaction of design and execution. It would be worthwhile to compare Verneuil's own, contemporaneous artistic work with those of his Viennese contemporaries. In any case the numerous illustrations that accompanied his report about the School of Arts and Crafts in *Art et Décoration* show the Viennese students at the height of their age. In addition to printed works by Leopold Forstner and Maria von Uchatius (fig. 5–7), ceramics by Jutta Sika (fig. 8) and fashion by Therese Trethan (see fig. 83, p. 68), as well as designs for book decoration and vignettes by Max Benirschke (fig. 9), a humorous graphic work by Myrbach's student "Mademoiselle Schönwald" is also illustrated. (Three years later, Myrbach's liaison with Marianne Schönwald along with accusations of embezzling funds would lead to the premature end of Myrbach's career at the School of Arts and Crafts.)[23] Incidentally, the expertly drawn vignette (fig. 10) that was used by the University of Applied Arts—the successor institution of the School of Arts and Crafts—in the 1980s as the emblem on its printed matter was also produced by Hoffmann's student Max Benirschke.

One year after Verneuil's so emphatic article in one of the leading art magazines in France, a similarly detailed—if less opulently illustrated—report appeared about the Vienna School of Arts and Crafts in the newly founded Berlin magazine *Kunst und Künstler*. The German art writer and author Franz Servaes, who spent a large part of his life in Vienna, depicted the school and its successes as being on the way to "emancipating arts and crafts."[24] In it he pays tribute above all to Alfred Roller—"he drew the baselines of this new teaching method with a sure hand"—and depicted his

22 Ibid., 161–164.

23 Koller, Gabriele, *Die Kunstgewerbeschule des k. k. Österreichischen Museums für Kunst und Industrie Wien: 1899–1905*, dissertation, Vienna 1983, 22–24.

24 Servaes, Franz, "Die Wiener Kunstgewerbeschule," in: *Kunst und Künstler* (1) 1902/03, 431–440: 431.

Jahre später, gemeinsam mit Vorwürfen der Unterschlagung von Geldbeträgen, zum vorzeitigen Ende von Myrbachs Karriere an der Kunstgewerbeschule führen.)[23] Von Hoffmanns Schüler Max Benirschke stammt im Übrigen jene virtuos gezeichnete Vignette (Abb. 10), die von der Hochschule für angewandte Kunst als Nachfolgeinstitution der Kunstgewerbeschule in den 1980er Jahren als Emblem auf ihren Drucksorten verwendet wurde.

Ein Jahr nach Verneuils so emphatischem Artikel in einer der führenden französischen Kunstzeitschriften erschien ein ähnlich ausführlicher, wenn auch nicht so opulent illustrierter Bericht über die Wiener Kunstgewerbeschule in der neu gegründeten Berliner Zeitschrift *Kunst und Künstler*. Der deutsche Kunstschriftsteller und Autor Franz Servaes, der einen großen Teil seines Lebens in Wien verbrachte, stellte die Schule und ihre Erfolge auf dem Weg zur „Emanzipation des Kunstgewerbes" vor.[24] Darin würdigte er vor allem Alfred Roller – „er hat mit sicherer Hand die Grundlinien der neuen Unterrichtsmethode gezogen" – und stellte dessen Methode detailliert dar.[25] Servaes beschrieb auch die auf Rollers „Vorbereitungsklasse" aufbauenden „Spezialklassen mit Werkstättentätigkeit", wobei ihm Mosers Klasse als Beispiel diente:

> „Die Spezialklassen darf man sich nicht zu eng abgegrenzt denken. [...] Kolo Moser beispielsweise, der für ‚Malerei' angestellt ist, beschäftigt seine Schüler nur ausnahmsweise mit rein zeichnerischen Entwürfen und lässt sie umso mehr auf dem Gesamtgebiet der dekorativen Künste sich tummeln. [...] Überhaupt ist das Ziel der Schule auf eine möglichst reiche Werkstättentätigkeit eingestellt, damit die Eleven aus dem Stadium des Entwerfens mit sicherer Hand immer mehr in den Kreis eigener praktischer Tätigkeit eingeführt werden können."[26]

Aufschlussreich ist, wie Servaes die Lehrtätigkeit Mosers von jener Hoffmanns absetzt:

> „Schulter an Schulter mit Moser geht Josef Hoffmann seinen Weg. Als Leiter einer Architekturklasse hat er die beiden älteren Kräfte, die neben ihm wirken[27], fast völlig in den Hintergrund gedrängt, sodass sie sich ihm mühsam akkommodieren müssen. Hoffmann ist minder reich, phantasievoll und beweglich als Moser, aber dafür strenger, zuverlässiger und systematischer."

Zuletzt fasst Servaes zusammen: „Man hat in Deutschland kaum eine Vorstellung davon, welch eine Fülle von Talent sich an dieser Schule zusammendrängt, wie bei den Lehrern so auch unter den Lernenden. Österreichs Menschenreichtum auf diesem Gebiet ist einfach staunenerregend."[28]

1904 war die Wiener Kunstgewerbeschule in einer großen Präsentation auf der Weltausstellung in St. Louis zu sehen. Einer der 13 Ausstellungssäle war der „Imperial Royal School for Arts and Crafts of the Austrian Museum Vienna" gewidmet. Im Katalog zur Präsentation der „k. k. kunstgewerblichen Lehranstalten", den das Ministerium für Kultus und Unterricht herausgab, wird die Beteiligung von Mosers Abteilung am häufigsten genannt. Von ihr stammte u. a. die Fensterverglasung im Vorraum der Ausstellung sowie Holzschnitte und im Hauptraum „zwei Panneaux in Metallmosaik, entworfen und ausgeführt in der Abteilung des Prof. Kolo Moser".[29]

23 Koller, Gabriele, *Die Kunstgewerbeschule des k. k. Österreichischen Museums für Kunst und Industrie Wien: 1899–1905*, Dissertation, Wien 1983, 22–24.

24 Servaes, Franz, „Die Wiener Kunstgewerbeschule", in: *Kunst und Künstler* (1) 1902/03, 431–440: 431.

25 Ebd., 432–435.

26 Ebd., 435.

27 1903 waren dies Oskar Beyer und Hermann Herdtle.

28 Servaes 1902/03 (s. Anm. 24), 440.

29 K. k. Ministerium für Kultus und Unterricht (Hg.), *Weltausstellung St. Louis 1904. Ausstellung k. k. kunstgewerblicher Lehranstalten*, Wien 1904, 59.

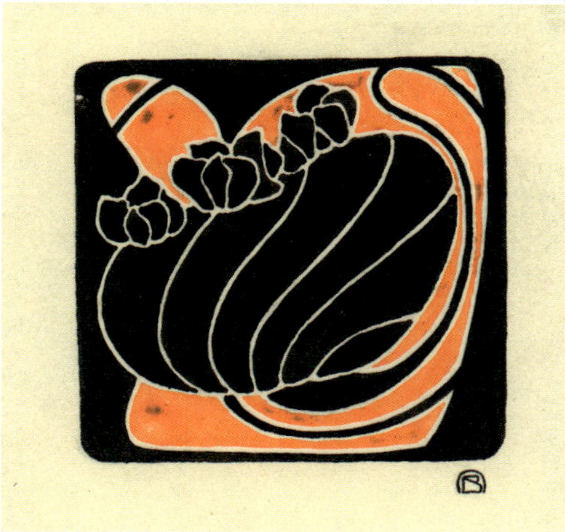

10

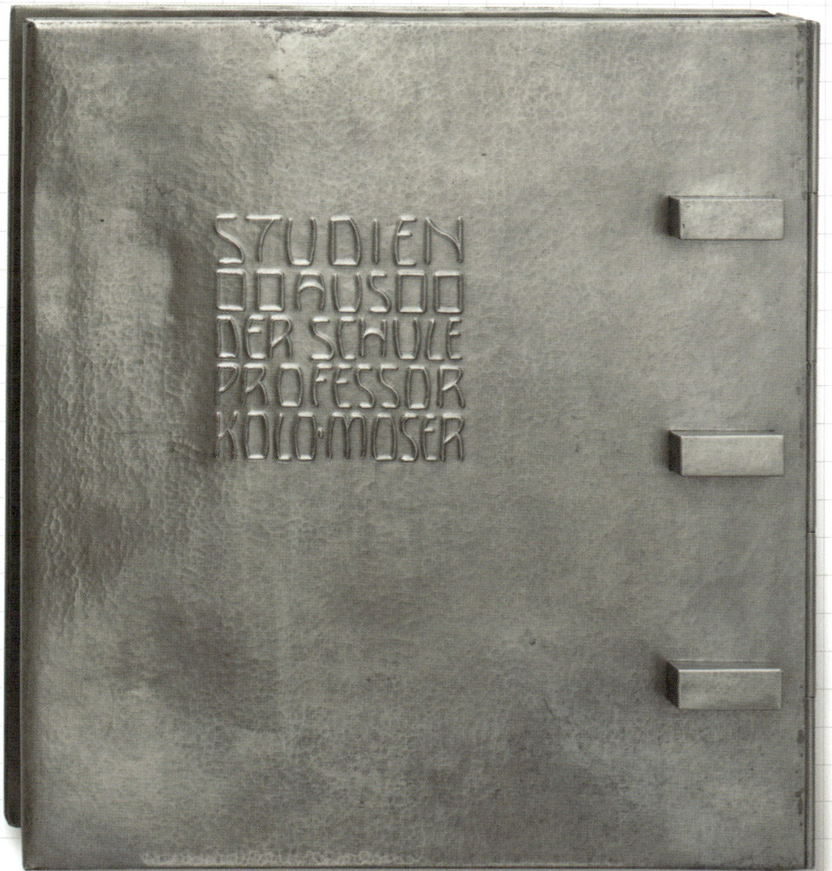

11

10 Max Benirschke
Vignette, 1901/02
UaK, KA 571, Schenkung donation from Oswald Oberhuber

11 Josef Hoffmann
Einband für die Entwürfe der KunstgewerbeschülerInnen von Koloman Moser, präsentiert auf der Weltausstellung in St. Louis, 1904
Cover for the designs by Koloman Moser's arts and crafts students, presented at the World's Fair in St. Louis, 1904
MAK

12 Wanddekor *Scylla*, Flächenschmuck in Martin Gerlachs *Die Quelle*, 1901
Wall decoration *Scylla*, surface decoration in Martin Gerlach's *Die Quelle*, 1901
MAK

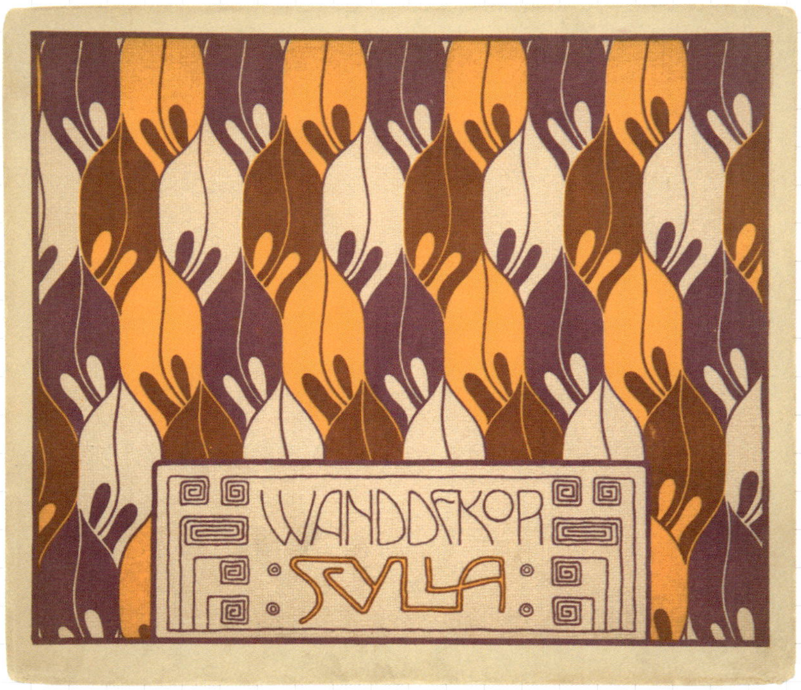

12

Hier sah man auch eine Auswahl von Studierenden-Arbeiten – in mächtigen, in Weißmetall getriebenen Ordnern, in denen das Publikum blättern konnte. Einer der Ordner enthielt ausgewählte Beispiele aus Mosers Klasse und wird auch in der aktuellen Ausstellung im MAK gezeigt (Abb. 11). Fast 20 Millionen BesucherInnen zog die Weltausstellung an. Wie viele von ihnen damals den Saal der Kunstgewerbeschule besucht haben, wissen wir leider nicht.

Als Moser im Jahr 1916 auf diesen Abschnitt seines künstlerischen Werdegangs zurückblickte, schrieb er: „Es ist jetzt wieder eine träge und stille Zeit und man sehnt sich nach einer stürmischen Bewegung wie vor fünfzehn, zwanzig Jahren. An Unzufriedenheit fehlt's auch heute gewiß nicht, aber vielleicht an einer Jugend, die es laut und heftig ausspricht."[30]

30 Moser (1916) 2007 (s. Anm. 12), 19.

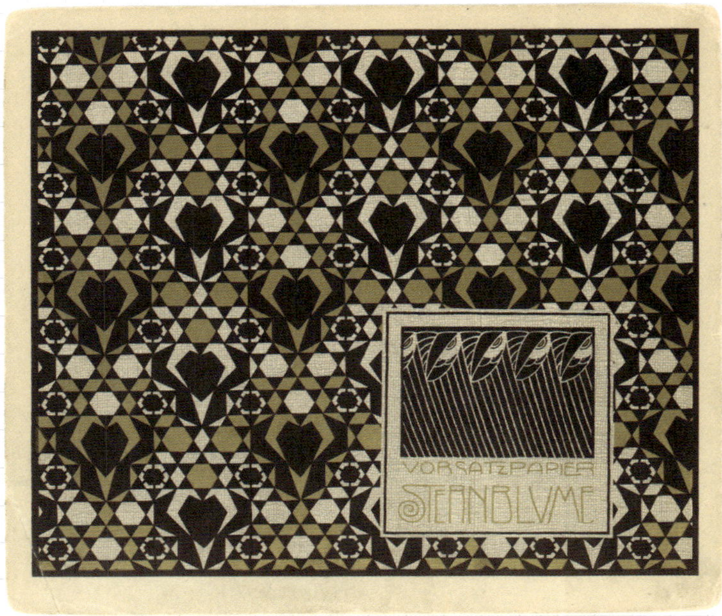

13

13 Vorsatzpapier *Sternblume*, Flächenschmuck in Martin Gerlachs *Die Quelle*, 1901
Endpaper [Masterwort], surface decoration in Martin Gerlach's *Die Quelle*, 1901
MAK

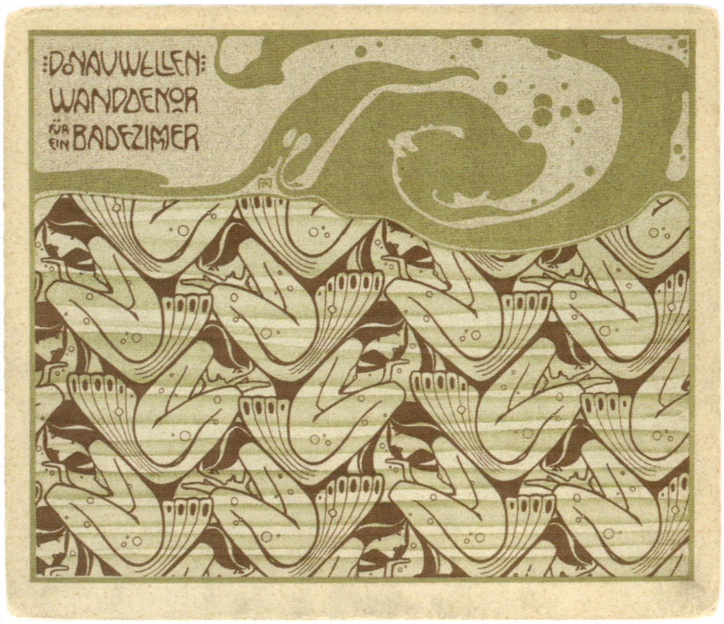

14

14 Wanddekor *Donauwellen*, Flächenschmuck in Martin Gerlachs *Die Quelle*, 1901
Wall decoration [Waves of the Danube], surface decoration in Martin Gerlach's *Die Quelle*, 1901
MAK

methods in great detail.[25] Servaes also described the "special classes with workshop tasks" that built on Roller's "preparatory class," using Moser's class as an example:

> "One should not think of the special classes as being too narrowly defined. [...] Kolo Moser, for example, who is employed for 'painting,' only occupies his students with purely drawn designs by way of exception, preferring instead to leave them to their own devices in the entire field of decorative arts. [...] In general, the school's aim is formulated so as to be as rich with workshop tasks as possible, so that the students can be ushered with a steady hand from the design stage progressively to the sphere of independent practical work."[26]

The way that Servaes contrasts Moser's teaching with that of Hoffmann is revealing:

> "Shoulder to shoulder with Moser, Josef Hoffmann cuts his own path. As the head of an architecture class, he has pushed the two older staff members who work alongside him[27] almost entirely onto the sidelines, meaning that they must drudgingly accommodate him. Hoffmann is less prolific, imaginative, and flexible than Moser, but on the other hand more strict, reliable, and systematic."

Finally, Servaes summarizes: "In Germany one has hardly any idea what wealth of talent is concentrated in this school, among the teachers as among the taught. Austria's human resources in this field are simply astonishing."[28]

In 1904 the Vienna School of Arts and Crafts was on display in a large presentation at the World's Fair in St. Louis. One of the 13 exhibition rooms was dedicated to the "Imperial Royal School for Arts and Crafts of the Austrian Museum Vienna." In the catalog of the exhibition by the "k. k. kunstgewerbliche Lehranstalten" ("Imperial Royal Arts and Crafts Schools"), which was published by the ministry of culture and education, the contribution by Moser's department is named most frequently. It produced the window glazing in the anteroom of the exhibition as well as the woodcuts and, in the main room, "two panels in metal mosaic, designed and executed in Prof. Kolo Moser's department," among other things.[29] Here one could also see a selection of students' works—in hefty folders wrought in white metal through which the public could browse. One of these folders contained select examples from Moser's class and is also displayed in the current MAK exhibition (fig. 11). The World's Fair attracted almost 20 million visitors. Just how many of them visited the room of the School of Arts and Crafts is sadly unknown.

When Moser looked back on this chapter in his artistic career in 1916, he wrote: "The times are sluggish and quiet once more, and one finds oneself longing for a stormy movement like that of fifteen or twenty years ago. There is certainly no shortage of discontentment, but maybe there are not enough young people to protest loudly and energetically enough."[30]

25 Ibid., 432–435.

26 Ibid., 435.

27 In 1903 these were Oskar Beyer and Hermann Herdtle.

28 Servaes 1902/03 (see note 24), 440.

29 K. k. Ministerium für Kultus und Unterricht (ed.), *Weltausstellung St. Louis 1904. Ausstellung k. k. kunstgewerblicher Lehranstalten*, Vienna 1904, 59.

30 Moser (1916) 2007 (see note 12), 19.

KOLOMAN MOSER
DER KUNSTGEWERBLER – DIE WIENER WERKSTÄTTE

ELISABETH SCHMUTTERMEIER

9

Der Schriftsteller Herrmann Bahr hat Koloman Moser in Hinblick auf dessen künstlerische Arbeit einen „Tausendkünstler" genannt,[1] wobei er damals noch nicht sein ganzes Talent beim Entwerfen kunsthandwerklicher Gegenstände kannte. Wenn man Mosers Geschick mit wenigen Worten charakterisieren soll, dann ist es der unglaubliche Einfallsreichtum, der seinen vielen Entwürfen für alle Bereiche des Kunstgewerbes innewohnt. Dies erwähnte auch Mosers kongenialer Partner, der Architekt Josef Hoffmann, der in einem 1911 gehaltenen Vortrag „Meine Arbeit" über Moser bemerkt:

> „Neben Olbrich tauchte (als Schüler der Akademie) Maler Moser auf, der, dank seiner illustrativen Tätigkeit, mehr wie wir alle von den Kunstvorgängen im Ausland wußte. Er gewann fortan den größten Einfluß über uns. Seine Begabung für die Flächenkunst und jede Art kunstgewerblicher Erfindung erschien uns fabelhaft. Er verstand es, überall zu fördern und anzuregen. Er zeichnete sich nicht nur durch seine große Phantasie, sondern auch durch seine praktischen, alles ordnenden Fähigkeiten aus."[2]

Als Kunstgewerbler durchläuft Moser verschiedene stilistische Richtungen beginnend mit den in Form und Dekor dem kurvilinearen internationalen Jugendstil angelehnten Werken (Abb. 1). Darauf folgen stilisierte naturalistische Formen, die seine Arbeiten für die Vereinigung bildender Künstler Österreichs Secession (Abb. 2) sowie seine Entwürfe als Professor an der Wiener Kunstgewerbeschule charakterisieren. Ludwig Hevesi bezeichnet ihn als einen „Mann der Linienspiele, der sich in einer ornamentalen Natur ergeht"(Abb. 3).[3] Aus dieser Stilisierung und zunehmenden Reduktion (Abb. 4) ergeben sich Mosers zunächst durch eine starke Geometrisierung ausgezeichneten künstlerischen Ideen für die von ihm mitbegründete Wiener Werkstätte, wobei ein floraler Dekor (Abb. 5) gegen Ende seiner Wirkungszeit wieder deutlich wird (Abb. 6). Moser entwickelt aus dem Zeichnerischen seine Darstellung des neuen Wiener Stils und legt in der Fläche und in der Linie bereits das an, was in seinem Raumempfinden bei den Ausstellungsgestaltungen und in den dreidimensionalen Gegenständen, seien es Möbel, Gläser, Vasen oder silberne Gefäße für die Tafel, ihren Höhepunkt finden.[4]

Im Laufe seiner Tätigkeit als Kunstgewerbler ändert Moser nicht nur seinen künstlerischen Stil, sondern auch die Vorliebe für die Werkstoffe, in denen er entwirft. Sind es in der Frühzeit textiles Material, Ton, Glas und Holz, denen sein hauptsächliches Interesse gilt, so wendet er sich 1903 mit dem Eintritt in die Wiener Werkstätte vorwiegend dem Metall zu. Leder und Holz als Material für Kassetten und Tunkpapier bleiben jedoch weiterhin aktuell.

Mosers Interesse und Verständnis für das Kunsthandwerk wird, wie er selbst schildert,[5] in seiner Jugend geweckt, wenn er als Sohn von Josef Moser, dem Verwalters des Theresianums, in den Werkstätten der Anstalt den Handwerkern bei ihrer

1 Bahr, Hermann, „Der Englische Stil (Zur Winterausstellung im Österreichischen Museum)", in: Hermann Bahr, *Secession*, Wien 1900, 182–187: 184.

2 Zuckerkandl, Berta, „Kolo Moser (Galerie Miethke)", in: *Wiener Allgemeine Zeitung* 13.5.1911, 3.

3 „Aus der Secession 8 (Oktober–November 1900)", in: Ludwig Hevesi, *Acht Jahre Sezession (März 1897 – Juni 1905). Kritik – Polemik – Chronik*, Wien 1906, 239–243: 241.

4 Für diesen Katalogbeitrag stütze ich mich auf die Artikel von Ernst Ploil, Angela Völker, Christian Witt-Dörring und meinen eigenen in: Christian Witt-Dörring (Hg.), *Koloman Moser: Designing Modern Vienna 1897–1907*, Ausst.kat. Neue Galerie New York, München/London/New York 2013.

5 Moser, Koloman, „Vom Schreibtisch und aus dem Atelier. Mein Werdegang", in: *Velhagen und Klasings Monatshefte* (31) 10 1916, 9–13: 9.

KOLOMAN MOSER
THE CRAFTSMAN—THE WIENER WERKSTÄTTE

ELISABETH SCHMUTTERMEIER

Describing his creative work, the writer Herrmann Bahr called Koloman Moser an all-round artist,[1] although at that time he had not yet discovered the full extent of his talent for designing craft objects. If one were forced to summarize Moser's skill in just a few words, then it would have to be the incredible ingenuity inherent in his many designs for all aspects of arts and crafts. This was also mentioned by Moser's congenial partner, the architect Josef Hoffmann, in a talk given in 1911 entitled "Meine Arbeit" ("My Work"); in it he observes of Moser:

> "Alongside Olbrich, the painter Moser emerged (as a student of the academy) who—thanks to his work as an illustrator—knew more than any of us about what was happening in the art world abroad. From that time on, he had vast influence over us. His gift for surface art and every kind of craft invention struck us as marvelous. He knew how to encourage and inspire everyone. He stood out not only for his boundless imagination but also for his practical skills that enabled him to arrange everything."[2]

As a craftsman, Moser pursued various stylistic approaches, starting with works whose form and decoration were based on the curvilinear, international Art Nouveau style (fig. 1). These were followed by stylized naturalistic forms that typify his work for the Union of Austrian Artists Secession (fig. 2) as well as his designs as a professor at the Vienna School of Arts and Crafts. Ludwig Hevesi describes him as a "man of lineation who indulges in ornamental nature"[3] (fig. 3). This stylization and increasing reduction (fig. 4) result in Moser's artistic ideas for the Wiener Werkstätte, which he cofounded; although initially characterized by strong geometrization, floral decoration (fig. 5) once again becomes conspicuous toward the end of his time at the company (fig. 6). It is from the graphic that Moser develops his rendering of the new Viennese style; he already applies to the surface and the line that which will find its culmination in his sense of space, as is evident in his exhibition designs and his three-dimensional objects—whether they are pieces of furniture, glasses, vases, or silver vessels for the dining table.[4]

Over the course of his career as a craftsman, Moser not only changes his artistic style, but also his preference for the materials for which he designs. If in the early period it is textiles, clay, glass, and wood that attract his supreme interest, then when he joins the Wiener Werkstätte in 1903 he principally turns his attention to metal. However, leather and wood continue to retain their relevance as the material for boxes and marbled paper.

As he himself describes,[5] Moser's interest in and understanding of arts and crafts is awakened in his youth when he—the son of Josef Moser, the administrator of the Theresianum—watches the craftspeople working in the institution's workshops. In the process, he acquires diverse carpentry, bookbinding, and metalworking skills,

1 Bahr, Hermann, "Der Englische Stil (Zur Winterausstellung im Österreichischen Museum)," in: Hermann Bahr, *Secession*, Vienna 1900, 182–187: 184.

2 Zuckerkandl, Berta, "Kolo Moser (Galerie Miethke)," in: *Wiener Allgemeine Zeitung* 13 May 1911, 3.

3 "Aus der Secession 8 (Oktober–November 1900)," in: Ludwig Hevesi, *Acht Jahre Sezession (März 1897 – Juni 1905). Kritik – Polemik – Chronik*, Vienna 1906, 239–243: 241.

4 For this catalog text, I have drawn on the articles by Ernst Ploil, Angela Völker, Christian Witt-Dörring, and myself in: Christian Witt-Dörring (ed.), *Koloman Moser: Designing Modern Vienna 1897–1907*, exh. cat. Neue Galerie New York, Munich/London/New York 2013.

5 Moser, Koloman, "Mein Werdegang" (1916), Engl. "My Life," in: Leopold, Rudolf/Pichler, Gerd (eds.), *Koloman Moser 1868–1918*, exh. cat. Leopold Museum, Vienna, Munich/Berlin et al. 2007, 14–19: 14. Trans. Jane Michael.

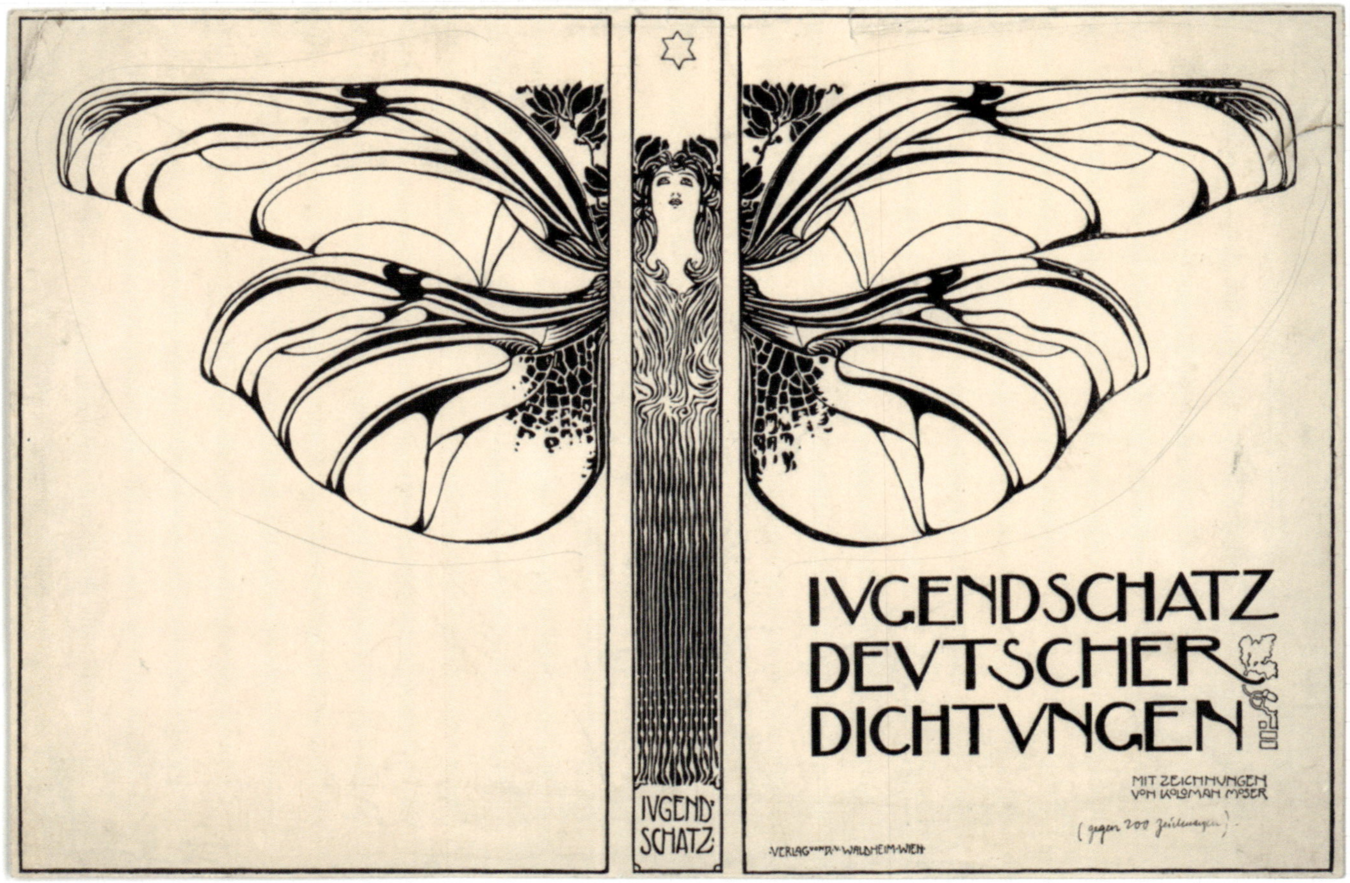

1

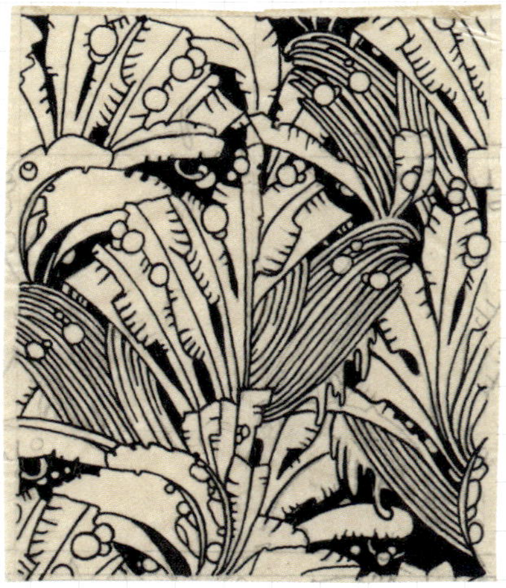

2

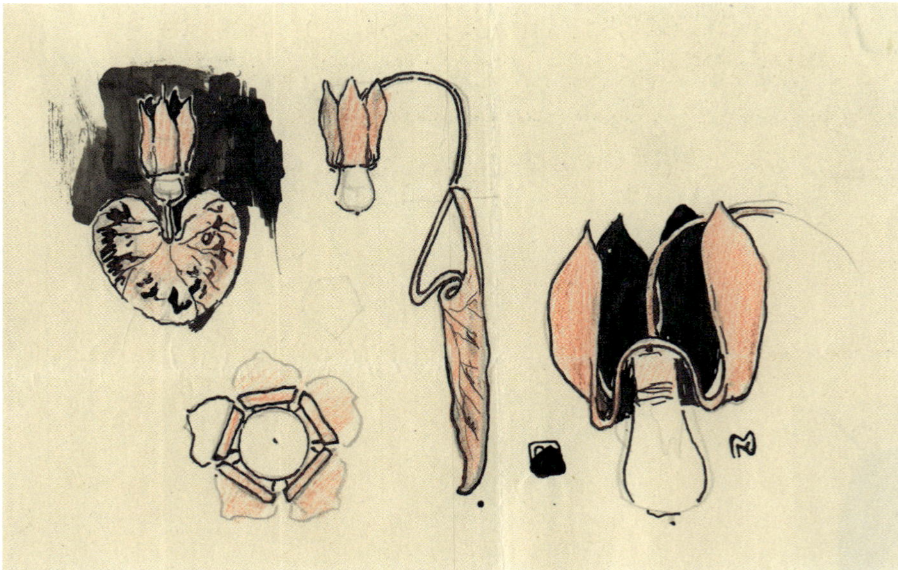

3

1 Ausgeführter Entwurf für den Buchumschlag für Felicie Ewarts *Jugendschatz deutscher Dichtungen*, 1897
Executed design for a book cover for Felicie Ewart's *Jugendschatz deutscher Dichtungen*, 1897
MAK

2 Musterentwurf für *Frau Nolda – Gewebter Wandbehang* für Martin Gerlachs *Die Quelle*, 1901
Pattern design for [Frau Nolda—Woven Wall Hanging] for Martin Gerlach's *Die Quelle*, 1901
MAK

3 Entwürfe für eine Wandleuchte, um 1900
Designs for a sconce, ca. 1900
MAK

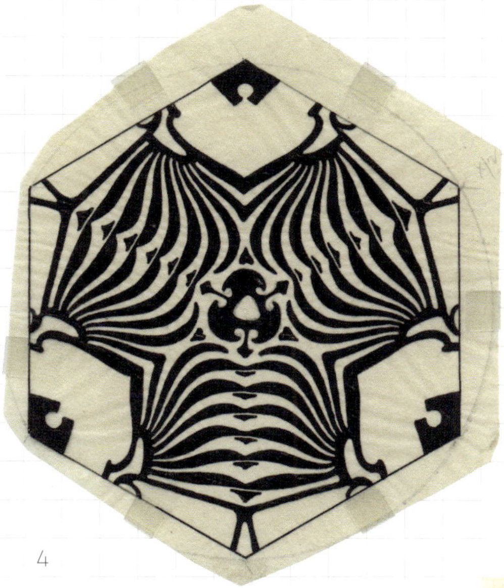

4

4 Rapportentwicklung für den Möbelbezug *Arachne* für Martin Gerlachs *Die Quelle*, 1901
Repeat pattern for the upholstery *Arachne* for Martin Gerlach's *Die Quelle*, 1901
MAK

5 Entwurf für eine Dose, 1905/06
Design for a box, 1905/06
MAK

6 Entwürfe für Hutnadeln, 1906
Designs for hatpins, 1906
MAK

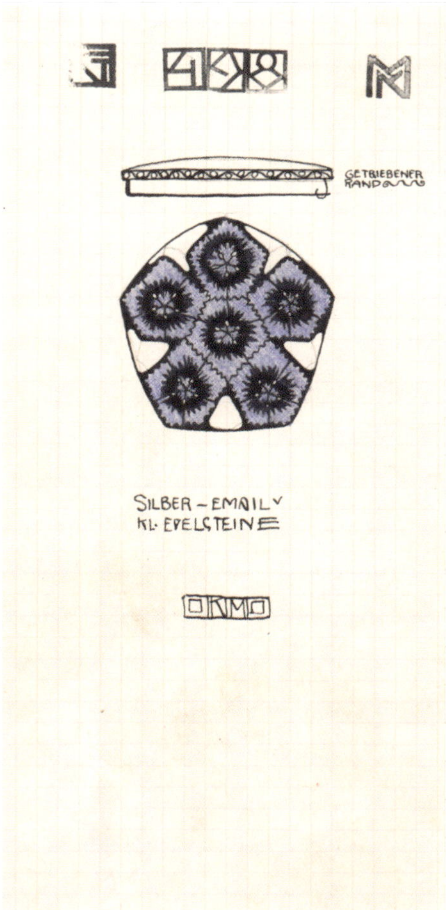

5

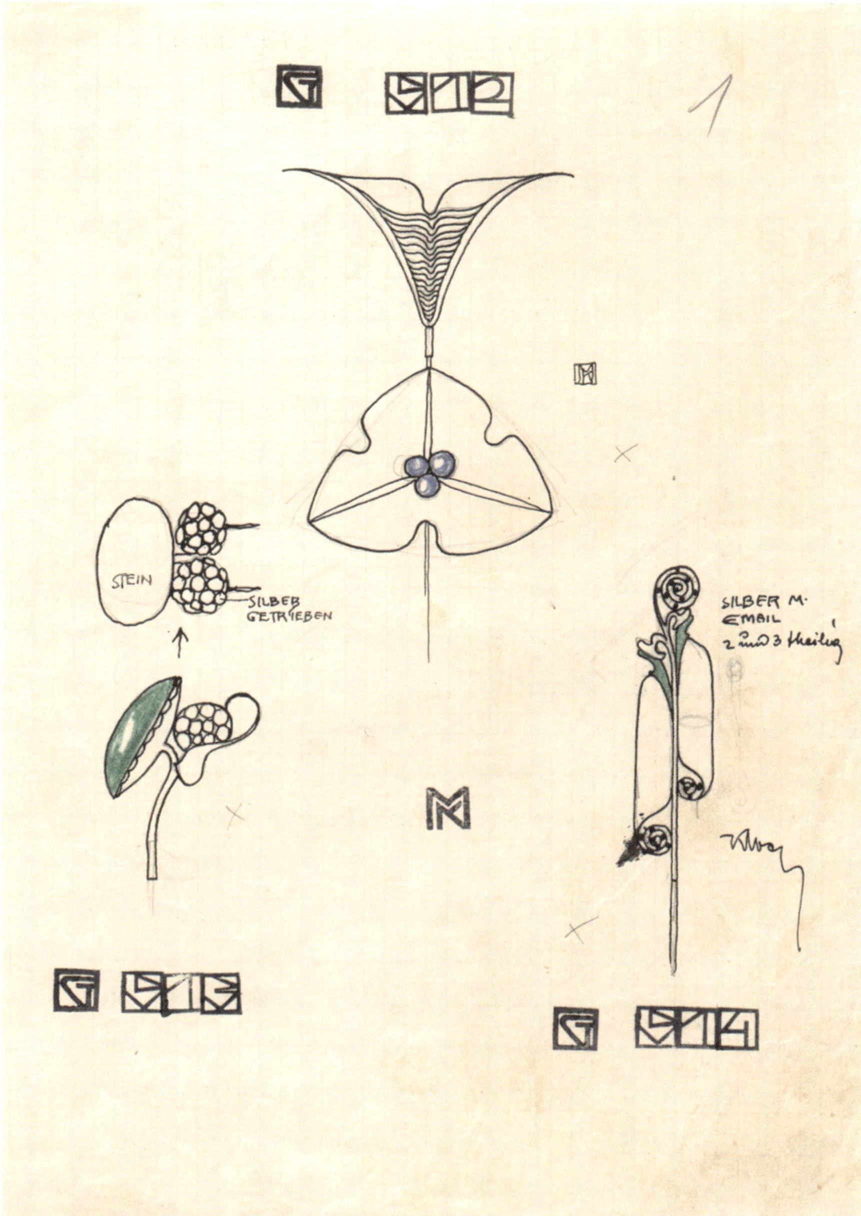

6

Arbeit zusieht. Dabei eignet er sich diverse Fähigkeiten in der Tischlerei, Buchbinderei und Schlosserei an, die ihm später einen praktischen Vorteil im Verständnis um die Entstehungsprozesse von Objekten verschaffen, wenn er meint: „[...] nur dadurch habe ich mich später in die kunstgewerblichen Fragen leicht hineingefunden."[6] Seine Ausbildung zum Maler und Grafiker an der Wiener Akademie der bildenden Künste und danach an der Wiener Kunstgewerbeschule fördert sein Talent für die Flächenkunst zutage. 1897 wird Moser Mitglied der Secession, in der er zunächst seine künstlerische Heimat, jedoch auch Freunde unter den vermögenden KäuferInnen und MäzenInnen findet. Diese ebnen ihm, dem begabten Künstler aus „kleinen Verhältnissen",[7] den Weg in die großbürgerliche Gesellschaft Wiens, aus der sich wiederum seine AuftraggeberInnen zusammensetzen, die ihn auch als Entwerfer der Wiener Werkstätte beschäftigen.

TEXTILE ENTWÜRFE

Die Flächenkunst setzt Moser 1898 bei seinen ersten Entwürfen zu kunstgewerblichen Objekten ein – für kleine Knüpfteppiche (Abb. 7) und großformatige geknüpfte sogenannte Smyrna- und Mohair-Polster für Karl Eduard und Hans Backhausen, die Besitzer der Firma Backhausen & Söhne (Abb. 8).[8] Die Teppiche und Kissen werden 1899 zusammen mit den ebenfalls von Backhausen produzierten Geweben *Der Forellenreigen*, *Der Vogel Bülow* und *Hafisa* (Abb. 9) sowie dem geknüpften Bodenbelag *Klee* während der IV. Ausstellung in der Secession im Kunstgewerbezimmer als „gewebter Flächenschmuck" präsentiert.[9] Im Zeitraum von 1898 bis 1904 entwirft Moser für die Firma Backhausen & Söhne insgesamt 50 Muster, die mehrheitlich mit einem Namen versehen vermarktet wurden (Abb. 10). 1899 werden im vierten Heft (April) der Secessions-Zeitschrift *Ver Sacrum* 18 Flächenmuster und 4 kleinformatige, unbezeichnete Muster von Moser publiziert. Sie werden als Eigentum der Firma Backhausen angegeben und von dieser 1899 und 1900 in Dekorstoffen, einem Webteppich und einem Bodenbelag umgesetzt.[10] Bei einer Gegenüberstellung von Mosers Textilentwürfen lassen sich zwei Richtungen festmachen. Die einen Muster wie *Schwämme*, *Zerschnittene Blätter*, *Wilde Rosen*, *Forellenreigen* (Abb. 11) oder *Der Vogel Bülow* werden aus unterschiedlich stark stilisierten Motiven aus der Tier- und Pflanzenwelt gebildet, die anderen wie *Klee* oder *Föhn* zeigen abstrakte und abstrahierende Linienkompositionen. In dem von Martin Gerlach 1901 herausgegebenen Mappenwerk *Flächenschmuck von Koloman Moser* aus der Reihe *Die Quelle* setzt der Künstler seine Ideen in beide Richtungen fort. Einige Muster wie *Die tausend Raben*, *Die Goldfische*[11] oder *Der Vogel Bülow* sind als „Kippmuster" aus zweifarbigen nebeneinander gesetzten Positiv- und Negativformen konzipiert. Andere Muster wie *Zerschnittene Blätter* (Abb. 12) (Backhausen Dessin Nr. 3733) oder *Abendfriede* (Backhausen Dessin Nr. 4016) lassen sich auf japanische Färbeschablonen, sogenannte Katagami, zurückführen.[12] Speziell im Bereich der Grafik und des Flächenmusters rezipieren die Wiener Kunstschaffenden die japanische Kunst. So lernen sie das Schichten und Staffeln der Flächen zu neuen Ornamenten, das Einbeziehen der Linie als bildendes Element und damit auch eine Formensprache, die gleichsam das „Unsichtbare" als Gestaltungsmittel einsetzen kann. Holzschnitte, Färbeschablonen und Textilmuster in Wiener Sammlungen dienen zur Vermittlung der japanischen Flächenkunst[13] (Abb. 13, 15).

6 Ebd.

7 Siehe den Beitrag von Christian Witt-Dörring „Koloman Moser – Ein Multitalent der Wiener Moderne" in dieser Publikation.

8 Wie die heute noch im Besitz der Firma erhaltenen Unterlagen zur „künstlerischen" Produktion aufzeigen, waren um 1900 die bedeutendsten Künstler, aber auch begabte StudentInnen der Wiener Kunstgewerbeschule für die Firma Backhausen & Söhne als EntwerferInnen tätig.

9 Katalog der IV. Kunstausstellung der Vereinigung bildender Künstler Österreichs, Wien 1899, Kat.nrn. 198–203, S. 29. Moser hat den Bodenbelag *Klee* für das Hotel Bristol in Bozen bereits 1898 als erste Arbeit für Backhausen entworfen.

10 Völker, Angela, „Textiles, Fashion, and Theater Costumes", in: Christian Witt-Dörring (Hg.) 2013, 194–245: 216–220.

11 Ein- und dasselbe Muster wird in drei Quellen unterschiedlich genannt. Das Motiv der in Positiv- und Negativform verschränkten Fische wird 1899 im 4. Heft von *Ver Sacrum* für eine Weberei als *Lachszug*, in *Die Quelle* 1901 für einen Wandbehang als *Goldfische* und ein von der Firma Portois & Fix ausgeführtes Buffet im Katalog der VIII. Secessionsausstellung 1900 mit *Der reiche Fischzug* (Nr. 422) bezeichnet.

12 Das Interesse der Wiener Künstler an der japanischen Kunst ist evident. Seit der Teilnahme Japans an der Wiener Weltausstellung 1873 sind die WienerInnen mit der Kunst des fernöstlichen Landes vertraut. Private und öffentliche Sammlungen mit ostasiatischen Beständen werden gegründet, Ausstellungen zu diesem Thema abgehalten. So veranstaltet die Secession beispielsweise zu Beginn des Jahres 1900 eine Ausstellung, die Japan gewidmet ist und von Koloman Moser gestaltet wird.

13 Zu den Beständen des heutigen MAK gehören zum Beispiel ca. 10 000 Färbeschablonen. Die Professoren der Wiener Kunstgewerbeschule Josef Hoffmann und Koloman Moser verwendeten diese Vorlagen als Anregungen für ihre Entwürfe, zum Teil übernahmen sie die Muster auch mit nur geringen Abweichungen. Hoffmann empfahl sogar seinen Studenten, die japanische Ornamentik anhand der Katagami zu studieren.

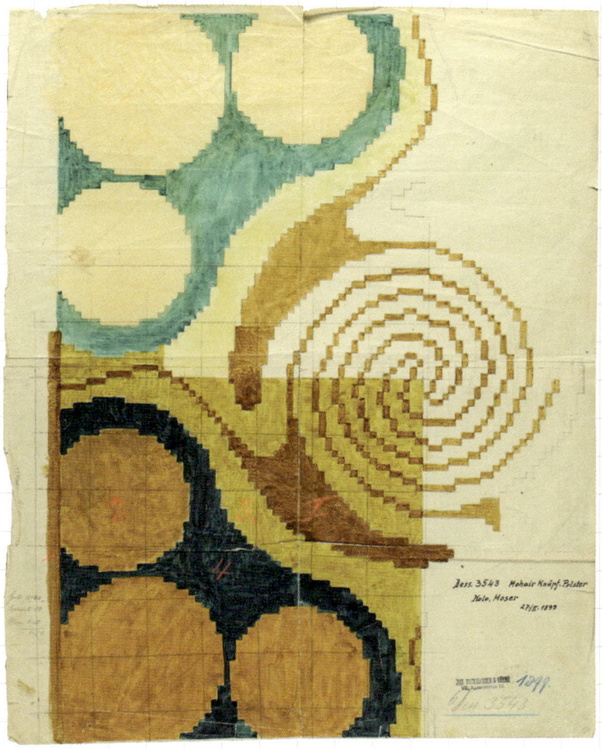

7

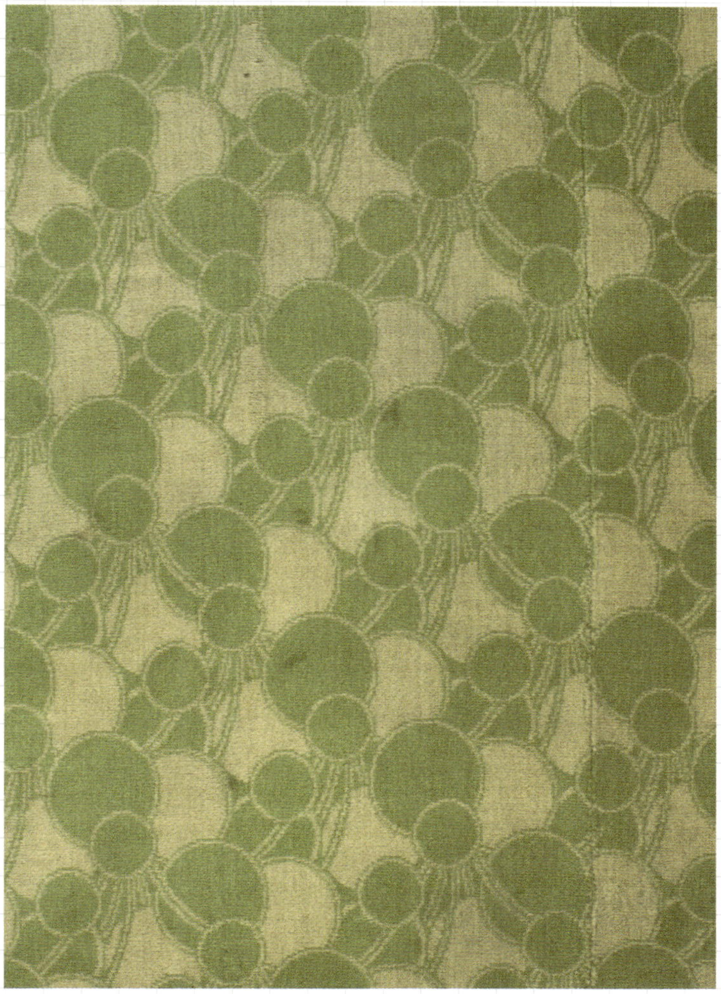

8

7 Entwurf für einen Mohair-Knüpfpolster, 1898
Design for a knotted mohair cushion, 1898
Backhausen Archiv Archive

8 Teppich, 1899
Carpet, 1899
MAK

9 Dekorstoff *Hafisa*, 1899
Decorative fabric *Hafisa*, 1899
MAK

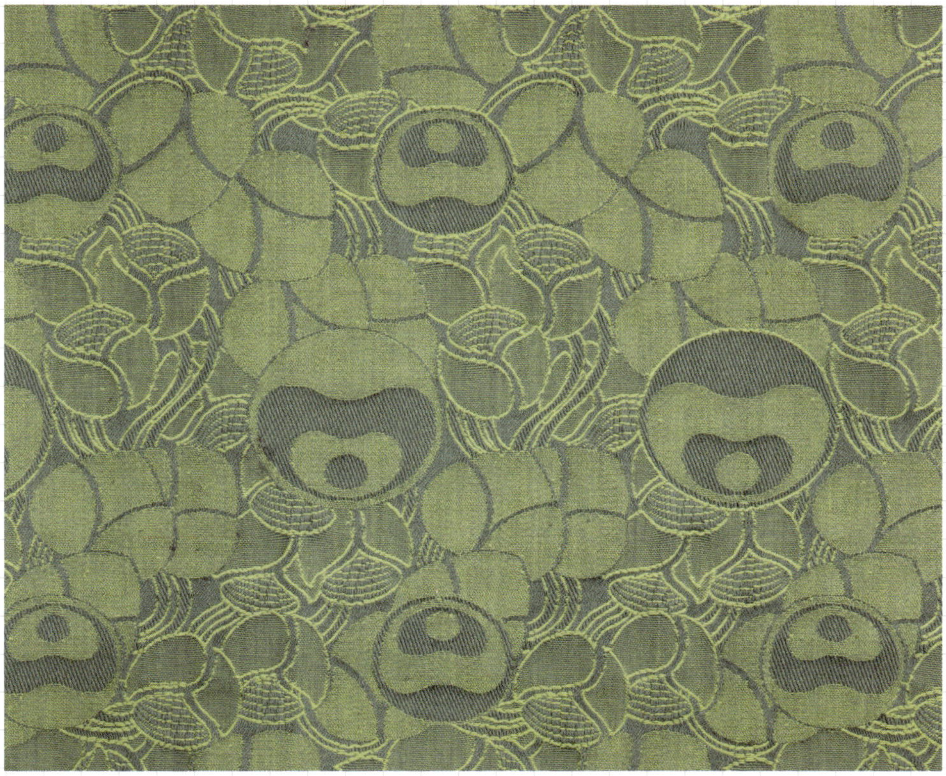

9

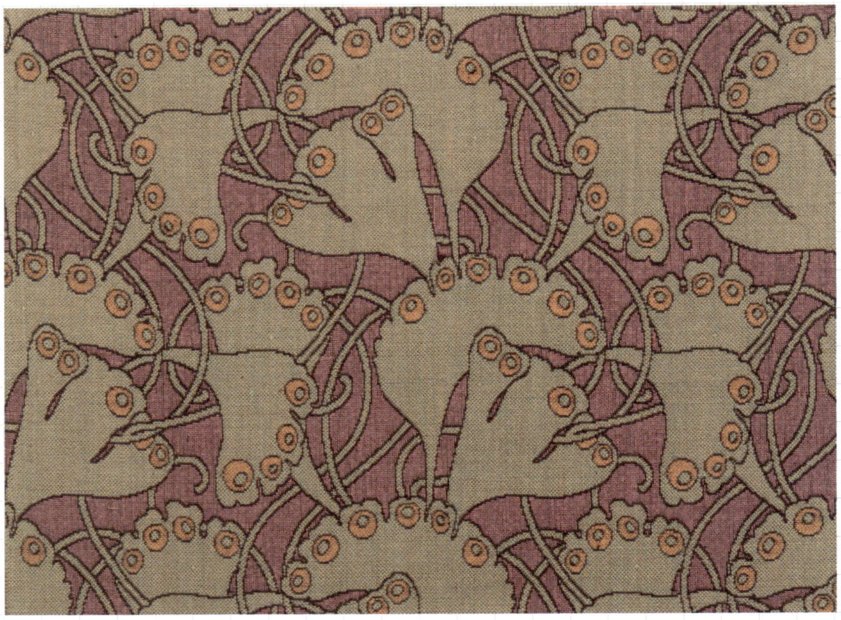

10

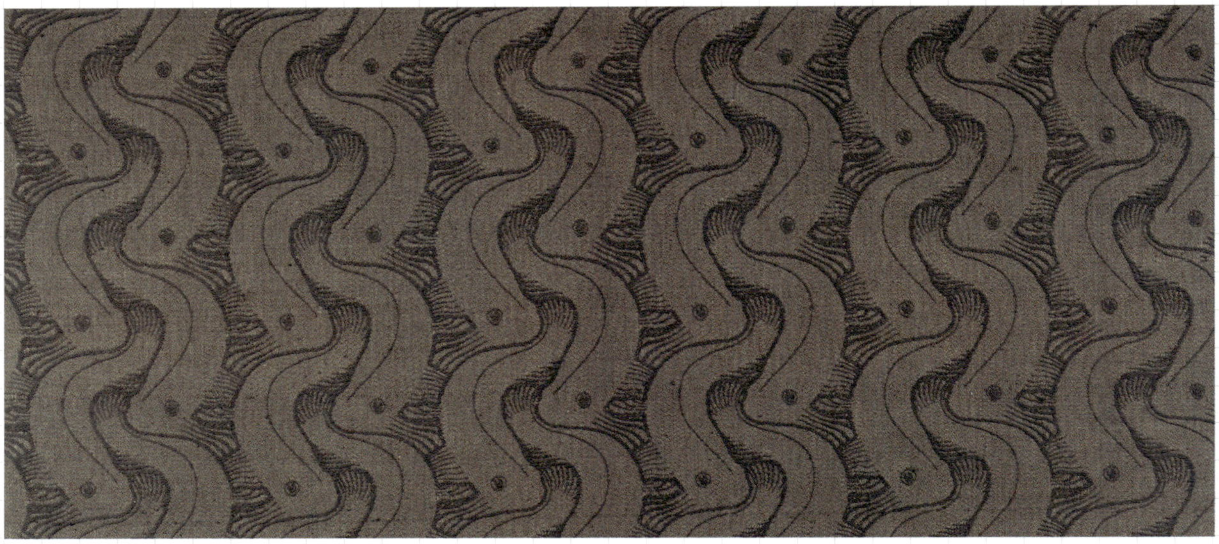

11

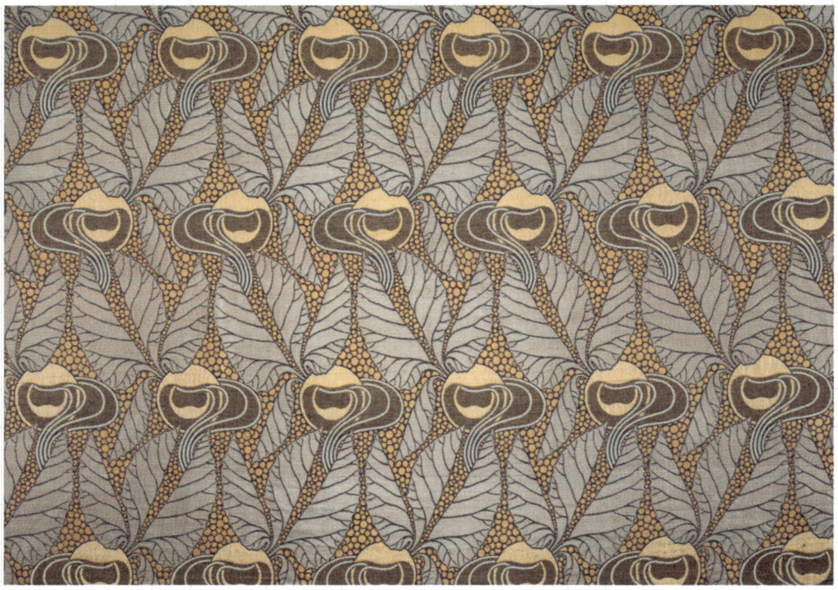

12

10 Dekorstoff *Palmenblatt*, 1900
Decorative fabric [Palm Leaf], 1900
MAK

11 Dekorstoff *Forellenreigen*, 1899
Decorative fabric [Round Dance of Trout], 1899
MAK

12 Dekorstoff *Zerschnittene Blätter*, 1899
Decorative fabric [Cut Leaves], 1899
MAK

which he later claims give him a practical advantage in understanding the way objects are created: "That was the only reason why I found it so easy to understand the principles of craftsmanship."[6] His training as a painter and graphic artist at the Academy of Fine Arts Vienna and later at the Vienna School of Arts and Crafts brings to light his talent for surface art. In 1897 Moser becomes a member of the Secession; there he finds not only his artistic home, but also friends among the wealthy buyers and patrons. They pave the way for this gifted artist from humble circumstances[7] to enter the upper-class society of Vienna, from among whose number his commissions in turn stem, which also occupy him as a designer at the Wiener Werkstätte.

TEXTILE DESIGNS

In 1898 Moser applies surface art to his first designs for craft objects—small knotted carpets (fig. 6) and large-format, knotted, so-called Smyrna and mohair cushions for Karl Eduard and Hans Backhausen, the owners of the company Backhausen & Söhne.[8] (fig. 7) The carpets and cushions are presented in the arts and crafts room of the 4th Secession exhibition in 1899 as "woven surface adornment" together with the woven fabrics likewise produced by Backhausen *Der Forellenreigen* [Round Dance of Trout], (fig. 8) *Der Vogel Bülow* [Golden Oriole], and *Hafisa* (fig. 9) as well as the knotted floor covering *Klee* [Clover].[9] In the period from 1898 to 1904, Moser designs a total of 50 patterns for the company Backhausen & Söhne, the majority of which are marketed with a name (fig. 10). In 1899 18 surface patterns and 4 small-format, unaccredited patterns by Moser are published in the fourth edition (April) of the Secession magazine *Ver Sacrum*. They are labeled as being the property of the Backhausen company and are turned into decorative fabrics, a woven carpet, and a floor covering by the firm in 1899 and 1900.[10] When comparing Moser's textile designs, two trends can be distinguished. On the one hand, patterns like *Schwämme* [Mushrooms], *Zerschnittene Blätter* [Cut Leaves], *Wilde Rosen* [Wild Roses], *Forellenreigen* (fig. 11), and *Der Vogel Bülow* are formed using motifs from flora and fauna that have been stylized to various extents; on the other, designs like *Klee* and *Föhn* [Foehn] show abstract and abstracting line compositions. In the portfolio *Flächenschmuck von Koloman Moser* from the series *Die Quelle*, published in 1901 by Martin Gerlach, the artist further develops his ideas in both approaches. Some patterns such as *Die tausend Raben* [A Thousand Ravens], *Die Goldfische* [The Goldfish],[11] and *Der Vogel Bülow* are conceived as reversible patterns made of two-tone positive and negative shapes set alongside each other. Other patterns like *Zerschnittene Blätter* (fig. 12) (Backhausen design no. 3733) and *Abendfriede* [Evening Peace] (Backhausen design no. 4016) can be traced back to Japanese stencils for dyeing, so-called katagami.[12] It is especially in the area of graphic art and surface pattern that the Viennese artists adopt Japanese art. Thus they learn how to layer and stagger the surfaces to create new decorations, to incorporate the line as a formative element, and hence also master a design vocabulary that appears to be able to use the "invisible" as a design medium. Woodcuts, dyeing stencils, and textile patterns in Viennese collections serve to impart Japanese surface art (fig. 13, 15).[13]

In the archive of the Backhausen company, a katagami is preserved that Moser used almost exclusively as the model for the furniture fabric *Spiel der Wellen* [Waves at Play] in 1902.[14] Yet the mon—circular Japanese symbols similar to coats

6 Ibid.

7 See the article by Christian Witt-Dörring, "Koloman Moser: A Multitalented Viennese Modernist," in this publication.

8 As the documents on "artistic" production—which are still in the possession of the company—reveal, the most eminent artists as well as gifted students from the Vienna School of Arts and Crafts worked for the Backhausen & Söhne company as designers around 1900.

9 "[G]ewebter Flächenschmuck." *Katalog der IV. Kunstausstellung der Vereinigung bildender Künstler Österreichs*, Vienna 1899, cat. nos. 198–203, p. 29. Moser designed the floor covering *Klee* [Clover] for the Hotel Bristol in Bolzano as early as 1898 as his first job for Backhausen.

10 Völker, Angela, "Textiles, Fashion, and Theater Costumes," in: Christian Witt-Dörring (ed.) 2013, 194–245: 216–220.

11 The exact same pattern is given different names in three sources. The motif of fish interlaced in positive and negative shapes is labeled *Lachszug* [Haul of Salmon] for a weaving in the 4th edition of *Ver Sacrum* in 1899, *Goldfische* [Goldfish] for a wall covering in *Die Quelle* in 1901, and *Der reiche Fischzug* [The Rich Haul] (no. 422) for a buffet executed by the Portois & Fix company in the catalog of the 8th Secession exhibition in 1900.

12 The interest of Viennese artists in Japanese art is evident. The Viennese have been familiar with the art of the Far Eastern country since Japan's participation in the World's Fair in Vienna in 1873. Private and public collections with East Asian holdings are founded, exhibitions on this subject are held. For example, the Secession hosts an exhibition in early 1900 that is dedicated to Japan and designed by Koloman Moser.

13 The holdings of today's MAK include e.g., ca. 10 000 dyeing stencils. As professors of the Vienna School of Arts and Crafts, Josef Hoffmann and Koloman Moser used these stencils as inspiration for their designs; sometimes they even adopted the patterns with only minimal alterations. Hoffmann even recommended to his students that they study Japanese ornamentation on the basis of the katagami.

14 Völker 2013 (see note 10), p. 229, fig. 26b and 26c.

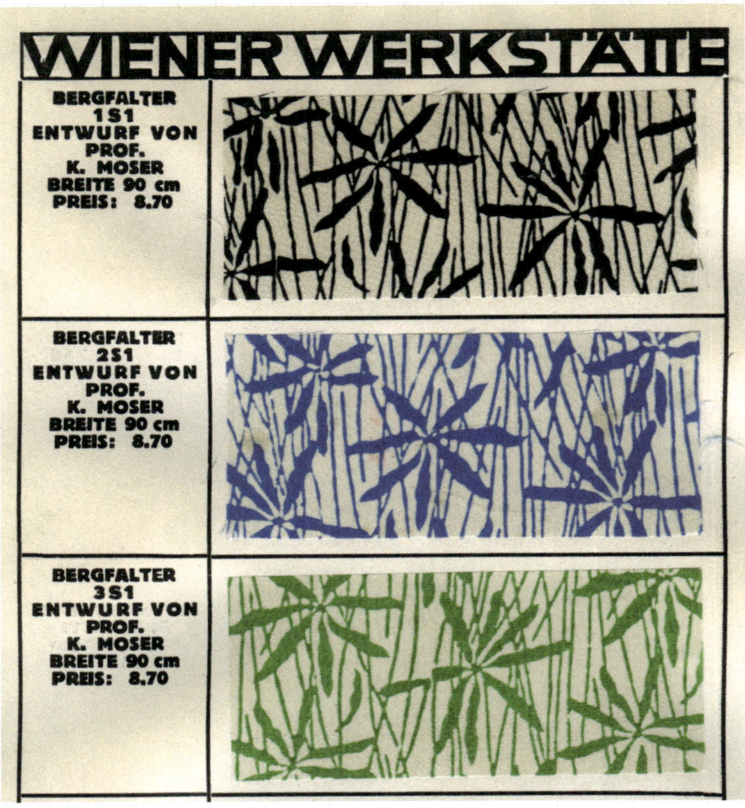

13

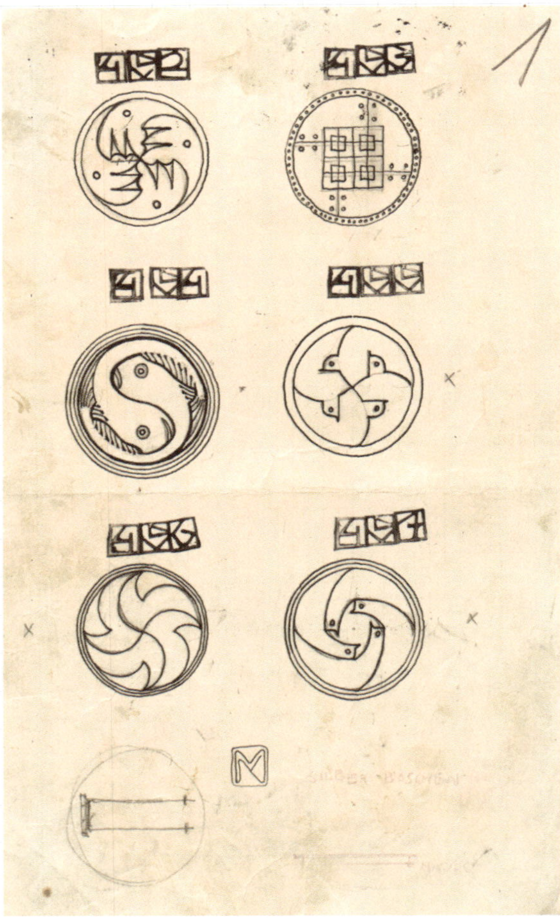

14

13 Stoffmuster *Bergfalter*, 1910/11
Fabric pattern [Mountain Butterfly], 1910/11
MAK

14 Entwurf von mehreren Broschen, vor 1904
Design of several brooches, before 1904
MAK

15 Kamm, Japan, 19. Jh.
Comb, Japan, 19th c.
MAK

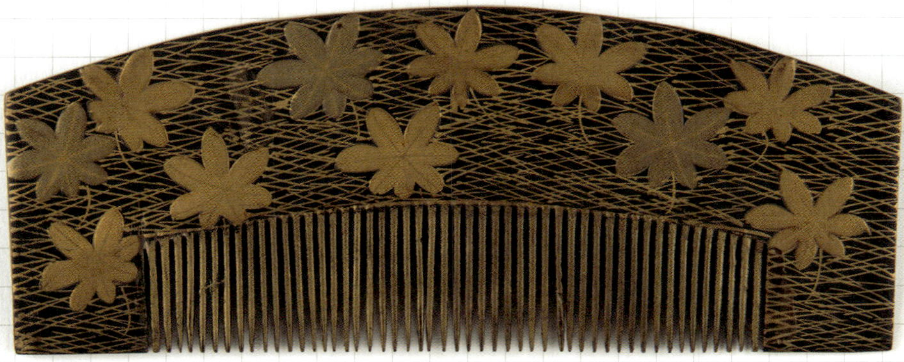

15

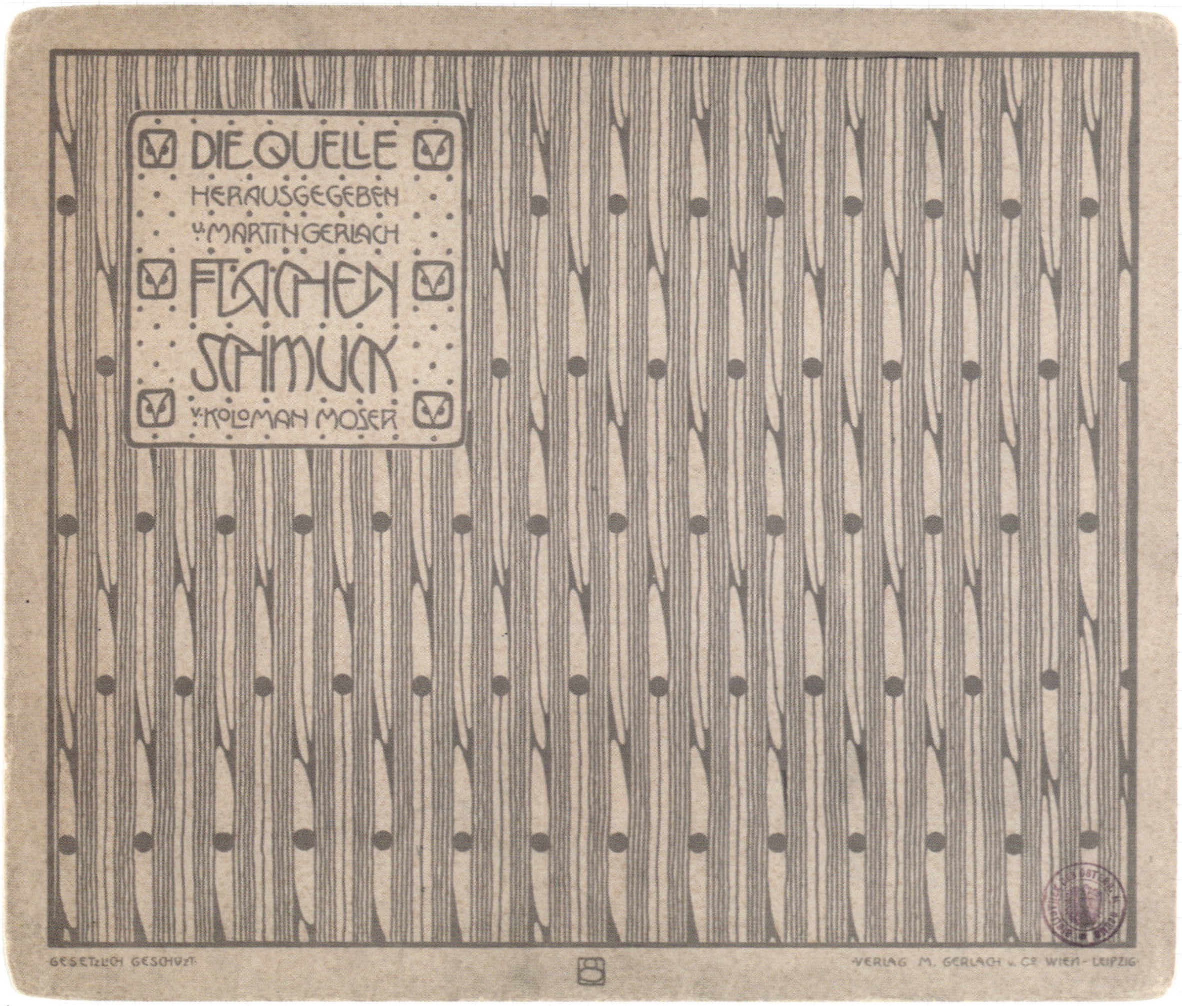

16

16 Flächenschmuck in Martin Gerlachs *Die Quelle*, 1901
Surface decoration in Martin Gerlach's *Die Quelle*, 1901
MAK

17 Stoffmuster *Bachstelze*, 1910/11
Fabric pattern [Wagtail], 1910/11
MAK

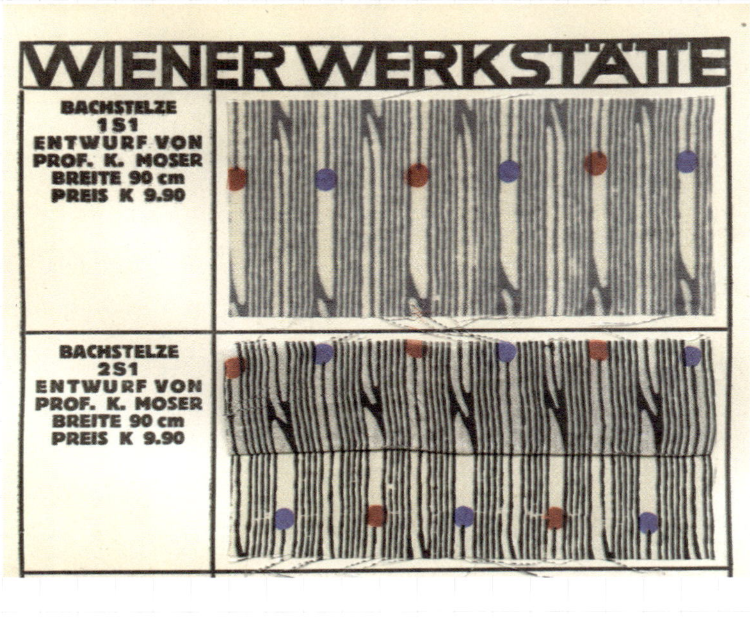

17

Im Archiv der Firma Backhausen wird ein Katagami aufbewahrt, das Moser 1902 beinahe vollständig für den Möbelstoff *Spiel der Wellen* als Vorlage verwendet hat.[14] Aber auch die Mon – kreisrunde japanische Symbole, ähnlich den Wappen im heraldischen Gebrauch der westlichen Welt, deren Motive durch Binnenlinien gebildet werden – inspirierten Moser zu Textilmustern, Emblemen, Monogrammen und 1904 in der Wiener Werkstätte zu silbernen Broschen (Abb. 14).[15] Dieses Thema variiert er 1900 bei einem Webteppich, der 1902 von Backhausen ausgeführt wurde und im Speisezimmer der Wohnung Eisler von Terramare und im Ausstellungsraum der Wiener Werkstätte in der Neustiftgasse Verwendung fand.[16] Andere Vorbilder wie die englische Arts & Crafts-Bewegung hat Moser, wie Völker meint, längst hinter sich gelassen:

> „Im Vergleich zu englischen und französischen Stoffen der Zeit um 1900, die, stärker historisch orientiert, weiterhin symmetrische und asymmetrische Muster mit großen Einzelmotiven wie dem Granatapfel oder der Wellenranke variieren, sind Mosers Textilentwürfe zukunftsweisend durch ihre kleineren Rapporte und die zurückhaltendere harmonische Farbigkeit."[17]

Kleinteilige Muster aus geometrischen Elementen charakterisieren auch die fünf Druckstoffe, die Moser ungefähr zehn Jahre später für die Wiener Werkstätte entwickelt, obwohl er die Gemeinschaft bereits 1907 verlassen hat. Die Motive basieren auf drei Nebenmustern und einem Hauptmuster aus dem Mappenwerk *Flächenschmuck von Koloman Moser*, das Martin Gerlach 1901 mit Entwürfen von Moser für dieses Genre veröffentlicht. Die bunten Vorderseiten zeigen zumeist größere Muster, während die in Grau-Weiß gehaltenen Rückseiten kleinteiligere geometrische Motive aufweisen. Drei dieser Ton-in-Ton-Nebenmuster werden koloriert 1910–1911 in der Wiener Werkstätte herausgebracht. Diese namenlosen Flächenmuster (Abb. 16) der Rückseiten werden zu *Bergfalter* (zuvor *Flächenschmuck*, S. 10), *Bachstelze* (Abb. 17) (zuvor *Flächenschmuck*, S. 8) und *Baumfalke* (zuvor *Flächenschmuck*, S. 5). Das ursprünglich als Tapete vorgesehene Hauptmuster *Goldene Schmetterlinge* in Gold-Schwarz-Weiß wird – dem Binnenmuster beraubt – zu *Baummarder* in den Farbstellungen Rot, Grün, Blau und Schwarz abgewandelt. Lediglich das kleinteilige Muster *Amsel* geht auf keine Vorlage zurück.

MODE

Das Thema „Koloman Moser und Mode" ist mangels gesicherter Literatur bisher kaum bearbeitet worden. Einzig Angela Völker berichtet in ihrem Artikel für den Ausstellungskatalog der Neuen Galerie New York 2013 darüber.[18] Möglicherweise findet die erste Auseinandersetzung Mosers mit Damenkleidung 1890 statt, als die Zeitschrift *Wiener Mode* (Abb. 18) mehrere Modeillustrationen von ihm bringt. In der Kunstblättersammlung des MAK befinden sich einige Handzeichnungen mit gleichartigen Sujets (Abb. 19), die vermutlich auch für das Journal gedacht waren. Mosers Entwürfe ähneln sehr den übrigen Illustrationen der Zeitschrift, von modischen „Ausreißern" kann nicht gesprochen werden. In diesem Stil illustriert Moser 1898 auch den Artikel „Mummenschanz" von Wilhelm Schölermann im zweiten Heft (Februar) des *Ver Sacrum*. Den Beitrag über Karnevalsmode begleitet er mit konventionellen Abendkleidern, Kopfschmuck und Ärmelvariationen.

14 Völker 2013 (s. Anm. 10), S. 229, Abb. 26b und 26c.

15 WWMB 7/Modellnummern G 164–G 169, S. 455–157, Wiener-Werkstätte-Archiv, MAK.

16 Der in Bahnen velourartig gewebte Spannteppich wurde zumindest in zwei Farbstellungen hergestellt. Die Zeichnung bei Backhausen zeigt den Teppich in Grün/Blau (Dessin Nr. 4509), eine Tafel im MAK in Rottönen (Dessin Nr. 5306). Laut Produktionsbuch des Erzeugers war er für das Hotel Bristol in Bozen bestimmt.

17 Völker 2013 (s. Anm. 10), 220.

18 Ebd., 232–240.

of arms in the heraldic tradition of the Western world whose motifs are formed by internal lines—also inspired Moser to create textile patterns, emblems, monograms, and—at the Wiener Werkstätte in 1904—silver brooches (fig. 14).[15] He modifies this subject in 1900 for a woven carpet, which was executed by Backhausen in 1902 and used in the dining room of the Eisler von Terramare residence as well as in the Wiener Werkstätte showroom on Neustiftgasse.[16] According to Völker, Moser had long moved on from other exemplars such as the English Arts & Crafts movement:

> "In comparison to English and French fabrics from the period around 1900, which were more historically oriented and continued to vary symmetrical and asymmetrical patterns with large single motifs such as pomegranate or wavy vines, Moser's textile designs pointed the way to the future with their smaller repeats and more restrained, harmonious palette."[17]

Detailed patterns formed of geometric elements are also the hallmark of the five printed fabrics that Moser develops roughly a decade later for the Wiener Werkstätte, despite having already left the collective in 1907. The motifs are based on three subsidiary patterns and one main pattern from the portfolio *Flächenschmuck von Koloman Moser*, which Martin Gerlach publishes in 1901 with designs by Moser for this genre of surface design. The colorful rectos show mostly larger patterns, while the versos—all in gray and white—bear more detailed geometric motifs. Three of these subsidiary patterns with a restricted color palette are issued in a colorized form by the Wiener Werkstätte in 1910–1911. These unnamed surface patterns (fig. 16) on the versos become *Bergfalter* [Mountain Butterfly] (previously *Flächenschmuck* [Surface Decoration], p. 10), *Bachstelze* [Wagtail] (fig. 17) (previously *Flächenschmuck*, p. 8), and *Baumfalke* [Eurasian Hobby] (previously *Flächenschmuck*, p. 5). Originally envisaged as a wallpaper, the main pattern *Goldene Schmetterlinge* [Golden Butterflies] in gold, black, and white is deprived of its internal pattern and transformed into *Baummarder* [Pine Marten] in the colors red, green, blue, and black. Only the detailed pattern *Amsel* [Blackbird] cannot be traced back to any exemplar.

FASHION

Due to a lack of reliable literature, the topic "Koloman Moser and Fashion" has barely been analyzed. Angela Völker alone reports on it in her article for the 2013 exhibition catalog of the Neue Galerie in New York.[18] It is possible that Moser's first exploration of women's clothing takes place in 1890, when the magazine *Wiener Mode* (fig. 18) features several fashion illustrations by him. In the MAK Works on Paper Collection, there are a number of freehand drawings with similar subjects (fig. 19), which were probably also intended for the periodical. Moser's designs closely resemble the magazine's other illustrations; they cannot be described as fashion "outliers." Moser also uses this style to illustrate the article "Mummenschanz" by Wilhelm Schölermann in the second edition (February) of *Ver Sacrum* from 1898. He accompanies this article about carnival clothing with conventional evening gowns, headwear, and sleeve variations. Traditional in terms of their form but not their decoration, two sketches by the artist for embroidery on dress trains can be found at the MAK that were intended for the archduchesses Maria Annunziata and her younger sister Elisabeth Amalie (fig. 20).[19] One of the designs shows a train with embroidered

15 WWMB 7/model numbers G 164–G 169, pp. 455–157, Wiener Werkstätte Archive, MAK.

16 The fitted carpet, woven like velvet in panels, was produced in at least two color combinations. The drawing at Backhausen shows the carpet in green/blue (design no. 4509), a panel at the MAK in shades of red (design no. 5306). According to the manufacturer's production book, it was destined for the Hotel Bristol in Bolzano.

17 Völker 2013 (see note 10), 220.

18 Ibid., 232–240.

19 The archduchesses Maria Annunziata (1876–1961) and Elisabeth Amalie (1878–1960) were the nieces of Emperor Franz Joseph and daughters of his brother Karl Ludwig. Maria was betrothed to Duke Siegfried in Bavaria in 1902, Elisabeth married Prince Aloys of Liechtenstein in 1903. As a component of the classic court dress, such trains were worn on official occasions and had to conform to convention.

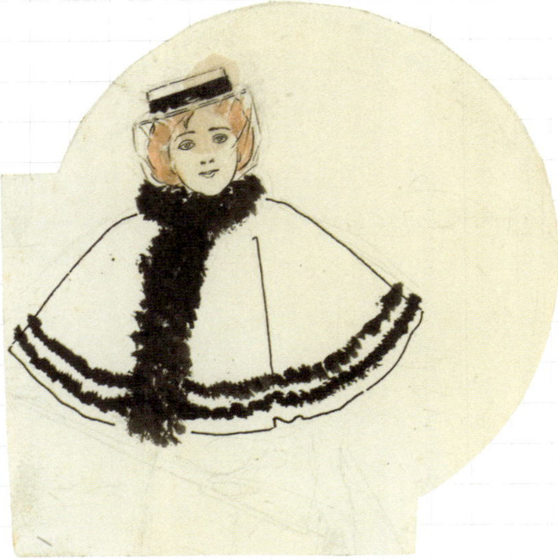

18

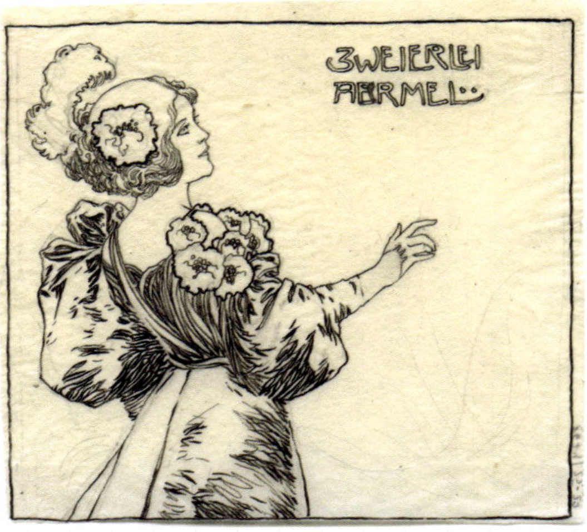

19

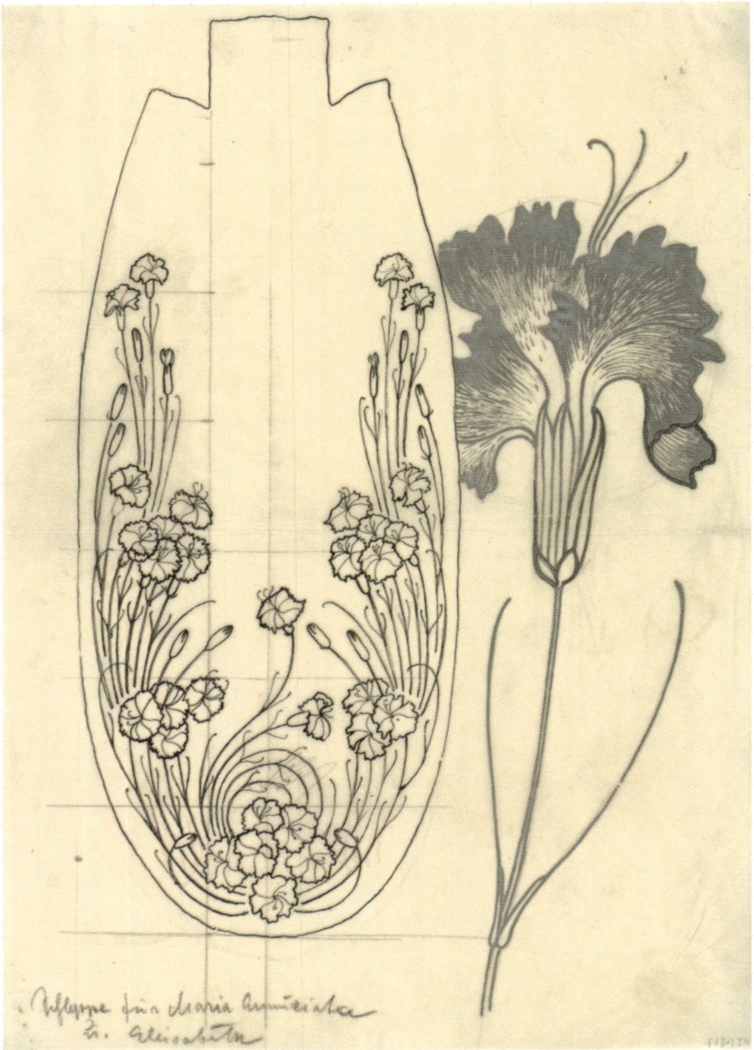

20

18 Dame mit Cape, Entwurf für eine Zeitschriftenillustration für *Wiener Mode*, um 1898
Lady with a cape, design for a magazine illustration for *Wiener Mode*, ca. 1898
MAK

19 Entwurf für die Vignette *Zweierlei Aermel* für *Ver Sacrum* (1) 2 1898, S. 9
Design for the vignette [Two Sleeves] for *Ver Sacrum* (1) 2 1898, p. 9
MAK

20 Entwurf für eine Schleppe, um 1900
Design for a dress train, ca. 1900
MAK

21 Entwurf für Damenmode, um 1900
Design for female fashion, ca. 1900
MAK

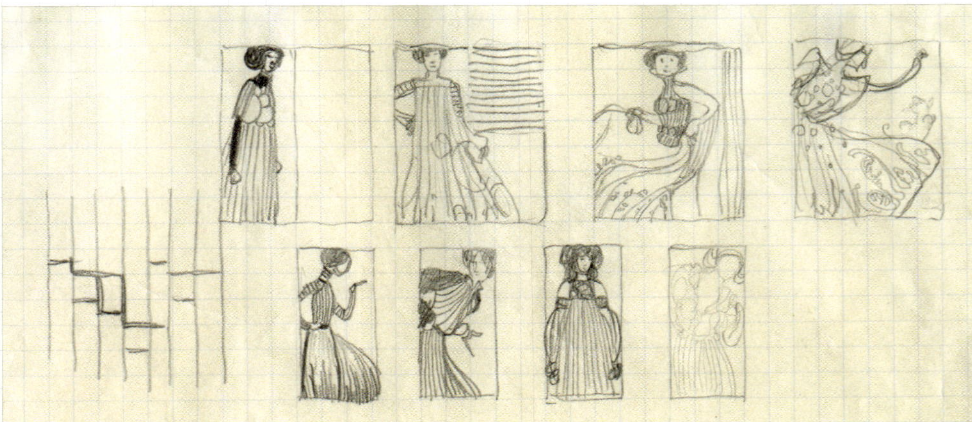

21

plant motifs covering an extensive surface area and leaving the center unadorned, which are formed from carnations with long, winding stems in the style of international Art Nouveau. The other design with naturalistic stylization—both must date to 1900[20]—could depict a detail of the embroidery.

According to a contemporary report that publishes a woman's dress after a design by Therese Trethan, Moser's class also focuses on the subject of fashion at the professor's suggestion.[21]

Around 1905 Koloman Moser turns his hand to dress reform (fig. 21), although only a single dress can actually be ascribed to him: it won an award in Düsseldorf in 1907 and seems to take most of its inspiration from Biedermeier clothes (fig. 22).[22] The fashion collection of the Wien Museum contains four dresses that were purchased from a niece of Moser in 1968, as well as a theater coat (fig. 23). The wearers are named as being his mother, his two sisters Leopoldine and Charlotte, as well as his wife Ditha (Editha). A photo has survived in a private collection on which Ditha is wearing this dress on the beach in Venice.[23] Clad in a strictly black and white reform dress, Ditha also appears on a photo from 1907 in the Wiener Werkstätte Archive that shows a stall designed by Moser for lebkuchen and cookies.[24] On private photos, on the other hand, which show Ditha in 1906 with their son Karl, she is wearing a reform dress with flamboyant embroidery on the shoulders (fig. 24). In this case, too, the designer is unknown, though Völker indicates that Ditha's sister, Magda Mautner von Markhof, also designed reform dresses[25] and may have helped her brother-in-law with his creations (fig. 25).[26] Lastly, reference should be made to a screen designed by Moser, the background of which "is a softly flowing mosaic made of matte and shiny gold paper squares. And on three fields one sees three long, narrow rectangles as appliqué, each of which contains an elegant, slim female in whimsical dress (fig. 26)."[27]

GLASS AND CERAMIC

As a teacher Moser presided over a painting class at the Vienna School of Arts and Crafts, but nevertheless—in pursuit of the idea of the *Gesamtkunstwerk* or total work of art—he encouraged his students to look into designing fabrics, vessels in glass and ceramic, glass windows, leatherwares, decorated papers, works on paper, enamel painting, and more,[28] particularly in view of the fact that, according to Leisching, Moser "wants to permeate all arts and crafts with a painterly spirit."[29] Hevesi also comments on this when he writes the following in an article about an exhibition at the Austrian Museum by the Vienna School of Arts and Crafts: "The greatest diversity prevails in the Moser school. Like their teacher, the students dabble in all materials and allow their wits to be stimulated by material and technique in a certain, specific way."[30] As undated sketches for ceramic and glass vessels—presumably created in 1899—prove, Moser concerned himself with such objects early on.

Great importance is attached to the increased amount of contact with external craft enterprises and industry in order to hold out the prospect of reproducing select one-offs on a large scale and securing possible job opportunities for his students. Hence the factories of A. Förster and Josef Böck, both located near the School of Arts and Crafts, guarantee the execution of designs for works in clay, earthenware, and

20 Völker 2013 (see note 10), 196.

21 Verneuil, M. P., "L'enseignement des arts décoratifs à Vienne," in: *Art et Décoration* 11 1902, 143–165: 158. See also note 28.

22 Völker 2013 (see note 10), 232 f., fig. 30. Furthermore, in his article "Koloman Moser: A Multitalented Viennese Modernist" in this publication, Christian Witt-Dörring reports on a dress for a Miss Wendt, which Moser designs on the occasion of the Concordia Ball in 1903.

23 Völker 2013 (see note 10), 236 f., fig. 33a and 33b.

24 Wiener Werkstätte stall for lebkuchen and cookies after a design by Koloman Moser at the artists' garden party on 6 and 7 June 1907 at Weigl's Dreherpark in Meidling, Schönbrunner Straße 307 in Vienna's 12th district. Editha Mautner von Markhof, Moser by marriage, is in the center, Berta Zuckerkandl on the far right. Editha can also be seen on another photo in the same dress—believed to be a Moser creation—but a different hat.

25 Three reform dresses by Magda Mautner von Markhof are shown at the Kunstschau. Two of them are depicted in the article by Joseph August Lux "Kunstschau Wien – 1908" in *Deutsche Kunst und Dekoration*, vol. XXIII, October 1908–March 1909, 33–61, on page 67.

26 Völker 2013 (see note 10), 233.

27 Article by Ludwig Hevesi about visiting an Easter exhibition at the Wiener Werkstätte, *Fremden-Blatt*, 6 Apr 1906. The screen was on display in this Easter exhibition and in the show *Der gedeckte Tisch* [The Laid Table]. Later, it was used in the fashion department of the Wiener Werkstätte on Kärntnerstraße.

28 See the article by Patrick Werkner, "'Afternoon Composition Tasks': Koloman Moser's Professorship at the Vienna School of Arts and Crafts" in this publication.

29 Leisching, Eduard, "Die Ausstellung der Kunstgewerbeschule des k. k. Österreichischen Museums," in: *Kunst und Kunsthandwerk* (6) 5 1903, 173–195: 176.

30 Hevesi 1906 (see note 3), 337.

Von der Form, aber nicht vom Dekor her traditionell nehmen sich zwei im MAK befindliche Skizzen des Künstlers zu Stickereien auf Kleiderschleppen aus, welche für die Erzherzoginnen Maria Annunziata und deren jüngere Schwester Elisabeth Amalie bestimmt waren (Abb. 20).[19] Der eine Entwurf zeigt eine Schleppe mit großflächig angelegten, die Mitte freilassenden gestickten Pflanzenmotiven, die aus Nelken mit langen gewundenen Stielen, dem internationalen Jugendstil verpflichtet, gebildet wurden. Der andere Entwurf in naturalistischer Stilisierung – beide dürften aus 1900 stammen[20] – könnte ein Detail der Stickerei darstellen.

Einem zeitgenössischen Bericht zufolge, der ein Damenkleid nach Entwurf von Therese Trethan veröffentlicht, beschäftigt sich auch die Klasse Moser auf Anregung des Professors mit dem Thema Mode.[21]

Um 1905 wendet sich Koloman Moser dem Reformkleid zu (Abb. 21), wobei nur ein einziges in Düsseldorf 1907 prämiertes, eher biedermeierlich inspiriertes Kleid ihm tatsächlich zugewiesen werden kann (Abb. 22).[22] Die Modesammlung des Wien Museums besitzt vier Kleider, die 1968 von einer Nichte Mosers angekauft wurden, sowie einen Theatermantel (Abb. 23). Als Trägerinnen werden seine Mutter, die beiden Schwestern Leopoldine und Charlotte sowie seine Frau Ditha (Editha) genannt. In einer Privatsammlung hat sich ein Foto erhalten, auf dem Ditha dieses Kleid am Strand von Venedig trägt.[23] In ein schwarz-weiß gehaltenes Reformkleid gewandet, präsentiert sich Ditha 1907 auf einem Foto aus dem Archiv der Wiener Werkstätte, dass einen von Moser entworfenen Verkaufsstand für Lebkuchen und Bäckerei zeigt.[24] Auf privaten Fotos wiederum, die Ditha 1906 mit ihrem gemeinsamen Sohn Karl zeigen, trägt sie ein Reformkleid mit auffallender Stickerei an den Schultern (Abb. 24). Der Entwerfer oder die Entwerferin sind auch in diesem Fall nicht bekannt, wobei Völker darauf hinweist, dass auch Dithas Schwester, Magda Mautner von Markhof, Reformkleider entworfen[25] und ihrem Schwager bei seinen Kreationen möglicherweise geholfen hat (Abb. 25).[26] Zuletzt sei noch auf einen von Moser entworfenen Paravent verwiesen, dessen Grund „ein leise verfließendes Mosaik aus matten und glänzenden Goldpapierquadraten ist. Und auf drei Feldern sieht man als Applikation drei lange, schmale Vierecke, deren jedes eine elegante schlanke Weiblichkeit in launenhafter Toilette enthält" (Abb. 26).[27]

GLAS UND KERAMIK

Obwohl Moser als Lehrender an der Wiener Kunstgewerbeschule einer Fachklasse für Malerei vorstand, ermutigte er seine SchülerInnen, der Idee des Gesamtkunstwerkes folgend, sich mit dem Entwerfen von Stoffen, Gefäßen aus Glas und Keramik, Glasfenstern, Lederwaren, Buntpapieren, Grafiken, Emailmalerei und mehr zu beschäftigen,[28] zumal Moser laut Leisching „das gesamte Kunstgewerbe mit malerischem Geiste durchdringen möchte".[29] Auch Hevesi berichtet davon, wenn er in einem Artikel über eine Ausstellung der Wiener Kunstgewerbeschule im Österreichischen Museum Folgendes schreibt: „In der Moser Schule herrscht die größte Mannigfaltigkeit. Wie der Lehrer versuchen sich die Schüler in allen Materialien und lassen durch Stoff und Technik ihren Witz in einer gewissen spezifischen Weise anregen."[30] Wie undatierte, aber vermutlich 1899 entstandene Skizzen für Keramik- und Glasgefäße beweisen, hat sich Moser schon früh mit derartigen Gegenständen beschäftigt.

19 Die Erzherzoginnen Maria Annunziata (1876–1961) und Elisabeth Amalie (1878–1960) waren Nichten Kaiser Franz Josephs und Töchter seines Bruders Karl Ludwig. Maria war 1902 mit Herzog Siegfried in Bayern verlobt, Elisabeth heiratete 1903 Prinz Alois von und zu Liechtenstein. Als Bestandteil des klassischen Hofkleides wurden derartige Schleppen zu offiziellen Anlässen getragen und hatten der Konvention zu entsprechen.

20 Völker 2013 (s. Anm. 10), 196.

21 Verneuil, M. P., „L'enseignement des arts décoratifs à Vienne", in: *Art et Décoration* 11 1902, 143–165: 158. Siehe dazu auch Anm. 28.

22 Völker 2013 (s. Anm. 10), 232 f., Abb. 30. Außerdem berichtet Christian Witt-Dörring in seinem Artikel „Koloman Moser – Ein Multitalent der Wiener Moderne" in dieser Publikation von einem Kleid für ein Fräulein Wendt, das Moser anlässlich des Concordia Balls 1903 entwirft.

23 Völker 2013 (s. Anm. 10), 236 f., Abb. 33a und 33b.

24 Verkaufsstand der Wiener Werkstätte für Lebkuchen und Bäckereien nach einem Entwurf von Koloman Moser auf dem Künstler-Gartenfest am 6. und 7. Juni 1907 in Weigl's Dreherpark in Meidling, im 12. Wiener Gemeindebezirk, Schönbrunner Straße 307. In der Mitte Editha Mautner von Markhof, verehelichte Moser, rechts außen Berta Zuckerkandl. Mit demselben Kleid, das als Kreation Mosers gelten kann, jedoch mit anderem Hut, sieht man Editha auch auf einem anderen Foto.

25 Von Magda Mautner von Markhof werden auf der Kunstschau drei Reformkleider gezeigt. Zwei davon sind in dem Artikel von Joseph August Lux „Kunstschau Wien – 1908" in *Deutsche Kunst und Dekoration*, Bd. XXIII, Oktober 1908–März 1909, 33–61, auf S. 67 abgebildet.

26 Völker 2013 (s. Anm. 10), 233.

27 Artikel von Ludwig Hevesi über den Besuch einer Osterausstellung in der Wiener Werkstätte, *Fremden-Blatt*, 6.4.1906. Der Paravent war in besagter Osterausstellung und in der Ausstellung *Der gedeckte Tisch* zu sehen. Später wurde er in der Modeabteilung der Wiener Werkstätte in der Kärntnerstraße verwendet.

28 Siehe dazu den Beitrag von Patrick Werkner „‚Nachmittags Kompositionsaufgaben' – Koloman Mosers Lehrtätigkeit an der Wiener Kunstgewerbeschule" in dieser Publikation.

29 Leisching, Eduard, „Die Ausstellung der Kunstgewerbeschule des k. k. Österreichischen Museums", in: *Kunst und Kunsthandwerk* (6) 5 1903, 173–195: 176.

30 Hevesi 1906 (s. Anm. 3), 337.

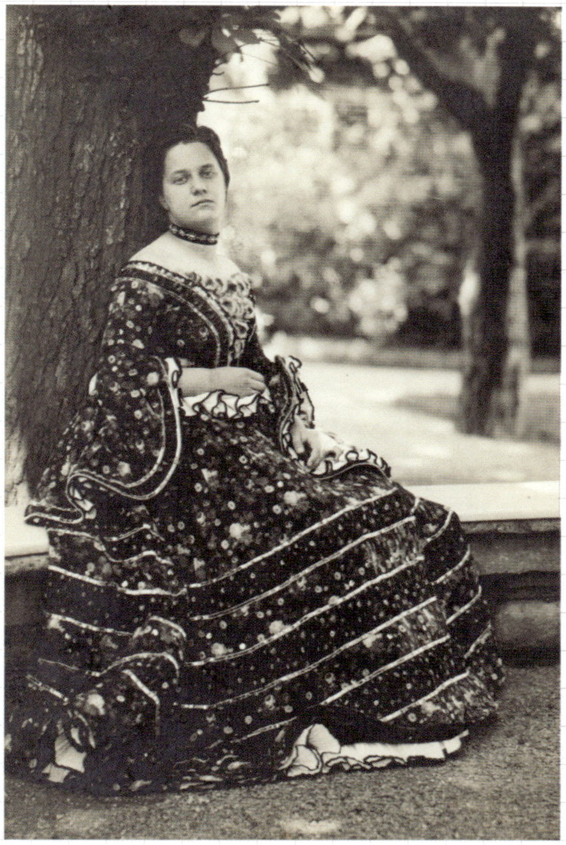

22

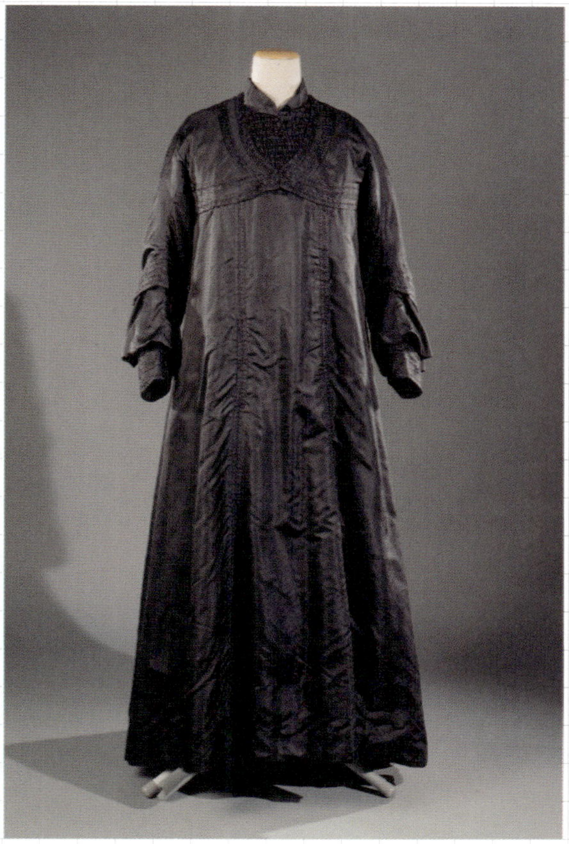

23

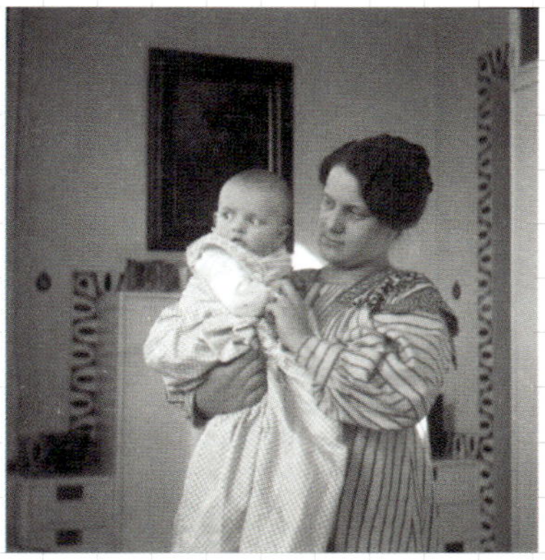

24

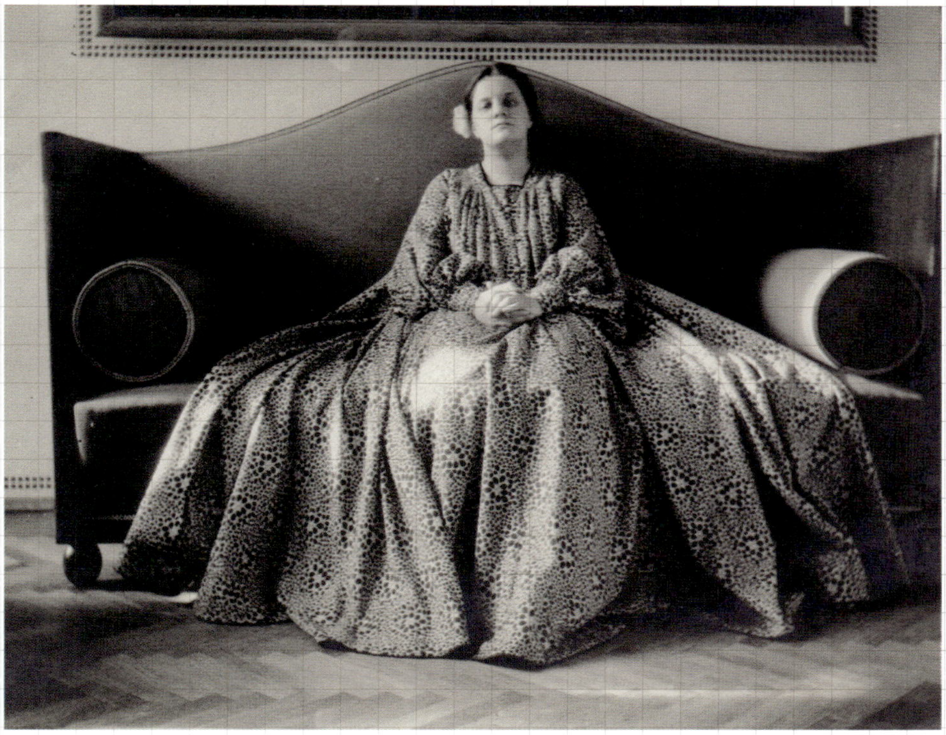

25

22 Moriz Nähr
Editha Moser in einem von Koloman Moser entworfenen Kleid, 1907
Editha Moser wearing a dress designed by Koloman Moser, 1907
Neue Galerie New York

23 **Reformkleid**, 1900–1905
Reform dress, 1900–1905
Wien Museum

24 **Editha Moser mit ihrem Sohn Karl**, 1906
Editha Moser with her son Karl, 1906
Privatbesitz, Wien Private collection, Vienna

25 **Editha Moser in einem von Koloman Moser um 1907 entworfenen Kleid**, um 1910
Editha Moser wearing a dress designed by Koloman Moser in ca. 1907, ca. 1910
Privatbesitz, Wien Private collection, Vienna

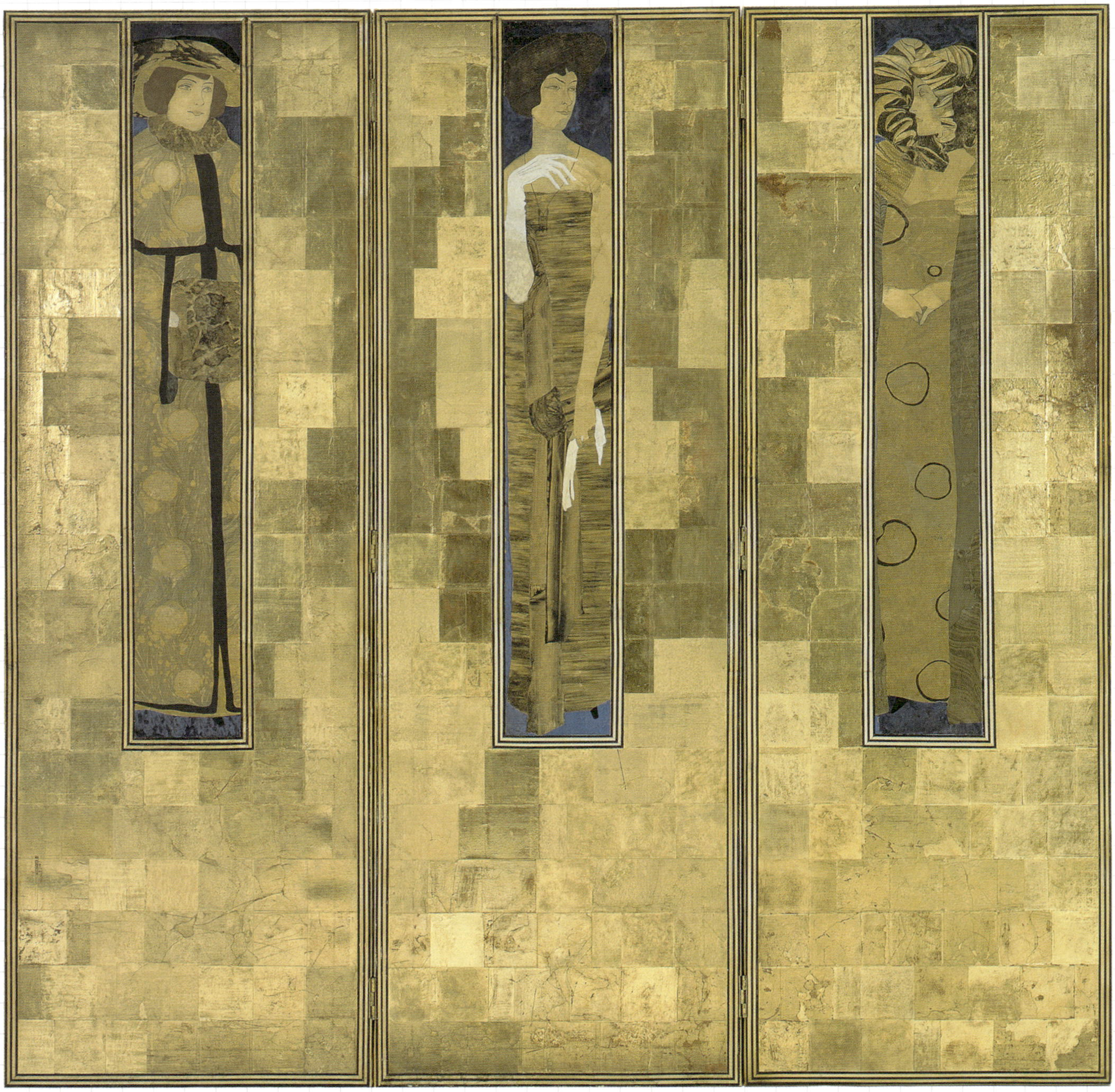

26

26 Paravent, 1906
Folding screen, 1906
MAK

porcelain. The glassware manufacturer E. Bakalowits Söhne brokers collaborations with the then largest glassworks in Bohemia:[31] according to Ernst Ploil, at the Bohemian glassworks of Johann Loetz Witwe in Klostermühle (Klášterský Mlýn) and at the Meyr's Neffe manufactory in Adolf bei Winterberg (Adolfov ve Vimperk), over 250 confirmed models and decorations for vases, bowls, glassware sets, and glass lampshades were executed.[32] The designs date from the period between 1898/99 and 1903. Moser is keen on his ideas being realized in a way that is true to the material. His first glass designs are still very much beholden to the international curvilinear style; they bear flowing, rounded, occasionally vegetal forms "as if calyxes, plant stems, aquatic plants, or the like had served as models (fig. 27)."[33] The decoration on the bowls of the glasses and on the bottles of the glassware set realized by Bakalowits in 1899—no. 100A *Meteor*—gives the impression of bubbles ascending through the water (fig. 28). Evidently, these "practical glasses" were presented to the public under the number 261 in the 5th exhibition of the Secession.[34] Ludwig Abels expresses his enthusiasm for other glasses by Moser that were on display in the 8th Secession exhibition in an article in the magazine *Dekorative Kunst* (fig. 29).[35] At Neustiftgasse 32–34 on 11 October 1906, the Wiener Werkstätte launches its own showroom with an exhibition organized by Moser and Josef Hoffmann called *Der gedeckte Tisch* (The Laid Table)[36]. It was intended to inform visitors about "[...] the art of serving and arranging food, in other words about refining the pleasure of dining through the sight of a table decked in a modern and artistic manner (fig. 30)."[37] Several tables are laid and decorated in different ways; some of the aforementioned glasses as well as an entire dinnerware set presented on a buffet are designed by Moser. In an article Hevesi explicitly mentions Moser's glass designs, which he views as a solution—to the extent that the author finds the various heights of glasses on dining tables vexing. To his mind, Moser solves this problem with a glassware set of equal height and a single form: "He [Moser] resolves it in the simplest of ways: by using stems of uneven heights with bowls of different dimensions. It is the glass of Columbus. When one unexpectedly sees such a novelty, one strikes one's forehead with one's palm. Obviously, he must have used his head—and his talent."[38]

1901 begins with a reduction to fundamental geometric forms. Cuboids, spheres, and cylinders comprise the base forms for the new vases and glasses. In addition, Moser now intentionally limits his color palette—in many cases the glasses executed by Loetz were designed to be colorful—so that the external form comes more to the fore (fig. 31). However, as Ploil explains, Moser's color stipulations were often changed by the manufacturer Bakalowits, who had his shape designs executed in very iridescent and contrasting colors (fig. 32). For this reason, exactly the same glass design also exists by Loetz in colorful, iridescent glass and by Meyr's Neffe in colorless to sparingly tinted crystal glass (fig. 33, 34).[39] Furthermore, Moser used the material of glass artistically for glass windows and glass ceilings. Worth mention are the electrically backlit glass ceiling of the dining hall in the extension of the Hotel Bristol in Vienna (designed in 1897)[40] and the glass window in the entrance area of the Secession building (opened on 12 Nov 1898). In 1901/02 he presents a four-part glass window in the exhibition booth of the bentwood furniture manufacturer J. & J. Kohn in the winter exhibition at the Imperial Royal Austrian Museum of Art and Industry.[41] The culmination is marked by the glass windows for the St. Leopold Church at the

31 See the article by Ernst Ploil, "Glass and Ceramics," in: Christian Witt-Dörring (ed.) 2013, 246–287: 246.

32 Ibid., 266.

33 Ibid., 272.

34 In line with the desire of the artists involved to cement the demand—adopted from the English Arts & Crafts movement—for repealing the separation of "high" (fine) and "low" (applied) art and hence embed the unity of the arts in everyday life, glasses for everyday use were presented as artworks in an art exhibition.

35 "None other than MOSER knows how to create drinking glasses for wine or liqueur, vases, fruit bowls, and ornamental glasses as attractively and true to the material as this. Since he won first prize for a complete set—in which he introduced the new, exceedingly effective technique 'Meteor'—about a year ago, he has been an undisputed authority. Capturing the flowing, so pliant glass in slender, graceful forms using high stems, delicate impressions on the bowl, gentle curves in the surfaces, and a slight tinting of the glass to help it achieve the most sublime impression possible—in this he is a master. One of his latest works, a liqueur set, shows the little glasses grouped in increasing size around the carafe, which at the same time achieves the practical objective of making it possible for the drinker to recognize their glass. Among the ornamental glasses, Moser has helped to free the cut decoration that has hitherto been executed in a rigid and angular style; he gave the glass cutters various drawn patterns that did not require precise reproduction, but merely gave them suggestions for their free agency. The 'high glasses' have an eminently decorative effect; larger vessels, bowls, vases, etc., achieve their appeal by means of metallic luster or colorful tinting—and therefore every one of these works has its specific merit" (Abels, Ludwig, "Koloman Moser," in: *Dekorative Kunst* 7 1901, 227–232). The practical glasses were the result of a competition initiated by the Hoftiteltaxfond (court suppliers' tax fund) for "a glassware set for a simple household."

36 See note 27.

37 m. sch., "Der gedeckte Tisch," in: *Illustrirtes Wiener Extrablatt*, 14 Oct 1906.

38 Hevesi, Ludwig, "Der gedeckte Tisch," in: *Altkunst – Neukunst. Wien 1894–1908*, Vienna 1909, 227–231: 229.

39 See Ploil 2013 (note 31), 276. It is possible that the collaboration between Moser and the students in his class was the reason for this discrepancy.

40 See note 7.

41 In 1906 glass windows by Moser are also set into the façade designed by Hoffmann for the Berlin premises of the Kohn company. See Witt-Dörring, Christian, "Interiors and Furniture," in: Christian Witt-Dörring (ed.) 2013, 88–193: 114.

Große Bedeutung wird dem Ausbau der Kontakte mit externen Handwerksbetrieben und der Industrie beigemessen, um die vervielfachte Reproduktion ausgewählter Unikate und den Studierenden etwaige Arbeitsmöglichkeiten in Aussicht zu stellen. So gewährleisteten die in der Nähe der Kunstgewerbeschule gelegenen Manufakturen A. Förster und Josef Böck die Ausführung der Entwürfe der Arbeiten in Ton, Steingut und Porzellan. Der Glasverleger E. Bakalowits Söhne vermittelte Kooperationen mit den damals größten Glashütten Böhmens:[31] In der böhmischen Glashütte Johann Loetz Witwe in Klostermühle (Klášterský Mlýn) und in der Manufaktur Meyr's Neffe in Adolf bei Winterberg (Adolfov ve Vimperk) wurden laut Ernst Ploil über 250 gesicherte Modelle und Dekore für Vasen, Schalen, Glasservice und Lampengläser ausgeführt.[32] Die Entwürfe stammen aus der Zeit zwischen 1898/99 und 1903. An einer materialgerechten Ausführung seiner Ideen ist Moser sehr interessiert. Seine ersten Glasentwürfe sind noch stark dem internationalen kurvilinearen Stil verpflichtet, sie zeigen fließende, abgerundete bisweilen vegetabile Formen, „als wären Blütenkelche, Pflanzenstängel, Wasserpflanzen oder dergleichen Modell gestanden" (Abb. 27).[33] Der Dekor in den Glaskelchen und in den Flaschen des durch Bakalowits 1899 realisierten Glaservices Nr. 100A *Meteor* lässt den Eindruck von im Wasser aufsteigenden Luftblasen entstehen (Abb. 28). Offenbar wurden diese „Gebrauchsgläser" unter der Nr. 261 in der V. Secessionsausstellung dem Publikum vorgestellt.[34] Ludwig Abels äußert sich in einem Artikel in der Zeitschrift *Dekorative Kunst* begeistert über weitere Gläser von Moser, die in der VIII. Secessionsausstellung zu sehen waren (Abb. 29).[35] Am 11. Oktober 1906 eröffnet die Wiener Werkstätte in der Neustiftgasse 32–34 einen eigenen Ausstellungsraum mit der von Moser und Josef Hoffmann organisierten Ausstellung *Der gedeckte Tisch*[36]. BesucherInnen sollen in der Ausstellung über „[…] die Kunst des Servierens und Anrichtens, also über die Verfeinerung der Tafelfreuden durch den Anblick eines modern und künstlerisch gedeckten Tisches" informiert werden (Abb. 30).[37] Mehrere Tische sind unterschiedlich gedeckt und dekoriert, einige der oben erwähnten Gläser sowie ein ganzes Speiseservice, das auf einem Buffet präsentiert wird, sind von Moser entworfen. Hevesi erwähnt in einem Artikel speziell Mosers Glasentwürfe, die er insofern als Lösung eines Problems ansieht, als dass der Autor die unterschiedliche Höhe von Gläsern auf Esstischen als irritierend empfindet. Für ihn stellt sich Moser dem Problem eines Glasservice mit gleichem Niveau und einer einzigen Form: „Er [Moser] löst es auf die einfachste Weise: durch ungleiche Höhe der Stengel, bei verschiedenem Umfang der Kelche. Es ist das Glas des Kolumbus. Wenn man plötzlich eine solche Novität erblickt, schlägt man sich vor die Stirne. Freilich muß dabei gedacht worden sein, und zwar mit Talent."[38]

Mit Beginn des Jahres 1901 kommt es zu einer Reduktion auf geometrische Grundformen. Quader, Kugeln und Zylinder bilden die Ausgangsform der neuen Vasen und Gläser. Moser reduziert nun auch absichtlich die Farbigkeit – die von Loetz ausgeführten Gläser waren vielfach bunt angelegt –, damit die äußere Form stärker in den Fokus rückt (Abb. 31). Wie Ploil ausführt, wurden Mosers Farbvorgaben jedoch öfters von dem Verleger Bakalowits geändert, in dem dieser die Formentwürfe in stark irisierten und kontrastreichen Farben ausführen ließ (Abb. 32). Deswegen gibt es auch ein- und denselben Glasentwurf von Loetz in buntem, irisiertem Glas und von Meyr's Neffe in farblosem bis sparsam gefärbtem Kristallglas ausgeführt(Abb. 33, 34).[39] Moser hat den Stoff Glas auch künstlerisch für Glasfenster bzw. Glasdecken

31 S. dazu den Beitrag von Ernst Ploil „Glass and Ceramics", in: Christian Witt-Dörring (Hg.) 2013, 246–287: 246.

32 Ebd., 266.

33 Ebd., 272.

34 Entsprechend dem Willen der involvierten Künstler, die von der englischen Arts & Crafts-Bewegung übernommene Forderung nach der Trennung von „hoher" (bildender) und „niederer" (angewandter) Kunst und so die Einheit der Künste im Alltag festzuschreiben, wurden Gläser für den täglichen Gebrauch in einer Kunstaustellung wie Kunstwerke präsentiert.

35 „Trinkgläser für Wein oder Liqueur, Vasen, Fruchtschalen, Ziergläser weiss keine Zweiter so reizvoll und materialgerecht zu schaffen wie MOSER. Seit er vor circa einem Jahr für ein komplettes Service – bei dem er eine neue überaus wirksame Technik „Meteor" einführte – den ersten Preis gewann, steht er unbestritten als Autorität da. Das im Flusse so schmiegsame Glas in schlanke graziöse Formen zu bannen, durch hohe Stile, zarte Eindrücke am Kelche, sanfte Biegungen der Flächen und leichte Tönung des Glases ihm zum möglichst reizenden Eindruck zu verhelfen, darin ist er Meister. Eine seiner neueren Arbeiten, ein Liqueurservice, zeigt die Gläschen in ansteigender Grösse um die Karaffe gruppiert, wodurch zugleich der praktische Zweck erreicht ist, dem Trinker sein Glas erkennbar zu machen. Bei den Ziergläsern hat Moser dem geschliffenen Ornament, das bisher steif und eckig ausgeführt wurde, zur Freiheit verholfen; er gab den Glasschleifern verschiedene Zeichenmuster, die nicht zur genauen Nachbildung zwangen, sondern ihnen bloss Anregungen für ihre freie Thätigkeit gaben. Die „hohen Gläser" wirken eminent dekorativ, grössere Gefässe, Schalen, Vasen etc. erhalten durch den Metallglanz oder farbige Abtönung ihren Reiz -, und so hat jede dieser Arbeiten ihren spezifischen Vorzug" (Abels, Ludwig, „Koloman Moser", in: *Dekorative Kunst* 7 1901, 227–232). Die Gebrauchsgläser gingen aus einem vom Hoftiteltaxfond initiierten Wettbewerb für „ein Glasservice für einen einfachen Haushalt" hervor.

36 S. Anm. 27.

37 m. sch., „Der gedeckte Tisch", in: *Illustrirtes Wiener Extrablatt*, 14.10.1906

38 Hevesi, Ludwig, „Der gedeckte Tisch", in: *Altkunst – Neukunst. Wien 1894–1908*, Wien 1909, 227–231: 229.

39 Siehe Ploil 2013 (Anm. 31), 276. Möglicherweise war auch die Zusammenarbeit von Moser und den Studierenden seiner Klasse Anlass zu der Diskrepanz.

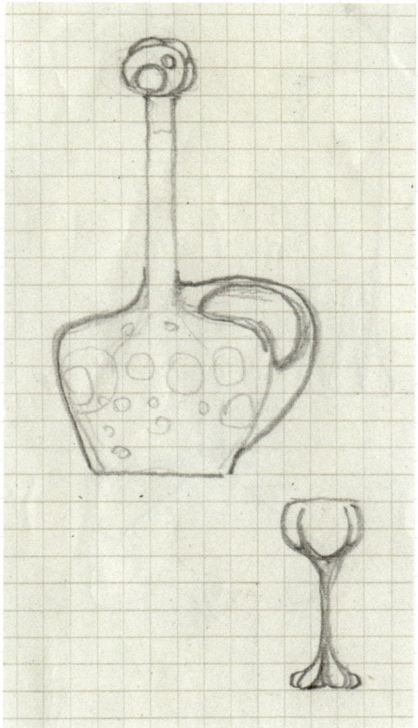

27

27 Entwürfe für eine Karaffe und ein Glas, 1899
Designs for a carafe and a glass, 1899
MAK

28 Weinglas, 1899/1900
Wine glass, 1899/1900
MAK

29 Likörglas *Die hohen Gläser*, 1899
Liqueur glass [The Tall Glasses], 1899
MAK

30 Künstlertisch aus der Ausstellung der Wiener Werkstätte *Der gedeckte Tisch*, 1906
Artists' table from the Wiener Werkstätte exhibition [The Laid Table], 1906
MAK

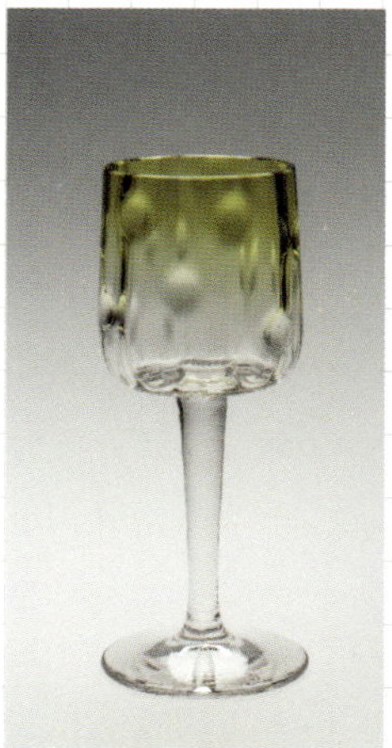

28

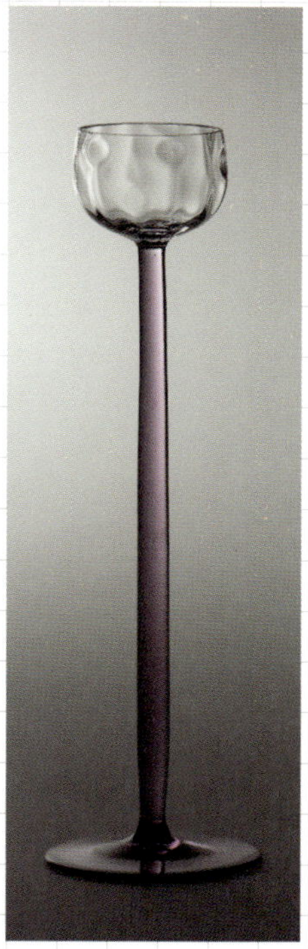

29

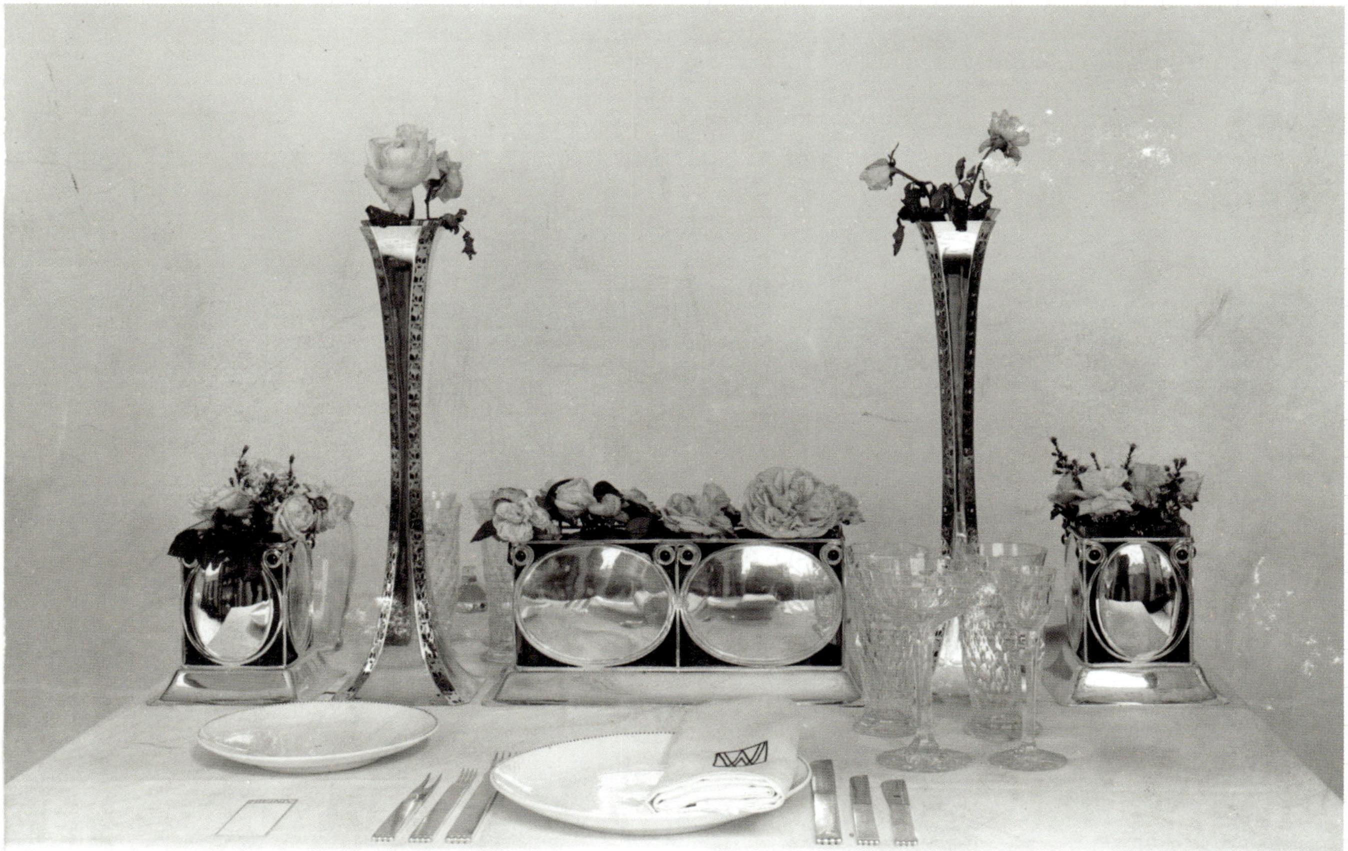

30

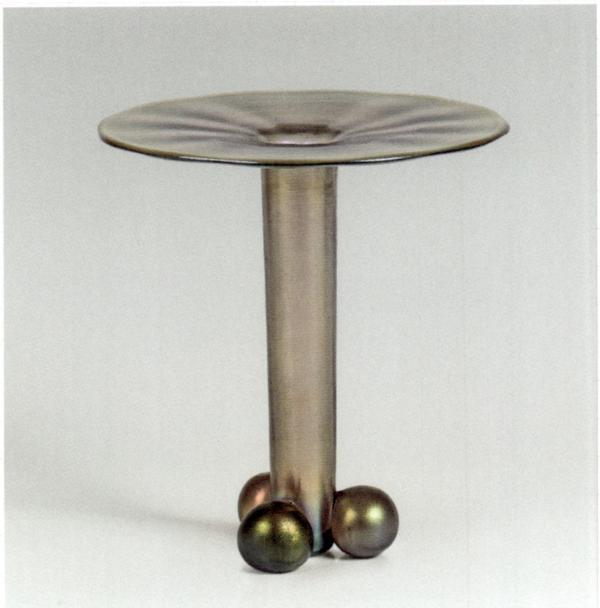
31

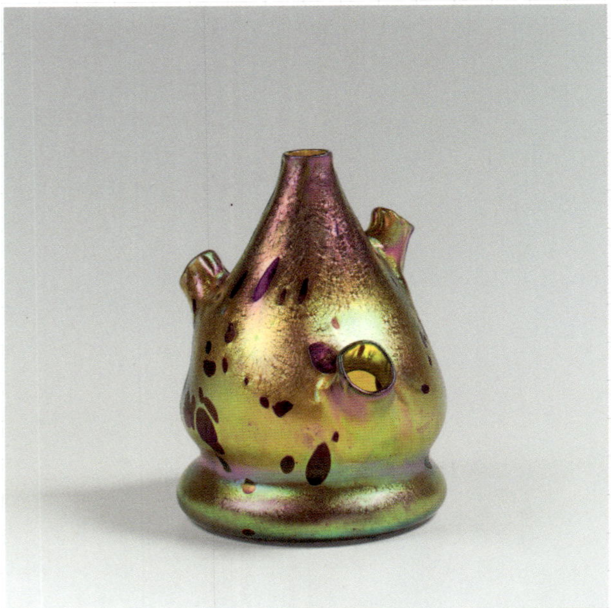
32

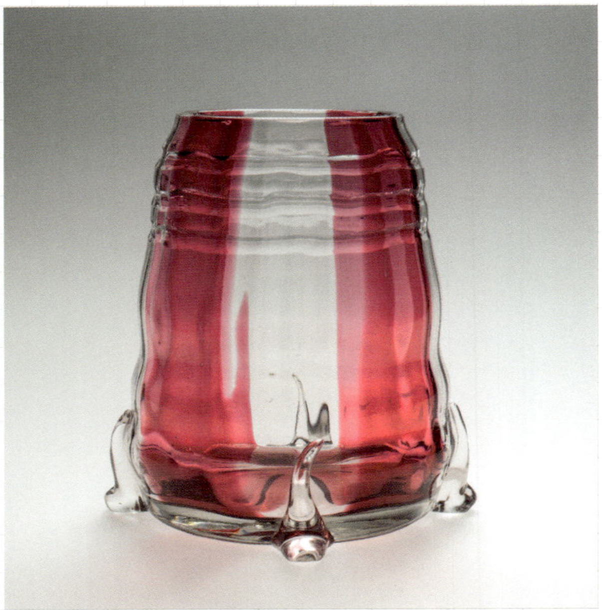
33

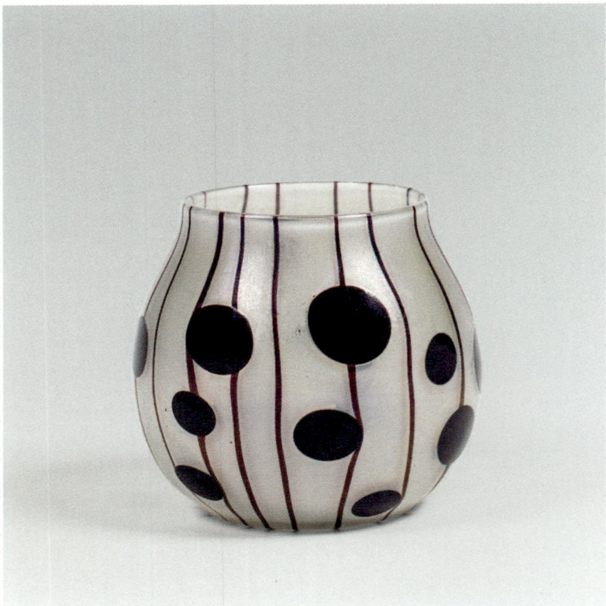
34

31 **Vase**, 1903
Ernst Ploil

32 **Vase**, 1900/01
Ernst Ploil

33 **Vase**, 1900
MAK

34 **Vase**, 1903
Ernst Ploil

Steinhof, designed in 1904–1906 (fig. 35). In every case, he acts as a painter, mastering the surface in the best possible way.

Alongside glass, clay is one of the earliest materials with which Moser moves from surface art to the third dimension. 18 ceramics created in the year 1900 are depicted in an unglazed condition on five photos from the artist's estate,[42] a few of which we know in muted colors in the original (fig. 36). They are simple forms that exhibit etched decorations (fig. 37) or simple impresses. Some of these "clay vessels," as the catalog calls them, are also on display in the 8th exhibition of the Secession.[43] If a certain naivete and borrowing from western European models is still inherent in these ceramics, this changes radically in Moser's designs for dinnerware. Presumably created in 1901 (fig. 38),[44] it was the Böck porcelain manufactory that undertook the execution of his dinnerware, coffee, and tea sets (fig. 39) in a similarly simple, slightly geometric style, having them produced by the Schlackenwerth porcelain factory in Karlsbad (Karlovy Vary). For the most part, these objects were advertised under the description "SCHULE PROF. KOLO MOSER" (School of Prof. Kolo Moser) or under the name of his students Jutta Sika or Therese Trethan. The reason for this was the close collaboration between Professor Moser and his students: while Moser designed the external form of many ceramic as well as glass objects, it was his students who devised their color decoration. Evidence of this is provided by a revised design for the Böck company that is now held at the MAK, which depicts a "Round terrine low for Moser shape."[45] That these sets are now sought by collectors around the world can, however, not only be attributed to the "Moser shape," but also to the abstract, luridly colored decorations by his students. Moser had the gift of motivating his students to achieve peak performance, as Leisching reports in a paper about the school's 1901 exhibition held at the Imperial Royal Austrian Museum of Art and Industry: "Moser's impact essentially lies in stirring and stimulating their imaginations, in drawing their attention to the inexhaustible abundance of artistic means of expression, and in developing their color sense."[46] This collaboration also affects the glasses sold by the manufacturer Bakalowits, as Ploil writes: "On one of the famous 'tall glasses,' there is the [paper] label [designed by Moser] 'Entwurf Prof. Kolo Moser' [Design by Prof. Kolo Moser]. In contrast, another glass executed with various decorations and designed by the students of the School of Arts and Crafts bears the label 'Schule Prof. Kolo Moser' [School of Prof. Kolo Moser] (fig. 40)."[47]

FURNITURE AND WOODWORK

Koloman Moser's understanding of the aspiration to use art for the *Gesamtgestaltung* or total design of everyday life also empowers the painter and graphic artist to design furniture and interiors by transferring his ideas from the surface to the space. He succeeds in translating surface art to the three-dimensional insomuch as he uses flat ornaments to cover the surfaces of furniture carcasses with marquetry and thus transforms the board into a picture carrier (fig. 41–43). In this instance it is once again the 8th exhibition of the Secession in which Moser introduces the public to his first furniture designs, executed by the Viennese company Portois & Fix. For example, the corner cabinet *Die verwunschenen Prinzessinen* [The Enchanted Princesses] is presented in Room I, the buffet *Der reiche Fischzug* [The Rich Haul] in Room VI, and a *Cigarrenschrank* [Cigar Cabinet] (fig. 44) with inverse intarsia in Room VII.[48]

42 See Ploil 2013 (note 31), 254 f.

43 Koloman Moser is named as their designer. The cooperation between the two lecturers at the Vienna School of Arts and Crafts—Linke (ceramic course) and Adam (chemistry)—is noted, but an executing workshop is not named (*Katalog der VII. Kunstausstellung der Vereinigung bildender Künstler Österreichs*, Vienna 1900, no. 427).

44 The coffee set is depicted on an invitation card to a 1901 exhibition by the "Wiener Kunst im Hause" (Viennese Art in the Home) association (as suggested by Christian Witt-Dörring). The group, which was founded in 1901, comprised students from Hoffmann's class—Else Unger, Baroness Gisela von Falke, Emil Holzinger, Karl Sumetsberger, Wilhelm Schmidt, Hans Vollmer, Franz Messner—and Moser's class—Marietta Peyfuss, Therese Trethan, and Jutta Sika. Leopold Forstner (Moser school) and Michael Powolny (Strasser school) joined the group slightly later.

45 "Runde Terrine nieder für Moser-Form." Ernst Ploil included this suggestion from Christian Witt-Dörring in his article "Glass and Ceramics," in: Christian Witt-Dörring (ed.) 2013, on the pages 256–260.

46 Leisching 1903 (see note 29), 176 f.

47 Ploil 2013 (note 31), 260.

48 See *Katalog der VIII. Kunstausstellung der Vereinigung bildender Künstler Österreichs*, Vienna 1900: corner cabinet *Die verwunschenen Prinzessinnen*, no. 88; buffet *Der reiche Fischzug*, no. 422 (the buffet was purchased for the collection of the Imperial Royal Austrian Museum by the ministry of culture and education in 1901); *Cigarrenschrank*, no. 522 (acquired by the Iparművészeti Múzeum, Budapest).

eingesetzt. Zu erwähnen sind die elektrisch hinterleuchtete Glasdecke des Speisesaals im Erweiterungsbau des Hotel Bristol in Wien (Entwurf 1897)[40] und das Glasfenster im Eingangsbereich des Secessionsgebäudes (Eröffnung 12.11.1898). 1901/02 präsentiert er in der Winterausstellung im k. k. Österreichischen Museum für Kunst und Industrie in der Ausstellungskoje des Bugholzmöbelproduzenten J. & J. Kohn ein vierteiliges Glasfenster.[41] Den Höhepunkt bilden die 1904–1906 entworfenen Glasfenster für die Kirche St. Leopold am Steinhof (Abb. 35). In allen Fällen agiert er als Maler, die Fläche bestmöglich beherrschend.

Neben dem Material Glas gehört Ton zu den frühesten Werkstoffen, durch die Moser von der Flächenkunst in die dritte Dimension wechselt. Achtzehn im Jahr 1900 entstandene Keramiken sind in unglasiertem Zustand auf fünf Fotos aus dem Nachlass des Künstlers abgebildet,[42] einige wenige Stücke davon kennen wir in verhaltenen Farben im Original (Abb. 36). Es sind dies einfache Formen, die geritzte Dekore (Abb. 37) oder simple Einprägungen aufweisen. Einige dieser „Thongefässe", wie der Katalog sie nennt, sind ebenfalls in der VIII. Secessionsausstellung zu sehen.[43] Haftet diesen Keramiken noch eine gewisse Naivität und Anlehnung an westeuropäische Vorbilder an, so ändert sich dies bei Mosers Entwürfen für Tafelgeschirr radikal. Die Porzellanmanufaktur Böck hat die vermutlich 1901[44] entstandenen (Abb. 38) Speise-, Kaffee- und Teeservice (Abb. 39) von ebenfalls einfacher, leicht geometrischer Form zur Ausführung übernommen und durch die Porzellanfabrik Schlackenwerth in Karlsbad (Karlovy Vary) produzieren lassen. Zumeist wurden diese Objekte unter der Bezeichnung „SCHULE PROF. KOLO MOSER" oder unter den Namen seiner Schülerinnen Jutta Sika oder Therese Trethan publiziert. Grund dafür war die enge Zusammenarbeit zwischen dem Professor Moser und den Studierenden, da Moser bei vielen Keramiken, aber auch bei Glasobjekten die äußere Form entwarf, den farbigen Dekor jedoch seine StudentInnen. Als Beweis dient ein im MAK befindlicher überarbeiteter Entwurf für die Firma Böck, der eine „Runde Terrine nieder für Moser-Form" darstellt.[45] Dass diese Service heute von SammlerInnen weltweit gesucht werden, liegt jedoch nicht nur an der „Moser-Form", sondern auch an den abstrakten, in grellen Farben gehaltenen Dekoren seiner SchülerInnen. Moser hatte die Gabe, seine Studierenden zu Höchstleistungen anzuspornen, wovon Leisching in einem Aufsatz über die 1901 im k. k. Österreichischen Museum für Kunst und Industrie abgehaltene Schulausstellung wie folgt berichtet: „Mosers Wirkung liegt wesentlich in der Weckung und Belebung ihrer Fantasie, in dem Hinweis auf die unerschöpfliche Fülle künstlerischer Ausdrucksmittel und in der Entwicklung des Farbensinnes."[46] Diese Zusammenarbeit betrifft auch die vom Verleger Bakalowits vertriebenen Gläser, wie Ploil schreibt: „Auf einem der berühmten ‚hohen Gläser' findet sich die [von Moser entworfene Papier-]Etikette ‚Entwurf Prof. Kolo Moser'. Demgegenüber trägt ein anderes Glas, das in mehreren – von Schülern der Kunstgewerbeschule entworfenen Dekors ausgeführt worden ist – die Etikette ‚Schule Prof. Kolo Moser'."[47] (Abb. 40)

MÖBEL UND HOLZARBEITEN

Koloman Mosers Auffassung vom Gesamtgestaltungsanspruch des täglichen Lebens durch Kunst ermächtigt auch einen Maler und Grafiker, Möbel und Innenräume zu gestalten, indem er seine Ideen von der Fläche in den Raum überträgt. Die Übersetzung der Flächenkunst ins Dreidimensionale gelingt ihm insofern, als er mittels flächiger

40 Siehe Anm. 7.

41 In die von Hoffmann entworfene Fassade des Berliner Geschäftslokals der Firma Kohn werden 1906 ebenfalls Glasfenster von Moser eingesetzt. S. Witt-Dörring, Christian, „Interiors and Furniture", in: Christian Witt-Dörring (Hg.) 2013, 88–193: 114.

42 Siehe Ploil 2013 (Anm. 31), 254 f.

43 Koloman Moser wird als Entwerfer bezeichnet. Die Mitarbeit der beiden Vortragenden der Wiener Kunstgewerbeschule – Linke (Keramischer Kurs) und Adam (Chemie) – wird angegeben, eine ausführende Werkstätte wird nicht genannt (*Katalog der VII. Kunstausstellung der Vereinigung bildender Künstler Österreichs*, Wien 1900, Nr. 427).

44 Auf einer Einladungskarte zu einer 1901 abgehaltenen Ausstellung der Vereinigung „Wiener Kunst im Hause" ist das Kaffeeservice abgebildet (Hinweis Christian Witt-Dörring). Die Gruppe, die sich 1901 gegründet hat, setzte sich aus Studierenden der Klasse Hoffmann – Else Unger, Gisela Baronesse von Falke, Emil Holzinger, Karl Sumetsberger, Wilhelm Schmidt, Hans Vollmer, Franz Messner – und der Klasse Moser – Marietta Peyfuss, Therese Trethan sowie Jutta Sika – zusammen. Leopold Forstner (Schule Moser) und Michael Powolny (Schule Strasser) schlossen sich der Gruppe etwas später an.

45 Der Hinweis von Christian Witt-Dörring wurde von Ernst Ploil in seinem Artikel „Glass and Ceramics", in: Christian Witt-Dörring (Hg.) 2013, auf den Seiten 256–260, aufgenommen.

46 Leisching 1903 (s. Anm. 29), 176 f.

47 Ploil 2013 (Anm. 31), 260.

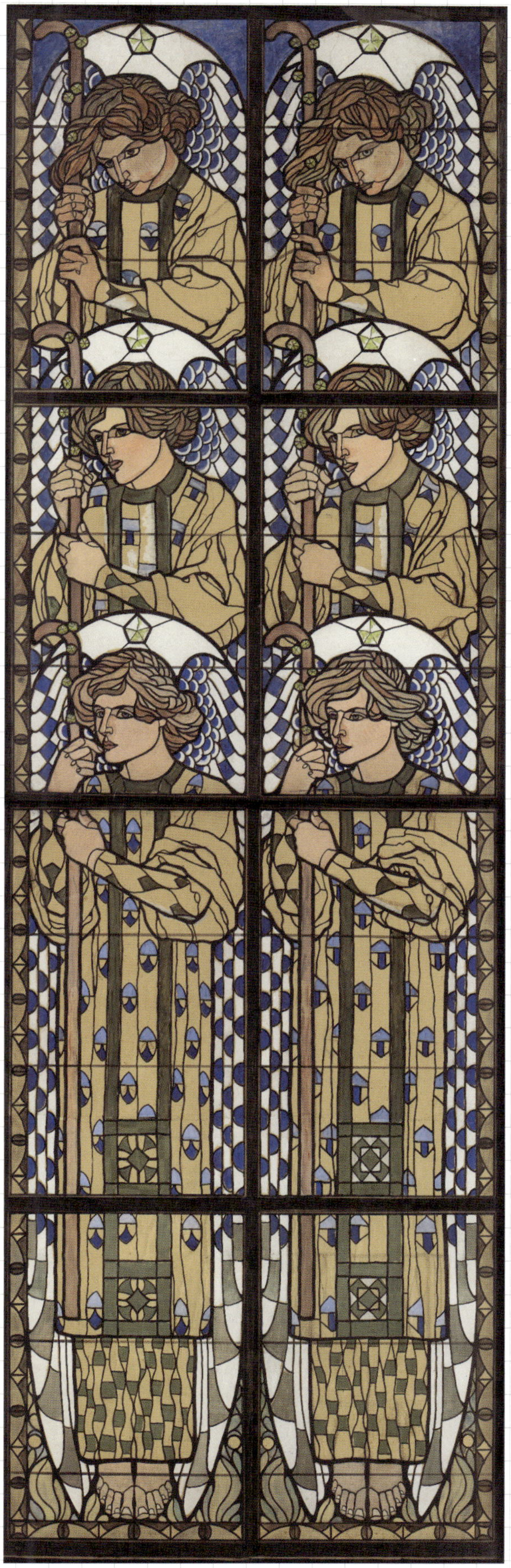

35

35 **Werkzeichnung für die Engel des linken Seitenfensters der Kirche St. Leopold am Steinhof**, vor 1905
Working drawing for the angel on the left side window of the St. Leopold Church at the Steinhof, before 1905
Sammlung Hummel Collection, Wien Vienna

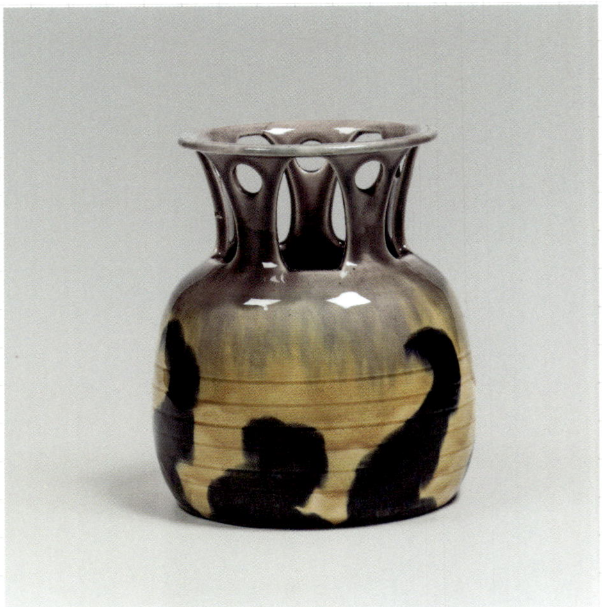

36

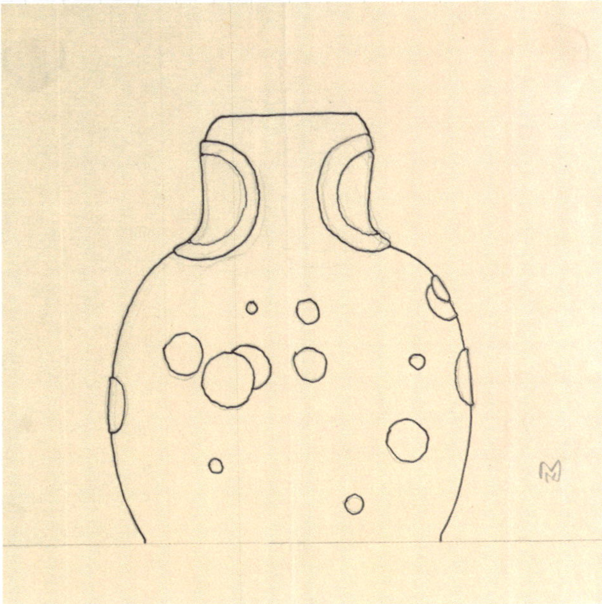

37

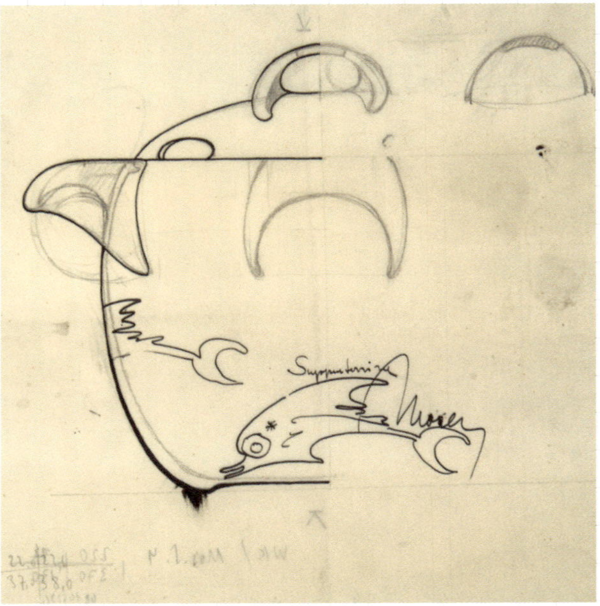

38

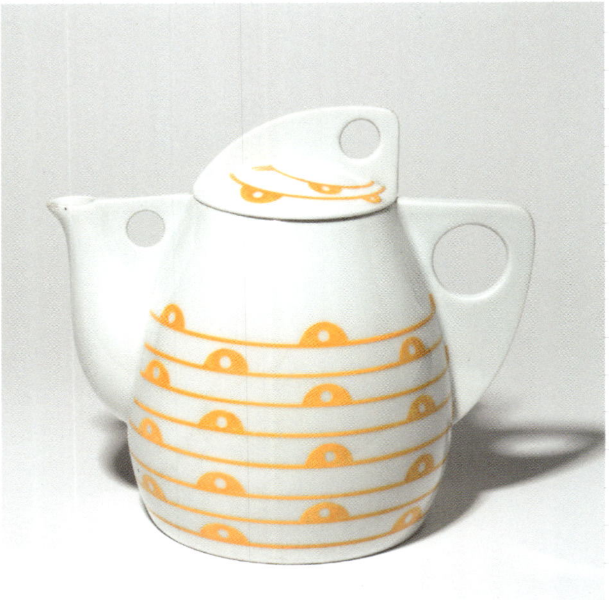

39

36 **Vase**, nach 1900
Vase, after 1900
Ernst Ploil

37 **Entwurf für eine Vase aus Ton**, 1899/1900
Design for a clay vase, 1899/1900
MAK

38 **Entwurf für eine Suppenterrine für die Wiener Porzellanmanufaktur Josef Böck**, 1900/01
Design for a soup tureen for the Vienna porcelain manufactory Josef Böck, 1900/01
MAK

39 Koloman Moser (Form),
Jutta Sika (Dekor decoration)
Teekanne, um 1901
Teapot, ca. 1901
MAK

40 Koloman Moser (Form), Fachklasse specialized class Moser (Dekor decoration)
Kugelvase, 1902
Spherical vase, 1902
Ernst Ploil

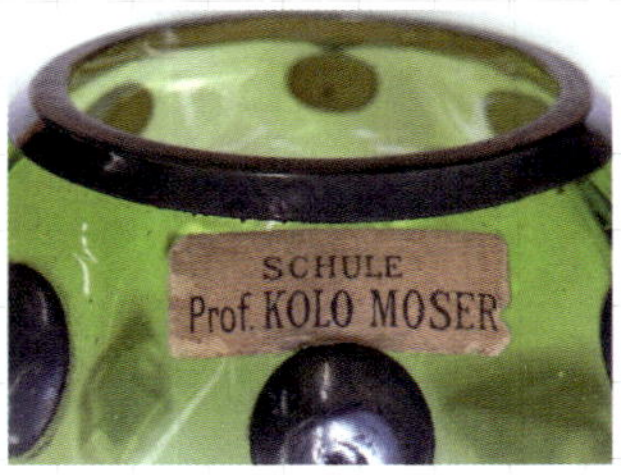

40

The ideal for which the Secessionists strove of treating fine and applied art as equals is also documented by the fact that—similar to paintings and works of graphic art—even furniture was provided with a name and not just a model number. The same is true of the fabrics by the Backhausen company. A name has a more positive connotation for consumers than a number.

For the bentwood furniture manufacturer J. & J. Kohn, Moser designs a series of seating and carcass furniture, though due to the nature of contemporary literature, only one vitrine has been attested to have been by him.[49] For the wickerwork factory Prag-Rudniker, Moser develops three pieces of seating furniture, which he uses to furnish the exhibitions he designs in the Secession as well as the hall of the Westend Sanatorium in Purkersdorf. These designs change the product line to the extent that now not the wickerwork—the company's specialty—but rather the wooden framework appears to shape the company's future. Witt-Dörring thinks that "the transparent structure of the frame produces perfect harmony between space and matter, Moser's design is a masterpiece of modern furniture design. Thus it already corresponds to the idea of international modernism in the 1920s."[50]

As already mentioned at the outset, it is especially the patrons of the Secession who turn to Moser from 1901 to acquire individual pieces of furniture as well as to furnish entire residences (fig. 45).[51] It was presumably in 1902 that Koloman Moser was commissioned to furnish a residence "for a young married couple."[52] Commissioned by the father of the bride Dr. Anton Loew,[53] Moser undertakes the *Gesamtgestaltung* of the residence for the newly wedded couple Greta and Hans Eisler von Terramare;[54] this comprises an anteroom, salon, dining room, breakfast room, dressing room, bedroom, coatrack, kitchen, and servants' quarters (fig. 46).[55] The carpets and wall coverings—all executed by the company Johann Backhausen & Söhne—are likewise Moser's designs (fig. 47). The furniture and the textile furnishings are characterized by a very prevalent surface decoration (fig. 48) whose motifs also reflect Moser's fondness for Japanese surface patterns. An incredible patchwork of patterns in the rather muted color spectrum of gray, brown, yellow, beige, and green seems to have dominated the floors, walls, and furniture surfaces in the rooms (fig. 49). "The furniture for the apartment features particularly lavish marquetry executed in luxurious exotic woods and a nonuniform stylistic look that is often typical of Moser (fig. 50)."[56] The execution of the various light fixtures is already entrusted to the Wiener Werkstätte, in whose milieu Moser's next customers can also be found. He carries out these commissions together with Hoffmann, such as when he designs the gallery room in the villa of Fritz Waerndorfer in 1902, the dining room for his future mother-in-law, Editha Mautner von Markhof, in 1903, and the study for Dr. Hugo Koller in 1904 (fig. 51). Likewise in 1904, the two artists jointly design the new offices and salesrooms of the Wiener Werkstätte at Neustiftgasse 32–34 (fig. 52) as well as rooms for the apartment of Ladislaus and Margarethe Rémy-Berzencovich von Szillás, the brother- and sister-in-law of Fritz Waerndorfer. That same year, they also furnish the fashion house of the Schwestern Flöge, who were related by marriage to or friends with Gustav Klimt (fig. 53), and plan the Westend Sanatorium in Purkersdorf, with which Hoffmann is charged by Viktor Zuckerkandl. The Sanatorium is the first building that can be realized as a *Gesamtkunstwerk* or total work of art by the Wiener Werkstätte in terms

49 In addition, Moser attends to the corporate identity of the Kohn company and designs letter papers, posters, labels, advertisements, and sales catalogs for them. Moser also designs commercial graphic design and advertisements for the stationer Theyer & Hardtmuth, the glassware manufacturer Bakalowits & Söhne, and the textile producer J. Backhausen & Söhne, among others.

50 Witt-Dörring 2013 (see note 41), 116.

51 Ibid., 108.

52 Berta Zuckerkandl dedicates over twenty pages to this home decor in the article she writes about Koloman Moser in: *Dekorative Kunst* 12 1904, 329–345.

53 Anton Loew was the owner of the sanatorium of the same name. The residence was located at Schottengasse 10 in Vienna's 1st district. The wedding between Greta Loew and Hans Eisler von Terramare took place on 10 Feb 1903; they seem to have moved into the residence in September of the same year.

54 Pichler, Gerd, "Kolo Moser's 'Apartment for a Young Couple' – Gerta and Dr. Hans Eisler von Terramare," in: Leopold/Pichler (eds.) 2007, 174–201. Trans. Jane Michael.

55 The furniture seems to have been produced by the carpenter Caspar Hrazdil and the court carpenter Müller from the fall of 1902. See Pichler 2017 (ibid.), 178.

56 "On the other hand, Moser employed simple, cohesive, stereometric forms and volumes with smooth surfaces—for example, the furniture for the breakfast room, the bedroom, the kitchen, and the servants' room; on the other hand, he took up older formal inventions employing the board as a design component as an interplay of space and plane for the furnishings of the vanity room and salon." Witt-Dörring 2013 (see note 41), 124 ff.

Ornamente die Oberfläche der Korpusmöbel mit Marketerie überzieht und so das Brett zum Bildträger macht (Abb. 41–43). Es ist auch diesmal wieder die VIII. Ausstellung der Secession, in der Moser seine ersten Möbelentwürfe, die von der Wiener Firma Portois & Fix ausgeführt wurden, der Öffentlichkeit vorführt. So werden in Saal I der Eckschrank *Die verwunschenen Prinzessinen*, in Saal VI das Buffet *Der reiche Fischzug* und in Saal VII ein *Cigarrenschrank* (Abb. 44) mit reziproker Intarsierung präsentiert.[48] Die von den Secessionisten angestrebte ideelle Gleichschaltung von bildender mit angewandter Kunst dokumentiert auch das Faktum, dass ähnlich den Gemälden und Grafiken auch Möbel mit Namen und nicht nur mit einer Modellnummer versehen wurden. Bei den Stoffen der Firma Backhausen verhielt es sich genauso. Ein Name ist für KonsumentInnen positiver konnotiert als eine Nummer.

Für den Bugholzmöbelproduzenten J. & J. Kohn entwirft Moser eine Reihe von Sitz- und Korpusmöbeln, wobei aufgrund der zeitgenössischen Literatur nur eine Vitrine für ihn gesichert ist.[49] Für die Korbwarenfabrik Prag-Rudniker entwickelt Moser drei Sitzmöbel, die er für die Möblierung der von ihm gestalteten Ausstellungen in der Secession sowie für die Halle des Sanatoriums Westend in Purkersdorf verwendet. Diese Entwürfe verändern die Produktlinie insofern, als nun nicht das Korbgeflecht – das Spezialgebiet der Firma –, sondern das hölzerne Rahmengestell zukunftsweisend erscheinen. Dazu meint Witt-Dörring, dass „durch die transparente Rahmenstruktur, die eine perfekte Harmonie zwischen Raum und Materie erzeugt, Mosers Entwurf eine Meisterleistung des modernen Möbeldesigns ist. Sie entspricht dadurch bereits dem Ideal der internationalen Moderne der 1920er Jahre".[50]

Wie schon eingangs erwähnt, sind es speziell die MäzenInnen der Secession, die sich ab 1901 als KundInnen für Einzelmöbel, aber auch für Wohnungseinrichtungen an Moser wenden (Abb. 45).[51] Vermutlich 1902 erhält Koloman Moser den Auftrag, die Wohnung „für ein junges Ehepaar" einzurichten.[52] Im Auftrag des Brautvaters Dr. Anton Loew [53] übernimmt er die Gesamtgestaltung der Wohnung für das jung verheiratete Paar Greta und Hans Eisler von Terramare[54], bestehend aus Vorzimmer, Salon, Speisezimmer, Frühstückszimmer, Toilettezimmer, Schlafzimmer, Garderobe, Küche und Dienstbotenzimmer (Abb. 46).[55] Die Teppiche und Wandbespannungen – alle ausgeführt von der Firma Johann Backhausen & Söhne – sind ebenfalls Entwürfe Mosers (Abb. 47). Die Möbel und die textile Ausstattung sind von einer sehr präsenten Flächendekoration geprägt (Abb. 48), deren Motive auch Mosers Neigung für japanische Flächenmuster widerspiegelt. Es scheint ein unglaublicher Mustermix in der eher verhaltenen Farbskala von Grau, Braun, Gelb, Beige und Grün in den Räumen an Boden, Wand und Möbeloberflächen geherrscht zu haben (Abb. 49). „Die Möbel der Wohnung sind mit besonders aufwendigen, aus luxuriösen exotischen Hölzern gearbeiteten Marketerien überzogen und zeigen ein für Moser oft typisch uneinheitliches stilistisches Bild (Abb. 50)."[56] Für die Ausführung der diversen Beleuchtungskörper wird bereits die Wiener Werkstätte betraut, in deren Umfeld auch die nächsten AuftraggeberInnen zu finden sind. Die Aufträge führt Moser gemeinsam mit Hoffmann durch, wie beispielsweise 1902, als er in der Villa von Fritz Waerndorfer den Galerieraum, 1903 das Speisezimmer für seine spätere Schwiegermutter, Editha Mautner von Markhof, oder 1904 das Schreibzimmer für Dr. Hugo Koller gestaltet (Abb. 51). Miteinander entwerfen die beiden Künstler 1904 auch die neuen Geschäfts- und

48 S. *Katalog der VIII. Kunstausstellung der Vereinigung bildender Künstler Österreichs*, Wien 1900: Eckschrank *Die verwunschenen Prinzessinnen*, Nr. 88; Buffet *Der reiche Fischzug*, Nr. 422 (Das Buffet wurde 1901 vom Ministerium für Kultus und Unterricht für die Sammlung des k. k. Österreichischen Museums angekauft); *Cigarrenschrank*, Nr. 522 (kam in den Besitz des Iparművészeti Múzeum, Budapest)

49 Moser hat sich zudem auch der Corporate Identity der Firma Kohn angenommen und entwirft für sie Briefpapiere, Plakate, Etiketten, Werbeeinschaltungen und Verkaufskataloge. Gebrauchsgrafik und Werbeeinschaltungen entwirft Moser u. a. auch für den Schreibwarenhändler Theyer & Hardtmuth, den Glasverleger Bakalowits & Söhne und den Textilfabrikanten J. Backhausen & Söhne.

50 Witt-Dörring 2013 (s. Anm. 41), 116.

51 Ebd., 108.

52 Berta Zuckerkandl widmet dieser Wohnungseinrichtung in ihrem über Koloman Moser verfassten Artikel über zwanzig Seiten, in: *Dekorative Kunst* 12 1904, 329–345.

53 Anton Loew war Besitzer des gleichnamigen Sanatoriums. Die Wohnung befand sich in der Schottengasse 10 im ersten Wiener Gemeindebezirk. Die Eheschließung zwischen Greta Loew und Hans Eisler von Terramare fand am 10.2.1903 statt, die Wohnung dürfte im September desselben Jahres bezogen worden sein.

54 Pichler, Gerd, „Kolo Mosers ‚Wohnung für ein junges Paar' – Gerta und Dr. Hans Eisler von Terramare", in: Leopold, Rudolf/Pichler, Gerd (Hg.), *Koloman Moser 1868–1918*, Ausst.kat. Leopold Museum Wien, München/Berlin u. a. 2007, 174–201.

55 Die Möbel dürften von dem Tischler Caspar Hrazdil und dem Hoftischler Müller ab Herbst 1902 gefertigt worden sein. Siehe Pichler 2017 (ebd.), 178.

56 „Einerseits kommen, wie bei den Möbeln des Frühstückzimmers, des Schlafzimmers, der Küche und des Dienstbotenzimmers, einfache, geschlossene stereometrische Formen und Volumen mit glatten Oberflächen zur Anwendung und andererseits greift Moser, wie bei der Möblierung des Toilettezimmers und des Salons auf ältere Formfindungen, die das Brett als gestalterische Komponente im Spiel zwischen Raum und Fläche einsetzt, zurück", Witt-Dörring 2013 (s. Anm. 41), 124 ff.

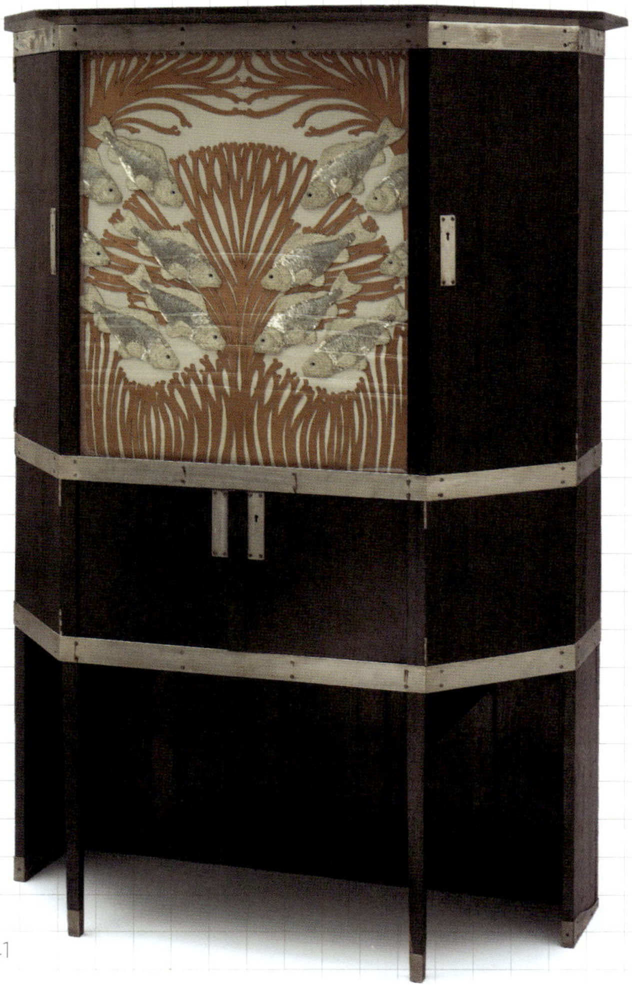

41

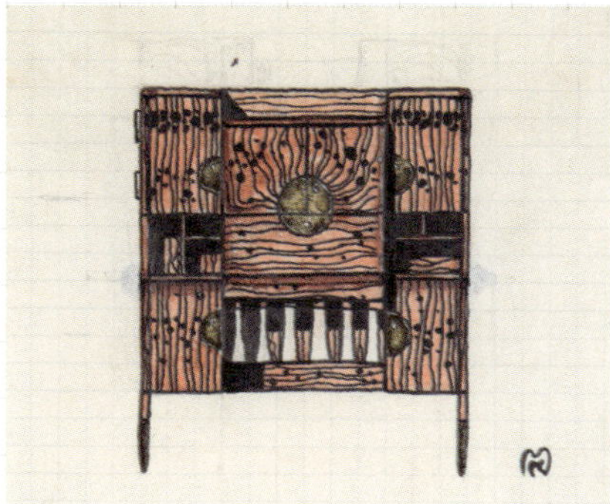

42

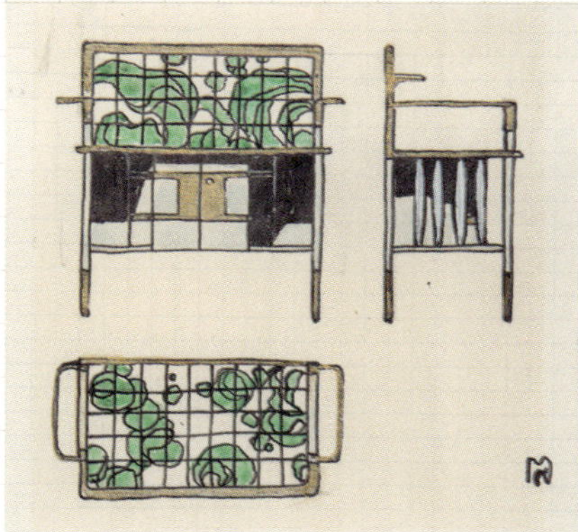

43

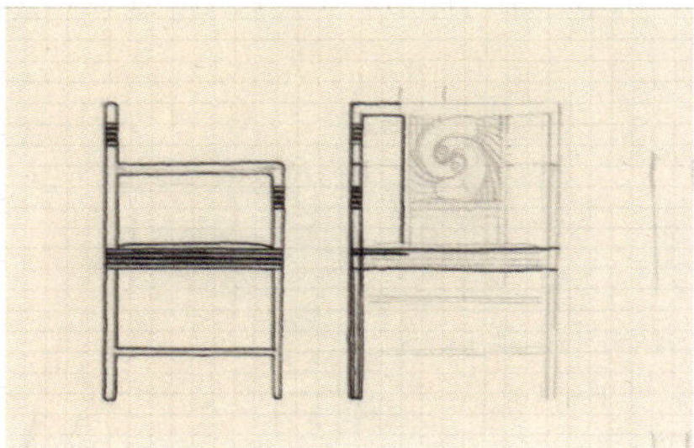

45

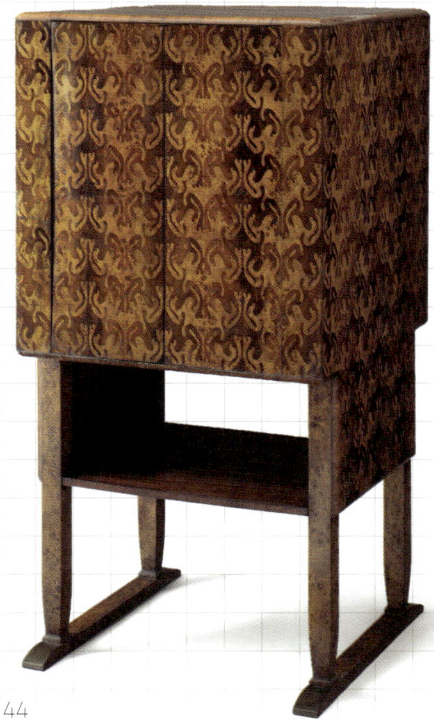

44

41 **Schrank**, 1899
Cabinet, 1899
Iparművészeti Múzeum – Museum of Applied Arts Budapest

42 **Entwurf für einen Schrank**, um 1899/1900
Design for a cabinet, ca. 1899/1900
MAK

43 **Entwurf für einen Waschtisch**, um 1899/1900
Design for a washstand, ca. 1899/1900
MAK

44 **Zigarrenschrank für die VIII. Secessionsausstellung**, Wien, 1899
Cigar cabinet for the 8th Secession exhibition, Vienna, 1899
Iparművészeti Múzeum – Museum of Applied Arts Budapest

45 **Entwurf für den Armlehnsessel im Speisezimmer der Wohnung Dr. Zuckerkandl**, 1900/01
Design for the armchair in the dining room of the Dr. Zuckerkandl apartment, 1900/01
MAK

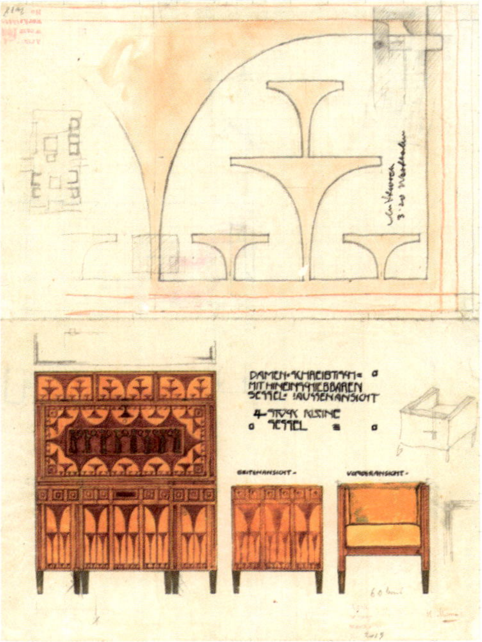

46

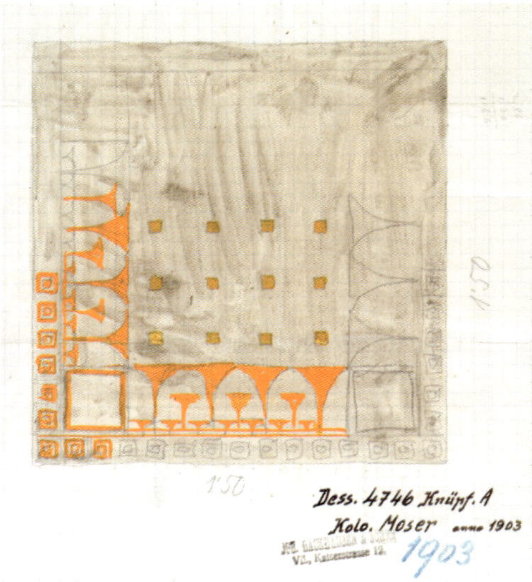

47

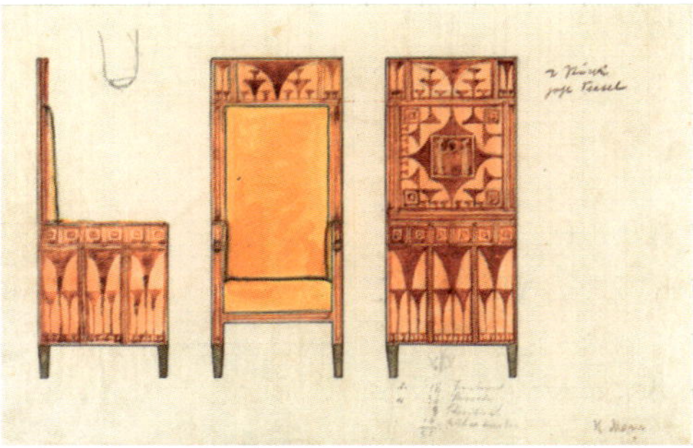

48

46 Entwurf für einen Schreibschrank im Frühstückszimmer der Wohnung Eisler von Terramare, 1902/03
Design for a writing cabinet in the breakfast room of the Eisler von Terramare apartment, 1902/03
MAK

47 Entwurf für den Knüpfteppich im Frühstückszimmer der Wohnung Eisler von Terramare, 1903
Design for the knotted carpet in the breakfast room of the Eisler von Terramare apartment, 1903
Backhausen Archiv Archive

48 Entwurf für den hohen Armlehnsessel im Frühstückszimmer der Wohnung Eisler von Terramare, 1902/03
Design for the tall armchair in the breakfast room of the Eisler von Terramare apartment, 1902/03
MAK

49 Schlafzimmer der Wohnung Eisler von Terramare, 1902/03
Bedroom of the Eisler von Terramare apartment, 1902/03
MAK

50 Frühstückszimmer der Wohnung Eisler von Terramare, 1902/03
Breakfast room of the Eisler von Terramare apartment, 1902/03
MAK

51 Schreibzimmer in der Wohnung Dr. Hugo Koller, 1904
Writing room in the Dr. Hugo Koller apartment, 1904
MAK

52 Koloman Moser und and Josef Hoffmann Privatbüro Fritz Waerndorfers in der Wiener Werkstätte, 1904
Fritz Waerndorfer's private office at the Wiener Werkstätte, 1904
MAK

53 Koloman Moser und and Josef Hoffmann Modesalon Schwestern Flöge, 1904
Schwestern Flöge fashion house, 1904
MAK

54 Patientenzimmer im Sanatorium Westend in Purkersdorf, 1904
Patient room at Sanatorium Westend in Purkersdorf, 1904
MAK

55 Küche in der Wohnung Jerome und Margaret Stonborough-Wittgenstein in Berlin, 1905
Kitchen in the Jerome and Margaret Stonborough-Wittgenstein apartment in Berlin, 1905
MAK

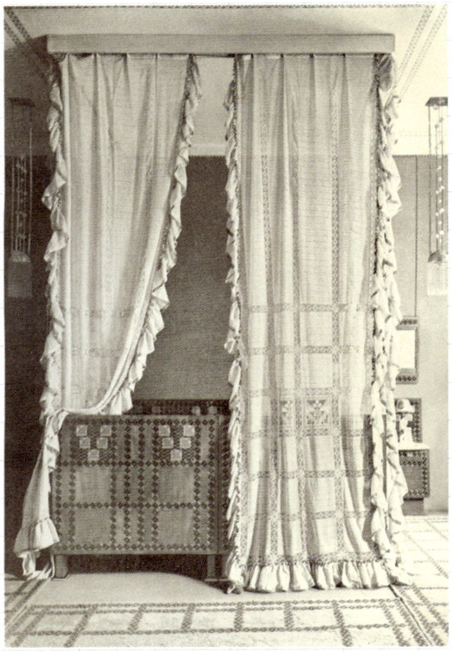

49

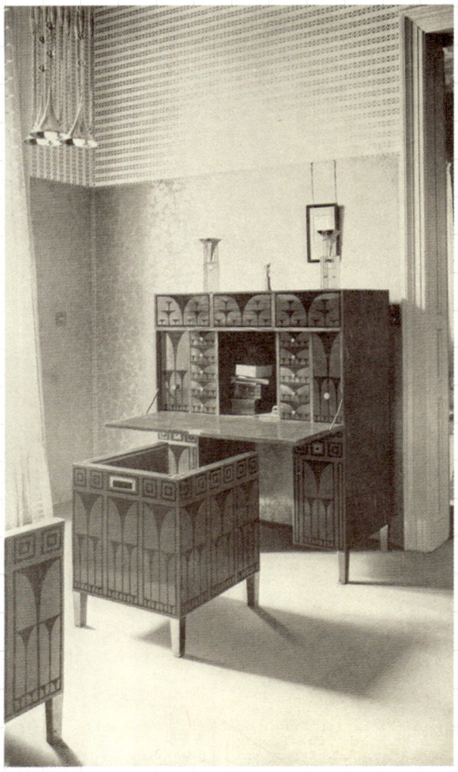

50

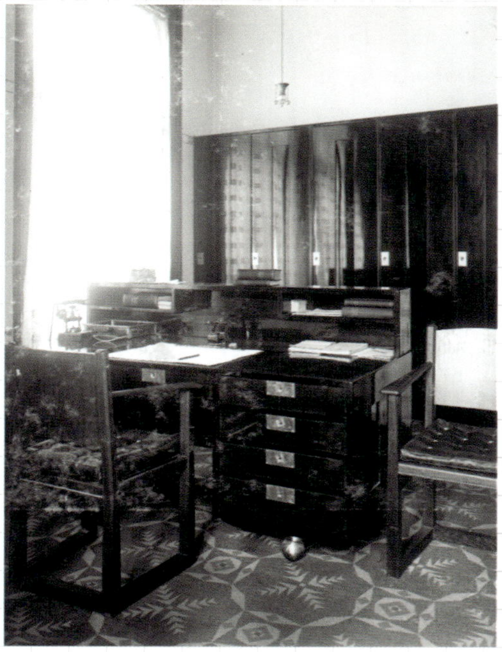
51

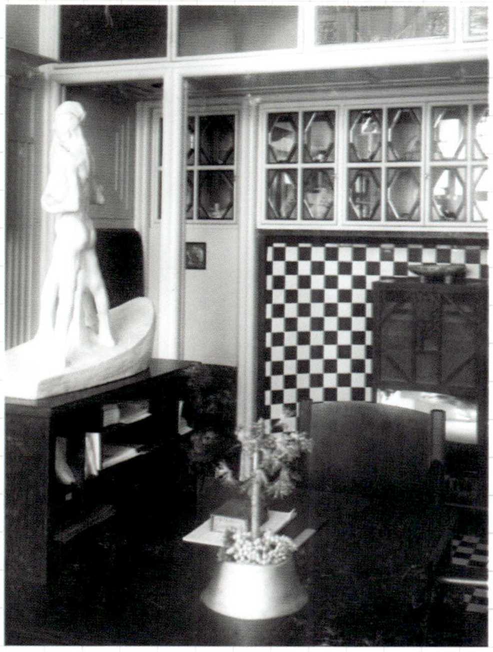
52

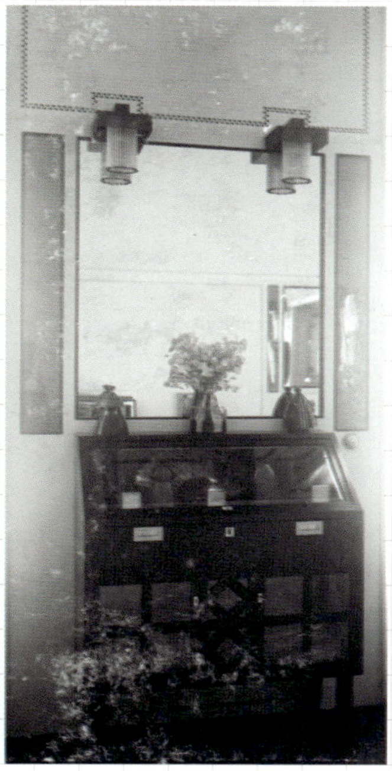
53

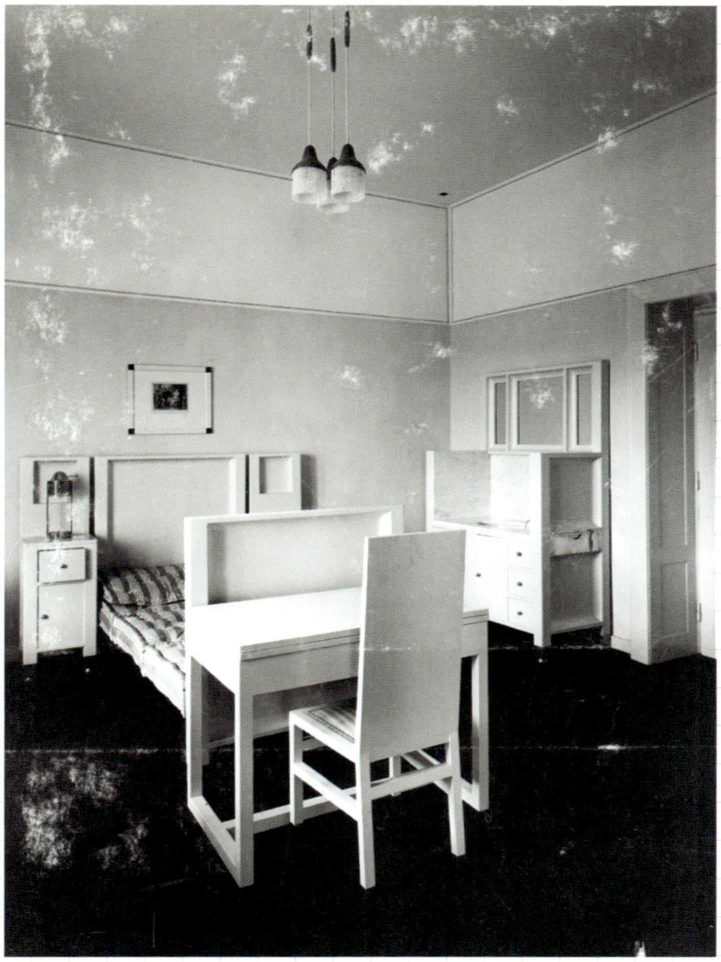
54

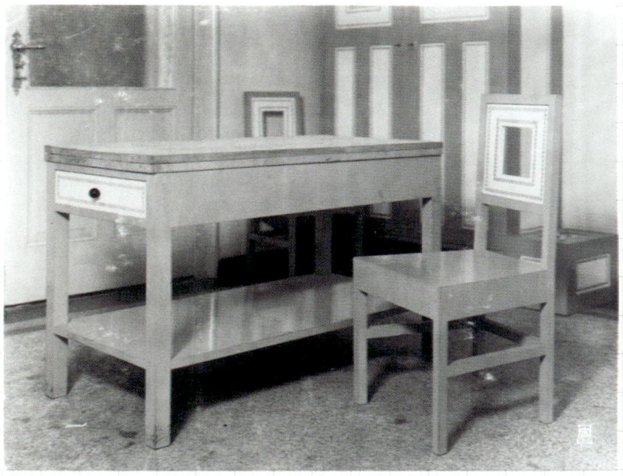
55

Verkaufsräume der Wiener Werkstätte in der Neustiftgasse 32–34 (Abb. 52) sowie Räume der Wohnung von Ladislaus und Margarethe Rémy-Berzencovich von Szillás, dem Schwager und der Schwägerin von Fritz Waerndorfer. In das Jahr fällt auch die Einrichtung des Modesalons der mit Gustav Klimt verschwägerten bzw. befreundeten Schwestern Flöge (Abb. 53) und die Planung des Sanatoriums Westend in Purkersdorf, mit der Hoffmann von Viktor Zuckerkandl betraut wird. Das Sanatorium ist der erste Bau, der bezüglich der Architektur und der Inneneinrichtung als Gesamtkunstwerk von der Wiener Werkstätte verwirklicht werden kann. Moser entwirft die Einrichtung der im ersten Stock gelegenen Schlafzimmer der PatientInnen (Abb. 54). Es gelingt ihm dabei, die flächige Erscheinung der weiß lackierten Möbel räumlich wirken zu lassen, indem er konkav einschwingende Felder in eine Rahmenkonstruktion setzt. Die Kleiderkästen, Nachtkästchen und Waschtische versieht er mit den für ihn typischen metallenen Kugelfüssen. 1904 wird von der Wiener Werkstätte auch die Villa des Rechtsanwaltes Dr. Bernhard Seewald eingerichtet, wobei Moser für das Speisezimmer, das Musikzimmer, die Küche und den Wandschrank eines Bibliotheksraumes verantwortlich ist.[57] In dieses Jahr fällt auch der Auftrag von Karl Wittgenstein an die Wiener Werkstätte, die Wohnung seiner frisch vermählten Tochter Margaret mit Dr. Jerome Stonborough in Berlin einzurichten.[58] Moser entwirft die Einrichtung des Vorzimmers, des Wohnzimmers von Margaret, des Schlafzimmers, des Ankleidezimmers und der Küche (Abb. 55). Dabei kommt eine Eigenart des Künstlers bezüglich seiner Entwurfstätigkeit zur Anwendung, die partiell auch von Hoffmann übernommen wurde: Moser entwirft einen Gegenstand – sei es ein Möbel, ein Schmuckstück oder ein Tafelgerät – und „vervielfältigt" ihn, indem er die äußere Form behält, den Dekor aber verändert.[59]

Am 1. Juli 1905 heiratet Koloman Moser Ditha Mautner von Markhof und übersiedelt von seinem Haus auf der Hohen Warte in die eheliche Wohnung im Gartentrakt des Hauses seiner Schwiegereltern in Wien-Landstraße. Er gestaltet die gemeinsame Wohnung, von der nur drei Räume durch Fotografien bekannt sind, als letzte große Einrichtungsarbeit. Für die Wiener Werkstätte entwirft Moser kleinere Gegenstände aus Holz wie Dosen, Kassetten, Ostereier, Brieföffner und dergleichen mehr.

METALL

Moser wendet sich erst spät dem Metall als Werkstoff zu. 1902 werden eine Toilettegarnitur für Johanna Salzer, die Tochter von Paul Wittgenstein (Abb. 59), und eine Dose, ein Weihnachtsgeschenk Gustav Mahlers an seine Frau Alma, von der Firma Alexander Sturm gefertigt[60]. Schmuckstücke werden von 1901 bis 1903 von dem Juwelier Rozet & Fischmeister ausgeführt (Abb. 56, 57). Bedenkt man die große Anzahl an Textilien, Gläsern, Keramiken und Möbel, die Moser bis 1903 entworfen hat, dann ist die Beschäftigung mit Metall vergleichsweise sehr gering. Um dem Gesamtkunstwerkanspruch gerecht zu werden und die steigende Nachfrage in Wien nach hochwertigen Gebrauchsgegenständen aus Metall – wie sie in Belgien, England oder Frankreich schon längst existierte – zu bedienen, überlegen Moser und Hoffmann in der Kunstgewerbeschule, an der die beiden als Professoren tätig sind, Metallwerkstätten einzurichten. Ziel war es, Entwurf und Ausführung eines Gegenstandes in einer Hand beziehungsweise in einem Betrieb zu bündeln, wobei letzterer auch für die kommerzielle Umsetzung verantwortlich sein sollte. Da die handwerkliche

57 Ebd., 160.

58 Ebd., 186 ff.

59 Für das Schlafzimmer und das Toilettezimmer in der Wohnung Stonborough verwendet er die Möbel der Purkersdorfer Patientenzimmer und den Speisezimmersessel aus dem Haus Seewald, für das Wohnzimmer den Armlehnsessel aus dem Seewald'schen Musikzimmer. In die Schränke und Bettvorderfronten des Schlafzimmers Stonborough werden im Gegensatz zu den Möbeln in Purkersdorf sechs mit Schmucksteinen besetzte Silberplatten eingesetzt. Das darin wiedergegebene Motiv eines stehenden Jünglings findet sich auch auf einer seit 1908 im MAK befindlichen rechteckigen Silberkassette von Moser aus 1906, wobei die Figuren dort in Email ausgeführt sind. Diese Praxis fand schon zuvor Anwendung. So entwirft Moser für das Frühstückszimmer in der Wohnung Terramare einen Schreibschrank mit aufklappbarer Schreibfläche und einschiebbarem Fauteuil. Um 1904/05 lässt er das Modell noch zweimal mit jeweils unterschiedlichem Dekor im Rahmen der Wiener Werkstätte ausführen. Ein Exemplar kauft Berta Waerndorfer, die Mutter Fritz Waerndorfers, und ein anderes Adolph Stoclet für die Halle seines Palais in Brüssel.

60 Eine fast idente Dose wird 1904 von der Wiener Werkstätte ausgeführt, bei der nur der seitliche Dekor der horizontalen Stäbe an der Wandung abweicht. WWMB 7/ Modellnr. S 206, S. 423, Wiener-Werkstätte-Archiv, MAK.

of both its architecture and interior decoration. Moser designs the furnishings for the patients' bedrooms on the first floor (fig. 54). In doing so, he succeeds in making the flat surface of the white painted furniture appear spatial by setting concave fields into a frame construction. He equips the closets, nightstands, and washstands with the metal spherical feet so typical of his style. In 1904 the Wiener Werkstätte also furnishes the villa of the lawyer Dr. Bernhard Seewald, with Moser taking responsibility for the dining room, the music room, the kitchen, and the wall cabinet in a library room.[57] That same year, the Wiener Werkstätte is also awarded the commission by Karl Wittgenstein to furnish the residence of his newly wedded daughter Margaret and her husband Dr. Jerome Stonborough in Berlin.[58] Moser designs the furnishings for the anteroom, Margaret's living room, the bedroom, dressing room, and kitchen (fig. 55). In the process, the artist's characteristic quality in terms of his work as a designer—which was also partly adopted by Hoffmann—is brought to bear: Moser designs an object—whether it is a piece of furniture, jewelry, or tableware—and "multiplies" it by retaining the external form but changing the decoration.[59]

On 1 July 1905 Koloman Moser marries Ditha Mautner von Markhof and moves from his house on the Hohe Warte hill to the martial home in the garden wing of the house of his parents-in-law in Landstraße, Vienna's third district. He designs their shared home, of which only three rooms are known from photographs, as his final large furnishing project. For the Wiener Werkstätte Moser designs smaller objects made of wood such as caddies, boxes, Easter eggs, paper knives, and so forth.

METAL

Moser only turns his hand to the material of metal quite late in his career. In 1902 the Alexander Sturm company produces a toilet set for Johanna Salzer, the daughter of Paul Wittgenstein (fig. 59), and a caddy, a Christmas present from Gustav Mahler to his wife Alma.[60] Pieces of jewelry are executed by the jeweler Rozet & Fischmeister from 1901 to 1903 (fig. 56, 57). Considering the large number of textiles, glasses, ceramics, and furniture that Moser had designed by 1903, his work with metal is comparatively minimal. In order to do justice to their aspiration to the *Gesamtkunstwerk* and meet the increasing demand in Vienna—long established in Belgium, England, and France—for high-quality practical objects made of metal, Moser and Hoffmann consider setting up metal workshops in the School of Arts and Crafts, where they both work as professors. The aim was to concentrate the design and execution of an object into a single source or a single company, with the latter also being responsible for its commercial marketing. As the students' craftsmanship did not meet Hoffmann and Moser's quality standards, it was initially decided to found a metal workshop outside the School of Arts and Crafts, and the textile industrialist Fritz Waerndorfer (Nachoder Baumwollspinnerei) could be engaged as its financier. A short-lived collaboration with the Viennese silversmithing companies Alexander Sturm—as mentioned above—and Würbel & Czokally, which had executed a small number of silver objects based on ideas by both artists around 1902, appears not to have had a promising future. Consequently, on 19 May 1903 the "Wiener Werkstätten Productiv Genossenschaft von Kunsthandwerkern in Wien" (Viennese Workshops Productive Cooperative of Craftspeople in Vienna) was entered into the register of cooperatives at the commercial court of Vienna.

57 Ibid., 160.

58 Ibid., 186 ff.

59 For the bedroom and the dressing room at the Stonborough residence, he uses the furniture from the patients' room in Purkersdorf and the dining room chairs from Seewald's house, for the living room the armchair from Seewald's music room. Unlike the furniture in Purkersdorf, six silver discs adorned with gemstones are set into the closets and the foot of the bed in the Stonboroughs' bedroom. The motif portrayed there—of a young man standing—can also be found on a rectangular silver box by Moser from 1906, which has been in the holdings of the MAK since 1908, though the figures on this box are executed in enamel. This practice had been used before. For example, Moser designs a secretary with a fold-out writing surface and a fauteuil that fits perfectly underneath for the breakfast room in the Terramare residence. Around 1904/05 he has the model executed twice more, each time with different decoration, in the context of the Wiener Werkstätte. One is bought by Berta Waerndorfer, Fritz Waerndorfer's mother, and another by Adolph Stoclet for the hall of his house in Brussels.

60 An almost identical caddy is executed in 1904 by the Wiener Werkstätte, on which only the decoration at the side of the horizontal bars on the wall differs. WWMB 7/model no. S 206, p. 423, Wiener Werkstätte Archive, MAK.

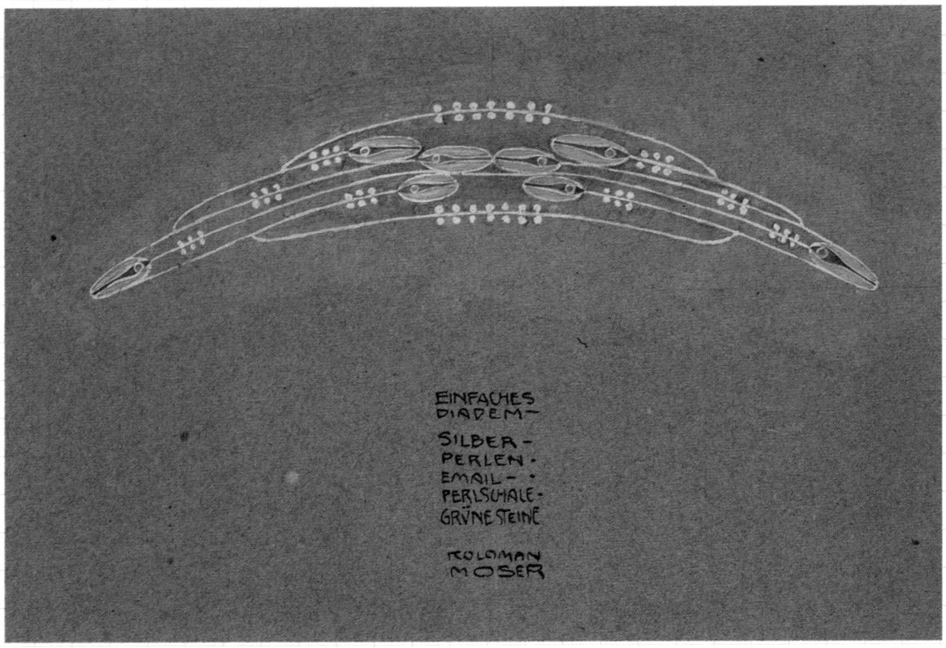

56

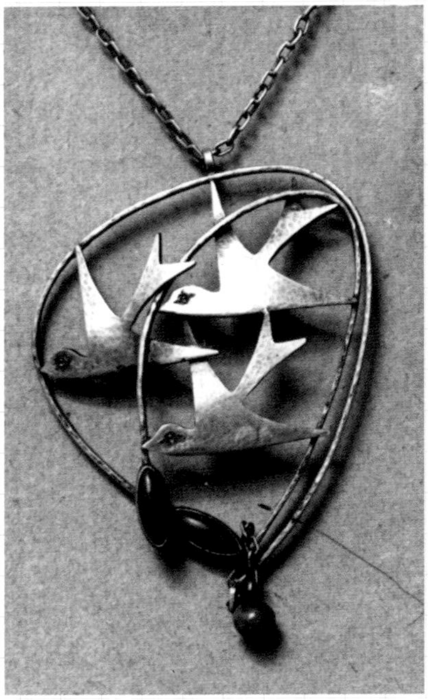

58

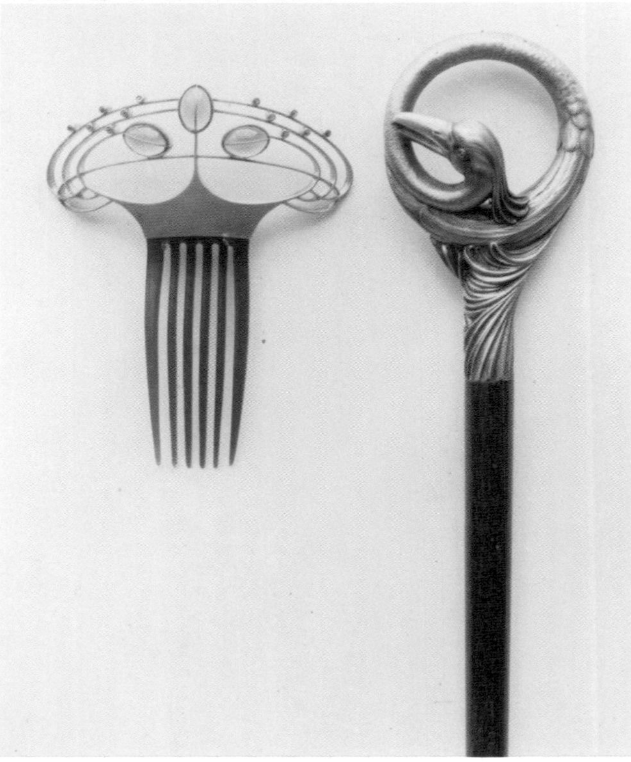

57

56 **Entwurf für ein Diadem**, 1902
Design for a diadem, 1902
Sammlung Hummel Collection, Wien Vienna

57 **Kamm und Schirmgriff**, 1901–1903
Comb and umbrella handle, 1901–1903
MAK

58 **Anhänger mit Kette**, 1903/04
Pendant with chain, 1903/04
MAK

59 **Toilettegarnitur für Johanna Salzer**, 1902
Toilet set for Johanna Salzer, 1902
Privatbesitz Private collection

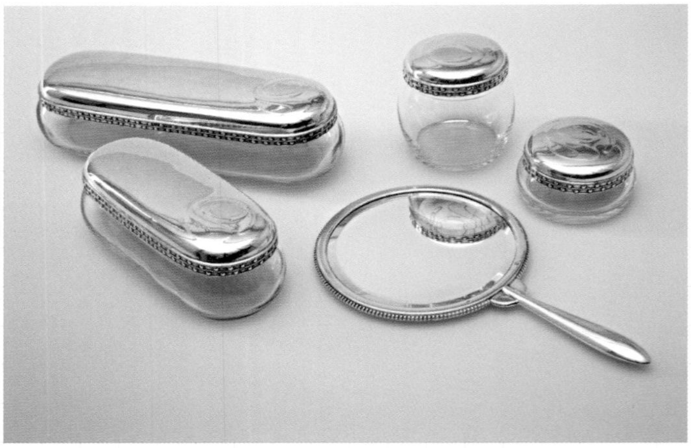

59

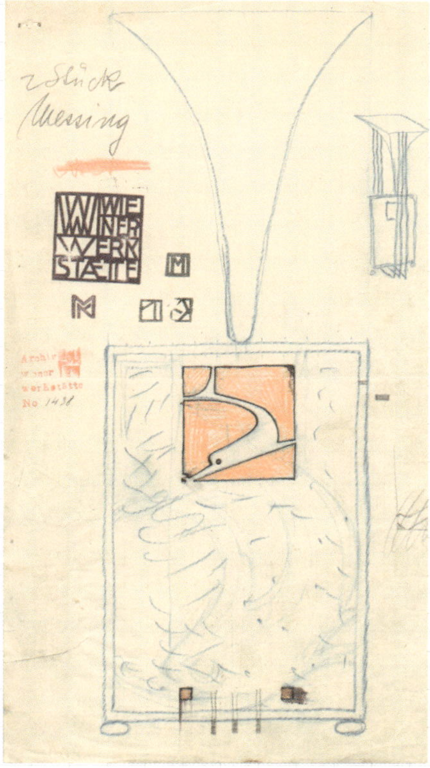

60

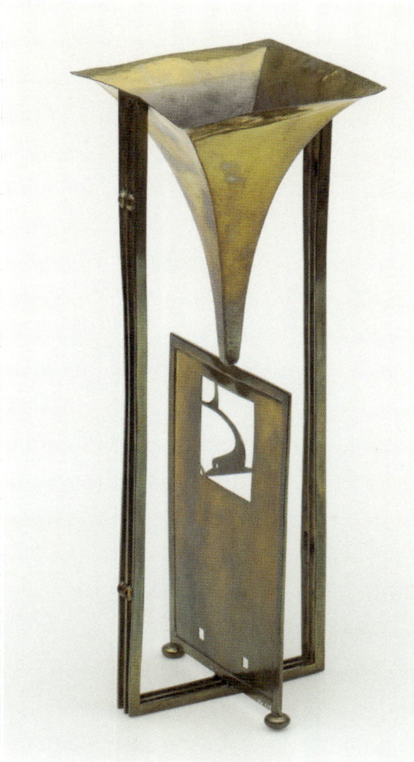

61

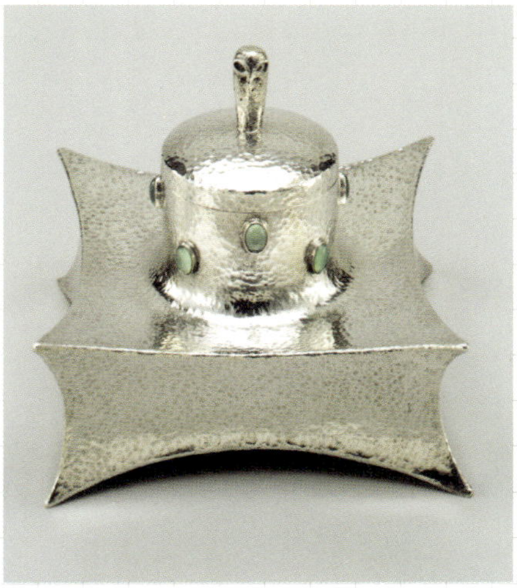

62

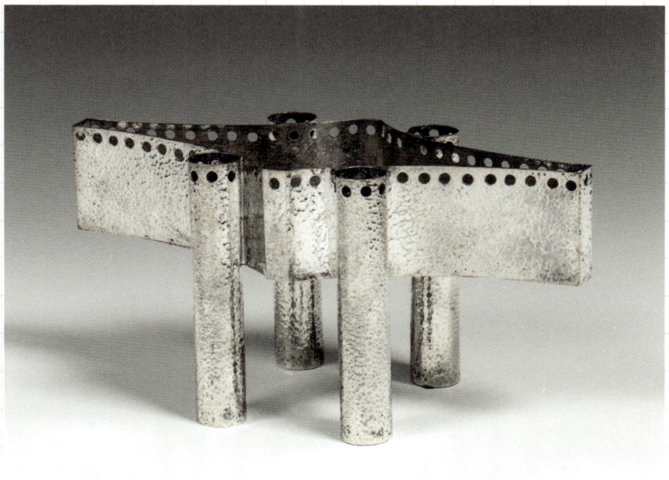

63

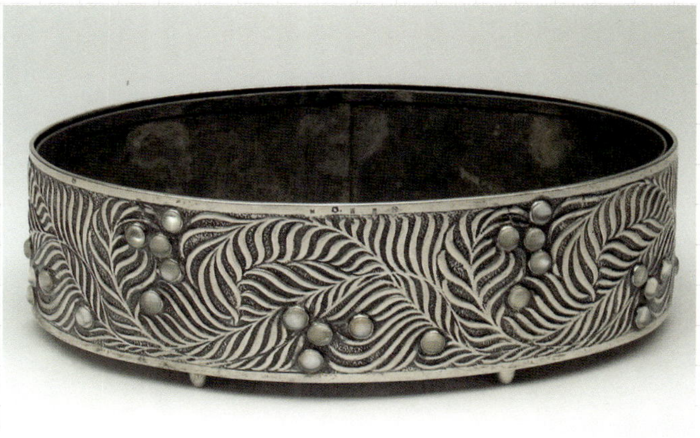

64

60 **Entwurf für eine Blumenvase**, 1903
Design for a flower vase, 1903
MAK

61 **Blumenvase**, 1903
Flower vase, 1903
MAK

62 **Tintenfass**, 1903
Inkwell, 1903
Badisches Landesmuseum Karlsruhe

63 **Jardinière**, 1903
Ernst Ploil

64 **Jardinière**, 1904
Privatbesitz Private collection

Ausführung der Studierenden nicht den Qualitätsansprüchen von Hoffmann und Moser entsprach, entschloss man sich zunächst eine Metallwerkstätte außerhalb der Kunstgewerbeschule zu gründen, für die der Textilindustrielle Fritz Waerndorfer (Nachoder Baumwollspinnerei) als Finanzier gewonnen werden konnte. Eine kurzfristige Zusammenarbeit mit den Wiener Silberschmiedefirmen Alexander Sturm – wie oben erwähnt – und Würbel & Czokally, die um 1902 eine kleine Anzahl von Silbergegenständen nach Ideen der beiden Künstler ausgeführt hatten, scheint wenig zukunftsträchtig gewesen zu sein. So wurde am 19. Mai 1903 die „Wiener Werkstätten Productiv Genossenschaft von Kunsthandwerkern in Wien" in das Genossenschaftsregister des Handelsgerichts Wien eingetragen.

Die ersten in der Wiener Werkstätte ausgeführten Arbeiten, gekennzeichnet durch das Kalkulationsdatum August 1903, sind Schmuckstücke von Koloman Moser (Abb. 58).[61] Weitere frühe Entwürfe von Moser stehen mit der schon besprochenen Ausstattung der Wohnung Dr. Eisler von Terramare in Zusammenhang: die Beleuchtungskörper, Kamingitter, Ofenschirm und ein Vasenpaar aus Messing werden von Juli bis November 1903 in der Wiener Werkstätte ausgeführt. Mosers Neigung für japanische Flächenkunst ist auch bei dem Vasenpaar erkennbar, zu dessen Aufbau der Künstler die Flächen überkreuzt (Abb. 60, 61).[62] Andere 1903 entstandene Arbeiten stehen stilistisch zunächst unter dem Einfluss des Engländers Charles Robert Ashbee sowie des schottischen Künstlers Charles Rennie Mackintosh, deren Werke in Wien in Ausstellungen der Secssion[63] gesehen werden konnten. Ebenso wie Hoffmann löst sich Moser schnell von diesen Vorbildern und zeichnet formal eigenständige Formen mit äußerst sparsamen bis nicht vorhandenem Dekor (Abb. 66). Gemeinsam ist diesen Gegenständen ein geometrischer oder symmetrischer Aufbau (Abb. 63) mit glatter oder durch den Hammerschlag des Handwerkers aufgerauter Oberfläche (Abb. 62), in die bisweilen farbige Schmucksteine als Farbakzente eingesetzt werden. Wie Hoffmann entwirft auch Moser Beleuchtungskörper jeden Typs, Blumentöpfe, Dosen, Jardinieren (Abb. 64), Kassetten (Abb. 65), Kerzenleuchter, Körbe mit und ohne Henkel, Möbel, Rauch- und Schreibgarnituren (Abb. 68), Tafelgerät wie Aufsätze, Becher, Flaschenuntersätze, Pokale (Abb. 67), Schalen, Speiseservice, Tassen und Tabletts, Zuckerdosen (aber keine Kaffee-, Milch- oder Teekannen),[64] Toilettegarnituren, Spiegel, Uhren und Vasen (Abb. 69–72).[65] Da die Wiener Werkstätte zu Mosers Zeit kein Glas für die Speisetafel erzeugt, greift man bei Kundenwünschen und in den Fotobänden auf seine Entwürfe um 1900 beziehungsweise auf jene seiner SchülerInnen zurück.

Als größtes Ensemble in Silber hat Moser ein Speiseservice entworfen, das 1904 erstmals im Hohenzollern Kunstgewerbehaus in Berlin gezeigt wurde.[66] Das Tafelgerät besteht aus glatten polierten Flächen, die von einer ungleichen Zahl horizontaler Bänder akzentuiert werden. Diese Bänder bestehen aus herausgetriebenen querovalen Ornamenten, in die in unterschiedlichem Abstand Lapislazuli-Steine eingesetzt werden (Abb. 82). Wenn der Gebrauch von Henkeln vorgesehen war, dann wurden Elfenbeinstäbe dafür verwendet.

Mit Josef Hoffmann besteht eine enge stilistische Zusammenarbeit, die Moser manchmal seiner Urheberschaft beraubt. Fälschlicherweise wird in der Literatur

61 Dabei handelt es sich um einen Anhänger im Auftrag der Baronin Mauthner, eine Halskette, gekauft von Fritz Waerndorfer, sowie zwei Hutnadeln.

62 Eine gestauchte trichterförmige viereckige Vase ist vorne und hinten jeweils durch drei vertikale zwischen die Citrine als Abstandshalter eingesetzte Stäbe mit einem darunter befindlichen durchbrochenen Mittelstück verbunden, das von einem stilisierten Delphin gebildet wird. WWMB 4/Modellnr. M 19, S. 31, Wiener-Werkstätte-Archiv, MAK. Das Kalkulationsdatum August 1903 zeugt, dass das Vasenpaar zu den ersten Gegenständen gehört, die in der Wiener Werkstätte ausgeführt wurden. Mit 23 Positionen im Modellbuch ist dies der für Moser zahlenmäßig größte Auftrag für einen bestimmten Kunden.

63 Großes Interesse galt der 1900 veranstalteten VIII. Secessionsausstellung und dem dazugehörigen Katalog, die sich mit dem heimischen und internationalen Kunstgewerbe befassen.

64 Warum ihn das Entwerfen von Kannen, Messern, Löffeln, Gabeln und dergleichen mehr, nicht interessiert hat, ist heute nicht mehr zu beantworten. Dies blieb eine Domäne Hoffmanns.

65 Ausgenommen die Beleuchtungskörper, werden alle aufgezählten Gegenstände in Silber oder in unedlem Metall wie Alpacca, Eisenblech, Kupfer, Messing oder Zink erzeugt. Luster werden vorwiegend in Messing, das teilweise vergoldet wurde, gearbeitet.

66 1905 wird es in der Ausstellung *Der gedeckte Tisch* im Mährischen Gewerbemuseum in Brünn gezeigt und danach 1906 ist es in den Ausstellungsräumen in der Neustiftgasse 32–34 auf einer Kredenz von Hoffmann aufgebaut.

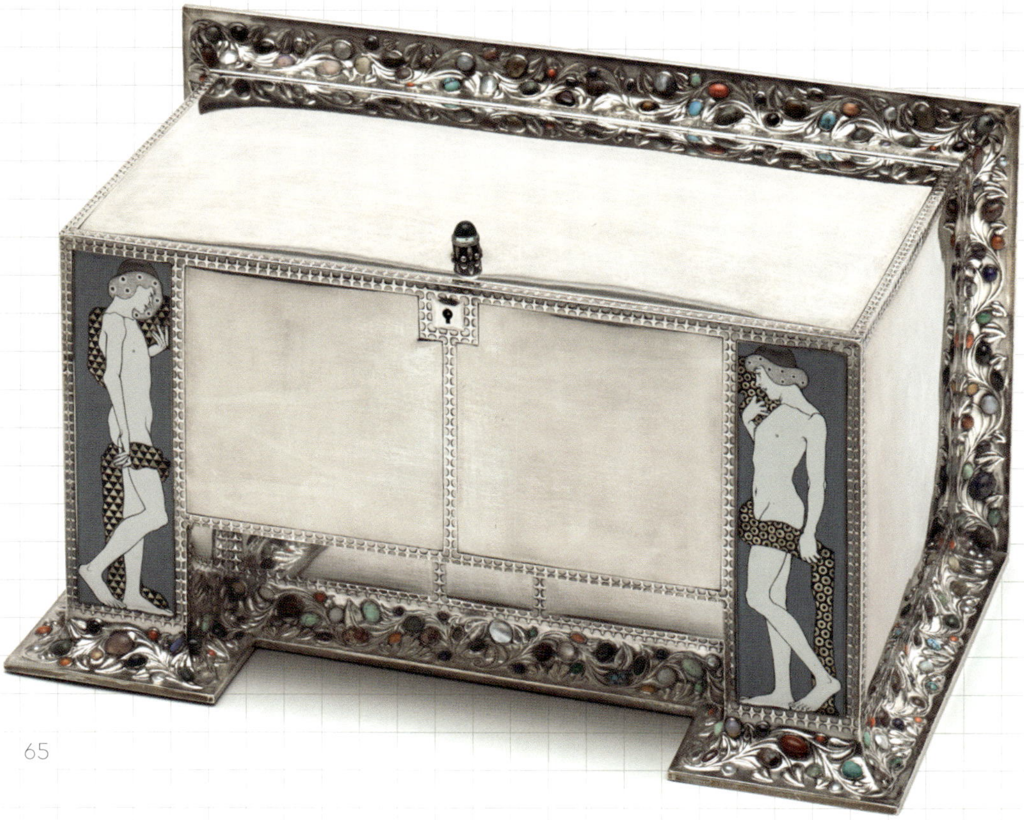

65

65 **Prunkkassette**, 1906
Ornamental box, 1906
MAK

66 **Deckelpokal**, 1905
Lidded goblet, 1905
Privatbesitz Private collection

67 **Deckelpokal**, 1905
Lidded goblet, 1905
MAK

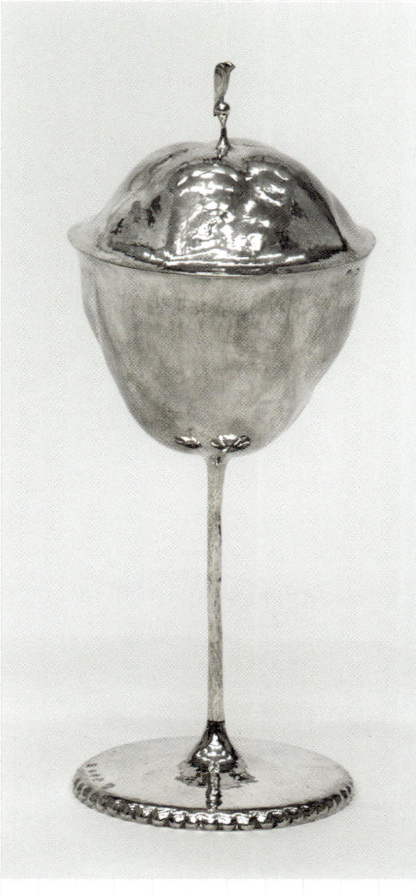

66

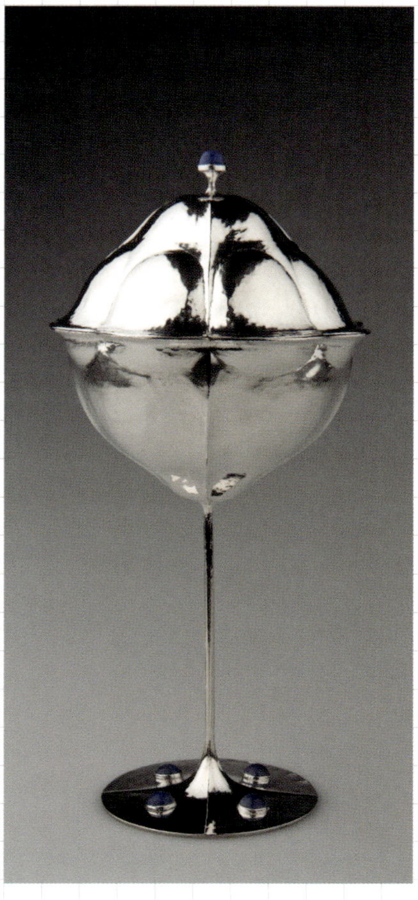

67

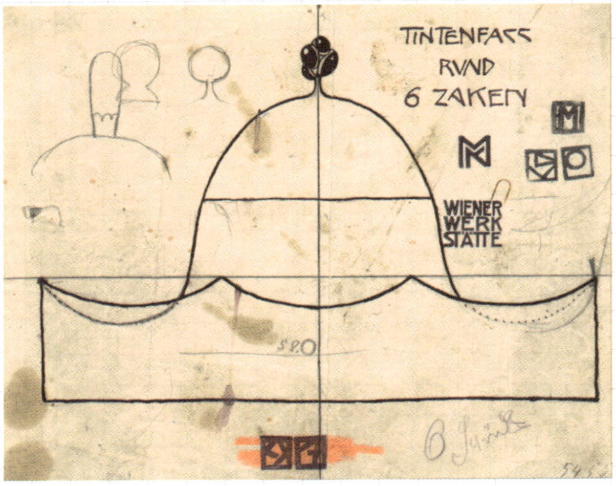

68

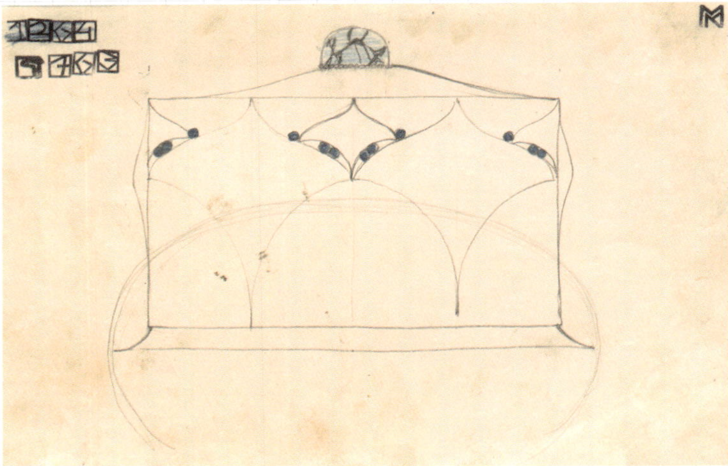

69

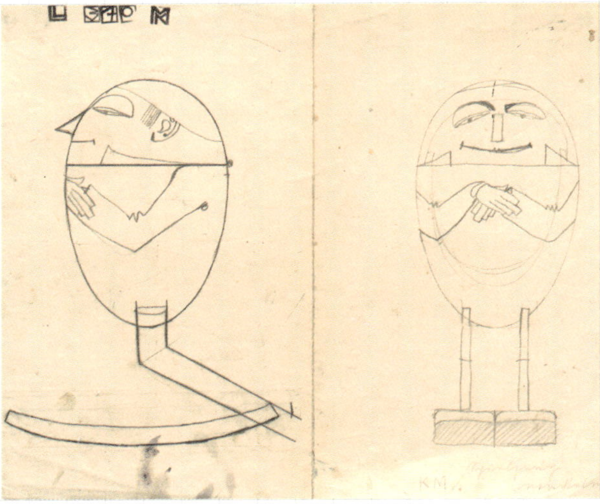

70

68 Entwurf für ein rundes Tintenfass, 1903
Design for a round inkwell, 1903
MAK

69 Entwurf für eine Zuckerdose, 1906
Design for a sugar bowl, 1906
MAK

70 Entwurf für ein sogenanntes Schaukel-Ei, 1905/06
Design for a so-called rocking egg, 1905/06
MAK

71 Bucheinband, 1905
Book cover, 1905
MAK

72 Bucheinband für das Neue Testament, 1904
Book cover for the New Testament, 1904
Ernst Ploil

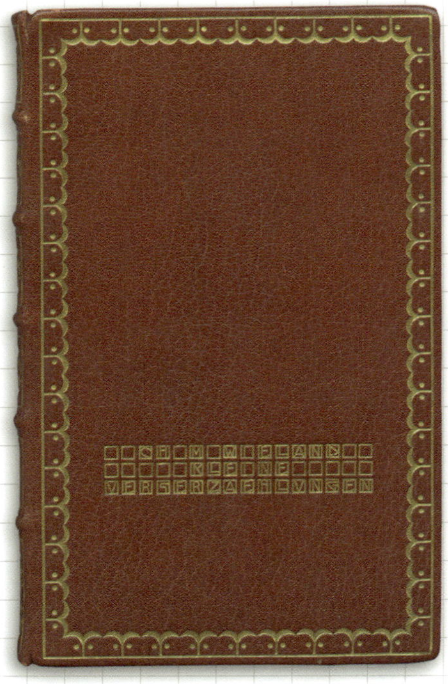

71

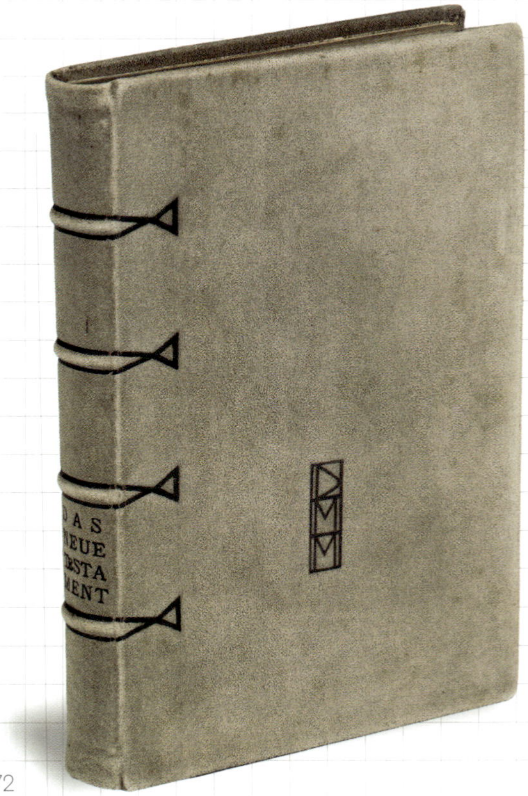

72

The first works executed at the Wiener Werkstätte, labeled with the costing date August 1903, are pieces of jewelry by Koloman Moser (fig. 58).[61] Other early designs by Moser are related to the furnishing of Dr. Eisler von Terramare's residence, as discussed above: the light fixtures, fender, fire screen, and a pair of vases made of brass are produced at the Wiener Werkstätte from July to November 1903. Moser's fondness for Japanese surface art can also be discerned in the two vases for whose openwork the artist intersects the surfaces (fig. 60, 61).[62] Stylistically, other works that emerged in 1903 are influenced in the first instance by the Englishman Charles Robert Ashbee as well as the Scottish artist Charles Rennie Mackintosh, whose work could be seen in Vienna in exhibitions by the Secession.[63] Just like Hoffmann, Moser soon distances himself from these role models and draws formally independent shapes with extremely sparing to entirely absent decoration (fig. 66). What these objects have in common is a geometric or symmetrical structure with a surface (fig. 63) that is either smooth or has been roughened by the blows of the craftsperson's hammer (fig. 62); into these indentations colorful gemstones are occasionally set as splashes of color. Like Hoffmann, Moser, too, designs light fixtures of all kinds, flowerpots, caddies, jardinieres (fig. 64), boxes (fig. 65), candlesticks, baskets with and without handles, furniture, smoker's and writing sets (fig. 68), tableware like centerpieces, handleless cups, bottle coasters, goblets (fig. 67), bowls, dinnerware sets, cups, trays, sugar bowls (but no coffee or tea pots nor milk jugs),[64] toilet sets, mirrors, clocks, and vases (fig. 69–72).[65] As the Wiener Werkstätte does not produce any glass for the dining table in Moser's day, for customer requests and in the volumes of photographs it is necessary to draw on his designs from around 1900 or those of his students.

The largest ensemble in silver that Moser designed was a dinnerware set; it was first shown in the Hohenzollern-Kunstgewerbehaus (Hohenzollern-House of Arts and Crafts) in Berlin in 1904.[66] The tableware comprises smooth, polished surfaces that are emphasized by an uneven number of horizontal bands. In turn, these bands are made up of convex horizontal oval ornaments into which lapis lazuli stones are set at irregular intervals (fig. 82). If it was intended that handles should be used, then small ivory poles were applied for this purpose.

A close stylistic collaboration exists with Josef Hoffmann that sometimes deprives Moser of his authorship. Erroneously, Josef Hoffmann is always named as the "inventor" of the square pattern in the literature, even though the model book in the Wiener Werkstätte Archive clearly proves that the first "grid objects," namely flower stands (fig. 73), originate from the hand of Koloman Moser.[67]

Among the practical and decorative objects like jewelry, a more and a less expensive line is offered. All the perforated vessels like centerpieces, cachepots, baskets (fig. 74), or vases, to name but a few, are produced in white lacquered sheet zinc or iron, but also in silver and nickel silver (fig. 75).[68] Another variation results from the choice of patterns from which the forms are composed. For instance, in 1906 the exact same small basket could be executed in the square, cloverleaf, ivy, vine leaf, or floral pattern—the names were defined by the Wiener Werkstätte (fig. 76). Arguably, the decision to realize a single form in diverse variants can be traced back to Koloman

61 These were a pendant commissioned by Baroness Mauthner, a necklace bought by Fritz Waerndorfer, as well as two hatpins.

62 A compressed funnel-shaped quadrilateral vase is connected at the front and back, in each instance by three vertical poles between which citrines are inserted as spacers, with an openwork centerpiece situated beneath, which is formed by a stylized dolphin. WWMB 4/model no. M 19, S 31, Wiener Werkstätte Archive, MAK. The costing date of August 1903 proves that the pair of vases are among the first objects to be executed at the Wiener Werkstätte. With 23 items in the model book, this is Moser's largest commission in numerical terms for a single customer.

63 The 8th Secession exhibition in 1900 and the accompanying catalog, which are concerned with national and international arts and crafts, garnered a great deal of attention.

64 Why designing pitchers, knives, spoons, forks, and so forth did not interest him, is a question that can no longer be answered. This remained Hoffmann's preserve.

65 With the exception of the light fixtures, all listed objects are produced in silver or in non-precious metals like nickel silver, sheet iron, copper, brass, or zinc. Chandeliers are predominantly worked in brass that is partly gilt.

66 In 1905 it is shown in the exhibition *Der gedeckte Tisch* at the Moravian Museum of Applied Arts in Brno and then, in 1906, it is arranged on a credenza by Hoffmann in the showrooms at Neustiftgasse 32–34.

67 Schmuttermeier, Elisabeth, "The Wiener Werkstätte," in: Christian Witt-Dörring (ed.) 2013, 288–347: 298. There are versions of the silver inkwell with cup created in 1905 (model numbers S 545, S 547) with the monogram JH and KM; this is also true of the small silver flower basket (model no. S 781) from 1906.

68 From 1908 the perforated, white painted metal objects are also produced by the Viennese company Christoph Cloeter.

immer Josef Hoffmann als „Erfinder" des Quadratmusters genannt, obwohl die Modellbücher im Wiener-Werkstätte-Archiv deutlich belegen, dass die ersten „Gitterobjekte", nämlich Blumenständer (Abb. 73), von Koloman Moser stammen.[67]

Bei den Gebrauchs- und Ziergegenständen wie Schmuck wird eine billigere und eine teurere Linie angeboten. All die perforierten Gefäße wie Aufsätze, Blumenübertöpfe, Körbe (Abb. 74) oder Vasen, um nur einige zu nennen, werden in Zink- oder Eisenblech weiß lackiert, aber auch in Silber und Alpacca erzeugt (Abb. 75).[68] Eine weitere Variation ergibt sich aus der Wahl der Muster, aus denen die Formen zusammengesetzt sind. So konnte beispielsweise ein und dasselbe Körbchen 1906 im Quadrat-, Kleeblatt-, Efeu-, Weintraubenblatt- oder Blumenmuster – die Namen wurden in der Wiener Werkstätte festgelegt – ausgeführt werden (Abb. 76). Vermutlich geht die Überlegung, eine Form in verschiedenen Varianten auszuführen, auf Koloman Moser zurück, der diese Idee bereits mit seinen SchülerInnen in der Kunstgewerbeschule mit Keramikobjekten erfolgreich umgesetzt hat.

Die größte Anzahl an Entwürfen liefert Koloman Moser für Schmuck in Gold, Silber und Email: es sind Anhänger (Abb. 77), Broschen, Blusen- und Krawattennadeln, Halsketten (Abb. 78), Hutnadeln, Knöpfe, Manschettenknöpfe, Ringe, Schirmgriffe und Schließen.[69] Charakterisiert werden seine Schmuckentwürfe durch seine exzellente Beherrschung der Linie, die als Spirale, Ellipse, Stab oder in Schlangenform das Innenleben eines Schmuckstückes bilden. Die den Schmuckstücken innewohnende Spannung ergibt sich aus dem Kontrast zwischen leeren und vollen Flächen (Abb. 79) sowie dem Gegenspiel von Horizontale und Vertikale. Eine aufregende Wirkung wird zudem durch die Mischung der Materialien wie flächig herausgearbeitete vegetabile oder ornamentlose Metallteile in Silber oder Gold zusammen mit plastisch hervortretenden bunten Steinen erreicht. Sind in Mosers Schmuckentwürfen auch geometrische Aspekte zu finden, so bilden sie eher eine Ausnahme, bestimmen doch vielmehr die unregelmäßig geschwungene Linie und die bewegte, oft gegenständliche Form sein Werk (Abb. 80).[70]

Bei Durchsicht der Metallgegenstände, die nach Mosers Entwürfen in der Wiener Werkstätte entstanden sind, fällt das Fehlen einer einheitlichen Linie auf. Somit gibt es von Mosers Hand einfache, schlichte, aber auch bizarre, kubistische, weit in das 20. Jahrhundert hineinspielende Arbeiten (Abb. 81). Da die Bedeutung beziehungsweise das Intervenieren der AuftraggeberInnen hinsichtlich der Entwürfe der Objekte noch nicht untersucht wurde, fällt ein möglicher Entscheidungsfaktor, der bis jetzt noch nicht berücksichtigt wurde, weg. Es ist durchaus vorstellbar, dass traditionelle Entwürfe für das konservativere Publikum und progressive für die mutige Klientel entwickelt wurden.

1907 verlässt Koloman Moser die Wiener Werkstätte und wendet sich anderen künstlerischen Aufgaben wie der Malerei und Bühnenbildentwürfen zu. Von ihm entworfenes Gebrauchsgerät wird nach seinem Ausscheiden aus der Wiener Werkstätte vereinzelt noch bis 1917 angefertigt, diese Aufträge wurden vor der Herstellung jedoch zumeist von Josef Hoffmann überarbeitet (Abb. 83).[71]

67 Schmuttermeier, Elisabeth, „The Wiener Werkstätte", in: Christian Witt-Dörring (Hg.) 2013, 288–347: 298. Von dem 1905 entstandenen silbernen Tintenfass mit Tasse (Modellnummern S 545, S 547) gibt es Ausführungen mit dem Monogramm JH und KM, dies gilt auch für das silberne Blumenkörbchen (Modellnr. S 781) aus 1906.

68 Ab 1908 werden die perforierten, weiß gestrichenen Metallobjekte auch von der Wiener Firma Christoph Cloeter produziert.

69 Schirmgriffe sowie Mantel- und Gürtelschließen als Accessoire zur Kleidung wurden unter dem Begriff Schmuck subsumiert.

70 Schmuttermeier, Elisabeth, „Die unendliche Vielfalt – Kolo Mosers Schmuckentwürfe für die Wiener Werkstätte", in: Pichler/Leopold (Hg.) 2007, 222–231: 222 ff.

71 Das MAK besitzt einen 1910 ausgeführten Henkelkorb, der stilistisch zu einem von Moser 1904 entworfenen Service passt. (s. Anm. 66). Die Umzeichnung des Entwurfes trägt das Monogramm von Kolo Moser und Josef Hoffmann.

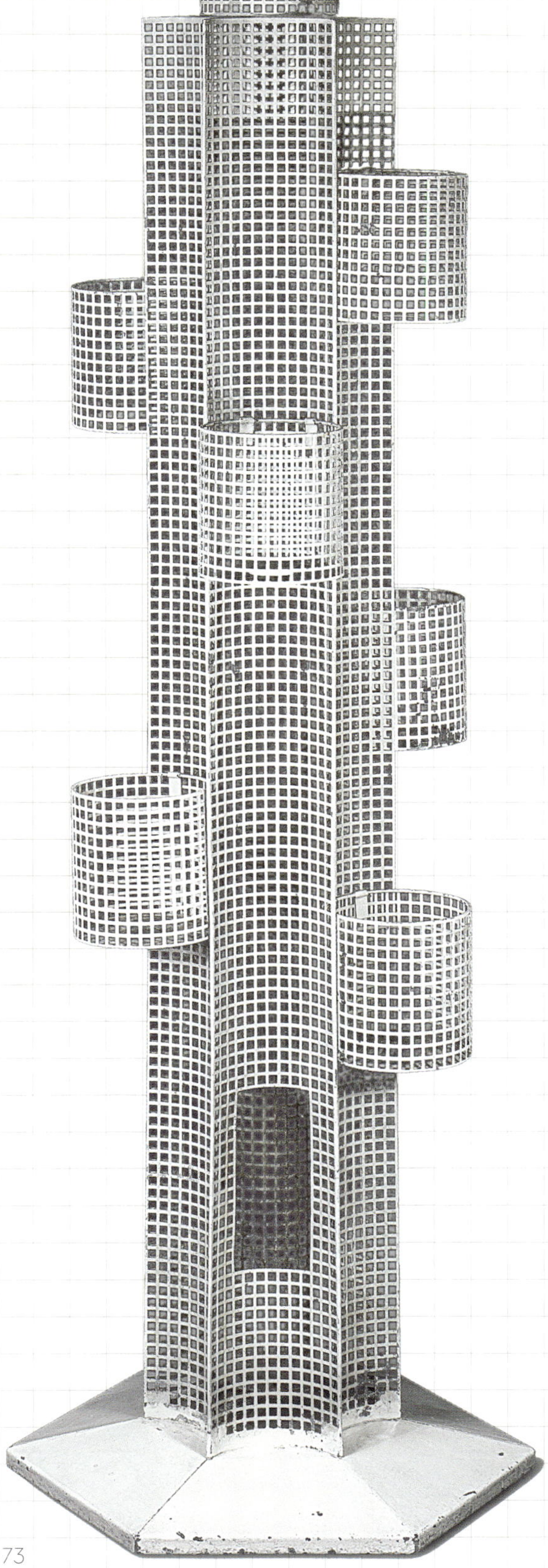

73

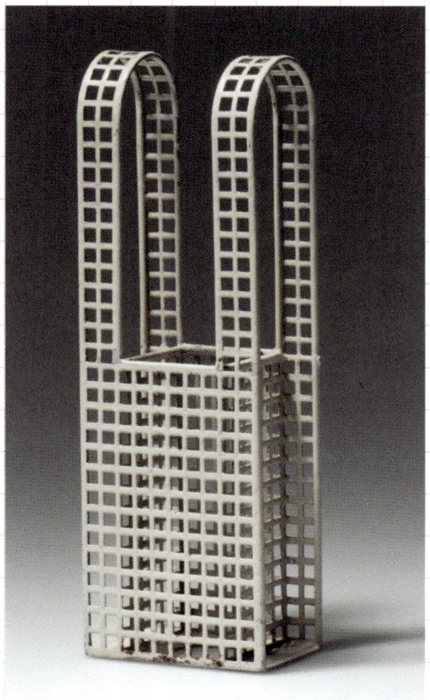

74

73 **Blumenständer**, 1904
Flower stand, 1904
Ernst Ploil

74 **Blumenkörbchen**, 1906
Small flower basket, 1906
MAK

75 **Brotkorb**, 1905
Bread basket, 1905
Leopold Museum, Wien Vienna

76 **Körbchen**, 1906
Small basket, 1906
MAK

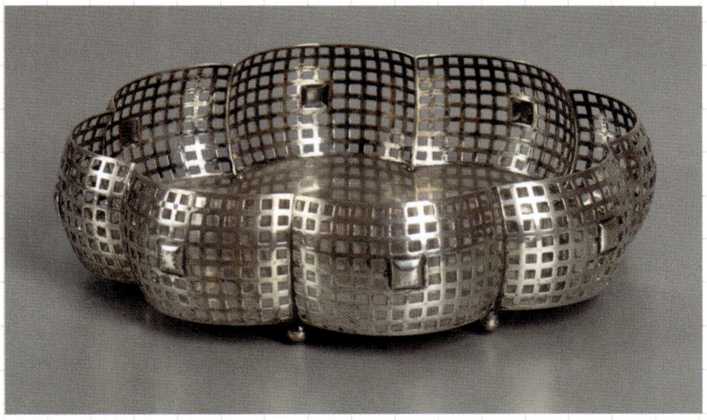

75

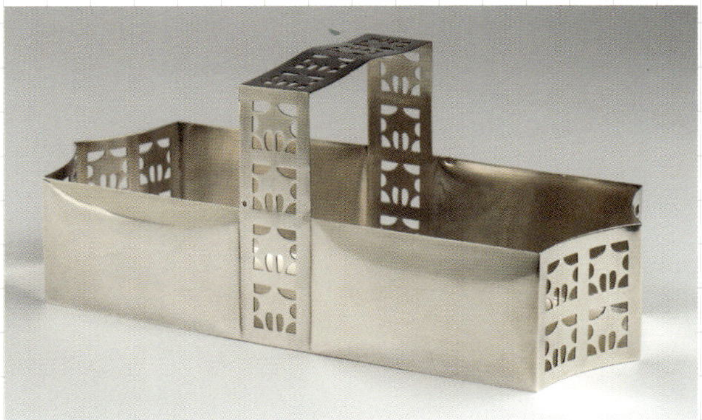

76

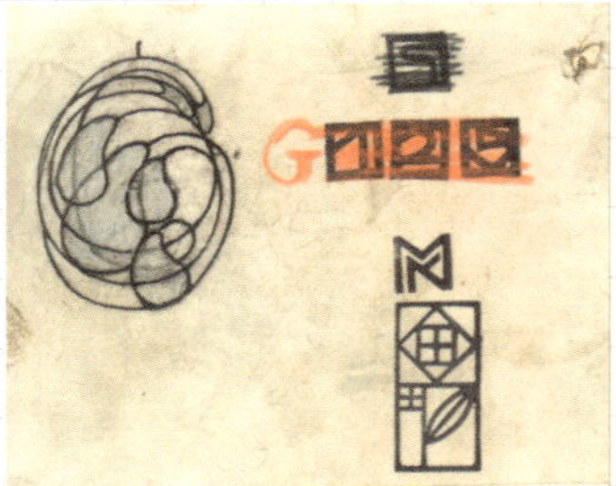

77

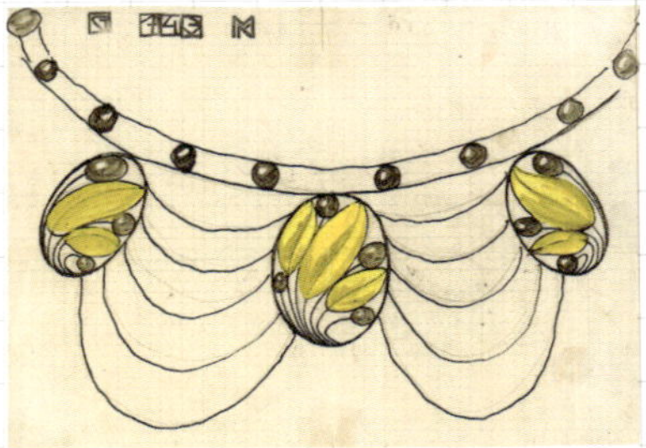

78

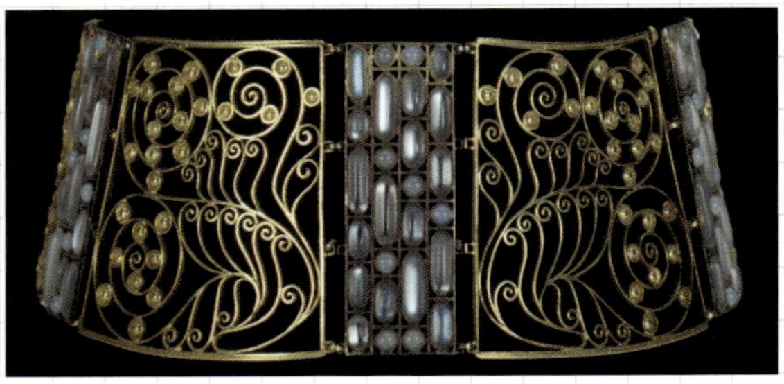

79

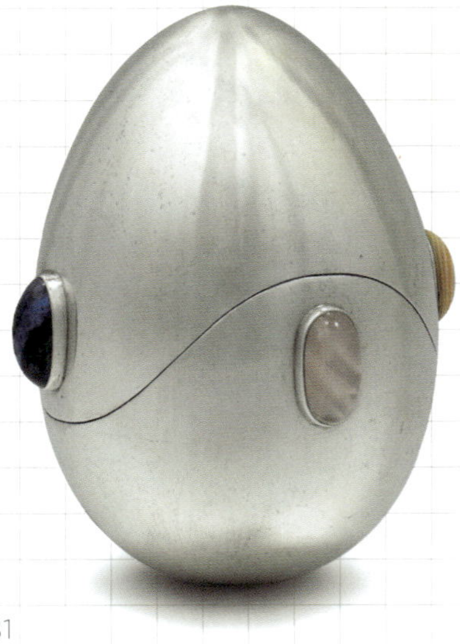

81

77 **Entwurf eines Anhängers**, vor 1904
Design for a pendant, before 1904
MAK

78 **Entwurf für ein Collier**, 1906/07
Design for a necklace, 1906/07
MAK

79 **Halsschmuck**, 1904
Necklace, 1904
Badisches Landesmuseum Karlsruhe

80 **Anhänger mit Kette**, 1903/04
Pendant with chain, 1903/04
MAK

81 **Osterei**, 1905
Easter egg, 1905
A. P. Collection, London

82 **Serviertasse**, 1904
Serving tray, 1904
MAK

83 **Brotkorb**, 1910
Bread basket, 1910
MAK

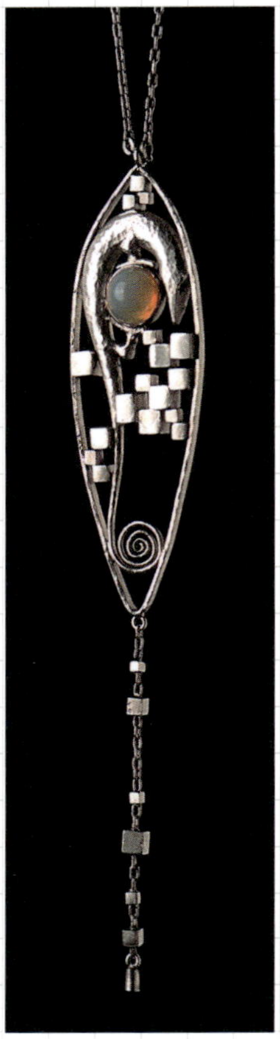

80

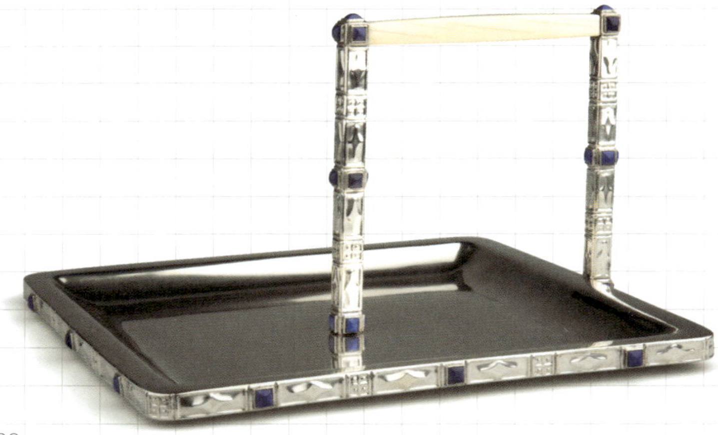

82

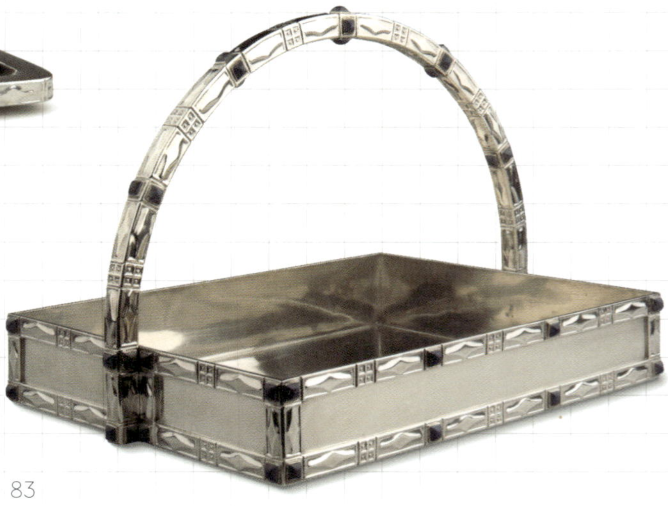

83

Moser, who had already successfully implemented this idea for ceramic objects with his students at the School of Arts and Crafts.

Koloman Moser delivers the largest number of designs for jewelry in gold, silver, and enamel: they are pendants (fig. 77), brooches, blouse and tiepins, necklaces (fig. 78), hatpins, buttons, cufflinks, rings, umbrella handles, and clasps.[69] His jewelry designs are characterized by his excellent mastery of the line, which—whether a spiral, ellipse, column, or serpentine shape—form the essence of any piece of jewelry. The tension inherent in the pieces of jewelry arises from the contrast between empty and full surfaces (fig. 79) as well as the juxtaposition between horizontals and verticals. Furthermore, an exciting effect is achieved by combining the materials—such as flat worked vegetal or unadorned metal parts in silver or gold—with sculpturally protruding, brightly colored stones. Where geometric aspects can also be found in Moser's jewelry designs, they rather form the exception, bearing in mind that the asymmetrically curved line and the organic, often representational form in fact define his oeuvre (fig. 80).[70]

When perusing the metal objects that proceeded from Moser's designs at the Wiener Werkstätte, the lack of a uniform line is conspicuous. Hence there are works from Moser's hand that are simple and sleek, but also ones that are bizarre, cubistic, and anticipate trends from well into the 20th century (fig. 81). As the importance or rather the intervention of his customers in terms of the objects' designs has not been researched, one possible deciding factor that has not yet been considered is rendered moot. It is certainly conceivable that traditional designs were developed for the more conservative public and progressive styles for the more courageous clientele.

Koloman Moser leaves the Wiener Werkstätte in 1907 and turns his attention to other artistic endeavors such as painting and scenography. Occasional practical objects that he designed continue to be produced by the Wiener Werkstätte until 1917; however, these commissions were mostly revised by Josef Hoffmann before their production (fig. 83).[71]

69 Umbrella handles as well as coat and belt clasps as a clothing accessory were subsumed under the term "jewelry."

70 Schmuttermeier, Elisabeth, "Endless Variety. Kolo Moser's Jewelry Designs for the Wiener Werkstätte," in: Pichler/Leopold (eds.) 2007, 222–231: 222 ff. Trans. Jane Michael.

71 The MAK owns a handled basket executed in 1910, which stylistically corresponds to a set designed by Moser in 1904 (see note 66). The renaming of the design bears the monogram of Kolo Moser as well as Josef Hoffmann.

KOLOMAN MOSER
DER BÜHNENBILDNER

DANIELA FRANKE, KURT IFKOVITS

10

Koloman Mosers Arbeiten für die Bühne bilden seine künstlerische Entwicklung ab: vom Grafiker über den Kunsthandwerker zum Maler. Oder: vom Historismus zur Secession hin zu einem Klassizismus.[1] Auffallend ist dabei die enge Verknüpfung seiner bühnenbezogenen Arbeiten mit zwei Personen: dem Autor Hermann Bahr und dem Komponisten Julius Bittner, wobei man geradezu von wechselseitigem Einfluss sprechen kann.[2]

ERSTE THEATERARBEITEN (1898–1903)

Mosers erste Arbeiten mit Theaterbezug weisen zu *Ver Sacrum* und seiner damaligen überwiegend grafischen Tätigkeit hin. So etwa eine Serie von Kalenderblättern für das Jahr 1899 zu Ferdinand Raimunds *Der Verschwender*, deren Motive sich zwischen Tradition und Moderne bewegen (Abb. 1).[3] Weitere grafische Arbeiten stehen in Verbindung mit dem modernen Ausdruckstanz. Dabei ist der Einfluss der beiden in Wien gastierenden Tänzerinnen Loïe Fuller und Isadora Duncan spürbar. Bei all diesen Arbeiten steht der unmittelbare tänzerische Ausdruck im Vordergrund.

Bald wandte sich Koloman Moser realen Aufführungsmöglichkeiten zu, brachte seine Kunst für die Bühne „in Anwendung". Doch nicht die klassische Bühne, sondern vom „Korsett der Guckkastenbühne" befreite Unternehmungen sollten vorerst das Forum für die Umsetzung der Stilbühne werden, seiner Vision eines abstrakt-symbolischen, der Wirklichkeit entrückten Spielraumes. Konkret wurde die Realisierung derart radikaler Gedanken im Umfeld von innovativen, zum Teil temporären Theaterneugründungen in Angriff genommen. Wie etwa die mit großer Emphase als Knotenpunkt der Reformbestrebungen gegründete Ausstellung auf der Darmstädter Mathildenhöhe, die von Mai bis Oktober 1901 stattfand. Das Secessionsmitglied Joseph Maria Olbrich errichtete auf dem Gelände ein temporäres Theater, das den Forderungen der Stilbühne folgte. Hermann Bahr war für die Leitung des gesamten Theaterprojektes vorgesehen, auch die Mitarbeit Mosers wurde in Erwägung gezogen.[4]

Fast zeitgleich liefen in Wien die Vorbereitungen zu einem ähnlichen Theaterprojekt, das freilich nicht in einen derartig großen Rahmen eingebunden war, bei dem aber Koloman Mosers erste Arbeiten für die Bühne verwirklicht werden sollten. Im November 1901 hatte der Schriftsteller Felix Salten das Theater an der Wien gemietet, um eine Art „Überbrettl" nach Berliner und Münchner Vorbild zu installieren. Moser entwarf zunächst Plakat und Programmheft in einem außerordentlichen Hochformat (Abb. 2). Der Abend gliederte sich in drei Abschnitte, wovon der zweite und dritte Programmteil aus einer Zusammenstellung von Vorträgen, Gesangsnummern und Tänzen sowie der Aufführung eines Schattenspiels bestand. Dieses disparate Programm gelangte in Mosers Ausstattung zur Aufführung.[5] Dabei griff er zu einem verblüffend einfachen wie effektiven Mittel: Mit vorhangartigen Stoffbahnen gelang

1 Stark gekürzte Fassung von Franke, Daniela/Ifkovits, Kurt, *Anwendungen. Koloman Moser und die Bühne*, Wien 2018. Detaillierte Hinweise zu weiteren Projekten ebenda.

2 Die Werke beider Autoren müssen heute als marginal angesehen werden, was vielleicht auch der Grund ist, warum Mosers Entwürfe bisher kaum in den Fokus der Forschung rückten. Einzig ein Artikel in einer Ausstellungspublikation beschäftigt sich monografisch mit dem Thema: Ifkovits, Kurt/Lésak, Barbara, „Kolo Moser, das Theater und Hermann Bahr", in: Leopold, Rudolf/Pichler, Gerd (Hg.), *Koloman Moser 1868–1918*, Ausst.kat. Leopold Museum, Wien/München u. a. 2007, 366–391. Die zu Moser erschienenen Monografien wiederum streifen das Thema nur: Fenz, Werner, *Koloman Moser. Graphik, Kunstgewerbe, Malerei*, Salzburg/Wien 1984; Rennhofer, Maria, *Koloman Moser. Leben und Werk. 1968–1918*, Wien 2002. Auch die theaterwissenschaftliche Literatur kennt keine Monografie zum Theaterschaffen Koloman Mosers, lediglich eine Publikation zur theaterhistorischen Bedeutung des Secessionismus widmet sich ihm: vgl. Pott, Gertrud, *Die Spiegelungen des Sezessionismus im österreichischen Theater*, Wien/Stuttgart 1975, 62–86.

3 Gerade die Anknüpfung an die lokale Tradition anstelle eines radikalen Bruches war ein – auch theoretisch ausformuliertes – konstitutives Element der Wiener Moderne, ganz im Gegensatz zur Berliner/Deutschen. Konkret orientierte sich Moser an den Illustrationen in *Bäuerles Theaterzeitung*.

4 Über Mosers Integration in das Darmstädter Projekt gibt es allerdings kaum Belege. Vgl. Bahr, Hermann 1908b, „Fidelio", in: Ders., *Buch der Jugend*, Wien/Leipzig 1908a, 19–27: 21.

5 Siehe Vermerk auf Programmheft und Theaterzettel *Jung Wiener Theater zum lieben Augustin*: „Scenische Ausgestaltung der Bühne nach Entwürfen von Kolo Moser, ausgeführt vom Maler Schallud [...] Moderne Costüme nach Figurinen von Kolo Moser, ausgeführt von Marianne Zels.", Wien, Theatermuseum, Inv.-Nrn. PA_RaraG1345, PA_RaraG2483.

KOLOMAN MOSER
THE SCENOGRAPHER

DANIELA FRANKE, KURT IFKOVITS

Koloman Moser's work for the stage reflects his artistic development: from graphic artist to craftsman to painter. Or: from Historicism to the Secession to a kind of Classicism.[1] What is striking in this regard is the close correlation between his work for the stage and two people: the author Hermann Bahr and the composer Julius Bittner—although this influence can more or less be considered mutual.[2]

FIRST WORK FOR THE THEATER (1898–1903)

Moser's first work related to the theater is indicated by *Ver Sacrum* and his predominantly graphic profession at that time. For instance, a series of calendar illustrations for the year 1899 on Ferdinand Raimund's *The Spendthrift* whose subjects range from the traditional to the modern (fig. 1).[3] Further graphic works are associated with modern Expressionist dance; in them, the influence of the dancers Loïe Fuller and Isadora Duncan—who were guesting in Vienna at the time—is tangible. In all these works, immediate dance-like expression is at the fore.

Koloman Moser soon turned his hand to actual performance opportunities, thereby applying his art to the stage. Yet for the time being it was not the classic stage but rather enterprises freed from the "corset" of the proscenium stage that would become the forum in which he would implement the stylized theater, his vision of an abstract and symbolic platform disconnected from reality. Specifically, realizing such radical ideas was attempted in an environment of innovative, partly temporary theater start-ups—such as the exhibition at the Darmstadt Artists' Colony, which took place from May to October 1901 and was strongly emphasized as being the hub of reform efforts. In the settlement, the Secession member Joseph Maria Olbrich erected a temporary theater that complied with the demands of stylized theater. Hermann Bahr was envisaged as being the manager of the entire theater project, and Moser's cooperation was also taken into consideration.[4]

At almost the same time, preparations were underway in Vienna for a similar theater project; though clearly not integrated into such a large framework, it was for this project that Koloman Moser's first work for the stage would be realized. In November 1901 the writer Felix Salten had rented the Theater an der Wien to implement a kind of "Überbrettl" (super-cabaret) after the Berlin and Munich model. Moser initially designed the poster and program in an elongated portrait format (fig. 2). The evening was divided into three sections, with the second and third parts of the program comprising an assortment of talks, songs, and dances as well as the performance of a shadow play. This disparate program was enacted amid Moser's scenography.[5] For it, he availed himself of a bewilderingly easy and effective device: with drape-like panels of fabric, he successfully took the bold step of achieving the stylized stage. A simple velum with a characteristic checkerboard border enveloped the background

1 Significantly shortened version by Franke, Daniela/Ifkovits, Kurt, *Anwendungen. Koloman Moser und die Bühne*, Vienna 2018. Detailed references to other projects ibidem.

2 The works of both authors can only be considered marginal today, which is perhaps also the reason why Moser's designs have hardly become the focus of research to date. Just a single article in an exhibition catalog explores the topic as a monograph: Ifkovits, Kurt/Lésak, Barbara, "Kolo Moser, the Theater and Hermann Bahr," in: Leopold, Rudolf/Pichler, Gerd (eds.), *Koloman Moser 1868–1918*, exh. cat. Leopold Museum, Vienna/Munich et al. 2007, 366–391. The monographs published on Moser, on the other hand, only touch lightly on the subject: Fenz, Werner, *Koloman Moser. Graphik, Kunstgewerbe, Malerei*, Salzburg/Vienna 1984; Rennhofer, Maria, *Koloman Moser. Leben und Werk. 1968–1918*, Vienna 2002. Even theater studies literature has no monograph on Koloman Moser's creative work for the theater; a mere publication on Secessionism's significance for the history of theater is dedicated to it: cf. Pott, Gertrud, *Die Spiegelungen des Sezessionismus im österreichischen Theater*, Vienna/Stuttgart 1975, 62–86.

3 It was precisely this connection rather than radical break with local tradition that was a—also theoretically defined—constitutive element of Viennese Modernism, in marked contrast to Berlin/German Modernism. Moser was specifically guided by the illustrations in *Bäuerles Theaterzeitung*.

4 However, there is barely any evidence of Moser's integration in the Darmstadt project. Cf. Bahr, Hermann 1908b, "Fidelio," in: id., *Buch der Jugend*, Vienna/Leipzig 1908a, 19–27: 21.

5 See note on the program and playbill *Jung Wiener Theater zum lieben Augustin*: "Scenography after designs by Kolo Moser, executed by the painter Schallud [...] Modern costumes after figurines by Kolo Moser, executed by Marianne Zels." Vienna, Theatermuseum, inv. nos. PA_RaraG1345, PA_RaraG2483.

ihm der kühne Schritt hin zur Stilbühne. Ein schlichtes Velum mit einer charakteristisch schachbrettgemusterten Bordüre umhüllte den Hintergrund und die Seitenwände der Bühne und verwandelte den Bühnenraum in einen höchst dekorativ-abstrakten Stimmungsraum.[6] Ludwig Hevesi meinte, Moser wisse „mit den einfachsten Mitteln reizende Sachen zu schaffen", um zu schließen: „Das ist ein stilisirter, der Darbietung angepaßter Raum."[7]

Stoffe als gestalterisches Element kennzeichnen auch einen Szenenentwurf Mosers zu Georges Courtelines Einakter *Er und Sie* für das Jung-Wiener Theater (Abb. 3).[8] Hier staffelte Moser zwei Vorhänge hintereinander, wodurch ein Raum von traumhafter Leichtigkeit entstand. Die meisten architektonischen Elemente waren ephemer, auf die Vorhänge gemalt. Sonstiges Mobiliar stand davor – und entsprach bereits dem puristischen Kunstgewerbestil, den Moser bald in der Wiener Werkstätte praktizieren sollte. Diese Stilbühnendekoration ließ sich allerdings nicht mehr realisieren.[9] So blieb dieser einfachen, aber genialen Idee zur Schaffung neuartiger Bühnendekorationen eine weiterreichende Wirkung versagt.

RÜCKKEHR ZUM THEATER (1907–1909)

Die Zeit war noch nicht reif für derart radikale Entwürfe. Und so kommt es zu einer Lücke in Koloman Mosers Theaterarbeiten.[10] Eine Zeit, in der er seine Energie auf die 1903 gegründete Wiener Werkstätte legen sollte. Erst mit dem Rückzug aus diesem Unternehmen hatte er wieder Kapazitäten frei. 1907 ergibt sich die Möglichkeit der Zusammenarbeit mit Hermann Bahr, der damals Dramaturg und Regisseur bei Max Reinhardts Berliner Bühnen war. So arbeiteten beide seit dem Sommer an einer Inszenierung von Friedrich Hebbels Tragödie *Genoveva*. Bereits zu Beginn der Saison 1907/08 fanden detaillierte Besprechungen statt.[11] Obwohl Bahr Anfang Oktober hoffte, Mosers Dekorationen „mit einigen Vereinfachungen"[12] durchgesetzt zu haben, fand die Inszenierung nicht statt. Der Aufwand eines Umbaus auf der Drehbühne war wohl zu groß für den chaotischen Betrieb Reinhardts. Auch dürfte sich Mosers Realisation schwerlich mit Bahrs damaligen Intentionen vertragen haben, denn während dieser ein symbolistisches Theater zu verwirklichen suchte, kehrte Moser wieder zu einer realistischeren Darstellung zurück, denn „um mit dem Hebbel-G'spas zu machen sind wir doch zu ernst".[13] Mosers reine Stilbühne findet sich hier nicht mehr, das historische Ambiente der *Genoveva* ist mit secessionistischen Einsprengseln nur noch durchsetzt (Abb. 4). Die Entwürfe setzen auf Flächenwirkung und Ornament. Hier schlug der Kunstgewerbler durch.[14]

In Wien schloss Koloman Moser dort an, wo er gut fünf Jahre zuvor aufgehört hatte: beim Tanz. Für das legendäre, im Oktober 1907 eröffnete Cabaret Fledermaus entwarf er mehrere Tanzkostüme, die leider nicht dokumentiert sind.[15] Zuerst für Gertrude Barrison im Februar 1908, schließlich im Januar 1909 für die „Damen Young und Moyse, ‚Die Fledermäuse'"[16].

Ungefähr zu dieser Zeit korrespondiert Koloman Moser mit dem Komponisten Julius Bittner über ihre erste Zusammenarbeit, das Tanzstück *Der Mantel der Liebe*,

6 Mehrere über das Schachbrettmuster hinausgehende Variationen des charakteristischen Quadratmusters hatte Moser nur wenige Wochen vor der Präsentation seiner Stilbühne erstmalig als Buchschmuck für Arno Holz' Dramenfragment *Die Blechschmiede* im September-Heft der Zeitschrift *Ver Sacrum* veröffentlicht. Vgl. Holz, Arno, „Die Blechschmiede", in: *Ver Sacrum* (4) 18/19 1901, 297–330.

7 L.H. [Ludwig Hevesi], „Jung-Wiener Theater zum lieben Augustin", in: *Pester Lloyd*, 18.11.1901, Abendblatt, 2.

8 Vgl. eine Zeitungsmeldung, wonach der „Augustin" die Aufführungsrechte im August 1901 erworben hatte. Vgl. *Neues Wiener Tagblatt* 25.8.1901, 8.

9 Bereits Ende November schloss der „Augustin" wieder. Die letzte nachweisbare Aufführung fand am 23.11.1901 statt. Vgl. Theaterzettel des Theaters an der Wien, 16. – 23.11.1901 bzw. 24.11.1901 ff., Wien, Theatermuseum, Bibliothek, 403693-C Th 1901.

10 Es ergab sich 1903 für Moser lediglich die Möglichkeit der Mitarbeit an einem von Hermann Bahr geleiteten Zentraltheater, an dem auch Max Reinhardt, Alfred Roller und Otto Wagner beteiligt waren. Doch auch dieses Projekt wurde nie realisiert. Geplant waren Zweigstellen in Berlin, Wien, München, Hamburg, später auch Salzburg. Vgl. Csáky, Moriz (Hg.), *Hermann Bahr: Tagebücher, Skizzenbücher, Notizhefte*, Band 4: 1904–1905, Wien/Köln/Weimar 2000, 340 f.

11 Vgl. Csáky, Moriz (Hg.), Hermann Bahr: *Tagebücher, Skizzenbücher, Notizhefte*, Band 5: 1906–1908, Wien/Köln/Weimar 2003, 291.

12 Ebd., 294.

13 Koloman Moser an Hermann Bahr, undat. Brief, Wien, Theatermuseum, HS_AM21206Ba.

14 Stilistisch stellen diese Entwürfe den Übergang zu den späteren Arbeiten, besonders zu den Opernausstattungen für Julius Bittner her. Auch wenn Mosers Entwürfe zur *Genoveva* nicht umgesetzt wurden, erreichten sie ein gewisses Publikum, stellte er sie doch zweimal aus: bei der Kunstschau 1908 in Wien und der Ausstellung *Moderne Theaterkunst* in Mannheim 1913. Auf der Mannheimer Ausstellung wurden auch Entwürfe Mosers zu Hebbels *Herodes und Mariamne* gezeigt, die laut Katalog für die Stilbühne des Kölner Schauspielhauses angefertigt worden waren, wo sie jedoch nie realisiert wurden. Allerdings wurde für eine Aufführung im November 1907 der Bühnenbildner Hans Wildermann mit der Ausstattung betraut.

15 Vgl. P. A. [Peter Altenberg], o. T., in: *Wiener Allgemeine Zeitung* 4.2.1908, 2–3: 2, sowie *Neues Wiener Journal* 8.2.1909, 15.

16 *Neues Wiener Journal* 8.2.1908, 15.

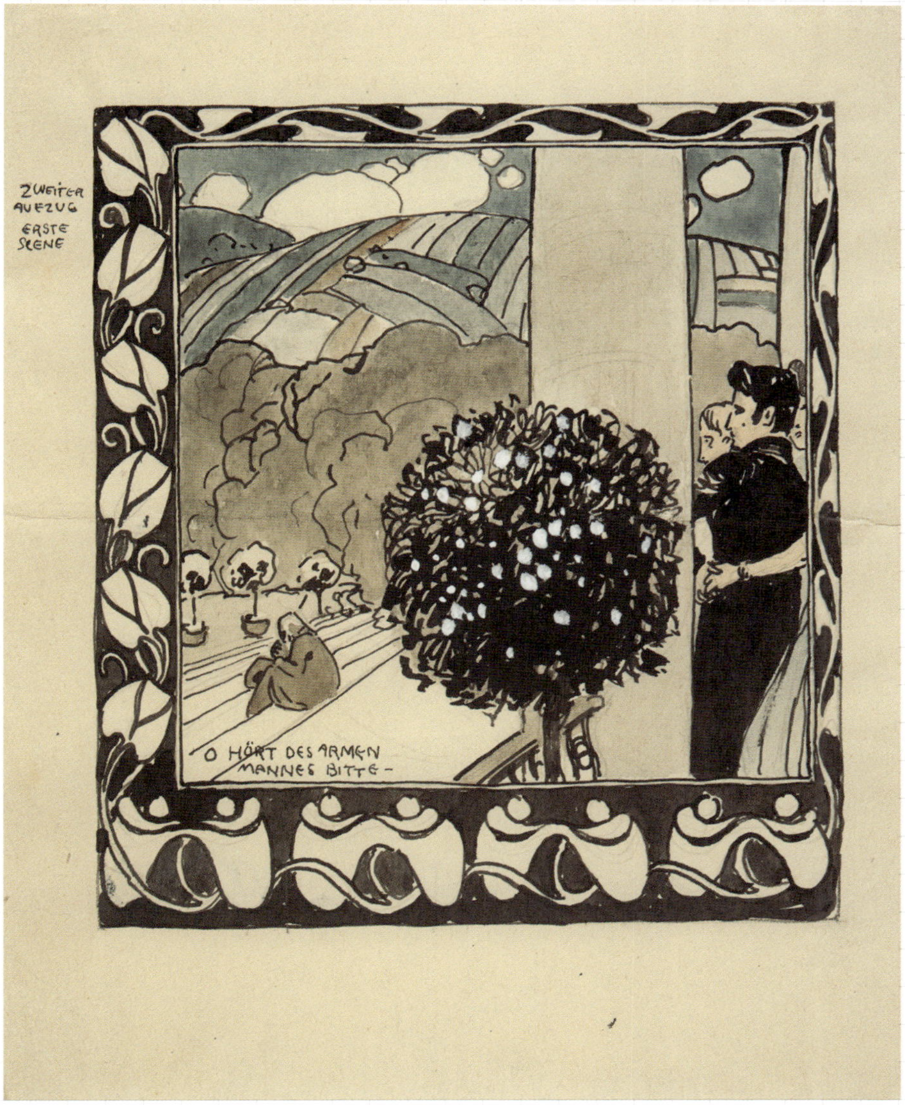

1

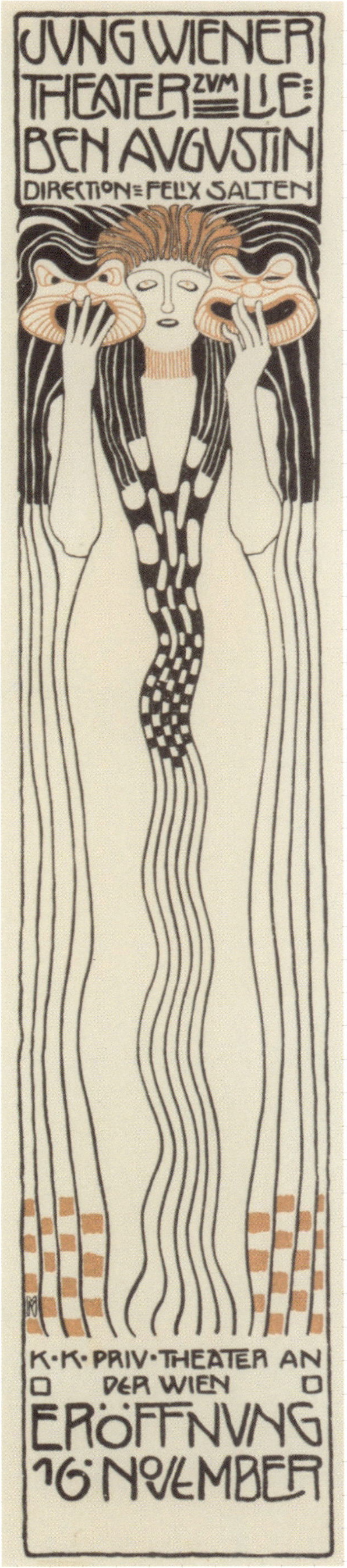

2

1 Kalenderblattentwurf zu *Der Verschwender* von Ferdinand Raimund, Wien, undatiert [1898/99]
Calendar illustration of *The Spendthrift* by Ferdinand Raimund, Vienna, undated [1898/99]
Theatermuseum, Wien Vienna

2 Plakat für das Jung-Wiener Theater zum lieben Augustin, 1901
Poster for the Jung-Wiener Theater zum lieben Augustin, 1901
in: *Die Fläche* (1) 1903, T. pl. 121
MAK

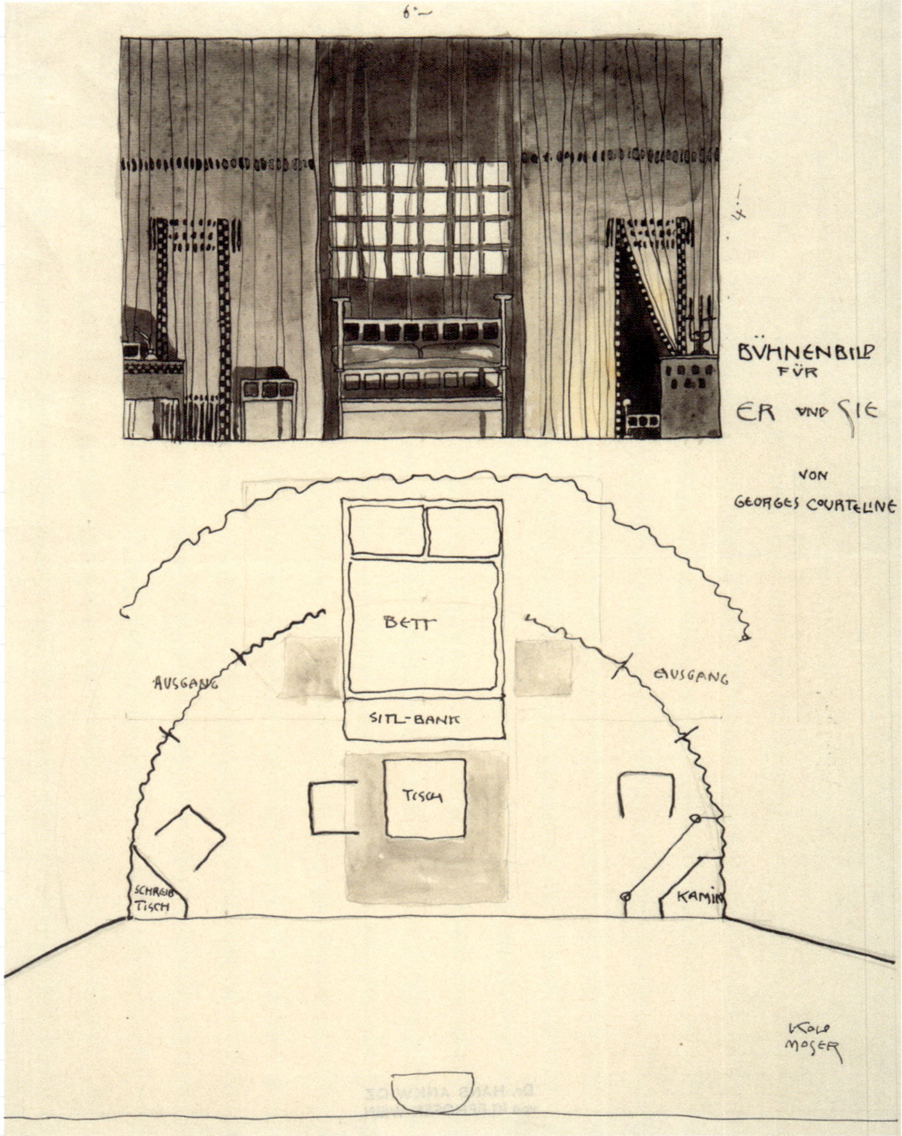

3

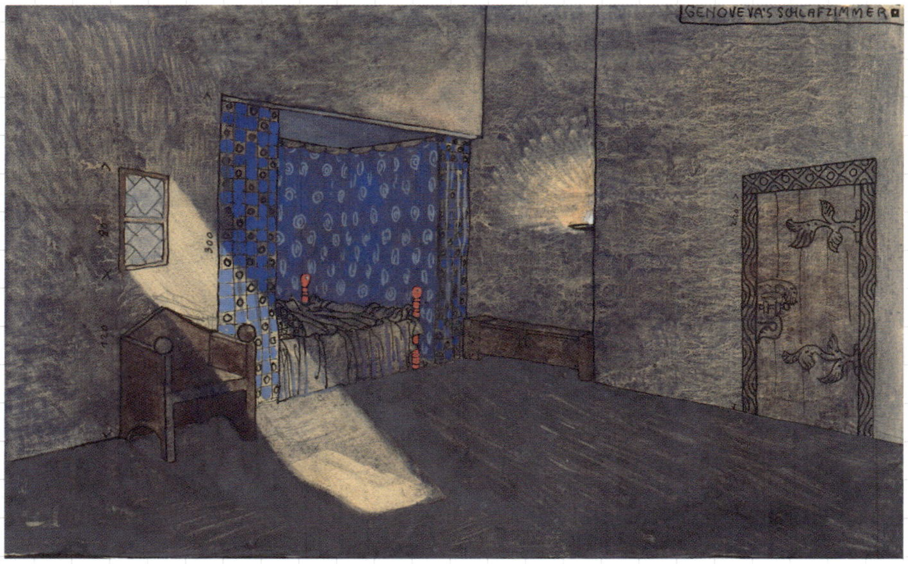

4

3 Bühnenbildentwurf mit Grundriss zu *Er und Sie* von Georges Courteline, Wien, undatiert [1901]
Stage design with floor plan for *Afraid to Fight* by Georges Courteline, Vienna, undated [1901]
Theatermuseum, Wien Vienna

4 Bühnenbildentwurf zu *Genoveva* von **Friedrich Hebbel**, Wien, undatiert [um 1907]
Stage design for *Genoveva* by **Friedrich Hebbel**, Vienna, undated [ca. 1907]
Theatermuseum, Wien Vienna

and the sidewalls of the stage, transforming the stage area into a highly decorative and abstract atmospheric space.[6] Ludwig Hevesi believed that Moser knew how "to create exciting things with the simplest of means," and concluded: "This is a stylized space adapted for performance."[7]

Fabric as a design element is also a feature of a set design by Moser for Georges Courteline's one-actor *Er und Sie* [Afraid to Fight] for the Jung-Wiener Theater. (fig. 3)[8] Here, Moser staggered two curtains behind one another, thereby producing a space with a dreamlike, ethereal quality. Most architectural elements were ephemeral, painted onto the drapes. Other furniture stood in front—and already complied with the puristic arts and crafts style that Moser would soon practice at the Wiener Werkstätte. However, this stylized stage decoration could not be executed.[9] Thus this simple but ingenious idea to create novel stage decorations eluded a potentially more far-reaching impact.

RETURN TO THE THEATER (1907–1909)

The world was not yet ready for such radical designs. And so a hiatus emerges in Koloman Moser's work for the theater.[10] A time when he focuses his energy on the Wiener Werkstätte, which was founded in 1903. Only with his departure from the company does he once again have time to dedicate to this subject. In 1907 the opportunity arises for him to work with Hermann Bahr, then a dramaturge and director at Max Reinhardt's stages in Berlin. Consequently, starting in the summer, the two men worked on a staging of Friedrich Hebbel's tragedy *Genoveva*. Detailed discussions also took place at the beginning of the 1907/08 season.[11] Although Bahr had hoped in early October to have Moser's decorations carried out "with some simplifications,"[12] his scenography did not materialize. The complexity of remodeling on the revolving stage was probably too great for Reinhardt's chaotic company. Moser's design also appears not to have been very compatible with Bahr's intentions at the time, because while he sought to achieve a Symbolist theater, Moser had reverted to a more Realistic depiction as "we are surely too serious to kid around with the Hebbel."[13] Moser's purely stylized stage no longer exists here; the historical ambience of *Genoveva* is enforced with sprinklings of Secessionism (fig. 4). The designs rely on surface effect and ornament. Here Moser the craftsman has won through.[14]

In Vienna Koloman Moser picked up where he had left off some five years previously: dance. He designed several dance costumes for the legendary Cabaret Fledermaus, which opened in October 1907, that are sadly not documented.[15] First for Gertrude Barrison in February 1908, and finally in January 1909 for the "Young and Moyse ladies, 'The Fledermäuse.'"[16]

It is roughly at this time that Koloman Moser corresponds with the composer Julius Bittner about their first collaboration on the dance piece *Der Mantel der Liebe* [The Mantle of Love], which was supposed to be performed at the second Kunstschau in 1909. Nowhere is Moser named as being involved in this production, yet correspondence proves that he was at least partly responsible for it.[17] Their next joint

6 Only a few weeks before the presentation of his stylized stage, several variations on the characteristic square pattern that go beyond the scope of the checkerboard had been published by Moser for the first time as book decoration for Arno Holz's drama fragment *Die Blechschmiede* in the September edition of the magazine *Ver Sacrum*. Cf. Holz, Arno, "Die Blechschmiede," in: *Ver Sacrum* (4) 18/19 1901, 297–330.

7 L. H. [Ludwig Hevesi], "Jung-Wiener Theater zum lieben Augustin," in: *Pester Lloyd*, 18 Nov 1901, evening paper, 2.

8 Cf. a newspaper report according to which the "Augustin" had acquired the performance rights in August 1901. Cf. *Neues Wiener Tagblatt* 25 Aug 1901, 8.

9 As early as late November, the "Augustin" closed again. The last verifiable performance took place on 23 Nov 1901. Cf. playbill of the Theater an der Wien, 16–23 Nov 1901 resp. 24 Nov 1901 ff., Vienna, Theatermuseum, Library, 403693-C Th 1901.

10 In 1903 the only opportunity to arise for Moser was a collaboration on a central theater managed by Hermann Bahr in which Max Reinhardt, Alfred Roller, and Otto Wagner were also involved. Yet this project was never brought to fruition, either. Branches were planned in Berlin, Vienna, Munich, Hamburg, and later Salzburg. Cf. Csáky, Moriz (ed.), *Hermann Bahr: Tagebücher, Skizzenbücher, Notizhefte*, vol. 4: 1904–1905, Vienna/Cologne/Weimar 2000, 340 f.

11 Cf. Csáky, Moriz (ed.), *Hermann Bahr: Tagebücher, Skizzenbücher, Notizhefte*, vol. 5: 1906–1908, Vienna/Cologne/Weimar 2003, 291.

12 Ibid., 294.

13 Koloman Moser to Hermann Bahr, undat. letter, Vienna, Theatermuseum, HS_AM21206Ba.

14 Stylistically, these designs represent the transition to later works, especially the opera scenography for Julius Bittner. Even though Moser's designs for *Genoveva* were not realized, they did reach a considerable audience, bearing in mind he exhibited them twice: at the Kunstschau in Vienna in 1908 and the exhibition *Moderne Theaterkunst* (Modern Theater Art) in Mannheim in 1913. At the Mannheim exhibition, Moser's designs for Hebbel's *Herodes und Mariamne* were also displayed, which had been produced for the stylized stage of Cologne's Schauspielhaus according to the catalog; however, they were never realized there. Indeed, the scenographer Hans Wildermann was entrusted with the set design for a performance in November 1907.

15 Cf. P. A. [Peter Altenberg], untitled, in: *Wiener Allgemeine Zeitung* 4 Feb 1908, 2–3: 2, as well as *Neues Wiener Journal* 8 Feb 1909, 15.

16 *Neues Wiener Journal* 8 Feb 1908, 15.

17 Franke/Ifkovits 2018 (see note 1), 42: Koloman Moser to Julius Bittner, undat. [1909], copy, private archive.

das auf der zweiten Kunstschau 1909 aufgeführt werden sollte. Auch wenn Moser nirgends als Beteiligter an dieser Produktion genannt wird, weisen ihn Korrespondenzen zumindest als Mitverantwortlichen aus.[17] Der Entstehungsprozess des nächsten gemeinsamen Projektes, *Schmetterling und blaue Rose*, verlief ähnlich. Moser kam mit einer inhaltlichen Idee, vielleicht sogar einem Text, und Bittner steuerte die Musik bei. Diese zweite von Moser ausgestattete Tanzpantomime erlebte Ende Dezember 1909 ihre Uraufführung im Berliner Passage-Theater.

MUSIKTHEATER (1910–1913)

Mit den Entwürfen für Bittners *Der Musikant* treten Mosers Theaterarbeiten in eine neue Phase. Mit großem Engagement wendet er sich Ende des Jahres 1909 der Oper zu. Dabei entwickelte er (zusammen mit Bittner) eine bestimmte Vorstellung vom Zusammenwirken der verschiedenen beteiligten Künste. Im Zentrum steht bei seinen Überlegungen das „Bühnenwerk" und wie Dichtung, Musik und Malerei dafür „angewendet" werden.[18] Historischer oder naturnaher Realismus seien dabei zu vernachlässigen.[19]

Der erste Akt der Oper *Der Musikant* zeigt in einer geräumigen Innenansicht die Gaststube der Unterkunft der Musikanten. Moser lässt durch Farbakzente in Blau, Gelb- und Rosatönen eine Sonnenuntergangsstimmung erahnen (Abb. 5). Diese Lichtstimmung war für Moser von zentraler Bedeutung: „Denn wie die Sonne, scheidend, das Spiel des ersten Aktes einleitet, so schließt das Stück mit den ersten Strahlen ihrer Wiederkehr."[20] Der zweite Akt zeigt daher einen ländlichen Gasthof in Außenansicht, im Mondschein mit Sternenhimmel. Die Kostüme wiederum dienten Moser in *Der Musikant* zur Charakterisierung der Figuren. Die Hauptfigur Wolfgang Schönbichler trägt ein schlichtes, etwas schäbiges, aber sauberes Gewand. Die italienische Sängerin Violetta zeigt sich in einem schwarz-weiß gestreiften Rock, der sie von den anderen Musikern abhebt, und vor allem von der Geigerin Friederike in ihrem hellblauen, mädchenhaften Kleid. Wolfgangs Konkurrent um die Gunst Violettas, Graf Uttensperg, präsentiert sich als herrschaftliche Erscheinung zunächst in blau-rotem Gewand und zum dramatischen Höhepunkt in rot-schwarzem.

Bei der nächsten Zusammenarbeit mit Bittner intensivierte sich Mosers Auseinandersetzung mit dem Werk und der vom Verfasser intendierten Wirkung. Führt man sich den Umfang und die Ausführlichkeit des vorliegenden Materials zur Oper *Der Bergsee* vor Augen, ist man versucht, Mosers „Untertauchen"[21] in *Der Bergsee* fast schon als Obsession zu interpretieren. Er schuf für dieses Werk sechs Bühnenbildentwürfe, drei einzelne Kostümfigurinen für die Hauptfiguren sowie sechs Blätter mit den Kostümen der Nebenfiguren. Diese erschienen 1911 noch vor der Uraufführung in dieser Ausführlichkeit als Mappenwerk, mit ausführlichen Anmerkungen Mosers für „die Verwirklichung der Szenenbilderentwürfe" und „die Spielleitung".[22] Alle Bühnenbildentwürfe im Mappenwerk sind zudem mit Bildunterschriften versehen, die auf den Takt genau die von Moser intendierten Lichtwechsel und weitere Effekte vorschreiben.[23] Moser interessierte sich hier vor allem auch für die Inszenierung. Mit der Herausgabe des Mappenwerks wollten Bittner und Moser, ähnlich wie

17 Franke/Ifkovits 2018 (s. Anm. 1), 42: Koloman Moser an Julius Bittner, o. Dat. [1909], Kopie, Privatarchiv.

18 Koloman Moser an Julius Bittner, o. Dat. [1911], Kopie, Privatarchiv.

19 Moser, Koloman, „Bühnenbilder u. Kostüm-Entwürfe zu ‚Der Musikant'", in: *Deutsche Kunst und Dekoration* (14) 27 1910/11, 388–392: 388 f.

20 Ebd., 392.

21 Koloman Moser an Hermann Bahr, 4.8.1911, Wien, Theatermuseum, HS_AM21217Ba.

22 Koloman Moser, „Anmerkungen für die Verwirklichung der Szenenbilderentwürfe, Anmerkungen für die Spielleitung", in: Bittner, Julius, *Der Bergsee. Entwürfe und Erläuterungen zu den Bühnenbildern von Koloman Moser*, Mappenwerk, Berlin 1911, Blatt XV–XVII.

23 Ebd., Blatt I–VI.

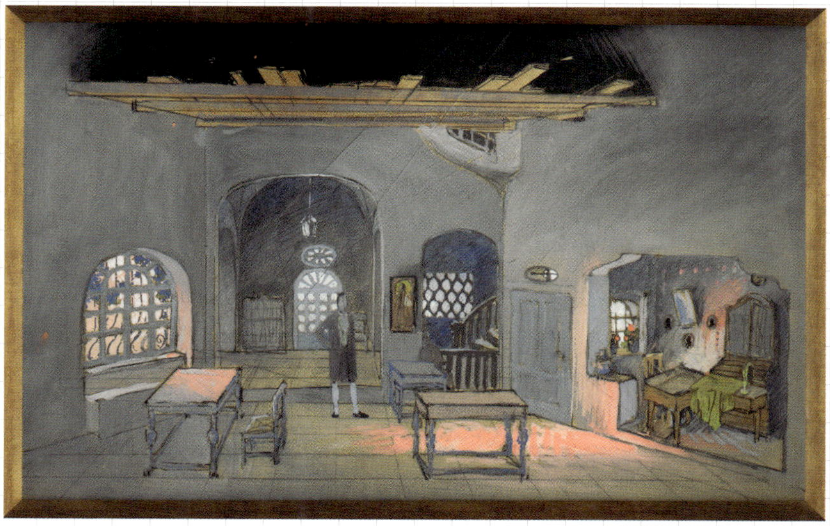

5

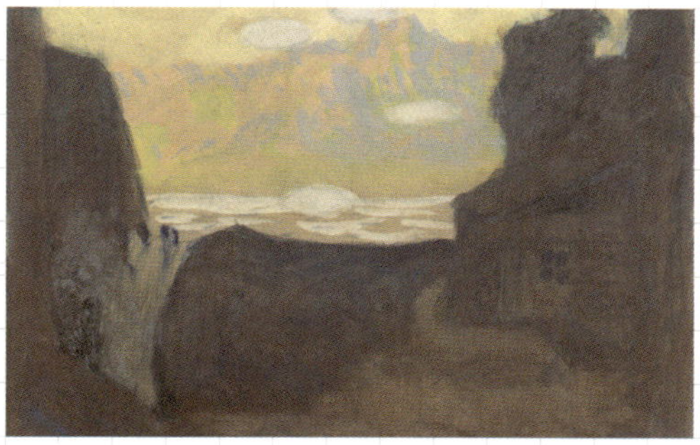

6

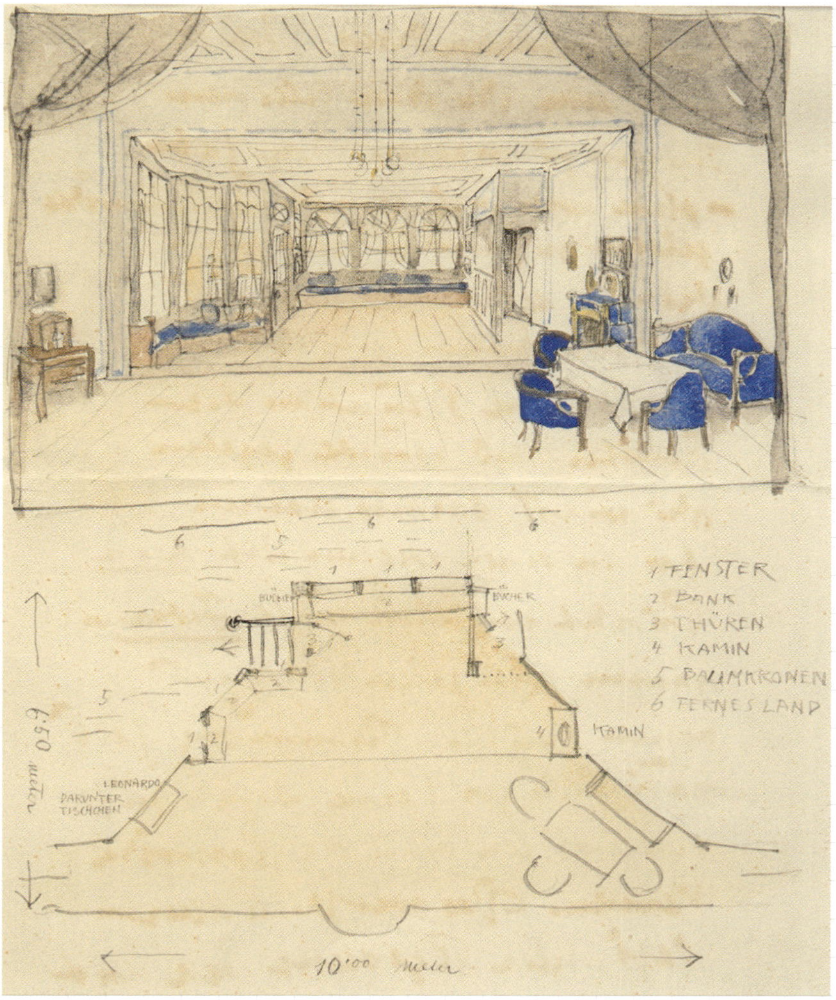

7

5 Bühnenbildentwurf zu *Der Musikant* von Julius Bittner, Wien, 1910
Stage design for [The Musician] by Julius Bittner, Vienna, 1910
Privatbesitz Private collection

6 Bühnenbildentwurf zu *Der Bergsee* von Julius Bittner, Wien, 1911
Stage design for [The Mountain Lake] by Julius Bittner, Vienna, 1911
Theatermuseum, Wien Vienna

7 Bühnenbildentwurf mit Grundriss zu *Das Prinzip* von Hermann Bahr, Wien, undatiert [um 1912]
Stage design with floor plan for [The Principle] by Hermann Bahr, Vienna, undated [ca. 1912]
Theatermuseum, Wien Vienna

Richard Strauss und Alfred Roller mit jenem zu *Der Rosenkavalier*, ihre idealtypische Ausstattung an allen Bühnen, die das Werk zur Aufführung bringen wollten, durchsetzen.

Der Entwurf für das Vorspiel zeigt die Festung Hohensalzburg zunächst bei Nacht, dann setzt der Anbruch der Morgendämmerung eine ganze Reihe von Beleuchtungsveränderungen in Gang. Die Bühnenbilder zum ersten und zweiten Akt zeigen dann den titelgebenden Bergsee, die Landschaft präsentiert sich imposant, aber idyllisch. Auch für den Verlauf dieser Akte sind Änderungen der Lichtstimmung geplant. Die größte Finsternis ist erreicht, wenn die aufständischen Bauern beschließen, gegen die Truppen des Fürstbischofs zu ziehen. Helligkeit tritt erst wieder ein, nachdem die Fischersfrau Gundula am Ende des zweiten Akts durch das Öffnen der Klause alle im Tal ertränkt und sich selbst hinterherstürzt. Es bleibt nur noch die menschenleere Natur (Abb. 6). In den folgenden Jahren schuf Moser weitere Entwürfe für Opernwerke Julius Bittners, die allerdings alle im Projektstadium verblieben sind.[24]

SPRECHTHEATER (1912–1915)

Koloman Mosers Engagement als Bühnenbildner für das Sprechtheater kam über das Stadium innovativer Ideen und ambitionierter Entwürfe kaum hinaus. Innerhalb relativ kurzer Zeit, zwischen 1911 und 1914, lieferte Moser szenische Entwürfe zu drei Schauspielen von Hermann Bahr: *Das Prinzip*, *Das Phantom* sowie *Der muntere Seifensieder*. Es fand sich allerdings keine Bühne, die diese umsetzte, aber sie wurden den publizierten Texten beigegeben und erreichten so zumindest ein Lesepublikum.[25] Bild und Text entwickelten sich stets in gegenseitigem Austausch miteinander. Für Bahr war Moser Motor und Ansporn: „Mit einer Zeichnung von ihm vor Augen dichtet sich tausend Mal so gut."[26]

Den beiden Konversationsstücken *Das Prinzip* und *Das Phantom* sowie dem „Schwank aus der deutschen Mobilmachung" *Der muntere Seifensieder* gibt Moser eine realistische Ausstattung, die dem allgemeinen Publikumsgeschmack entgegenkommt, da man sich inzwischen vom Secessionismus abgewandt hatte. Andererseits konnte er mittels des Interieurs in gewisser Weise eine Brücke zu seiner kunsthandwerklichen Phase schlagen. Die vorhandenen Entwürfe zu *Das Prinzip* fielen weniger „secessionistisch" als in der gedruckten Fassung aus (Abb. 7). Im endgültigen Entwurf finden sich sowohl in den Bodenkacheln wie in der Lampe Parallelen zu Mosers Arbeiten zur Wiener Werkstätte. Das Interieur nimmt in diesen Entwürfen überhaupt eine prominente Position ein – es scheint, als ob sich Moser von Realien anregen ließ. So erinnert eines der Zimmer in *Das Phantom* auffallend an jenes von Bahr in Salzburg. Die hohen Balkontüren, die Lampen sowie vor allem die Sitzgelegenheiten finden sich im Entwurf wieder.

Bei sämtlichen Entwürfen legte Moser großen Wert auf die Durchlässigkeit zum dahinterliegenden Raum. Der Wohnsalon in *Das Phantom* ist mit dem in *Das Prinzip* vergleichbar. Doch anstelle frontaler Fenster sind drei Bücherregale platziert. Bahr hätte eine Fensterlösung bevorzugt, doch Moser argumentiert: „Betrachtest du einen

24 Zu nennen sind *Der Abenteurer* (1913), *Das ewige Weib* (1913) sowie *Das höllisch Gold* (1916). In die Reihe der Arbeiten für die Opernbühne gehören zudem Mosers Entwürfe für Hans Pfitzners *Der arme Heinrich* und seine zeichnerisch ausgearbeiteten Überlegungen zum Auftritt der Rheintöchter in Richard Wagners *Rheingold*.

25 Bahr, Hermann, *Das Prinzip*, Lustspiel mit zwei Dekorationsskizzen und zwei Bühnenplänen von Koloman Moser, Berlin 1912; Ders., *Das Phantom*, Komödie in drei Akten, mit Dekorationsskizzen von Koloman Moser, Berlin 1913; Ders., *Der muntere Seifensieder. Ein Schwank aus der deutschen Mobilmachung*, Berlin 1914.

26 Koloman Moser an Hermann Bahr, 22.4.1913, Wien, Theatermuseum, Inv.-Nr.: HS_AM 44889Ba.

project, *Schmetterling und blaue Rose* [Butterfly and Blue Rose], developed similarly. Moser supplied an idea for the story, perhaps even a text, and Bittner contributed the music. This second dance pantomime with a set design by Moser had its premiere at Berlin's Passage-Theater in late December 1909.

MUSICAL THEATER (1910–1913)

Moser's designs for Bittner's *Der Musikant* [The Musician] mark a new period in his work for the theater. It is with great dedication that he turns his hand to opera in late 1909. In the process, he develops (together with Bittner) a specific notion of how the various arts involved should work together. Central to his reflections is the "piece for the stage" and how poetry, music, and painting are "applied" to it.[18] Here, Historical or naturalistic Realism are to be disregarded.[19]

The first act of the opera *Der Musikant* shows a spacious interior view of the restaurant at the musician's lodgings. Moser suggests the atmosphere of a sunset by using accents of blue alongside yellow and pale pink tones (fig. 5). This lighting effect was of central importance for Moser: "Because just as the sun, departing, introduces the first act, so the play ends with the first rays of it returning."[20] Consequently, the second act shows a rural inn from the outside, in the moonlight and with a starry sky. In turn, the costumes in *Der Musikant* give information about the characters. The protagonist, Wolfgang Schönbichler, wears simple, slightly shabby but clean clothes. The Italian singer Violetta is dressed in a black-and-white striped skirt that makes her stand out from the other musicians, especially the violinist Friederike in her light blue, girlish dress. Wolfgang's rival for Violetta's affection, Count Uttensperg, has a lordly appearance, at first in blue and red clothes and, at the dramatic climax, in red and black.

During his next collaboration with Bittner, Moser's exploration of the work and the composer's intended effect intensified. Considering the breadth and the detail of the surviving material on the opera *Der Bergsee* [The Mountain Lake], it is tempting to interpret Moser's "immersion"[21] in *Der Bergsee* as verging on the obsessive. For this piece, he created six set designs, three individual costumes for the main characters, as well as six folios bearing the costumes of the supporting characters. These were published in this detail as a portfolio in 1911—even before the premiere—with detailed notes by Moser for "the realization of the scenery designs" and "the theater director."[22] All set designs in the portfolio are additionally furnished with captions, which precisely stipulate the changes in light and other effects envisioned by Moser.[23] In this project, Moser was interested above all in staging. With the publication of the portfolio, Bittner and Moser—similar to Richard Strauss and Alfred Roller with theirs on *Der Rosenkavalier* [The Knight of the Rose]—wanted to enforce their ideal scenography on all theaters that wanted to host a performance of the piece.

The design for the prelude first shows the Hohensalzburg Castle at night, then daybreak sets in motion a whole series of changes in lighting. The sets for the first and second act then show the eponymous mountain lake (*Der Bergsee*);

18 "Bühnenwerk," "angewendet." Koloman Moser to Julius Bittner, undat. [1911], copy, private archive.

19 Moser, Koloman, "Bühnenbilder u. Kostüm-Entwürfe zu 'Der Musikant,'" in: *Deutsche Kunst und Dekoration* (14) 27 1910/11, 388–392: 388 f.

20 Ibid., 392.

21 "Untertauchen." Koloman Moser to Hermann Bahr, 4 Aug 1911, Vienna, Theatermuseum, HS_AM21217Ba.

22 Koloman Moser, "Anmerkungen für die Verwirklichung der Szenenbilderentwürfe, Anmerkungen für die Spielleitung," in: Bittner, Julius, *Der Bergsee. Entwürfe und Erläuterungen zu den Bühnenbildern von Koloman Moser*, portfolio, Berlin 1911, folios XV–XVII.

23 Ibid., folios I–VI.

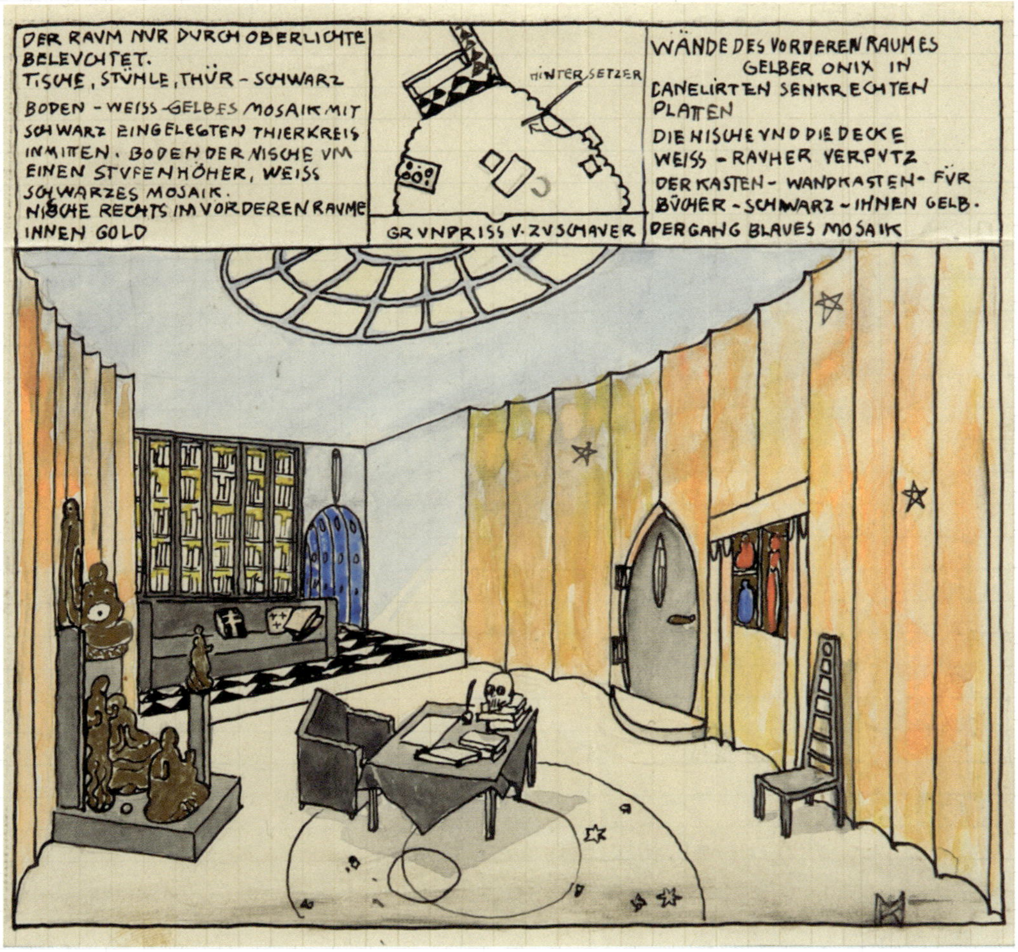

8

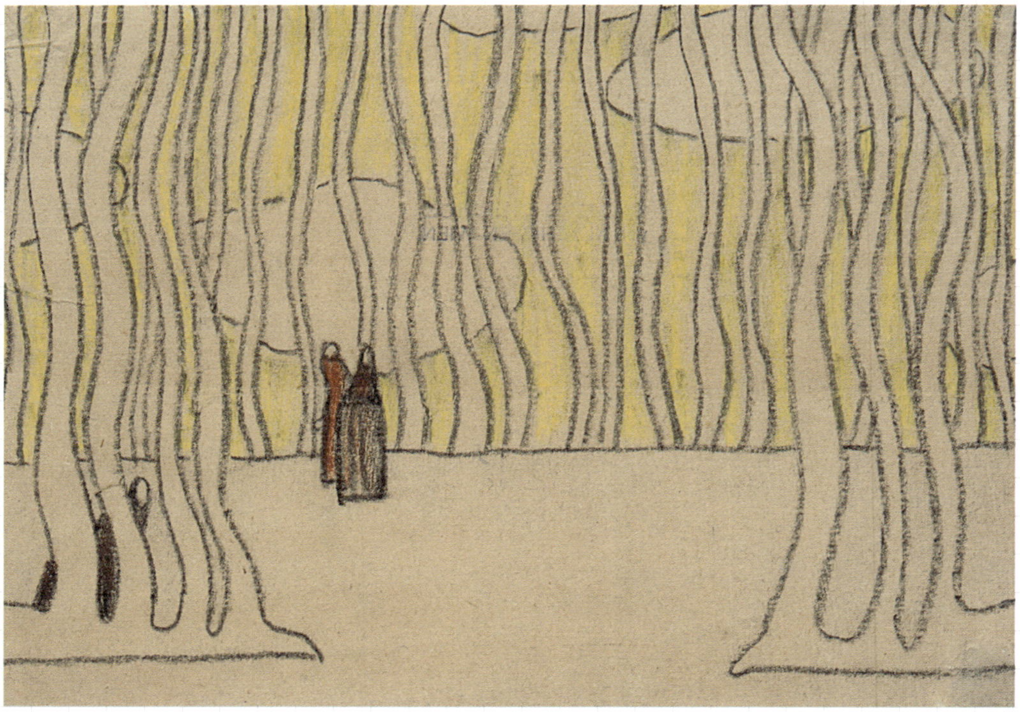

9

8 Bühnenbildentwürfe zu *Das Phantom* von Hermann Bahr, undatiert [um 1913]
Stage designs for [The Phantom] by Hermann Bahr, undated [ca. 1913]
Theatermuseum, Wien Vienna

9 Abstrakter Bühnenbildentwurf, undatiert [um 1913–1916]
Abstract stage design, undated [ca. 1913–1916]
Theatermuseum, Wien Vienna

the landscape is presented as imposing but idyllic. Changes in lighting are also planned for throughout these acts. The greatest darkness is achieved when the insurgent peasants decide to take up arms against the prince-bishop's troops. Light only reappears at the end of the second act after the fisherman's wife Gundula has drowned everyone in the valley by opening the defile and then thrown herself in after them. All that remains is nature, completely devoid of humans (fig. 6). In the following years, Moser created other designs for operatic works by Julius Bittner; however, all of them remained in the project stage.[24]

SPOKEN THEATER (1912–1915)

Koloman Moser's involvement as a scenographer for the spoken theater barely went beyond the stage of innovative ideas and ambitious designs. Within a relatively short space of time, between 1911 and 1914, Moser delivered set designs for three plays by Hermann Bahr: *Das Prinzip* [The Principle], *Das Phantom* [The Phantom], and *Der muntere Seifensieder* [The Spirited Soap Maker]. However, no theater could be found to stage them; nevertheless, they were included in the printed version of the text and hence at least reached the readership.[25] Image and text always developed in close dialogue with one another. For Bahr Moser was both a stimulus and incentive: "With a drawing by him in front of me, it's a thousand times easier to write."[26]

The two comedies of manners *Das Prinzip* and *Das Phantom* as well as the "farce based on German mobilization" *Der muntere Seifensieder* are given a realistic set design by Moser that accommodates the taste of the general public—he had turned away from Secessionism in the meantime. On the other hand, he was able to build a kind of bridge to his arts and crafts phase using the interior. The surviving designs for *Das Prinzip* came out less "Secessionistic" than in the printed version (fig. 7). In the final design there are parallels in both the floor tiles and the lamp to Moser's work for the Wiener Werkstätte. The interior generally occupies a prominent position in these designs—it seems as though Moser was inspired by real life. For example, one of the rooms in *Das Phantom* is remarkably reminiscent of one of Bahr's in Salzburg. The high balcony doors, the lamps, and above all the seats reappear in this design.

In all his designs, Moser attached great importance to a permeable division between the set and the space behind it. The salon in *Das Phantom* can be compared to that in *Das Prinzip*. Yet the windows at the front have been replaced by three bookcases. Bahr would have preferred a solution using windows, but Moser argues: "If you look at a room against a window, everything is dark against it, all the figures are silhouettes; surely you don't want that; even if that's the way it would be done on stage."[27] The possibilities presented by stage lighting were always of particular concern to Moser. Of *Der muntere Seifensieder*, he wrote: "the lighting technicians should have their hands full."[28] Even the library in *Das Phantom* features unusual lighting effects, which produce an uncanny atmosphere that is further emphasized by the distorted room and by the props. With its oval door with pointed gables and the pentagrams as well as the circle of stars on the floor, etc., the stylistic mix in the interior can

24 Worth mention are *Der Abenteurer* [The Adventurer] (1913), *Das ewige Weib* [The Eternal Woman] (1913), as well as *Das höllisch Gold* [The Infernal Gold] (1916). To the series of works for the operatic stage can be added Moser's designs for Hans Pfitzner's *Der arme Heinrich* and his graphically executed considerations for the appearance of the Rhine daughters in Richard Wagner's *Rheingold*.

25 Bahr, Hermann, *Das Prinzip*, comedy with two decorative sketches and two stage plans by Koloman Moser, Berlin 1912; id., *Das Phantom*, comedy in three acts, with decorative sketches by Koloman Moser, Berlin 1913; id., *Der muntere Seifensieder. Ein Schwank aus der deutschen Mobilmachung* [The Spirited Soap Maker. A Farce Based on German Mobilization], Berlin 1914.

26 Koloman Moser to Hermann Bahr, 22 Apr 1913, Vienna, Theatermuseum, inv. no.: HS_AM 44889Ba.

27 Koloman Moser to Hermann Bahr, 25 Feb 1913, Vienna, Theatermuseum, inv. no.: HS_AM21215Ba.

28 Koloman Moser to Hermann Bahr, 1 Sep 1914, Vienna, Theatermuseum, inv. no.: HS_AM21239Ba.

Raum gegen ein Fenster so ist alles dunkel dagegen, alle Figuren Silhuetten; das willst du doch nicht; auch wenn man es auf der Bühne machen würde."[27] Die Möglichkeiten des Bühnenlichtes waren Moser stets ein besonderes Anliegen. Bezüglich *Der muntere Seifensieder* schrieb er: „der Beleuchter sollte alle Hände voll zu thun bekommen."[28] Auch die Bibliothek in *Das Phantom* weist ungewohnte Lichteffekte auf, die eine unheimliche Stimmung erzeugen, was durch den aus dem rechten Winkel geratenen Raum und die Requisiten noch unterstrichen wird. Der fast schon als postmodern zu bezeichnende Stilmix des Interieurs mit der oval-spitzgiebeligen Tür und den Pentagrammen sowie der Sternenkreis am Boden etc. antizipiert in einer gewissen Weise spätere Filmsets des expressionistischen Films. Jugendstil trifft Esoterik (Abb. 8).

Mosers letzte Arbeiten für das Sprechtheater entstanden für das Wiener Residenztheater. Im September 1915 wurde Ludvig Holbergs Schauspiel *Jeppe vom Berge oder Der verwandelte Bauer* in der Ausstattung von Koloman Moser eröffnet.[29]

AUFBRUCH ZU NEUEN WEGEN?

Schließlich gibt es noch eine Serie von elf farbigen Bühnenbildentwürfen, die sich keinem Theaterprojekt zuordnen lassen, und die sich durch ihren außergewöhnlichen Stil von allen anderen bisher behandelten Entwürfen absetzen. Sie zeigen zum einen relativ abstrakte monumentale Architekturen, zum anderen in den organischen Formen sehr stilisierte Landschaften (Abb. 9). Das Größenverhältnis von Figuren und Bühnenbild lässt auf eine sehr große Bühne schließen. Die angedeuteten Handlungsorte suggerieren einen mythologischen oder historischen Inhalt. Speziell bei den architektonischen Entwürfen lassen sich deutlich Anknüpfungspunkte an die Werke mehrerer anderer innovativer Bühnenbildner dieser Zeit finden – wie Adolph Appia, Edward Gordon Craig, Alfred Roller oder Remigius Geyling –, mit deren Schaffen Koloman Moser durch Ausstellungen und Publikationen, entsprechende Aufführungen und sogar persönliche Bekanntschaft vertraut war. Es ist davon auszugehen, dass es sich bei dieser Serie um freie Theaterarbeiten Mosers handelt – Versuche im Sinne einer idealen räumlichen Aufteilung des Bühnenbilds mit abstrahiert andeutenden architektonischen und landschaftlichen Elementen. Die innovative Form- und Farbgebung machen sie zu den spannendsten und ästhetisch anspruchsvollsten seiner Theaterarbeiten.

27 Koloman Moser an Hermann Bahr, 25.2.1913, Wien, Theatermuseum, Inv.-Nr.: HS_AM21215Ba.

28 Koloman Moser an Hermann Bahr, 1.9.1914, Wien, Theatermuseum, Inv.-Nr.: HS_AM21239Ba.

29 Auch seine Entwürfe zu Eduard von Bauernfelds Lustspiel *Das Liebes-Protokoll* entstanden wohl im Rahmen seiner Tätigkeit für diese Bühne.

almost be called Postmodern; to a certain extent, it anticipates later movie sets from the age of Expressionist film. Art Nouveau meets esotericism (fig. 8).

Moser's last work for spoken theater was created for Vienna's Residenztheater. In September 1915 Ludvig Holberg's play *Jeppe of the Hill or The Transformed Peasant* opened with scenography by Koloman Moser.[29]

MOVING ON TO PASTURES NEW?

Finally, there is also a series of eleven color set designs that cannot be attributed to any theater project and that are unlike all other designs discussed thus far on account of their highly unusual style. On the one hand, they show relatively abstract and monumental architecture, on the other very stylized landscapes in the organic forms (fig. 9). The proportion of figures to scenery indicates a single, very large stage. The implied scenes of the drama suggest a mythological or historical story. Especially among the architectural designs, obvious links to the works of several other innovative scenographers of this period can be identified—such as Adolph Appia, Edward Gordon Craig, Alfred Roller, and Remigius Geyling—with whose creative work Koloman Moser was familiar thanks to exhibitions and publications, performances, and even personal acquaintance. It can be assumed that this series amounts to freelance theater work by Moser—attempts at creating an ideal spatial division of the set design with architectural and landscape elements verging on the abstract. Their innovative shapes and color schemes make them some of the most enthralling and aesthetically ambitious of all his work for the theater.

29 His designs for Eduard von Bauernfeld's comedy *Das Liebes-Protokoll* [The Love Protocol] were probably also created while he was working for this theater.

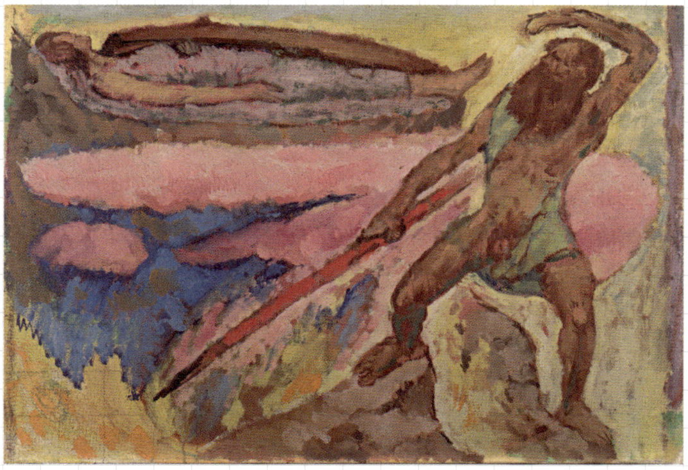

10

10 ***Wotan und Brünnhilde***, um 1916
Wotan and Brünnhilde, ca. 1916
Leopold Museum, Wien Vienna

DIE MODERNE IM RÜCKSPIEGEL
MÖBELHAFTE REMINISZENZEN AN „WIEN 1900"

SEBASTIAN HACKENSCHMIDT

11

„Ein Werk ist nur modern, wenn es zuvor postmodern war. So gesehen bedeutet der Postmodernismus nicht das Ende des Modernismus, sondern dessen Geburt, dessen permanente Geburt."[1]

POSTMODERNES RE-DESIGN: FÜR EINE KRITISCHE REFLEKTION DER MODERNE

Zu Beginn der 1960er Jahre kombinierte der Architekt Hermann Czech verschiedene Entwürfe von Josef Hoffmann für die Möblierung des gemeinsam mit Wolfgang Mistelbauer und Reinald Nohàl konzipierten Restaurants Ballhaus in Wien – auf eine Weise, wie sie Hoffmann selbst nie vorgenommen hätte. Die Bestuhlung für das Lokal, dessen Gewölbe mit Hoffmanns Tapete *Leipzig* aus dem Jahr 1913 ausgekleidet war, basierte auf Reproduktionen eines von Hoffmann 1929 für die Villa Dr. Lengyel in Pressburg (Bratislava) entworfenen Speisezimmersessels, die mit einem unbenannten Dekorstoff von Hoffmann von 1907 bezogen waren (Abb. 1).[2] Nach Einschätzung des Architekten Friedrich Kurrent war dies das erste Anzeichen für einen „Postmodernismus *avant la lettre*".[3]

Es ist in der Tat erstaunlich, dass zu Beginn der 1960er Jahre in Wien eine Entwurfsstrategie beobachtet werden kann, die bereits deutliche Anzeichen des Postmodernismus aufweist und damit das stilistisch mehrfach kodierte und semantisch komplexe Möbeldesign vorwegzunehmen scheint, das für die 1970er und 1980er Jahre kennzeichnend werden sollte. Denn neben vielen plakativen, banalen und bisweilen gar brachial anmutenden Beispielen einer eklektizistischen Stilvielfalt, denen das Phänomen der Postmoderne seinen zwiespältigen Ruf verdankt, traten seinerzeit vielfach auch analytisch-kritische Ansätze zutage, die sich durch ein differenziertes Bewusstsein für historische Repräsentations- und Stilformen, lokale Traditionen und gewachsene Kontexte sowie ein hintergründiges und teils humorvoll-ironisches Spiel mit den Codes, Symbolen und Ornamenten zwischen Hoch- und Popkultur auszeichneten.[4] Als charakteristisches Beispiel könnte hier etwa die Möblierung aufgeführt werden, die der Architekt Adolf Krischanitz Mitte der 1980er Jahre im Zuge der Renovierung des Wiener Secessionsgebäudes von Joseph Maria Olbrich entwarf und die anspielungsreich auf den Kontext Wien um 1900 verwies. Aus der Revision und Rekombination verschiedener „Vorbilder" von Otto Wagner, Josef Hoffmann und Marcel Kammerer entstanden dabei praktikable und konkreten Verwendungszwecken angepasste Gebrauchsmöbel, die sich nicht in einem modisch-zitathaften Umgang mit den modernen „Klassikern" erschöpften, sondern aus einer fundierten Auseinandersetzung mit der Wiener Möbelgeschichte resultierten und der lokalen Tradition der Bugholzmöbel neue Impulse verliehen (Abb. 2).[5]

1 Lyotard, Jean-François (1982), „Beantwortung der Frage: Was ist postmodern?", in: Engelmann, Peter (Hg.), *Postmoderne und Dekonstruktion. Texte französischer Philosophen der Gegenwart*, Stuttgart 1990, 33–48: 45.

2 Czech hatte den Stoff seinerzeit bei der Firma Backhausen nachproduzieren lassen und durch verschiedene Farbstellungen auf die unterschiedliche Farbigkeit der Tapeten in den drei Räumen des Restaurants abgestimmt. Der Titel *Zick-Zack* für den ursprünglich nur unter der Entwurfsnummer 6643 produzierten Kammgarnstoff wurde indes erst im Zuge einer – gleichfalls farblich adaptierten – Hoffmann-Kollektion in den 1980er Jahren vergeben.

3 Vgl. Kurrent, Friedrich (2007), „Wolfgang Mistelbauer", in: Ders., *Aufrufe, Zurufe, Nachrufe*, hg. von der Österreichischen Gesellschaft für Architektur, Salzburg/Wien 2010, 178–182: 179. Vgl. auch Kurrent, Friedrich (2006), „Hermann Czech 70", in: Ders., *Einige Projekte, Architekturtexte und dergleichen*, Salzburg/Wien 2016, 43–47: 43.

4 Vgl. etwa Jencks, Charles, *Die Sprache der postmodernen Architektur. Die Entstehung einer alternativen Tradition*, 2. Aufl., Stuttgart 1980, bes. 133 ff. Vgl. auch ders., *Was ist Postmoderne?* (1986), Zürich/München 1990, 20 f.

5 Vgl. Hackenschmidt, Sebastian, „Zwischen den Stühlen. Zu den Möbeln von Adolf Krischanitz", in: Köb, Edelbert (Hg.), *Adolf Krischanitz. Das Inventar ist das Ergebnis der Inventur*, Wien 2016, 51–90.

MODERNISM IN THE REARVIEW MIRROR
FURNITURE MATTERS WITH RESPECT TO "VIENNA 1900"

SEBASTIAN HACKENSCHMIDT

> "A work can become modern only if it is first postmodern. Postmodernism thus understood is not modernism at its end but in the nascent state, and this state is constant."[1]

POSTMODERN REDESIGN: FOR A CRITICAL REFLECTION OF MODERNISM

In the early 1960s the architect Hermann Czech combined various designs by Josef Hoffmann for the furnishings of his Ballhaus restaurant in Vienna—jointly formulated with Wolfgang Mistelbauer and Reinald Nohàl—in a manner of which Hoffmann himself would never have conceived. The seating for the restaurant, whose vault was lined with Hoffmann's wallpaper *Leipzig* from the year 1913, was based on reproductions of a dining room chair designed by Hoffmann in 1929 for the villa of Dr. Lengyel in Bratislava and was covered with an unnamed decorative fabric by Hoffmann from 1907 (fig. 1).[2] The architect Friedrich Kurrent judges this to have been the first indication of a "Postmodernism *avant la lettre*."[3]

It is indeed astounding that a design strategy can be observed in Vienna in the early 1960s that already exhibits clear indications of Postmodernism and hence appears to anticipate the stylistically manifold and semantically complex furniture design that would become characteristic of the 1970s and 1980s. Alongside many bold, banal, and at times even brutal examples of an eclectic stylistic diversity to which the phenomenon of Postmodernism owes its ambivalent reputation, multiple analytical and critical approaches also came to light at that time that featured a nuanced awareness of historical forms of representation and style, local traditions and evolved contexts as well as an enigmatic and partly humorously ironic liberty with the codes, symbols, and ornaments between high and pop culture.[4] One distinctive example is the furnishings designed by the architect Adolf Krischanitz in the mid-1980s in the course of renovating the Vienna Secession building by Joseph Maria Olbrich. Krischanitz's designs made many allusions to the context Vienna around 1900: by revising and recombining various "exemplars" by Otto Wagner, Josef Hoffmann, and Marcel Kammerer, the outcome was viable practical furniture adapted to the specific intended use that was not merely a fashionable quotation of the modern "classics," but rather resulted from a well-founded examination of the history of Viennese furniture and gave fresh impetus to the local tradition of bentwood furniture (fig. 2).[5]

With his restaurant furnishings in the early 1960s, Hermann Czech had likewise attempted neither to create a populist establishment in the spirit of Josef Hoffmann nor to nostalgically revel in the aesthetics of a former age; on the contrary, he sought to achieve a specific effect for which Hoffmann's designs seemed fitting.[6] While Czech borrowed the formal repertoire for his furniture from the stylist

1 Lyotard, Jean-François (1982), "Answering the Question: What is Postmodernism?", in: id., *The Postmodern Condition: A Report on Knowledge*, Minneapolis 1984, 79. Trans. Regis Durand.

2 Czech had had the fabric post-produced by the Backhausen company so that it would match the different coloring of the wallpapers in the three rooms of the restaurant by using alternative color combinations. The title *Zick-Zack* [Zigzag] for the worsted fabric originally only produced under the design number 6643 was only given to it in the course of a Hoffmann collection in the 1980s whose colors were likewise adapted.

3 Cf. Kurrent, Friedrich (2007), "Wolfgang Mistelbauer," in: id., *Aufrufe, Zurufe, Nachrufe*, ed. by the Österreichische Gesellschaft für Architektur, Salzburg/Vienna 2010, 178–182: 179. Cf. also Kurrent, Friedrich (2006), "Hermann Czech 70," in: id., *Einige Projekte, Architekturtexte und dergleichen*, Salzburg/Vienna 2016, 43–47: 43.

4 Cf. e.g., Jencks, Charles, *Die Sprache der postmodernen Architektur. Die Entstehung einer alternativen Tradition*, 2nd ed., Stuttgart 1980, esp. 133 ff. Cf. also id., *Was ist Postmoderne?* (1986), Zurich/Munich 1990, 20 f.

5 Cf. Hackenschmidt, Sebastian, "Zwischen den Stühlen. Zu den Möbeln von Adolf Krischanitz," in: Köb, Edelbert (ed.), *Adolf Krischanitz. Das Inventar ist das Ergebnis der Inventur*, Vienna 2016, 51–90.

6 Cf. Kuß, Eva, *Hermann Czech. Architekt in Wien*, Zurich 2018, 162 ff., esp. 166.

Auch Hermann Czech hatte mit seiner Restauranteinrichtung zu Beginn der 1960er Jahre weder versucht, ein populistisches Etablissement im Geiste Josef Hoffmanns zu gestalten noch nostalgisch in der Ästhetik einer vergangenen Zeit zu schwelgen; vielmehr ging es ihm darum, eine spezifische Wirkung zu erzielen, für die Hoffmanns Entwürfe brauchbar erschienen.[6] Während sich Czech die konkreten Formen für seine Möblierung bei dem Stilisten Hoffmann ausborgte, konnte er sich mit seinem konzeptuellen Ansatz – der sich auch als ein vorweggenommenes „Re-Design" beschreiben ließe[7] – zugleich auf Architekten wie Adolf Loos und Josef Frank berufen, deren kritisch-reflektierende Gestaltungsansätze vorhandene Traditionen aufnahmen, abwandelten und aktualisierten, wenn sie ihnen für ein anwendungsbezogenes Projekt geeignet erschienen. Loos und Frank agierten damit grundsätzlich anders als secessionistische Architekten, Raumkünstler und Kunsthandwerker wie Hoffmann oder Koloman Moser, die Modernität vor allem durch die Erfindung eines völlig neuen Formenrepertoires zu erreichen suchten. Loos griff für seine Möblierungen beispielsweise des Öfteren auf englische Chippendale-Stühle und einfache Bugholzmöbel zurück, die er meist nur geringfügig abzuwandeln brauchte, um sie den inhaltlichen Ansprüchen der Moderne anzupassen (Abb. 3). Dabei ging es ihm nicht allein darum, sich möglichst komfortabel und den tatsächlichen Lebensbedürfnissen entsprechend einzurichten, sondern auch darum, einer stilistischen Bevormundung entgegenzutreten. In diesem Sinne bediente sich später auch Frank – dessen äußerst pragmatische „Design"-Auffassung in der Ansicht gipfelte, man könne *„alles verwenden, was man verwenden kann"*[8] – bei seinen Entwürfen an altägyptischen Stabkonstruktionen, griechischen Klismos-Stühlen, chinesischen Stilelementen und englischen Sitzmöbeln des 18. Jahrhunderts ebenso wie an der Möbeltradition des Biedermeier oder den Erzeugnissen der Shaker und der Arts & Crafts-Bewegung (Abb. 4). Franks Umgang mit den konstruktiven, formalen und materialästhetischen Elementen der (Möbel-)Geschichte lag eine kulturkritische Auffassung von Modernität zugrunde, die sich in den späten 1920er und frühen 1930er Jahren ganz explizit gegen den „organisierten guten Geschmack" verwehrte, der im Umfeld von Bauhaus, Werkbund und internationalem Stil propagiert wurde.[9] Im Unterschied zu diesen systematischen und radikalen Ansätzen, die ihre Wurzeln kappen und die Fundamente des Lebens von Grund auf neu gestalten wollten, vertrat Frank als Architekt und Designer eine Moderne, die fähig war, ihre eigenen Voraussetzungen zu reflektieren und Selbstkritik zu üben[10] – was nicht zuletzt in dem geradezu protopostmodernen Gedanken zum Ausdruck kam, dass „unsere Zeit [...] die ganze uns bekannte historische Zeit" sei; dies allein könne die „Grundlage moderner Baukunst" sein.[11]

Franks selbstreflexive, „modernekritische" Haltung ist auch darum bemerkenswert, weil in ihr bereits Verfahrensweisen angelegt zu sein scheinen, die erst nach dem Zweiten Weltkrieg wirklich zum Tragen kamen. So lässt seine Forderung, das Kitschige und Triviale – also Elemente der Volks- und Populärkunst – in die Gestaltung miteinzubeziehen, an Überlegungen denken, die das Architekten-Ehepaar Alison und Peter Smithson seit den 1950er Jahren entwickelte. In seinem Buch *Architektur als Symbol* hatte Frank 1931 geschrieben: „Wer heute Lebendiges schaffen will, der muss all das aufnehmen, was heute lebt. Den ganzen Geist der Zeit, samt ihrer Sentimentalität und ihren Übertreibungen, samt ihren Geschmacklosigkeiten, die aber doch wenigstens lebendig sind."[12] Durchaus vergleichbar

6 Vgl. Kuß, Eva, *Hermann Czech. Architekt in Wien*, Zürich 2018, 162 ff., insbes. 166.

7 Der Begriff wird vor allem mit dem italienischen Designer Alessandro Mendini in Verbindung gebracht, der seine Neuinterpretationen von Designklassikern um 1980 als Re-Designs bezeichnete. Vgl. auch Klapsing, Daniel, *Forschung durch Redesign. Originalität und Redesign von Autorenprodukten am Beispiel des Zeichentischgestells von Egon Eiermann*, Tübingen/Berlin 2017.

8 Frank, Josef (1927), „Der Gschnas fürs G'müt und der Gschnas als Problem", in: Bojankin, Tano/Long, Christopher/Meder, Iris (Hg.), *Josef Frank: Schriften in zwei Bänden*, Wien 2012, Bd. 1: *Veröffentlichte Schriften von 1910 bis 1930*, 288–298: 298.

9 Vgl. Frank, Josef (1931), „Architektur als Symbol. Elemente deutschen neuen Bauens", in: Bojankin/Long/Meder (Hg.) 2012, Bd. 2: *Veröffentlichte Schriften von 1931 bis 1965*, 9–190: 164.

10 Vgl. Czech, Hermann, „Selbstkritik der Moderne", in: Becker, Annette/Steiner, Dietmar/Wang, Wilfried (Hg.), *Architektur im 20. Jahrhundert: Österreich*, München/New York 1995, 114–119.

11 Vgl. Frank (1931) 2012 (s. Anm. 9), 160.

12 Ebd., 166.

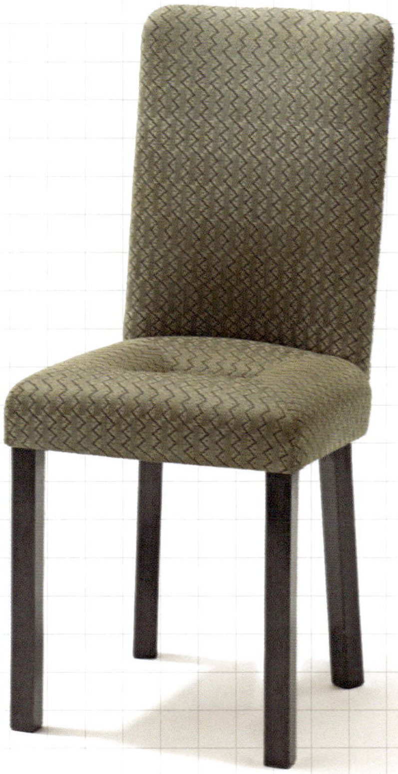

1

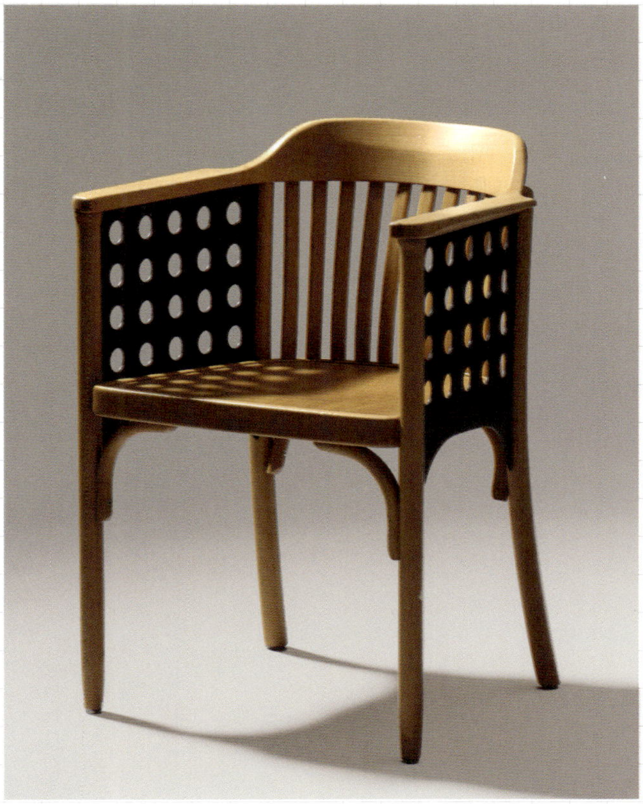

2

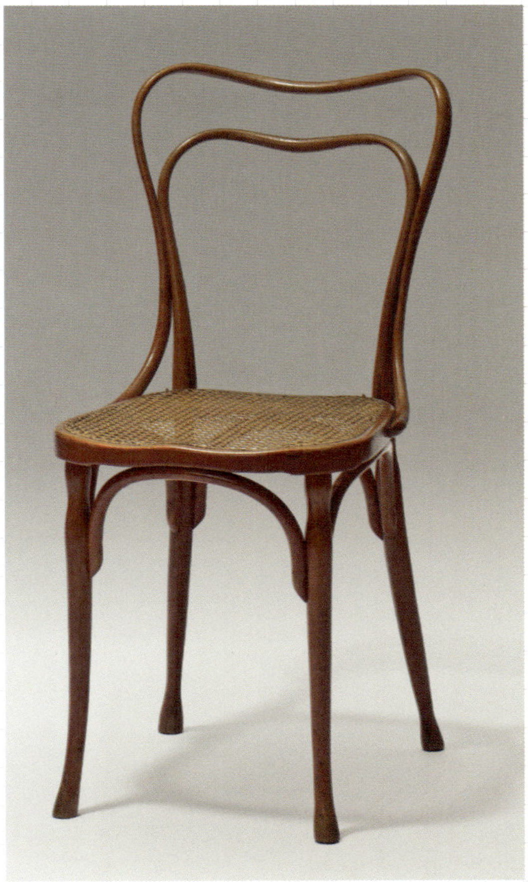

3

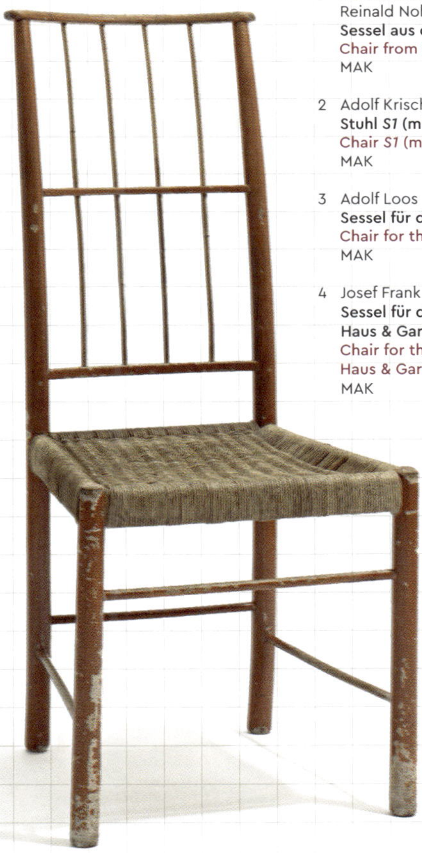

4

1 Hermann Czech, Wolfgang Mistelbauer, Reinald Nohàl
Sessel aus dem Restaurant Ballhaus, 1961
Chair from the Ballhaus restaurant, 1961
MAK

2 Adolf Krischanitz
Stuhl *S1* (m04, Serie Secession), 1986
Chair *S1* (m04, Secession series), 1986
MAK

3 Adolf Loos
Sessel für das Café Museum, 1906
Chair for the Café Museum, 1906
MAK

4 Josef Frank
Sessel für das Einrichtungsunternehmen Haus & Garten, um 1925
Chair for the furnishing company Haus & Garten, ca. 1925
MAK

äußerten sich die Smithsons über ihre Strategie, unter Berücksichtigung vorgefundener Elemente und Kontexte eine „as found"-Ästhetik für die Nachkriegszeit zu entwickeln:

> „Als wir uns um 1950 das Ziel setzten, die Architektur neu zu durchdenken, verstanden wir unter dem *as found* nicht nur anstoßende Gebäude, sondern vielmehr alle die Zeichen, die an einem Ort erinnerungswürdig sind, und die man im Bemühen lesen musste herauszufinden, wie das vorhandene gebaute Gefüge des Ortes zu dem geworden war, was es war. [...] So war das *as found* ein neuer Blick auf das Gewöhnliche, eine Offenheit für den Effekt, dass ganz prosaische Dinge unsere Einbildungskraft neu beleben können. Es gestattete uns eine ungeschminkte Wahrnehmung dessen, was diese Nachkriegswelt in Tat und Wahrheit war. In einer Gesellschaft, die nichts besaß. Man griff nach dem, was da war, Gegenstände, auf die man zuvor nicht gekommen wäre..."[13]

Die Aufmerksamkeit der Smithsons für das Vorgefundene und bereits Vorhandene und ihre Bereitschaft, die Spuren größerer kontextueller Zusammenhänge aufzunehmen, lag „in der Erfahrung begründet, dass man gerade auf diesem Weg zu neuen Erkenntnissen und ‚Formen' kommt"[14]. Im Sinne einer Rückbesinnung auf bereits erprobte Lösungen steht eine Sensibilität für das „as found" auch heute wieder hoch im Kurs – etwa wenn die Designerin Hella Jongerius und die Designkritikerin Louise Schouwenberg in ihrem 2015 gemeinsam verfassten Manifest „Beyond the New" feierlich verkünden: „Es ist von Nutzen, das Vorhandene immer wieder neu zu untersuchen, Archive zu durchforsten und Klassiker zu studieren."[15] Das soll wohl heißen: Wenn nicht alle Gegenstände des täglichen Lebens dem modischen Diktat permanenter Neugestaltung unterliegen, dann lässt sich herausfinden, welche zu erschließenden Potenziale in Materialien, Mustern, Formen und Funktionen auch nach der ersten Verwendung noch in den Dingen liegen – daraus kann dann ebenso gut „Neues" entstehen. „Unser heutiges Leben", meinte Frank seinerzeit jedenfalls, sei „reich genug, vieles übernehmen zu können, das wir nur gewohnt sind, wenn es auch aus einer früheren Entwicklungsperiode stammt."[16]

HUNDERT JAHRE JAHRHUNDERTWENDE: „WIEN 1900" IN DER POSTPRODUKTION

Bis heute stellt das Kulturleben in Wien um 1900 eine Inspirationsquelle für Neuinterpretationen im Bereich von Kunst und Design dar: Die Wiener Moderne mit ihren berühmten ProtagonistInnen steht für eine Zeit, als Wien das Zentrum einschneidender kultureller, wissenschaftlicher und gesellschaftspolitischer Entwicklungen war und in der nicht zuletzt auch das Kunstgewerbe im Umfeld der Wiener Werkstätte eine Vorreiterrolle einnahm. Bei den jüngeren – also bereits im 21. Jahrhundert – entstandenen Repliken auf das „Design" der Zeit um 1900 steht indes nicht mehr länger der Gebrauchswert der Möbel im Mittelpunkt. Es handelt sich vielmehr um möbelhafte (Kunst-)Objekte, die Bedeutung vor allem als Ausstellungsexponate oder Sammlungsgegenstände erlangen und deren zeichenhafter Tausch- und Mehrwert

13 Smithson, Alison und Peter (1990), „‚Wie gefunden' und ‚gefunden'", in: Lichtenstein, Claude/Schregenberger, Thomas (Hg.), *As Found. Die Entdeckung des Gewöhnlichen. Britische Architektur und Kunst der 50er Jahre*, Zürich 2001, 40–45.

14 Lichtenstein, Claude/Schregenberger, Thomas, „As Found", in: Lichtenstein/Schregenberger (Hg.) 2001, 8–19: 9.

15 Online unter www.designindaba.com/sites/default/files/node/news/19835/files/beyond-new-manifest-embargo-until-april-10th-2015.pdf [14.8.2018]. Dt. Übersetzung von Claudia Fuchs.

16 Frank (1927) 2012 (s. Anm. 8), 296–298.

Hoffmann, with his conceptual approach—which could be described as anticipating "redesign"[7]—he could at the same time invoke architects like Adolf Loos and Josef Frank, whose critically reflective design approaches incorporated, modified, and updated existing traditions if they were deemed appropriate for an applied project. Loos and Frank hence acted in a fundamentally different way than Secessionist architects, interior designers, and artisans like Hoffmann or Koloman Moser, who aimed to achieve modernity primarily by inventing an entirely new formal repertoire. For his furnishings, for example, Loos frequently drew on English Chippendale chairs and simple bentwood furniture, which he only needed to alter slightly in order to adapt them to the demands of Modernism in regard to comfort and functionality (fig. 3). In doing so, he was not solely seeking to deliver furnishings in the easiest way possible in line with the actual necessities of life but also to challenge the stylistic paternalism of the decorators. In this sense Frank, too—whose extremely pragmatic understanding of design culminated in the opinion that "*One can use everything that can be used*"[8]—later employed in his designs old Egyptian pole constructions, Greek klismos chairs, Chinese stylistic elements, and 18th-century English seating as well as the Biedermeier furniture tradition and the products of the Shakers and the Arts & Crafts movement (fig. 4). Underlying Frank's approach to constructive, formal, and materially aesthetic elements of (furniture) history was a culturally critical notion of modernity that quite explicitly rejected the "organized good taste" of the late 1920s and early 1930s, which was propagated in the context of the Bauhaus, Werkbund, and the International Style.[9] Unlike these systematic and radical approaches that wanted to cut themselves off from their roots and to redesign life's foundations from the ground up, as an architect and designer Frank advocated a Modernism that was capable of reflecting its own requirements and practicing self-criticism[10]—this idea was not least expressed in the well-nigh proto-Postmodern thought that "our time is all of history, as it is known to us"; this alone can be "the basis of modern architecture."[11]

Frank's self-reflective attitude with its criticism of Modernism is also remarkable because in it methods already appear to be inherent that only really took effect after the Second World War. For example, his insistence on including the kitschy and trivial—in other words elements of folk and popular art—in design is reminiscent of the considerations developed by the architect couple Alison and Peter Smithson from the 1950s. In his book *Architecture as Symbol*, Frank had written in 1931: "Anyone today who wants to make something vital must include everything that lives today. The entire spirit of the time, along with all its sentimentality and its excesses, along with all its tastelessness, which at least have life."[12] It was in a comparable way that the Smithsons expressed their strategy for developing an "as found" aesthetic for the postwar era that would allow for existing elements and contexts:

> "Setting ourselves the task of rethinking architecture in the early 1950s, we meant by the 'as found' not only adjacent buildings but all those marks that constitute remembrancers in a place and that are to be read through finding out how the existing built fabric of the place had come to be as it was. [...] Thus the 'as found' was a new seeing of the ordinary, an openness as to how prosaic 'things' could re-energise our inventive activity. A confronting recognition of what the postwar

7 The term is primarily associated with the Italian designer Alessandro Mendini, who called his reinterpretations of design classics around 1980 "redesigns." Cf. also Klapsing, Daniel, *Forschung durch Redesign. Originalität und Redesign von Autorenprodukten am Beispiel des Zeichentischgestells von Egon Eiermann*, Tübingen/Berlin 2017.

8 Frank, Josef (1927), "Frippery for the Soul and Frippery as a Problem," in: Bojankin, Tano/Long, Christopher/Meder, Iris (eds.), *Josef Frank: Writings in Two Volumes*, Vienna 2012, vol. 1: *Published Writings from 1910 to 1930*, 289–299: 297–299. Trans. Christopher Long.

9 Cf. Frank, Josef (1931), "Architecture as Symbol: Elements of the German New Building," in: Bojankin/Long/Meder (eds.) 2012, vol. 2: *Published Writings from 1931 to 1965*, 9–191: 164. Trans. John Sands.

10 Cf. Czech, Hermann, "Selbstkritik der Moderne," in: Becker, Annette/Steiner, Dietmar/Wang, Wilfried (eds.), *Architektur im 20. Jahrhundert: Österreich*, Munich/New York 1995, 114–119.

11 Cf. Frank (1931) 2012 (see note 9), 161.

12 Ibid., 167.

in der Verwendung formaler Elemente liegt, die für „Wien 1900" charakteristisch erscheinen. Ob diese „Anspielungen" nun in Form eines Zitats, Pastiches oder einer Replik auftauchen, ob als Imitation, Appropriation oder als Simulakrum – die Bedeutung, die den „Vorbildern" von ArchitektInnen und RaumkünstlerInnen wie Otto Wagner, Adolf Loos, Josef Hoffmann, Koloman Moser oder Dagobert Peche bis heute zukommt, stellt gewissermaßen das konzeptuelle Startkapital dieser Produkte dar, die häufig als Einzelstücke von Museen beauftragt oder in Kleinserien von Galerien vertrieben werden. Hinsichtlich der „Ökonomie der Aufmerksamkeit" rangiert die Wiener Moderne im österreichischen Kulturbetrieb ganz weit oben.[17]

Der eigentliche „Verwendungszweck" solch möbelhafter Reminiszenzen an die Zeit der Jahrhundertwende scheint also vor allem den Bedürfnissen einer Kulturindustrie geschuldet zu sein, die sich auf die Vermarktung der Marke „Wien 1900" spezialisiert hat und vehement auf einer „Nachspielzeit" insistiert – es ist fast überflüssig, hier zu betonen, dass auch das MAK in Wien an diesem Sachverhalt einen entscheidenden Anteil hat. Dennoch steht bei diesen Arbeiten nicht das Nachahmen überkommener Formen und Typen im Vordergrund; vielmehr nähern sich die KünstlerInnen und DesignerInnen den historischen „Vorbildern" jeweils auf ganz eigene Art und Weise an, um ihre praktische, ästhetische, gesellschaftliche und kulturpolitische Relevanz für die Gegenwart zu überprüfen. Dieses fortgesetzte künstlerische Interesse an „Wien 1900" lässt sich mit einem Produktionsmodus der Kunst im Zeitalter der postindustriellen Informationsgesellschaften in Verbindung bringen, den der französische Kunsthistoriker Nicolas Bourriaud mit seinem 2002 erstmals erschienenen Buch *Postproduction* auf den Begriff gebracht hat. Vergleichbar mit der Nachbearbeitung audiovisueller Aufnahmen im Bereich von Film, Fernsehen und Video oder von Tonspuren im Bereich der Musik, hatten sich seit den 1990er Jahren viele KünstlerInnen vermehrt der Neuinterpretation und Neukontextualisierung bereits bestehender Werke gewidmet:

> „Diese KünstlerInnen, die ihre Arbeit in diejenige anderer einfügen, tragen dazu bei, die traditionelle Unterscheidung zwischen Produktion und Konsum, Schöpfung und Kopie sowie Readymade und originalem Werk aufzuheben. Das Material, dessen sie sich bedienen, ist nicht mehr ursprünglich."[18]

Es gehe den zeitgenössischen KünstlerInnen – so Bourriaud – nicht mehr unbedingt darum, grundlegend Neues zu schaffen, sondern bestehende Ansätze zu analysieren und weiterzuentwickeln:

> „Die künstlerische Frage lautet nicht länger: ‚Was können wir Neues machen?', sondern: ‚Wie können wir mit dem auskommen, was wir haben?' Mit anderen Worten: Wie können wir Einzigartigkeit und Bedeutung aus dieser chaotischen Masse von Objekten, Namen und Referenzen herstellen, die unser tägliches Leben ausmachen?"[19]

Mit entsprechenden Zielsetzungen werden auch in der Postproduktion von „Wien 1900" tradierte künstlerische Formen und Verfahren neu erprobt und wieder zurück ins Spiel beziehungsweise in den Diskurs gebracht. Ähnlich wie beim Sampling

17 Vgl. Franck, Georg, *Ökonomie der Aufmerksamkeit. Ein Entwurf*, München 1998.

18 Bourriaud, Nicolas, *Postproduction*, 3. Aufl., New York 2007, 13. Dt. Übersetzung von Claudia Fuchs.

19 Ebd., 17.

world was actually like. In a society that had nothing. You reached for what there was, previously unthought of things."[13]

The Smithsons' attention to the found as something preexistent and their willingness to incorporate the traces of larger contextual factors lay "in the experience that this path is precisely the one that leads to new insights and 'forms.'"[14] In accordance with the contemporary return to previously approved solutions, a sensitivity for the "as found" has now regained popularity—for example when the designer Hella Jongerius and the design critic Louise Schouwenberg solemnly declare in their jointly written manifesto "Beyond the New" from 2015: "There is value in continually re-examining what already exists, delving into the archives, poring over the classics."[15] What they probably mean by that is: if not all objects in everyday life have to be subjected to the fashionable dictate of permanent redesign, then it is possible to discover which as yet unexploited potentials in their materials, patterns, forms, and functions still reside in these things even after their initial use—and these in turn can then give rise to "new" concepts. Indeed, as Frank said: "Our contemporary life is rich enough to assimilate many things, to which we have grown accustomed, despite it having originated from an earlier period of development."[16]

A CENTENARIAN TURN OF THE CENTURY: "VIENNA 1900" IN POSTPRODUCTION

To this day the cultural life of Vienna around the turn of the century continues to be a source of inspiration for reinterpretations in the field of art and design: Viennese Modernism and its famous protagonists represent an age when Vienna was the center of far-reaching cultural, scientific, and sociopolitical developments and not least a time when arts and crafts took a leading role in the context of the Wiener Werkstätte. Among the more recent—i.e., 21st-century—replications of design from the period around 1900, however, the practical value of the furniture no longer takes center stage. Instead, it is a question of furniture-like (art) objects, which attain significance primarily as exhibition objects or collector's items and whose symbolic exchange and additional value lies in the use of formal elements that seem characteristic of "Vienna 1900." Whether these "allusions" emerge in the form of a quotation, pastiche, or replica, whether as an imitation, appropriation, or simulacrum—the importance that continues to be attached to the "role models" by architects and interior designers like Otto Wagner, Adolf Loos, Josef Hoffmann, Koloman Moser, and Dagobert Peche to a certain extent comprises the conceptual seed capital of these products, which are often commissioned as individual items by museums or sold in small-batch series by galleries. Regarding the "economy of attention" Viennese Modernism ranks at the very top of the Austrian creative economy.[17]

The actual "intended purpose" of such furniture-like reminiscences of the fin de siècle therefore seems to be predominantly accounted for by the needs of the culture industry, which has specialized in marketing the "Vienna 1900" brand and vehemently insists on "added time"—it is almost redundant to emphasize here that the MAK in Vienna also has an instrumental share in this state of affairs. Nevertheless, in these

13 Smithson, Alison and Peter (1990), "The 'As Found' and the 'Found,'" in: Robbins, David (ed.), *The Independent Group: Postwar Britain and the Aesthetics of Plenty*, exh. cat., Cambridge (MA)/London 1990, 201–202: 201.

14 Lichtenstein, Claude/Schregenberger, Thomas, "As Found," in: Lichtenstein/Schregenberger (eds.), *As Found. Die Entdeckung des Gewöhnlichen. Britische Architektur und Kunst der 50er Jahre*, Zurich 2001, 8–19: 8.

15 Available online at www.designindaba.com/sites/default/files/node/news/19835/files/beyond-new-manifest-embargo-until-april-10th-2015.pdf [14 Aug 2018].

16 Frank (1927) 2012 (see note 8), 297.

17 Cf. Franck, Georg, *Ökonomie der Aufmerksamkeit. Ein Entwurf*, Munich 1998.

5 Rosa Krenn
Zierschrank, 1912
Decorative cabinet, 1912
MAK

6 Mickry 3
Paraphrase auf den Kabinettschrank von Rosa Krenn, 2003
Paraphrase of Rosa Krenn's decorative cabinet, 2003
MAK

7 Koloman Moser
Kasten für das Sanatorium Westend in Purkersdorf, 1904
Cabinet for the Sanatorium Westend in Purkersdorf, 1904
MAK

8 Heimo Zobernig
Dreiteiliges Schrankobjekt ***HZ 2003–087***, 2003
Three-part cabinet object ***HZ 2003–087***, 2003
MAK

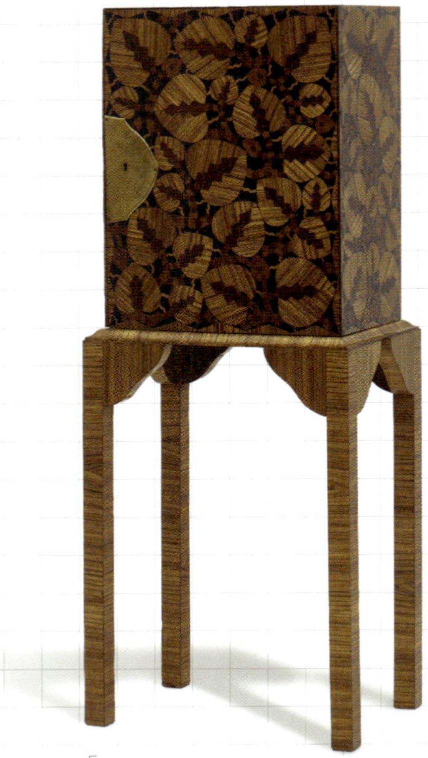

5

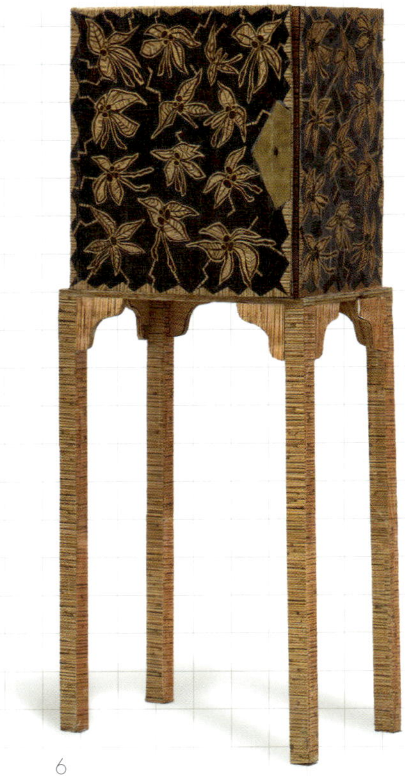

6

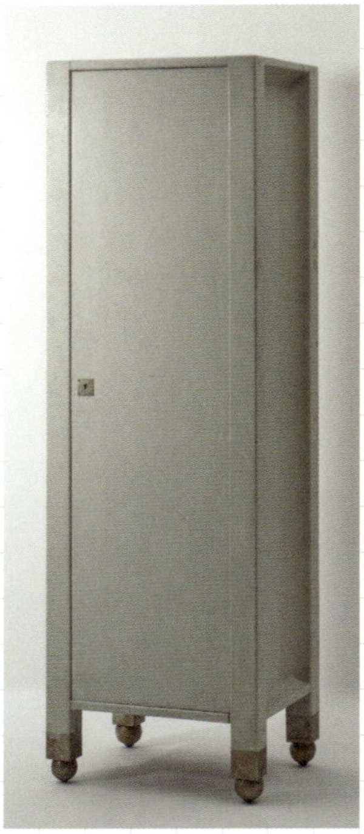

7

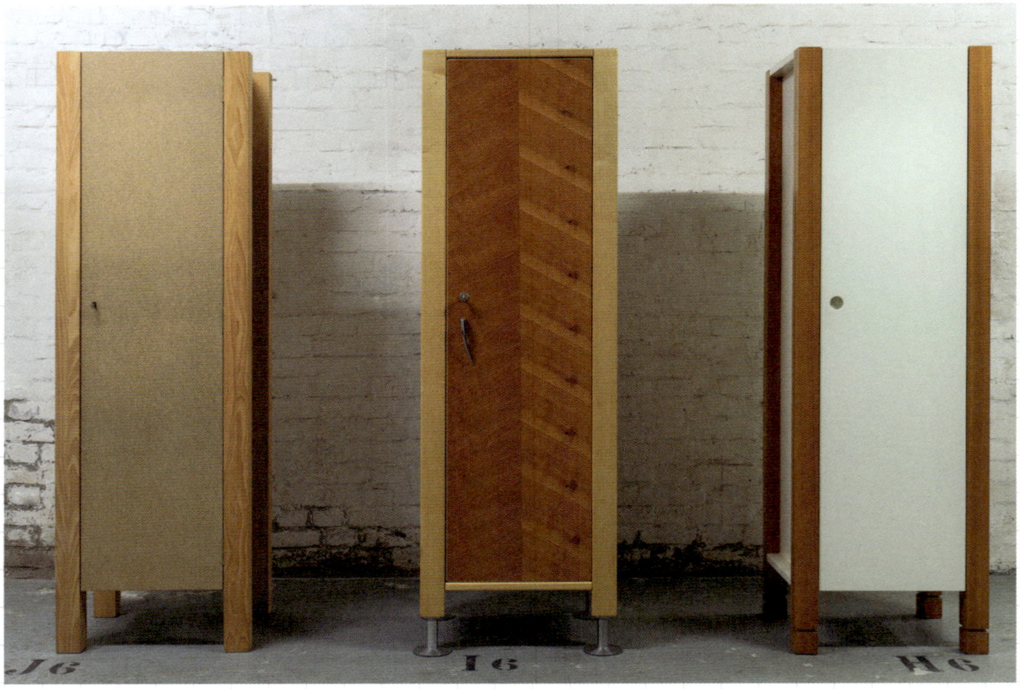

8

works it is not the imitation of inherited forms and types that is at the fore; rather, each of the artists and designers approaches the historical "role models" in their own, unique way to examine their practical, aesthetic, social, and cultural political relevance to the present day. A connection can be drawn between this continued artistic interest in "Vienna 1900" and a mode of artistic production during the age of postindustrial information societies, a concept that the French art historian Nicolas Bourriaud encapsulated in his book *Postproduction*, first published in 2002. Comparable to the postproduction of audiovisual recordings in the realm of film, television, and video or of audio recordings in the field of music, many artists have increasingly devoted themselves to reinterpreting and recontextualizing preexisting works since the 1990s:

> "These artists who insert their own work into that of others contribute to the eradication of the traditional distinction between production and consumption, creation and copy, readymade and original work. The material they manipulate is no longer primary."[18]

According to Bourriaud, contemporary artists are no longer necessarily interested in creating something fundamentally new, but rather are concerned with analyzing and evolving existing approaches:

> "The artistic question is no longer: 'what can we make that is new?' but 'how can we make do with what we have?' In other words, how can we produce singularity and meaning from this chaotic mass of objects, names, and references, that constitutes our daily life?"[19]

It is with comparable objectives that inherited artistic forms and practices are reexamined and brought back into play or rather into discussion in the postproduction of "Vienna 1900." Similar to sampling or remixing in contemporary pop music, established strategies are remixed and conventional production processes reprogrammed. The MAK has been able to incorporate some of these reinterpretations—ranging from playfully experimental approximations to critically analytical homages to humorously ironic dissociations—into its collection over the past two decades. In these works no small number of artists and designers has reacted to the museum's historic holdings in a very direct way: For instance, the artist group Mickry 3 (Christina Pfander, Dominique Vigne, Nina von Meiss), who recreated a decorative cabinet made by Josef Hoffmann's student Rosa Krenn in 1912—one of the rare pieces of furniture to be designed by a woman at the turn of the century—for their exhibition in the MAK DESIGN SPACE in 2003. However, the Swiss artists took an intentionally negligent approach, copying the elaborately and precisely worked exemplar as a cheap and perfunctorily painted piece of cardboard furniture, which they presented alongside other reproduced art and everyday objects in an "art supermarket" (fig. 5, 6).

Likewise in 2003 the artist Heimo Zobernig explored the topic "Vienna 1900" in terms of its furniture. His piece *HZ 2003-087* was created in the context of the show *Josef Hoffmann und die Wiener Werkstätte* at the Kunsthaus Zug in Switzerland; it comprises three copies after the exemplar of a single-doored cabinet from the

18 Bourriaud, Nicolas, *Postproduction*, 3rd ed., New York 2007, 13.

19 Ibid., 17.

oder Remix in der zeitgenössischen Popmusik werden bewährte Strategien neu abgemischt und herkömmliche Produktionsabläufe neu programmiert. Einige dieser Neuinterpretationen, deren Spannweite von spielerisch-experimentellen Annäherungen über analytisch-kritische Hommagen bis zu humorvoll-ironischen Distanzierungen reicht, konnte das MAK über die letzten zwei Jahrzehnte in seine Sammlung aufnehmen. Nicht wenige KünstlerInnen und DesignerInnen haben dabei ganz unmittelbar auf den historischen Sammlungsbestand des Museums reagiert – so etwa die Künstlerinnengruppe Mickry 3 (Christina Pfander, Dominique Vigne, Nina von Meiss), die für ihre Ausstellung im MAK DESIGN SPACE 2003 einen 1912 entstandenen Zierschrank der Josef-Hoffmann-Schülerin Rosa Krenn nachbauten, eines der seltenen von einer Frau entworfenen Möbelstücke aus der Zeit der Jahrhundertwende. Allerdings gingen die Schweizer Künstlerinnen bewusst nachlässig vor und kopierten das aufwendig und präzise gearbeitete Vorbild als billiges und oberflächlich bemaltes Kartonmöbel, das sie zusammen mit anderen nachgemachten Kunst- und Alltagsgegenständen in einem „Kunstsupermarkt" präsentierten (Abb. 5, 6).

Ebenfalls 2003 setzte sich auch der Künstler Heimo Zobernig möbelhaft mit „Wien 1900" auseinander. Seine Arbeit *HZ 2003–087* entstand im Rahmen der Schau *Josef Hoffmann und die Wiener Werkstätte* im Kunsthaus Zug in der Schweiz und besteht aus drei Kopien nach dem Vorbild eines eintürigen Schranks aus der Sammlung des MAK, den Koloman Moser 1904 für das Sanatorium Westend in Purkersdorf entworfen hatte (Abb. 7). Einen der drei Nachbauten führte Zobernig selbst aus, die anderen beiden wurden vom Tischlermeister des Schweizer Kantonalgefängnisses Glarus sowie von zwei dort inhaftierten Personen hergestellt (Abb. 8). Die drei Repliken dieses Konzeptkunstwerks unterscheiden sich in ihrer Ausführung nicht nur von Mosers schlichtem, weiß lackiertem „Anstaltsmöbel", sondern als „künstlerische" Interpretationen auch deutlich untereinander und unterlaufen auf diese Weise überkommene Vorstellungen von Urheberschaft, Stil und Originalität.

Eine weitere „Design-Ikone" der Jahrhundertwende wurde 2004 zu ihrem vermeintlichen 100. Geburtstag im MAK neu interpretiert: Unter dem Titel *KM_100. Ein erträgliches Massenmöbel* präsentierte die Designergruppe Copa (Alfred Burzler, Thomas Exner) in der Studiensammlung des Museums den – damals auf 1903/04 datierten – kubischen Fauteuil (Abb. 9), den Koloman Moser für die Korbwarenfabrik Prag-Rudniker entworfen hatte, als Plastikmöbel für die industrielle Massenproduktion (Abb. 10). Allerdings wurde Copas Kunststoff-Replik *KM_100* lediglich in einer Auflage von hundert Stück produziert – und entsprach damit der „limitierten" Verbreitung des Moser-Fauteuils, der in nur wenigen Exemplaren handgefertigt und unter anderem auch für die Ausstattung des Sanatoriums Westend in Purkersdorf verwendet worden war. Mosers erklärtes Ziel, die Erneuerung der Kunst auf Basis handwerklicher Gediegenheit vorzunehmen, erscheint hier als eine an den modernen Produktionsbedingungen und Konsumbedürfnissen gescheiterte Utopie, deren „Traumgebilde" heute vor allem den Begehrlichkeiten des zeitgenössischen Kunst- und Antiquitätenmarkts entsprechen.

Auch in jüngster Zeit konnte das MAK neue Werke, die auf „Wien 1900" rekurrieren, in seine Sammlung aufnehmen – wobei es sich vermehrt um Auftragsarbeiten

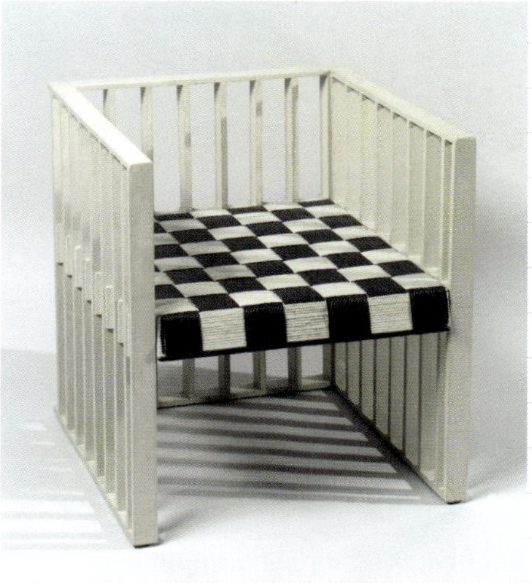

9

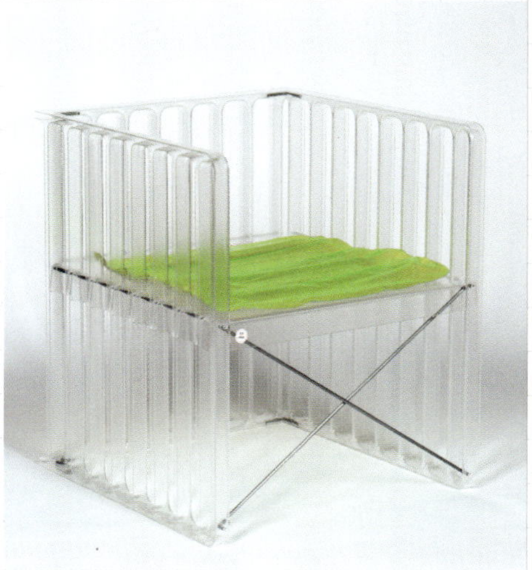

10

9 Koloman Moser
Armlehnsessel von Prag-Rudniker, um 1903
Armchair by Prag-Rudniker, ca. 1903
Leopold Museum, Wien Vienna

10 Copa
Armlehnsessel *KM_100*, 2003
Armchair *KM_100*, 2003
MAK

11 Dagobert Peche
Salonschrank, präsentiert auf der XLV. Secessionsausstellung, 1913
Salon cabinet, presented at the 45th Secession exhibition, 1913
MAK

12 Marco Dessí
Schrank *Dagobert Peche Revisited*, 2012
Cabinet *Dagobert Peche Revisited*, 2012
MAK

13 Patrick Rampelotto
Ruhebett *Josephine*, 2013
Daybed *Josephine*, 2013
MAK

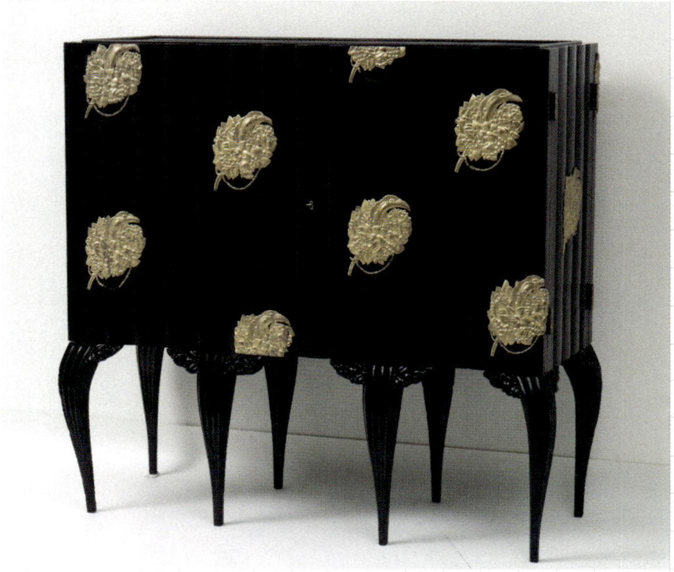

11

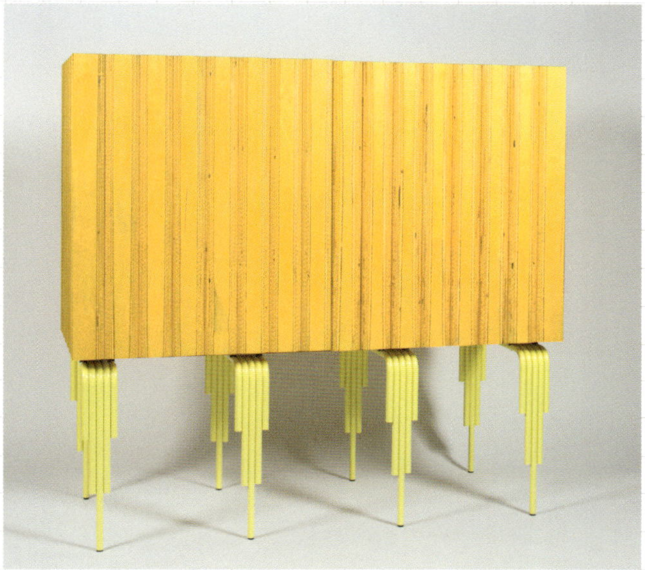

12

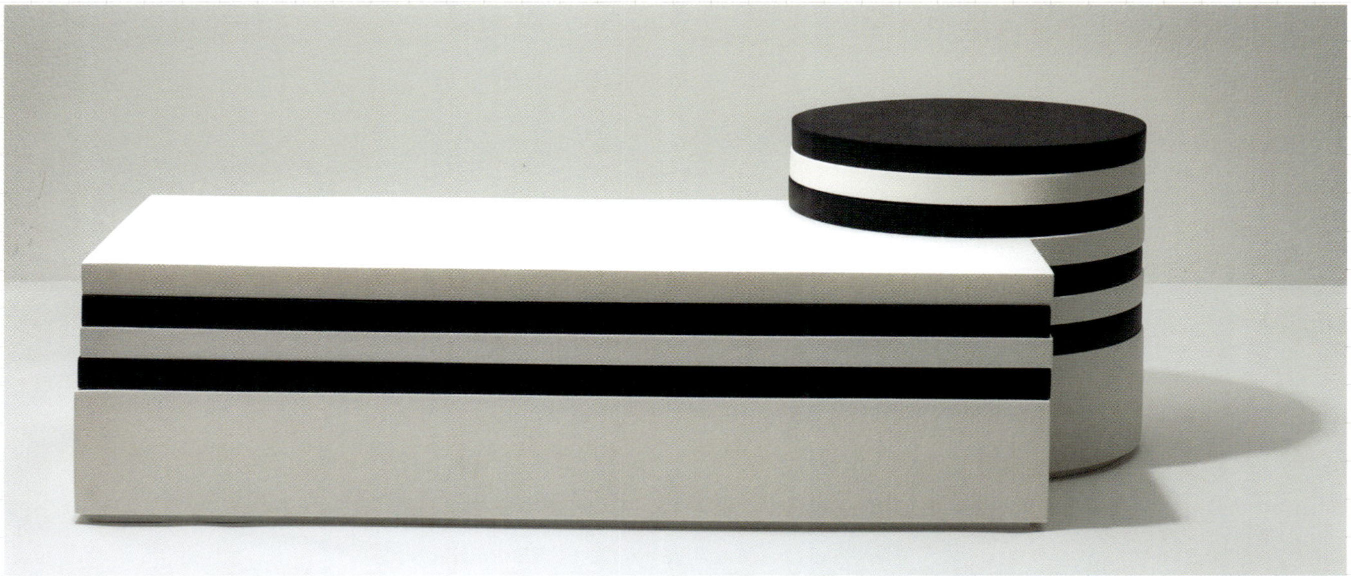

13

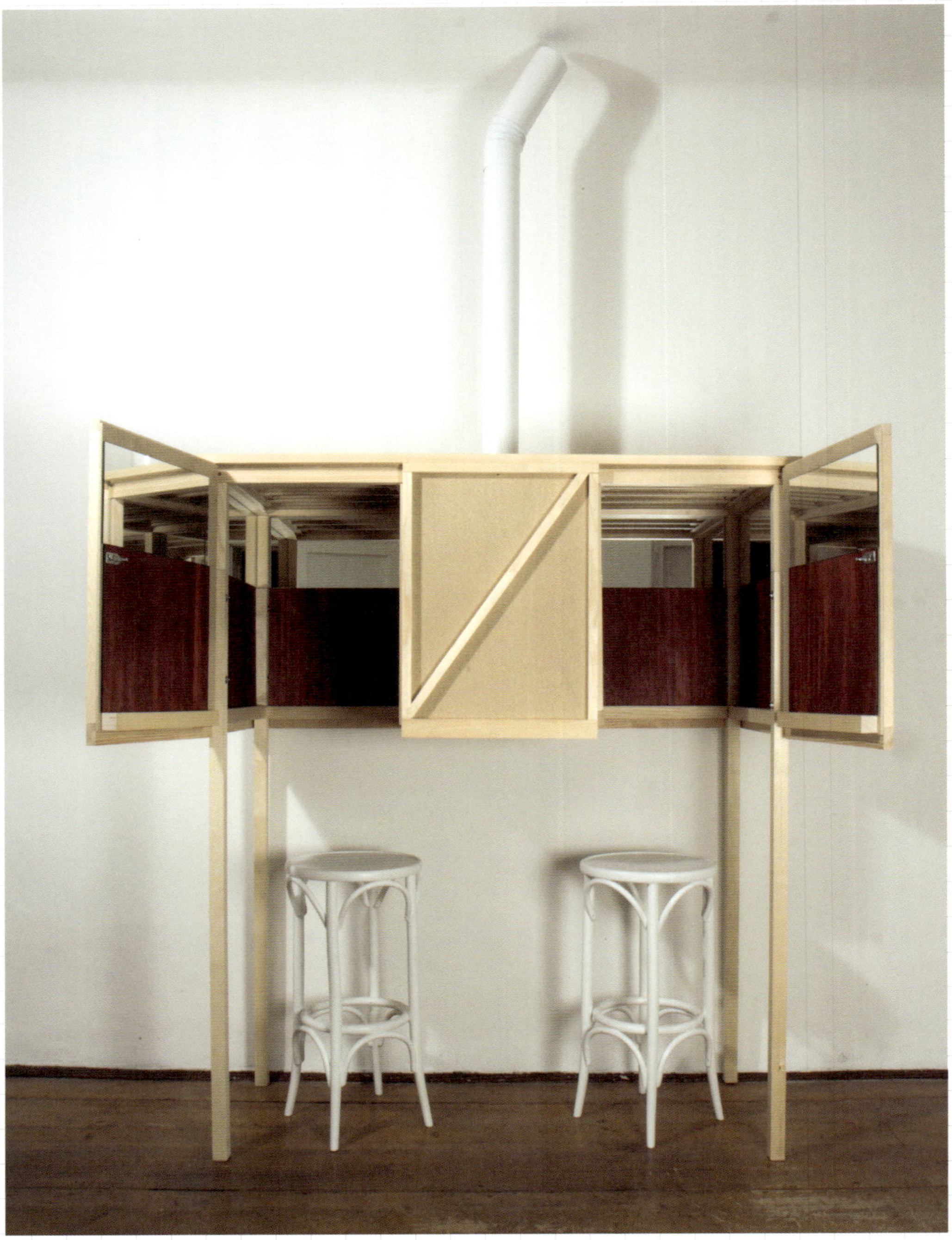

14

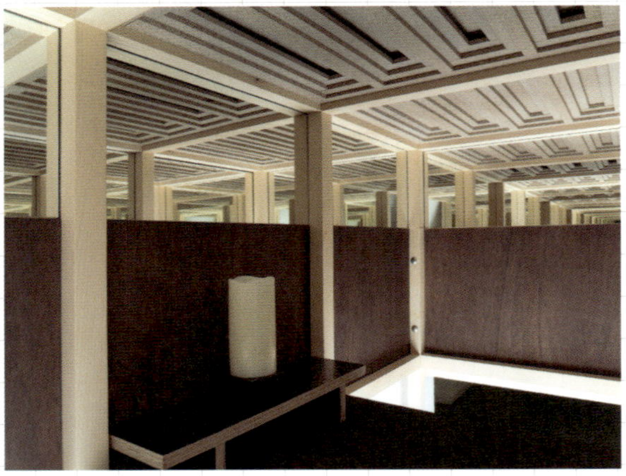

15

14 breadedEscalope
Barschrank *Bar Non-Lieu*, 2012
Drinks cabinet *Bar Non-Lieu*, 2012
MAK

15 breadedEscalope
Barschrank *Bar Non-Lieu*, 2012
Drinks cabinet *Bar Non-Lieu*, 2012
MAK

MAK Collection that Koloman Moser had designed in 1904 for the Sanatorium Westend in Purkersdorf (fig. 7). One of these three replicas was executed by Zobernig himself, while the other two were made by the master carpenter at the Swiss cantonal prison of Glarus as well as by two people incarcerated there (fig. 8). The three reproductions of this conceptual artwork differ significantly in their execution not only of Moser's plain "institution furniture" in white paint, but also as "artistic" interpretations; in this way they subvert traditional notions of authorship, style, and originality.

In the MAK Study Collection another fin-de-siècle "design icon" was reinterpreted for its presumed 100th birthday in 2004: Under the title *KM_100: Bearable Furniture* the group of designers Copa (Alfred Burzler, Thomas Exner) presented the cubic fauteuil (fig. 9)—then dated to 1903/04—that Koloman Moser had designed for the Prag-Rudniker wickerwork factory as a plastic piece of furniture for industrial mass production (fig. 10). However, Copa's plastic replica *KM_100* was only produced in a batch of one hundred—and hence corresponded to the "limited" distribution of Moser's fauteuil, of which only a few examples were handmade and used among other things to furnish the Sanatorium Westend in Purkersdorf. Moser's declared aim—to regenerate art on the basis of sound handicraft—manifests itself here as a utopia that has foundered on modern conditions of production and consumer demand whose "fantasies" today primarily equate to the desires of the contemporary art and antiques market.

In more recent times, too, the MAK has been able to add new works to its collection that have recourse to "Vienna 1900"; these are increasingly commissioned works realized in connection with exhibitions or presentations. For example, the two designers Patrick Rampelotto and Marco Dessí each created special objects for the series "MAK on display" in 2013. A salon cabinet with unconventional proportions that was made in 1913 by Dagobert Peche and is now in the MAK Furniture Collection was translated by Dessí into a contemporary aesthetic: he had the carcass of his cabinet produced in birch plywood using a CNC milling machine and then had it stained yellow, while the legs reproduced in steel tubing were given a matching yellow powder coating. In order to showcase the full aesthetic and decorative design potential of these simple materials from the hardware store, the designer forewent any further ornamental features that would have been equivalent to the gold-painted floral bouquet decorations on Peche's cabinet made of black stained pear wood (fig. 11, 12). In contrast, Rampelotto turned his attention to the architect who probably has the highest profile beyond the borders of Vienna and Austria and who is most certainly the most frequently quoted of the turn of the century: Adolf Loos. Designed in 1927 but only executed as a model, his house with a black-and-white striped marble façade for the Paris-based American dancer, singer, and actor Josephine Baker served the designer as the model for a seemingly Minimalist seat, which is comprised of a total of eight alternately black and white layers of a foam that is specially designed for the outdoors (fig. 13).

With their *Bar Non-Lieu* presented at the VIENNA DESIGN WEEK in 2015—a replica of the American Bar in Vienna that was constructed in 1908—the group of designers breadedEscalope (Sascha Mikel, Martin Schnabl, Michael Tatschl) also made reference to the architect Loos. With an all-round band of mirrors, the miniature version of the

handelte, die in Zusammenhang mit Ausstellungen oder Präsentationen entstanden. So entwarfen die beiden Designer Patrick Rampelotto und Marco Dessí 2013 jeweils spezielle Objekte für die Reihe „Schaufenster zum MAK". Dessí übersetzte einen 1913 entstandenen, eigenwillig proportionierten Salonschrank von Dagobert Peche aus der MAK-Möbelsammlung in eine zeitgenössische Ästhetik: Den Korpus seines Schranks ließ Dessí mit einer CNC-Fräse aus Birkensperrholz herstellen und gelb beizen, die in Stahlrohr nachgebildeten Beine erhielten eine dazu passende gelbe Pulverbeschichtung. Um die ästhetisch-dekorativen Gestaltungsmöglichkeiten dieser schlichten Materialien aus dem Baumarkt voll zur Geltung zu bringen, verzichtete der Designer auf eine weitere ornamentale Ausstattung, die den vergoldeten Blumenbouquet-Ornamenten auf Peches Schrank aus schwarz gebeiztem Birnbaumholz entsprochen hätte (Abb. 11, 12). Rampelotto widmete sich dagegen dem über die Grenzen Wiens und Österreichs hinaus wohl prominentesten, mit Sicherheit aber dem meistzitierten Architekten der Jahrhundertwende: Adolf Loos. Dessen 1927 entworfenes, aber nur als Modell ausgeführtes Haus mit schwarz-weiß gestreifter Marmorfassade für die in Paris lebende US-amerikanische Tänzerin, Sängerin und Schauspielerin Josephine Baker diente dem Designer als Vorlage für ein minimalistisch anmutendes Sitzobjekt, das aus insgesamt acht abwechselnd schwarzen und weißen Lagen eines speziell für den Außenbereich entwickelten Schaumstoffs besteht (Abb. 13).

Mit ihrer 2015 auf der VIENNA DESIGN WEEK vorgestellten *Bar Non-Lieu* – einer Replik auf die 1908 entstandene American Bar in Wien – bezog sich auch die Designergruppe breadedEscalope (Sascha Mikel, Martin Schnabl, Michael Tatschl) auf den Architekten Loos. Durch ein umlaufendes Spiegelband erzielt die auf möbelhafte Dimensionen herunterskalierte Miniaturversion der Loos-Bar einen vergleichbaren räumlichen Effekt wie das Original, dessen kassettierte Decke sich ins Unendliche fortzusetzen scheint. Durch die Möglichkeit, im Inneren des Barschranks zu sitzen, entsteht zudem eine Form von Intimität, die das Möbel aus der gewohnten häuslichen Atmosphäre ausbrechen lässt (Abb. 14, 15). Auf Loos' Antipoden Josef Hoffmann spielt dagegen eine 2012 entstandene Arbeit des Künstlers Ovidiu Anton an, die sich auf die in Wien um 1900 verbreiteten Satztische bezieht: Sets von mehreren ineinander verschachtelbaren Beistelltischen, die um die Jahrhundertwende von verschiedenen Unternehmen produziert wurden. In ihrer formal reduziertesten Version werden sie – allerdings ohne konkreten Nachweis – Josef Hoffmann zugeschrieben und bis heute als vermeintlicher „Designklassiker" produziert. Für seine in sorgfältiger Tischlerarbeit selbst ausgeführten Beistelltische verwendete der Künstler Anton ausrangierte Absperrbretter von Wiener Baustellen – Material von der Straße, das als erlesenes Wohnaccessoire wieder „in Form" gebracht wurde (Abb. 16). Auf Otto Wagner als den „Vater der Wiener Moderne" spielt schließlich Marco Dessís Tisch *#brandingthroughconstruction* an, der 2018 als Auftragsarbeit im Zuge der MAK-Ausstellung *POST OTTO WAGNER. Von der Postsparkasse zur Postmoderne* entstand. Ein Tisch, den Wagner 1902 für das Depeschenbüro „Die Zeit" entworfen hatte, diente dabei als Ausgangspunkt für Dessís Hommage, bei der die Tischplatte aus Holz jedoch durch transparentes Glas ersetzt wurde. Auf diese Weise rückt die Konstruktion des Untergestells aus vorgefertigten Aluminium-Kantrohren in den Blick, die zugleich auf das Sonnenblumenmotiv der Brückengeländer von Wagners

16 Ovidiu Anton
Satztische *Hoffmann*, 2012
Nesting tables *Hoffmann*, 2012
MAK

17 Otto Wagner
Tisch für das Depeschenbüro „Die Zeit", 1902
Table for the "Die Zeit" dispatch office, 1902
MAK

18 Marco Dessí
Tisch Otto *Wagner Revisited (#brandingthroughconstruction)*, 2018
Table Otto *Wagner Revisited (#brandingthroughconstruction)*, 2018
MAK

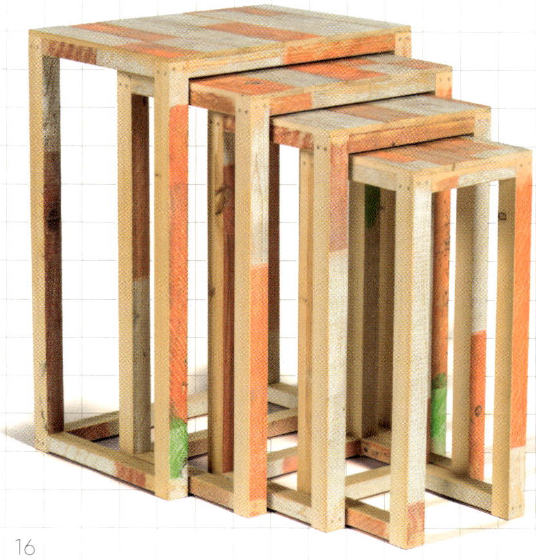

16

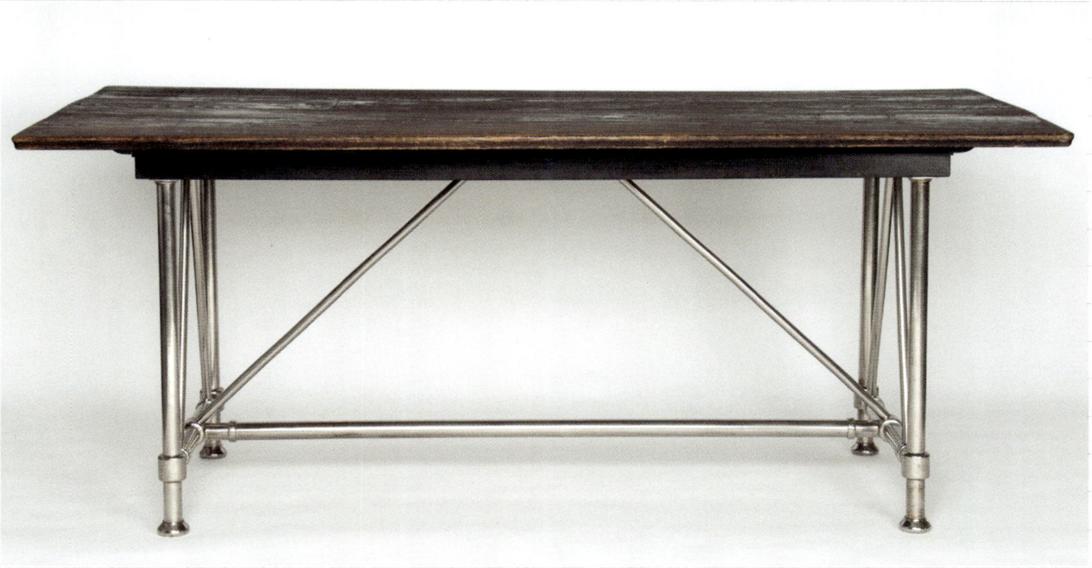

17

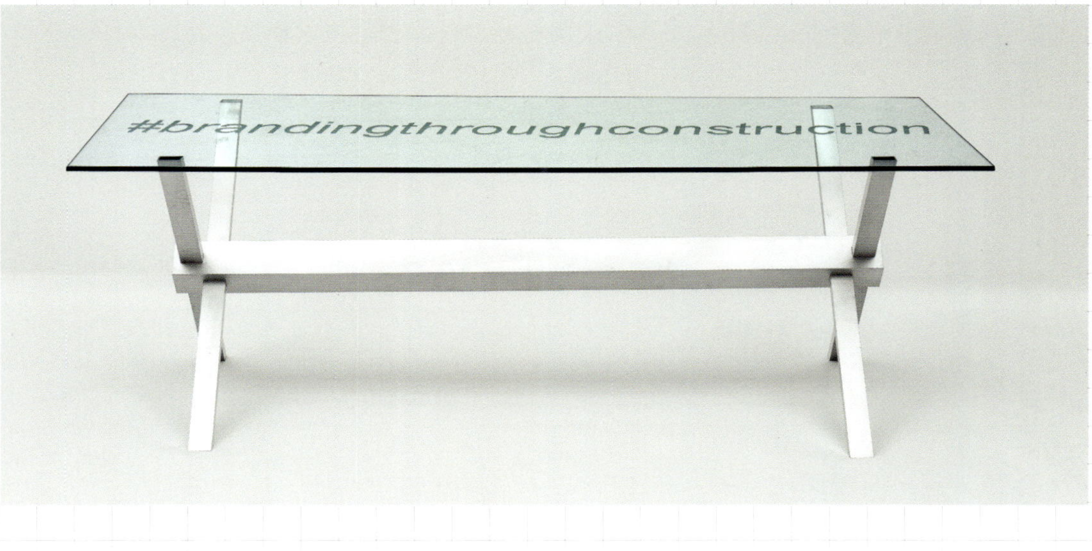

18

Stadtbahn anspielt sowie auf das Gebäude der Postsparkasse, an dem Wagner geradezu signethaft das damals neue Material Aluminium eingesetzt hatte (Abb. 17, 18).

Was diese Auswahl an Kunstwerken und Designobjekten aus der Sammlung des MAK aus den letzten zwei Jahrzehnten trotz ihrer teils völlig heterogenen Ansätze auf einen einfachen gemeinsamen Nenner bringt, ist die Auseinandersetzung mit Möbeln und Möblierungen aus der Zeit der Wiener Moderne. Es erscheint dabei insofern legitim, Kunst und Design gemeinsam zu verhandeln, als die praktische Verwendung als Gebrauchsgegenstand selbst bei Designobjekten deutlich in den Hintergrund getreten ist. Anders als die Beispiele der Architekten Hermann Czech und Adolf Krischanitz entstanden die „Möbel" jüngeren Datums nicht im Rahmen einer gezielten Bauaufgabe oder für eine konkrete räumliche Situation, die den Rückgriff auf das Formen- und Typenrepertoire der Jahrhundertwende für zeitgenössisch „postmoderne" Gebrauchsmöbel plausibel erscheinen ließe. Die Postproduktion des 21. Jahrhunderts nähert sich dem Design-Phänomen „Wien 1900" vielmehr mit einer generellen Aufmerksamkeit für „Bedeutungen" an – für die Themenbereiche und Assoziationshorizonte, die ihnen im Kontext von Ausstellungen und Sammlungen einen über ihren Gebrauchswert als Möbel hinausgehenden, inhaltlichen Mehrwert verleihen. Über rein formale Anspielungen hinaus können dabei neben den veränderten Produktionsbedingungen von Kunst und Design im postindustriellen Zeitalter auch die vorherrschenden Narrative des Kunstmarkts, die diskursiven Verschiebungen in den Kulturinstitutionen oder die Repräsentationsbedürfnisse unserer Informationsgesellschaft zur Sprache kommen. Die KünstlerInnen und DesignerInnen, die sich heute „Wien 1900" zum Gegenstand ihrer Arbeiten wählen, teilen weder die kulturellen Voraussetzungen und Zusammenhänge noch die gesellschaftspolitischen Aufgaben und Ziele der klassischen Moderne. Auch geht es Ihnen nicht um formale Innovation oder stilistische Entfaltung, sondern darum, sich in bereits existierenden Werken gleichsam einzunisten, um diese von innen heraus für die Gegenwart zu adaptieren und entsprechend den Erfordernissen des 21. Jahrhunderts neu zu programmieren.

Loos Bar—scaled down to furniture-like dimensions—achieves a spatial effect that is comparable to the original, whose coffered ceiling seems to continue ad infinitum. Furthermore, the possibility to sit inside the bar cabinet gives rise to a form of intimacy that enables the piece of furniture to escape from the customary domestic atmosphere (fig. 14, 15). Conversely, a 2012 work by the artist Ovidiu Anton alludes to Loos's antipode Josef Hoffmann and makes reference to the matching tables common in Vienna around 1900: sets of several nesting end tables that were produced by various companies at the turn of the century. In their most formally reduced version, they are attributed—though without any concrete evidence—to Josef Hoffmann and are still produced today as an alleged "design classic." For the end tables that Anton made himself with meticulous carpentry, he used discarded hoardings from Viennese construction sites—material from the street that was reshaped as an exquisite home accessory (fig. 16). Finally, Marco Dessí's table *#brandingthroughconstruction* refers to Otto Wagner as the "father of Viennese Modernism"; it was created in 2018 as a piece commissioned in the course of the MAK exhibition *POST-OTTO WAGNER: From the Postal Savings Bank to Post-Modernism*. A table that Wagner had designed for the "Die Zeit" dispatch office in 1902 served as the starting point for Dessí's homage, in which the wooden tabletop was replaced by transparent glass. In this way, the construction of the base frame—made of readymade angular aluminum tubes—comes into view, which simultaneously alludes to the sunflower motif on the bridge railings of Wagner's Stadtbahn (light urban railway) as well as to the building of the Postal Savings Bank where Wagner had employed the then new material of aluminum almost like a trademark (fig. 17, 18).

Despite their (for the most part) completely heterogeneous approaches, what this selection of artworks and design objects from the last two decades of the MAK Collection have in common is their examination of furniture and furnishings from the period of Viennese Modernism. It seems legitimate to discuss art and design together to the extent that their viable use as practical objects has clearly faded—even among the design objects. Unlike the examples by the architects Hermann Czech and Adolf Krischanitz, the more recent "furniture" did not arise in the context of a particular construction project or for a specific spatial situation, which would make the recourse to the formal and stylistic repertoire of the fin de siècle seem plausible for contemporarily "Postmodern" practical furniture. Instead, 21st-century postproduction approaches the "Vienna 1900" design phenomenon with a general attention to "meanings": the subject areas and cornucopia of associations that awards them—in the context of exhibitions and collections—an additional thematic value that transcends their practical value as furniture. Beyond purely formal allusions and in addition to the altered conditions of production for art and design in the postindustrial age, in them it is possible to broach topics such as the prevailing narratives of the art market, the shifting attitudes in the cultural institutions, or the need for self-presentation in our information society. The artists and designers who are now choosing "Vienna 1900" as the subject of their works share neither the cultural preconditions and contexts nor the sociopolitical tasks and objectives of classical Modernism. They are also not interested in formal innovation or stylistic development, but rather in immersing themselves in pre-existing works in order to adapt them for the present from within and to reprogram them in line with 21st-century requirements.

BIBLIOGRAFIE BIBLIOGRAPHY

Ankwicz-Kleehoven, Hans, „Die Anfänge der Wiener Secession", in: *Alte und Moderne Kunst* (5) 6/7 1960, 6–10.

Auer, Stephanie/Klee, Alexander, „Von der inneren Notwendigkeit der Konstruktion oder der Beginn der Wiener Formenkunst", in: Husslein-Arco/Weidinger (Hg. eds.) 2011, 150–167.

Bahr, Hermann, „Die Secessionisten in Wien" (1894), Nachdruck reprint in: Pias, Claus (Hg. ed.), *Hermann Bahr. Renaissance*, Band vol. 5 aus der Reihe from the series *Hermann Bahr. Kritische Schriften*, hg. von ed. by Claus Pias, Weimar 2008, 141 f.

Bahr, Hermann, „Unsere Secession" (1894), Nachdruck reprint in: Pias, Claus (Hg. ed.), *Hermann Bahr. Secession*, Band vol. 6 aus der Reihe from the series *Hermann Bahr. Kritische Schriften*, hg. von ed. by Claus Pias, 2. Auflage 2nd edition, Weimar 2013, 25 f.

Bahr, Hermann, „Vereinigung bildender Künstler Österreichs Secession", in: *Ver Sacrum* (1) 1 1898, 8–13.

Bahr, Hermann 1900a, *Secession*, Wien Vienna 1900.

Bahr, Hermann 1900b, „Der Englische Stil (Zur Winterausstellung im Österreichischen Museum)", in: Hermann Bahr, *Secession*, Wien Vienna 1900, 182–187.

Bahr, Hermann 1908a, *Buch der Jugend*, Wien Vienna/Leipzig 1908.

Bahr, Hermann 1908b, „Fidelio", in: Bahr 1908a, 19–27.

Bahr, Hermann, *Tagebuch* 1909, Berlin 1909.

Bahr, Hermann, „Mahler und das deutsche Theater", in: Stefan 1910, 17–21.

Bahr, Hermann, *Tagebuch* 1918, Innsbruck u. a. et al. 1919.

Bahr, Hermann, *Selbstbildnis*, Berlin 1923; kommentierte Neuausgabe annotated new edition: Schnödl, Gottfried (Hg. ed.), *Hermann Bahr. Selbstbildnis*, Band vol. 18 aus der Reihe from the series *Hermann Bahr. Kritische Schriften*, hg. von ed. by Claus Pias, Weimar 2011.

Banham, Joanna (Hg. ed.), *Encyclopedia of Interior Design*, 2 Bände vols., London 1995.

Baroni, Daniele/D'Auria, Antonio, *Josef Hoffmann und die Wiener Werkstätte*, Stuttgart 1984.

Bast, Gerald/Husslein-Arco, Agnes/Krejci, Harald/Werkner, Patrick (Hg. eds.), *Wiener Kinetismus. Eine bewegte Moderne Viennese Kineticism. Modernism in Motion*, Edition Angewandte, Wien Vienna 2011.

Bast, Gerald/Seipenbusch-Hufschmied, Anja/Werkner, Patrick (Hg. eds.), *150 Jahre Universität für angewandte Kunst Wien. Ästhetik der Veränderung*, Berlin/Boston 2017.

Bast, Gerald/Thun-Hohenstein, Christoph/Schmuttermeier, Elisabeth/Weibel, Peter/Werkner, Patrick (Hg. eds.), *ÄSTHETIK DER VERÄNDERUNG. 150 Jahre Universität für angewandte Kunst Wien AESTHETICS OF CHANGE: 150 Years of the University of Applied Arts Vienna (trans. Eva Ciabattoni)*, Ausst.brosch. exh. broch. MAK, Wien Vienna 2017.

Bauer, Martina, *Leopold Forstner 1878–1936. Ein Materialkünstler im Umkreis der Wiener Secession*, Wien Vienna 2016.

Beaumont, Antony/Rode-Breymann, Susanne, *Alma Mahler-Werfel. Tagebuch-Suiten 1898–1902*, 2. Auflage 2nd edition, Frankfurt 2011.

Becker, Annette/Steiner, Dietmar/Wang, Wilfried (Hg. eds.), *Architektur im 20. Jahrhundert: Österreich*, München Munich/New York 1995, 114–119.

Bermbach, Udo u. a. (Hg. eds.), *Bayreuther Theologie*, *wagnerspectrum* 2 2009.

Bisanz-Prakken, Marian, *Gustav Klimt: Der Beethovenfries: Geschichte, Funktion und Bedeutung*, Salzburg 1977.

Bisanz-Prakken, Marian, „Das Quadrat in der Flächenkunst der Wiener Secession", in: *Alte und Moderne Kunst* (27) 180/181 1982, 40–46.

Bisanz-Prakken, Marian, *Heiliger Frühling: Gustav Klimt und die Anfänge der Wiener Secession, 1895–1905*, Ausst.kat. exh. cat. Graphische Sammlung Albertina, Wien u. a. Vienna et al. 1999.

Bittner, Julius, *Der Bergsee. Entwürfe und Erläuterungen zu den Bühnenbildern von Koloman Moser*, Mappenwerk portfolio, Berlin 1911.

Blackshaw, Gemma/Topp, Leslie (Hg. eds.), *Madness & Modernity. Kunst und Wahn in Wien um 1900*, Wien Vienna 2009.

Bonyhady, Tim, *Good Living Street: The Fortunes of My Viennese Family*, Crows Nest 2011.

Bonyhady, Tim, „The Gallias: A modern Viennese family", in: Witt-Dörring/Asenbaum (Hg. eds.) 2011, 27–35.

Bourriaud, Nicolas, *Postproduction*, 3. Auflage 3rd edition, New York 2007.

Breuer, Gerda (Hg. ed.), *Arts and Crafts: Von Morris bis Mackintosh – Reformbewegung zwischen Kunstgewerbe und Sozialutopie*, Ausst.kat. exh. cat. Institut Mathildenhöhe, Darmstadt 1994.

Breuer, Gerda (Hg. ed.), *Ästhetik der schönen Genügsamkeit oder Arts & Crafts als Lebensform. Programmatische Texte*, Bauwelt Fundamente 112, Braunschweig/Wiesbaden 1998.

Bundesdenkmalamt (Hg. ed.), *Putzfassaden in Europa um 1900. Studien zur Technologie, Restaurierung*, Wien Vienna 1999.

Collins, George R./Crasemann Collins, Christiane, *Camillo Sitte and the Birth of Modern City Planning*, Columbia University Studies in Art and Archaeology 3, London 1965.

Csáky, Moriz (Hg. ed.), *Hermann Bahr: Tagebücher, Skizzenbücher, Notizhefte*, Band vol. 4: 1904–1905, Wien Vienna/Köln Cologne/Weimar 2000.

Csáky, Moriz (Hg. ed.), *Hermann Bahr: Tagebücher, Skizzenbücher, Notizhefte*, Band vol. 5: 1906–1908, Wien Vienna/Köln Cologne/Weimar 2003.

Czech, Hermann, „Selbstkritik der Moderne", in: Becker/Steiner/Wang (Hg. eds.) 1995, 114–119.

Daviau, Donald G., *Der Mann von Übermorgen. Hermann Bahr 1863–1934*, Wien Vienna 1984.

Dietrich, Margret (Hg. ed.), *Der Herr aus Linz. Hermann-Bahr-Symposion*, Linz 1987.

Dorner-Bauer, Martina/Gitzl, Viktoria/Herkt, Silvia/Werkner, Patrick, „Genealogie der Unterrichtsfächer und Studiengänge 1868–2017", in: Bast/Seipenbusch-Hufschmied/Werkner (Hg. eds.) 2017, 317–413.

Eisler, Max, „Ein Frühwerk von Kolo Moser", in: *Die Bildenden Künste. Wiener Monatshefte* (2) 1919, 77–80.

Eitelberger, Rudolf von, *Wie steht die Kunst in Österreich? Eine Betrachtung aus Anlaß der Londoner Kunstausstellung*, Wien Vienna 1862.

Eitelberger, Rudolf von, „Der deutsch-französische Krieg und sein Einfluss auf die Kunst-Industrie Österreichs", Vortrag vom 27.10.1870 talk from 27 Oct 1870, in: *Gesammelte Kunsthistorische Schriften*, Band vol. 2, Wien Vienna 1879, 316–343.

Engelmann, Peter (Hg. ed.), *Postmoderne und Dekonstruktion. Texte französischer Philosophen der Gegenwart*, Stuttgart 1990.

Farkas, Reinhard (Hg. ed.), *Hermann Bahr. Prophet der Moderne. Tagebücher 1888–1904*, Wien Vienna 1987.

Fellner von Feldegg, Ferdinand 1899a, „J. M. Olbrich", in: *Der Architekt* (5) 1899, 37–40.

Fellner von Feldegg, Ferdinand 1899b, „Josef Maria Olbrich, sein Leben und sein Wirken", in: *Zeitschrift des Österreichischen Ingenieur und Architekten-Vereins* (61) 23 1909, 365–369.

Fenz, Werner, *Kolo Moser als grafischer Mitarbeiter der Wiener Zeitschrift „Ver Sacrum"*, Dissertation, Karl-Franzens-Universität Graz Karl Franzens University of Graz 1970.

Fenz, Werner, „Kolo Moser und die Zeitschrift ‚Ver Sacrum'", in: *Alte und moderne Kunst* 108 1970, 28–32.

Fenz, Werner, *Kolo Moser – Internationaler Jugendstil und Wiener Secession*, Salzburg 1976.

Fenz, Werner, *Koloman Moser. Graphik, Kunstgewerbe, Malerei*, Salzburg/Wien Vienna 1984.

Fliedl, Gottfried, *Gustav Klimt 1862–1918. Die Welt in weiblicher Gestalt*, Köln Cologne 1994.

Forsthuber, Sabine, *Moderne Raumkunst. Wiener Ausstellungsbauten von 1898 bis 1914*, Wien Vienna 1991.

Franck, Georg, *Ökonomie der Aufmerksamkeit. Ein Entwurf*, München Munich 1998.

Frank, Josef (1927), „Der Gschnas fürs G'müt und der Gschnas als Problem" "Frippery for the Soul and Frippery as a Problem" (trans. Christopher Long), in: Bojankin/Long/Meder (Hg. eds.) 2012, Band vol. 1, 288–299.

Frank, Josef (1931), „Architektur als Symbol. Elemente deutschen neuen Bauens" "Architecture as Symbol: Elements of the German New Building" (trans. John Sands), in: Bojankin/Long/Meder (Hg. eds.) 2012, Band vol. 2, 9–191.

Franke, Daniela/Ifkovits, Kurt, *Anwendungen. Koloman Moser und die Bühne*, Wien Vienna 2018.

Franz, Rainald, „Koloman Moser", in: Banham (Hg. ed.) 1995, Band vol. 2, 844–846.

Franz, Rainald, „Flächenmuster Kolo Mosers am Beispiel des Mappenwerks ‚Die Quelle' und seiner Arbeiten als Entwerfer für die Firma Backhausen" "Kolo Moser's Pattern Designs with Special Reference to the Design Portfolio 'Die Quelle' and his Work as a Designer for the Company Backhausen" (trans. Rachel Michael), in: Leopold/Pichler (Hg. eds.) 2007, 142–151.

Franz, Rainald, „Koloman Mosers Frühzeit als Illustrator" "Kolo Moser's Early Career as Illustrator" (trans. Rachel Michael), in: Leopold/Pichler (Hg. eds.) 2007, 24–37.

Franz, Rainald, „Graphic Art", in: Witt-Dörring (Hg. ed.) 2013, 14–87.

Geck, Elisabeth, *Grundzüge der Geschichte der Buchillustration*, Darmstadt 1982.

Geck, Martin, *Wagner. Biographie*, München Munich 2012.

Glück, Franz (Hg. ed.), *Adolf Loos. Sämtliche Schriften 1*, Wien/München Vienna/Munich 1962.

Grautoff, Otto, *Die Entwicklung der modernen Buchkunst in Deutschland*, Leipzig 1901.

Hackenschmidt, Sebastian, „Zwischen den Stühlen. Zu den Möbeln von Adolf Krischanitz", in: Köb 2016 (Hg. ed.), 51–90.

Hall, Murray G., *Österreichische Verlagsgeschichte 1918–1938*, Band vol. 1: *Geschichte des österreichischen Verlagswesens*, Wien Vienna/Köln Cologne/Graz 1985.

Heidler, Irmgard, „Künstlerische Buchgestaltung im Eugen Diederichs Verlag", in: Hübinger (Hg. ed.) 1996, 167–220.

Heller, Friedrich C., *Die bunte Welt. Handbuch zum künstlerisch illustrierten Kinderbuch in Wien 1890–1938*, Wien Vienna 2008.

Heller, Friedrich C., *Emmy Zweybrück. Werkstätte und Schule*, Wien Vienna 2017.

Hevesi, Ludwig, „Das Haus der Secession", in: *Kunst und Kunsthandwerk* (1) 11/12 1898, 405–407.

Hevesi, Ludwig, „Aus dem Wiener Kunstleben", in: *Kunst und Kunsthandwerk* (3) 2 1900, 510 f.

Hevesi, Ludwig, „Die bildende Kunst in Österreich", in: *Die Pflege der Kunst in Österreich 1848–1898*, Wien Vienna 1900, 3–22.

Hevesi, Ludwig 1906a, *Acht Jahre Sezession (März 1897 – Juni 1905). Kritik – Polemik – Chronik*, Wien Vienna 1906.

Hevesi, Ludwig 1906b, „Österreichisches Museum. Ausstellung der Wiener Kunstgewerbeschule", in: Hevesi 1906a, 335–340.

Hevesi, Ludwig 1909a, *Altkunst – Neukunst. Wien 1894–1908*, Wien Vienna 1909.

Hevesi, Ludwig 1909b, „Vom gedeckten Tisch", in: Ders. id. 1909a, 227–231.

Hofmann, Werner, *Gustav Klimt und die Wiener Jahrhundertwende*, Salzburg 1970.

Hoffmann, Josef, „Meine Arbeit", Vortrag vom 22.2.1911 talk from 22 Feb 1911, ediert von edited by Berta Zuckerkandl, in: *Wiener Allgemeine Zeitung*, Jg. issue 32, Nr. no. 9868, 1911, wieder abgedruckt reprinted in: Sekler, Eduard, *Josef Hoffmann. Das architektonische Werk. Monographie und Werkverzeichnis*, Salzburg/Wien Vienna 1982, 487.

Hoffmann, Josef, „Selbstbiographie" (um ca. 1948), in: *Ver Sacrum. Neue Hefte für Kunst und Literatur* (4) 4 1972, 104–123 oder or in: Noever/Pokorný (Hg. eds.) 2009.

Holz, Arno, „Die Blechschmiede", in: *Ver Sacrum* (4) 18/19 1901, 297–330

Hübinger, Gangolf (Hg. ed.), *Versammlungsort moderner Geister. Der Eugen Diedrichs Verlag – Aufbruch ins Jahrhundert der Extreme*, München Munich 1996.

Husslein-Arco, Agnes/Weidinger, Alfred (Hg. eds.), *Gustav Klimt – Josef Hoffmann. Pioniere der Moderne*, Ausst.kat. exh. cat. Belvedere, Wien Vienna, München u. a. Munich et al. 2011.

Ifkovits, Kurt/Lésak, Barbara, „Kolo Moser, das Theater und Hermann Bahr" "Kolo Moser, the Theater and Hermann Bahr" (trans. Jane Michael), in: Leopold/Pichler (Hg. eds.) 2007, 366–391.

Jandl-Jörg, Eva, „,Die Fenster müssten jedenfalls farbig sein' Kolo Mosers Glasmalereien für die Kirche am Steinhof" "'The Windows at Least Should be Colorful': Kolo Moser's Glass Painting for the Steinhof Church" (trans. Rachel Michael), in: Leopold/Pichler (Hg. eds.) 2007, 251–265.

Jencks, Charles (1977), *Die Sprache der postmodernen Architektur. Die Entstehung einer alternativen Tradition*, 2. Auflage 2nd edition, Stuttgart 1980.

Jencks, Charles, *Was ist Postmoderne?* (1986), Zürich/München Zurich/Munich 1980.

Judson Clark, Robert, „J. M. Olbrich 1867–1908", in: *Architectural Design* (27) 12 1967, 565–572.

Junker, Carl, *Zum Buchwesen in Österreich. Gesammelte Schriften 1896–1927*, hg. v. ed. by Murray G. Hall, Band vol. 2 der Reihe from the series *Buchforschung. Beiträge zum Buchwesen in Österreich*, hg. v. ed. by Peter R. Frank und and Murray G. Hall, Wien Vienna 2001.

Kann, Robert A./Leisching, Peter (Hg. eds.), *Ein Leben für Kunst und Volksbildung. Eduard Leisching 1858–1938. Erinnerungen*, Wien Vienna 1978.

Kapfinger, Otto/Krischanitz, Adolf, *Die Wiener Secesssion. Das Haus: Entstehung, Geschichte, Erneuerung*, Graz/Wien Vienna 1986.

Katalog der IV. Kunstausstellung der Vereinigung bildender Künstler Österreichs, Wien Vienna 1899.

Katalog der VII. Kunstausstellung der Vereinigung bildender Künstler Österreichs, Wien Vienna 1900.

Katalog der VIII. Kunstausstellung der Vereinigung bildender Künstler Österreichs, Wien Vienna 1900.

Katalog zur XIV. Ausstellung der Vereinigung bildender Künstler Österreichs, Wien Vienna 1902.

Kernbauer, Eva/Pokorny-Nagel, Kathrin/Rosenberg, Raphael/Rüdiger, Julia/Werkner, Patrick/Jenni, Tanja (Hg. eds.), *Rudolf Eitelberger von Edelberg. Netzwerker der Kunstwelt*, Wien Vienna 2018.

k. k. Ministerium für Kultus und Unterricht (Hg. ed.), *Weltausstellung St. Louis 1904. Ausstellung k. k. kunstgewerblicher Lehranstalten*, Wien Vienna 1904.

Klapsing, Daniel, *Forschung durch Redesign. Originalität und Redesign von Autorenprodukten am Beispiel des Zeichentischgestells von Egon Eiermann*, Tübingen/Berlin 2017.

Köb, Edelbert (Hg. ed.), *Adolf Krischanitz. Das Inventar ist das Ergebnis der Inventur*, Wien Vienna 2016.

Koller, Gabriele, *Die Kunstgewerbeschule des k. k. Österreichischen Museums für Kunst und Industrie Wien: 1899–1905*, Dissertation, Wien Vienna 1983.

Krammer, Marion, „Chronologie Timeline", in: Bast/Husslein-Arco/Krejci/Werkner (Hg. eds.) 2011, 220–227.

Krimmel, Bernd (Hg. ed.), *Joseph M. Olbrich 1867–1908*, Ausst.kat. exh. cat. Mathildenhöhe, Darmstadt 1983.

Kurrent, Friedrich (2006), „Hermann Czech 70", in: Ders. id. 2016, 43–47.

Kurrent, Friedrich (2007), „Wolfgang Mistelbauer", in: Ders. id. 2010, 178–182.

Kurrent, Friedrich, *Aufrufe, Zurufe, Nachrufe*, hg. v. ed. by Österreichische Gesellschaft für Architektur, Salzburg/Wien Vienna 2010.

Kurrent, Friedrich, *Einige Projekte, Architekturtexte und dergleichen*, Salzburg/Wien Vienna 2016.

Kuß, Eva, *Hermann Czech. Architekt in Wien*, Zürich Zurich 2018.

Larisch, Rudolf von, *Über Zierschriften im Dienste der Kunst*, München Munich 1899.

Leisching, Eduard, „Die Ausstellung der Kunstgewerbeschule des k. k. Österreichischen Museums", in: *Kunst und Kunsthandwerk* (6) 5 1903, 173–195.

Leopold, Rudolf/Pichler, Gerd (Hg. eds.), *Koloman Moser 1868–1918*, Ausst.kat. exh. cat. Leopold Museum, Wien Vienna; Englische Ausgabe übersetzt von English edition trans. Jane Michael und and Rachel Michael, München/Berlin u. a. Munich/Berlin et al. 2007.

Lichtenstein, Claude/Schregenberger, Thomas (Hg. eds.), *As Found. Die Entdeckung des Gewöhnlichen. Britische Architektur und Kunst der 50er Jahre*, Zürich Zurich 2001.

Lichtenstein, Claude/Schregenberger, Thomas, „As Found", in: Lichtenstein/Schregenberger (Hg. eds.) 2001, 8–19.

Lichtwark, Alfred, *Makartbouquet und Blumenstrauss*, München Munich 1894.

Loos, Adolf, *Das Andere – Ein Blatt zur Einführung abendländischer Kultur in Österreich*, zwei Hefte two books, Wien Vienna 1903.

Loos, Adolf, „Kulturentartung", 1908. In: Glück (Hg. ed.) 1962, 271–275.

Lux, Joseph August, Einleitung, *Die Fläche*, Band vol. 1, Heft book 8, Wien Vienna 1902/03.

Lux, Joseph August, „Der Jahresbericht der Niederösterreichischen Handels- und Gewerbekammer. Eine Entgegnung", in: *Hohe Warte* (1) 1904/05, 73–75.

Lux, Joseph August, „Kunstschau Wien – 1908" in: *Deutsche Kunst und Dekoration*, Band vol. XXIII, Oktober 1908–März 1909 October 1908–March 1909, 33–61.

Lyotard, Jean-François (1982), „Answering the Question: What is Postmodernism?", in: id., *The Postmodern Condition: A Report on Knowledge*, übersetzt von trans. Regis Durand, Minneapolis 1984.

Lyotard, Jean-François, „Beantwortung der Frage: Was ist postmodern?", in: Engelmann (Hg. ed.) 1990, 33–48.

Mahler-Werfel, Alma, *Gustav Mahler. Erinnerungen*, Frankfurt/Main 1991.

Mauthner, Hanns Martin/Moser, Karl, „Kolo Moser als Wertzeichenkünstler", in: *Donau Post. Zeitschrift für Briefmarkenkunde* (16) 9/10 1933, 120.

McGrath, William J., *Dionysian Art und Populist Politics in Austria*, New Haven/London 1974.

Meyer, Christian, *Raummalerei – Spatial Painting. Künstler um Josef Hoffmann 1900–1910. Artists in the Josef Hoffmann Group*, Wien Vienna/New York 1987.

Moser, Karl, „Begegnung mit Gustav Klimt. Nach Aufzeichnungen des Malers Koloman Moser", in: *Neues Wiener Journal* (39) 13389 1931, 21–22.

Moser, Koloman, „Bühnenbilder u. Kostüm-Entwürfe zu ,Der Musikant'", in: *Deutsche Kunst und Dekoration* (14) 27 1910/11, 388–392.

Moser, Koloman, „Anmerkungen für die Verwirklichung der Szenenbilderentwürfe, Anmerkungen für die Spielleitung", in: Bittner 1911, Blatt folio XV–XVII.

Moser, Koloman (1916), „Vom Schreibtisch und aus dem Atelier. Mein Werdegang", in: *Velhagen und Klasings Monatshefte* (31) 2 1916, 254–262; oder or in: *Velhagen und Klasings Monatshefte* (31) 10 1916, 9–13; oder or in: Leopold/Pichler (Hg. eds.) 2007, English edition "My Life" (trans. Jane Michael), 14–19.

Mourey, Gabriel, „Round the Exhibition IV. Austrian Decorative Art", in: *The Studio. An Illustrated Magazine of Fine and Applied Art* 21 1901, 113–123.

Munch, Anders V., *Der stillose Stil – Adolf Loos*, München Munich 2005.

Museen der Stadt Wien (Hg. ed.), *Traum und Wirklichkeit. Wien 1870–1930*, Ausst.kat. exh. cat. Historisches Museum der Stadt Wien, Wien Vienna 1985.

Natter, Tobias G./Frodl, Gerbert, *Klimt und die Frauen*, Köln Cologne 2000.

Natter, Tobias, *Die Galerie Miethke. Eine Kunsthandlung im Zentrum der Moderne*, Ausst.kat. Jüdisches Museum Wien exh. cat. Jewish Museum Vienna, Wien Vienna 2003.

Natter, Tobias G./Hollein, Max/Schröder, Klaus Albrecht (Hg. eds.), *Kunst für alle. Der Farbholzschnitt in Wien um 1900*, Ausst.kat. exh. cat. SCHIRN KUNSTHALLE FRANKFURT, Köln Cologne 2016.

Nietzsche, Friedrich, *Die Geburt der Tragödie aus dem Geiste der Musik*, Leipzig 1872.

N. N., „Kolo Moser", in: *Wiener Zeitung* 20.10.1918, 5.

Noever, Peter (Hg. ed.), *Ein moderner Nachmittag. Margaret Macdonald Mackintosh und der Salon Waerndorfer in Wien*, Wien/Köln u. a. Vienna/Cologne et al. 2000.

Noever, Peter (Hg. ed.), *Der Preis der Schönheit. 100 Jahre Wiener Werkstätte*, Ostfildern-Ruit 2003.

Noever, Peter/Davignon Etienne/Dujardin Paul/Mommens Anne (Hg. eds.), *YEARNING FOR BEAUTY: The Wiener Werkstätte and the Stoclet House*, Ausst.kat. exh. cat. MAK, Wien Vienna/Hatje Cantz Verlag, Ostfildern-Ruit 2006.

Noever, Peter/Pokorný, Marek (Hg. eds.), *Josef Hoffmann. Selbstbiographie/Autobiography*, Wien Vienna/Brünn Brno/Ostfildern 2009.

Oberhuber, Oswald/Hummel, Julius, *Kolo Moser 1868–1918*, Ausst.kat. Hochschule für angewandte Kunst in Wien, Österreichisches Museum für angewandte Kunst exh. cat. College of Applied Arts in Vienna, Austrian Museum of Applied Arts, Wien Vienna 1979.

Olbrich, Joseph M., „Das Haus der Secession", in: *Der Architekt* (5) 1899, 5.

Pausch, Oskar, *Gründung und Baugeschichte der Wiener Secession*, Wien Vienna 2006.

Pausch, Oskar, „Quellen zu Kolo Mosers Nachfolge an der Kunstgewerbeschule" "Sources of Kolo Moser's Succession at the College of Applied Arts" (trans. Jane Michael), in: Leopold/Pichler (Hg. eds.) 2007, 424–427.

Pias, Claus (Hg. ed.) bzw. resp. **Gottfried Schnödl** (Hg. ed.), *Hermann Bahr. Kritische Schriften*, 23 Bände vols., Weimar 2004–2012; 2. Auflage der Bände 2nd edition of the vols. 2, 4, 6, 8, 10 und and 12: Weimar 2013.

Pichler, Gerd, „Kolo Mosers ‚Wohnung für ein junges Paar' – Gerta und Dr. Hans Eisler von Terramare" "Kolo Moser's 'Apartment for a Young Couple' – Gerta and Dr. Hans Eisler von Terramare" (trans. Jane Michael), in: Leopold/Pichler (Hg. eds.) 2007, 174–201.

Pichler, Gerd, „Kurzbiografie Kolo Moser" "Kolo Moser: a Short Biography" (trans. Jane Michael), in: Leopold/Pichler (Hg. eds.) 2007, 394–413.

Ploil, Ernst, „Glass and Ceramics", in: Witt-Dörring (Hg. ed.) 2013, 246–287.

Pogacnik, Marco, *Adolf Loos und Wien*, Salzburg 2011.

Postarchiv Österreichische Post (Hg. ed.), *Koloman Moser. Kunst auf Briefmarken*, Wien Vienna 2012.

Pott, Gertrud, *Die Spiegelungen des Sezessionismus im österreichischen Theater*, Wien Vienna/Stuttgart 1975.

Reinhold, Bernadette, „Die Kunst im Leben des Kindes. Erkundungen eines weiten Arbeitsfeldes der Kunstgewerbeschule", in: Bast/Seipenbusch-Hufschmied/Werkner (Hg. eds.) 2017, 94–103.

Rennhofer, Maria, *Koloman Moser. Leben und Werk. 1968–1918*, Wien Vienna 2002.

Ries, Hans, *Illustration und Illustratoren der Kinder- und Jugendbuchs 1871–1914*, Osnabrück 1992.

Röske, Thomas, *Der Zeichner als verneinender Künstler. Max Klinger und Arthur Schopenhauer*, in: Baum, Günther/Birnbacher, Dieter (Hg. eds.), *Schopenhauer und die Künste*, Göttingen 2005, 118–136.

Roessler, Arthur, „Zu den Bildern von Koloman Moser – Wien", in: *Deutsche Kunst und Dekoration*, Band vol. XVII, Oktober 1913–März 1914 October 1913–March 1914, 273–282.

Rollig, Stella/Natter, Tobias G. (Hg. eds.), *Klimt und die Antike*, Wien Vienna/London/New York 2017.

Rosner, Charles, *Die Kunst des Buchumschlages*, Stuttgart 1954.

Rukschcio, Burkhardt/Schachel, Roland, *Adolf Loos, Leben und Werk*, Salzburg/Wien Vienna 1982.

Safranski, Rüdiger, *Nietzsche. Biographie seines Denkens*, Frankfurt/Main 2002.

Schmidt, Frieder/Esermann, Monika, *Die Buchkultur im 19. Jahrhundert, Band 2: Zeitalter, Materialität, Gestaltung*, Hamburg 2016.

Schmuttermeier, Elisabeth, „Die unendliche Vielfalt – Kolo Mosers Schmuckentwürfe für die Wiener Werkstätte" "Endless Variety. Kolo Moser's Jewelry Designs for the Wiener Werkstätte" (trans. Jane Michael), in: Leopold/Pichler (Hg. eds.) 2007, 222–231.

Schmuttermeier, Elisabeth, „The Wiener Werkstätte", in: Witt-Dörring (Hg. ed.) 2013, 288–347.

Schölermann, Wilhelm, „Mummenschanz", in: *Ver Sacrum* (1) 2 1898, 7–9.

Schorske, Carl E., *Fin-de-siècle Vienna. Politics and Culture*, New York 1980; deutsche Ausgabe German edition: *Wien. Geist und Gesellschaft im Fin de Siecle*, Frankfurt/Main 1982.

Schorske, Carl E., „Österreichs ästhetische Kultur, 1870–1914. Betrachtungen eines Historikers", in: Museen der Stadt Wien (Hg. ed.) 1985, 12–25.

Sekler, Eduard, *Josef Hoffmann. Das architektonische Werk. Monographie und Werkverzeichnis*, Salzburg/Wien Vienna 1982.

Shapira, Elana, *Style and Seduction. Jewish Patrons, Architecture, and Design in Fin de Siècle Vienna*, Waltham 2016.

Smithson, Alison und and Peter, „‚Wie gefunden' und ‚gefunden'" (1990), in: Lichtenstein/Schregenberger (Hg. eds.) 2001, 40–45.

Stefan, Paul, *Gustav Mahler. Ein Bild seiner Persönlichkeit in Widmungen*, München Munich 1910.

Stefano, Eva di, *Gustav Klimt. Art Nouveau Visionary*, New York 2008.

Storch, Ursula (Hg. ed.), *Klimt. Die Sammlung des Wien Museums*, Ausst.kat. exh. cat. Wien Museum, Ostfildern 2012.

Thun-Hohenstein, Christoph/Pokorny-Nagel, Kathrin (Hg. eds.), *EPHEMERA. Die Gebrauchsgrafik der MAK-Bibliothek und Kunstblättersammlung EPHEMERA: The Graphic Design of the MAK Library and Works on Paper Collection* (trans. Maria Slater), Wien Vienna 2017.

Topp, Leslie, *Architecture and Truth in Fin-de-Siecle Vienna*, Cambridge (UK) 2004.

Üner, Stefan, „Die Kunst der Präsentation. Koloman Moser als Ausstellungsgestalter", Dissertation, Universität für angewandte Kunst Wien University of Applied Arts Vienna, 2016.

Vereinigung bildender Künstler, „Weshalb wir eine Zeitschrift herausgeben?", in: *Ver Sacrum* (1) 1 1898, 5–7.

Vereinigung bildender Künstler Wiener Secession (Hg. ed.), *Secession. Das Jahrhundert der künstlerischen Freiheit*, Ausst. kat. exh. cat. Secession, Wien Vienna/Rudolfinum, Prag Prague, München u. a. Munich et al. 1998.

Verneuil, M. P., „L'enseignement des arts décoratifs à Vienne", in: *Art et Décoration* 11 1902, 143–165: 158.

Völker, Angela, „Textiles, Fashion, and Theater Costumes", in: Christian Witt-Dörring (Hg. ed.) 2013, 194–245.

Wagner, Manfred, *Alfred Roller in seiner Zeit*, Salzburg/Wien Vienna 1996.

Wagner, Otto, „Die Kunst im Gewerbe", in: *Ver Sacrum* (3) 1 1900, 21–32.

Wagner Jr., Otto, „J. M. Olbrich. Ein Nachruf", in: *Deutsche Bauzeitung* (42) 66 1908, 456.

Wagner, Richard, *Gesammelte Schriften und Dichtungen*, 10 Bände vols., 4. Auflage 4th edition, Leipzig 1907.

Wagner, Richard, *Sämtliche Schriften und Dichtungen*, 10 Bände vols., Erstauflage 1st edition Leipzig 1871–1883, 4. Auflage 4th edition Leipzig 1907, 5. Auflage 5th edition Leipzig 1911.

Wick, Rainer K., „Die Wiener Kunstgewerbeschule, Johannes Itten und Franz Čižek" "The Vienna School of Applied Arts, Johannes Itten and Franz Čižek", in: Bast/Husslein-Arco/ Krejci/Werkner (Hg. eds.) 2011, 12–25.

Wilkes, Walter/Schmidt, Frieder/Hanebutt-Benz, Eva-Maria, *Die Buchkultur im 19. Jahrhundert*, Band vol. 1, Hamburg 2010.

Winkelbauer, Andrea (Hg. ed.), *Euphorie und Unbehagen. Das jüdische Wien und Richard Wagner*, Wien Vienna 2013.

Witt-Dörring, Christian/Asenbaum, Paul (Hg. eds.), *Vienna: Art and Design – Klimt, Schiele, Hoffmann, Loos*, Ausst.kat. exh. cat. National Gallery of Victoria, Melbourne 2011.

Witt-Dörring, Christian (Hg. ed.), *Koloman Moser: Designing Modern Vienna 1897–1907*, Ausst.kat. exh. cat. Neue Galerie New York, München Munich/London/New York 2013.

Witt-Dörring, Christian, „Interiors and furniture", in: Witt-Dörring (Hg. ed.) 2013, 88–193.

Worringer, Wilhelm, *Abstraktion und Einführung. Ein Beitrag zur Stilpsychologie*, Leipzig 1908.

Zeller, Bernhard, *Buchumschläge 1900–1950 aus der Sammlung Curt Tillmann*, München Munich 1971.

Zuckerkandl, Berta, „Koloman Moser", in: *Dekorative Kunst* 12 1904, 329–345.

Zuckerkandl, Berta, *Zeitkunst Wien 1901–1907*, Wien Vienna/Leipzig 1908.

Zuckerkandl, Berta, „Wo halten wir?", in: *Wiener Allgemeine Zeitung* 5.11.1910, 4.

Zuckerkandl, Berta, „Kolo Moser (Galerie Miethke)", in: *Wiener Allgemeine Zeitung* 13.5.1911, 3.

Zuckerkandl, Berta, „Kunst und Kultur. Kolo Moser", in: *Wiener Allgemeine Zeitung* 2.11.1918, 4.

Zuckerkandl-Szeps, Berta, „Erinnerungen an Kolo Moser", in: *Neues Wiener Journal* 23.1.1927, 10.

ABKÜRZUNGSVERZEICHNIS LIST OF ABBREVIATIONS

ÖNB	Österreichische Nationalbibliothek	ÖNB	Austrian National Library
T.	Tafel	pl.	plate
UaK, KA	Universität für angewandte Kunst Wien, Kunstsammlung und Archiv	UaK, KA	University of Applied Arts Vienna, Collection and Archive
WW	Wiener Werkstätte	WW	Wiener Werkstätte

BILDNACHWEIS PHOTO CREDITS

Sofern nicht anders angegeben Unless stated otherwise: © MAK
Kapitel Chapter/Abbildung figure

© A. P. Collection, London: 9/81
© Albertina, Wien Vienna: 3/80
© Archiv Werner Fenz Archive, Graz: 5/8, 9
© Austrian Archives/Imagno/picturedesk.com: 3/99
© Backhausen Archiv Archive: 3/84; 9/7, 47
© Badisches Landesmuseum Karlsruhe/Thomas Goldschmidt: 9/62, 79
© bel etage, Wolfgang Bauer, Wien Vienna: 3/68
© Belvedere, Wien Vienna: 5/15
© Belvedere, Wien Vienna/Johannes Stoll: 5/17, 18
© bpk/Neue Galerie New York/Art Resource, NY/Moriz Nähr: 9/22
© breadedEscalope: 11/14
© Bundesdenkmalamt/Bettina Neubauer-Pregl: 4/2; 7/7
© Bundesmobilienverwaltung, Hofmobiliendepot, Möbel Museum Wien Imperial Furniture Collection Vienna/ Edgar Knaack: 3/51
© Ernst Ploil: 3/35, 72, 91; 9/31, 32, 34, 36, 40, 63, 72, 73
© Iparmüvészeti Múzeum – Museum of Applied Arts Budapest/Gellért Áment; 9/41, 44
© KHM-Museumsverband: 4/4, 6; 10/1, 3, 4, 5, 6, 7, 8, 9
© Kunstmuseum Basel/Martin P. Bühler: 5/16
© Leopold Museum, Wien Vienna: 3/95
© Leopold Museum, Wien Vienna/Manfred Thumberger: 3/7, 9, 52; 4/7; 5/2, 14; 9/75; 10/10; 11/9
© MAK/Georg Mayer: 3/1, 28, 36, 41, 60, 70, 96; 5/5, 10; 8/11; 9/26, 29, 35, 59, 61, 64, 65, 66, 74, 80; 11/1, 2, 3, 4, 5, 6, 7, 11, 13, 17, 18
© MAK/Hanady Mustafa: 3/56
© MAK/Katrin Wißkirchen: 3/30, 31, 44, 55, 65; 8/2, 3, 12, 13, 14; 9/9, 10, 11, 12, 38, 39, 42, 43, 67, 76, 82, 83
© MAK/Kristina Wissik: 3/33; 9/28, 33
© MAK/Mona Heiß: 3/16, 17, 20, 37, 39, 78; 7/21; 11/8, 15
© MAK/Nathan Murrell: 2/1; 3/45, 98; 11/10, 12, 16
© MAK/Patrizia Wiesner: 9/15
© MAK/Tibor Rauch: 7/2
© Michael Huey and Christian Witt-Dörring photo archive: 3/32
© ÖNB Wien Vienna, Bildarchiv Picture Archives: 5/13; 7/1, 20, 22
© Richard Nagy Ltd., London: 3/42, 43
© Sammlung Hummel Collection, Wien Vienna: 3/61; 5/6; 9/56
© Schütz Fine Art: 3/77
© Städel Museum, Frankfurt am Main – ARTOTHEK: 5/7
© Universität für angewandte Kunst Wien, Kunstsammlung und Archiv University of Applied Arts Vienna, Collection and Archive: 3/29, 57, 63, 106; 5/3; 7/9; 8/1, 5, 6, 10
© Wienbibliothek im Rathaus/Handschriftensammlung Vienna City Library/Manuscript Department: 3/81
© Wien Museum: 4/1, 8; 9/23
© Wiener Stadt- und Landesarchiv Vienna Municipal and Regional Archives/Künstlerhaus: 3/79; 7/4, 23
© Yves Macaux: 3/74; 7/19

Dieser Katalog erschien anlässlich der Ausstellung This catalog has been published on the occasion of the exhibition

KOLOMAN MOSER

UNIVERSALKÜNSTLER ZWISCHEN GUSTAV KLIMT UND JOSEF HOFFMANN
UNIVERSAL ARTIST BETWEEN GUSTAV KLIMT AND JOSEF HOFFMANN

MAK
Wien Vienna
19.12.2018 – 22.4.2019
19 Dec 2018 – 22 Apr 2019

MUSEUM VILLA STUCK
München Munich
23.5. – 15.9.2019
23 May – 15 Sep 2019

MAK
Stubenring 5, 1010 Wien Vienna, Austria
T +43 1 711 36-0, F +43 1 713 10 26
office@MAK.at, MAK.at

MAK Center for Art and Architecture, Los Angeles at the Schindler House
835 North Kings Road, West Hollywood,
CA 90069, USA

Mackey Apartments
MAK Artists and Architects-in-Residence Program,
1137 South Cochran Avenue, Los Angeles,
CA 90019, USA

Fitzpatrick-Leland House
Laurel Canyon Boulevard/Mulholland Drive,
Los Angeles, CA 90046, USA
T +1 323 651 1510, F +1 323 651 2340
office@MAKcenter.org, MAKcenter.org

Josef Hoffmann Museum, Brtnice
Eine Expositur der Mährischen Galerie in Brno
A joint branch of the Moravian Gallery in Brno
und des MAK, Wien and the MAK, Vienna
náměstí Svobody 263, 588 32 Brtnice,
Tschechische Republik Czech Republic
T +43 1 711 36-220

AUSSTELLUNG EXHIBITION

Gastkurator Guest Curator
Christian Witt-Dörring

Kuratorin Curator
Elisabeth Schmuttermeier,
Kustodin MAK-Sammlung Metall
und Wiener-Werkstätte-Archiv
Curator, MAK Metal Collection
and Wiener Werkstätte Archive

Wissenschaftliche Mitarbeit
Research Associate
Anne-Katrin Rossberg, MAK-Sammlung
Metall und Wiener-Werkstätte-Archiv
MAK Metal Collection and Wiener
Werkstätte Archive

Ausstellungsgestaltung Exhibition Design
embacher/co – Michael Embacher,
Christoph Wirth

Grafische Gestaltung Graphic Design
Eva Dranaz, Jochen Fill
3007, Wien Vienna, www.3007wien.at

Ausstellungsorganisation
Exhibition Management
Petra Süß

KATALOG CATALOG

HerausgeberInnen Editors
Christoph Thun-Hohenstein,
Christian Witt-Dörring,
Elisabeth Schmuttermeier

Katalogredaktion Catalog Editing
Anne-Katrin Rossberg,
Elisabeth Schmuttermeier,
Christian Witt-Dörring

Lektorat Copy Editing
Bettina R. Algieri (Leitung Head),
Cornelia Malli

Übersetzungen Translations DE>EN
Maria Slater

Buchumschlag Cover Design, Grafische Gestaltung Graphic Design
Eva Dranaz, Jochen Fill
3007, Wien Vienna,
www.3007wien.at

Schrift Type
Cera Pro

Vorsatzpapier Book Endpaper
Redesign/Bearbeitung
Redesign/alteration:
3007, Wien Vienna, nach Vorlagen von after models by Koloman Moser

Druck Printing
Walla Druck GmbH, Wien Vienna

Bindung Binding
Papyrus, Wien Vienna

Erschienen bei Published by
Birkhäuser Verlag GmbH
P.O. Box 44, 4009 Basel, Switzerland
Part of Walter de Gruyter GmbH,
Berlin/Boston
www.birkhauser.com

ISBN 978-3-0356-1849-5

Das MAK bemüht sich in seinen Publikationen um eine gendergerechte Schreibweise.

Library of Congress Control Number: 2018961334

Bibliografische Information der Deutschen Nationalbibliothek: Die Deutsche Nationalbibliothek verzeichnet diese Publikation in der Deutschen Nationalbibliografie; detaillierte bibliografische Daten sind im Internet unter http://www.dnb.de abrufbar.

Bibliographic information published by the German National Library: The German National Library lists this publication in the German National Bibliography; detailed bibliographic data are available on the Internet at http://www.dnb.de.

PREMIUM SPONSOR

ŒSTERREICHISCHE WERKSTÆTTEN

FÜR DIE GROSSZÜGIGE UNTERSTÜTZUNG DANKEN WIR
FOR HIS GENEROUS SUPPORT WE WOULD LIKE TO THANK

RICHARD GRUBMAN

Die Ausstellung wird durch die finanzielle Unterstützung des Europäischen Fonds für regionale Entwicklung realisiert und ist Bestandteil des Projekts „Bilaterale Designnetzwerke" im Rahmen des Programms INTERREG V-A Österreich–Tschechische Republik.

The exhibition is realized with financial support from the European Regional Development Fund, and is part of the project "Bilaterale Designnetzwerke" within the framework of the program INTERREG V-A Austria–Czech Republic.

MIT HERZLICHEM DANK AN
WITH CORDIAL THANKS TO

Christina Anderle, Paul Asenbaum, Ilsębill Barta, Gerald Bast, Wolfgang Bauer, Karoline Brand, Andrea Březinová, Matti Bunzl, Cornelia Cabuk, Martina Dax, Heike Eipeldauer, Mimi Eisenberger, Monika Faber, Daniela Franke, Rainald Franz, Irene Fuchs, Suzanna Futterknecht, Anita Gausterer-Diregger, Ursula Graf, Richard Grubman, Sebastian Hackenschmidt, Matthias Haldemann, Pamela Heilig, Silvia Herkt, Ulrike Hirhager, Julius Hummel, Kurt Ifkovits, Gabriele Iwanicki, Andrea Jungmann, Otto Kapfinger, Georg Kargl (†), Regina Karner, Louise Kiesling, Alexander Klee, Peter Klinger, Christian Knobloch, Michael Kovacek, Sylvia Kovacek, Elisabeth Leopold, Tina Lipsky, Ines Lombardi, Lucy Lukele, Josef Lutmannsberger, Yves Macaux, Astrid Mahler, Sylvia Mattl, Thomas Matyk, Katarina Miladinović, Heinrich Moser, Beate Murr, Stefan Nagler, Marco Obrist, Valerie Papeloux, Mario Piskor, Ernst Ploil, Kathrin Pokorny-Nagel, Reinhard Pühringer, Paul Rachler, Stella Rollig, Marianne Salzer, Sophie Schneider, Eva Schober, Josef Schütz, Harald Schwarzjirg, Johannes Schweitzer-Wünsch, Johannes Semotan, Janis Staggs, Ursula Storch, Maria Stracke, Kurt Taurer, Thomas Trabitsch, Manfred Trummer, Stefan Üner, Lisbeth Van Leemput, Klaus Walder, Patrick Werkner, Hans-Peter Wipplinger, Gabriele und and Hubert Wolfrum